„Und plötzlich bist du mitten im Krieg ...“

Zeitzeugen des Ersten Weltkriegs erinnern sich

Wolf-Rüdiger Osburg

„Und plötzlich bist du mitten im Krieg ...“

Zeitzeugen des Ersten Weltkriegs erinnern sich

Aschendorff Münster

Abbildungsnachweis:

Privat: Seiten 20, 78, 114, 157, 158, 168, 193, 194 oben, 214 unten, 230, 312, 347, 355, 356, 392, 412. Verlag Aschendorff: Seiten 194 unten, 214 oben, 348, 374. Karte auf S. 20 aus: Horst Rohde u. Robert Ostrovsky, Verdun. Militärgeschichtlicher Reiseführer. Hamburg, 1996, S. 47; Karten auf den S. 27 u. 37 aus: Joe J. Heydecker, Der grosse Krieg 1914–18. Von Sarajewo bis Versailles. Berlin, 1997.

Printed in Germany
ISBN 3-402-05413-2

Inhaltsverzeichnis

Ich träum' als Kind mich zurücke
und schüttle mein greises Haupt;
wie sucht ihr mich heim ihr Bilder,
die lang' ich vergessen geglaubt?

(aus Adelbert von Chamisso,
„Das Schloß Boncourt")

Prolog

Ackerstraße 33. Mein Blick fällt auf ein kleines, zweistöckiges Haus in einer beschaulichen Nebenstraße am Rande von Oldenburg. In meiner Hand halte ich eine Aktentasche, in ihr ein kleines Diktiergerät für Bürozwecke und eine Liste mit Fragen. Was mache ich hier? Es beschleicht mich ein Gefühl, das ich von Einladungen her kenne. Wärest du doch zu Hause geblieben und hättest dir einen ruhigen Nachmittag gemacht.

Ungefähr ein Dreivierteljahr zuvor hatte ich ein Buch über Verdun geschenkt bekommen. „Was soll ich mit einem Kriegsbuch anfangen?", war mein erster Gedanke. Gut, Geschichte ist mein Steckenpferd. Aber warum gerade ein Buch über den Ersten Weltkrieg? Ich gehöre der Generation an, die sich in der Schule schwerpunktmäßig mit dem Dritten Reich und seiner Vorgeschichte auseinandergesetzt hat. Auch die Entstehungsgeschichte des Ersten Weltkriegs, den die Franzosen und Engländer immerhin „La Grande Guerre" bzw. „Great War" nennen, hat uns einige Unterrichtsstunden gekostet, aber der Krieg selbst wurde gemieden. Ein paar Bilder von Fort Douaumont vor Verdun nach schwerem Beschuß, mehr nicht.

Es dauert einige Monate, bis ich das Buch in die Hand nehme. Eine Reise nach Paris, verbunden mit einer langen Eisenbahnfahrt durch den Westen Frankreichs, bietet Anfang 1989 den idealen Anlaß. Der Autor schildert den Ablauf der Schlacht, die sich über weite Teile des Jahres 1916 erstreckte. Es ist von Truppenteilen die Rede, die in die Schlacht geworfen wurden, von Flecken Erde, oft nicht größer als zwei, drei Fußballfelder, auf denen die dort eingesetzten Soldaten Woche um Woche ihr Leben ließen.

Das Schicksal dieser jungen Leute zu Anfang des Jahrhunderts läßt mich nach meiner Rückkehr aus Paris nicht mehr los. Ich schließe einen Pakt mit mir: Entweder ich vergesse den Ersten Weltkrieg in den kommenden Tagen oder, falls mir dies nicht gelingt, bleibe ich am Ball. Ich bleibe dabei. Zwar könnte ich mich mit Sekundärliteratur zufrieden geben, aber mein wirklicher Wunsch ist es, die Menschen des Krieges zu treffen und mehr von ihnen und über sie zu erfahren. Was geht in einem in den verschiedenen Etappen eines solchen Krieges vor? Wie verkraftet er das Erlebte nach dem Krieg? Es sind doch nur Menschen wie wir auch gewesen.

Über 70 Jahre sind seit den Ereignissen des Krieges vergangen. Eine lange Zeit, aber nicht lang genug, als daß es nicht noch Überlebende gibt. Ein Großonkel und Kriegskamerad meines Großvaters, Hans Reimers, steht damals im 90. Lebensjahr und – das weiß ich aus Familienerzählungen – er hat das Ende des Krieges mitgemacht. Es muß 1989 aber selbst noch Mitmenschen geben, die Anfang der 90iger Jahre des 19. Jahrhunderts geboren worden und die schon bei Kriegsbeginn als Soldaten eingerückt sind. 94, 95, 96 Jahre alt dürften sie 1989 sein. Wo aber leben sie und wie kommt man an sie heran? Zum ersten Mal in meinem Leben mache ich mir Gedanken über eine Gruppe von Menschen, die heutzutage beinahe ganz aus unserem Gesichtskreis verschwunden sind: alte, ja hochbetagte Menschen. Auf dem Land kann ich mir noch einen Familienältesten inmitten seiner Familie vorstellen, aber in einer Stadt fällt mir dies schwer. Hier stellte ich sie mir mehr oder weniger wohlbehütet – aber gleichzeitig auch isoliert – in Altersheimen vor.

Ich überlege mir, mit Hilfe der Bundeswehr an Namen und Anschriften von Kriegsteilnehmern zu kommen. Schnell wird mir klar, daß dies ein unsinniges Vorhaben ist. In Deutschland gibt es eingedenk der Ereignisse des Dritten Reiches keine militärische Traditionspflege wie beispielsweise in Frankreich oder in den angelsächsischen Ländern. Dann kommt mir tatsächlich vis-à-vis des Oldenburger Einwohnermeldeamts eine Idee. Warum sich nicht die Daten aller männlichen Einwohner, geboren vor 1900, geben lassen? Bei jeder anderen Zielgruppe aus einer späteren Epoche bekäme ich schlichtweg zu viele Namen und scheiterte daher an der Masse. Aber doch nicht bei derart alten Menschen. Die Universität Oldenburg unterstützt mein Projekt, das Einwohnermeldeamt bejaht das öffentliche Interesse für eine melderechtliche Gruppenauskunft und wenige Tage später halte ich die Namen von 111 potentiellen Gesprächspartnern in der Hand. Ich verfüge nun über das denkbar weiteste Netz, das es auszuwerfen gilt. In den ersten Apriltagen 1989 geht an alle ein Schreiben heraus.

Nie werde ich die Tage danach vergessen. Das Telefon steht nicht still. Mal feste, mal altersschwache Stimmen erzählen mir, wo und wann sie am Ersten Weltkrieg teilgenommen haben. Es rufen die Kinder der Kriegsteilnehmer – oft auch schon in den 70igern – an, die mir mitteilen, daß ich um einige Wochen zu spät käme, da der Vater seit einigen Wochen nicht mehr lebe. Ehefrauen berichten mir, daß ihr Mann zwar noch am Leben sei, aber schon seit Jahren nicht mehr richtig ansprechbar. Häufig enden Telefonate mit der Versicherung, wie gerne der Verstorbene oder vom Alter allzu Gebeugte sicherlich mit mir gesprochen hätte, wenn er dazu noch in der Lage gewesen wäre. Natürlich gab es auch vereinzelte, aber sehr deutliche Klagen der Nachkommen, wie es mir in den Sinn komme, alte Menschen derart zu belästigen.

Die Reaktionen der ehemaligen Kriegsteilnehmer selbst sind durchaus nicht ganz einheitlich. Manche melden eher pflichtgemäß ihre Bereitschaft, mir Rede und Antwort stehen zu wollen. Großes Interesse geben sie nicht vor, aber sie wollen meinem Vorhaben auch nicht im Wege stehen und laden mich zu einem kurzen Gespräch ein. Die Mehrzahl hingegen läßt eine gewisse Unruhe und Vorfreude auf das Interview erkennen und es bedarf schon einigen Geschickes, ihnen deutlich zu machen, daß ich erst noch einige Tage Telefondienst ableisten müsse, bevor ich sie besuchen könne. Gut die Hälfte meiner Schreiben bleibt unbeantwortet. Das körperliche Unvermögen in diesem Alter mag eine Rolle spielen. Den einen oder anderen wird aber auch die Sorge, alte seelische Narben wieder aufzureißen, davon abgehalten haben, mit mir zu sprechen.

Zögernd lasse ich am 1. Mai die Gartenpforte hinter mir und stehe nun direkt vor der Haustür. „Otto Hayen" lese ich an einem der Namensschilder und klingle. Es vergeht einige Zeit, länger als man dies bei jüngeren Menschen gewöhnt ist. Plötzlich höre ich Schritte und sehe, eher ahne durch das milchige Glas der Haustür, daß jemand die Treppe hinuntersteigt. Weglaufen gilt nicht! Die Tür wird geöffnet und ich schaue in das liebenswürdige Gesicht eines alten Herren, der mir freundlich die Hand reicht. Ich habe mir einen Herren von 94 Jahren älter aussehend vorgestellt. Ich folge ihm die Treppe hinauf und frage mich, weshalb derart betagte Menschen in der ersten Etage wohnen müssen. Diese Überlegung wird allerdings relativiert, als ich, oben angekommen, stärker aus der Puste bin als er. Meine Vorurteile geraten ins Wanken.

Ich lande in einem Wohnzimmer, das nichts gemein hat mit den heutigen Zimmern des Ikea-Zeitalters. Gediegene Möbel, die in verschiedenen Phasen der letzten 50 Jahre vom hart erarbeiteten Verdienst angeschafft worden sein mögen, vermitteln eine gemütliche Atmosphäre. Ein Radio der Nachkriegszeit versieht seit einer halben Ewigkeit seinen Dienst. Eine alte Standuhr mischt sich mit ihrem lauten Klang seit vielen Jahren in dieser Wohnung in das Leben seiner Bewohner ein. Hier haben einst mehr Menschen gelebt, die Ehefrau ist vor einigen Jahren gestorben. Photos liebgewonnener Menschen unterstützen die Erinnerung.

Schnell haben wir uns ein wenig vertraut gemacht und ich greife zu meinem Fragezettel. Das laufende Diktiergerät verwirrt meinen Gegenüber zunächst etwas, wird aber ganz schnell vergessen. Otto Hayen beginnt langsam, dann aber immer flüssiger zu erzählen. Vor seinem inneren Augen beginnen die Ereignisse von damals wieder lebendig zu werden. Die Jugend in Oldenburg, der Kriegsbeginn 1914, das Einrücken zu den Soldaten, die Kämpfe bei Verdun und in Flandern. Ich habe Herrn Hayen als ersten ausgewählt, weil er zu den wenigen Oldenburgern gehört, der in Verdun – dem Auslöser meines Eintauchens in die Vergangenheit – gekämpft hat. Er wird zu einem Glücksfall, wie ich ihn nicht erwartet habe. Namen – ja Vornamen von Kameraden – fallen ihm ein, die kleinsten Besonderheiten im Gelände vor Verdun. Er erzählt und erzählt. Mein präparierter Fragezettel erweist sich vor diesem Hintergrund als wertlos. Einige wenige Male frage ich ihn nach seinen Gefühlen anläßlich eines bestimmten Vorfalls, im allgemeinen tut dies bei ihm aber nicht Not. Seine Erinnerungen an Verdun sind wach und sein Bericht von großer Intensität. Der Leser kann sich hiervon in meinem ersten Kapitel überzeugen und ein wenig von der Spannung in sich aufnehmen, die sich in mir nach diesem Interview aufgebaut hat.

Nach knapp zwei Stunden habe ich am 1. Mai 1989 das Gefühl, einen Schlußpunkt unter mein Gespräch mit Otto Hayen setzen zu können, vielleicht auch zu müssen, da ich mich recht ausgepumpt fühle. Mein Gesprächspartner macht einen ziemlich zufriedenen Eindruck. Ich bekomme ein Glas Wein angeboten, was ich als Auszeichnung empfinde. Als ich ihn dann verlasse, habe ich das Gefühl, einem Freund auf Wiedersehen zu wünschen. Ich verspreche wiederzukommen. Ich werde dieses Versprechen nicht gleich einlösen. Nach zwölf weiteren Oldenburger Interviews im Frühjahr 1989 ziehe ich aus beruflichen Gründen nach Hamburg um. Etwa drei Jahre später bin ich zufällig wieder in seiner Stadt. Es zieht mich in die Ackerstraße zurück, wo mein Projekt seinen Ausgang nahm. Von einer Mitbewohnerin im Haus erfahre ich, daß er vor einigen Monaten gestorben ist. Ein ganz, ganz langes Leben ist damit zu Ende gegangen. Seine letzten Worte sollen gewesen sein: „Ich wußte nicht, daß es so leicht ist.“ Hat er dabei an das schwere Sterben seiner Kameraden vor 75 Jahren gedacht?

Über meinen Wechsel nach Hamburg verliere ich das Projekt aus den Augen. Es vergehen eineinhalb Jahre, bis ich mich von Freunden überzeugen lasse weiterzumachen. Jetzt bleibe ich dabei. In den nächsten erneut eineinhalb Jahren folgen etwa 140 weitere Interviews in zahlreichen Großstädten über ganz Deutschland verteilt. Die verschiedenen Einwohnermeldeämter sind kooperativ. Allein in München wird mir die Zustimmung mit der Begründung verweigert, historische Forschung liege nicht im öffentlichen Interesse. Eine eigenartige Sichtweise. Rechtsmittel einzulegen lohnt nicht, da mir die Interviewpartner darüber hinwegsterben würden. Ende 1992 stelle ich die Interviews ein. Der durchschnittliche Zeitzeuge ist nun 96, 97 Jahre alt und ich mache mir Sorgen um seine Gesundheit.

Hinter mir liegen unvergeßliche Tage. Ich bin in Unternehmervillen gewesen genauso wie in tristen Mietskasernen. Natürlich führt mich mein Weg häufig auch in alle Formen von Seniorenunterkünften, vom reinen Pflegeheim bis zum Wohnstift. Hinter all meinen Gesprächspartnern liegt ein Leben von einer Dauer, die die Grenzen des Üblichen sprengt. Menschen, deren körperliche und vermutlich seelische Konstitution es zugelassen hatte, in eine außergewöhnliche Altersgruppe vorzustoßen. Auserwählte? Eine Frage, die schwer zu beantworten ist und die vielleicht am ehesten von Menschen bejaht wird, die noch eine Wegstrecke des Lebens vor sich meinen. Mancher meiner Gesprächspartner verneint diese Frage. So zum Beispiel der alte Herr aus Köln, dem am Ende unserer Unterhaltung die Frage nach den anderen Interviewpartnern auf der Seele liegt: „Haben die anderen alle noch leben wollen?“ Er will es offensichtlich nicht mehr. Ihm ist sein Leben im Alter zur Last geworden.

Aber die Menschen sind eben unterschiedlich. Ich treffe alte Herren, die sich über die Nickeligkeiten des Alters ärgern. Seit zwei Jahren könne er nicht mehr Tennis spielen und – ich habe es tatsächlich erlebt – mit 99 Jahren sei die Fähigkeit verloren gegangen, einen Kopfstand zu machen (ich habe dies nie gekonnt). Einige sind von großer Unruhe und erinnern mich in ihrer Angst vor dem Sterben an junge Menschen. Dies paßt nicht in mein Bild, sollen in meinen Augen doch Menschen, die so viel Leben hinter sich haben, eine gewisse Gelassenheit ausstrahlen. Sicherlich ein Irrtum, da in diesem Leben nichts nach einem festen Schema abläuft. Mit dieser Erkenntnis kann ich mich dann über diejenigen freuen, die ruhig ihre letzten Tage genießen, immer in dem Bewußtsein, daß ihr Körper keine großen Sprünge mehr zuläßt. Hier kann es passieren, daß mir Paul Krüger als erhebendes Erlebnis des Tages die Begegnung mit einem Schmetterling schildert, der sich nach langer Zeit wieder einmal auf dem Strauch vor dem Hause niedergelassen hat. Und welcher Frieden geht von den Abschiedsworten Hans Seidelmanns bei einem meiner letzten Besuche aus: „Lange wird es nicht mehr dauern.“

Ich habe es stets als einen Glücksfall empfunden, die Zeitzeugen dieser Geschichtsperiode gerade noch rechtzeitig getroffen zu haben, als wenn man einen untergehenden Gegenstand am letzten Zipfel gepackt hätte. Mit Recht bezeichnen wir schon die Teilnehmer des Zweiten Weltkriegs als Veteranen. Die Hauptdarsteller dieses Buches aber sind deren Väter! Hinter meinem Projekt und dem Zeitpunkt seiner Realisierung stand kein Plan, keine gezielte Marketing-Idee, sondern es war reiner Zufall. Hätte ich diesen Einfall einige Jahre später gehabt, hätte ich die Teilnehmer dieses Krieges persönlich nicht mehr sprechen können. Meine Gesprächspartner nun führen uns in das ausgehende Kaiserreich, eine Zeit, die uns beispielsweise cineastisch nur noch in sehr wackeligen Bildern erhalten ist. Der Krieg, den sie beschreiben, ist zudem nicht irgendein historisches Großereignis. Er ist das zentrale Ereignis am Anfang des 20. Jahrhunderts und seine Fernwirkungen haben vermutlich erst mit dem Abflauen des Kalten Krieges ihr Ende gefunden. Er ist gleichzeitig der Einstieg in das technische Jahrhundert am Ausgang des zweiten Jahrtausends und damit alles andere als eine Summe historischer Daten, die man einfach so abhaken kann.

Ich habe mich häufig gefragt, ob es nicht mindestens genauso ergiebig gewesen wäre, mit Tagebüchern oder Feldpostbriefen zu arbeiten. Ich habe zu diesem Thema eine ganz klare, persönliche Position: es gibt für mich nichts Intensiveres und Unmittelbareres als ein Gespräch mit einem Zeitzeugen über die Vergangenheit. Ein solcher Dialog eröffnet die Möglichkeit, alle Facetten des Erlebten auszuleuchten. Insbesondere kann man versuchen, Dingen auf die Spur zu kommen, die der Autor eines Briefes aus ganz bestimmten Gründen nicht hat ansprechen wollen. Mir fallen die Worte eines Lübecker Kriegsteilnehmers ein: „Man konnte seinen Eltern schreiben, aber was nützte das. Was sollte man schreiben? Das Elend, das man sah?“ Alle Menschen können im übrigen über die Ereignisse ihrer Epoche Zeitzeugen von Rang sein. Wir sollten jede Gelegenheit wahrnehmen, mit ihnen zu sprechen.

Oft habe ich mir bei den Gesprächen auch die Frage gestellt, wie es nur möglich ist, daß meine Gegenüber so viele kleine Details in so glaubwürdiger Weise wiedergeben können. Ich selbst muß mir eingestehen, daß ich vermutlich kein einziges Erlebnis beispielsweise aus meinem zweiten Schuljahr greifen kann, ganz zu schweigen von einer genauen zeitlichen Zuordnung. Gut, sie waren damals bei Kriegseintritt älter als ich in meinem Beispiel. Aber wirklich überzeugen konnte mich erst eine Erklärung, die ich einige Zeit später von einem von ihnen erhielt. Sie seien damals wie trockene Schwämme gewesen. Aufgewachsen etwa in einem kleinen Dorf in Schlesien gab es in der Kindheit und Jugend keine Informationsflut, wie wir sie heute kennen. Eine Reihe kleiner Häuser längs der Dorfstraße, die Dorfschule, ein Einwohner, der sich eine Zeitung hielt – für Kinder natürlich unerreichbar –, vielleicht einmal im Jahr ein Besuch der Kreisstadt. Und dann der Krieg: Einrücken zu den Soldaten, Breslau, vielleicht sogar Berlin, der Kölner Dom und am nächsten Tag das Gebiet vor Verdun. Das prägt sich ein und wird sie nie wieder loslassen.

Das Leben liegt nun hinter ihnen. Der Erste Weltkrieg, die Nachkriegszeit mit dem Eintritt ins Berufsleben und häufig der Gründung ihrer Familien, der Zweite Weltkrieg und die eigene Pensionierung, die häufig Anfang der sechziger Jahre – da ging ich noch in den Kindergarten – erfolgte. Familienmitglieder sind mittlerweile gestorben, Ehefrauen und, wenn das Schicksal es wirklich schlecht meinte, sogar Kinder. Die Freunde sind nicht mehr da. Alle Eitelkeiten, Ambitionen sind mit ihnen gegangen. Nun – noch unausweichlicher als damals im Krieg – spüren sie das Ende des Lebens. Mag der eine oder andere wie jeder Mensch dazu neigen, die Vergangenheit zu verklären und einmal zurechtgelegte Versionen der eigenen Geschichte als wahr zu vermitteln, die meisten von ihnen haben daran kein Interesse mehr. Sie sind für mich die besten, ehrlichsten Zeitzeugen, die ich mir vorstellen kann.

Die einzelnen Buchkapitel gehören fast ausschließlich meinen Gesprächspartnern. Sie gestalten mit ihren Aussagen die einzelnen Abschnitte dieses Buches. Was sie nicht erinnern, existiert für mich nicht. Die Idee, ein Buch bestehend in erster Linie aus den Erzählungen der Zeitzeugen zu erstellen, hat mich von Anfang an fasziniert. Beim Lesen historischer Literatur ist es mir oft so gegangen, daß ich voller Neugierde von einer eingestreuten Zeitzeugen-Schilderung zur anderen geeilt bin, während mich die weitschweifigen Erklärungen des Autors dazwischen nicht sonderlich interessiert haben. Ich kann von den Originalaussagen der Augenzeugen nicht genug bekommen.

Das Buch gibt die Interviews nicht in ihrer ganzen Länge und im vollen Umfang wieder. Meine Gesprächspartner kommen stattdessen mehrmals zu Wort, indem ich aus ihren Berichten die interessantesten Passagen ausgewählt und sie Einzelkapiteln zugewiesen habe. Dies geschieht nicht aus Eitelkeit, dem Buch meinen Stempel aufdrücken zu wollen. Es gibt vielmehr zwei Gründe dafür. Der eine ist eher zwangsläufig und ich mache dabei gleichzeitig aus einer Not eine Tugend. Es handelt sich um Berichte sehr alter Menschen von nicht durchgehend gleicher Qualität. Sie ähneln einem alten Film aus häufig gut, teilweise aber nur unvollständig belichteten Passagen, die sich folglich nicht immer als durchgehende Erzählungen eignen. Der Vorteil dieser Vorgehensweise liegt darin, daß ich so auch Zeitzeugen zu Wort kommen lassen kann, die nur eine Anekdote zu erzählen wußten, so geschehen beispielsweise bei Hans Wohlers, mit dem Geburtsjahr 1889 mein ältester Gesprächspartner. Zum Zweiten wähle ich diesen Aufbau aber auch ganz bewußt.

Stellt man die Interviewpassagen thematisch zusammen, werden Vergleiche zwischen den Sichtweisen und Erfahrungen verschiedener Zeitzeugen möglich. Ein vielschichtiger Überblick über das Erleben des Ersten Weltkrieges ist nach meinem Empfinden die Folge. Hierfür habe ich in Kauf genommen, daß die persönlichen Züge meiner Geprächspartner zurücktreten und nur ansatzweise durch die Photos und die häufige Nennung einiger von ihnen gewahrt bleiben.

Meine Fragen, mit denen ich die Interviews ein wenig gesteuert habe, drucke ich nicht im Kontext der einzelnen Interviewpassagen ab. Stattdessen verdeutliche ich in den Kapiteleinleitungen die Fragestellungen, die mich in erster Linie bewegt haben. Die Einleitungen spannen den Bogen zwischen den einzelnen Kapiteln und richten den Blick des Lesers auf das nachfolgende Thema. Im Vordergrund aber stehen die persönlichen Zeugnisse mit ihren so unterschiedlichen Perspektiven. Was so entsteht, ist ein Bilderbogen subjektiver Wirklichkeiten des Krieges. Ob sie uns, abhängig von unserer Haltung zum Krieg, gefallen oder auch nicht, ist unwichtig. Was mich fasziniert, ist die Vielfalt des Lebens, seine kleinen wie auch großen Geschichten. Die Originalsprache meiner Interviewpartner habe ich aus gleichem Grund weitgehend beibehalten, habe aber beispielsweise häufige Wortwiederholungen weggelassen.

Von meiner Ausrichtung auf das persönlich Erlebte erlaube ich mir eine wesentliche Ausnahme und gehe im Epilog einer generellen Frage nach, die sich mir während der Arbeit an den Interviews aufgedrängt hat: Was hat diese Generation in den Stand gesetzt, den Krieg und seine Strapazen durchzustehen? Je mehr ich über sie erfahren habe, desto weniger läßt mich diese Frage los. Sie ist die logische Konsequenz meines Interesses an der Seelenlage der Soldaten.

Und plötzlich ist der Erste Weltkrieg kein entlegenes Thema mehr im Dunkel der Geschichte. Die Soldaten auf den Photos vom Ersten Weltkriegs verlieren ihre Anonymität. Es sind keine stereotypen Gesichter mehr, wie wir sie von amerikanischen Kriegsfilmen her kennen und bei deren Anblick man sich gar nicht vorstellen kann, daß Menschen dies tatsächlich am eigenen Leib erfahren haben. Mit einem Mal können wir uns auch in andere Kriege besser eindenken. Wo liegen die Unterschiede zwischen Flandern 1917 und Vietnam 1968? Was wissen wir wirklich über die Menschen in Bosnien oder über die irakischen Infanteristen, die 1991 in der dortigen Wüste gestorben sind? Ich möchte noch einen Schritt weitergehen. Wo überhaupt kommt man dem Leben am besten auf die Spur als in der Nähe des Todes? Hier offenbart sich Sinnloses ebenso wie Bedeutungsvolles.

Meine Gesprächspartner sind mittlerweile ihren Lebensweg zu Ende gegangen. Die letzten, zu denen ich bis in die Jahre 1997 und 1998 Kontakt gehabt habe, sind mit an Sicherheit grenzender Wahrscheinlichkeit heute tot. In einigen Fällen bin ich von ihren Kindern über ihren Tod in Kenntnis gesetzt worden. Ansonsten muß ich es zumindest aufgrund ihres hohen Alters annehmen. Ich werde die Interviews und meine Gesprächspartner nicht vergessen.

Bevor ich dieses Kapitel beende, möchte ich unbedingt vier Mitstreitern danken, die das Buchprojekt in den verschiedenen Entstehungsphasen begleitet haben und ohne die es nie zum Abschluß gelangt wäre. Da ist zunächst Prof. Dr. Werner Boldt, Oldenburg i. O., dessen wissenschaftliche Rückendeckung mir den Zugang zu den Einwohnermeldeämtern erschloß. Dr. Frithjof Hager, Berlin, der mich in der zweiten Phase der Buchabfassung hartnäckig zu inhaltlichen Verbesserungen anhielt. Als es dann daran ging, mit dem Buch an die Öffentlichkeit zu treten, war es Joska Pintschovius, Otter/Nordheide, der mich in jeder Weise hierzu ermutigte. Die Vollendung des Buches schließlich geht einher mit der geradezu freundschaftlichen Unterstützung durch Bernd Henninger, Neckargemünd. Es ist eine wunderbare Nebenerscheinung der Entstehung dieses Buches gewesen, derart bemerkenswerte Menschen kennengelernt zu haben.

Bekanntschaft mit der Hölle: Verdun

Otto Hayen, geb. 1895:
Dann haben wir die elende Schlacht bei Verdun geführt. Dort sind wir einen Monat gewesen, sind viermal eingesetzt worden. Wir haben dort unser ganzes Bataillon erneuern müssen. Alle gefallen oder verwundet. Wir kamen von Azannes auf dem Fußwege zur Brûle-Schlucht. Die Schlucht wurde stark beschossen, weil in dieser Gegend 24er Mörser standen. An der Innenseite der Schlucht waren Küchen aufgestellt. Links von uns war die Hassoule-Schlucht. Von hier aus mußten wir die vielleicht 1000 Meter zum Fort hoch gehen. Die Gegend bestand nur aus Trichtern. Es regnete und überall war Schlamm. Es war fürchterlich damals. Auf dem Pfad, auf dem wir gegangen sind, war der Boden blank. Es wurde immer nur dieser Pfad genommen. Er war der einzige, auf dem man noch laufen konnte. Komischerweise hat er während der ganzen Zeit gehalten, trotzdem dort zehn Fesselballons der Franzosen standen, die alles überwachten. Ich bin vier-, fünfmal diesen Pfad längsgegangen. Dann kam man an einem Wasserloch vorbei, aus dem Wasser tropfte. Diese Ecke war früher einmal das Dorf Douaumont gewesen. Aber bevor Sie zu dem tropfenden Dings kamen, mußten Sie über Dutzende von Leichen klettern. Der Franzose wußte von dem Wasserloch und schoß immer wieder hinein. Da lagen Infanteristen, Pioniere, alle haufenweise aufeinander. Jeder wollte Wasser haben und kriegte es doch nicht. Ein Tropfen, schon war er erledigt. Die Pioniere haben verschiedentlich versucht, Rohre von der Brûle-Schlucht zum Fort zu bringen. Sie haben die Rohre verlegt und zu einem bestimmten Zeitpunkt sollten die Rohre zusammengeschraubt und Wasser durchgeleitet werden. Die Leitung ist nie zustandegekommen. Da liegen Tausende von Leuten neben dieses kaputtgeschossenen Rohren.

Am Fort Douaumont mußte man einen großen Trichter runter. Unsere Dicke Bertha hatte dort das Fort durchschlagen und eine Kasematte getroffen. Durch dieses Loch mußte man hinein. Nahe des Loches stand ein Motor, die Zentrale für elektrisches Licht. Da lag nun die 1., die 2. und die 4. Kompanie, und da lagen auch noch Bayern. Ich war damals schon Sanitäter, hatte kein Gewehr mehr nötig, nur eine Pistole zur Selbstverteidigung. Wir trugen die Rot-Kreuz-Binde. Kommen Ärzte raus: „Komm mal her, anfassen, Verwundete!“ In den Gängen gab es nur Kerzenlicht. Wenn sie sich länger dort aufhielten, wurden die Kerzen immer kleiner, bis es „blupp“ machte und die Kerze mangels Sauerstoff erlosch. Wo die Ärzte in Hemdsärmeln arbeiteten, war es schon allein wegen der

Wärme fürchterlich. Von dem hinteren Eingangsloch mußte man zwei Etagen hochsteigen, bis man plan zum Ausgang war. Der Ausgang war früher ein richtiger Eingang mit Türen gewesen. Heute gab es dort nur Sandsäcke. Es war gerade so viel Platz, daß ein Mann mit Dachs – wir Jäger hatten keine Tornister, sondern Dachse aus Dachsfell – herauskriechen konnte.

Jeder Einsatz, den wir als 2. Kompanie damals machen mußten, war so vielseitig, so ausgedehnt, daß man weiter nichts kannte. Was bei Thiaumont geschah, da bin ich gar nicht hintergekommen. Nach vier Tagen, die wir draußen gelegen haben, waren alle Menschen weg. Wir hatten zwei Feldwebel, Fahnenjunker, ganz fixe junge Leute, die sind auch dort geblieben. Wir haben Leute verloren! Ich mußte einmal Sanitätsgepäck holen. Ich komme wieder von der Brûle-Schlucht bei Tage zum Fort zurück, da kommt mir auf der anderen Seite unser Bataillonskommandeur, Hauptmann Kirchheim, am Kopf verbunden, entgegen. „Kommen Sie mal her, Jäger“, sagt er. „Welche Kompanie sind Sie denn?“ Ich sag: „Die zweite.“ „Ach, ich will Sie ja nicht aufhalten, aber hier gibt es keinen Krieg mehr. Das ist Mord, was hier geschieht.“ Das hat der Hauptmann Kirchheim gesagt. Der ist nachher im Zweiten Weltkrieg noch General geworden.

Mein letzter Einsatz war an dem Bahndamm vor Fleury. Wir hatten ja Fleury schon genommen. Da saß ich tagsüber ganz allein in einem Loch. Die Geschosse sausten über mich hinweg. Wir hatten ihre Bahn schon kennengelernt und wußten, wann so ein schwarzes Ding über uns wegging. Die französischen Flieger flogen 100 Meter über uns, ohne daß etwas passierte. Am gleichen Tag, es wurde schon dämmerig, kommen nachmittags zwei Jäger in mein Loch gesprungen. Ich sag: „Wo kommt ihr denn her?“ Das andere war nur das Zischen von Geschossen. Da sagt der eine: „Von Goslar, 10. Jäger.“ „Ja, was ist denn eure Heimat?“ „Oldenburg.“ Ich sag: „Oldenburg ist groß. Wo seid ihr denn in Oldenburg zu Hause? Nun laßt euch nicht ausquetschen.“ „Lindenstraße.“ Ich stellte fest, daß es zwei Lehrlinge vom Maler Braasch waren. Und neben dem Maler Braasch wohnten wir. Nun stellen Sie sich diesen Zufall einmal vor! Da hab ich gesagt: „Geht nicht weiter vor, geht links oder rechts hin, aber nicht weiter vor. Dort liegt der Franzose, und zwar der Marokkaner.“ Ich habe sie nie wieder gesehen. Die Granaten gingen hoch nachher. Sie sind bestimmt nicht mehr am Leben. Ich habe später noch einmal mit der Tochter vom Maler Braasch gesprochen, die sich so halb an die beiden erinnern konnte, aber sie wußte auch nichts Genaues.

Jetzt kommt der Morgen. Mit einmal wird das Feuer von den Franzosen nach vorne verlegt. Es hatte bislang immer nur hinten reingepfeffert. Nicht in unsere Stellung, aber unmittelbar dahinter. Das Gelände erkannt man nur, wenn Leuchtkugeln hochgingen, sonst sah man nur schwarze Erde. Orientieren konnte man sich überhaupt nicht. Man hatte nur noch im Gedächtnis: „Aha, da liegt das Fort, daher bist du vermutlich gekommen.“ Bestimmt konnte man aber auch das nicht sagen. Mit einem Mal höre ich einen Pfiff aus einer Pfeife. Ich guck hoch, steht da zehn Meter vor mir eine große Gestalt in einem blauen Mantel, Pfeife im Mund und pfeift. Es war ein Marokkaner. Vorsichtshalber hatte ich mir ein Gewehr bereitgelegt – ich hatte ansonsten nur die Walter-Pistole – und habe tatsächlich mit dem Gewehr den Mann erschossen. Tut mir leid, aber es ist einer, den ich bewußt erschossen habe. Er pfiff, Offizier oder sonstwas, um seine Leute hochzutreiben. Dadurch, daß er zusammensackte, ist kein Mann hochgekommen. Der Angriff ist nur links von uns vorgetragen worden. Wir haben noch einen Tag dort gelegen ohne jeden Angriff. Abends im Dunkeln kommt ein Mann in mein Loch gesprungen. Es war der Offizierstellvertreter. Wir nannten ihn Mohrbock, weil er einen schwarzen Schnurrbart hatte. Wilhelm hieß er. Der sagt: „Ich such’ hier schon die ganze Front ab. Ich kann niemanden mehr finden, ich hab’ bislang sieben Mann festgestellt.“ Die zweite Kompanie hatte aus 200 Mann bestanden. Von denen, die tatsächlich noch am Leben waren, sind auf dem Rückweg zur Brûle-Schlucht noch einige gefallen. In Azannes wurden wir dann zusammengestellt. Da waren wir vom Bataillon keine 300 Mann mehr. Der Hauptmann Kirchheim hatte es richtig ausgedrückt. Es war kein Feind mehr da, es ging nur noch ums Umbringen.

Otto Hayen

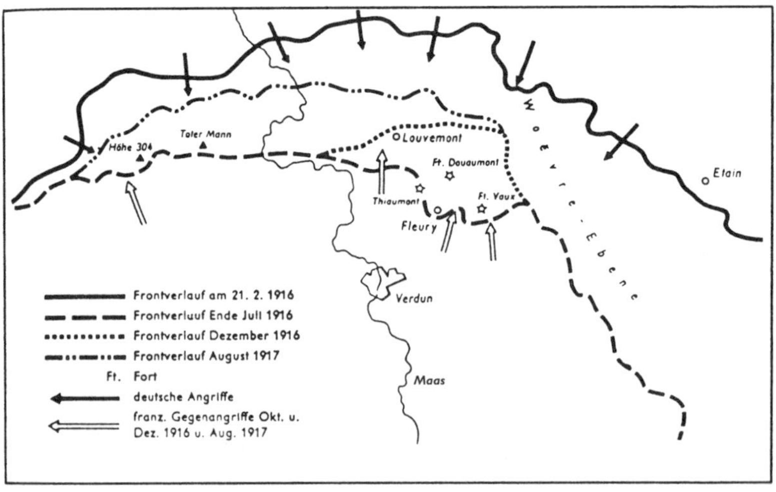

Die Front bei Verdun

Geschichte des Ersten Weltkriegs

Vorkriegszeit

Als die Rekruten des Ersten Weltkriegs in den 90iger Jahren des vergangenen Jahrhunderts geboren werden, liegt der letzte Krieg Deutschlands mit einer europäischen Macht schon eine Generation zurück. Der deutsch-französische Krieg von 1870/71 bricht im Juli 1870 aus. Am 2. September 1870, am Ende einer klassischen Entscheidungsschlacht, kapituliert die Armee Napoleons III. mit 100 000 Soldaten bei Sedan. Frankreich, nun Republik, führt in den Folgemonaten bis zum Waffenstillstand am 18. Januar 1871 einen Volkskrieg. Bewaffnete französische Zivilisten, Franktireurs – im heutigen Sprachgebrauch also Partisanen oder Guerillas – bestimmen in dieser Phase den Krieg. Wie im amerikanischen Bürgerkrieg kommt es in Abschnitten der Front zum Stellungskrieg. Der Sieg bringt Deutschland neben dem Gewinn Elsaß-Lothringens und einem tiefen deutsch-französischen Gegensatz die Gründung des Deutschen Reiches.

Die Reichsgründung legt den Grundstein für eine rasante und grundlegende Veränderung Deutschlands. Mit der Gründerzeit einher geht eine Industrialisierung, die ihresgleichen sucht. Waren 1867 noch gut die Hälfte der Beschäftigten in der Landwirtschaft, den Forsten und der Fischerei tätig, sind dies 1913 „nur" noch etwa ein Drittel. Damit ist die von großen Krisen erschütterte Landwirtschaft zwar noch ein Hauptpfeiler der Wirtschaft, die Gewichte aber haben sich verschoben. Die Kohle-, Eisen- und Stahlindustrie boomt ebenso wie die Metallverarbeitung, darunter insbesondere der Schiffbau. Wachstumsbranchen der Folgejahre sind die chemische Industrie sowie die Elektroindustrie. Auch der Dienstleistungssektor mit dem Verkehrswesen, dem Handel und z.B. den Banken und Versicherungen legt kräftig zu. „Ältere" Industriezweige wie die Textilindustrie hinken dieser Entwicklung hinterher. Mit dem Veränderungsprozeß der Wirtschaft geht eine rapide Verstädterung einher. Das wirtschaftliche Wachstum fördert zudem neben zahlreichen anderen zeitspezifischen Faktoren einen beträchtlichen Bevölkerungsanstieg von 39,8 Millionen im Jahre 1866 auf 67,8 Millionen in den erweiterten Grenzen des Deutschen Reiches von 1914. Die Verwaltung paßt sich diesen Veränderungen an. Die Ordnungsfunktionen, die der Staat nun übernimmt, nehmen erheblich zu. Eine vielfältige Wirtschafts- und bald auch Sozialverwaltung mit zahlreichen Sonderbehörden entsteht.

Das Bürgertum geht gestärkt aus dieser Zeit hervor. Der Bürger bestimmt nun nicht nur das Wirtschaftsleben, sondern auch den städtischen Alltag und die Kultur. Die politische Macht liegt aber immer noch beim Adel. Behördenchefs wie beispielsweise Landräte, Regierungs- und Polizeipräsidenten und natürlich Minister werden nach wie vor vornehmlich mit Adeligen besetzt. Zudem stellen sie mehrheitlich das Offizierkorps. An dieser wie auch an anderen Stellen der Gesellschaft des Kaiserreichs wird somit tagtäglich ein erhebliches Maß an Differenzierung spürbar, am deutlichsten erkennbar am Dreiklassenwahlrecht Preußens – immerhin 60% der Bevölkerung des Reiches –, das, anders als das allgemeine und gleiche Wahlrecht zum Reichstag, nicht geheim ist und insbesondere das Gewicht der Stimme von der Steuerleistung abhängig macht. Frauen sind in jeder dieser Wahlordnungen von der Wahlbeteiligung ausgeschlossen.

Trotz aller gesellschaftlicher Änderungen bleibt das Militär sozial privilegiert. Die Siege gegen Dänemark 1864, gegen Österreich 1866 und insbesondere der Krieg 1870/71 haben dem Militär – dominiert vom preußischen Militär – in ganz Deutschland zu einer ungefährdeten Stellung an der Spitze der Gesellschaftspyramide verholfen. Alle deutschen Männer vom 17. bis zum 45. Lebensjahr sind wehrpflichtig. Der Einberufungsbescheid erreicht den Wehrfähigen in Friedenszeiten während des 20. Lebensjahres. Die Dienstzeit dauert für die Infanterie zwei, für die Kavallerie drei Jahre. Darauf folgt eine vier- bzw. fünfjährige Zugehörigkeit zur Reserve, in der der Reservist mit seiner Einheit verbunden bleibt. Anschließend gehört er elf Jahre der Landwehr und sieben Jahre dem Landsturm an. Reserveoffiziere genießen hohes Ansehen, das für ihre gesamte Lebensführung und soziale Stellung von großer Bedeutung ist. Markant ist die Verzahnung von schulischem Abschluß und militärischer Karriere. Der gymnasiale Abschluß des „Einjährigen“, vergleichbar heute am ehesten der Mittleren Reife, ist Grundvoraussetzung dafür, einmal Reserveoffizier zu werden. Daneben beschert das Einjährige einen verkürzten Militärdienst von nur einem Jahr. Keine Begebenheit belegt das hohe Ansehen des Offiziers und alles Militärischen besser als die wahre Begebenheit des „Hauptmanns von Köpenick“. Mannschaftsgrade erwerben nach mehrjährigem Militärdienst das Recht auf eine Übernahme beim Staat, insbesondere bei der Polizei oder beispielsweise der Eisenbahnverwaltung. Militärische Kategorien wie Gehorsam und Pflichtbewußtsein finden so vermehrten Eingang in die Gesellschaft und untermauern den Obrigkeitsgedanken.

Diese Fassade eines zwar differenzierten, aber doch auf einige Grundwerte ausgerichteten Gesellschaftsgebildes ist allerdings nicht ohne Risse. Da gibt es beispielsweise in Preußen auf dem Boden des alten Königreichs Hannover, das 1866 zu existieren aufgehört hatte, weiterhin die idealisierende Verehrung der Welfen, gleichbedeutend mit der Ablehnung Preußens und der Hohenzollern. Von ungleich größerer Bedeutung ist in diesem Zusammenhang jedoch das Aufkommen der Arbeiterbewegung und der Sozialdemokratie. 1882 beläuft sich der Anteil der gewerblich tätigen lohnabhängigen Arbeiter noch auf 23,7% der Erwerbstätigen. 1907 sind es dann bereits 33,5%. Große soziale Spannungen gehen mit dieser Entwicklung einher. Das Sozialistengesetz, die Sozialgesetzgebung stehen für eine Vielzahl von Themen in den Anfängen der Arbeiterbewegung, die am Vorabend des Ersten Weltkriegs eine SPD an ihrer Spitze weiß, die mit 34,8% der Stimmen mit nennenswertem Vorsprung vor dem Zentrum stärkste Partei des Reichstages ist.

Selbst in bürgerlichen Familien rumort es. Aus zarten Anfängen 1896 in Berlin-Steglitz entsteht die Wandervogel-Bewegung. Sie versucht, den einzelnen aus den bürgerlichen Lebensformen, der Geborgenheit der Stadt, der Welt der Väter und der Enge der Schulen zu lösen. Der Gang in die Natur, das gemeinsame Wandern und Singen, die erträumte Heimatlosigkeit, ja in Anklängen Züge eines Vagabundierens stellen eine Form der Rebellion gegen die Erwachsenenwelt dar, mit der eingangs des Jahrhunderts viele Jugendliche in Berührung kommen. Zunächst nur aus Jungengemeinschaften bestehend, schließen sich bald auch Mädchen dieser Bewegung an. Höhepunkt ist 1913 der Freideutsche Jugendtag auf dem Hohen Meißner bei Kassel, ein Gegenfest zu den landesweiten Hundertjahrfeiern der Völkerschlacht bei Leipzig und dem 25jährigen Regierungsjubiläum Wilhelm II. Zu dem eher aus bürgerlichen Ursprüngen erwachsenen Wandervogel gesellen sich kirchliche Jugendvereinigungen und Gruppierungen der Arbeiterjugend. Am Vorabend des Ersten Weltkriegs befinden sich weite Teile der deutschen Jugend im Aufbruch.

Das Deutsche Reich unter Bismarck bis 1890 hatte die außenpolitische Stellung, die es nach dem Sieg über Frankreich erworben hatte, festigen und ausbauen können. Die Bismarcksche Linie der Außenpolitik geht unter seinen Nachfolgern verloren. Deutschlands allzu lautes Streben nach einer kräftigen Beteiligung an der Weltmacht – Mittel hierzu sollte insbesondere eine starke Flotte sein – ruft seine Hauptkontrahenten mit England an der Spitze auf den Plan und führt Mächte zusammen, die bislang selbst mit Gegensätzen zu kämpfen gehabt haben. 1907 wird der Grundstein für eine Triple-Entente zwischen Frankreich, Rußland und England gelegt, die sich in den kommenden Jahren bewähren soll. Anlaß hierfür gibt es genug: vielfältige Krisenherde in Afrika, insbesondere aber auch auf dem Balkan. Dort geraten auf dem Boden des zerfallenden Osmanischen Reiches zunehmend Staaten wie Serbien, Bulgarien, Montenegro und Griechenland, ferner die Großmächte Österreich-Ungarn und Rußland aneinander.

Eingangs des zweiten Jahrzehnts dieses Jahrhunderts ist Deutschland völlig isoliert, sieht man von dem Dreibund mit Österreich und Italien ab, der wegen seiner Nähe zu den Problemen auf dem Balkan Unheil verheißt. Die Schuld für diese Auskreisung sucht man nicht bei sich, sondern interpretiert sie wehleidig als gegnerische Einkreisung. In den militärischen Planungsstäben hatte man aber schon weit eher auf die Risiken eines Zweifrontenkrieges reagiert. Auf Graf Alfred von Schlieffen, Chef des deutschen Generalstabs von 1891 bis 1905, geht der folgende Kriegsplan zurück: in Hinblick auf die schwerfällige russische Kriegsmaschinerie eine rasche Entscheidung im Westen, dabei Umgehung der französischen Festungslinie im Osten und Nordosten des Landes durch einen Schwenk hauptsächlich durch das neutrale Belgien und Umfassung des französischen Heeres. Im Osten, dem sich erst nach dem Sieg über Frankreich zugewandt werden soll, und in Elsaß-Lothringen werden zunächst nur relativ schwache Truppenkontingente eingesetzt. Entscheidend ist beim Schlieffen-Plan die Stärke des rechten Flügels, dem nach knapp vier Wochen die schwierige Aufgabe zukommt, Paris zu umfassen. „Macht mir den rechten Flügel stark", beschwor von Schlieffen am 4. Januar 1913 auf seinem Sterbebett den Generalstab.

Kriegsausbruch

Am 28. 6. 1914 beginnt das Unheil seinen Lauf zu nehmen. In Sarajewo, das heißt auf dem Boden des 1908 von Österreich-Ungarn annektierten Bosniens, fällt an diesem Tag der österreichische Thronfolger, Erzherzog Franz Ferdinand, zusammen mit seiner Frau einem Attentat serbischer Separatisten zum Opfer. Mit aller Unnachgiebigkeit begegnet Österreich dem benachbarten Serbien, das Österreich für die Morde verantwortlich macht. Hektische politische Aktivitäten in den letzten Julitagen können nichts mehr daran ändern, daß nunmehr die einmal geschlossenen politischen Koalitionen greifen. Rußland tritt an die Seite Serbiens. Deutschland – Reichskanzler ist seit 1909 Theobald von Bethmann-Hollweg – stellt sich vorbehaltlos hinter Österreich. Frankreich wiederum stärkt Rußland den Rücken. England signalisiert seine Kriegsbeteiligung, falls Deutschland die Neutralität Belgiens verletzt.

Nachdem Österreich-Ungarn Serbien am 28. Juli den Krieg erklärt hat, folgt am 1. August die deutsche Generalmobilmachung und die Kriegserklärung an Rußland, am 3. August die entsprechende Erklärung gegenüber Frankreich. Nachdem deutsche Truppen bereits am 2. August die luxemburgische Grenze überschritten haben, marschieren sie am 4. August in Belgien ein, das zuvor einen deutschen Durchmarsch abgelehnt hatte. Nun befindet sich auch England mit Deutschland im Krieg. Italien und Rumänien, Mitglied des Dreibunds bzw. ihm 1883 beigetreten, verhalten sich neutral. Mitte 1916 werden sie beide sogar auf Seiten der Alliierten in den Krieg eintreten. Die Türkei zögert, an die Seite Deutschlands zu treten, bis ihr im November 1914 durch die Alliierten der Krieg erklärt wird. Der englische Außenminister Grey begleitet die Ereignisse der ersten Augusttage mit den berühmten Worten „In diesem Augenblick gehen in ganz Europa die Lichter aus; wir alle werden sie in unserem Leben nie wieder leuchten sehen."

Derweil wendet sich am 4. August 1914 in Berlin Wilhelm II. an die im Reichstag versammelten Parteivorstände mit den ebenso denkwürdigen Worten: „Ich kenne keine Parteien mehr, ich kenne nur Deutsche." Die Sozialdemokraten bleiben von der Entwicklung dieser ersten Augusttage nicht unberührt. Zwar hat der Reichstag verfassungsrechtlich überhaupt keine Chance, an den Kriegserklärungen mitzuwirken. Durch die notwendige Zustimmung zu den Kriegskrediten kommt ihm jedoch eine maßgebliche Rolle zu, den beginnenden Krieg zu hemmen oder zu fördern. Einstimmig, d.h. mit den Stimmen der Sozialdemokratie, werden die Kriegskredite an diesem 4. August vom Reichstag bewilligt.

In den folgenden Tagen wiederholen sich überall in Europa die gleichen Bilder: Zigtausende eilen zu den Waffen. Die Friedensstärke des deutschen Heeres 1914, d.h. die Zahl der zum Zeitpunkt des Kriegsausbruchs aktiven Soldaten, beläuft sich auf etwa 800 000 Mann. Sie verteilen sich auf 51 Heeresdivisionen. Gleichzeitig mit ihnen werden 32 Reservedivisionen mobil gemacht. Zu all diesen Truppen versuchen in den Wochen nach dem Kriegsausbruch, zusätzlich 1,2 Millionen Kriegsfreiwillige zu stoßen, von denen mangels Waffen und Ausrüstung nur ein kleiner Teil sofort angenommen werden kann. Immerhin werden bis Oktober 1914 13 weitere Reservedivisionen aufgestellt. Während die Landwehr-Regimenter ebenfalls an der Front eingesetzt werden, kommt dem Landsturm die Aufgabe der Küstenverteidigung, der Bewachung der Grenzen, der Verbindungswege und der Kriegsgefangenen und die Stellung der Besatzungen für Festungen und Garnisonen okkupierter Städte zu. Vier Jahre später wird das Heer schließlich auf 240, allerdings ausgedünnte Divisionen mit insgesamt sage und schreibe 6 000 000 Männern angewachsen sein.

Angriff im Westen

Im Westen stehen Anfang August 1914 70 deutsche Infanteriedivisionen 92 alliierten gegenüber. Waffentechnisch sind die deutsche und die französische Armee gleich gut ausgerüstet. Die Westalliierten haben Vorteile bei der leichten Feldartillerie, während die Deutschen bei der mittleren und vor allem bei der schweren Artillerie – hierzu gehört die berühmte „Dicke Bertha" mit einem Geschützrohrdurchmesser von 42 cm – überlegen sind. Der deutsche Aufmarsch erfordert enorme organisatorische Vorbereitungen und Anstrengungen. Zwischen dem 2. und 18. August rollen 2150 Züge über die Kölner Hohenzollernbrücke, durchschnittlich alle zehn Minuten ein Zug voller Soldaten.

Zwischen Namur und Löwen erwartet die Hauptmacht der belgischen Armee die deutschen Truppen. Belgische Wehrfähige, die nicht in der Armee dienen, werden als Bürgerwehr mobilisiert und nähren auf deutscher Seite die Annahme, man habe es wieder wie 1870/71 mit „Franktireurs" zu tun. Die Deutschen stoßen an den Forts um Lüttich auf erbitterten Widerstand. Lüttich fällt erst am 16. August 1914. Am 17. August ist der zweiwöchige Aufmarsch des deutschen Feldheeres mit 1,6 Millionen Soldaten gegen Frankreich abgeschlossen. Die große Schwenkbewegung mit dem Ziel der Umfassung von Paris kann nun beginnen. Drehpunkt ist die Gegend um Metz/Diedenhofen. Die Franzosen, die bereits Ende der ersten Augustwoche vorübergehend in den Oberelsaß eingedrungen waren, haben sich mittlerweile mit der zahlenmäßig kleinen britischen Expeditionsarmee zusammengeschlossen. Sie greifen am 20. August den deutschen Schwenkungsflügel zwischen der Schelde und den Vogesen an. Den Deutschen gelingt es in den Grenzschlachten der kommenden Tage, den französischen Angriff abzuwehren, die Festungen Namur und Longwy zu erobern und die Franzosen in Lothringen auf ihre Festungslinie zurückzudrängen.

Im Zuge des Vormarsches erweitert sich die Front am rechten Flügel des deutschen Heeres bedenklich. Ende August sind die deutschen Truppen auf der gesamten Länge der Westfront in verlustreiche und kraftraubende Kämpfe verwickelt. Sie kommen zwar weiter vorwärts, laufen jetzt aber Gefahr, auseinandergerissen zu werden. So sehen sich die deutschen Armeen am rechten Flügel in den letzten Auguststunden gezwungen, ihr Hauptziel – die Umfassung von Paris – notgedrungenermaßen aufzugeben. Das Schlachtfeld der kommenden Tage liegt im Marnebogen östlich von Paris, teilweise nur 40 Kilometer von der Hauptstadt entfernt. Die Franzosen ziehen sich in das Gebiet südlich der Marne zurück, bereit, zusammen mit der englischen Streitmacht die deutschen Armeen in einer Gegenoffensive zurückzudrängen. Am

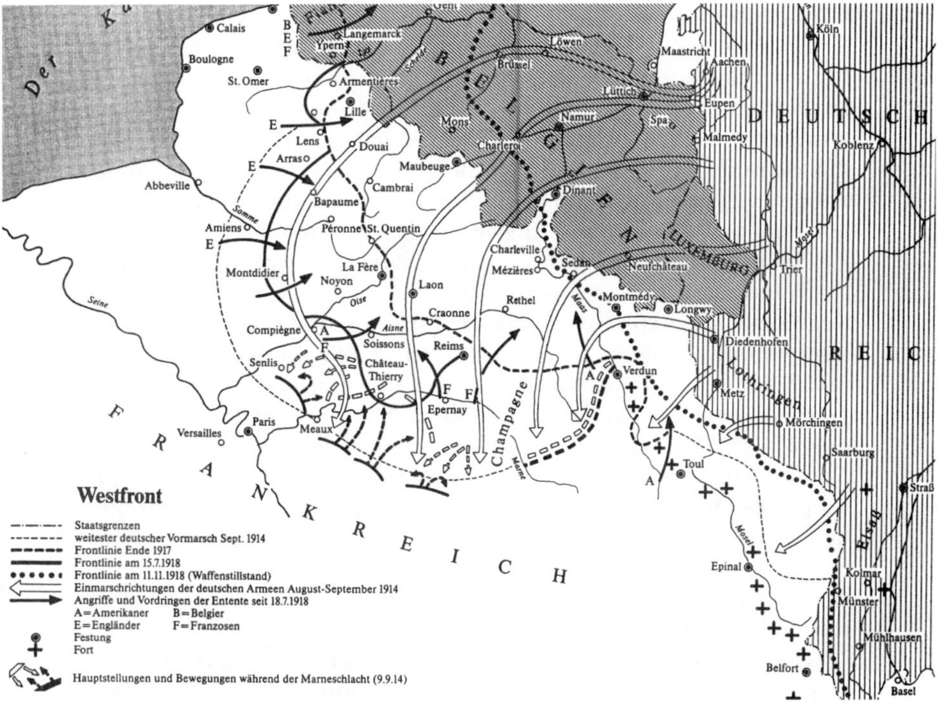

3. und 4. September – die 1. Armee ganz am rechten Flügel der Deutschen hat beispielsweise in den zurückliegenden 14 Tagen bei großer Sommerhitze und unter schweren Kämpfen 500 Kilometer zurückgelegt – überschreiten die 1. und 2. deutsche Armee die Marne. Am 6. September gehen die Franzosen vorwärts. In den folgenden sechs Tagen ringen beide Seiten an der Marne auf einer Länge von 250 Kilometern um eine frühe Entscheidung in diesem Krieg. Die nötige Verstärkung ihrer Truppen mit neuen Soldaten gelingt den Franzosen mit Hilfe von fast 700 Taxen, die die Infanteristen von Paris aus direkt an die Front befördern. Das Problem der Deutschen ist die offene Flanke nach Paris zu. Was aber noch schlimmer ist, am 8. September klafft zwischen der 1. und der 2. Armee eine Lücke von 40 Kilometern. Vor der Gefahr stehend, eingeschlossen zu werden, brechen zunächst die 2. Armee, dann die 1. Armee überstürzt und zur Verwunderung der Franzosen zwischen dem 9. und 13. September die Schlacht ab und ziehen sich weiter nördlich hinter die Aisne zurück. Am 11. September wird auch von der 3., 4. und 5. Armee – teilweise über 70 Kilometer – der Rückzug angetreten. Der deutsche Vormarsch ist gescheitert. Die Gründe liegen in dem schleppenden Nachschub im Hinterland der Front durch Pferdewagen, dem unzureichenden Informationsfluß zwischen den einzelnen Armeen und der Obersten Heeresleitung unter

Generaloberst Helmuth von Moltke, schweren Kampf- und Marschverlusten, zu alledem kommt aber noch die Abgabe von Truppen an die Ostfront und für die Belagerung von Antwerpen und Maubeuge. In der Schlacht an der Aisne am 13. und 14. September versuchen die mittlerweile in ihrer Kampfkraft natürlich auch geschwächten Alliierten ihrerseits, ihren Gegner bis nach Belgien zurückzuwerfen. Sie stoßen auf breiter Front auf deutsche Truppen, die sich inzwischen eingegraben haben, und die diesen Angriff abwehren können.

Noch einmal keimt bei den Deutschen Hoffnung auf, die Front ins Wanken zu bringen. In einem „Wettlauf zur Küste" versuchen sie, bis zur Kanalküste vorzudringen, um von dort aus bis nach Dünkirchen und Calais zu gelangen, beides Häfen, an denen die Briten ihre Soldaten auf dem Kontinent ausschiffen. In schweren Kämpfen zwischen dem 20. Oktober und dem 18. November 1914 stemmt sich die britische Expeditionsarmee bei Ypern mit Erfolg den deutschen Angreifern entgegen. Die auf deutscher Seite eingesetzten Reservekorps bestehen zum Großteil aus wenig ausgebildeten Kriegsfreiwilligen, die in diesen Stunden unter der Führung von Reserveoffizieren zu Zehntausenden fallen. In der Legende werden sie später zu den „Helden von Langemark", benannt nach dem kleinen Dorf im nördlichen Abschnitt der Front von Ypern.

Die Front im Westen erstarrt. Der Angriffsschwung ist verlorengegangen. Die Truppen verfangen sich im Spinnennetz einer gewaltigen Artilleriemaschinerie, angesichts derer es nur die eine Möglichkeit gibt, sich einzugraben und auf diese Weise notdürftig Schutz zu finden. Auf einer Länge von beinahe 300 Kilometern entstehen die Schützengräben, die für den Ersten Weltkrieg so kennzeichnend werden sollen.

Frontverlauf im Westen

Der Ausgangspunkt dieser Front liegt im Süden an der Grenze zur Schweiz. Sie berührt dann vorübergehend deutschen Boden zwischen Mülhausen und dem französischen Belfort. Sie schlängelt sich weiter nördlich durch die Vogesen, um dann in einem Bogen nördlich um Nancy herum zu verlaufen. Hier befindet sich mit dem Priesterwald ein bekannter Kriegsschauplatz. Auf der Höhe Bar-le-Duc ragt die Front in französisches Gebiet hinein und bewegt sich von dort in Nord-Süd-Richtung auf Verdun zu. Verdun stellt einen markanten Eckpunkt dar, von dem aus die Front nunmehr durch den Argonnerwald gerade gen Westen verläuft. Sie passiert das von den Franzosen gehaltene Reims, führt südlich Laon über den Höhenzug des Chemin-des-Dames. Nordwestlich von Soissons macht die Front einen weiten Bogen in Feindesland hinein, um dann wieder einen Knick gen Nordost vorzunehmen. Bei Péronne – die Stadt ist zunächst in deutscher Hand – überquert die Front die Somme, den für diese Gegend bestimmenden Fluß. In ihrem nördlichen Abschnitt trennt die Front Arras auf alliierter Seite von Lille, kurz vor den belgischen Grenze gelegen. Im belgischen Flandern verläuft die Front östlich von Ypern, um dann einige Kilometer südlich von Ostende den Ärmelkanal zu erreichen. Während die Engländer und ihre Commonwealth-Truppen – ganz grob gesagt – den nördlichen Frontverlauf bis nahe an die Somme besetzt halten, liegt das Hauptgebiet der Franzosen südlich davon.

Die Schützengräben sind von Gebiet zu Gebiet unterschiedlich ausgebaut. Sie sind an mancher Stelle von einfacher Bauart, anderswo aber zu ausgeklügelten Grabensystemen entwickelt. Auch stellen die geographischen Anforderungen völlig abweichende Anforderungen. Der von beiden Seiten belagerte Hartmannsweilerkopf ist eine Bergkuppe von ungefähr 1000 Metern. Auch die Kampfgebiete bei Verdun und am Chemin-des-Dames befinden sich noch in etwa 300 bzw. 200 Meter Höhe. Demgegenüber ist Flandern ein Flachland, das häufig unter Wasser steht und aus dem nur wenige Anhöhen herausragen. Zu der berühmt-berüchtigsten dieser Anhöhen wird der Kemmelberg südwestlich von Ypern.

Beide Seiten können sich natürlich mit der festgefahrenen Front im Westen nicht zufrieden geben. Die Franzosen nicht, weil sich die Front zum Großteil auf französischem Boden befindet. Für die Deutschen hingegen sind die Schützengräben tagtäglicher Beweis dafür, daß es ihnen nicht gelungen ist, ihre Gegner im Westen entscheidend in die Knie zu zwingen. Die Folge ist in den kommenden Jahren eine ununterbrochene Kette von Durchbruchsversuchen sowohl der Engländer und Franzosen als auch der Deutschen. Bis ins Jahr 1918 hinein werden diese Offensiven mehr oder weniger erfolglos ausgehen. Woran liegt dies? Zunächst ist für einen erfolgreichen Durchbruch eine beträchtliche Stoßkraft der Angreifer erforderlich. Maßgebliche Bedeutung kommt dabei der eigenen Artillerie zu. Sie hat die feindlichen Geschütze auszuschalten, an deren Sperrfeuer ansonsten die vorrückenden Truppen scheitern. Selbst die größere Beweglichkeit der Kavallerie, dank derer in vergangenen Jahrhunderten Schlachten gewonnen wurde, ist angesichts dieser Dominanz der Artillerie kein entscheidendes Kriterium mehr. Die Kavallerieverbände werden im Ersten Weltkrieg daher auch schon nach kurzer Zeit umfunktioniert. Ein Angriff muß zudem, um die Front spürbar zu erschüttern, auf mehre Kilometer Breite ausgedehnt werden. Die Hoffnung, den Gegner an einem schwächer besetzten Teilabschnitt der langgestreckten Front zu überraschen, läßt sich in diesem Krieg nicht mehr vollständig realisieren. Zu gut sind mittlerweile die Aufklärungsmöglichkeiten insbesondere aus der Luft.

Selbst wenn es aber einmal gelingt, das feindliche Bollwerk an einer Stelle zu überwinden, laufen die Truppen nun Gefahr, sich im Hinterland festzulaufen und vom Nachschub abgeschnitten zu werden. Hinzu kommt, daß sehr bald die Artilleriedeckung ausbleibt. Die Geschütze haben seinerzeit mit ca. sechs Kilometern eine nur sehr begrenzte Reichweite und können zudem bei dem völlig zerschossenen Kampfgebiet nur sehr langsam Anschluß halten. Diese Problematik schreit nach einem Geschützfahrzeug mit großer Antriebsgeschwindigkeit und Schußkraft. Die im Ersten Weltkrieg vorwiegend von den Engländern eingesetzten Panzer sind hiervon noch weit entfernt. Die deutsche Wehrmacht wird aus alledem am schnellsten die Lehre ziehen und zu Beginn des Zweiten Weltkriegs über Panzer verfügen, mit deren Hilfe es 1940 gelingen wird, auf den Schlachtfeldern des ersten Kriegs den Frankreichfeldzug zu einem unglaublich schnellen Ende zu bringen. Die Franzosen verwenden die Jahre zwischen den Weltkriegen dazu, ihre Befestigungslinie zur „Maginot-Linie" auszubauen, angesichts der höheren Mobilität der deutschen Truppen 1940 ein folgenschwerer Irrtum.

Das Jahr 1915 an der Westfront

Die erste große Durchbruchsschlacht ist die Winterschlacht in der Champagne südöstlich von Reims Anfang 1915. Die angreifenden Franzosen büßen 240 000 Mann ein. Die deutschen Verluste belaufen sich auf 45 000 Mann. Diese grausamen Zahlenkolonnen werden sich in den Durchbruchsschlachten der kommenden Jahre Mal für Mal wiederholen. Im April 1915 greifen die Deutschen in Flandern an. Es ist dies der erste große Einsatz von Giftgas und der Angriff verläuft zunächst erfolgreich. Die Alliierten können die entstandenen Lücken der Front jedoch gleich wieder mit Reserven füllen, weshalb die Offensive eingestellt werden muß. Aus gleichen Gründen – nun sind aber die Rollen vertauscht – scheitert im Mai/Juni 1915 der französische Angriff auf die von den Deutschen besetzte Vimy-Hügelkette nördlich Arras, die sogenannte „Loretto-Schlacht". Die Alliierten konzentrieren sich jetzt auf einen Doppelschlag im Artois und insbesondere in der Champagne zwischen den Argonnen und Reims. Innerhalb von etwa fünf Wochen im September/Oktober 1915 gelingt es den Angreifern – die Briten setzen ihrerseits erstmals in großem Umfang Gas ein – wieder nur, Gelände von wenigen Kilometern Tiefe zu gewinnen. Den Deutschen kommt zugute, daß sie kurzfristig Truppen von der ruhiger werdenden russischen Front abziehen können. Neben diesen großangelegten Offensiven gibt es 1915 beispielsweise im Priesterwald zwischen Maas und Mosel und in den Vogesen am Reichsackerkopf und Hartmannsweilerkopf hartnäckige lokale Kämpfe.

Verdun

Die deutsche Militärführung, an ihrer Spitze der Nachfolger Moltkes als Generalstabchef, der vormalige Kriegsminister Erich von Falkenhayn, ist sich im Verlauf des Jahres 1915 nicht ganz im klaren, ob ein Druchbruchsversuch zum Erfolg führen wird. Hatte von Falkenhayn doch kurz nach der Ablösung Moltkes im Herbst 1914 die entsetzlichen Verluste der Kriegsfreiwilligenverbände bei Langemark zu verantworten gehabt. Ende 1915 präsentiert er dem Kaiser einen ganz anders gelagerten Plan. Die Franzosen sollen nun an einer für sie militärisch unverzichtbaren Stelle angegriffen werden. Nicht der Durchbruch steht dabei im Vordergrund, sondern die Bindung aller französischen Kräfte an diesem Punkt. Ist der Gegner erst einmal gestellt, wird die dort zusammengezogene deutsche Artillerie den Feind schon zermalmen. Als Frontstelle, an der „Frankreichs Kräfte verbluten" sollen, wird der Frontbogen von Verdun ausgewählt. Das festungsmäßig stark ausgebaute Gebiet vor Verdun ist seit 1914 immer wieder Ziel deutscher Angriffe gewesen, ohne daß sich diese Gefechte sonderlich von denen anderer Abschnitte der Front unterschieden haben. Nun steht die ahnungslose Kleinstadt Verdun kurz davor, in trauriger Weise in die Geschichte zweier Nationen einzugehen.

Beiderseits der Maas, die Verdun in nordwestlicher Richtung durchfließt, sind in den Jahrzehnten vor dem Krieg zahlreiche Forts errichtet worden. Die Verteidigungswerke befinden sich insbesondere östlich des Flusses, wo sich etwa drei Kilometer vor der Stadt ein langes Plateau – im Westen zur Maas abfallend und im Osten in die Woëvre-Ebene übergehend – gen Norden erstreckt. Das erste Befestigungssystem, auf das Angreifer aus dem Norden stoßen müssen, besteht aus Waldstellungen und Blockhäusern. Die eigentliche Festungsregion wird wenige Kilometer weiter südlich vom Fort Douaumont angeführt, gefolgt vom Zwischenwerk Thiaumont und dem Fort Froideterre bzw. im Osten dem Fort Vaux und dem ihm vorgelagerten Werk Hardaumont. Hinter diesem Festungsring, Verdun zugewandt, befinden sich dann nur noch die älteren Forts wie Belleville und Souville. All diese Festungswerke fügen sich in ein Gebiet überreich an Wäldern mit kreuz und quer laufenden Schluchten und Senken ein. Ganz anders verhält sich die Topographie des Westufers der Maas. Aus einer Ebene ragen dort die vereinzelten Bergkuppen des Toten Mannes – übrigens schon vor dem Krieg so genannt – und der Höhe 304 hervor, in deren Schutz sich weitere Forts befinden.

Am 4. Januar 1916 beschließt das Armeeoberkommando den Angriff auf Verdun. Diese schwere Aufgabe kommt der 5. Armee zu, in deren Bereich der Frontbogen von Verdun liegt und die dem Kronprinzen untersteht. Der Angriff ist für den 12. Februar geplant. In den Tagen zuvor werden von den Deutschen ungeheuere Artilleriekräfte im Hinterland Verduns zusammengezogen. In dem Hauptangriffsgebiet zwischen dem kleinen Ort Consenvoye an der Maas und Azannes werden 1200 Geschütze aller Art, darunter immerhin 16 Rohre der „Dicken Bertha", und ca. 2 1/2 Millionen Granaten plaziert. Sage und schreibe 24 neue Bahn- und Verladestellen müssen zu diesem Zweck errichtet werden. Doch am 12. Februar regnet es und es herrscht diesiges Wetter, das keinerlei Artilleriebeobachtung zuläßt. Der Vormarsch der schon in ihren Ausgangstellungen angetretenen Truppen findet an diesem Tag nicht statt. Im Westen dieser nur etwa 15 km breiten Front zur Maas hin ist das VII. Reservekorps aufmarschiert, in dessen Stoßrichtung die Ortschaften Haumont und Samogneux liegen. In der Mitte vor dem Bois des Caures sowie den Orten Beaumont und Louvemont sind die Hessen des XVIII. Armeekorps stationiert. Östlich hiervon befinden sich die brandenburgischen Truppen des III. Armeekorps, vor denen der Herbebois und der Fossewald liegen. Insgesamt stehen 150 000 Mann bereit, von denen sich 32 000 in vorderster Linie befinden.

Am 20. Februar klart das Wetter auf und am kommenden Morgen um 8 Uhr 12 setzt das deutsche Artillerieinferno ein. Die Erde bebt und doch überleben unerwartet viele Franzosen in ihren ersten Verteidigungsstellungen und setzen den Angriffen erheblichen Widerstand entgegen. Mühsam kämpfen sich die Deutschen in den kommenden Tagen bis zu fünf Kilometer vor, immer von der französischen Artillerie beiderseits der Maas bedrängt. Am 24. Februar ist der französische Widerstand für das Erste erschöpft. Die Franzosen verlieren an diesem Tag 20 000 Mann, von denen 10 000 in Gefangenschaft gehen. Der 25. Februar wird dann zu einem der geschichtsträchtigsten Tage im Ringen um Verdun. Einigen Angehörigen des 24. Brandenburgischen Infanterie-Regiments gelingt es mehr beiläufig, Fort Douaumont einzunehmen. Obwohl von den Franzosen beinahe abgeschrieben und dementsprechend kaum besetzt, wird die Eroberung des Forts als einer der größten deutschen Kriegserfolge gefeiert. Hinter diesem Ereignis treten die Kämpfe um das nahe Dorf Douaumont, die bis zum 2. März zahllose Opfer auf beiden Seiten kosten, zurück. Das Dorf verschwindet wie viele Dörfer und Weiler im Frontbogen von Verdun für alle Zeiten vom Erdboden.

Das auf einer Bergkuppe gelegene Fort Douaumont aber wird für die Deutschen in den kommenden Monaten zu einer ganz wichtigen Durchgangsstation für die vorgehenden Truppen.

Die Franzosen nutzen die Tage nach dem „Fall" des Fort Douaumont. General Pétain hat den Oberbefehl über die Front bei Verdun übernommen und organisiert die Verteidigung der Stadt. Eine ununterbrochene Kette von Lastkraftwagen befördert von nun an über eine einzige Straße, die Voie Sacrée, Heilige Straße, neben den Soldaten all das, was vorne benötigt wird. Es beginnt ein noch zäheres Ringen um jeden Meter Boden. Vom März bis Juli konzentrieren sich die Kämpfe auf ein verhältnismäßig kleines Areal zwischen Douaumont, Thiaumont, Fleury und Vaux, dessen weitester Punkt vielleicht drei Kilometer vom Fort Douaumont entfernt ist. Langsam schieben sich die deutschen Linien – im Gelände kaum als solche erkennbar – über die Minzeschlucht, die Albain- und die Thiaumont-Schlucht, die Todesschlucht, den Caillette- und Chapitrewald, den Fumin in Richtung auf das Dorf Fleury und das Fort Vaux vorwärts. Die deutschen Truppen nehmen auf ihrem Weg unter großen Verlusten kleinere Zwischenwerke, Stützpunkte und Batterien ein, müssen aber beispielsweise noch Ende Mai eine beinahe geglückte fanzösische Rückeroberung des Forts Douaumont verhindern. Der April kostet den Deutschen in Verdun nahezu 40 000 Tote, Verwundete und Vermißte, im Mai steigt die Zahl auf etwa 55 000 an. Um dem Artilleriefeuer vom Westufer der Maas zu begegnen, beginnt Anfang März der Kampf um die Bergkuppen des Toten Mann und der Höhe 304, die nach ihrer Eroberung durch die Deutschen im Verlauf des Mai erst im Spätsommer 1917 von den Franzosen zurückerobert werden können.

Am 7. Juni ergibt sich die Besatzung des Forts Vaux, Ende Juni wird das völlig zerstörte Dorf Fleury eingenommen. Vereinzelten bayerischen Soldaten gelingt es sogar kurzzeitig, bis zum Fort Froideterre vorzudringen. Jetzt sind die Deutschen nur noch sechs Kilometer von der Stadt Verdun entfernt, aber ihre Kräfte sind endgültig erschöpft. Im August wird Falkenhayn als Chef des Generalstabs abgelöst und durch von Hindenburg und Ludendorff ersetzt. Der großangelegte Angriff der Franzosen und Engländer an der Somme seit dem 1. Juli lenkt die Aufmerksamkeit der Obersten Heeresleitung auf die Picardie und beweist letztlich, daß „die Hölle vor Verdun" sinnlos gewesen ist. Mit ihren Offensiven vom Oktober und Dezember 1916 werfen die Franzosen die deutschen Truppen auf eine Linie zurück, die in etwa der vom zweiten oder dritten Angriffstag des Februars entspricht. Als wäre nichts gewesen, prägt in den letzten zwei Kriegsjahren wieder der Stellungskrieg das tägliche Bild. Zurück liegt das Jahr 1916, in dem das deutsche Heer vor

Verdun insgesamt 337 000 Mann eingebüßt hat, während sich die französischen Verluste auf 362 000 Mann belaufen. Sie sind in erster Linie Opfer der mindestens 21 Millionen deutschen und 15 Millionen französischen Granaten, die auf dem nur etwa 30 Kilometer breiten und 10 Kilometer tiefen Schlachtfeld niedergegangen sind.

Somme-Schlacht

Damit nicht genug für das Jahr 1916. Mit der Schlacht an der Somme kommt noch die verlustreichste Schlacht dieses Krieges. Zur Entlastung der Verdun-Front ziehen die Alliierten den Beginn der bereits seit längerem geplanten Großoffensive im Gebiet der Somme auf Ende Juni vor. Auf einer Breite von je 20 Kilometern beiderseits der Somme nahe den von den Deutschen besetzten Orten Bapaume und Péronne stehen 37 Divisionen der Alliierten zum Angriff bereit. England hat kurz zuvor die allgemeine Wehrpflicht eingeführt. Die Deutschen erfahren Anfang Juni durch Fliegermeldungen von dem Truppenaufmarsch sowie der Bereitstellung gewaltiger Mengen von Materialien. Sie können ihre acht Divisionen an der Somme-Front gerade noch um drei weitere ergänzen, die abgekämpft aus der Schlacht um Verdun herausgezogen werden. Am Morgen des 24. Juni 1916 setzte die Artillerie der Alliierten ein. Der Beschuß steigert sich zu einem bisher nie dagewesenen Trommelfeuer. Am Vormittag verlegen die Alliierten die Feuerwalze auf die zweite deutsche Linie. Hinter ihr gehen die französischen und englischen Infanteristen vor. Zu ihrer großen Überraschung rührt sich in den deutschen Gräben noch Widerstand. Da insbesondere die Engländer fast noch in geschlossenen Linien angreifen, haben sie allein am 1. Juli 1916, an dem das Feuer auf die gesamte Somme-Front ausgedehnt wird, 20 000 Gefallene zu beklagen. Es ist dies der höchste Tagesverlust in der britischen Kriegsgeschichte. Und was ist das zählbare Ergebnis dieses Großangriffs? Die Alliierten dringen teilweise in den ersten deutschen Graben vor, gewinnen einige hundert Meter Trümmerfeld und einige kleine Dörfer, um kurze Zeit später durch deutsche Gegenangriffe die Gebietsgewinne teilweise wieder einzubüßen.

Von Anfang Juli bis zum 23. August erfolgen an der Somme nur alliierte Teilangriffe, vor allem nördlich der Somme. Vom 23. August bis Ende September folgt die Zermürbungsphase mit immer neuen tagelangen Großangriffen. Für die Deutschen stellt dies die kritischste Phase der Schlacht dar, in der der Mangel an Reserven, Artillerie und Munition besonders spürbar wird. Doch die Heeresleitung unter Generalfeldmarschall von Hindenburg hat aus den Erfahrungen von Verdun gelernt. Truppen bleiben jetzt nicht mehr bis zu ihrer totalen Erschöpfung im Einsatz, sondern man bemüht sich um regelmäßige Ablösungen. Am 15. September 1916 setzen die Engländer erstmals Panzer ein. Bis zur zweiten Novemberhälfte versuchen die Alliierten in zahllosen Aktionen vergeblich, die Verteidiger niederzuringen. In der fünfmonatigen Materialschlacht können die Alliierten lediglich einen Gebietsstreifen von 40 km Breite und 12 Kilometern Tiefe besetzen. Dagegen stehen ungeheuere Verluste. Die Deutschen büßen rund 500 000 Mann als Gefallene, Verwundete, Vermißte und Gefangene ein, die Allierten zusammen sogar 750 000 Mann. Eine einzige Schlacht hat, allein was die Toten betrifft, Menschenopfer in der Größenordnung einer Großstadt gekostet. Die monatelangen Kämpfe und das sich ab Oktober drastisch verschlechternde Wetter mindern endgültig die Kampfkraft der Truppen auf beiden Seiten.

Das Jahr 1917 an der Westfront

Das Jahr 1917 beginnt mit einer defensiven Aktion der Deutschen. Damit die deutschen Linien künftigen Angriffen besser gewappnet sind, wird bereits seit Herbst 1916 hinter den deutschen Linien die „Siegfriedstellung", eine über 143 Kilometer lange Verteidigungslinie zwischen Arras und Laon, ausgebaut. Hierfür werden 65 000 Arbeitskräfte, zwangsverpflichtete Franzosen aus den besetzten Gebieten und russische Kriegsgefangene eingesetzt. Zur Überraschung der Alliierten beginnt am März 1917 der deutsche Rückzug auf die Siegfriedstellung. Immerhin wird der bei Roye und Noyon vorspringende Frontbogen um rund 45 Kilometer verkürzt. Die Alliierten können nun Städte wie Bapaume, Péronne, Noyon, Ham und Soissons besetzen. Was die Alliierten in der Somme-Schlacht nicht erreicht haben, fällt ihnen nun kampflos zu.

Mit lokalem Erfolg unternehmen die Engländer im April 1917 bei Arras eine Offensive. Das Hauptinteresse der Franzosen gilt in dieser Zeit dem Großangriff an der Aisne südlich Laon, der am 16. April 1917 auf einer Breite von 40 Kilometern einsetzt. Die Sturmangriffe der Franzosen – es werden allein 61 französische Infanteriedivisionen eingesetzt – brechen am deutschen Widerstand zusammen und bringen dem französischen Heer allein bis zum 25. April die enorme Verlustzahl von etwa 160 000 Mann ein. Diese schweren Mißerfolge sowie die Nachrichten von der russischen Revolution lösen in der französischen Armee Meutereien aus, an denen fast die Hälfte des Heeres beteiligt ist. Zur Abschreckung werden an 55 Soldaten Todesurteile vollstreckt.

Die englische Heeresleitung setzt währenddessen auf einen Durchbruch an der Flandernfront. Die großangelegte Materialschlacht im Raum Ypern, die von Ende Mai bis Ende November dauern wird, zählt zu den heftigsten Kämpfen des Ersten Weltkriegs. Unter wie immer großen Verlusten und dem Einsatz von über 50 Millionen Artilleriegranaten gelingt es den Engländern aber lediglich, einen 22 Kilometer breiten Frontabschnitt etwa 8 Kilometer einzudrücken. Die letzte große Kampfhandlung des Jahres 1917 besteht in dem Tankangriff bei Cambrai, der am 20. November 1917 beginnt und mit dem die Engländer die Mißerfolge in Flandern vergessen lassen wollen. Die Tankverbände aus über 400 Panzern überwinden die deutschen Gräben und können sieben Kilometer in die deutschen Stellungssysteme eindringen. Einen entscheidenden Durchbruch erreichen die Engländer dadurch aber nicht. Sie werden von deutschen Reserven wieder weitgehend zurückgeworfen. Das Jahr 1917 geht zu Ende, ohne daß angesichts der allgemeinen Abnutzung eine nahe Entscheidung sichtbar ist. Allerdings befinden sich seit Juni 1917 die ersten Truppen Amerikas, das sich seit dem 6. April 1917 mit Deutschland im Krieg befindet, auf dem Kontinent, wo sie sich auf ihren Einsatz im Jahr 1918 vorbereiten.

Der Krieg mit Rußland

Der Stellungskrieg im Westen und die dortigen Durchbruchskämpfe sind sicherlich am ehesten für den Ersten Weltkrieg bezeichnend. Gekämpft wird aber auch in Rußland, auf dem Balkan, Italien, Vorderasien, um nur einige der Kriegsschauplätze zu nennnen. In Rußland ergreift zunächst der Gegner das Heft des Handelns. Bereits in den ersten Augusttagen 1914 gehen russische Truppen vor, um Ostpreußen zu besetzen und danach den Vormarsch gegen die Weichsel und letztlich Berlin fortzusetzen. Der Schutz der deutschen Grenzen zu Rußland ist Aufgabe der 8. deutschen Armee. Mit dem Ziel, die 8. Armee zu umfassen, rücken Mitte August 1914 die Njemen-Armee der Russen nordöstlich und die Narew-Armee südwestlich der Masurischen Seen vor. Unter großen Verlusten treffen am 20. August bei Gumbinnen die 8. Armee und die Njemen-Armee aufeinander. Inzwischen bedroht die weiter vorrückende Narew-Armee das Gros der 8. deutschen Armee im Rücken. In dieser schwierigen Situation wird die bisherige Führung der 8. Armee abgelöst und durch Generaloberst von Hindenburg als Oberbefehlshaber sowie Generalmajor Ludendorff als Stabschef ersetzt. Die bevorstehende Schlacht veranlaßt die Oberste Heeresleitung, zwei Armeekorps von der Westfront abzuziehen. Diese Maßnahme soll sich für die Entscheidungsschlacht im Westen äußerst negativ erweisen, rettet aber die Lage im Osten.

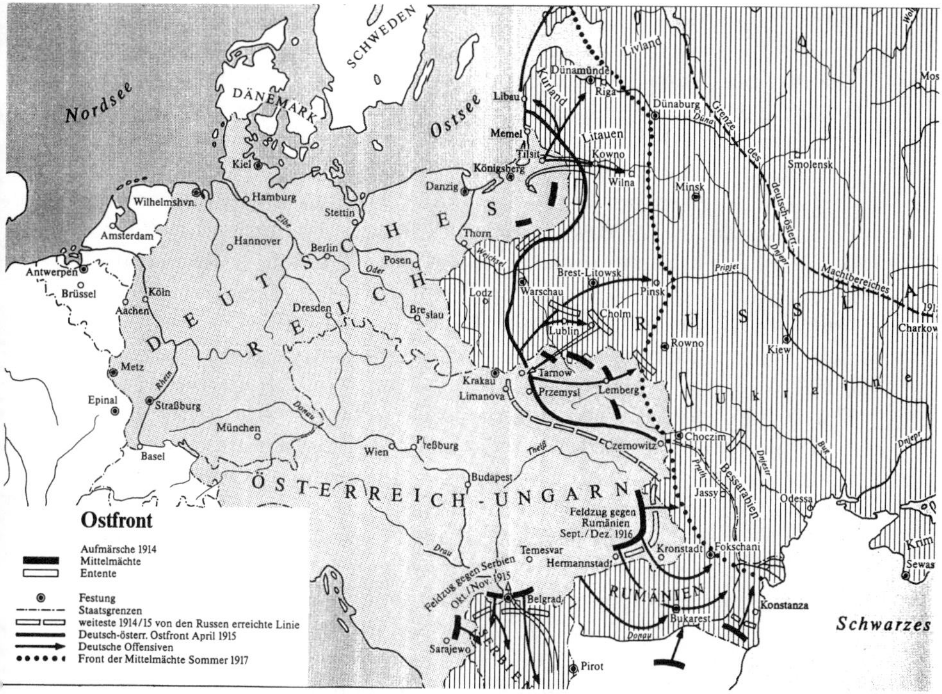

Vom 26. bis 30. August wird die Schlacht bei Tannenberg geschlagen, in deren Verlauf es den Deutschen gelingt, die Narew-Armee einzukreisen und vernichtend zu schlagen. Die Verluste der Narew-Armee belaufen sich auf 120 000 Mann. Verstärkt durch die Verbände aus dem Westen vermögen die Deutschen in der Schlacht an den Masurischen Seen vom 8. bis 10. September auch der Njemen-Armee eine schwere Niederlage mit etwa 100 000 russischen Verlusten zuzufügen. Die russischen Truppen ziehen sich wieder hinter die russische Grenze zurück. Die Namensgebung der beiden Schlachten – ein Ort bzw. eine Seengruppe – dürfen nicht darüber hinwegtäuschen, daß sich die entsprechenden Truppenbewegungen auf weite Teile Ostpreußens erstreckt haben. Insbesondere die Schlacht bei Tannenberg stellt einen gewaltigen militärischen Erfolg dar, dem es zu verdanken ist, daß im weiteren Verlauf des Krieges die Gefahr eines Einfalls russischer Truppen in die Kerngebiete des Deutschen Reiches gebannt ist.

Zeitgleich mit den Ereignissen in Ostpreußen überschlagen sich im österreichisch-russischen Grenzgebiet die Ereignisse. Operationsraum ist hier in erster Linie das zur k.u.k.-Monarchie gehörende Galizien mit der Hauptstadt Lemberg. Kaum unterstützt von den Deutschen, die in diesen Stunden die Schlacht bei Tannenberg schlagen, erleidet der rechte Flügel der österreichisch-ungarischen Streitkräfte in Ostgalizien eine schwere Niederlage. Die Russen besetzen Lemberg. Die österreichische Front bricht in den folgenden Tagen zusammen und es ist nur der Unentschlossenheit der Russen zu verdanken, daß sie nicht noch tiefer in die Donaumonarchie eindringen. Das österreichisch-ungarische Heer, das 350 000 Mann und ein Drittel seines aktiven Offizierkorps eingebüßt hat, wird sich von diesem Schlag nie mehr ganz erholen.

Das Vorgehen der Deutschen auf Warschau und Iwangorod – Polen ist damals Teil des russischen Reiches – im September/Oktober 1914 endet mit einer schweren Niederlage der Deutschen und ihrem Rückzug vor den nachstoßenden Russen. Das neu geschaffene Oberkommando Ost unter Hindenburg und Ludendorff sieht sich einer außerordentlich kritischen Situation gegenüber, die durch einen überraschenden deutschen Vorstoß in die rechte Flanke und den Rücken der russischen Hauptkräfte in Richtung Lodz überwunden werden soll. Vom 17. bis 25. November wird bei Lodz eine für den Ausgang des Krieges zumindest im Osten wichtige Schlacht geschlagen. Nach hartem Ringen können die Deutschen das polnische Textilindustriezentrum besetzen. Kurz hinter Lodz kommen die deutschen Truppen dann aber, obwohl durch Einheiten aus dem Westen verstärkt, vorübergehend zum Stehen.

Zu Beginn des Jahres 1915 versuchen die Deutschen in Ostpreußen sowie vereint mir den Österreichern in den Karpaten vergeblich, entscheidende Vorteile gegenüber den Russen zu erringen. Die österreichische Armee verzeichnet allein in den Kämpfen in den Karpaten bis April 1915 100 000 Gefallene. Die Moral insbesondere der slawischen Truppenteile der k.u.k. Armee sinkt in diesen Wochen deutlich. Zum Ausgleich wird die Stärke der deutschen Truppen im Osten ab Anfang Januar von 447 000 auf 638 000 Mann erhöht. Die Situation entspannt sich ein wenig, als in den ersten drei Maitagen gemeinsam operierenden Verbänden unter deutscher Führung in Gestalt des Generaloberst August von Mackensen bei Gorlice und Tarnow, also südöstlich von Krakau, der Durchbruch gelingt. Die russische Front wird auf diese Weise 100 Kilometer weiter nach Osten zurückgedrängt. Ab Ende April 1915 unternimmt das Oberkommando Ost Angriffe in Richtung Litauen und Kurland mit dem Ziel, russische Kräfte abzulenken und zu binden. Schon am 8. Mai 1915 marschieren deutsche Truppen in die Hafenstadt Libau ein.

Juni und Juli sehen den Vormarsch der Mittelmächte in weiten Gebieten Polens. Lemberg und Großteile Galiziens – insgesamt Gebiete von 350 Kilometer Tiefe – fallen wieder in österreichische Hand. Am 31. Mai 1915 wird der erste Einsatz von Gas an der Ostfront nach insgesamt ziemlich kläglichem Verlauf eingestellt. Auf nahezu der ganzen Front vermögen die Mittelmächte nun vorzurücken. Am 30. Juli wird Lublin, am 5. August Warschau, am

26. August Brest-Litowsk und am 18. September Wilna eingenommen. Polen, das nun weitgehend erobert ist, wird in ein deutsches Generalgouvernement mit Sitz in Warschau und ein österreichisch-ungarisches in Lublin aufgeteilt.

Der militärische Erfolg für die Mittelmächte ist 1915 groß. Den Russen gelingt es zwar, sich einer kriegsentscheidenden Umfassung zu ziehen. Trotzdem sind ihre Truppen schwer angeschlagen. Allein innerhalb dreier Monate sind 750 000 Soldaten in Gefangenschaft geraten. Diese Entwicklung ermutigt Bulgarien, an der Seite der Mittelmächte in den Krieg einzutreten, während sich Rumänien noch neutral verhält. Doch sind all diese Erfolge für die Mittelmächte teuer erkauft. Die k.u.k. Armee hat zwischen Anfang Mai und Ende August 1915 rund 500 000 Tote zu beklagen. Die Deutschen verbrauchen 1915 an der Ostfront fast alle Reserven. Hinzu kommt, daß die Westalliierten in dieser Phase Zeit finden, sich nun ganz und gar auf den Krieg umzustellen. Großbritannien erhöht seine Heeresstärke auf weit über zwei Millionen Mann. Ab Herbst 1915 stabilisiert sich die Front auf der Linie Riga, Dünaburg, Baranowitschi, Dubno, Tarnopol bis Czernowitz. Langsam gehen auch hier die Kämpfe in einen Stellungskrieg über.

Im Frühjahr 1916 beschließen die Alliierten, die geplanten Sommeroffensiven im Westen und Osten mit einer großangelegten Operation des russischen Heeres beginnen zu lassen. Etwa 1,8 Millionen russische Soldaten stehen zu dieser Zeit an der Ostfront gut einer Million Soldaten der Mittelmächte gegenüber. Am 4. Juni 1916 eröffnet die russische Südwestfront unter General Brussilow mit vier Armeen auf 450 Kilometer Breite den Angriff. In Wolhynien und der Bukowina werden die österreich-ungarischen Truppen bis zu 120 Kilometer zurückgedrängt und verlieren 614 000 Mann. Sie erleiden damit ihre schwerste Niederlage in diesem Krieg. Dank der zur Unterstützung der Österreicher in die Schlacht geworfenen deutschen Verbände gelingt den Russen trotz mehrfacher Großangriffe bis in den Herbst hinein kein entscheidender Durchbruch. Indirekt ist der Dienst, den die Russen den Alliierten erwiesen haben, aber groß. Die Deutschen haben im Laufe des Jahres zwölf kampfstarke Divisionen und zahlreiche schwere Artillerie von der Westfront abziehen müssen. Zudem erklärt Rumänien am 27. August 1916 Österreich-Ungarn den Krieg, was in den kommenden Monaten weitere deutsche Einheiten binden wird.

Die Moral der russischen Truppen Ende 1916 ist denkbar schlecht. Die russischen Kräfte haben seit 1914 4,5 Millionen Soldaten verloren, davon befinden sich 2 Millionen in Gefangenschaft. Allein 1916 sind 1,5 Millionen Soldaten desertiert. Dennoch sind sie zu Beginn des Jahres 1917 an der Ostfront zahlenmäßig immer noch überlegen. In Rußland beherrschen nun die innenpolitischen Unruhen das Geschehen. Am 16. März 1917 dankt der Zar ab. Einen Monat später kehrt Wladimir Iljitsch Lenin, der im Schweizer Exil lebende Führer der Bolschewisten, mit Unterstützung der Deutschen nach Rußland zurück. Die Regierung stellen zu diesem Zeitpunkt die bürgerlichen Demokraten, die an einer Fortführung des Krieges gegen die Mittelmächte interessiert sind. Kriegsminister, seit 22. Juli 1917 Ministerpräsident, ist Alexander Kerenski. Er vermag seine Soldaten Anfang Juli zu letzten Offensiven motivieren, bevor die Mittelmächte in Gegenoffensiven die Bukowina und Galizien sowie im Norden Riga erobern können. Dem Sturm auf das Petrograder Winterpalais, in dem sich die Regierung Kerenski verbarrikadiert hat, folgt am 8. November 1917 die Ausrufung der Sowjetrepublik durch die Bolschewisten.

Die neue Republik bietet den Deutschen die Beendigung des Krieges an, die am 15. Dezember 1917 mit der Unterzeichnung des Waffenstillstandes zwischen den Mittelmächten und Rußland in Brest-Litowsk besiegelt wird. Zur Durchsetzung des Friedensvertrages, der für Rußland den Verlust Polens, Litauens, von Teilen Estlands, Lettlands und Weißrußlands sowie der Ukraine vorsieht, rücken die Mittelmächte ohne großen Widerstand bis nach Kiew, Orscha, Mogilew, Livland und Estland vor. Unterdessen tobt in Rußland, aber auch in Finnland, der Bürgerkrieg. In den Folgemonaten unterstützen deutsche Truppen die finnische und ukrainische Regierung bei der Befreiung von den Roten Garden. Der Waffenstillstandsvertrag von Compiègne vom 11. November 1918 ordnet den Abzug aller Truppen der Mittelmächte aus sämtlichen besetzten Gebieten an. Es dauert dann aber noch mehrere Wochen, bis die letzten deutschen und österreichisch-ungarischen Soldaten russischen Boden verlassen.

Andere Kriegsschauplätze

In Serbien haben die Österreicher seit 1914 ihre zweite Front. Auf der Donau fallen am 28. Juli 1914 die ersten Schußwechsel, an denen auf österreichischer Seite Monitore – gepanzerte und mit Geschützen versehene Donaudampfer – beteiligt sind. Den Serben, deren Hauptstadt zwischenzeitlich von den Österreichern besetzt worden ist, gelingt es, die k.u.k. Armee wiederholt zurückzuwerfen und ihr schwere Niederlagen zuzuführen. Von 462 000 österreichungarischen Soldaten, die von Kriegsbeginn bis Mitte Dezember 1914 gegen Serbien zum Einsatz kommen, büßt die Donaumonarchie 274 000 ein. Eine zehnmonatige Kampfpause wird im September 1915 durch den Aufmarsch von insgesamt 14 deutschen und k.u.k. Divisionen an der serbischen Nord- und Nordwestgrenze beendet. Weitere sechs Divisonen Bulgariens – ab Oktober im Kriegszustand mit den Alliierten – bedrohen die Ostgrenze Serbiens. Am 7. Oktober 1915 überschreiten Einheiten der Mittelmächte die Save und Donau. Am 9. Oktober 1915 kapituliert Belgrad. Von den Alliierten alleingelassen und von den Deutschen gehetzt fliehen die Reste der serbischen Armee in Richtung Adria und retten sich schließlich auf die Insel Korfu. Sie beteiligen sich in den folgenden drei Jahren an den Kämpfen der Orientarmee der Alliierten an verschiedenen Fronten auf dem Balkan, insbesondere an der Mazedonischen Front, an der 1917 75 000 deutsche Soldaten stationiert sind. Mit dem Durchbruch der Alliierten durch die Mazedonienfront im September 1918 und der völligen Auflösung der bulgarischen Truppen werden die Mittelmächte gezwungen, bis zur österreichischen Grenze an der Donau zurückweichen.

Am 27. August 1916 erklärt Rumänien, vor dem Krieg Bündnispartner der Mittelmächte, Österreich-Ungarn den Krieg. Großteile des 816 000 Mann starken rumänischen Heeres dringen über die Karpatenpässe in das zur Donaumonarchie gehörende Siebenbürgen ein. In dieser Situation werden österreichisch-ungarische und deutsche Verstärkungen in das Grenzgebiet geschafft. Zu der neugebildeten deutschen 9. Armee, die von dem als Generalstabchef abgelösten Falkenhayn kommandiert wird, gehört auch das Alpenkorps. Innerhalb von acht Tagen gelingt es diesen Verbänden Ende September/Anfang Oktober 1916, Siebenbürgen wieder zu befreien. Die Reste der rumänischen Einheiten ziehen sich über die Karpatenpässe nach Rumänien zurück. Die 9. Armee zersprengt den rumänischen Verteidigungsgürtel jenseits der Karpaten und rückt gleichzeitig mit der von Süden angreifenden Donauarmee auf Bukarest vor, das am 6. Dezember 1916 eingenommen wird. Das ganze Jahr 1917 hindurch ziehen sich Stellungskämpfe im Nordosten Rumäniens mit wechselseitigen Angriffsbemühungen der Mittelmächte, darunter wieder das Alpenkorps, bzw. der Russen und Rumänen. Nahezu zeitgleich mit dem Waffenstillstand mit Rußland werden am 9. Dezember 1917 auch die Kampfhandlungen mit Rumänien eingestellt.

Der am 23. Mai 1915 erfolgte Kriegseintritt Italiens auf Seiten der Alliierten stellt für die Mittelmächte den ersten Verlust eines ehemaligen Verbündeten dar. Am gleichen Tag greifen die italienischen Truppen erstmalig am Isonzo, einem Bergfluß aus den Julischen Alpen zwischen Udine und Triest, an. Elfmal werden beiden Seiten in den nächsten zwei Jahren bis zum Spätsommer 1917 an dieser Front in den sogenannten Isonzo-Schlachten den Durchbruch versuchen. Die italienisch-österreichische Front ist mit keiner anderen des Ersten Weltkriegs vergleichbar. Von über 600 Kilometern Front, die am Unterlauf des Isonzo beginnt, dann im großen Bogen in Kärnten durch die Karnischen und Julischen Alpen verläuft und in den Tiroler Alpen endet, befinden sich 450 Kilometer im hochalpinen Bereich oberhalb der Schneegrenze. Unter großen Anstrengungen werden in dieser Gebirgslandschaft Stellungen ausgebaut, die mehr als anderswo den Verteidiger bevorteilen.

Den geplanten Durchbruch erreichen die Italiener, die Alpini, in keiner der elf Isonzoschlachten, obwohl 770 000 Österreicher und Italiener ihr Leben lassen müssen. Das österreichische Armeeoberkommando bittet in dieser Situation um Unterstützung Deutschlands, das sieben gebirgserprobte Divisionen nebst zahlreicher Artillerie in die Alpen entsendet. Unter konzentriertem Geschützeinsatz und der Verwendung von Gasgranaten, darunter das hochgiftige Grünkreuz, schaffen es die Mittelmächte, zwischen dem 24. und 27. Oktober 1917, das italienische Stellungssystem zwischen Flitsch, Karfeit und Tolmein zu durchbrechen. Die gesamte italienische Alpenfront bis zur Adria gerät ins Wanken. Erst an der Piave können die Italiener wieder eine Frontlinie aufbauen, an der weitere Angriffe der Mittelmächte scheitern. Es dauert bis zum 23./24. Oktober 1918, daß die Italiener in einer großangelegten Offensive ihrerseits den Durchbruch versuchen. Den ersten Ansturm haben die österreichisch-ungarischen Truppen abgewehrt, als sie angesichts des nahen Kriegsendes den Befehl erhalten, sich an die Landesgrenzen zurückzuziehen.

Seit November 1914 befindet sich auch die Türkei an der Seite der Mittelmächte im Krieg. Die Deutschen versprechen sich hiervon eine Sperrung des Seeweges zwischen Rußland und seinen westalliierten Verbündeten sowie eine Bedrohung des Suezkanals. Ziel der Jungtürken, die unter Sultan Mohammed V. die Regierung bilden, ist der Gewinn russischer Gebiete, zum Beispiel der Krim. Die Führung des türkischen Heeres liegt im wesentlichen in den Händen deutscher Berater. Im Laufe des Ersten Weltkriegs entstehen im Nahen Osten mehrere Kriegszentren: die Dardanellen, der Kaukasus, Palästina und Mesopotamien. Zu den großen Operationen dieses Krieges zählt die Landung alliierter Streitkräfte auf der Halbinsel Gallipoli eingangs der Dardanellen ab 25. April 1915. Aus ihren gut ausgebauten Verteidigungsstellungen können die Türken die Angriffe nach erbitterten Kämpfen zurückschlagen, so daß die Alliierten das Landungsunternehmen am 9. Januar 1916 abbrechen müssen. Angetrieben von dem englischen Obersten T. E. Lawrence erklärt der Scherif von Mekka Mitte 1916 die Unabhängigkeit der Araber von der Türkei. Arabische Stämme unterstützen daraufhin die allmähliche Vertreibung der Türken aus dem nordwestlichen Arabien und Palästina durch die Briten. Auf Seiten der Türken kommen wieder einige Einheiten deutscher Soldaten zum Einsatz.

Die Kriegsmaschinerie

Schnell werde der Krieg beendet sein, ist bei Kriegsausbruch die allgemeine Ansicht in der Heimat. Doch schon bald holt die Realität diese Wunschvorstellung ein. Die großen Verluste an Aktiven, Reservisten und insbesondere auch Kriegsfreiwilligen führen zu einem erhöhten Bedarf an Rekruten. Die reguläre Einberufung, die vor dem Krieg erst bei 20jährigen einsetzte, wird vorverlegt. Die Zahl der Wehrpflichtigen in der Zeit bis 1918 beläuft sich auf durchschnittlich pro Jahr eine halbe Million. An der Front kommen allerdings zunächst weniger an, was an unzulänglicher Gesundheit oder Zurückstellung aus wichtigen beruflichen Gründen liegt. Im Laufe der Zeit werden viele dieser Männer aber nachgemustert und anschließend doch einberufen. Ähnliche Probleme haben im übrigen auch die Alliierten. So sieht sich England, das zu Anfang des Krieges mit seinem Berufsheer auszukommen meint, 1916 zu einer allgemeinen Aushebung gezwungen.

Die Ausbildung auf deutscher Seite erfolgt vornehmlich in den Ausbildungszentren Altengrabow, Arys, Bitsch, Darmstadt, Döberitz, Elsenborn, Friedrichsfeld, Grafenwöhr, Gruppe, Hammelburg, Hammerstein, Heuberg, Jüterbog, Königsbrück, Lamsdorf, Lechfeld, Lockstedt, Münsingen, Munster, Neuhammer, Oberhofen, Ohrdruf, Orb, Senne, Warthe, Zeithain und Zossen. Nach dem Einmarsch der deutschen Truppen in Belgien und Rußland kommen noch Beverloo und Warschau hinzu. Um auf Verluste kurzfristig reagieren und den Ersatz gezielter einsetzen zu können, werden die Rekruten häufig noch einige Tage in den Feldrekrutendepots der einzelnen Divisionen untergebracht. Diese Läger befinden sich unmittelbar hinter den Frontabschnitten.

Auch in der Heimat muß man sich dem Krieg stellen. Während im Winter 1914 eine Güterknappheit noch unvorstellbar ist, müssen Nahrungsmittel bald staatlich rationiert werden. Die Kartoffel-Mißernte von 1916 führt zum Kohlrübenwinter 1916/17, dessen Entbehrungen noch lange in der Erinnerung der Bevölkerung nachwirken werden. Die Blockade Deutschlands durch die Alliierten wirkt sich aus. Den schon damals für die deutsche Wirtschaft so wichtigen Exporten ist nun ein Riegel vorgeschoben. Darüber hinaus macht sich jetzt die Abhängigkeit von Importen negativ bemerkbar. Ende des Krieges müssen so zum Beispiel Altmetallsammlungen durchgeführt werden. Überall fehlt es zudem an Arbeitskräften. Bis Ende 1914 sind ungefähr ein Drittel der Industriearbeiter eingezogen und die Heeresstärke steigt im Verlauf des Krieges ja noch an. Vermehrt werden klassische Männerberufe nun von Frauen ausgefüllt. Zahlreiche Facharbeiter müssen von ihren Betrieben als unabkömmlich angefordert werden. Die Zahl der vom Kriegsdienst Zurückgestellten nimmt zum Kriegsende hin weiter zu und erreicht 1918 1,2 Millionen. In der Landwirtschaft kommt noch der Mangel an Pferden hinzu, die ebenfalls an der Front im „Einsatz" sind.

Der Rüstungswirtschaft kommt erste Priorität zu. Die Betriebe müssen reibungslos arbeiten. Im Verlaufe des Krieges werden deshalb die Gewerkschaften schrittweise aufgewertet. Der Staat akzeptiert in größeren Betrieben die Errichtung von Arbeiter- und Angestelltenausschüssen, Vorläufern der Betriebsräte. Basis für diese Entwicklungen ist der Burgfriede, den die Sozialdemokratie am 4. August 1914 mit dem monarchischen Staat getroffen hatte. Diejenigen Sozialdemokraten, die sich mit dieser Linie durchaus nicht anfreunden können, vereinigen sich im April 1917 in der Unabhängigen Sozialdemokratischen Partei Deutschlands (USPD). Finanziert wird der Krieg schlicht durch die Erhöhung der Geldmenge über Kredite und Anleihen, womit der Keim für die Nachkriegsinflation ausgebracht ist.

Wer im Krieg nicht getötet wird, wird durchschnittlich einmal verwundet. Zu dieser verkürzten Aussage gelangt man bei sehr oberflächlicher Auslegung einiger Zahlen, die der erst 1935 erschienene Sanitätsbericht über das deutsche Heer im Weltkrieg 1914 bis 1918 enthält. Bei einer Stärke des gesamten deutschen Heeres im Jahre 1917/18, die hier mit 7,1 Millionen Mann angegeben wird, weist er die erschreckende Zahl von 1,9 Millionen toten Deutschen und 5,6 Millionen Verwundungen aus. Hinzu kommen noch unzählige Erkrankungen. Artilleriegeschosse sind mittlerweile Grund für jede zweite Verletzung. Im Krieg 1870/71 ging auf sie lediglich ein Zwölftel der Verwundungen zurück und es dominierten Schußverletzungen. Etwa 70 000 Mal müssen auf deutscher Seite Soldaten mit Gasvergiftungen in die Lazarette aufgenommen werden, ganz abgesehen von den vielen Gastoten auf allen Seiten.

Der Sanitätsdienst ruht auf verschiedenen Fundamenten. In den Bataillonen, Artillerieabteilungen und gleichgestellten Einheiten stehen als Teil der kämpfenden Truppe Bataillonsärzte, Sanitäter und je Infanteriebataillon sechzehn Krankenträger bereit. Der Truppensanitätsdienst hat einfache Schutzverbände bei marschfähigen Verwundeten anzulegen und diese zum Leichtverwundetensammelplatz weiterzuleiten sowie schwerer Verwundete in die Sanitätskompanien und Feldlazarette zu überführen. Mit dem beginnenden Stellungskrieg und der zunehmenden Artillerieeinwirkung müssen frontnahe und schußsichere Bunker für die erste Behandlung geschaffen werden. Im zweiten oder dritten Graben des Kompanieabschnitts wird etwa fünf Meter unter der Erde ein artilleriesicherer Sanitätsunterstand eingerichtet, in dem durch den Sanitätsunteroffizier der Kompanie Erste Hilfe geleistet wird. 500 Meter weiter im Hinterland befindet sich der Bataillonsunterstand und zwei bis drei Kilometer zurück der Regimentsunterstand für bis zu 100 Verwundete. Hier bedient man sich schon des Personals der gesonderten Sanitätskompanie der Division, die zudem für den Abtransport zum Hauptverbandsplatz verantwortlich ist. Die Hauptverbandplätze der Infanteriedivisionen liegen zehn oder mehr Kilometer hinter der Front in noch unbeschädigten zivilen Unterkünften, in Baracken oder je nach Frontabschnitt auch in Bunkersystemen. Nicht weit dahinter befindet sich das erste Feldlazarett, untergebracht in einer Kirche, Schule oder ähnlichen Gebäuden. Zum Gesamtsystem der medizinischen Verwundetenbetreuung gehören schließlich die Kriegslazarette und die Reservelazarette in der Heimat, die selbst in Fabriken oder Privatvillen Platz finden. Sowohl beim Feldheer als auch in der Heimat gibt es 1918 etwa je eine halbe Million Lazarettbetten. Das gesamte Versorgungssystem funktioniert nur durch den Einsatz eines ausgeklügelten Transportwesens, an das bei größeren Angriffen noch weit höhere Anforderungen gestellt werden.

Im Heer sind im Ersten Weltkrieg 25 000 Ärzte eingesetzt, davon ein Viertel in der Heimat. Die großen Verluste führen zu unkonventionellen Maßnahmen. Seit 1916 werden Mediziner mit wenigstens zwei klinischen Semestern zu Feldunterärzten ernannt. Neben dem militärischen Sanitätsdienst leistet auch die „Freiwillige Krankenpflege" großes. 202 000 Menschen nehmen hieran teil, christliche Ritterorden, die Vereinsorganisationen des Roten Kreuzes, Freiwillige aus dem In- und sogar dem neutralen Ausland. 66 000 hiervon sind im Kriegsgebiet tätig, unter ihnen 19 000 Frauen. Gemeinsam kämpfen sie gegen das Elend in den Lazaretten an. Etwa 300 000 Soldaten sterben in ärztlicher Behandlung. Beinahe drei Viertel aller Operationen, die in den Lazaretten durchgeführt werden, sind Amputationen. Die Sterblichkeitsrate bei Amputationen, im Krieg 1870/71 noch 54,5 %, kann deutlich gesenkt werden. Trotzdem sterben bei Oberschenkelschußbrüchen noch 23,3 % der Verwundeten. Die Überlebenden haben sich von nun an auf ein Leben mit all seinen verwundungsbedingten Einschränkungen einzustellen.

Die Lazarette befinden sich im Hinterland der Front. Dieses ist im übrigen auch das Gebiet der klassischen Etappe, die, so der Wortlaut der Kriegsetappenordnung vom 12. März 1914, „der Heeresversorgung durch Zuführung von Streitkräften und Heeresbedürfnissen, durch Ausnutzung der Hilfsmittel und Vorräte des Kriegsschauplatzes und durch Übernahme und Ableitung von allem, was das Feldheer in seiner Verwendungsfähigkeit behindern kann" dient. Das gesamte Etappengebiet gliedert sich gegen Kriegsende in 354 Etappen-Kommandanturen mit vielfältigen Aufgaben. Durchführung des Nachschubs an Truppen und Munition mit zahlreichen Lagern und Depots, Aufnahme der Kriegsgefangenen, Spionageabwehr, Kassenverwaltung, Feldpostwesen, um nur einige der markantesten Aufgaben hervorzuheben. Den Etappenoffizieren stehen zunächst Landwehreinheiten zur Verfügung, die jedoch schon bald an der Front eingesetzt werden müssen und durch Landsturmformationen ersetzt werden.

Bei alledem darf man nicht vergessen, daß sich das Etappenleben im engeren Sinne nur auf feindlichem Boden abspielt, das heißt es gibt zahlreiche kriegsnotwendige Schnittstellen mit der lokalen Verwaltung und Bevölkerung. Die Etappenverwaltung kontrolliert die einheimischen Polizei- und Gemeindebehörden, zensiert die Presse vor Ort und überwacht die Post. Die Zivilbevölkerung wird zur Arbeit herangezogen. Das in Frankreich erforderliche Geld wird durch Zwangsauflagen den dortigen Gemeinden abgenötigt, im Osten werden Steuern erhoben. Landwirte in den besetzten Gebieten müssen Erzeugnisse der Landwirtschaft und der Viehzucht abgeben, für einen Krieg gegen ihre Landsleute auf der anderen Seite. Gleiches geschieht mit Industrieerzeugnissen.

Das Kriegsjahr 1918

Die Pläne der deutschen Obersten Heeresleitung konzentrieren sich im Winter 1917/18 auf einen entscheidenden Durchbruch an der Westfront. Er ist für das Frühjahr 1918 vorgesehen, alle verfügbaren Kräfte werden hierfür mobilisiert. Die Offensive unter dem Decknamen „Michael" soll einen Abschnitt von 80 Kilometern von Arras bis La Fère treffen. Von den 200 Divisionen an der Westfront werden 76 für diese Großoffensive bereitgestellt, daneben MG- und Minenwerferabteilungen und alle Arten von Artillerie. Am 21. März 1918 setzt der deutsche Angriff ein. In den nächsten Tagen brechen die deutschen Armeen auf einer Breite von 80 Kilometer 65 Kilometer in die alliierte Front ein, nehmen Städte wie Péronne, Albert, Ham, Montdidier und La Fère ein und rücken auf Amiens und Abbeville vor. Doch ihre Stoßkraft erlahmt an nachrückenden Reserven der Gegenseite und am 5. April 1918 muß das Unternehmen „Michael" abgebrochen werden.

Nur vier Tage später folgt die nächste deutsche Offensive beiderseits der französisch-belgischen Grenze an der Lys. Zunächst „Georg" genannt, wird diese Offensive wegen seiner dezimierten Truppenmacht später in „Georgette" umgetauft. Ungeachtet der Erfolge der Einnahme von Armentières am 11. April und der Eroberung des Kemmelbergs am 25. April 1918 erweist sich der geplante Frontdurchbruch auch hier in den Folgetagen als utopisch. Weit größerer Erfolg ist der Offensive „Blücher-Yorck" beschieden, die zur Überraschung der Alliierten am 27. Mai 1918 ausgerechnet am schwer einzunehmenden Chemin-des-Dames einsetzt. Innhalb kürzester Zeit vermögen die Deutschen den Höhenzug und die in seinem Schatten verlaufende Aisne zu überqueren. Bereits am 29. Mai wird Soissons besetzt und am 30. und 31. Mai 1918 kann an einigen Abschnitten nahe Château Thierry sogar die Marne überschritten werden. Erneut – wie schon 1914 – ist Paris nicht fern. Doch bereitet der vorgeschobene Frontbogen an der Marne der deutschen Heeresleitung Sorgen. Als die Versuche scheitern, ihn zwischen Montdidier und Noyon bzw. im Osten bei Reims auszubauen, zeichnet sich das Ende der deutschen Angriffsbemühungen ab.

Am 18. Juli 1918 setzt plötzlich aus den Wäldern bei Villers-Cotterêts die französische Gegenoffensive ein. Erst hinter der Aisne und Vesle gelingt es den Deutschen, wieder eine Verteidigungslinie zu errichten. Der nächste Stoß der Alliierten erfolgt am 8. August 1918 beiderseits der Somme zwischen Albert und Montdidier, zu dem 32 Divisionen der Alliierten antreten. Das Resultat ist für die Deutschen katastrophal. 16 Divisonen werden aufgerieben, 53 000 Mann gehen in Gefangenschaft. Es ist – mit den Worten Ludendorffs gesprochen – der „schwarze Tag des deutschen Heeres". Anfang September befinden sich die Deutschen wieder in ihren Angriffstellungen vom März 1918. Seit Mitte August 1918 zwingen amerikanische Truppen die Deutschen zwischen St. Mihiel und den Argonnen zum Rückzug. Immer wieder können die Deutschen auf ihrem Rückzug an der ganzen Front Stellungen ausbauen und sich vorübergehend verteidigen. Anfang November sind sie auf eine Linie westlich von Antwerpen, Brüssel und Charleroi sowie im Süden der Front längs der Maas zurückgedrängt.

Kriegsende

In Deutschland nimmt währenddessen die Kriegsmüdigkeit konkrete Formen an. Eine Ende Januar 1918 ruft der Spartakusbund – die 1917 durch Abspaltung von der Sozialdemokratie entstandene linksradikale, revolutionäre Bewegung – eine Streikwelle aus. Sie erfaßt unter Beteiligung von weit über 100 000 Arbeitern kriegswichtige Betriebe in mehreren deutschen Industriestädten. Der Reichskanzler des Sommers 1914, Bethmann Hollweg, ist bereits seit Juli 1917 abgelöst. Nachfolger ist für wenige Wochen Dr. Georg Michaelis. Seit dem 1. November 1917 nimmt seinen Platz Graf Hertling ein. Das Sagen in Deutschland liegt jedoch schon seit geraumer Zeit bei der OHL unter Hindenburg und Ludendorff. Sie informieren Berlin nicht nur sehr spärlich, ihre Meldungen an die Reichsleitung lassen bis zum Spätsommer 1918 auch das nahe Kriegsende nicht vermuten. Erst der Zusammenbruch Bulgariens Ende September 1918 veranlaßt das OHL, das Ruder herumzuwerfen. Am 28./29. September fordert Ludendorff mit einem Mal die Regierung auf, bei den Alliierten umgehend um Frieden und Waffenstillstand nachzusuchen. Und er verlangt noch mehr: die Regierung müsse parlamentarisiert werden. Die Verantwortung für das Desaster soll im letzten Moment auf den „Feind“ im Innern abgewälzt werden. Am 29. September tritt Hertling zurück. Das konstitutionelle System hat ausgedient.

Sein Nachfolger, gekürt durch die Parteien, wird am 3. Oktober 1918 der Reform-Monarchist Prinz Max von Baden, der allerdings in seinem Amt das Kriegsende auch nicht mehr erleben wird. Von Anfang Oktober datiert das Waffenstillstandsangebot der Mittelmächte an den amerikanischen Präsidenten. Wilson, erst relativ spät auf der traurigen Bühne des Ersten Weltkriegs erschienen, ist seit Ende 1916, d.h. bereits einige Monate vor dem Kriegseintritt der USA, das Medium für einen künftigen Frieden. Es kommt zu einem Notenwechsel, der ganz gezielt Wochen kostet, in denen sich die militärische Situation Deutschlands weiter verschlechtert. Die massiven Forderungen der Alliierten, ihr Streben nach einer deutschen Kapitulation, lassen nun bei der deutschen Militärführung die Nerven durchgehen. Die OHL will nun doch bis zum Letzten kämpfen, trifft jetzt aber auf eine deutsche Regierung, die sich gegenüber den Militärs durchsetzen kann und die am 26. Oktober 1918 beim Kaiser die Entlassung Ludendorffs erreicht. Sein Nachfolger an der Seite Hindenburgs wird General Groener. Noch wichtiger aber wird, was sich in den folgenden Tagen in der deutschen Flotte abspielt.

Die Seekriegsleitung erwägt in diesen Tagen einen todesmutigen Ausfall auf die Themsemündung und die flandrische Küste. Als der Befehl zum Auslaufen ergeht, kommt es in der Nacht vom 29. auf den 30. Oktober 1918 auf einigen Schiffen in Wilhelmshaven zu Befehlsverweigerungen eines solchen Ausmaßes, daß die Flotte nicht auslaufen kann. Die Rädelsführer werden verhaftet, ein Teil der Flotte nach Kiel verlegt. Am 3. November ereignen sich in Kiel Zusammenstöße zwischen Matrosen und Arbeitern auf der einen und Militärs auf der anderen Seite, in deren Verlauf es die ersten Toten gibt. Die meuternden Matrosen bilden einen „Soldatenrat". Vom 5. November an gibt es Matrosendemonstrationen in Wilhelmshaven, Cuxhaven, Lübeck, Hamburg und weiteren norddeutschen Großstädten. Matrosen verbünden sich mit streikenden Arbeitern, örtlichen Funktionären vor allem der USPD und der Gewerkschaften. Überall werden „Arbeiter- und Soldatenräte" etabliert. Jetzt geht es anders als in den ersten Matrosenerhebungen nicht mehr bloß um die Eingrenzung der Rechte der Militärs, sondern allgemein um die Änderung der politischen Machtverhältnisse. Gleichzeitig proklamiert am 7. November 1918 am anderen Ende Deutschlands, in München, der Führer der Bayerischen USPD, Kurt Eisner, die Republik. Der König von Bayern tritt zurück. In den Straßen Berlins herrscht zu dieser Zeit noch vergleichsweise Ruhe, allerdings plant der Spartakusbund die Revolution. An seiner Spitze stehen der seit dem 21. Oktober aus dem Gefängnis entlassene Karl Liebknecht und Rosa Luxemburg.

Das wesentliche Hindernis für einen Frieden ist der Kaiser, der rein politisch gesehen im Verlaufe des Krieges fast jeden Einfluß verloren hat. Seit Ende Oktober fordern insbesondere die Sozialdemokraten seine Abdankung. Der Kaiser selbst zieht sich am 29. Oktober in den Kreis seiner Militärführer ins Hauptquartier im belgischen Spa zurück. Berlin wird er in seinem Leben nie mehr wiedersehen. Eine Verständigung über die Frage der Abdankung zwischen dem Kaiser, seinen Beratern, der OHL und den Sozialdemokraten scheitert noch am 6. November. In Spa wird erwogen, den Kaiser an der Spitze des Heeres in die Heimat zurückkehren zu lassen. Diese Idee wird aber verworfen, da mittlerweile große Zweifel an der Loyalität der Fronttruppen bestehen und sich am 9. November die Revolution in Form eines Generalstreiks einhergehend mit Großdemonstrationen nunmehr auch in Berlin durchsetzt. Ohne präzisen Auftrag hierfür zu haben, aber beseelt von der Idee, den Bürgerkrieg zu verhindern, nimmt Max von Baden gegen Mittag des 9. November 1918 dem schwankenden Monarchen die Entscheidung ab und verkündet die Abdankung des Kaisers und des Kronprinzen. Gleichzeitig übergibt er das Kanzleramt an den Führer der Mehrheitssozialdemokraten, Friedrich Ebert. Die Sozialdemokraten nehmen die geschichtliche Herausforderung an und gegen 14 Uhr ruft Philipp Scheidemann in einer spontanen Aktion vor dem Reichtag die deutsche Republik aus. Er kommt auf diese Weise der Ausrufung einer „sozialistischen" Republik – zwei Stunden später durch Liebknecht vor dem Schloß dann auch erfolgt – zuvor. Es gelingt Ebert in den folgenden unsicheren Stunden, die USPD für ein Bündnis mit den Mehrheitssozialdemokraten und den Eintritt in sein Kabinett, den

„Rat der Volksbeauftragten", zu gewinnen. Damit sind die Anhänger einer „Rätediktatur" im Sinne der bolschewistischen Revolution vorerst einmal auf Distanz gehalten.

In der Nacht vom 9. auf den 10. November 1918 verständigen sich Groener für das OHL und Ebert, Revolution und Militärmacht wechselseitig anzuerkennen. Den schwierigsten Schritt vermeiden die Militärführer aber geschickt. Zur Unterzeichnung der Waffenstillstandsvereinbarung am 11. November 1918 erscheint in dem legendären Eisenbahnwaggon im Wald von Compiègne vor dem alliierten Oberkommandierenden General Foch eine Delegation aus Zivilisten, angeführt von dem Zentrums-Abgeordneten Matthias Erzberger. Es gibt keinerlei Verhandlungen. Foch fordert die bedingungslose Kapitulation Deutschlands. In den frühen Morgenstunden des 11. November 1918 unterzeichnet Erzberger die ihm vorgelegten Waffenstillstandsbedingungen. Diese sehen die Räumung der besetzten Westgebiete einschließlich des linken Rheinufers binnen 15 Tagen vor, ferner die Aufhebung der Friedensschlüsse mit Rußland und Rumänien, die Auslieferung des schweren Kriegsmaterials und der U-Boote und Aufbauleistungen in den besetzten Gebieten. Einige Stunden später, um 12 Uhr mittags des 11. November ist der Erste Weltkrieg beendet. Der deutsche Kaiser weilt zu diesem Augenblick schon nicht mehr auf deutschem Boden. Er hatte bereits am frühen Morgen des 10. November 1918 mit seinem Hofzug Spa verlassen und sich in die Niederlande ins Exil begeben. Die Truppen an der Westfront erfahren mit Kriegsende von dem Befehl des Armeeoberkommandos, wonach sie Soldatenräte zu wählen haben. Gleichzeitig machen sie sich auf den Weg zurück in die Heimat.

Die Revolution 1918/19

Das Deutschland des Kaiserreichs existiert nicht mehr. Die Revolution hat innerhalb kürzester Zeit die gekrönten Häupter aller 20 deutschen Kleinstaaten hinweggefegt. In Österreich-Ungarn dauert es bis zum 11. November 1918, ehe Kaiser Karl I. auf seine Regentschaft verzichtet und außer Landes geht. In Deutschland liegt die politische Verantwortung nun in den Händen der SPD Eberts. Deren Erfolgschancen bewegen sich aber ohne echte Unterstützung gegen Null. In dieser schwierigen Ausgangssituation findet sich mit den Militärs ein auf den ersten Blick eher überraschender Bündnispartner. Als Verantwortliche des gerade verlorenen Krieges müssen die Militärs aber um ihre Rolle im künftigen Staatsgebilde fürchten. Und eines ist gewiß, bei einem Sieg des Linksradikalismus werden sie weit Schlechteres zu erwarten haben. Was liegt da nicht näher, als sich gemeinsam gegen die ungeliebten Vorhaben Karl Liebknechts und Rosa Luxemburgs, einen Rätestaat nach russischem Muster zu errichten, zu wenden.

Das Regierungsprogramm des Rats der Volksbeauftragten verkündet am 12. November 1918 bürgerlich-demokratische, keine sozialistischen Reformen, wie die Einführung des Achtstunden-Tages, eine Erwerbslosenunterstützung, Arbeitsschutzverordnungen und die Anerkennung der Gewerkschaften als offizielle Vertreter der Arbeitnehmer. Die bevorstehende Heimkehr Berliner Gardetruppen als erklärte Gegner der Revolution erhöht in den ersten Dezembertagen in der Hauptstadt die Spannung und die Furcht vor einem Staatsstreich der Militärs. Am 6. Dezember schießen Garde-Füsiliere in einen Demonstrantenzug aus Anhängern des Spartakusbundes und töten dabei 16 Demonstranten und Passanten.

Am 23. Dezember eskaliert die Situation. Es geht um die Volksmarinedivision, die der OHL ein Dorn im Auge ist. Die vergeblichen Versuche von Gardeeinheiten, die Matrosen aus dem Schloß und dem Marstall zu vertreiben, führen am Heiligabend vor den Augen herbeieilender Zivilbevölkerung zu Kämpfen mit Toten auf beiden Seiten. Die USPD-Volksbeauftragten treten daraufhin aus der Regierung aus. Um die Jahreswende vereinigen sich Spartakus und andere linksradikale Gruppierungen in der Kommunistischen Partei Deutschlands. Da angesichts der Weihnachtstage die heimgeführten Truppen beinahe vollständig auseinandergelaufen sind, bilden sich nun erstmalig Zeitfreiwilligenformationen, die Freikorps, angeführt von ehemaligen Offizieren. Ihr Ziel ist es, der Anarchie der Straße Einhalt zu gebieten. Vertreter u.a. der USPD und KPD erklären am 6. Januar 1919 die Regierung Ebert-Scheidemann für abgesetzt. Dies löst schwere Straßenkämpfe in verschiedenen Stadtteilen Berlins aus. Die Regierung überträgt dem Volksbeauftragten Noske den Oberbefehl über die Truppen in und um Berlin. Sein Name wird zum Symbol für die weitere Entfremdung der Sozialdemokratie mit der revolutionären Bewegung. Artillerie und Handgranaten werden eingesetzt. Die verbliebenen regulären Truppen und Freikorps schlagen in den nächsten 10 Tagen bei mehr als 100 Toten den Aufstand nieder. Karl Liebknecht und Rosa Luxemburg werden am 15. Januar verhaftet, in das Stabsquartier der Garde-Kavallerie-Schützen-Division, dem Eden-Hotel nahe des Zoos, heute Budapester Straße, gebracht, mißhandelt und anschließend ermordet. Die Leiche Rosa Luxemburgs wird erst Ende Mai 1919 aus dem Landwehrkanal geborgen.

Der Aufruf zum Generalstreik durch die Berliner Arbeiter- und Soldatenräte vom 3. März 1919 gibt der Regierung und den Militärs die Gelegenheit, in den nächsten zwei Wochen mit dem Gegner endgültig aufzuräumen. Den Arbeiterräten – sie werden später in den Vorläufern der heutigen Betriebsräte aufgehen – fehlt nach der mittlerweile erfolgten Demobilisierung des alten Heeres und dem Wegfall der Soldatenräte ihre Exekutive. Demgegenüber ist die Zahl der Freikorpssoldaten in Berlin in der Zwischenzeit erheblich angewachsen. Straßenkämpfe, in denen die Freikorpstruppen mit großer Brutalität vorgehen und bei denen selbst Fliegerbomben eingesetzt werden, Razzien und standrechtliche Erschießungen vielerorts in Berlin führen in den Märzkämpfen zu 1200 Toten.

In weiten Teilen Deutschlands finden in diesen ersten Monaten des Jahres 1919 Aufstände statt, in denen, um es vorwegzunehmen, nach mehr oder weniger kurzer Zeit stets die Koalition aus Regierung und Militärs die Oberhand behält. Große Streikaktionen mit Gewaltaktionen bestimmen im Januar und April 1919 die Szene im Ruhrgebiet, die sich auch auf die mitteldeutschen Industriegebiete ausweitet. Anfang des Jahres bestehen in Bremen und anderen Nordseehäfen Rätediktaturen. Gleiches wiederholt sich in diesen Monaten in Braunschweig, Magdeburg und Stettin. Am 1. Mai erobern Freiwilligentruppen München und werfen die dortige Räterepublik – ein Regime unter maßgeblicher Beteiligung Schwabinger Literaten – blutig nieder. Hamburg wird am 1. Juli 1919 wieder besetzt.

Auf ausdrücklichen Wunsch der Alliierten halten sich deutsche Truppen weiterhin im Baltikum auf, um dort das Vordringen der Kommunisten zu verhindern. Da dies angesichts der Auflösungserscheinungen des alten deutschen Heeres im wesentlichen nur mit Freiwilligen aus Deutschland erreicht werden kann, ist das Baltikum in den folgenden Monaten ein Hauptbetätigungsfeld der Freikorps. Nach der Niederlage der Bolschewisten beginnen die im Baltikum enstehenden Nationalstaaten in den letzten Monaten des Jahres 1919, sich sehr zügig sich von den Freikorps zu trennen, die nun gezwungenermaßen nach Deutschland zurückkehren. Andere Freikorps sind seit Anfang 1919 in Schlesien und Westpreußen im Einsatz, den Zugriff polnischer Einheiten auf preußisches Gebiet abzuwehren.

Die Wahl zur Nationalversammlung am 19. Januar 1919 sieht die SPD und das Zentrum als Sieger. Wegen der Unruhen in Berlin tritt die Nationalversammlung in Weimar zusammen. Ihre weitgefächerten Aufgaben bestehen darin, eine provisorische Regierung zu bilden, einen Reichspräsidenten – es wird der bisherige Kanzler Friedrich Ebert – zu wählen und die künftige Verfassung auszuarbeiten. Die schwerste Aufgabe der Nationalversammlung aber besteht in der Unterzeichnung des Friedensvertrages. Am 18. Januar 1919, dem Gründungstag des Deutschen Kaiserreichs 1871, haben die Friedensverhandlungen in Versailles begonnen. Die Deutschen und die anderen Verlierermächte sind nicht geladen. Die Entscheidungen über das Schicksal Europas, ja der Welt fällen Engländer, Franzosen und Amerikaner allein.

Dann, am 28. Juni 1919 – die Nationalversammlung hat der Unterzeichnung des Friedensvertrages zugestimmen müssen – erscheinen Vertreter Deutschlands zur Unterschriftsleistung im Spiegelsaal von Versailles. Ausgehend von der alleinigen Kriegsschuld Deutschlands und seiner Verbündeten für den Kriegsausbruch sind die Bedingungen des Versailler Vertrags denkbar hart: Umfangreiche Gebietsabtretungen, darunter der Verlust Elsaß-Lothringens an Frankreich und die Abtretung der Provinzen Posen und Westpreußen, von Teilen von Ostpreußen, Oberschlesiens und Pommerns an Polen. Das Deutsche Reich darf zur Aufrechterhaltung der inneren Sicherheit lediglich ein Berufsheer von 100 000 Mann, allerdings ohne Generalstab, unterhalten, zusätzlich 15 000 Mann der Marine und im übrigen keine Fliegertruppe. Die Kaiserliche Marine wird an England ausgeliefert. Doch gelingt es den meisten Besatzungen nach ihrer Ankunft in Scapa Flow, ihre Schiffe zu versenken. Schließlich werden außerordentlich hohe Wiedergutmachungszahlungen festgelegt, die trotz wiederholten Anpassungen an die realistischen Möglichkeiten Deutschlands zu einem Dauerthema der Weimarer Republik werden sollen.

Auf dem Weg in den Zweiten Weltkrieg

Einige Monate später erhitzt der Kapp-Putsch – benannt nach dem „Reichskanzler" für vier Tage Kapp – die Gemüter. Republikfeindschaft und große Existenzsorgen im Offizierskorps angesichts der umfassenden Reduzierung der Streitkräfte, die durch die bevorstehende Auflösung der aus dem Baltikum zurückgekehrten Verbände noch verstärkt werden, führen zu einer Revolution von rechts. Die Brigade Ehrhardt besetzt das Berliner Regierungsviertel. Die Regierung verläßt fluchtartig die Hauptstadt, nachdem die Reichswehrleitung abgelehnt hat, auf ihresgleichen zu schießen. Kurze Zeit später scheitert der Putsch. Die Ministerialbürokratie weigert sich, den Anordnungen der Putschisten Folge zu leisten, und die Gewerkschaften rufen zum Generalstreik auf. Überall in Deutschland bricht diese rechtsgerichtete Erhebung binnen kurzem zusammen. In Harburg vor den Toren Hamburgs sind es die Einwohnerwehr, eine von vielen derartigen paramilitärischen Institutionen vor Ort, und die Arbeiterschaft, die sich am 14. März 1920 der sogenannten Eisernen Schar unter Hauptmann Berthold auf ihrem Weg von Stade nach Hamburg widersetzen und ihren Anführer töten. Die Justiz drückt gegenüber den am Putsch Beteiligten beide Augen zu. Ungleich härter gehen Reichswehr und Freikorps gegen die anschließenden kommunistischen Erhebungen im Ruhrgebiet und im sächsisch-thüringischen Grenzgebiet vor.

Die Lage Deutschlands zu Anfang der 20iger Jahre ist alles andere als stabil. Die enormen Reparationszahlungen, die die Reichsregierung akzeptieren muß, lähmen die deutsche Wirtschaft. Der Zorn der politischen Rechten richtet sich gegen die „Erfüllungspolitiker". Außenminister Rathenau und Matthias Erzberger, der Unterzeichner des Waffenstillstandsvertrages von 1918, werden von ehemaligen Freikorpsoffizieren ermordet. Die Zukunftsperspektiven dieser Offiziere sind denkbar schlecht. Zwar rekrutiert die Reichswehr ihre zeitfreiwilligen Rekruten mit Vorliebe aus der Schar der „national zuverlässigen" ehemaligen Freikorpssoldaten. Mitsamt ihrer Führer möchte sie sie aber nicht aufnehmen. Stattdessen entwickelt sich in der Folgezeit außerhalb der Legalität eine sogenannte „Schwarze Reichswehr" aus überplanmäßigen „Zeitfreiwilligen" und als Arbeitskommandos getarnten zusätzlichen Verbänden.

Als Deutschland mit einigen Reparationsleistungen in Rückstand gerät, nutzen Frankreich und Belgien Anfang 1923 die Gelegenheit zur Besetzung des Ruhrgebiets. Die Volksstimmung ist erregt, was General Ludendorff und Adolf Hitler, der Führer der zu dieser Zeit noch unbedeutenden „Nationalsozialistischen Deutschen Arbeiterpartei", im November 1923 von München aus zu nutzen versuchen. Zwar mißglückt ihr Putsch innerhalb weniger Tage, jedoch hat sich zum ersten Mal eine politische Macht gezeigt, die für die Geschichte dieses Jahrhunderts verhängnisvoll werden soll. Die Inflation des Jahres 1923, die in der zweiten Jahreshälfte ihren Höhepunkt erreicht, stürzt viele Familien in große Not. Erst die Stabilisierung der Währung Ende 1923 setzt diesem Alptraum ein Ende und schafft die Voraussetzung für ein geordnetes Wirtschaftsleben, dem auch relative innenpolitische Ruhe folgt. Es sind dies die „goldenen" 20iger Jahre, die in der zweiten Hälfte dieses Jahrzehnts die Menschen verzaubern, bis sie der Ausbruch der Weltwirtschaftskrise im Oktober 1929 in die Arme der Nationalsozialisten zu treiben beginnt.

Als der erste allumfassende Krieg auf europäischem Boden in diesem Jahrhundert schon über 20 Jahre zurückliegt, bricht der Zweite Weltkrieg aus. Die wenigsten Kriegsteilnehmer des Ersten Weltkriegs erleben diesen Krieg ganz vorne an der Front mit. Wenn überhaupt werden sie meist nur zu Beginn des Krieges im Feld eingesetzt beziehungsweise versehen ihren Dienst in der Miltärverwaltung. Dann geht auch dieser Krieg zu Ende und erneut muß Deutschland wiederaufgebaut werden.

Jugend

Aufgewühlt von Buchillustrationen zu diesem Krieg setze ich mich im April 1989 vor den ersten Interviews hin und lege mir meine Fragen zurecht. Kein Wunder, daß darin keine Fragen nach der Kindheit der späteren Soldaten vorkommen. Alles dreht sich nur um den Krieg und seine Verarbeitung durch die jungen Soldaten. Es ist ein derartig komplexes Thema, daß mich Zweifel befallen, ihm überhaupt mit meinen dürren, mehr oder weniger strukturierten Fragen gerecht werden zu können. Wozu sich dann noch auf das Leben vor dem Krieg konzentrieren? Der Auftakt des Interviews mit Otto Hayen liest sich dann auch ganz in diesem Sinne: „Ich wurde am 20.4.1895 als fünftes Kind des Hauptzollassistenten Heinrich Hayen hier in Oldenburg geboren, besuchte die Gertrudenschule und nach Konfirmation und Schulschluß begann ich eine Lehre als Feinmechaniker. Nach 2,5 Jahren habe ich diese Lehre beendet. Dies war Anfang 1914. Dann kam der Krieg." Mehr als diesen knappen Steckbrief seiner Jugendjahre lasse ich in dem Interview nicht zu. Meine Ungeduld, etwas über Verdun zu hören, ist einfach zu groß.

Mit meiner Entscheidung im Frühjahr 1991, aus den Interviews ein Buch zu machen, gehe ich dazu über, die Interviews umfassender anzulegen. Nun beziehe ich auch Fragen zur Kindheit mit ein. Bald schon fällt mir auf, daß die meisten meiner Gegenüber hierüber gerne Auskunft geben. Ihre Kindheit ist Ihnen gerade im Alter sehr nah. Dies ist um so bemerkenswerter, als die Gegenwart für sie nicht immer so klar zu sein scheint. Ein Celler Gesprächspartner kann mir nicht beantworten, wer der Herr in den 70igern auf einem Photo in seinem Bücherregal ist und erst sein Pfleger teilt mir mit, daß es sich um seinen jüngst verstorbenen Sohn handelt. An seine Eltern aber erinnert er sich in der Abgeschiedenheit des Altenheims gut. Ich frage mich, ob es meiner Generation später einmal genauso gehen wird oder ob dies ein Zeichen für einst stärkere Familienbande ist.

Es kommt ein weiteres Glücksmoment hinzu. Bereits im Frühjahr 1991 treffe ich Hans Seidelmann, den ich an drei Wochenenden in Folge besuchen und zu dem ich bis ins Jahr 1998 in Kontakt stehen werde. Er sagt von sich, als junger Mensch ein Muttersöhnchen gewesen zu sein, und hierzu paßt seine besonders ausgeprägte Neigung, ganz im Detail über seine Kindheit in dem kleinen Kurort Bad Kudowa zu sprechen. Es läßt sich kein friedlicheres Bild von einer Kindheit zeichnen, der einzige Sohn in einem musischen Elternhaus, die feste Gemeinschaft in diesem beschaulichen Badeort in den schlesischen Bergen. Vor dem Hintergrund der schrecklichen Ereignisse des Ersten Weltkrieges hebt sich seine Kindheit im Frieden deutlich ab. Ich betrachte sie in einer Mischung aus Erinnerung an meine eigene Kindheit und aus Sehnsucht nach einer „heilen" Welt, wie sie in der hektischen Welt am Ausgang des 20. Jahrhunderts verloren scheint. Jetzt beginne ich, mich wirklich für meine Gesprächspartner zu interessieren und mich folgerichtig auch mir ihren Anfängen zu befassen, sei es, daß diese sich in Arbeitervierteln oder in Bürgerhäusern abgespielt haben. Hier sind meine Gegenüber für ihr späteres Leben geprägt und teils besser, teils schlechter auf den noch so fernen Krieg vorbereitet worden. Ihr Leben hat nicht erst mit dem Kriegsausbruch begonnen.

Unweigerlich führt diese Erkenntnis auch zu einer vertieften Auseinandersetzung mit der Gesellschaft der Vorkriegszeit. Ich erfahre eine ganze Menge über das Deutschland Anfang dieses Jahrhunderts. Stück für Stück entsteht ein Gemälde der damaligen Gesellschaft, beinahe so, als wenn man die Atmosphäre im deutschen Kaiserreich spüren könnte. Das Bild ist alles andere als einheitlich. Auf der einen Seite die bewußte Einengung auf althergebrachte Werte und Einrichtungen wie das Militär, ein auf nationale Erziehung bedachtes Schulwesen. Gleichzeitig befindet sich Deutschland im Umbruch. Die Arbeiterbewegung steht längst nicht mehr in ihren Anfängen. Viele Jugendliche suchen ihren eigenen Weg. Die Technik hält in weiten Teilen des Alltags Einzug. Die ersten Pkws fahren durch die Straßen. Mit offenem Mund werden die Frühwerke der Luftfahrt bestaunt. Es entsteht eine Dynamik, die berauscht. Einmal entfesselt vermag sie im Krieg aber auch stärker als in der Vergangenheit zu töten. Es wächst beim Zuhören die Sorge, daß die Gesellschaft den Fliehkräften der Zeit nicht standhalten kann, ja noch schlimmer, dies gar nicht will. Am Ende dieser Entwicklung steht der Ausbruch des Ersten Weltkrieges.

Zeugnisse

Hans Seidelmann, geb. 1898:
Mein Vater war Reserveoffizier, selbstverständlich ganz vaterlandstreu eingestellt. Ich bin in Schlesien aufgewachsen und lebte als Kind in dem wundervollen und sehr bekannten Bad Kudowa. Es war ein ganz kleiner Ort mit wenigen Einwohnern, in dem nur im Sommer Hochbetrieb herrschte. Im Winter war es ein völlig verschlafenes, verträumtes, entzückend in den Bergen gelegenes Örtchen. Da konzentrierte sich das Familienleben in erster Linie auf die Kunst. Ich kann mich eigentlich nicht erinnern, daß ich einen Abend in meinem Elternhaus erlebt habe, an dem nicht nach dem Abendes-

sen meine Mutter, eine glänzende Pianistin, und mein Vater, ein begeisterter, hervorragender Sänger, Stücke von Schubert oder anderen Komponisten musiziert haben. Dies sind Erinnerungen, an denen ich noch heute in ausgesprochen tiefer Verehrung hänge. Meine Eltern stellten einen Mittelpunkt in Bad Kudowa dar. Es gab dort vorwiegend Ärzte, das andere waren die Vermieter der Häuser, die den ganzen Winter nichts zu tun hatten und sich fürchterlich langweilten.

Der Haltung meines Elternhauses entsprach es, daß mein Vater aus innerer Begeisterung in allen Institutionen führend war. Wenn irgendetwas los war, spielte er eine bestimmende Rolle. Wir wollen gar nicht vom 27. Januar, Kaisers Geburtstag, sprechen. Erst einmal erschien der Kriegerverein mit Fahnen. Jeder, der noch eine Uniform tragen durfte, marschierte darin durch den Ort. Dann wurden Festreden gehalten. Mein Vater war immer unter den Rednern. Abends fand ein Ball oder eine sonstige gesellschaftliche Veranstaltung statt, in der der Gesangsverein sang und in der auch mein Vater singen mußte. In Glatz, unserer Kreisstadt, lag das Regiment 38, und die 38er hatten eine sehr gute Kapelle, die oft im Sommer in Kudowa engagiert wurde. Einmal hat meine Vater an Kaisers Geburtstag mit dieser Kapelle den Prolog des Bajazzo von Leoncavallo gesungen. Das war zu damaliger Zeit etwas Dolles, es bestanden ganz andere Ansprüche. Wenn wir das heute machen würden, da würde man nicht einmal mehr darüber lachen.

Mein Vater wollte gern, daß ich, wenn ich das Einjährige hätte, bei den Husaren dienen sollte. Als ich mit sechs Jahren in die Schule kam, stellte man fest, daß ich ein ganz schlechtes Auge hatte. Meine Mutter fuhr mit mir nach Glatz zum Augenarzt, der gleichzeitig auch die Untersuchungen fürs Militär vornahm. Er sagte meiner Mutter: „Mit einem müssen Sie sich abfinden, zum Militär kommt er nie." Ich sage ganz ehrlich, ich war nicht unbedingt traurig darüber, denn ich bin kein Sportsmensch gewesen. Als wir dann aber nach Kudowa zurückkamen und das erzählten, war mein Vater tief unglücklich, daß ich nicht des Kaisers Rock tragen würde.

Da es in Kudowa keine höherere Schule gab, mußte ich mit zehn Jahren aus dem Elternhaus weg. Das war fürchterlich für mich. Ich kam nach Brieg, wo ich mit einigen anderen Schülern in einer Pension wohnte. Wir hatten in Brieg einen sehr, sehr guten Deutschlehrer, den alten Professor Prillwitz, der uns Jungen viel erzählte von der Flucht der Königin Luise nach Breslau, vom Breslauer Schloß, in dem König Friedrich Wilhelm III. den Aufruf „An mein Volk" unterschrieb und in dem er auch das Eiserne Kreuz gestiftet hatte.

Dann wurde draußen in Breslau-Scheitnig die Jahrhunderthalle gebaut. Die unglaubliche Bedeutung dieser Halle, die größte freitragende Halle bis zum Zweiten Weltkrieg, haben wir Jungen gar nicht erfaßt. Einmal durfte ich einen Sonntag – dazu benötigte man natürlich die Genehmigung des Klassenlehrers – den Ort verlassen und die 40 Kilometer nach Breslau mit dem Zug fahren, eine Stunde D-Zug. Mein Vater kam von Kudowa und wir trafen uns in Breslau. Er führte mich auf die Jahrhundertausstellung. Da hatte man vorher schon viel drüber gehört, aber komischerweise am meisten von dem angegliederten Vergnügungspark mit den lustigen Rohrböden und all diesem Unsinn. In der historischen Halle waren Uniformen, der Fluchtwagen der Königin Luise und andere Dinge zu bestaunen. Das hat mich ganz unglaublich begeistert.

Vor dem Krieg waren auch die Auseinandersetzungen Österreichs mit den Türken, zu denen sich einige freiwillig meldeten. Da wir unmöglich Soldaten werden konnten, haben wir Jungen aus der Pension uns überlegt, ob wir uns nicht als Krankenträger melden sollten. Wir hätten aber nie eine Trage tragen können, da wir dafür zu jung waren. Bis zum Ersten Weltkrieg gehörte es einfach dazu, daß der männliche Teil einer Familie gedient hatte. Er wurde dann meistens als Unteroffizier entlassen. Hatte man schon die erste Übung hinter sich, ging man als Feldwebel ab. Wenn möglich sollte man natürlich Leutnant sein. In einem kleinen Ort wie Kudowa kannte natürlich jeder jeden. Wenn da im Frühjahr bei der Musterung einer zurückgestellt worden war, auf der nächsten Kirmes tanzte kein Mädel mit ihm. So war es damals. Das war die Vaterlandsliebe und die damit zusammenhängende Königs- und Kaisertreue in der ganzen Bevölkerung. Wenn sie dann eingezogen wurden und kamen das erste Mal auf Urlaub und hatten ihre zweite Garnitur an, da freute sich eben alles und es wurde an das Fenster gerannt: „Der Sowieso ist gerade in Uniform vorbeigegangen."

Hermann Kottmeier, geb. 1897:
In Wilhelmshaven erschien jedes Jahr zwei- bis dreimal Seine Majestät Kaiser Wilhelm II., dann nämlich, wenn auf der Werft ein Schiff vom Stapel gelassen wurde oder sonst irgendein großes militärisches Ereignis stattfand. Wir Schüler standen dann Parade, alle vier Schritt ein Soldat und dazwischen zwei Schüler. Wenn die Kutsche an uns vorüberfuhr, schwenkten wir unsere Mützen und riefen „Hurra!". Das haben wir gerne gemacht, das war festlich. Und die meisten von uns haben gedacht, der Lakai auf dem Kutschbock mit dem wehenden Federbusch, das müßte der Kaiser sein. Seine Majestät hingegen hatte die blaue Admiralsuniform an, und solche

Uniformen kannten wir, die waren nichts Besonderes. Die politische Stimmung war ansonsten ziemlich einheitlich. Es war der Standesstaat, sehr gestaffelt. Der mittlere Beamte, der höhere Beamte, der Akademiker, der Offizier vor allen Dingen, das waren wichtige Stufen. Ich war Tertianer, als mein Vater nach Hildesheim versetzt wurde. Es war eine sehr zivile Stadt, dort gab es keine kaiserliche Marine, allerdings das Infanterie-Regiment 79. Abends blies von der Kaserne her der Hornist „Die Soldaten müssen zu Bette gehn und dürfen nicht bei den Mädchen stehn, trara". Das klang dann über die Stadt, und wir freuten uns. Die Soldaten gehörten dazu.

Ernst Kock, geb. 1896:
Es kam das Jahr 1904. 1904 war in unserer Gegend das offizielle Kaisermanöver. Mühlen-Eichsen, das ist der Knotenpunkt zwischen Schwerin, Grevesmühlen, Wismar und Gadebusch. Der Gegner des Kaisers war der General von Bock und Polach. Auf einmal hieß es: „Der Kaiser kommt zum Biwak." Auf dem Gutsgelände wurde ein großes Zelt errichtet, was ein paar Tage dauerte. Wir Jungens waren natürlich die ganze Zeit dabei. Immer wieder erschienen neue Soldaten und Einheiten in ihren bunten Uniformen, die graue Uniform kannte man seinerzeit ja noch nicht. Am Ende des Gutes war eine große Buchenhecke. Der Kaiser zog in das Zelt ein. An der Seite der Hecke stand alle Meter ein Soldat als Posten. Aber dazwischen gelang es uns, unseren Kopf durch die Hecke zu stecken, und ich hatte in einem Moment das Glück, den weiten Mantel des Kaisers direkt anfassen zu können.

Kaiser Wilhelm durfte ja nun das Kaisermanöver nicht verlieren. Diesmal war es aber folgendermaßen, daß der General von Bock und Polach die Truppen des Kaisers eingekreist hatte. Ursprünglich sollte der Prinz Heinrich, der Bruder des Kaisers, mit der Ostseeflotte eingreifen, aber das hat nicht so geklappt, oder die haben sich mißverstanden, weiß ich auch nicht. Jedenfalls wurde dann festgestellt, daß der Kaiser die Schlacht verloren hatte. In den Zeitungen wurde überall hiervon berichtet, und der General hat wahrscheinlich auch mit seinem Sieg ein bißchen renommiert. Schließlich kam dann so eine politische Angelegenheit und der General von Bock und Polach mußte seinen Hut nehmen. Es dauerte aber noch lange, bis in der Bevölkerung das Kaisermanöver und die Niederlage des Kaisers in Vergessenheit gerieten.

Eduard Zielke, geb. 1895:
Ich wurde am 15.11.1895 in Danzig geboren. In Danzig wohnte der Kronprinz. Ich habe ihn öfters im Jagdwagen gesehen. Er war der

Chef des 1. Regiments. Der Kronprinz hatte auf dem Lang-Markt am Grünen Turm sein Stammlokal. Zurück fuhr er mit dem Pferdewagen durch die Lang-Gasse, die Hauptstraße, da war eine großes Juweliergeschäft Bros, Stumpf und Sohn und dort stand er immer und sah sich die Schaufenster an. Einmal, als die Universität eingeweiht wurde, besuchte der Kaiser mit seiner Frau Auguste Viktoria Danzig. Ich war zufällig in der Stadt und da kamen sie im offenen Fuhrwerk an und haben das Lokal besucht, wo der Kronprinz abends immer sein Bierchen getrunken hat. Ich habe sie von ganz nahe gesehen und mich gefreut, daß ich dieses Glück hatte. Auch Prinz Louis Ferdinand habe ich gesehen, als er drei Jahre alt war. Da bin ich einmal an der Villa des Kronprinzen vorbeigegangen und er spielte im Garten.

Otto Porath, geb. 1893:
Ich muß zurückgehen auf ein Erlebnis, das ich mit zehn Jahren gehabt hatte und das für meine späteres Leben bestimmend war. Im Jahre 1903 hörten wir im Schulunterricht vormittags, so um halb neun, plötzlich ein furchtbares Gewehrgeknatter. Die Schule lag direkt an der Straße nach Wangerin. Wir rannten alle raus, der Lehrer mit uns. 300 Meter entfernt von unserer Schule war ein Manöver in vollem Gange. Ich sah das erste Mal in meinem Leben, wie Soldaten einen Graben aushoben und wie die Kavallerie Attacken ritt, wie sie dies in Vionville und Mars-la-Tour getan hatte und wie es sie 1914 überhaupt nicht mehr geben sollte. Wir haben uns dies angesehen, dann sagte der Lehrer: „Nun zurück, marsch, marsch." Kaum saßen wir wieder in der Schule, da kam eine Batterie Artillerie vorbeigefahren mit je sechs Pferden bespannt. Die Schule war dann zu Ende und ich bin mit einigen Kameraden mitgelaufen, 15 Kilometer bis die Artillerie in Stellung fuhr und den Gegner beschoß. Wir hatten nach 15 Kilometer einen furchtbaren Hunger und Durst und haben unterwegs unreife Pflaumen in den Gärten abgerissen, damit wir etwas essen konnten. Das war ein großes Erlebnis. Mein Vater war auch Besitzer eines Gasthofes. Nun kamen Soldaten in den Gasthof und unterhielten sich mit meinem Vater. Diese Gespräche habe ich belauscht und dabei mancherlei aufgeschnappt.

Willi Marquardt, geb. 1898:
Mein Vater hatte Anfang der 90er Jahre im 1. Garde-Regiment in Potsdam gedient und war ein begeisterter Soldat. Er hat später oft davon erzählt. Damals dauerte die Dienstzeit noch drei Jahre. Es gab zu seiner Zeit ja noch keine Kriege, sondern es waren alles reine Paradesoldaten. Die meisten von ihnen stammten vom Lande, und daß sie nun in eine Stadt wie Potsdam kamen, das war etwas ganz

Besonderes für sie. Mein Vater war Landwirt. In unserem Hof hatte er sein Bild als Soldat hängen. Das begeisterte uns schon als Kinder. Wenn Weihnachten war, fuhren alle Bauern aus den Dörfern in die Stadt, wo wir viele Soldaten auf Urlaub sahen. Da kam der Ulan in seiner Uniform, der Husar, das Garde-Korps mit dem Adler auf dem Helm, alle Arten von Soldaten. Das war für uns Kinder natürlich ganz interessant.

R. M., geb. 1898:
Mein Großvater väterlicherseits besaß in der Gegend von Stolp eine Mühle. Er hatte zweimal geheiratet und aus beiden Ehen gab es insgesamt zwölf Kinder. Eines davon war eben mein Vater. Er ist zunächst im väterlichen Gewese, Mühle mit Tierhaltung, aufgewachsen, bis er dann Soldat wurde, und zwar Pionier. Weil er nun die Sache recht gut machte, ist er 15 Jahre Soldat geblieben, zuletzt als Feldwebel, Mutter der Kompanie, wie es damals so schön hieß. Es war eine Kapitulation in Richtung auf den sogenannten Zivilversorgungsschein. Nachher ist er eben preußischer Beamter geworden. Die jungen Beamten wurden nun hauptsächlich von Versetzungen betroffen und so sind meine Eltern innerhalb der deutschen Grenzen 15mal versetzt worden. Es gab Veränderungen quer durch Deutschland. Meine Mutter erzählte zum Beispiel, daß sie in Rawitz in Posen noch nicht einmal die Gardinen aufgesteckt hatte, als eine neue Versetzung nach Trier kam.

Dr. Curt Werner, geb. 1896:
1900 wurde in Lichterfelde – Groß-Lichterfelde hieß es damals – das Kreiskrankenhaus des Kreises Teltow gebaut. Mein Vater wurde dort Verwaltungsinspektor und wir zogen von Potsdam nach Lichterfelde, wo wir eine sehr schöne Dienstwohnung mit großem Garten hatten. Dort bin ich aufgewachsen. Ich habe eine sehr gute Kindheit verlebt und hatte mit meinen Eltern immer ein gutes Verhältnis. Mein Vater war für mich sehr viel wert. Wenn wir spazieren gingen – wir haben viele Spaziergänge gemacht –, erklärte er mir dies und jenes, alle Arten von Blumen, Schmetterlingen, Tieren. Das habe ich damals alles schon in der Jugend von 1900 bis zum Kriege kennengelernt. Ich wurde national, konservativ wollen wir einmal sagen, erzogen. Mein Vater gehörte zur Deutschen Volkspartei. Er war im Kriegerverein der Hauptkadettenanstalt, wo ich natürlich mit hinging. Dies hat mir Spaß gemacht. Ich wäre damals wirklich gerne Soldat geworden. Wenn die Kaiserparade zum Geburtstag im Januar stattfand, fuhren wir auf jeden Fall zu „Den Linden“. Ich mochte die Marschmusik und mag sie auch heute noch gern. Das ist eben in einem drin gewesen.

Gustav Heckmann, geb. 1898:
Mein Vater war Sparkassendirektor in Voerde am Niederrhein. Er kam in das Dorf zunächst als Steuereinnehmer und gründete dann dort eine Sparkasse. Diese hatte für ihn insoweit eine große Bedeutung, als er mit den Mitteln der Sparkasse Leuten, die er schätzte, die, wie er sich ausdrückte, „Trieb hatten" und etwas machen wollten, helfen konnte. Er hat sich auf diese Weise viele Freunde in der Gemeinde, in der ganzen Bürgermeisterei erworben. Die Persönlichkeit, die für ihn die höchste Verehrung verdiente, war sicher Bismarck. Bismarcks „Gedanken und Erinnerungen" las er. Er gehörte dem Kriegerverein an, was nicht viel bedeutete. Seine politische Richtung war die national-liberale, vertreten durch die „Rheinisch-Westfälische Zeitung". Mein Vater hatte gedient. Meine Mutter interessierten politische Themen nicht. Unser Volksschullehrer veranstaltete in Voerde Volksunterhaltungsabende, an denen irgendwelche Darbietungen gegeben wurden

Ernst Krummrey, geb. 1896:
Ich wurde in Berge, Kreis Westhavelland, in der Nähe von Nauen geboren. Es war ein christliches Elternhaus. Mein Vater war Schuhmachermeister in Berge und hat sehr darauf geachtet, daß ich mit den Schularbeiten gut zu Rande kam und in jeder Hinsicht meine Pflichten treu und brav erfüllte. So wurde ich eingeführt und gehalten. Kaisers Geburtstag war ein besonderer Tag, ein schulfreier Tag. Nach der Feier in der Schule kamen wir Jungens am Nachmittag zusammen und spielten Soldaten. Es wurden zwei Gruppen, Freund und Feind, gebildet, die sich am Eichkamp trafen. Dann begann der große Kampf. Wir hatten uns aus Holz einen Säbel gebastelt. Wir waren ja Soldaten. Zuweilen wurde auch richtig zugehauen. Wenn schon Krieg gemacht wurde, dann mußte es schon ein richtiger sein. Diese Kämpfe waren zu Kaisers Geburtstag fällig, und auch am Sedantag, am 2. September.

K. O., geb. 1896:
Die nationale Erziehung erfolgte mehr in der Schule. Ich habe das humanistische Kaiser-Wilhelm-Gymnasium in Hannover besucht. Dort wurden wir völlig in dem Sinne erzogen, daß Frankreich unser Erbfeind sei. Das war naturgegeben. Wir jungen Menschen fragten nicht lange nach, wo das herkam. Wir wußten natürlich von der napoleonischen Zeit. 1913 war die Hundertjahrfeier der Völkerschlacht in Leipzig, die entsprechend gefeiert wurde. Wir wußten von den Raubzügen Ludwig XIV. nach Deutschland hinein, von den Zerstörungen, die die Franzosen damals gerade auf deutschem Boden angerichtet hatten. Das waren alles genügend Gründe für

uns dafür, daß die Abneigung gegen Frankreich durchaus berechtigt war. Die jungen Lehrer an unserer Schule waren zum großen Teil Reserveoffiziere. Sie waren stolz, wenn sie zu einer Übung eingezogen wurden. In diesem Sinne wurden eben auch wir, bewußt oder unbewußt, beeinflußt.

Prof. Dr. Willi Wegewitz, geb. 1898:
Als Schuljunge habe ich einen erlebt, der 1870 dabeigewesen war. Das war in der Gastwirtschaft Dunker in Ahlerstedt. Er hatte Gravelotte mitgemacht und pflegte zu sagen: „Da hebt wi di Franzosen in Grut und Mut schoten." Auf der Präparande genossen wir einen sehr genauen Geschichtsunterricht. Vom Siebenjährigen Krieg lernten wir jede einzelne Schlacht kennen, Roßbach, Leuthen usw. Auch vom Krieg 1870/71 wußten wir jedes Datum. Die Feierlichkeiten im Jubiläumsjahr 1813/1913 habe ich in Stade hautnah erlebt. Ich weiß noch, es wurde von den Seminaristen „Wallensteins Lager" aufgeführt. Das hat mich kolossal begeistert.

Hermann Kottmeier, geb. 1897:
Der 27. Januar ist für mich noch heute unvergessen. Da hielt der Direktor des Gymnasiums eine Rede und auch der Bürgermeister. Es gab große Festessen, und alles war froh und dankbar. Wer Uniform hatte, zog sie an. Die Kinder waren stolz auf den Vater, die Schüler waren stolz auf den Lehrer. Unser Direktor – Zimmermann hieß er – war klein von Figur, aber er war Hauptmann bei einem preußischen Garde-Jäger-Bataillon und hatte einen wundervollen Helm. Wir waren sehr stolz auf ihn.

G. Ro., geb. 1898:
Ich war in der Schulzeit leidenschaftlicher Anhänger der Farmer in den afrikanischen Kolonien. Wir hatten einen Lehrer, der immer so nett von Afrika erzählen konnte. Mein Bruder war inzwischen Landwirtschaftlehrling – Eleve nannte man das damals – in Ostpreußen geworden. Bei jeder Gelegenheit klabüsterten wir dieses Thema aus. Für uns stand fest, daß, wenn wir soweit waren, er als Älterer vorausgehen sollte und den Ort, Kongo oder Lomé, das spielte gar keine Rolle, aussuchen sollte. Die Idee war, dort den Militärdienst abzuleisten, um auf diese Weise erst einmal Land und Leute kennenzulernen. Ich ging deshalb auch zur Landwirtschaftsschule nach Hildesheim. Obwohl ich am besten gleich zu den Schwarzen wollte, konnte ich dort mit dem Einjährigen den richtigen Schulabschluß bekommen. Ich brauchte das Einjährige vor allem nachher für das Militär.

H. J., geb. 1896:
In den Schulferien bin ich immer zum Exerzierplatz gegangen, dort wo heute in Hamburg der Volkspark ist, Osdorf bis Lurup. In der Ferne hörte man das Abschießen von Platzpatronen und dann kam das Signal zum Sammeln. Ich habe alles genau gesehen. Das Musikkorps wurde herausgezogen. Die Spielleute der Kompanie, jede Kompanie hatte zwei Hornisten und zwei Tamboure, stellten sich vor dem Musikkorps auf. Auf der rechten Flügelseite wurden Richtungsmänner aufgebaut. Und dann ging es los, das Kommando lautete „Still gestanden, das Gewehr über". Dann hieß es „Parademarsch, auf der Stelle getreten", das bedeutete, daß, wenn das Musikkorps und die Spielleute losmarschierten, die 1. Kompanie noch solange auf der Stelle treten mußte, bis die Musik einsetzte. Dann erst marschierte die 1. Kompanie los, und die 2. Kompanie mußte auf der Stelle treten. Das hat mir alles sehr gut gefallen. Die 76er spielten den „Grenadiermarsch" und die 31er hatten ihren „Alexandermarsch". Bei Neujahr war morgens immer ein großes Wecken. Das war Tradition. Ich bin zu den 31ern gegangen, weil es zu den 76ern in die Bundesstraße zu weit war. Die 31er spielten zunächst ihr Lied und dann kam „Freut Euch des Lebens". Dies wiederholte sich bei Kaisers Geburtstag am 27. Januar. Am Vorabend war immer der große Zapfenstreich. Das mochte ich gern.

Ludwig Karl Diebold, geb. 1899:
In der damaligen Zeit war alles auf den Soldaten ausgerichtet. Wir hatten vier Regimenter in Germersheim. Als wir 10 Jahre alt waren, ist eines schönen Tages der Hauptmann Sigl von der 9. Kompanie des 17. Bayerischen Infanterie-Regiments gekommen und hat gefragt, ob wir an einer vormilitärischen Ausbildung teilnehmen wollten. Wir waren dann 80 Jungen. 1915 sind wir aufgelöst worden, da keine Offiziere mehr da waren. Ich habe eine Bescheinigung ausgestellt bekommen, daß ich in dieser vormilitärischen Ausbildung zum Halbzugführer und Zugführer ausgebildet worden bin.

Heinrich Dudel, geb. 1893:
Ich wurde am 3. Oktober 1893 in Sackau, Kreis Cosel, in Schlesien geboren. Mein Vater war Landwirt und ich war als Schuljunge auch in der Landwirtschaft tätig, bis ich dann 1909 die Unteroffizierschule Wochlau, nördlich von Breslau, und 1910–1912 die Unteroffizierschule Potsdam besucht habe. Ich wollte Soldat werden als Unteroffizier, um für später die Anrechte auf eine Staatsanstellung zu haben. 1912 kam ich auf eigenen Wunsch zum Kaiser Franz Garde-Grenadier-Regiment Nr. 2 nach Berlin. Ich hatte das Glück, zum überzähligen Unteroffizier befördert zu werden und bei dem

Regiment angenommen zu werden, zu dem ich wollte. Ich wurde der 2. Kompanie des Hauptmann Freiherr von Fircks zugeteilt, der dann leider im Krieg gefallen ist. In Potsdam und Berlin habe ich alle Kaiserparaden mitgemacht. Das größte Vergnügen waren die Manöver. Dann kam der Krieg

Gustav Schöning, geb. 1894:
Ich habe mich bereits 1913 freiwillig gemeldet. Das kam so: Eines Tages stellte der Wachtmeister Koch aus Neustadt in unserem Kutschstall sein Pferd unter, ließ das Pferd fressen und hat bei uns Skat gekloppt. Wir kamen ins Gespräch: „So eine Stelle möchte ich auch haben, ein eigenes Pferd und so ein bißchen Landwehr spielen." „Das kannst du haben. Ich melde dich gleich bei den 9. Ulanen an, beim Rittmeister Graf von Kanitz, der die 5. Schwadron leitet." So bin ich dort eingestiegen und begann meine dreijährige Dienstzeit.

Karl Theil, geb. 1893:
Ich stamme aus Anklam, Vorpommern. Meine Vorfahren waren Windmüller. Wir hatten zwei Windmühlen, eine holländische oben gegen Lindkrug und eine uralte deutsche Mühle, die von Menschen gezogen werden mußte. Und nun kam ja der Elektromotor auf, und nicht mehr der Wind drehte den Mahlstein, sondern der Elektromotor zu jeder Tageszeit und billig. Der Windmüller hatte nichts mehr zu tun. Die Bauern kauften sich eine kleine Schrotmühle. Ohne daß wir es gemerkt haben, wurden wir arm. Eines Tages sagte der Vater: „So geht es nicht weiter, wir verhungern ja." So gab er die Mühlen auf. Drei meiner Onkel waren Lehrer und die sagten: „Der Junge muß Lehrer werden". Das paßte mir gut. Ich dachte: „Lehrer auf dem Dorf, da hast du vormittags deine Schule und nachmittags ein paar Bienen, ein paar Immen." Ich kam mit 14 Jahren auf die Präparandenanstalt, eine staatlich preußische Lehreranstalt. Mein Vater hatte mittlerweile einen Bauernhof frisch gekauft. Unser Bauernhof war der Rest eines großen Hofes, dessen guten Boden der Makler für viel Geld an den Schuster, den Schneider verkauft hatte. Der Sandboden blieb zurück und das war unser Bauernhof. Wir waren Sandbauern, wie man früher sagte. Einer meiner Schwäger hatte Lehmboden, der vom Morgen fünf Zentner brachte. Wir hatten knapp drei Zentner. Wir haben nicht gehungert, aber nie üppig gelebt.

Als ich eines Tages auf Urlaub war, sagte meine Vater: „Junge, du mußt aufhören, ich kann die Lehrerausbildung nicht mehr bezahlen." Das war der erste Hieb in meinem Leben. Ein Jahr machte ich bei uns den Pferdeknecht und mein Vater sparte so das Geld für einen Knecht. Dann sagten meine Onkel: „Nun geht er zum Militär. Wenn er sich freiwillig beim Militär meldet, kann er nach einigen Jahren auch Beamter werden." Ich meldete mich beim Feldartillerie-Regiment 38 in Stettin, wo ich auch ausgebildet wurde. Nach einem Jahr wurde ich nach Belgard in Hinterpommern versetzt. Das dortige Feldartillerie-Regiment 2 war eine berühmte Truppe. Die ganze Bedienungsmannschaft der Kanonen war mit Pferden ausgerüstet. Das war mein Fall, weil ich doch mit Pferden groß geworden bin. Nach einem Jahr – ich war mittlerweile Gefreiter – brach der Krieg aus.

Hermann Kottmeier, geb. 1897:
Wir hatten einen sehr guten Geschichtslehrer, der eines Tages sagte: „Also hört mal zu, Jungens. Jetzt werde ich euch etwas sagen, das gehört nicht zum Stoff im Geschichtsunterricht. Ihr müßt aber wissen, wie im Staat Preußen ein Gesetz zustandekommt." Und da hat er uns den ganzen juristischen Weg des Zustandekommens eines Gesetzes und die Rolle des Reichstags und der Abgeordneten bei der Abstimmung erklärt. Da tat sich uns also diese merkwürdige Welt auf, die sich abseits unserer jugendlichen Welt abspielte. Wir interessierten uns für Fußball, hatten Terrarien und Aquarien oder wanderten mit dem Wandervogel mit der Klampfe und Gesang. Das war unser Leben. Wir hatten Tanzstunden und waren so vollkommen ausgefüllt. Aber daß es in Preußen irgendwelche Parteien gab und Sozialdemokraten aufkamen, lag für uns ganz in der Ferne.

Eines Tages kam es zu einem Vorfall: ein Schüler, dessen Vater Lokomotivführer war, zeigte schlechte Leistungen, und der Geschichtslehrer wurde etwas nervös und platzte schließlich heraus: „Wo kommen wir hin, wenn jeder Lokomotivführer nun schon seinen Jungen aufs Gymnasium schickt und hält mir hier meinen Unterricht auf." Da sagte der Junge: „Herr Professor, das werde ich meinem Vater erzählen." Der Vater war ein großer SPD-Mann. Es gab ein Rauschen in den Zeitungsblättern. Damals haben wir erstmals registriert, daß ein Junge aufmuckte. Es war dadurch eine Welt angerührt, die an uns bisher noch nicht herangekommen war.

Gustav Heckmann, geb. 1898:
Wir lebten ja auf dem Dorfe und das Gymnasium war in Wesel, das war eine Viertelstunde Bahnfahrt von unserem Dorf. Wir mußten also früh aufstehen. Die Eltern aus den umliegenden Dörfern hatten sich zusammengeschlossen und bei der Eisenbahndirektion erreicht, daß für uns ein Schülerzug eingerichtet wurde, der diese Schüler aufpickte und nach Wesel brachte, damit wir nicht noch eine Stunde früher aufstehen brauchten. Nun geschah folgendes.

Etwa um dieselbe Zeit fuhr der D-Zug von Basel-Wesel-Emmerich durch die Gegend. Und dann passierte es oft, daß wir mit unserem Schülerzug auf einem Überholgleis erst einmal den D-Zug vorbeilassen mußten. Dies dauerte oft 10 bis 15 Minuten. In derselben Zeit hätten wir längst in Wesel sein können. Das Gymnasium verlangte deshalb von uns, daß wir mit dem früheren Zug kommen mußten, so daß dieser Schulzug witzlos geworden wäre. Das paßte mir nicht, und ich setzte mich hin und schrieb an einem schulfreien Tag einen Brief an die Eisenbahndirektion in Essen, in dem ich den Sachverhalt schilderte. Darin stand die Formulierung: „Meiner Ansicht nach liegt es nur an der Schlafmützigkeit und Bummeligkeit der hiesigen Bahnbeamten, denen eine fühlbare Aufmunterung guttun würde." Ich war damals Obersekundaner.

Eines schönen Tages kam ich in Wesel an, der Hausmeister paßte mich am Eingang des Schulgebäudes ab und teilte mir mit, daß ich zum Direktor kommen sollte. Unser Direktor war ein steif wirkender Beamter. Er las mir die Perlen meines Briefes vor und sagte dann wörtlich: „Ich bin ein Rat 4. Klasse. Sie haben Räte 2. Klasse in der Eisenbahndirektion beleidigt. Ihre Strafe wird eine sehr schwere sein." Ich weiß nicht, wie er noch fortfuhr. In der Lehrerkonferenz soll er noch gesagt haben: „Einer, der so was macht, müßte eigentlich das Consilium abeundi erhalten", das heißt, bei der nächsten Gelegenheit von der Schule fliegen. Ich hatte meinen Brief mit „Gustav Heckmann, Obersekundaner" unterschrieben und die Eisenbahndirektion hatte sich an den Direktor gewandt.

Nun hatte ich damals einen Ordinarius, mit dem ich mich sehr gut verstand, und der sagte: „Nun bereiten Sie mal Ihren Vater vor, daß er nicht aus allen Wolken fällt." Bestraft wurde ich mit einem strengen Verweis und mit mehreren Stunden Arrest. Ich weiß nicht mehr, wieviele Stunden es waren. Ferner mußte ich mich bei der Eisenbahndirektion in einem Brief entschuldigen. Ich fragte meinen Ordinarius: „Was soll ich denn da schreiben?" „Och, schreiben Sie doch, es hätte Ihnen fern gelegen, irgendjemanden beleidigen zu wollen. Sie hätten nur zum Ausdruck bringen wollen, daß sich das unregelmäßige Eintreffen des Zuges vielleicht doch vermeiden ließe." Und dies schrieb ich. Die Züge fuhren dann tatsächlich pünktlich. Die Lehrer verhielten sich ganz anders als der Direktor. Mein erster Lateinlehrer aus der Quarta fragte mich auf dem Hof: „Na, kommen die Züge jetzt wieder pünktlich?"

Alfred Töpfer, geb. 1894:
Ich hatte einen hervorragenden Vater. Er war der Sohn eines Predigers aus Erfurt und hat mich streng erzogen. Ich habe immer Hochachtung behalten für meinen Vater. Ich bin in der Volksschule in

der Osterstraße gewesen und hatte in allen Klassen ausgezeichnete Lehrer. Als Klassenerster bin ich aus der ersten Klasse in die Direkta gekommen. In die Direkta kommen ja nur aus fünf, sechs Schulen je drei, vier Leute. Als ich mit der Schule fertig war, sagte mein Vater: „Ich verlange und wünsche, daß du Kaufmann wirst." Ich habe meinem Vater erwidert, daß ich gerne Landwirt werden möchte. Meine Mutter war ja Bauerstochter und ich habe beinahe alle Ferien während meiner Schulzeit bei den Verwandten auf dem Land gearbeitet. Das hat mir mächtig imponiert. Mein Vater sagte: „Du wirst Kaufmann, und wenn du genügend Geld verdient hast, dann kauf dir gerne einen Hof." Das war das einzige Mal in meinem Leben, daß ich geheult habe, weil mein Vater so hart gewesen ist.

Ich wurde Lehrling in einer Hamburger Speditionsfirma. Es war eine außerordentlich harte, aber gerechte Lehrzeit mit sehr guten Lehrmeistern. Mir wurde ein Vierteljahr der Lehrzeit geschenkt. Ein halbes Jahr nach dem Ende meiner Lehrzeit habe ich gekündigt. Man war sehr traurig und sagte: „Um Gottes willen, Herr Töpfer, Sie müssen doch bei uns bleiben. Bei uns werden Sie was werden. Und wenn Sie Ihr Einjähriges Examen nachholen wollen, dann geben wir Ihnen die Freizeit." Ich antwortete: „Ich habe inzwischen eine andere Stellung angenommen, mit der Arbeitszeit neun bis fünf Uhr, also acht Stunden, während bei Euch die Arbeitszeit bis acht Uhr abends reicht, und ich dann zu wenig Zeit habe, um das Einjährige nachzuholen, das ich sehr vermisse." Na ja, ich habe dann in fünf Monaten das Einjährige Examen nachgeholt. Von Viertel nach fünf bis abends gegen zehn Uhr konnte ich intensiv lernen. Nachdem ich mein Einjähriges bestanden hatte, bin ich in den Wandervogel eingetreten und habe als Jugendlicher dort eine großartige Zeit erlebt. Die Nestabende, die Wanderungen, die Grenzwanderungen, Böhmerwald von Dresden aus, runter an die Donau und im nächsten Jahr die Grenzwanderung von Saarbrücken ins Elsaß und Vogesen. Zweimal sind wir so 30 Kilometer nach Frankreich reingelaufen.

E. P., geb. 1897:
Es wird immer erzählt, unsere Professoren hätten uns gewissermaßen auf den Krieg vorbereitet, und es wäre vom Erbfeind Frankreich gesprochen worden. Es ist nicht an dem gewesen. Kein Mensch in Osnabrück hat an einen Krieg gedacht. Ich war in der Fußball-Schülermannschaft des Realgymnasiums. Vor allen Dingen war ich mit Begeisterung im Wandervogel. Wir haben im Wandervogel nicht auf den Krieg hingearbeitet, wir haben uns die Welt angeschaut, sind gewandert noch und noch und haben fröhliche Lieder gesungen.

Gerhard Bahrmann, geb. 1896:
Mein Vater war auch Pfarrer. Er war konservativ, deutsch-national bis in die Knochen und so bin ich auch erzogen worden. Ich weiß beispielweise, daß mein Vater einmal bei dem früheren Historiker Treitschke Vorlesungen gehört hat und der hat ihm das Nationale sozusagen bis ins Blut eingeprägt. Ich hingegen bin aus eigenem Antrieb ohne irgendwelche Anregungen der Eltern Wandervogel geworden. Heute muß ich sagen, ich suchte Gemeinschaft, Geborgenheit, Verständnis und dies fand ich bei meinen Schulkameraden nicht, hingegen im Kreis der Wandervögel. Dort bin ich eigentlich erstmals freiheitlich erzogen worden, wenn sie den Begriff des Hohen Leisens kennen.

C. T., geb. 1898:
Ich bin 1898 hier in diesem Haus in Francop geboren worden. Wir waren zehn Geschwister, im ganzen sogar zwölf, aber zwei sind wohl gleich als Kinder gestorben. Ich war der Jüngste von allen und hatte sieben Brüder. Mein Vater war, wie ich später auch, Landwirt. Er wollte nichts mit Preußen zu tun haben, er war Hannoveraner. Hannover, das war sein ein und alles, aber die Preußen mochte er nicht. Er war kein Soldat gewesen, sondern ist schon mit 19 Jahren, als seine Eltern starben, Bauer geworden. Er hat ganz wenig über Soldaten gesprochen, vom Kommiß wollte er gar nichts wissen. Ich war eher dafür, denn all meine Brüder bis auf den zweitjüngsten – der älteste war 20 Jahre älter als ich – waren vor dem Krieg aktiv gewesen. Ich meinerseits wollte mich nicht verweigern, wie dies heute üblich ist. Wenn Kaisers Geburtstag in der Schule gefeiert wurde, hieß es bei uns in der Familie: „Da gehst du nicht hin. Der soll seinen Geburtstag alleine feiern."

Julius Kreckler, geb. 1896:
Meine Eltern sind sehr früh gestorben, und so kam ich 1905 ins Waisenhaus in der Averhoffstraße auf der Uhlenhorst in Hamburg. Dort sind wir natürlich sehr vaterländisch erzogen worden. Die Erzieher waren alles Handwerker. Vor jedem einzelnen nehme ich noch heute den Hut ab. Das waren ausgezeichnete Menschen. Das Essen im Waisenhaus war an und für sich sehr schlecht. Ich muß den Hamburger Senat dafür verantwortlich machen, daß wir morgens und abends trocken Brot bekamen. Das änderte sich erst, als unsere Erzieher im Krieg nach der Brotkarte so und soviel Fett kriegten, das sie zum Teil auch an uns abgaben. Da erst konnten wir Margarine aufs Brot schmieren. Bei jeder Staatsfeier, Kaisers Geburtstag als Beispiel, gab es im Waisenhaus aber „Großen Hans", das ist ein Mittagessen ähnlich dem englischen Plumpudding.

1911 kam ich in die Buchdruckerlehre nach Westerland auf Sylt. In dieser Zeit fand 1912 der Balkankrieg statt. Im Kino habe ich Aufnahmen von den Schlachtfeldern gesehen, und da kamen mir schon einige Bedenken. In der Schule, im Waisenhaus, hatte es Bilder gegeben, wonach früher der Große Kurfürst mit dem Degen in der Hand gekämpft hatte. Das war aber nun nicht mehr so. Es lagen Tote und verbogene Gewehre und Seitengewehre auf dem Schlachtfeld.

Wilhelm Garmsen, geb. 1896:
Obwohl mein Vater bereits 1911 gestorben ist, spielt er in meinem Leben eine ganz große Rolle. Es entwickelte sich so, daß mein erster Lehrer seinen Sohn und mich für den Lehrerberuf ausersehen hatte. Bei seinem Sohn war das kein Problem, aber meine Eltern hatten lediglich eine kleine Landstelle. Die Präparandenanstalt befand sich in Tonder und das Seminar dauerte drei Jahre. Ich hätte also drei Jahre täglich von Humptrupsfeld nach Süderlügum gehen und dann mit dem Zug nach Tonder fahren müssen. Zusätzlich zu dem Fahrgeld wären an der Schule auch noch die Bücher zu bezahlen gewesen. Bei kleinen Bauern ist das Geld immer knapp, aber der Lehrer ließ keine Ruhe. Er besuchte meine Eltern und bekniete sie so lange, bis sie zustimmten. Als mein Vater dann so früh starb, konnte ich den Lehrerberuf nicht mehr ergreifen. Als ältester Sohn mußte ich den kleinen Hof weiterführen. Fast kann man in dieser Hinsicht von Vorsehung sprechen. Die Präparanden und Seminaristen meldeten sich nämlich 1914 freiwillig in den Krieg und der größte Teil dieser jungen Leute ist dann in Flandern gefallen. Meines Vaters Tod hat mich davor bewahrt. Damals bedauerte es jedoch mein Lehrer sehr, daß ich nicht Lehrer werden konnte, und ich auch.

Hans Reimers, geb. 1899:
Ich bin eigentlich von jung auf sehr auf mich angewiesen gewesen. Mein Vater hatte ursprünglich einen Hof, verkaufte ihn und wurde Förster bei Itzehoe. Er ist 1907 gestorben, da war ich acht Jahre alt. 1915 fuhr meine Mutter mit einer Freundin auf einem zweispännigen Wagen. Der Mann auf dem Kutschbock fuhr sehr flott, und die Pferde gingen durch. Sie wurde mit ihrer Freundin aus dem Wagen herausgeschleudert. Die Freundin hatte gar nichts, keine Beule. Meine Mutter ist sofort tot gewesen. Ihr Kopf schlug auf einen Kilometerstein auf, die es damals noch gab. Das waren alles Dinge, die für mich sehr schwer waren. Ich mußte nach Hamburg fahren und meinem jüngeren Bruder, der hier Gärtner war, sagen: „Mutter ist auch tot.“ Wir Kinder wurden dann von meiner Tante aufgenommen.

Ich bin damals viel gewandert mit Rucksack und Tornister. Die freiwilligen Soldaten, die Einjährigen, mußten seinerzeit ihre Uniform und alles Zubehör selbst kaufen und gaben dies anschließend ab. Händler verkauften es dann weiter. Ich hatte also einen Tornister wie ein Soldat, einen Brotbeutel und eine Feldflasche. Wir haben Wanderungen gemacht, wobei wir in Wolldecken beim Bauern übernachteten. Ich bin auf diese Weise im Harz und in Bayern gewesen. Gefällte Bäume wurden damals ja nicht wie heute auf Lastwagen verladen, sondern sie wurden hintereinandergebunden und geflößt. Die Flößer wohnten darauf, denn es dauerte lange, ehe die Bäume mit der Strömung am Ziel ankamen. Auf meiner letzten Wanderung haben wir vier Tage mitgeflößt. Während dieser Fahrt mußten wir Verpflegung aufnehmen. Da sagten die Flößer: „Das ist doch einfach. Der Strom hat ja Windungen und wenn die vier oder fünf Flöße, die hintereinander gebunden waren, an Land stoßen, springt ihr runter. Ihr seht ja, wo der Fluß langläuft. Da habt ihr die Gelegenheit, wieder aufzuspringen. So haben wir es dann auch gemacht.

M. D., geb. 1899:
Es war zu der Zeit, als das Kaiserreich noch bestand. Mein Vater war Modelltischler, sein Vater wiederum Schneidermeister aus Schwedt und meine Mutter war eine Bauerstochter. Diese Kreise hielten damals treu zum Kaiser und haben dementsprechend auch ihre Kinder erzogen. Die Schule stand ebenfalls unter dem Einfluß dieses Systems. Und wenn es eigentlich nichts anderes gibt, dann nimmt man es eben als gegeben an. Von Jahr zu Jahr habe ich mich aber immer mehr dafür interessiert, was werden wird, wenn Krieg ist, denn danach sah es damals im Auftrieb der Nationen – „Deutschland, Deutschland über alles" – schon aus. Mir wurde bewußt, daß man dann mitmachen müsse, denn etwas anderes gab es damals eigentlich nicht. Dies gefiel mir von Anfang an nicht und ich habe etwas anderes gesucht. Ich suchte Gerechtigkeit, und die gab es in dieser Zeit nicht. Obwohl man sagt „die schöne alte Zeit", war sie in Wirklichkeit nicht schön. Zehn Stunden Arbeit, und die Eltern hatten wenig Zeit für ihre Kinder.

Ernst Kock, geb. 1896:
1904 war in Mühlen Eichsen eine politische Sache von großer Bedeutung. Es wurde gewählt. Nun war 1902 die Wassermühle umgebaut worden, und aus diesem Anlaß kamen zum erstenmal Sozis, die wir bisher auf dem Lande gar nicht gekannt hatten, nach Mühlen-Eichsen. Es handelte sich um Maurer und Zimmerleute, letztere mit ihrem roten Schlips, ihrem Anzug mit weißen Perlmutt-

knöpfen. Vor der Wahl sprach der Inspektor meinen Vater an: „Hör mal zu, Friedrich, jetzt kommt ja die Wahl. Wenn es da keine Sozis in unserem Bezirk gibt, werden zwei Kühe geschlachtet und es gibt Bier, und das Fleisch wird aufgeteilt, daß jeder Tagelöhner so und soviel Fleisch erhält." Die Wahl kam, und, sage und schreibe, es gab einen Sozi. Das war ja nun ganz schlimm. Mein Vater war immer sehr sozial eingestellt und, wenn er die Arbeit verteilte, ließ er losen. Im Dorf sprach sich herum, daß es einen Sozi gegeben habe. Der Inspektor sagte zu meinem Vater: „Ja, wer das wohl gewesen ist?" – Mein Vater hat geantwortet: „Weiß der Teufel?" Der Inspektor machte Propaganda, daß nun die Kühe nicht geschlachtet werden konnten. Er machte Andeutungen: „Welcher so ein bißchen revolutionär wirkt und alles am besten weiß, das ist Friedrich Kock. Wenn der das nicht mal gewesen ist." Sofort ging dieses Gerücht im Dorf herum. Eines Tages trifft mein Vater Herrn von Leers, mit dem er die ersten Schuljahre auf dem Dorf zur Schule gegangen ist, und der ihn immer geduzt hat. „Ja, Friedrich, das habe ich von dir nicht gedacht, daß du den Sozi wählst." Daraufhin wurde mein Vater wütend und sagte: „Herr von Leers, mein Großvater hat hier gearbeitet, mein Vater hat hier gearbeitet, und auch ich habe hier gearbeitet. Aber jetzt ist damit Schluß. Oktober trete ich ab." In den nächsten Tagen kam jeder, der so ein bißchen was darstellte, zu uns und wollte meinen Vater wieder umstimmen. Meine Eltern aber zogen nach Lübeck. Um dort überhaupt einreisen zu dürfen, mußten sie erst einmal drei Bürgen stellen. Da aber verschiedene Brüder meines Vaters und Schwestern und Tanten schon in Lübeck waren, war das nicht so schlimm. Mein Vater wurde gleich in einer Brauerei als Stallmeister eingestellt.

Fritz Siemers, geb. 1897:
Mein Vater war auch Soldat gewesen. Später war er geprüfter Lokomotivheizer. Er war eigentlich sozial eingestellt, Sozi wollen wir mal sagen, aber er durfte das nicht erkennen lassen. Wenn einer das erfahren hätte, wäre er sofort rausgeflogen, dann wäre Feierabend gewesen. Damals war alles militärisch und national eingestellt. Das fing schon mit der Geburt an, hätte ich beinah gesagt. Bei Antritt der Lehre – ich habe Zimmermann gelernt – ging es erstmal los: „Wo hast du gedient?" oder „Warst du Soldat?" Hatte einer nicht gedient, so hieß es gleich: „Was dem wohl fehlt? So ein Kerl wie ein Eichbaum und ist nicht Soldat gewesen?"

S. N., geb. 1898:
Mein Vater war das elfte Kind eines Zimmermanns aus Hannover. Die Kinder wurden alle mit 14 Jahren mit einem Bündel Klei-

dung aus dem Haus gejagt und mußten sich ihren Unterhalt von diesem Tag an selbst erarbeiten. Mein Vater suchte sich eine Stelle als Lithograph. Er war von Anfang an Sozialdemokrat. 1906 hatte er Besuch von der Kriminalpolizei, weil er mit den Russen korrespondiert hatte. Mein Vater hat uns zum Beispiel verboten, in Kassel zehn Pfennig für eine Marineausstellung auszugeben. „Das sind alles Mörder, die andere Menschen, die ihnen nichts getan haben, töten." Dies war seine Einstellung. Als ich einmal gesungen habe „Der Kaiser ist ein lieber Mann, der wohnet in Berlin", habe ich von meinem Vater den Hintern vollgekriegt. Er war gegen den Kaiser. „Die nehmen uns das Geld weg. Die bestehlen uns, die brauchen wir nicht." Wir haben dafür Rosa Luxemburg und Liebknecht gekannt. Die verehrten wir. Richtige Versammlungen gab es damals nicht. Wenn vier Mann zusammenstanden, kam schon die Polizei hinzu. Wir Jugendliche haben uns immer, bis ich zu den Soldaten eingezogen wurde, im Jugendbund der SPD getroffen. Dort haben wir uns in politischer Diskussion geübt.

Kurt Schröder, geb. 1897:
Ich bin sozialdemokratisch erzogen, möchte beinahe sagen, sozialdemokratisch dressiert worden. Mein Vater war von Beruf Eisendreher. Er ist 1870 geboren worden. Es war damals eine Zeit, in der man nicht nach einer abgeschlossenen Lehre fragte. Wenn ich sage, er war Eisendreher, dann hat er sich diese Tätigkeit selbst angeeignet. Das Fortkommen spielte eine große Rolle. Ich weiß noch genau, 1906 war die rote Revolution in Rußland. Es wurde bei uns in der Wohnung mit vier oder fünf Mann Karten gespielt. Die Pfennige, die gewonnen wurden, wurden vom Gewinner nach Rußland geschickt. Das waren ganz aktive Leute. Dann ging plötzlich die Tür auf zu unserem Schlafzimmer und mein Vater, der ein Diktator, ein Tyrann war, schrie: „Nun singt mal den Sozialistenmarsch. Ich hab' Besuch, der will das hören." Und da mußte ich den Sozialistenmarsch, den ich heute noch singen könnte, vorsingen. Meine Mutter – sie war Dienstmädchen in der Königstraße bei einem Baurat Cäsar gewesen – erzählte einmal, daß sie den Kaffee reinbringen mußte, als eine Gesellschaft war. Die Damen saßen zusammen und diskutierten über die neue Zeit, über die Sozialdemokraten. Plötzlich sagte eine: „Wir haben Leute bei uns gehabt, die haben unsere Teppiche geklopft. Das waren zwei Sozialdemokraten. Und was meinen Sie, meine Damen, die haben uns nicht beklaut."

1912 – ich war schon in der Lehre – habe ich abends im Altonaer Stadttheater als Statist gearbeitet. Eines Tages lauerte mir mein

Vater um 12 Uhr nachts nach Beendigung der Vorstellung auf und hat mich auf der Königstraße in Altona beinahe verhauen. Er sagte: „Werd du erst mal Sozialdemokrat und mach nicht dies Larifari hier. Jetzt weiß ich endlich, wo du abends immer bist." Ich hatte furchtbare Angst und bin nie wieder zur Statisterie gegangen. So hat er mich zum Sozialdemokraten dressiert. Es gab damals schon Demonstrationszüge, und zwar für den Acht-Stunden-Tag. Die Leute wollten nicht mehr zwölf oder mehr Stunden arbeiten. Auf der Straße wurde der Sozialistenmarsch gesungen, und dann kam die Polizei und trieb die Leute auseinander. Die Menschen hatten Angst, zwar nicht wie bei Hitler, der ja die Leute, die ihn nicht mochten, enthauptete. Man hatte aber Angst vor Deportationen, Deutschland verlassen zu müssen. Man mochte den Kaiser und vor allen Dingen Bismarck nicht, der das Sozialistengesetz eingeführt hatte. Die Menschen kamen daher meist nur in den Wohnungen zusammen. Ich bin in Altona in der „Kleinen Freiheit" und zudem noch im Hinterhof geboren worden. Das war ein gut verstecktes Viertel, wo man nicht so sehr an der Öffentlichkeit war. In der ganz kleinen Küche meiner Eltern saßen immer einige Personen, die sich über Sozialismus und was sie machen könnten, unterhielten. Das ging ganz gut, denn da kam keine Polizei. Aber sie hatten auch ein Vereinslokal, das war meistens eine Kneipe, in dessen Hinterzimmer sie tagten. Da kamen natürlich mehr Leute zusammen, 30 oder 40 Personen. Es wurde über August Bebel gesprochen, den die Leute damals noch gar nicht recht kannten, aber den sie wählen wollten. Und dann plötzlich ging die Tür auf, es wurde „Polizei!" gerufen, und dann haben sie „Morgenrot, Morgenrot, leuchtest mir zum frühen Tod. Hurra, hurra, Deutschland hoch, hurra" gesungen. Dann ging die Polizei wieder weg.

Gegenüber unserer Wohnung im Holsteinischen Hof in der Kleinen Freiheit war ein großer Tanzsaal. Er hieß Englischer Garten. Und in diesem Garten, dem größten Saal von Hamburg nach Sagebiel, fanden immer Anti-Kriegs-Versammlungen der Sozialdemokraten statt, geleitet besonders von Frohme und Clara Zetkin. Das war kurz vor dem Krieg. Also man wollte den Krieg in der Arbeiterschaft nicht. Die Anti-Kriegs-Versammlungen im Englischen Garten waren überfüllt. Die standen alle, es gab keine Sitzgelegenheit mehr. Bevor der Redner ausgeredet hatte, wurde plötzlich aus der Menge gerufen: „Spitzel unter uns, Spitzel unter uns, Fünf-Groschen-Jungs, haut sie tot, jagt sie raus." Und dann war es wieder ganz still, als wenn einer sagen wollte: „Wer hat da gerufen?" Keiner hatte gerufen, aber es gingen immer ein paar weg. Also waren solche Versammlungen mit Spitzeln, man nannte sie Fünf-Groschen-Jungs, durchsetzt.

Johann Buck, geb. 1898:
Dann kam ein Ereignis. Der Zeppelin flog in ganz niedriger Höhe über Stade hinweg. Das begeisterte. Aber nicht so sehr wie die drei Flugzeuge, die nachher kamen. Sie landeten auf dem Exerzierplatz, der seinerzeit ein unbebauter Platz war. Wir Jugendlichen natürlich hin und das war äußerst interessant. Dann sollten sie wieder weg, aber nur einer von den dreien kam wieder hoch. Die anderen beiden versuchten es immer. Die eine erreichte auch so ein bißchen an Höhe und dann berührten die Tragflächen einen kleinen Baum und die Maschine lag da. Der Flugzeugführer war leicht verletzt und blutete. Das Flugzeug konnten wir nun länger besehen, bis es abmontiert und abgeholt wurde. Die Sache hat mich doch so sehr beeindruckt, daß sie mich gar nicht wieder losließ.

Ernst Kock, geb. 1896:
In meiner Schulzeit – ich war so sechs bis sieben Jahre alt – wurde die Straße von Mühlen Eichsen nach Schwerin verbreitert. Das war früher ein ganz tiefer Landweg, einspurig aus Lehm. Von den großen Wagen vom Gut hatte sich eine Spur gebildet und wenn es gefroren hatte, war der Weg gar nicht befahrbar. Wir Jungens liefen dorthin und haben zugeguckt, wie die Arbeiten mit den ersten Maschinen gemacht wurden. Zu dieser Zeit sah ich auch mein erstes Motorrad. Es hatte dicke Reifen und war in einen Rahmen gehängt. Der Antrieb war ein breiter Riemen, nicht wie heute mit Ketten oder einem Keilriemen. Der Motorradfahrer war seinerzeit ja in Leder gekleidet. Und dann hatte er eine Mütze auf, aber der Schirm war aus Metall.

Prof. Dr. Willi Wegewitz, geb. 1898:
Wir waren in einer sehr nationalen Stimmung aufgewachsen, und in dieser Stimmung habe ich auch den Anfang des Ersten Weltkriegs erlebt. Ich kam häufiger von Stade, wo ich seit 1912 das Lehrerseminar besuchte, am Sonnabend auf Urlaub nach Hause. Mein Vater hielt als Förster das Berliner Tageblatt. Das war eigentlich die einzige Zeitung, die es bei uns im Dorf gab. Abends kamen häufig einige Bauern zu uns ins Forsthaus und mein Vater las aus der Zeitung vor. Ich war gerade zu Hause, wie die Nachricht von Sarajewo kam. Und ich weiß noch ganz genau, ich wollte anschließend einen Pflanzenstandort aufsuchen und ging über die Hollenbecker Heide. Dabei ist mir die Nachricht von Sarajewo ganz schwer durch den Kopf gegangen.

G. Ro., geb. 1898:
Die Ermordung des Kronprinzen in Sarajewo haben wir bewußt erlebt. Wenigstens in unserer Familie waren wir erschrocken darüber, daß so etwas überhaupt passieren konnte. „Was wird nun?" sagte der Vater. „Jetzt kommt der Krieg!" Das ist nachher ja auch eingetreten.

Karl Peters, geb. 1898:
Bei Kriegsanfang besuchte ich das Großherzogliche Lehrerseminar in Varel. In diesem Lehrerseminar waren wir bekanntgeworden mit dem Wandervogel. Wir unternahmen Fahrten und eine diese Fahrten lag unmittelbar vor Beginn des Ersten Weltkrieges. Im Juli 1914 waren wir mit einer Gruppe von etwa 20 Seminaristen, dazu unser Klassenlehrer und einige andere junge Lehrer, in Noordwijk in Holland eingeladen. In Noordwijk hatten wir auch die erste Begegnung, die uns ein bißchen berührte und die schon hindeutete auf das, was kommen sollte. Der Krieg lag sozusagen schon in der Luft. Wir haben in Noordwijk gerne gesungen und die Badegäste haben uns zugehört. Das waren Holländer, Deutsche, aber es waren auch Engländer dort. Und eben diese Engländer mochten uns nicht. Sie wollten das nicht hören und schlossen daher ostentativ die Fenster. Wir kamen zurück nach Deutschland und waren noch in den Großen Ferien, als dann um den 1. August herum der Weltkrieg begann.

Alfred Töpfer, geb. 1894
Die Stimmung im Volk in den vier Wochen vom Attentat bis zum Kriegsausbruch war sehr ernst, sehr gedämpft. Im Wandervogel haben wir natürlich die politische Situation eingehend diskutiert. Aufgrund des Widerstandes der Serben sowie der Äußerungen von französischer und russischer Seite rechneten wir mit ernsten Auswirkungen. Es war eine düstere Stimmung.

Kurt Schröder, geb. 1897:
Ich ging in diesen Tagen immer wieder auf die Straße, weil Extra-Blätter herauskamen. Ich war ja noch ein dummer Junge, aber ich habe doch schon ein bißchen begriffen. Alle sagten: „Das gibt es ja gar nicht, die können doch nicht einfach den Thronfolger erschießen? So konnte das doch nicht weitergehen." Diese Stimmung wurde auch von den Extra-Blättern geschürt. Ich glaube, die kosteten fünf oder zehn Pfennige, das war viel Geld. „Noch keine Mobilmachung!", „Kurz vor der Mobilmachung", „Der Kaiser ruft den Staatsrat zusammen", „Krieg nicht mehr zu vermeiden", und all sowas.

M. G., geb. 1894:
Das Attentat auf den österreichischen Kronprinzen war erfolgt und nun kamen die ersten Zeitungen heraus. Unser Kaiser hat immer noch den Zaren gebeten, er müßte doch keinen Krieg machen. Aber die Russen waren genauso doll wie unsere. Sie sind schon vor der Kriegserklärung einmarschiert. Denn der Kriegsausbruch hat sich noch einige Tage hingezogen. Berlin hat gewimmelt von Militär. Beinahe jeder zweite Mensch war Soldat und alles war neu in Feldgrau eingekleidet. Das müssen Sie erlebt haben.

Hans Seidelmann

Kriegsausbruch

Mit dem Ausbruch des Krieges ist alles in Bewegung. Unzählige Soldaten begeben sich in diesen Stunden zu ihren Truppenstandorten und von dort einige Zeit später in Richtung Front. Es sind dies zunächst die Aktiven des Jahres 1914 sowie die Reservisten, beides Gruppen, die schon vor dem August 1914 Soldaten gewesen sind. Daneben taucht bereits in diesen ersten Kriegstagen eine dritte Gruppe auf, die ganz entscheidend das Bild vom Ersten Weltkrieg prägen wird: die der Kriegsfreiwilligen.

Unweigerlich fallen im Zusammenhang mit dem Kriegsausbruch Aufnahmen aus Geschichtbüchern ein: Soldaten in eher unmilitärischem Gang durch deutsche Garnisonsstädte, Blumen im Gewehrlauf, umsäumt von jubelnden Menschen. Mich fesseln ihre Gesichter. Dabei unterscheiden sie sich, rein äußerlich betrachtet, nicht sonderlich von denen unserer Zeit. Man meint Freunde zu erkennen. Der eine oder andere Kaiser-Wilhelm-Bart fällt da nicht ins Gewicht. Was macht für mich das Besondere dieser Menschen aus? Die Antwort ist nicht einfach zu finden. Ich denke, sie liegt in mir, nicht in ihnen. Es ist das Wissen um ihr Schicksal, das so sehr von dem normalen Werdegang eines Menschen in einer zivilisierten Welt abweichen wird. Diese Menschen werden nicht alt werden. Gewissermaßen gehören sie einer verdammten Generation an. Die Mehrzahl von ihnen wird in den kommenden vier Jahren auf den Schlachtfeldern Europas sterben. Ihre Fröhlichkeit auf den Photos vertieft meine Nachdenklichkeit.

Wie kann es sein, daß sie jubeln, frage ich mich. Ausgelassenheit auf dem Weg zur Schlachtbank? Nun darf ich, um ihnen gerecht zu werden, nicht außer acht lassen, daß wir heute weit mehr über das Elend der Kriege wissen. Wir sind groß geworden mit den Bildern der Schlachtfelder zweier Weltkriege, aus Konzentrationslagern, von den Vietnams der Neuzeit mit ihren mediengerecht in die Wohnzimmer übertragenen Schreckensbildern. Wir haben einen Wissensvorsprung vor diesen Menschen, die damals nur beschönigende Bilder von den Kriegen der Deutschen Einigung mit sich herumtrugen. Für sie ist der Krieg etwas Abstraktes. Ihre Gedanken kreisen daher nur um Vermutungen, die sicherlich dazu verführen, die Sache zu leicht zu nehmen. „Zu Weihnachten ist der Krieg zu Ende", was möchte man im August 1914 dieser Aussage entgegensetzen? Bei solcher Einstimmung rückt die Möglichkeit des eigenen Todes in weite Ferne und andere Motive gewinnen die Oberhand. Der Krieg wird zur befreienden Kraft gegenüber inneren und äußeren Zwängen, die einen in der Heimat eingeengt haben. Dies gilt für die Wandervögel wie auch für die Arbeiterjugend, die nun den ersehnten Freiraum vor sich sehen. Wenn dann noch alle Menschen um einen herum in Jubel ausbrechen, wie soll man sich dem entziehen?

Wie tief aber ist dieses Empfinden? Fühlt der Jubler das gleiche auch am Morgen beim Verlassen des Elternhauses am Tage des Einrückens zu den Soldaten? Er verabschiedet sich sich von den Eltern, der Frau oder seiner Freundin und in diesem Moment muß ihn doch der Gedanke durchzucken, daß er sie vielleicht nie wiedersehen wird. Atmet er in diesem Moment nicht doch einmal tief durch? Und tatsächlich erkenne ich auf den oben zitierten Photos auch noch andere Gesichter, die keine Züge von Freude zeigen. Drückt den einen nur sein Gewehr oder macht er sich ernste Sorgen?

Was ist schließlich mit den Menschen am Straßenrand? Hier steht im Sommer 1914 die Mehrzahl meiner Interviewpartner. Sie erleben die Aufmärsche aus der sicheren Perspektive des Beobachters, was natürlich leichter jubeln läßt. Doch auch für sie vergehen nur noch Tage, bis der Krieg ihnen beweist, wie sehr er das Leben aller verändert. Das Wirtschaftsleben kommt zwar nicht nicht zum Stehen, erfährt aber Störungen. Kurze Zeit später erreichen dann die Nachrichten über erste Verluste an der Front die Heimat und lassen die Menschen erahnen, was auf sie zukommen wird.

Zeugnisse

Julius Kreckler, geb. 1896:
In Sylt habe ich bis 1915 Buchdrucker gelernt. An dem Samstag, an dem der Krieg ausbrach, habe ich ein Extrablatt gedruckt. Es spielte gerade die Musikkapelle aus Musikern des Berliner Opernhauses. Ich reichte dem Kapellmeister das Blatt, wonach der Kaiser die Mobilmachung angeordnet hatte. Sofort wurden vaterländische Lieder gespielt. Einige waren begeistert, andere ein bißchen zurückhaltend.

Friedrich Findeisen, geb. 1896:
In den Stunden, bevor der Krieg begann und es brenzlig wurde, bin ich mit anderen jungen Leuten – wir werden ungefähr zwischen 50 und 100 gewesen sein – zur Reichskanzlei gezogen. Wir standen im Vorgarten und dann erschien der Reichskanzler Bethmann-Hollweg auf dem Balkon und sagte uns, es würde noch verhandelt. Weil es an sich kein Angriff auf das Land Österreich war, war man sich wohl über die Auslegung des Bündnisvertrages mit Österreich nicht ganz einig. Es sei eben nur ein ideeller Angriff gewesen. Es bestünde noch eine kleine Hoffnung, daß der Krieg vermieden werden könne. Wir

haben uns noch eine Weile in der Gegend der Reichskanzlei herumgedrückt, waren aber neugierig und sind immer wieder mal hingegangen. Da kam er wieder heraus und sagte, leider wären die Verhandlungen nicht günstig ausgegangen, der Krieg sei unvermeidlich. Anschließend sind wir zum Lustgarten gegangen. Ich traf dort gerade zu dem Zeitpunkt ein, als der Kaiser auf den Balkon des Schlosses trat und das berühmte Wort sprach: „Ich kenne keine Parteien mehr, ich kenne nur noch Deutsche." Ich habe vom Lustgarten aus diesen Satz mit angehört. Der Platz im Lustgarten war ziemlich stark gefüllt. Es gab natürlich Beifall.

Fritz Siemers, geb. 1897
Es war sehr heiß. Und dann hieß es plötzlich: „Wir haben mobil gemacht." Es war ein Chausseewärter, der anhielt und dies ausrief. Wir haben zu uns gesagt. „Was ist denn das?" Alarm für Mobilmachungen hatte es ja schon öfter mal gegeben. Ich habe mir nicht viel daraus gemacht: „Dann haben wir eben mobil gemacht." Abends sind wir zum Bahnhof gegangen und haben die Züge voller Feldgrauer gesehen und die Aufschriften an die Zugwagen geschrieben mit Kreide. Die Leute waren alle so begeistert, das können Sie sich gar nicht vorstellen. Bei Hitler war das ganz anders. Die Auffassung 1914 war: „Es mußte einfach losgehen." Die Soldaten wurden mit Schokolade und anderen Sachen überhäuft. Die Geschäftsleute gaben, wenn sie konnten, gleich ein paar Mark und, wenn einer kein Geld hatte, so gab er etwas zu trinken oder zu rauchen. Mit denen war gar nicht zu reden. Wir haben uns gedacht: „Das muß so sein, weil sie alle Krieger sind." So war das, als der Krieg ausbrach.

E. E., geb. 1896:
1914 war ich in Varel in der Lehre bei einem Getreidegroßhändler, Getreideimport aus Rußland. Ich mußte ein Telegramm zur Post bringen und kam am Rathaus vorbei. Da kam gerade der Rathausdiener heraus und machte diesen Gitterkasten für die öffentlichen Anschläge auf und brachte – es war nachmittags gegen 5 Uhr – einen neuen Zettel an. Ich stieg vom Rad und dachte: „Was packt der da für einen neuen Zettel rein?" Da war es die Mobilmachung. Dem Zettel konnte ich entnehmen, daß ich schon in dem Alter war, in dem man dienen müßte, wenn ich aufgerufen wurde. Das war ein Schlag. Ich bin zur Post gegangen und habe bei mir gedacht: „Du bist ja schon 17 und damit reif für die Front."

R. M., geb. 1898:
Wir wohnten in Anrath bei Krefeld ganz in der Nähe der Bahnstrecke, die zum Westen, Richtung Aachen, führte. Auf unseren

Abendspaziergängen an diesen Tagen haben wir sehr viele Transporte gen Westen rollen sehen. Militärtransporte mit diesen bekannten Sprüchen wie „Jeder Schuß ein Russ', jeder Stoß ein Franzos'", also eben das, was nachträglich mit Hurra-Patriotismus bezeichnet wurde. Es lagen ja auch 40 Jahre Frieden hinter uns, und kein Mensch hatte im Grunde eine Ahnung, was Krieg bedeutete.

K. O., geb. 1896:
Im Juli 1914 war ich für vier Wochen in England. Mein Vater hatte den Wunsch, daß ich mich dort den Großteil meiner Ferien aufhalten sollte, um die englische Sprache zu lernen. Ich war in einer englischen Pastorenfamilie in Hastings untergebracht. In den letzten Juli-Tagen, am 30. oder 31. Juli, kam ein Telegramm aus Hannover von meinem Vater, in dem nur stand: „Sofort zurückkommen." Es war natürlich schon aus den Zeitungen bekannt, daß die Kriegsgefahr aufs höchste gestiegen war. Ich bin mit dem letzten Schiff, einem holländischen Schiff, von Folkestone an die französische Küste gefahren und passierte am 3. August die deutsche Grenze. Es war bereits der erste Mobilmachungstag und wir wurden nur ganz flüchtig kontrolliert. Dann kam ich in Hannover an. Auf dem Hauptbahnhof war ein riesiges Gewimmel von eingezogenen Soldaten mit Handgepäck, die sich alle zu ihren Truppenteilen begaben. Abends kam ich bei meinen Eltern an und fiel ihnen in die Arme. Sie waren glücklich, daß ich wieder da war.

Hermann Baass, geb. 1897:
1913 waren wir nach Paris gezogen, wo wir im 10. Arondissement in der Rue Château-d'Eau wohnten. Das war ein Deutschenviertel, in dem ungefähr 100 000 Deutsche lebten. Der Krieg kam für uns Deutsche überraschend. Wir standen am Tag zuvor, am Abend des 31. Juli 1914, zusammen mit einigen Deutschen und vor allen Dingen vielen Franzosen vor Le Matin, der größten französischen Tageszeitung. Alles wartete auf das Urteil gegen Madame Caillaux, die Frau des Finanzministers, die einen Redakteur erschossen hatte, weil er über ihren Mann schlecht berichtet hatte. Sie wurde freigesprochen. Mit einem Mal wurde die Kriegserklärung Deutschlands gegenüber Frankreich veröffentlicht. Einige Schritte von uns entfernt schrie ein Deutscher: „Nieder mit Frankreich." Er wurde verprügelt. Ich habe später in einer deutschen Zeitung gelesen, daß damals schon in großem Umfange aktiv gegen Deutsche vorgegangen wurde. Das war aber nicht der Fall.

Am nächsten Tag wollten wir flüchten. Mein Vater war auf der Gesandschaft gewesen und da wurde ihm empfohlen zu verreisen, der Krieg könne nicht lange dauern. „Wir haben keine Kohlen mehr und die Franzosen ebenso“, wurde ihm mitgeteilt. Am nächsten Tag bekam ich von meinem Vater Geld, um die Monatsrechnung beim Milchhändler, Brothändler und Schlachter zu bezahlen. Mein Vater hatte mir Franc-Scheine mitgegeben, aber die Leute wollten Silber haben. Mir wurde geantwortet: „Dann zahlen Sie, wenn Sie wiederkommen.“ So waren wir Deutschen dort angesehen, keine Gehässigkeit, gar nichts. Spät abends sind wir nach dem Gare du Nord gefahren und es war abgesperrt. Vor allem gab es viele, viele französische Reservisten, die zu ihren Regimentern wollten, und dazwischen Deutsche. Meine Mutter, meine kleinen Geschwister und mein älterer Bruder, der 18 war, kamen auf Umwegen in den Bahnhof hinein. Wir hatten nämlich einen Diener, dessen Freund Kellner im Wartesaal war. Mein Vater und ich sind über das eiserne Gitter geklettert. Die Koffer – wir hatten nur wenig bei uns – wurden von anderen über das Gitter gereicht und dann haben wir Platz genommen. Meine Mutter hatte einen Sitzplatz und die kleineren Kinder auch. Meine Schwester war zehn, mein kleiner Bruder sechs. Dann fuhr der Zug los, brechend voll. In Maubeuge mußten wir raus. Wir sind in den Wartesaal gegangen. Es war der 1. August 1914.

Es lief ein Zug ein, mit dem die deutsche Gesandtschaft Frankreich verließ. Wir erkannten einige Mitarbeiter der Gesandschaft von Empfängen für die Deutschen in Paris her. Plötzlich entdeckten wir im Gepäckwagen unsere Koffer. Wir haben unseren Vater geholt und konnten schließlich nach Brüssel mitfahren. Dort mußten wir den Zug verlassen und nahmen ein Hotel für die Nacht. Am nächsten Tag haben wir uns als Engländer angemeldet und in einem holländischen Ledergeschäft in der ersten Etage drei Zimmer möbliert gemietet. Dort sind wir erst einmal eingezogen. Wir wußten nicht, was wir machen sollten. Bei Einkäufen haben mein Bruder und ich Englisch gesprochen. Zehn Tage später erfuhren wir, daß unsere Wohnung gestürmt werden sollte, weil die Belgier unsere wahre Nationalität herausbekommen haben. Die uns stürmen wollten, waren keine Wallonen, das waren Flamen. Wir sind zum Bahnhof gefahren und wollten über Ostende nach England. Es hieß aber, in Ostende würden Deutsche ermordet. Wir sind erst einmal wieder in unsere Wohnung zurückgekehrt, die dann aber tatsächlich von Flamen gestürmt wurde. Es gelang uns, rechtzeitig über den Garten in die andere Straße zu gelangen. Ich wurde mit einem Hundert-Franc-Schein losgeschickt, um eine Taxe zu holen, die uns zum deutschen Generalkonsulat bringen sollte. Die Straße vor dem Konsulat war vom belgischen Militar abgesperrt. Dennoch fanden wir jemand, der uns gegen Geld zum Konsulat brachte. Es wurde später gesagt, fünf bis sechs tausend Deutsche seien da gewesen, die Treppen und das gesamte Konsulatsgebäude war belegt. Die Deutschen wurden daraufhin in einen Zirkus gebracht, wo wir alle ringsherum saßen, während auf der Bühne die belgischen Soldaten mit ihren hübschen Friedensuniformen standen. Mein älterer Bruder mußte immer bei der Familie bleiben und mein Vater und ich sind auf die Straße gegangen. In den Zeitungen stand, die Belgier hätten Köln erobert. Auf einmal kamen Lazarettautos und wir fragten uns, wie denn die Lazarettwagen hierher kommen konnten, wenn die Belgier in Köln sein sollten. Vereinzelt hörten wir auch Kanonendonner. Teile Belgiens waren ja tatsächlich schon von deutschen Truppen eingenommen worden.

Es war Mitte August 1914. Dann wurden wir im Morgengrauen in einer langen Menschenkette unter Bewachung zu einem Zug gebracht und von Brüssel an die holländische Grenze befördert. Eine Leder-Aktentasche mit den Familiendokumenten war das einzige, was wir an Gepäck hatten. Vom letzten Grenzbahnhof aus mußten wir zu Fuß nach Holland laufen. Erst kamen belgische Patrouillen, dann holländische Grenzposten. Mein Bruder und ich verloren meine Eltern und meine Geschwister aus den Augen. Die belgischen Soldaten wollten unsere Papiere sehen, aber wir hatten keine. Mein Bruder und ich waren auf dem Paß meiner Mutter mit drauf. Da wir Französisch konnten, wurden wir durchgelassen. Im holländischen Roosendaal trafen wir uns wieder. Von dort aus kamen wir dann nach Deutschland. In Bergedorf wurden wir von Verwandten aufgenommen. Ersatz für verlorengegangenes Hab und Gut oder eine sonstige Unterstützung gab es damals noch nicht. Mein Vater hatte aber bei der Abreise noch einen größeren Geldbetrag bei sich und es ging uns daher gut.

G. D., geb. 1898:
Wir wohnten damals so ungefähr 30 Kilometer vor der russischen Grenze. Polen gehörte damals ja noch zu den Russen. Wir waren in Ostpreußen sehr königstreu. In der Schule wurde uns gesagt: „Der Kaiser ist ein lieber Mann, der wohnet in Berlin." Als der Krieg nun begann, kamen die Kosaken sofort über die Grenze. Das war ein Beweis, daß der ganze Krieg schon lange vorbereitet war, wir aber ahnungslos waren. Die Russen kamen in das Gebiet hinein, um die männliche, kriegstüchtige Jugend abzuschöpfen. Das ist geschehen und die Männer sind nach Rußland transportiert worden. Ich war zu diesem Zeitpunkt auf dem Feld, das etwas abseits von unserem Gutshof lag und mit einem Mal kommt mein Vater oder einer meiner jüngeren Brüder – ich kann das heute nicht mehr sagen – zu mir

aufs Feld und schreit: „Du mußt schnell weg, die Russen sind hier und nehmen alle Männer mit."

Ich bin dann geflohen, bin zunächst nach Pommern gegangen und von dort aus nach Westfalen, wo meine Tante verheiratet war, und habe als 16jähriger junger Mann über ein Jahr in der Grube gearbeitet. Mit mir geflohen ist ein jungverheirateter Mann, der hatte ein kleines Kind. Der ist erst nach Jahren wieder zurückgekommen und hat die Frau mit dem kleinen Kind ganz allein zurücklassen müssen. So waren die Zustände damals. Die Russen sind ungefähr 100 km in Ostpreußen eingedrungen. Meine Mutter hat das alles mitgemacht, der Vater auch. Er war schon älter und so haben sie ihm nichts getan. Und mein zweiter Bruder, der jetzt vor zwei Jahren verstorben ist, mußte die ganze Zeit in der Scheune oben im Stroh sitzen. Nur nachts kam er runter und hat gegessen. Inzwischen drängte Hindenburg die Russen aus Ostpreußen raus. Da bin ich zurückgekehrt und habe eine Arbeit bei der Post angenommen.

August Urban, geb. 1896:
Ich habe die Mobilmachung in Hamburg auf dem Jungfernstieg erlebt. Die Menschen haben sich alle umarmt, gingen auf der Breiten Straße auf und ab und sangen patriotische Lieder, das „Deutschlandlied", „Die Wacht am Rhein". Dabei konnte ich mir gar nicht vorstellen, was so ein Krieg in dieser Zeit bedeuten würde. Als Kind hat man wohl mit Soldaten gespielt, aber dies war ja nun eine ganz überraschende Sache. Im Alsterpavillon spielte an diesem heißen Sommertag die Kapelle. Die Menschen haben rauf und runter mitgesungen. Dann hieß es, daß wir zum österreichischen Konsulat, das an der Moorweide lag, ziehen wollten. Da bin ich dann auch mit gewesen. 1914 war die Begeisterung unter den jungen Leuten, den Studenten, die doch alle deutsch-national erzogen worden waren, noch groß. Der Professor sagte: „Wer meldet sich freiwillig? Alle! Habe nichts anderes erwartet, meine Herren." So war es doch damals.

Alfred Hardt, geb. 1898:
Ich wurde nahe dem Hamburger Hafen auf der Veddel geboren. Obwohl dies hier eines der SPD-Viertel ist – die Veddel, Rothenburgsort, Wilhelmsburg –, wurde dort bei Kriegsbeginn höllisch gefeiert. Ich habe noch gehört, wie einer sagte: „Erst hat Kaiser Wilhelm nur vom roten Arbeiterpack geredet. Jetzt aber kennt er nur noch Deutsche und da gehören wir zu." Auch die Leute von der Veddel waren vom Krieg begeistert. Aber daß ich noch mit reinkommen sollte, habe ich nicht geglaubt.

Wilhelm Eddelbüttel, geb. 1894:
Ich bin direkt am Hamburger Hafen an den Vorsetzen aufgewachsen. Ich gehörte schon früh der Sozialdemokratie an. Vor dem Krieg fanden Versammlungen statt, die gegen den Krieg gerichtet waren und an denen ich immer teilnahm. In unserer Partei war eigentlich jeder Gegner des Krieges. Als nachher der Krieg in Gang kam, wunderte ich mich, daß überall Kriegsbegeisterung zu spüren war. Andere Stimmen kamen ja gar nicht mehr zum Tragen. Es war erstaunlich und machte uns stutzig, daß im Reichstag bis auf zwei Mitglieder alle für den Krieg gestimmt hatten. Allmählich sagte ich zu mir: „Ja, wenn alle dafür sind und du allein dagegen, dann irrst du dich wohl." In der SPD kamen wir jetzt nicht mehr zusammen. Ich war schon im Frühjahr 1914 angesetzt worden und, als ich dann einige Wochen später eingezogen werden sollte, ging ich eigentlich mit einer Selbstverständlichkeit mit.

Karl Theil, geb. 1893:
Ich war damals in meinem zweiten Dienstjahr, hatte eine schöne Extra-Uniform, blau, schick, und auch einen langen blanken Säbel. Alles wurde eingepackt, die feldgraue Kriegsuniform angezogen. Wir zogen 1914 mit der Pickelhaube los. Wer noch einmal nach Hause gehen mochte, konnte fahren. Ich bin noch einmal bei meinen Eltern gewesen. Was war da los: „Krieg, Krieg, hoffentlich überstehst du das." Die Eltern waren natürlich geknickt, wie man das von Eltern annehmen kann. Ich war jung, damals 21 Jahre. Man selbst ist mitten drin in dem Wirrwarr, Mobilmachung usw., das lenkt ab. Wir wurden dann mit der Bahn von Belgard bis Aachen transportiert. Unterwegs auf den Bahnhöfen standen die jungen Menschen, vor allem viele Mädchen und Kinder und winkten. Die Begeisterung war damals groß. „Heil Dir Kaiser", das war nichts Besonderes. Es war alles wie beim lieben Gott.

Dr. Bernhard Lehnert, geb. 1896:
Als der Krieg ausbrach, war es für mich überhaupt eine Selbstverständlichkeit, daß ich mich dem Vaterland zur Verfügung stellen mußte. Ich habe mich also kriegsfreiwillig gemeldet für das Infanterie-Regiment 36, das damals in Halle stand. Ich brauchte dafür die Zustimmung meiner Mutter, die mir diese aber ohne weiteres und, ohne darüber zu diskutieren, erteilte. So bin ich also mit Kriegsausbruch sofort Soldat geworden. Sorgen hat man sich damals eigentlich kaum gemacht. Die Begeisterung, dem Vaterland zu dienen, war so groß, daß überhaupt keine Überlegungen angestellt wurden. Ich weiß nur, ich hatte mir seinerzeit durch Nachhilfestunden Geld verdient und hiervon ein paar Schuhe gekauft. Als ich ausrückte,

habe ich zu meinem jüngsten Bruder gesagt: „Sollte ich nicht wiederkommen, die Schuhe schenke ich dir." Es war die allgemeine Auffassung bei Kriegsausbruch: „Zu Weihnachten ist der Krieg zu Ende. Die enormen Waffen, insbesondere das Maschinengewehr, lassen es nicht zu, daß der Krieg lange dauert, da eben zu viele totgeschossen werden."

H. W., geb. 1897:
Ich fuhr mit dem Sohn meiner Wirtin zuerst nach Magdeburg, um mich bei der Fußartillerie zu melden. Ich war früh gemustert und, da ich ziemlich kräftig gebaut war, der Fußartillerie zugewiesen worden. In Magdeburg wurden wir nicht angenommen. Wir fuhren dann nach Wittenberg. Der Feldwebel, der uns anhörte, wollte uns zunächst auch abweisen. Da erklärte ich ihm: „Nehmen Sie uns doch 14 Tage auf Pump." Daraufhin lachte er und sagte: „Bleibt beide hier." Ich kam dann mit dem Reserve-Feldartillerie-Regiment Nr. 49 im November 1914 an die Ostfront.

R. S., geb. 1896:
Wir fanden Aufnahme in der großen Atmosphäre, der vaterländischen Begeisterung, die damals alle bewegte. Das ist etwas Einmaliges gewesen, das wohl nie wiederkommt, da heutzutage den jungen Menschen die großen Gedanken fehlen. Ich war damals in der Oberprima, und wir haben uns alle gemeldet. Wir machten das Notabitur. Unser Aufsatzthema hieß: „Was berechtigt uns zu der Hoffnung, mit freudigem Mut in den Kampf zu ziehen." Und mein Resümee war: „In Koblenz steht das Denkmal des Deutschen Ecks und dort steht geschrieben: ‚Nimmer wird das Reich zerstöret, wenn ihr einig seid und treu'." Es wurden natürlich alle Fächer geprüft, aber in kürzerer und freundlicherer Form. Das war für mich ein großes Glück, normalerweise wäre es schwieriger geworden, die Sprachen Latein, Griechisch sowie Mathematik. Die Schule, die es mir sehr schwer gemacht hat, war nun erledigt. Jetzt herrschte die Begeisterung, für das Große da zu sein. Es wird nie wieder so eine Begeisterung geben.

J. E., geb. 1895:
Es waren die ersten Tage im August 1914, als ich mich als Lehrling in Hamburg wie Millionen Deutsche hingerissen fühlte, dem Vaterland zu dienen. Ich ging abends nach Geschäftsschluß in die Sedanstraße in Hamburg-Altona, um mich freiwillig zu melden. Als ich zum dritten Mal da war, wurde es dem Unteroffizier, der die Abfertigung machte, zu dumm und er fragte mich: „Wo wohnen denn Ihre Angehörigen?" Ich sagte ihm: „In Breslau." Da sprang er wie von der

Tarantel gestochen auf und sagte: „Mein Gott, dann gehen Sie doch nach Breslau. Was meinen Sie, was da für Militär liegt. Da sind zwei Infanterieregimenter, ein Kürassierregiment, ein Artillerieregiment. Da werden Sie eher drankommen wie hier.“ Ich folgte seinem Ratschlag, setzte mich am nächsten Tag, nachdem ich zum Entsetzen meines Chefs all meine Verbindungen in Hamburg abgebrochen hatte, in den Zug und fuhr nach Breslau.

Die Fahrt dauerte zwei Tage. Die Züge waren so überfüllt, daß man nicht einmal auf die Toilette gehen konnt. Mitunter hielt der Zug auf Bahnhöfen für mehrere Stunden, da andere Züge Vorrang hatten. Wir liefen zum Lokführer nach vorne und erkundigten uns, wie lange der Zug wohl halten würde. Dann rannten viele von uns in die nächstgelegenen Dörfer und kamen einige Zeit später mit den Maruschkas und den Bäuerinnen zurück mit Körben voll Brot, Selters, Zigarren und Zigaretten, Obst und allem möglichen. Also, das war eine Freude! Na, nach zwei Tagen waren wir dann endlich in Breslau. Mein Vater betrieb dort das Café „Vier Jahreszeiten“ und wir hatten unter unseren Gästen viele Reserveoffiziere. Ich bat meinen Vater: „Frag' doch bitte mal deine Gäste, ob mir nicht einer einen Rat geben kann, wie ich bei den Soldaten angenommen werden kann.“ Es dauerte drei Wochen. Endlich war es soweit. Einer der Gäste hatte meinem Vater gesagt, in einer Schule in der Nähe von Breslau sei eine Notkaserne eingerichtet worden und da würden noch Kriegsfreiwillige angenommen. Ich meldete mich und kam dorthin.

Gerhard Bahrmann, geb. 1896:
Anfang Juli 1914 bin ich mit dem Wandervogel für 14 Tage in den Böhmerwald gefahren und habe eigentlich den Ausbruch des Krieges im Böhmerwald miterlebt. Mir ist noch im Gedächtnis, wie die Frauen weinend ihre Männer in den Krieg entließen. In diesem Augenblick dachten wir aber noch nicht daran, daß es auch uns treffen würde. Wir hielten uns vielmehr an das Wort, das von Kaiser Wilhelm II. geprägt worden war: „Wenn die Blätter fallen, seid ihr alle wieder zu Hause.“ Wir dachten an einen Blitzkrieg. Als ich nach Hause kam, war schon acht oder zehn Tage vorher der Aufruf an die deutsche Studentenschaft ergangen, sich kriegsfreiwillig zu melden. Es war eine ungeheuere Begeisterung aller Schichten, auch der Gebildeten.

Ich habe mich gleich 1914 freiwillig gemeldet, „kriegsmutwillig“. Sich freiwillig zu melden, war für mich aufgrund der patriotischen Einstellung meines Elternhauses eine Selbstverständlichkeit, obwohl ich als Wandervogel schon eine gewisse Kulturkritik in mir hatte. Zudem herrschte 1914 eine allgemeine Ansteckung, eine idealistische Massenpsychose. Wie wir dann später im Dreck von

Flandern lagen und froren, habe ich mich schon manchmal gefragt: „Deine Klassenkameraden sitzen zum größten Teil noch in Leipzig zu Hause und du bist einzig draußen. Warum hast du das eigentlich getan?“ Und meine Antwort war: „Für meine Mutter und meine Schwester!“ Das waren weniger vaterländisch-nationalistische Gedanken, sondern es war eine Verpflichtung.

Herbert Dangers, geb. 1898:
Als ich aus den Schulferien zurückkam, traf ich meinen besten Schulfreund, der allerdings drei Jahre älter war als ich, auf der Straße und er sagte mir, er hätte sich freiwillig gemeldet. Ich fragte ihn: „Wieso denn. Wir haben ja noch ein stehendes Heer und zudem Reserveformationen?“ Als ich dann in die Klasse kam, waren bloß noch vier außer mir da. Die anderen hatten sich alle freiwillig gemeldet. Ich war zwar der Jüngste in der Klasse, aber körperlich den anderen durchaus gewachsen. Da dachte ich: „Dann machst du das auch.“ Ich wandte mich dabei an den Verwandten einer Bekannten, der Oberstleutnant beim Wehrbezirkskommando war. Er zögerte kurz und sagte: „Sie sind ja noch sehr jung. Können Sie denn schon einen Tornister tragen?“ Ich erwiderte, daß es gehen werde. Einem Arzt gegenüber bemerkte er dann: „Hier ist ein Bekannter meiner Familie, untersuchen sie den mal.“ Der Arzt hörte mein Herz ab und sagte: „Sie sind wohl ein bißchen aufgeregt. Na ja, ist gut.“ Ich war angenommen. Als ich dies meiner Mutter erzählte, fiel sie plötzlich vor mir auf die Knie und sagte zu mir: „Ich bin sehr stolz auf dich, Junge.“

Ernst Krummrey, geb. 1896:
Ich war 1914 in Neuruppin auf dem Seminar. Als der Krieg ausbrach, war die Zeit der Großen Ferien, und ich befand mich zu Hause bei meinen Eltern in Berge. Ich ging wieder zurück auf das Seminar und hatte dort Verbindung mit Klassenkameraden, die sich freiwillig gemeldet hatten. Ich schrieb an meinen Vater: „Ich möchte Soldat werden und auch für mein Vaterland kämpfen“. Mein Vater schrieb zurück: „Wenn du gezogen wirst, dann gehe in Gottes Namen, aber freiwillig gebe ich dich nicht her.“ Neuruppin hatte nun eine größere Garnison. Dort lag das Regiment der 24er. Bald kamen die Siegesnachrichten. Das war dann immer ein besonderer Tag, denn es gab bei diesen Siegen schul- und seminarfrei. Man mußte doch etwas für die Jugend tun, die eben nicht Soldat werden konnte.

F. Kn., geb. 1897:
Es hatte doch eine gewisse Kameradschaft in der Schule gegeben und deshalb sah man natürlich auch, daß man zur gleichen Waffen-

gattung kam. Als wir uns zu Hause verabschiedeten, war uns doch ein bißchen mulmig. Die Gefühle des Menschen können häufig nicht scharf voneinander getrennt werden. Aber als wir dann in den Zug eingestiegen waren, da war es schon wieder ein bißchen besser. Es ist wie bei kleinen Kindern, eben heulen sie und Tränen fließen und im nächsten Moment lachen sie wieder. Das ist in dem Alter noch nicht ganz entschwunden. Gott sei Dank ist noch ein bißchen Gedankenlosigkeit in einem und man malt sich nicht aus, was im Krieg geschehen wird. Daß geschossen wird und man fallen kann, weiß man schon, aber daß man gedacht hat: „Ich will für mein Vaterland kämpfen und mein Leben einsetzen", das ist Unfug. Es war ganz klar, daß man wiederkommt. Ich möchte dies vergleichen mit dem Menschen bis fast ins hohe Alter, der zwar weiß, daß er sterben muß, und trotzdem nicht an den Tod denkt, vielleicht nur, wenn er schwer krank ist. Natürlich gibt es Kinder, bei denen Spielkameraden oder ein Vater oder eine Mutter gestorben ist, aber diese Eindrücke bleiben doch irgendwie mehr an der Oberfläche. Man will heimkommen und denen zu Hause erzählen, daß wir den Krieg gewonnen haben.

Meine Schulkameraden und ich haben an unsere Begeisterung geglaubt. Erst später sind wir dahintergekommen, was hinter dieser Begeisterung stand. Wir begriffen die Auswirkungen unserer Erziehung, diese Verbundenheit mit Gott und Vaterland. Auf dem Koppelschloß stand: „Mit Gott." Ich mache heute um das Wort Begeisterung zwei Gänsefüßchen. Das ist im großen und ganzen Abenteuerlust gewesen war. „Mensch, du brauchst nicht mehr in die blöde Penne gehen." Und „Es gibt was zu erleben im Krieg". Unsere Gedanken waren: „Unser Professor soll seinen Sch... selber machen, und wenn niemand mehr da ist, dann soll er daheim bleiben, wenn er zu alt ist für die Soldaten." Bei Kriegsbeginn haben nicht alle Schulkameraden die Erlaubnis von den Eltern bekommen. Wir haben dann gewußt, welche noch in der Schule waren und haben uns an der Front ein bißchen über sie lustig gemacht: „Jetzt hocken sie wieder nach acht Uhr hinter der Schulbank."

Hermann Kottmeier, geb. 1897:
Wer begeisterungsfähig war, war in den ersten Augusttagen begeistert. Und wer stur war, sagte: „Woll'n mal seh'n, was da herauskommt. Ob wir mehr Gehalt kriegen?" Jeder reagierte auf seine Art. Aber in der gesamten Öffentlichkeit, in der Zeitung stand einheitlich im Vordergrund: „Mit Gott für Kaiser und Reich". Wir hatten einen Lehrer, der kam in die Klasse und fing seinen Unterricht folgendermaßen an: „Steh'n doch mal die Großen auf! Kottmeier, sag mal, weshalb seid ihr immer noch hier, weshalb seid ihr noch nicht in Uniform, Kottmeier?" Ich sagte: „Meine Eltern haben mir noch

keine Erlaubnis erteilt. Meine beiden älteren Brüder sind Soldat. Sie wollen, daß ich zu Hause bleibe." „So, der nächste." Aber, daß ein Schüler sich das nicht sagen läßt, seine tieferen Gefühle, die der Schule überdrüssig sind, die Oberhand gewinnen und man sich als groß gewachsener Mensch unter den anderen Stöpseln fehl am Platz fühlt, ist doch klar. Ich habe mich dann im September als Kriegsfreiwilliger gemeldet und bin Soldat geworden.

Ludwig Karl Diebold, geb. 1899:
Das 3. Bataillon des 17. Bayerischen Infanterieregiments, also die 9., 10., 11. und 12. Kompanie, rückte schon am 28. Juli 1914 aus. Obwohl wir noch nicht 16 Jahre alt waren, wollten wir natürlich alle mit. Bis auf drei Jungens aus unserem Nachbarort Lingenfeld und mich sind alle von ihren Eltern zurückgehalten worden. Wir konnten uns in die Kompanie hineinschleichen. Mich hat dann aber ein Unteroffizier angesprochen, der mich nicht leiden konnte und hat mich in Landau verraten. Der Hauptmann Sigl wurde gerufen und sagte: „Du mußt zurück, das geht nicht." Sie haben niemand nehmen dürfen, der unter 16 Jahre alt war. Die drei Lingenfelder gingen aber mit bis Lunéville. Der eine von ihnen hat im Kampf sogar ein Auge verloren. In Lunéville ist dieser Hauptmann Sigl gefallen. Es kam ein neuer Kompanieführer und der hat die drei Jungens nach Hause geschickt.

Johann Buck, geb. 1898:
Auch wir, die wir nicht Soldaten waren, waren in den ersten Kriegstagen sehr engagiert. Man hatte uns klargemacht, daß wir nun große Dienste zu leisten hätten. Wir taten das auch gerne. Als Schüler mußten wir vom Stader Zeughaus, in dem seinerzeit tatsächlich Gewehre aufbewahrt wurden, Gewehre zum Bahnhof bringen und dort den Soldaten, die bislang noch unbewaffnet waren, aushändigen. 1914/15 trat hier in der Gegend von Stade der Kartoffelkäfer auf. Da verbreitete man, daß die Franzosen den Kartoffelkäfer von einem Flugzeug abgeworfen hätten. Die Parole war: „Alles Schlechte kommt aus Frankreich", und so hatten sie uns auch den Kartoffelkäfer gebracht. Wir Schüler wurden nun eingesetzt, Kartoffelkäfer abzusammeln. Nachher haben es die Fasane aber besser gemacht als wir.

Prof. Dr. Willi Wegewitz, geb. 1898:
Ich hatte ja noch Schulferien und in den Augusttagen mußte ich nach Stade. Ich fuhr mit dem Fahrrad und wurde an mehreren Stellen angehalten und mußte meinen Ausweis vorweisen. Man fürchtete Spione. Ich erfuhr durch eine Zeitung, daß an irgendeinem Ort an solch einem Haltepunkt ein Landrat erschossen worden war. Wir

hatten nicht viel Unterricht in Stade, spielten daher Krieg und fochten in den Schwinge-Wiesen eine Seeschlacht aus. Mein Freund aus Harsefeld kriegte mit dem Ruder einen verpaßt, fiel koppheister aus dem Kahn ins Wasser. Wir bekamen nun Behelfslehrer, ältere Lehrer, besonders Klaus Schröder. Das war ein richtiger Plattdeutscher von über 80 Jahren. Jeden Sonntag mußten wir die Wilhadi-Kirche besuchen. Es wurde kontrolliert, daß wir auch wirklich zur Kirche gingen. So habe ich natürlich auch den Festgottesdienst mitgemacht, als die 76er ins Feld entlassen wurden. Ich erinnere mich noch an den Pastor Brugenz. Das war ein lebhafter Mann auf der Kanzel und ich habe ein Wort nicht vergessen, das er sagte: „Da wird die Zeit kommen, wo das lumpige Volk der Engländer mit Gestank hinunterfahren wird in die Hölle." Man sprach damals vom perfiden Albion. Ich habe die Soldaten noch bis zum Zug begleitet, bis sie abgefahren sind.

Karl Peters, geb. 1898:
Wir waren noch in den großen Ferien, als am 1. August 1914 der Erste Weltkrieg begann. Damals ging ein Gerücht durch ganz Deutschland, daß sich die Franzosen angeschickt hätten, Gold in Autos versteckt quer durch Deutschland nach Rußland zu bringen. Ein damals durchaus denkbarer Weg, denn Frachtflugzeuge gab es noch nicht. Ganz Deutschland war drauf und dran, diese Autos abzufangen. Ich habe dies aus allen Gegenden Deutschlands immer wieder bestätigt gefunden. Gewissermaßen eine Psychose hatte uns erfaßt, den Russen diese Beute abzujagen. Und so haben wir als Seminaristen in Harpstedt, meinem Geburtsort, auf der Lauer gelegen. Wir sind die ganze Nacht hindurch bis vier Uhr morgens auf Posten geschickt worden, aber ohne Waffen, um diese Autos abzufangen.

Wir hatten anschließend erhebliche Schwierigkeiten aus den großen Ferien wieder nach Varel zu kommen. Wir mußten hierfür die Eisenbahn über Delmenhorst-Oldenburg nach Varel benutzten, und das war gar nicht so einfach. Die Züge fuhren völlig unregelmäßig, überhaupt nicht mehr nach Fahrplan. Es gab ja damals andere Dinge zu transportieren als normale Reisende. Die Bedürfnisse der Marine und der Heeresführung standen absolut im Vordergrund. Besonders nach Wilhelmshaven dienten alle Transporte der Marine.

Willi Marquardt, geb. 1898:
Ich war damals erst 16 Jahre alt. Mein Vater, obwohl begeisterter Soldat, sagte: „Du hast noch Zeit, du wirst schon noch rankommen. Ich gebe dir nicht die Erlaubnis." Andere Schüler aus meiner Klasse

bekamen die Erlaubnis, fuhren nach Danzig und sahen sich die Sache dort einmal an. Sie mußten im Stall übernachten und schon alles an Dienst mitmachen. Das gefiel ihnen nicht und da fuhren sie alle wieder nach Hause.

Dr. Arthur Tischer, geb. 1895:
Sehr viele meiner Mitschüler, sogar Lehrer, mit denen wir dann auf einmal auf du und du waren, haben sich als Kriegsfreiwillige gemeldet. Ich habe zunächst einmal gezögert. Nun hatte ich vor, Medizin zu studieren, und, da ich nicht gerne andere Menschen umgebracht hätte, habe ich vorgezogen, mich für den Sanitätsdienst freiwillig zu melden, in der Erwartung, ich könne dadurch in diesem Kriegsgeschehen etwas Positives bewirken. Wäre ich als normaler Soldat in die kämpfende Truppe gekommen, hätte ich halt schießen müssen, wie andere auch, aber so lange es eben ging, habe ich mein Ziel verfolgt. Wir sind dann in Offenburg in dem dortigen Krankenhaus als Sanitäter ausgebildet worden und im Oktober in eine Sanitätskompanie nach Karlsruhe versetzt worden.

Kurt Weickhmann, geb. 1897:
Überall herrschte eine Hurra-Stimmung: „Zum Krieg sind wir geboren." Dann kamen mir aber doch Bedenken, daß ich im Krieg Menschen erschießen müßte. Da bin ich an einem Sonntag in die Kirche gegangen. Der Pastor war national eingestellt und die Predigt war ganz darauf ausgerichtet. Ich bin ziemlich beruhigt wieder nach Hause gegangen.

Wilhelm Rath, geb. 1895:
Mit dem Ausbruch des Krieges fand meine Seefahrtslaufbahn ein jähes Ende. Am 1. August mittags kam ein Postbote durch den Elbtunnel und brachte uns die Meldung, daß die Mobilmachung befohlen sei. Ich ging von Blohm & Voss durch den Elbtunnel nach Hamburg rüber, neben mir ging mein Freund und Kollege, der nicht zur See fuhr, sondern Bootsmann war. Er war ganz niedergeschlagen. Da er militärpflichtig war, mußte er nun Soldat werden. Er wurde eingezogen und sein Lebenslauf nahm nun einen ganz anderen Weg. In Hamburg herrschte eine riesige Freude. Auf der Reeperbahn war alles in heller Aufruhr. Aus den Lokalen und Theatern schallte vaterländische Musik. Es war ein Lärm ohnegleichen. Ich gehörte damals dem Verein der Schiffsunteroffiziere an, das waren Bootsmann, Zimmermann und Stewards. Ich bin in den kommenden Tagen noch mehrmals zu Versammlungen gegangen, und da war die allgemeine Stimmung, der Krieg könne nicht lange dauern, es könne sich nur um eine kurze Zeit von zwei, drei Wochen handeln.

Schon bald ging alles wieder seinen alten Gang. Ich wohnte in Altona auf einem Zimmer und habe erstmal drei Wochen gebummelt, bis ich mich im Baugewerbe wieder zur Arbeit gemeldet habe. Auf meinen Spaziergängen in dieser Zeit habe ich immer wieder beobachtet, wie die Reserven eingezogen wurden und die Soldaten in früher Morgenstunde zu den großen Exerzierplätzen nach Bahrenfeld marschierten, von wo sie mittags schweißgebadet mit der Musikkapelle heimgeführt wurden. Ich habe sie auch begleitet, wenn sie mit Gewehr über der Schulter fix und fertig zum Bahnhof zogen, dort verladen wurden und an die Front kamen. Einmal entdeckte ich dabei auch einen Freund aus Ribnitz. Er sprang aus seiner Reihe heraus und wir haben uns begrüßt. Er sagte zu mir: „Du solltest dich auch freiwillig melden. Weihnachten ist der Krieg bestimmt vorbei, und alle, die am Krieg teilgenommen haben, werden entlassen und sind mit ihrer Militärzeit fertig." Beneidet habe ich ihn aber nicht. Ich wußte mich ja in Sicherheit, da ich für das Militär zur seemännischen Bevölkerung gehörte. Als ich mich in Altona beim Bezirkskommando zur Aushebung meldete, wurde mir mitgeteilt, daß es noch keinen Bedarf zum Einziehen gebe. Das hat sich dann so fortgesetzt. Die kurze Seefahrtszeit hat mir das Leben gerettet, sonst wäre ich als Zimmermann zu den Pionieren eingezogen worden.

Prof. Dr. Wilhelm Wortmann, geb. 1897:
Anfang August traf ich auf der Straße einen Bekannten, der lange Zeit in China gelebt hatte und wegen seiner Frau 1913 nach Deutschland zurückgekehrt war. Ich fragte ihn: „Hast du die letzte Nachricht gehört? England hat uns den Krieg erklärt." „Ihr ahnt ja nicht, was England bedeutet. Auch wenn sie jetzt keine Truppe haben, in kurzer Zeit werden sie eine haben." Das war der einzige, der das Geschehen wirklich von Anfang an pessimistisch gesehen hat. Ich bin dann beim Militär nicht angenommen worden, fühlte mich dadurch sehr erniedrigt und kam mir eigentlich überflüssig vor. Ein älterer Freund, den ich noch aus der Schule kannte, beruhigte mich, daß ich mich davon nicht bedrücken lassen sollte. Ich habe dann zwei Semester in München und ein Semester in Dresden Architektur studiert.

Paul Grünig, geb. 1897:
Die Kieler Werftarbeiter waren beim Ausbruch des Krieges nicht kriegsbegeistert. Meine Arbeitsstelle war ganz in der Nähe der Universität. Es waren immer eine Menge Studenten im Schloßgarten versammelt. Ich habe mich gewundert, daß die Studenten alle so kriegsbegeistert waren. Wenn ich nachmittags dort vorbeikam, habe

ich mich ein bißchen versteckt. Ich konnte da nicht mitmachen. Ich war ja Mitglied der Arbeiterjugend. Diese Studenten konnte ich nicht begreifen.

Josef Dornhof, geb. 1896:
Mein Heimatort lag an der Landesgrenze zu Rußland, eben zwischen Tschenstochau und Lublinitz und da war die Stimmung verdammt ernst. Soweit ich mich entsinnen kann, war der erste Mobilmachungstag ein Sonntag. An diesem Sonntag war die Kirche überfüllt und die meisten, die am 2./3. einrücken sollten, sind zum Tisch des Herrn gegangen, um die Sakramente zu empfangen. Ich glaube, dem Geistlichen standen Tränen in den Augen, denn er mußte selbst mit der Einberufung rechnen.

Mir ist der Text eines Liedes haften geblieben, der in Bayern entstand und folgendermaßen lautete: „Endlich ist der Krieg gekommen,/da machen wir halt mobil./Und da wird Abschied genommen,/ausgezogen das Zivil./Dann gehen wir aufs Kommando/und da kriegen wir ein Gewehr,/dann marschieren wir miteinander/hinter unserem Ruprecht her./Unsere Madeln, die werden schauen,/denn vorbei zieh'n ihre Grauen,/in der schönen, in der neuen,/in der neuen, in der grauen,/in der neuen grauen Felduniform." Das wurde wiederholt und war ein lustiges, fröhliches Lied. Es hat mich, der ich bei Kriegsausbruch 17 1/2 Jahre alt war, damals schon geärgert, wie man das so hinstellen konnte.

R. G., geb. 1898:
Die meisten, mit denen ich über den Kriegausbruch gesprochen habe, sagten: „Ach, zu Weihnachten sind wir wieder hier, da ist der Krieg längst zu Ende." Das habe ich oft gehört, hatte dafür aber nicht das geringste Verständnis. Ich bekam Angst. Ich sagte mir damals: „Es könnte sein, daß dich dieser Krieg völlig verändert. Was kannst du machen? Was kannst du tun?" Und da hab ich beschlossen: „Der Krieg findet für dich nicht statt. Du tust alles, um dich zu erhalten und dich vom Krieg nicht beeindrucken zu lassen." Das habe ich mir ganz eisern vorgenommen und so ungefähr ist dies auch hingekommen.

Wilhelm Höpfner, geb. 1892:
Bei Kriegsbeginn waren alle aufgeregt. Ich habe die Stimmung in Rostock so empfunden, daß alle sehr niedergeschlagen waren. Wenn ich ehrlich sein soll, ich war bedrückt. Für mich war der Kriegsbeginn unangenehm. Ich hatte gerade ausgelernt und wollte anschließend aufs Technikum. Das alles ist ins Wasser gefallen.

Wilhelm Dettmer, geb. 1898:
Ich weiß noch, als der Krieg erklärt wurde, habe ich meinen Vater das einzige Mal im Leben weinen sehen. Er war gedienter Soldat und wußte, was Krieg bedeutete. Er wurde jetzt nicht mehr Soldat, erstens weil er sich beim Militär einen Bruch geholt hatte und zweitens war er auch zu alt. Er war 1871 geboren, damals also schon 43 Jahre alt. Aber das hat ihn doch so erschüttert und mitgenommen, daß er geweint hat. Wir als Kinder haben Hurra gerufen.

Emil Buck, geb. 1898:
Mein Vater war sehr gegen den Krieg. Ich auch. Ein Krieg kann nur Unheil schaffen. Ich habe mich bei Kriegsausbruch über die Menschen gewundert, als wenn es gar nichts Besseres gebe als den Krieg. Ich weiß noch, seinerzeit gingen viele Italiener über die Dörfer und verkauften Gipsfiguren. „Uri figuri", haben sie immer gesagt, „kaufen du uri figuri?" Als der Krieg ausgebrochen ist, haben sie plötzlich dem „Uri figuri"-Mann den ganzen Korb voll Gipsfiguren kaputtgeschlagen. Es herrschte das Gefühl, als wenn jetzt jeder Ausländer vogelfrei sei.

Alfred Toepfer, geb. 1894:
Ich hatte in den ersten Kriegstagen ein interessantes Gespräch bei mir in der Firma. Da sagte der 70jährige Lagermeister zu mir: „Ich bin ganz überrascht über die ernste Stimmung, die hier heute bei Kriegsausbruch herrscht. Als ich 1870 Soldat wurde, war die Begeisterung groß, und wir waren absolut bereit, den Krieg erfolgreich zu führen. Es gab keinerlei Bedrückung."

S. N., geb. 1898:
Als die SPD in den ersten Augusttagen 1914 für den Krieg stimmte, haben wir gestaunt. Das hätte sie nicht machen dürfen. Es wurde begrüßte, daß Liebknecht dagegen war. Wir haben es abgelehnt, uns freiwillig zu melden. Ich habe keinen aus meiner näheren Gruppe oder dem weiteren Umfeld kennengelernt, der dies gemacht hat. Den hätten wir auch erschlagen. In der Druckerei, in der ich gelernt habe, wurde ein Flugblatt für den Krieg gedruckt, ein Aufruf, daß das Volk sich für den Krieg entscheiden und spenden sollte. Ich habe es einer Dienststelle der Partei übergeben. Am Anfang des Krieges wurden die Toten noch durch Anzeigen in der Zeitung geehrt. Dies hörte aber bald auf, weil es zu viele waren. Schon bald waren sehr viele gegen den Krieg. Ich bin nicht in Kreise gekommen, die für den Krieg waren. Ich hätte sie auch gemieden.

Kurt Schröder, geb. 1897:
Die Arbeiter sangen „Die Wacht am Rhein“, als wenn sie nie den Sozialistenmarsch gesungen hätten. Mein Vater hat mit der Faust auf den Tisch geschlagen, weiter hat er allerdings nichts gekonnt. Er war ein alter Kämpfer, sozusagen mit Leib und Seele und von klein auf Sozialdemokrat und jetzt mußte er erleben, wie alle anderen umfielen. Mein Vater hat dann ein Wort geprägt, das für mich heute noch Gültigkeit hat: „Den Krieg können sie ja nicht verhindern, das geht nicht, das können sie alle nicht. Man braucht aber doch nicht dafür zu sein. Wie kann das angehen, daß sie dafür sind?“ Als die Sozialdemokraten für die Kriegskredite stimmten, ist das für meinen Vater der Punkt gewesen, aus der SPD auszutreten. Später wurde er Mitglied der USPD.

Hans Seidelmann, geb. 1898:
1914 war ich 15 Jahre alt. Jedenfalls war es bei Kriegsausbruch wundervoll, wir brauchten nicht gleich zurück, die Ferien wurden verlängert. Die Jubelstimmung im Land wirkte sich bei uns in Bad Kudowa aber ganz anders aus. Kudowa war zu damaliger Zeit ein sehr besuchtes Bad mit einer Frequenz von ungefähr 10 000 Gästen im Sommer, natürlich nicht Badegäste wie heute, die hinfahren, um sich zu amüsieren, sondern alles wirklich nur schwer herzkranke Menschen. Als am 2. August die Mobilmachung bekanntgemacht wurde, floh alles aus dem Bad, um ab nach Hause zu kommen. Ich weiß noch, der Droschkenkutscher in unserem Nebenhaus mußte jetzt zu jedem Zug drei- bis viermal fahren und hatte die größte Mühe. Dazu wurden viele junge Reservisten aus dem Ort eingezogen. Da hieß es: „Der ist heute nacht weggegangen und der auch.“ Jedenfalls leerte sich Kudowa binnen drei oder vier Tagen. Von großer Begeisterung war infolgedessen in Kudowa wenig zu spüren. Dieses fluchtartige Verlassen war ja für das Bad eine Existenzfrage. Denn ganz anders als heute, wo wir Jahreskuren haben, gab es kaum ein Logis mit Ofen oder Zentralheizung, und so konnte das Bad eben nur von Anfang Mai bis Ende September betrieben werden. Mein Vater rief in diesen Tagen immer wieder beim Schuldirektor in Brieg an, um zu erfahren, wann die Schule wieder losging. Man hörte ja sonst nichts und jedem konnten sie ja auch nicht einen Brief schreiben. Ich weiß nicht mehr genau, wann wir wieder anfingen. Es müssen ca. drei bis vier Wochen später gewesen sein.

Otto Frahm, geb. 1896:
Obgleich schon 8 Tage vorher vom Krieg geredet wurde, kam er dann doch unerwartet. Alle Welt hier oben im Exportgeschaft war bestürzt. Wir handelten mit Indien, Japan. Die Schiffe mit unseren

Gütern blieben unterwegs liegen. Die Hälfte des Personals wurde gleich einberufen. Nach einem Jahr war ich ganz allein in der Firma und wurde schließlich auch eingezogen.

Hermann Gieselmann, geb. 1895:
Im März 1914 hatte ich bei der Post auf dem Telegrafenamt angefangen. Als der Krieg losging, wurden unsere alten Kollegen eingezogen und wir jungen mußten für sie arbeiten. Wir verstanden an und für sich so gut wie gar nichts vom Telefon. Dann wurde ich nach Harburg versetzt, wo ich auf der Strecke schwer arbeiten mußte. Die 15-Meter-Stangen mußten wir tragen. Ich hatte einen Rückstellungsschein vom Heer, daß ich nicht eingezogen zu werden brauchte. Den hab ich aber nicht abgegeben, da ich bei der Post wieder weg wollte. Die Arbeit war mir zu schwer und ich wollte doch Soldat werden.

E. E., geb. 1896:
Ich wurde zunächst noch reklamiert, weil meine Firma, Getreide und Kohlen en gros, von der Reichsgetreidestelle beauftragt worden war, das gesamte Getreide im Amtsbezirk Varel zu beschlagnahmen. Betriebe oder kleine Leute, die mindestens 25 Pfund Roggen ernteten, mußte einen Teil abliefern. Die Einlagerung war ja nicht vorbereitet gewesen und so wurden einfach die großen Bauernhöfe im Marschland und außerdem die Windmühlen, die ja drei, vier, fünf Böden übereinander hatten, beschlagnahmt und das Getreide eingelagert. So hatte ich zum Beispiel die Dangaster Mühle unter mir. Ich bin dort mit Marinesoldaten gewesen und habe die Mühle gefüllt. Als der Mitlehrling Klemm in Oldenburg eingezogen wurde, haben wir das erste weibliche Wesen als Lehrling eingestellt.

Wilhelm Garmsen, geb. 1896:
Mit der Mobilmachung wurden auch junge Bauern eingezogen. Einer, Hans Kalsen hieß er, kam zu mir und sagte. „Ich bin schwer in Druck, ich werde in den nächsten Tagen eingezogen. Nun brauche ich jemand, der meinen Hof weiterführen kann. Würdest du das übernehmen? Ich weiß, du kannst das." Ich sag: „Hans, da gibt es ein Problem. Du weißt ja, dein Vater ist dauernd auf dem Hof und kommandiert. Wenn ich den Hof übernehmen sollte, dann will ich es in eigener Regie machen. Ich muß das zur Bedingung machen." Ein paar Tage später kommt er an: „Du, Wilhelm, ich hab das mit meinem Alten geschafft. Das war eine schwere Arbeit." Ich habe geantwortet: „Dann übernehm ich den Hof und du kannst beruhigt eingezogen werden." Bis zum 2. November 1915 habe ich den Hof geführt. Hans Kalsen ist aus dem Krieg zurückgekommen. Er war

schon etwas älter. Auf die älteren Jahrgänge nahm man etwas Rücksicht und so war er in Dänemark als Wachbeamter.

Dr. Richard Wege, geb. 1898:
Die Ernte war noch nicht ganz fertig, aber das nützte nichts, die Reservisten wurden sofort eingezogen. Die Aufregung im Dorf wurde noch dadurch größer, daß gleich anschließend die Pferde gemustert und mitgenommen wurden. Natürlich mußten wir die besten liefern. Da gab es beinahe wieder Tränen. Ich bin mit meinem Vater in die Stadt gefahren, wo wir noch einmal mit einigen Reservisten sprachen. Sie sagten: „Ja, weißt du, entweder wir gewinnen den Krieg, dann kommen wir wieder. Oder wir verlieren den Krieg, dann kommen wir nicht wieder." Die Bauern, die sich von ihrem Zuhause trennen mußten, jubelten nicht, aber sie sagten sich: „Na ja, das macht die Frau schon, der Nachbar hilft mir, das haben wir schon so organisiert." Ich war in diesen Tagen einmal zu Fuß auf dem Weg zur Schule im Nachbarort, als mir ein Radfahrer entgegen kam, rechts und links zwei Polizisten. Ich guckte und da kam mir mein Englischlehrer entgegen. Er rief mir zu: „Richard, mein Vaterland braucht mich!" Das war alles. Es war erschütternd für mich, weil es mein liebster Lehrer war.

Hans Seidelmann, geb. 1898:
Als uns die ersten Nachrichten von dem glorreichen Durchmarsch der deutschen Truppen erreichten, erschien mein Vater eines Tages mit einer Karte und Fähnchen und sagte zu mir: „Du mußt jetzt Fähnchen stecken, wo unsere Fronten sind." Dies mußte laufend verändert werden, wenn neue Nachrichten kamen. Der erste Kudower, der starb, war der zweite Lehrer an der Evangelischen Schule. Es handelte sich bei ihm um einen jungen, unverheirateten Lehrer, der den alten Lehrer unterstütze. Er fiel und da fand in Kudowa ein Trauergottesdienst statt, in dem mein Vater sang, und zwar, dies weiß ich heute noch, „Dank sei Dir, Herr". Dann fing dies an, entschuldigen Sie das schreckliche Wort, etwas Alltägliches zu werden. Man hörte eben: „Ach, der ist auch gefallen. Die Familie hat die Nachricht gekriegt."

Es kam eine Zeitschrift „Der Weltkrieg" heraus, für die wir Schüler Abonnementen werben mußten. Wir waren natürlich unglaublich begeistert, vor allen Dingen, als im Herbst Hindenburg oben in Ostpreußen die Russen besiegte. In Brieg lag das Regiment der 157er. Vor dem Rathaus von Brieg stand ein Denkmal des Alten Fritzen, der mit seinem Degen auf Mollwitz zeigte. Anläßlich des Sieges von Tannenberg hielt ein General unter dem Denkmal eine Rede. Die Garnison war aufmarschiert, es waren natürlich schon Reservisten, weil die anderen ja sofort eingezogen waren. Ein paar Tage darauf erhielt ich allerdings von meinen Eltern die Nachricht, ein Vetter von mir, ein Sohn des damaligen Hamburger Gymnasialdirektors Wilhelm Wegerhoff, der Hans Wegerhoff, sei in den Rückzugskämpfen bei Tannenberg gefallen. Er war im Stab Reserveoffizier gewesen, seine Truppe hatte in einem Gutshof gelegen. Sie wurden überfallen und in barbarischer Weise niedergemacht. Sein Vater gab dies mit tiefem inneren Schmerz und Leid kund. Aber mein Vater war immer noch mit ganzem Vaterlandsstolz dabei. „Bei einer so großen Sache muß jede Familie bereit sein, ein Leid hinzunehmen."

Wir haben den Krieg in diesen Tagen genommen, wie er war, und haben uns über die Erfolge gefreut. Es mögen sich Ältere über den Grund des Krieges Gedanken gemacht haben, aber wir Jungen taten dies nicht. Und ich muß auch ehrlich sagen, ich habe in meinem Elternhaus nie etwas ähnliches aufgeschnappt. Den Augenblick, in dem der Vormarsch nach Paris zum Stillstand kam und sich in einen Stellungskrieg an verschiedenen Fronten umwandelte, haben wir zu damaliger Zeit gar nicht richtig begriffen. Da war ein Nest und das wurde umkämpft. Fähnchen habe ich in dieser Zeit nicht mehr gesteckt.

Prof. Dr. Wilhelm Wortmann, geb. 1897:
Etwa im Oktober 1914 sagte ein Freund zu mir: „Wir haben eine ganz große Schlacht verloren an der Marne." Davon war in der Presse kein Wort zu lesen gewesen. Rundfunk gab es ja noch nicht. Die Presse war das einzige Mittel, um Mitteilungen zu verbreiten.

A. S., geb. 1899:
Mit Kriegsbeginn waren die Herren plötzlich alle Soldaten, und alle waren frohen Mutes. Da gabe es einen Postschaffner Müller, der erschien in Uniform. Der eine Nachbar, er war Maurer von Beruf, wurde zum Landsturm eingezogen. Die Truppen erzielten Erfolge. Ich weiß nur, daß die Cellische Zeitung täglich ein Extrablatt herausgab, das in der Stadt umhergetragen wurde. Wir freuten uns immer, wenn der Mann mit dem Extrablatt kam und wir jetzt erfuhren, was wieder geschehen war. Ich persönlich habe mich dann gewundert, als mit einem Mal die Nachricht kam, Lüttich sei gefallen. „Mein Gott, was ist denn das? Die kämpfen doch gegen Frankreich. Lüttich ist aber in Belgien." Da wurde man gewahr, daß die deutsche Armee über Belgien nach Frankreich zog. Besonders war dann noch, daß der Kommandeur vom X. Armeekorps in Hannover, das war der General von Emmich, für seine Fahrten von unserem Chef einen Personenwagen bekam. Wie spielte sich das Leben in der Garnison

ab? Es wurden immer wieder Leute einberufen, entweder Reservisten oder Landwehrleute. In Celle lag das Infanterie-Regiment 77, das rückte gleich in den ersten Tagen aus, und ebenfalls die Celler Artillerie, die war eine Abteilung mit den Wolfenbüttlern zusammen. Dann wurden neue Regimenter aufgestellt. Da war das Infanterie-Regiment 232, das hier noch stationiert wurde.

Die Leute waren erst begeistert. Die Begeisterung ließ dann aber ein wenig nach, weil die Siege ein bißchen ausblieben. Man wunderte sich, daß die Truppe an der Front nicht so vorwärts kam, und keiner konnte sich das erklären. Es fing eben der lange Krieg an. Es kamen auch die Nachrichten über größere Verluste, vor allen Dingen für unsere 77er. Das war ja das Heideregiment. Im Feld wurden sie „Heidschnucken" genannt. Bis zum Krieg führte der Oberst von Oertzen das Regiment. Der kriegte wohl einen höheren Posten. Dann wurde ein Oberstleutnant von Roques, so habe ich in Erinnerung, eingesetzt. Da sickerten nun so eigenartige Gerüchte durch: „Der Roques soll einen Verwandten oder gar einen Bruder im französischen Heer haben!" Ich weiß nicht, was daran wahr ist, aber so hieß es damals. Dann kam im Herbst gegen Winter 1914 die große Schlacht in Flandern bei Ypern, in der das Regiment sehr viele Soldaten verlor. Da war die Bevölkerung ganz und gar unzufrieden. Es hieß: „Der Roques hat die Truppen unter Musik zum Angriff antreten lassen." Unter anderem waren es sehr viele Kriegsfreiwillige, die ihr Leben lassen mußten, Söhne von Geschäftsleuten, die das Abitur gemacht und sich freiwillig gemeldet hatten. Sie wurden schnell ausgebildet und gingen mit Begeisterung an die Front, waren als Soldaten aber noch nicht so auf der Höhe und wurden dort hingeschickt, wo es gefährlich war. Die Bevölkerung war natürlich nicht erbaut darüber, daß so viele junge Menschen ihr Leben lassen mußten. So zog sich der Krieg hin, nach der Offensive begann der Stellungskrieg. Man hörte von den Schlachten vor Verdun, vor allen Dingen an der Somme, was vielleicht daran lag, daß die Celler Regimenter mehr dort eingesetzt waren. Der Krieg dauerte den Leuten allmählich zu lange.

Johann Buck, geb. 1898:
Schäfer – aus Mittelstenahe stammte er – war der erste, von dem wir hörten, daß er gefallen war. Man kann nicht sagen, daß das sich irgendwie groß ausgewirkt hat. Das war eben ein Bekannter und es wurde allgemein bedauert. Er hinterließ auch eine Frau. Das war natürlich bedrückend. Aber das Leben ging ja weiter.

Kurt Schröder, geb. 1897:
Im Altonaer Krankenhaus besuchte ich einen Jugendbündler. Er war dort im Pflegedienst beschäftigt und hatte die unangenehmste

Aufgabe. Es gab da so große Körbe, mit denen die Leichen transportiert wurden. Sie hatten keine Rollen, sondern wurden einfach über den Boden geschleift. „Mensch“, sagt er, „das ist ja fein, daß du mich besuchen kommst. Ich habe hier einen furchtbaren Job, aber“, nun kommt es, „das will ja keiner machen. Das habe ich mir zunutze gemacht. Nun werde ich sicherlich reklamiert, denn sie können mich nicht entbehren.“ „Du bist ja ein ganz gewiefter Kopf.“ „Da muß ich aber auch schwer für büßen.“ Da sag ich: „Wir müssen uns aber öfter mal besuchen, denn du bist der einzige, der noch nicht eingezogen ist.“

Ich wollte ihn dann immer besuchen, er war aber nie da. Dann erfuhr ich von einem anderen, daß er schon vor 14 Tagen oder drei Wochen gefallen war. Das war ganz erschütternd für mich. Das war der erste Gefallene, dessen Tod mich ganz tief getroffen hat. Er war der glücklichste Mensch der Welt gewesen, als er diesen Job gefunden hatte.

Hermann Siebe, geb. 1898:
Mein Bruder war gleich Unteroffizier geworden und erhielt früh das EK I. Das war zu Beginn des Krieges ein großes Ereignis. In der Zeitung – es war damals noch das Hamburger Fremdenblatt – erschien ein Bild. Auch für meinen Vater war das etwas Besonderes. Im Betrieb gratulierte ihm der Chef.

E. P., geb. 1897:
Ich war bei Kriegsausbruch in der Penne in der Sekunda. Ostern 1914 hatten wir unsere Abiturienten noch verabschiedet. Die haben wir nie wieder gesehen. Unsere Unterprima wurde in die Oberprima versetzt, als der Krieg ausbrach. Am ersten Mobilmachungstag meldete sich unsere ganze Oberprima. Sie kamen nur kurz in die Schule und holten sich ihr Notabitur ab. Wir hatten gerade Ferien und sie waren weg, als wir nach den Ferien wieder in die Schule gingen. Auch die haben wir nie wieder gesehen. Dann hatten wir Langemark, und da waren sie drin. Wir zitterten zu Hause und wollten weg. Das versteht heute kein Mensch mehr. Beim Militär wußten sie gar nicht, wohin mit den Rekruten. Es wurden ja die normalen Jahrgänge noch gezogen und dann die ganzen Freiwilligen.

Eine Familie hatte drei Söhne ins Feld geschickt. Zwei waren gleich 1914 gefallen. Der dritte wurde deshalb zurückgeholt. Mein älterer Bruder ging 1915 als Münsterscher Kürassier an die Front. Meine Eltern verlangten von mir: „Du wirst erst 18, ehe du Soldat wirst.“ Ich bibberte darauf. Immerhin wurde ich seit Herbst 1914 vormilitärisch ausgebildet. Altgediente Militärs, die Zwölfender, kamen, nachdem sie die zwölf Jahre abgedient hatten, als unterste Beamte zum Beispiel in der Zollbehörde. Diese Leute, die mit dem Krieg nichts mehr zu tun hatten, waren unsere Ausbilder. Was haben wir in der Ausbildung gemacht? Vielleicht zwei Mal in der Woche gingen wir abends zur Turnhalle. Es wurde marschiert und gesungen. Wir machten auch Übungen im Felde. Mit kleinen Handkästen wurden Telefonverbindungen hergestellt. Bei mir in Dortmund im Hause nebenan wohnte eine jüdische Familie. Der Junge und ich waren dicke Freunde. Wir gingen zusammen zur vormilitärischen Ausbildung. Nachher habe ich nichts mehr von ihm gehört. Das ging so den ganzen Winter 1914/15.

Hermann Wölp, geb. 1896:
Mein Bruder, der ist zwei Jahre älter als ich, wurde gleich zu Anfang des Krieges eingezogen. Er wurde nach Rußland geschickt. Ein paar Wochen später kriegte meine Mutter Bescheid, er sei verwundet. Sie hat sich noch so gefreut und es mir und meinem Vater auch gleich mitgeteilt. Aber zwei Tage später kam dann die Nachricht: „Es stimmt leider nicht, wir wissen nicht, wo er geblieben ist.“ Also war er entweder von einer Granate zerrissen worden oder man wußte es wirklich nicht. Dann wurde auch ich eingezogen.

Gerd Rehder, geb. 1897:
Drei Schulkameraden von mir, die waren noch keine 18 Jahre alt waren, sind gefallen. Der eine war in Shanghai aufgewachsen und der Sohn eines Reeders. Der Schulkamerad, der neben mir gesessen hatte, ist nur sechs Wochen Soldat gewesen. Dann war er schon tot. In Buxtehude hatte ein Pastor Ross von der Kanzel aus gesagt: „Ich bin stolz, einen Sohn auf dem Altar des Vaterlandes geopfert zu haben.“ Er hat dies nur einmal gesagt. Wie die beiden anderen Söhne gefallen sind, hat er geschwiegen.

Begeisterung bei Ausbruch des Krieges

Der Angriff

Der Krieg ist entfesselt. Grenzbäume werden zerschlagen, deutsche Armeen überziehen gleich Heuschreckenschwärmen Belgien und Teile Frankreichs. Ehrgeizige Generalstabspläne, die schon beinahe drohten, in den Schubladen der Militärs zu verstauben, werden nun in die Tat umgesetzt. Befehlshaber bekommen die Gelegenheit zu zeigen, was sie zu leisten imstande sind, und treiben ihre Soldaten voran. All das, was sich in jedem Soldaten in den letzten Tagen aufgestaut hat, wird nun frei. Wirkliche Begeisterung, die Freude, als Kriegsfreiwilliger angenommen worden zu sein, Verunsicherung und Verzweiflung über die Trennung von der Familie finden nun ihre Antwort in einem einzigen „Vorwärts". Meine Gesprächspartner reden nicht um die Sache herum. „Das war eigentlich alles zu hitzig. Der Schwung!", faßt Heinrich Dudel den Aufmarsch zusammen. Besonders hohe Verluste sind die Folge. Auf deutscher Seite steht hierfür stellvertretend das Debakel von Langemark, das später zur Legende umfunktioniert werden wird, um wenigstens etwas Sinn zu geben.

Von einer zur anderen Sekunde befindet sich der Soldat in einer anderen Welt, in der des Krieges. Man ist tot, ehe man sich versieht, oder hat Belgien schon fast hinter sich. Wie ergeht es den Gegnern, die einen derartigen Feind vor sich haben? Die Belgier verteidigen ihre Neutralität und sollten eine maßvolle Behandlung erwarten können. Gibt es unter den Angreifern noch Zeit und Raum, über Recht und Unrecht nachzudenken? Verleitet die „große Sache" die Deutschen nicht dazu, alles nur nach dem Schema ablaufen zu lassen „was wir Deutschen können, dürfen wir auch"?

Der Krieg des Jahres 1914 trägt noch die Züge kriegerischer Auseinandersetzungen des vorigen Jahrhunderts. Kavallerie tritt an, Festungen werden belagert und eingenommen und mit raumgreifenden Schritten wird Feindesland durcheilt. Stellungskrieg ist noch ein Fremdwort. Die Soldaten der ersten Monate mit ihren Pickelhauben wirken wie archaische Kämpfer aus einer anderen Zeit. Kaum zu glauben, daß zwischen ihnen und den Stahlhelm-Trägern, die gegen Gas, Tanks und Flugzeuge kämpfen werden, nur ein bis zwei Jahre liegen.

Zeugnisse

Theodor Hein, geb. 1893:
Am 16. Oktober 1913 wurde ich zum Militärdienst eingezogen, und am 4. August 1914 rückte ich mit dem Infanterie-Regiment 149, Schneidemühl, in Richtung Belgien aus. Wie wir losgingen 1914, waren die Soldaten nicht zu halten. Sie waren wie die Wilden. Wir sind als Vorauskommando vorgegangen und lagen ein ganzes Ende vor der Hauptarmee. Die 149er waren ein Eliteregiment. Überall, wo dicke Luft war, kamen sie hin. An der Grenze haben wir erst einmal die Grenzbäume kaputtgeschlagen. Wir sind geschlossen im Regiment marschiert, rechts von uns die Artillerie, halblinks alles hügeliges Gelände. Richtung Festung Diest. Sagt einer: „Hauptmann, von links aufsteigende Staubwolken." Wir haben gedacht: „Das ist eine Viehherde." Unser Hauptmann schaute durch sein Fernglas, dann brüllte er laut: „Infanterie, halt!" Sechs belgische Geschütze waren aufgefahren. Wir mußten anhalten, drei bis vier deutsche Geschütze feuerten. Es hätte ein Blutbad bei uns gegeben, wenn uns die Belgier vom Hügel aus unter Feuer genommen hätten. Die wollten dicht an uns rankommen und das wurde ihnen zum Verhängnis. Ich bin nachher mit ein paar Mann dort hingelaufen. Die sechs Geschütze, Pferde, Mannschaften waren wie von der Bildfläche wegrasiert. Das war unser erstes Treffen mit dem Feind.

Dann lagen wir in Zelten vor Löwen. Einmal hatte ich Pech. Ich mußte frühmorgens austreten und blieb allein zurück. Da schossen die Belgier aus den Fenstern hinter mir her mit Jagdgewehren. Ich bin von einem Baum zum anderen gelaufen und habe zurückgeschossen. Wenn einer aus dem Fenster guckte, habe ich abgedrückt. Der hätte mir auch einen Kopfschuß verpaßt. Wie wir am anderen Nachmittag in Löwen hereinkamen, gab es gewaltige Straßenkämpfe, bis wir Herr der Lage wurden. Wir wurden beschossen und mit kochendem Wasser begossen. Da haben wir Leichtbenzin genommen. Ich habe die Tür zu einem Haus aufgeschlagen, Benzin rein, Streichholz und dann brannte das ganze Haus. Und die Leute im Haus kamen nicht mehr raus. Ein älterer Mann wollte nicht verbrennen und sprang aus dem Haus. Er lag als Toter unten auf dem Bürgersteig. „Wie du mir, so ich dir", hab ich mir gesagt.

Es wurden viele Belgier erschossen. Es gab auch anständige Belgier, die sagten zu uns: „Wie kann man bloß auf eine reguläre Truppe schießen. Diejenigen, die dies angezettelt hatten, sind getürmt, und die Unschuldigen müssen wieder leiden und werden erschossen." Wir haben auch einen erschossen, der sein Hemd aufgeknöpft und uns seine Brust entgegengehalten hat. Ein Erschießungskommando bestand immer aus acht Mann. Der eine hat auf die Brust gezielt, der andere auf den Kopf. Erstes Glied knieend, zweites Glied stehend. Ich habe den Befehl gegeben, mußte ich ja: „Seite, legt an, Feuer." Den Befehl hierzu habe ich von einem Offizier erhalten. Es wurden sechs, sieben, acht Mann erschossen, manchmal auch einzelne. Die mußten gleich ihr eigenes Grab graben. Wer am Grab stand, kriegte einen Schuß und fiel in das Loch rein. Ich weiß gar nicht mehr, wieviel solche Erschießungen ich mitgemacht habe.

Lüttich, Diest, Löwen, Arschot, die Festung Namur und Longwy haben wir erstürmt. Dann ging es nachher in die Marne-Schlacht. Es waren erbitterte Kämpfe. Von dort kamen wir später, als der Russe in Ostpreußen eingebrochen war, in die Schlacht bei Tannenberg.

Detlev von Ahlefeld, geb. 1895:
In Belgien erreichten wir Löwen, und dort spielte sich diese berüchtigte Geschichte ab. Löwen ist ja verbrannt worden. Nach meiner Auffassung wird dies in der Historik vollkommen falsch dargestellt. Denn ich bin noch mit einem Trompeter und einem belgischen Geistlichen durch die Stadt gegangen und an jeder Straßenecke hat der Trompeter sein Signal gegeben. Der Pfarrer sprach dann einmal französisch, einmal flämisch: „Wenn jetzt noch einmal aus den Fenstern geschossen wird, wird Löwen in Brand gesteckt." Und wir waren kaum wieder im Rathaus – wir lagen im Rathaus von Löwen –, da ging eine Knallerei los aus allen Löchern. Wir sind dann zum Bahnhof geeilt. Gegenüber waren Hotels, auf deren Balkons die belgischen Maschinengewehre standen. Und da blieb uns ja nichts anderes übrig, als sie auszuräuchern. Es wurden mit den Gewehrkolben die Fenster eingeschlagen und, wenn eine Petroleumlampe da war, wurde sie in die Gardinen geschmissen und angesteckt. Wir standen mit allerhand Leuten draußen vor dem Hotel und warteten, bis die Leute rauskommen. Mich hat immer gewundert, daß die so blöde waren, ihre Waffen zu behalten. Wir haben sie auseinanderdividiert. Diejenigen, die Waffen hatten, „rechts raus", die anderen konnten nach Hause gehen. Und die, die Waffen hatten, die mußten sich ein Grab schaufeln, wurden hingestellt und abgeschossen. Ich habe dabei gestanden. Ich schätze, das waren vielleicht so 12,15 Leute. Ich bin heute noch der Überzeugung, daß das vollkommen korrekt war, denn die Front war ja 20, 25 km weit weg. Und wenn einer hinter der Front schießt, die sogenannten Franktireurs, der wird eben an Ort und Stelle erschossen. Da kann man doch nicht noch lange ein Kriegsgericht abhalten. Man kann sich doch nicht einfach so abknallen lassen. Es waren Zivilisten und blöderweise hatten sie oft sogar noch ihre Uniformen im Tornister dabei. Wenn sie die Waffen weggeschmissen hätten, hätten wir ihnen ja gar nichts getan.

Karl Theil, geb. 1893:
Von Aachen, wo wir ausgeladen worden waren, ging es feldmarschmäßig, Kanonen, Reiter vorneweg, in Richtung belgische Grenze. Kurz vor Lüttich stießen wir auf ersten Widerstand. In Arschot vor Brüssel gab es dann Zunder. Die belgischen Soldaten vergesse ich nie. Ihre Infanterie lag etwa einen Kilometer entfernt an einem Bahndamm. „Peng, peng", hörte ich die ersten Infanteriekugeln zischen. Manchmal wurden bei uns Pferde getroffen. Man denkt: „Donnerwetter, jetzt geht's um die Wurst." Nun hatten wir unsere Kanonen aufgebaut. Das ging sehr schnell. Zack, zack kamen die Kommandos, wurde die Entfernung durchgegeben und dann hieß es: „Immer rein." Unser Führer, ein Hauptmann von Roell, sah sehr wohl den Erfolg unseres Beschusses, sah aber auch, daß sich gegenüber noch etwas bewegte. Da sagte er zu uns: „So, jetzt Granatenaufschlag." Das heißt, eine Granate wird gar nicht mehr gestellt, sondern die wird hingeschossen und haut auf. So eine preußische Granate war etwas Furchtbares. Mit einem Mal war es ruhig, keine Kugel mehr. Jetzt kamen die Kommandos „Aufhören, einpacken". Die Pferde wurden wieder herangeholt, angespannt und dann fuhren wir auf einer Chaussee mit hohen Alleebäumen dahin, wohin wir geschossen hatten. Im Chausseegraben lag ein Infanterist, ein preußischer Grenadier vom Infanterie-Regiment 34 aus Stettin. Er war tot und, wie ich den sah: „Mensch, ist das furchtbar." Das war der erste Tote. Diesen Soldaten von damals, den seh ich noch heute vor mir. Wir kamen zu den Belgiern. Da lagen sie. Was soll ich sagen, es war Artilleriefeuer gewesen.

Wir kamen in eine Stadt. Die Augen gingen vorsichtig immer hin und her. Vor der Tür eines Hauses stand ein katholischer Pfarrer. Irgendjemand muß da geschossen haben, jedenfalls knallte es plötzlich und der Priester sackte tot zusammen. Es ging mir durch und durch. Nachher hieß es, aus dem Dachfenster des Hauses habe jemand auf unsere Soldaten geschossen. Irgendeinen Grund muß es ja gehabt haben. Bald stand die kleine Stadt zur Hälfte in Flammen. Hier und da brannten Häuser und es wurde auch noch aus Häusern geschossen. Auf alle Fälle ging es weiter in Richtung französische Grenze und dort trafen wir auf Widerstand der ersten französischen Soldaten, und zwar waren das Schwarze, Senegalneger. Was soll ich sagen, davon wurden wir überrascht. Plötzlich hieß es dann: „So schnell wie möglich aus der Sicht raus und hinter einem Hügel in Deckung!" Solche Aufmärsche gingen immer im Galopp vor sich. Der Führer pfiff und dann rasten wir über ein Kornfeld. Wir waren ein Kavallerieflügel, nur Kavallerie mit Kanonen, und dieser Flügel sollte die Franzosen umfassen.

Wir kamen an die Marne. Da standen die Franzosen und empfingen uns. Es wurde aufmarschiert und es begann der Kampf an der Marne, tagelang. Wir hatten vorher schon Verluste gehabt und unsere Einheiten waren Anfang September nicht mehr so stark. Unser Nachschub von zu Hause bestand aus jungen Soldaten, Schülern zumeist, die sich zu Anfang des Krieges gleich freiwillig gemeldet und lediglich acht Tage als Infanteristen ausgebildet worden waren. Ich höre sie noch heute schreien, die Jungens. Sie hatten keine Ahnung. Ich sagte einem Schüler: „Auf Kommando ‚Feuer' mußt du abziehen." Da fing er an zu weinen, er konnte einfach nicht. Mit dem war nichts anzufangen. Er zitterte. Ich habe gesagt: „Mein lieber Junge, hier, du kochst uns das Mittagessen." Da ging es ihm schon besser. Nachher ging er an die Front.

Plötzlich hieß es: „Wir ziehen uns zurück, in Ostpreußen sind die Russen eingefallen." Aus unserem Abschnitt wurden zwei Armeekorps herausgezogen. Unsere zogen sich zurück, ohne die Marne-Schlacht verloren zu haben. Wir waren ein paar Kilometer vor Paris und dann ging mein Abschnitt bis Soissons zurück. Soissons liegt unten im Tal und wir befanden uns auf den Höhen über Soissons. Unten lagen die Schwarzen, grausige Schwarze. Wir konnten sie mit dem Fernglas sehen, wenn sie mit ihren französischen Mützen liefen. Auf dem Rückmarsch überholten wir noch Infanterie-Regimenter und da sah ich einen meinen früheren Schulkollegen. Er gehörte zur Nachhut. Wir ritten im Trab vorbei, ich rief: „Behrend". Er winkte und winkte.

Gustav Schöning, geb. 1894:
In Aachen sind wir ausgeladen worden. Und dann sind wir auf Lüttich zumarschiert. Vor Lüttich, den Ort weiß ich nicht mehr, haben wir Ulanen noch eine Attacke geritten. Nur brach sie im Maschinengewehrfeuer zusammen. Wir hatten damals noch unsere Lanze auf dem Rücken, mit der ich auf dem Exerzierplatz ausgebildet worden bin. Dort mußten wir auf Befehl auf die Pferde springen und mit der Lanze auf die Puppen stechen, die am Boden lagen oder aufgehängt waren. Und mit dem Säbel fechten, habe ich noch gelernt. Aber mit dem Gewehr war ich nicht richtig ausgebildet und vom Machinengewehr 08 wußte ich schon gar nichts. Nun, bei der Attacke hat mein Pferd einen Schuß abgekriegt. Es schlug noch einmal auf und ich stürzte herunter. Mein Sattelzeug konnte ich nicht mehr mitkriegen und bin in einen Graben gekrochen. Am nächsten Tag mußten wir uns wieder sammeln, und ich habe mir ein Pferd von den Franzosen beschafft. Wir sind dann weitermarschiert, manchmal Strecken von 20 bis 30 Kilometern, bis ziemlich nach Paris. Auf den Feind sind wir gar nicht wieder gestoßen. Später wurden wir aufgelöst und wurden Kavallerie-Schützen. Wir mußten neu ausgebildet werden wie die Infanterie.

Heinrich Dudel, geb. 1893:
Wir sind am 7. Mobilmachungstag in Berlin ausgerückt und kamen nachher in das Gebiet von Malmédy an der deutsch-belgischen Grenze. Nach zwei Tagen hatten wir bereits Feindberührung, Franzosen und Belgier. Das war eigentlich alles zu hitzig. Der Schwung! Die Ausbildung der Soldaten war ja eben auf den Krieg ausgerichtet gewesen und nun kam er. Jeder wollte raus, vorwärts, vorwärts. Ganze Abteilungen sind in die Falle geraten, wurden zusammengeschossen oder gefangengenommen. Dies wurde bald von der Heeresleitung gedämpft, die merkte, daß alles vorwärtsdrängte. Die Franzosen haben sich ergeben. Die sagten: „Für mich ist der Krieg zu Ende." Es kam die Nacht und dann wurde sortiert. Es wurden die Gefangenen abtransportiert, die Verwundeten versorgt und jeder sah zu, daß er was zu essen kriegte.

Die belgische Zivilbevölkerung verhielt sich neutral, denn sie wußte genau, was ihr für den Fall des Widerstands blühte. Es passierte zu Anfang, daß Belgier auf deutsche Soldaten geschossen haben. Wenn einer erwischt wurde, war er dran. Er wurde verhört, ein Protokoll aufgenommen und die Todesstrafe vollstreckt. Er wurde vor einen Baum oder an eine Mauer gestellt. Dann hieß es: „Eine Gruppe von acht Mann legt an!" Bums, da war es geschehen. Bekanntmachungen von den Erschießungen, die gleich im Umdruckverfahren vervielfältigt wurden, wurden überall ausgehängt. Sie waren sehr schnell dabei, Todesurteile zu fällen. Das waren eben Kriegsurteile, Hitze des Gefechts. Da gab es keine Revision und nachher krähte kein Hahn danach.

Wir marschierten gleich zu Anfang auf Paris zu, dann schwenkten wir nach Norden ab, weil die Engländer mittlerweile in Flandern gelandet waren. Dort kämpften die Spinner, die neu aufgestellten Regimenter 202, 203. Am 11. November 1914 kam ich nach Flandern in die Verteidigungslinie. Da waren die Kämpfe aber schon abgeflaut und es ging alles in Stellungskämpfe über. Östlich von Ypern wurden wir eingesetzt, Geluveld hieß das. Die Engländer waren hartnäckiger, sie waren als Soldaten tapferer als die Franzosen. Das lag ja sowieso im Wesen der Engländer und sie hatten vorbereitete Gräben gefunden. In Flandern war nicht viel zu machen. Denn man latschte dauernd in Wasser rein. Die Stiefel waren damals nicht so dicht und man hatte den ganzen Tag nasse Füße. Wenn mal die Sonne durchkam, aber das war im November selten, hat man versucht, etwas trockene Füße zu bekommen.

Dr. Bernhard Lehnert, geb. 1896:
Es kann Ende Oktober 1914 gewesen sein, daß wir an die Front kamen. Auf unserer Fahrt zur Front, irgendwo in Belgien, hatte

unser Zug einen Aufenthalt. Und neben uns lag ein anderer Zug mit Soldaten, die ebenfalls an die Front gingen. Aber das waren Regimenter, die vollständig aus Kriegsfreiwilligen bestanden und die dann in die Schlacht von Langemark geworfen wurden. Es waren fast alles Studenten, denn sehr viele von ihnen trugen an ihrer Uniformjacke das Korporationsband ihrer Burschenschaft. Die meisten von ihnen, die wir als sehr lebendig und aktiv, ich will mal sagen, als siegesgewiß erlebten, sind wahrscheinlich gefallen. Wir hatten keine Vorstellung, wohin sie fuhren. Das wußten die ja selber nicht. Sie wurden unmittelbar aus ihrer Ausbildung heraus an die Front geschickt, aber nicht wie wir einem aktiven Regiment zugeteilt, sondern es waren alles Kriegsfreiwillige. Sie hatten keinerlei gründliche militärische Ausbildung gehabt und keine Kameraden an ihrer Seite, die was vom Krieg verstanden. Die Züge lagen direkt nebeneinander und, als wir zum Essenempfang gingen, kamen wir ins Gespräch. Sie waren fröhlich, absolut vergnügt. Wir landeten anschließend im Schützengraben.

Theodor Hein, geb. 1893:
Als Tannenberg zu Ende war, kamen wir wieder zurück in den Westen. Wir lagen in Flandern im Wijtschate-Bogen und dann bei Langemark. Das ganze Land war überschwemmt. Buddelte man nur etwas, hatte man klares Wasser. Wir hatten wenig Verluste, weil die Granate in einem solchen Gelände gar keine Wirkung hat. Vor uns befanden sich die Studentenregimenter aus lauter Freiwilligen. Bei Langemark gab es viele Hopfenanlagen, in denen die Engländer ihre Maschinengewehre versteckt hatten. Diese jungen Bengels sind mit dem Deutschlandlied auf den Lippen vorgegangen. Wir haben weiter hinten gelegen als Reserve, und ich habe zu einem Offizier gesagt: „Warum springen die nicht wieder auf? Warum gehen die nicht vor?“ Wir haben das doch alles von hinten mit einem Fernglas beobachtet. Sie lagen alle still in Reih und Glied, alle kaputt, hingeschlachtet. Sie haben angegriffen, ohne Deckung zu nehmen, und wurden dabei zusammengeschossen. Gucken Sie mal, wir waren gedrillt, waren ausgebildete Soldaten. Wir haben uns hinter einen Grashalm gelegt und sind in Löcher reingesprungen, wenn Granaten einschlugen. Die aber waren doch alle unerfahren. Man konnte es ihnen nicht verdenken. Und dann wurden wir eingesetzt und haben erst einmal versucht, die feindlichen Maschinengewehrnester kaputtzukriegen. Es gelang uns, die Engländer rauszuschlagen. Ein Student lag neben dem anderen. Wir sind über sie hinweggelaufen. Es gab auch Verwundete, alles junge Bengels. Wir haben gesagt: „Das sind ja noch Kinder.“

Die Bande, die Engländer, hatten in dem Gelände in vielen Löchern spitze Eisenstäbe, spitz wie eine Nähnadel, befestigt. Die Löcher waren zugedeckt. Dann hatten die Engländer auch Schlingen gelegt aus ganz feinem dünnen Draht. Am Abend kriegten wir so schweres Artilleriefeuer, daß wir in unsere Ausgangsstellungen zurückgehen mußten. Es war unmöglich, uns vorne zu halten. Da bin ich in einer Schlinge steckengeblieben. Ich konnte sie im Dunkeln nicht aufmachen. Alles ging zurück. Ich habe auf dem Bauch gelegen und an dem Pfahl, an dem sich die Schlinge befand, geaast wie ein Wilder und die Granaten schlugen neben mir ein. Schließlich habe ich den Pfahl aus der Erde herausbekommen, bin mit dem Pfahl am Fuß hinterhergelaufen. Flandern war vielleicht ein Elend, da sind viele Leute kaputtgegangen.

J. M., geb. 1896:
In Karlsruhe bei den 14ern, berittene Artillerie, habe ich mich freiwillig gemeldet. Ich hatte da sechs Wochen Ausbildung, Reiten konnte ich ja wie ein Satan, weil ich mit Pferden groß geworden bin. Dann kamen wir nach Mülhausen im Elsaß ins Quartier. In der Dragoner-Kaserne waren wir einquartiert. Wenn irgendetwas los war, wurden wir alarmiert und mußten im Galopp los. Ich war Mittelreiter am 1. Geschütz. Wir waren in Zillisheim, Schweighausen, Uffholtz, Thann. Das waren die Angriffspunkte im Jahre 1914.

Dann wurde in Frescaty bei Metz eine neue Formation aufgestellt und ich wurde Vorderreiter am 1. Geschütz. Es ging über Pagny und Prény rauf in den Priesterwald. Dort wurden wir auf den Anhöhen im Wald aufgestellt. Der Wald war noch in Ordnung. In dieser Zeit haben französische Flieger Freiburg bebombt, sie waren die ersten. Unten an der Mosel lag Pont-à-Mousson. Daraufhin hieß es bei uns: „100 Schuß nach Pont-à-Mousson direkt ins Ziel." Das war die Antwort auf die Angriffe auf Freiburg. Als junger Kerl hat man sich dabei gar nichts gedacht. Man hat seine Pflicht getan. Ich war einer der ersten, der die Priesterwaldmedaille erhalten hat. Wir Fahrer mußten Infanteriedienste machen, solange wir festlagen. Die Medaille hab ich gekriegt, weil ich die ersten Schwarzen gemeldet habe. Die Schwarzen kamen in voller Formation. Es wurde erzählt, sie wollten nach Mühlhausen. Wir haben sie eingekesselt und sie haben sich nicht ergeben. Die haben wir mit 5-Zentner-Minen kaputtgemacht. Von dieser Stelle wurde kein Angriff mehr vorgetragen.

Hans Dose, geb. 1897:
In Lille wurden wir ausgeladen und auf vier Schwadronen verteilt. Wir gehörten zur 4. Kavallerie-Division. Damals wurde die Kavallerie

erstmals in Stellungskämpfen eingesetzt. Wir von der vierten Schwadron der Wandsbeker Husaren kamen zweimal für vier Tage in den Schützengraben. Wir hatten keine Gewehre und infanteristische Ausbildung hatten wir in Wandsbek sehr wenig gehabt, zugweises Marschieren fiel hier ja alles weg. Deshalb kam kurze Zeit später der Befehl raus, wir sollten nicht mehr in den Schützengräben Dienst tun, wir sollten erst einmal dafür richtig ausgebildet werden. Und da fing das Rekrutenleben wieder an.

Paul Grünig, geb. 1897:
Ich hatte einen älteren Bruder, der war bei Kriegsausbruch Soldat. Er ist gleich in den ersten Augusttagen in Frankreich einmarschiert und hat das erste Vierteljahr den Vormarsch mitgemacht. Er ist dann durch einen Granatsplitter im Rücken verwundet worden und hat ein Vierteljahr in Kiel im Krankenhaus gelegen. Als wir ihm erzählten, daß es mit dem Vormarsch vorbei und die Front sogar zurückgenommen worden sei, konnte er das nicht begreifen. Er hatte ja miterlebt, daß es jeden Tag vorwärtsgegangen war.

Hermann Kottmeier, geb. 1897:
Es war ja klar, daß die ganze Westfront auf die alte Regel von 1870 aufgebaut war: „Die Infanterie greift an. Sprung auf, marsch, marsch! Ran an den Feind!“ Diese ganze Technik wurde zuschanden gemacht, als plötzlich im September 1914 in der deutschen Front eine Lücke klaffte und die Franzosen da eindrangen. Die deutsche Front mußte zurückgenommen werden, und das Rückwärtsgehen hatten die deutschen Soldaten nicht gelernt. Da waren sie einfach schockiert und der Elan war mit einem Male weg. Damals hat die Generalität schändlich versagt.

Die Kriegsfreiwilligen 1914

In der Kaserne

Zu den Soldaten

Die deutschen Offensiven im Westen 1914 sind gescheitert, die Armeen auf beiden Seiten haben sich ineinander verbissen, woran auch die immer wiederkehrenden Durchbruchsversuche nichts ändern können. Die militärische Bestandsaufnahme gibt also schon sehr bald Anlaß, durchaus skeptisch in die Zukunft zu schauen. Der Stimmung in der Heimat tut dies lange Zeit noch keinen wirklichen Abbruch. Hier gibt es in den Anfangsjahren des Krieges immer noch eine beträchtliche Anzahl von Kriegsfreiwilligen, die nur ein Ziel kennen: zu den Fahnen zu eilen. Und nicht nur in den Anfangsjahren. Franz Kühn meldet sich noch 1918 freiwillig. An nichts zeigt sich besser, wie tief die soldatischen Werte sitzen als an dem stürmischen Andrang der Kriegsfreiwilligen. Das heutige Bemühen junger Menschen, einen Studien- oder Lehrplatz zu erlangen, ist nichts dagegen. Das millionenstarke Zusatzheer der Kriegsfreiwilligen ist ein Phänomen des Ersten Weltkrieges, das nicht stark genug hervorgehoben werden kann. Es reicht diesen Menschen einfach nicht, aus der Ferne mit den regulären Truppen zu fiebern, sie wollen dabei sein. Das Militär ist von seiner eigenen Wirkung überrascht und hat zunächst erhebliche Probleme, mit den vielen Kriegsfreiwilligen fertig zu werden.

Bald schon aber erweist sich, daß die Rekruten dringend benötigt werden. Tagtäglich verschlingt der Krieg die an die Front geworfenen Einheiten. Mit den Aktiven und Reservisten, die im Sommer 1914 das Heer ausmachten, kann der Krieg nicht mehr geführt und gewonnen werden. Viele von ihnen sind bereits gefallen. Diejenigen unter ihnen, die die Gratwanderung durch die endlose Kette von Kämpfen schadlos überstanden haben, werden mehr und mehr zu Ausnahmen. Während man in den Rekrutierungsstellen zunächst manchen jungen Kriegsfreiwilligen abgewiesen hat, muß man Mitte des Krieges sogar dazu übergehen, die reguläre Einziehung um zwei Jahre vorzuziehen. Die Nachfrage übersteigt so sehr das Angebot, daß in den nächsten Kriegsjahren junge Männer mit unzulänglicher Gesundheit und aus beruflichen Gründen Zurückgestellte nachgemustert und anschließend doch einberufen werden.

Für den Einzelnen bedeutet dies, daß der Tag der Wahrheit unaufhaltsam näherrückt. Die Musterung folgt dem Musterungsbefehl, der Antritt in der Kaserne dem Gestellungsbefehl. Keine riesige Welle, wie sie die Soldaten im Sommer 1914 an die Front geworfen hat, sondern ein gleichförmiger Prozeß, der sich bis 1918 millionenfach wiederholen wird. Es kommen die letzten Tage und Stunden zu Hause.

Mit dem Abtransport der Rekruten zu den Ausbildungsorten ist es geschehen: die Jugend liegt nun hinter ihnen. Schon am Bahnhof werden sie von den Vertretern des Militärapparates empfangen, die von nun an und häufig bis zum Ende ihr Leben bestimmen werden. In den Kasernen befinden sich die Rekruten in den Wartesälen des Krieges. Der Blick auf den Ernst des Krieges wird durch das unentwegte Exerzieren mehr versperrt denn geschärft. Wer stabiler Natur ist, wird sich an den Turnverein oder den Wandervogel erinnert fühlen und den Gegensatz zum friedensmäßigen Leben nicht so sehr empfinden. Für andere bedeuten schon allein die Kasernen den Sprung ins kalte Wasser. Nun erfahren sie, was Militär bedeutet. Wenn sie Pech haben, treffen sie in den Kasernen auf Unteroffiziere à la Himmelstoß aus „Im Westen nichts Neues", die der Ausbildungszeit einen negativen Stempel aufdrücken. Die Zeit bis zum ersten Einsatz läuft unaufhaltsam ab.

Zeugnisse

Dr. Curt Werner, geb. 1896:
Ich hatte mich 1914 zur Marine gemeldet, da ich eine Wasserratte war und immer gerne und lange geschwommen habe. Ich wurde jedoch abgelehnt, weil ich zu schwach war. Anfang 1915 hat dann mein Vater, der als Verwaltungsinspektor des Kreiskrankenhauses in Groß-Lichterfelde seine Verbindungen zum Generalkommando hatte, dafür gesorgt, daß ich eingezogen wurde. Ich wollte nicht zur Infanterie, sondern zu einer Spezialtruppe und bin dann zur Fuß-Artillerie nach Jüterbog gekommen. Mein Bruder war vor 1915 gestorben und so war meine Mutter dagegen, daß ich Soldat wurde. „Doch!" sagte ich. „Ich werde Soldat. Und, wenn ich falle, dann falle ich eben. Damit müßt ihr dann zufrieden sein." Das war mein Standpunkt.

E. P., geb. 1897:
Mein Bruder diente bei den Münsteraner Kürassieren. Ich wollte auch zur reitenden Truppe und mit Pferden zu tun haben, weil ich einmal Landwirt werden wollte. Ich habe mich dann entschlossen, mich zu melden. Ich bin durch ganz Niedersachsen gefahren und rauf bis nach Kiel, da ich zufällig gehört hatte, daß bei der Marine-Artillerie etwas frei sei. Alles war aber vor lauter Freiwilligen besetzt. Dann bin ich bis ins Rheinland gefahren. 25 Regimenter habe ich abgeklappert und auch angeschrieben, bis ich dann eines guten Tages, es war im Juni 1915, zu den Paderborner Husaren kommen sollte. An diesem Tag rückte aber gerade mein Bruder ins Feld aus.

Das wollte ich sehen. Ich bin also erst nach Münster gegangen und habe meinen Bruder verabschiedet. Er rückte mit einem kleinen Detachement aus vielleicht 20, 30 Soldaten mit ihren Pferden aus, blumengeschmückt damals noch. Die Bevölkerung jubelte. Anschließend fuhr ich nach Paderborn. Als ich dort ankam, hieß es: „Du warst doch für gestern bestellt." „Ja, ich hab' doch nur meinen Bruder begleitet." „Ab nach Hause, wenn du bestellt wirst, mußt du pünktlich sein." Da konnte ich wieder gehen.

Vier Wochen hielt ich es in der Schule aus, dann fuhr ich mit zwei weiteren Obersekundanern nach Hamburg. Unterwegs haben sie uns in Osnabrück rausgeschmissen, weil wir keine richtigen Fahrkarten hatten. Nachts habe ich meinen Kollegen Osnabrück gezeigt, wo wir früher gewohnt hatten. Von Fahrgästen hörten wir, daß oben in Itzehoe noch was frei sei. Wir sind sofort über Hamburg rauf nach Itzehoe gefahren, wo wir sogleich untersucht wurden. Von uns dreien wurden zwei genommen und der dritte wurde wieder zurückgeschickt. Wir beide sollten gleich da bleiben. Das wollten wir dann aber doch nicht. Wir hatten noch unsere Schülermützen auf und wollten noch einmal nach Hause zu unseren Müttern. Ich bekam also sogleich Urlaub in Zivil als Soldat nach Hause. In drei Tagen mußte ich zurück sein. Als ich zu Hause ankam, fand ich niemand vor. Meine Mutter war mit meiner Tante zu einem Wohltätigkeitskonzert gegangen. Meine Tante sollte etwas abschalten, weil ihr einziger Sohn vor einiger Zeit in den Karpaten gefallen war. „Ich bin jetzt Soldat." Für meine Mutter war das eine natürliche Angelegenheit, die wie das tägliche Brot hingenommen wurde. Aber meiner Tante, deren Sohn bereits unter der Erde lag, war es nicht recht, daß ich nun auch los mußte. Mein ältester Bruder war schon gezogen, und im Jahre 1918 sollten wir drei Brüder – ich hatte noch einen jüngeren Bruder – alle als Artilleristen im Westen an der Front stehen. Dies war natürlich keine Kleinigkeit für meine Mutter, zumal meine zwei Schwestern zu Hause Notdienste zum Beispiel an Bahnhöfen verrichteten.

Kurt Weickhmann, geb. 1897:
Von Schneidemühl aus habe ich mich nach Posen zu den reitenden Jägern beworben, bekam aber eine Absage. Überall bekam ich Absagen. Ich dachte: „Der Krieg geht vorbei, und ich bin nicht dabei gewesen." Die Arbeit in der Buchhaltung der Stadtkasse Schneidemühl und die Stadt gefielen mir. Ich fand dort auch gute Freunde, aber ich war immer noch unglücklich, daß ich noch nicht Soldat werden konnte. Da hab ich gedacht: „Du kommst nicht zur Kavallerie, nicht zur Artillerie, dann mußt du eben zur Infanterie gehen und suchst dir die beste Garnisonsstadt aus."

Ich bin nach Stralsund gefahren und habe mich bei der Kommandantur als Kriegsfreiwilliger gemeldet. Ich hatte vorher eine schwere Rippenfellentzündung gehabt, und es stellte sich beim Arzt heraus, daß ich wohl noch nicht so bei vollen Kräften war. Der Feldwebel sagte: „Den können wir noch nicht gebrauchen." Als ich da stand, kam der Adjutant des Kommandanten vorbei und fragte: „Was soll der Zivilist hier?" „Er will Kriegsfreiwilliger werden." „Na und?" „Er ist nicht tauglich." „Wollen Sie denn so richtig Kriegsfreiwilliger sein?" „Ja", sagte ich, „ich will!" Der Adjutant schickte mich in die Kleiderkammer des Rekrutendepots. Dort wurden mir Sachen vorgelegt, die aber zum Teil nicht paßten. Der Kammerunteroffizier wurde wütend und warf mir die Sachen an den Kopf. Ich bekam einen Tornister, einen Helm usw. Ich trug einen Lodenmantel, habe den Helm aufgesetzt und den Tornister auf den Rücken geschnallt und bin zur Kaserne gegangen. Die Wachen am Eingang sagten: „Menschenskind, wenn Sie der Kommandant so gesehen hätte, dann säßen Sie gleich acht Tage drin." Nun war ich ja noch nicht ausgebildet. Kurz darauf passierte es in der Kaserne, daß ich die Treppe raufging und mir ein Unteroffizier entgegenkam. Ich grüßte mit der linken Hand. Er machte einen Krach und schimpfte. Da bin ich aber schnell gelaufen, daß er mich nicht wieder kriegte.

Zuerst war es für mich natürlich schwer. Die anderen waren ja schon etwas ausgebildet. Die großen Märsche waren sehr anstrengend. Ich weiß noch, auf einem schwierigen Marsch konnte ich kaum noch gehen. Da sagte der Leutnant: „Nehmen Sie sich zusammen, wir sind gleich zu Hause." Ich schaffte es dann auch, nur hatte ich mir durch die unbequemen Stiefel die Füße durchgelaufen. Ich habe dann bei den folgenden Märschen meine Zivilschuhe angezogen, womit ich immer so durchgekommen bin.

Richard Krohn, geb. 1897:
Mein ältester Bruder ist 1914 gefallen. Nach seinem Tod sattelte mein zweiter Bruder, der an sich Theologie studieren wollte, um und wurde aktiv. Mein ältester Bruder war als 57er gefallen. Und nun wollte ich auch zum 57. Infanterie-Regiment in Wesel. Ein Transport nach dem anderen ging von den 57ern ins Feld und ich blieb zu Hause, was mich ärgerte. Dann wurde auch ich eingezogen nach Emmerich, wohin ein Teil der 57er ausgelagert war, da Wesel überfüllt war.

Prof. Dr. Willi Wegewitz, geb. 1898:
Ich war nun auf dem Lehrerseminar in Stade. Wir hatten einen Turnlehrer, das war der Feldwebel vom Stader Bezirkskommando. Eines abends kam er zu uns, sagte: „Jungs, ich hab' was für euch. Ein-

mal müßt ihr doch noch Soldat werden, ihr werdet gemustert und werdet hingesteckt, wo ihr gar nicht hinwollt. Meldet euch doch freiwillig zu den Ratzeburger Jägern." Und da war ich dabei. Am nächsten Morgen sind wir sofort beim Bezirkskommando in Stade gewesen und es wurde eine Abteilung zusammengestellt, die am 16. November 1916 geschlossen mit dem Transportzug nach Ratzeburg fuhr. Unter diesen Leuten war einer sogar barfuß. Oskar Reindl hieß er und war aus München. Der war immer so das schwarze Schaf bei uns. Als ich nach Hause kam und sagte: „Vater, ich bin nun Ratzeburger Jäger", da hatte ich wieder was gutgemacht.

Reinhold Stenger, geb. 1898:
Mein Onkel Augustin hatte zunächst als Ausbilder beim Seebataillon in Glückstadt gewirkt. Ein Nachbar, ein Studienrat, stichelte immer: „Der junge Mann läuft hier immer noch zu Hause rum." Da hat er sich dann freiwillig gemeldet. Er hat uns in Slijps-Kapelle nahe der Lys im Winter 1917/18 noch besucht und uns vor unserem Quartier fotografiert.

Otto Schülke, geb. 1893:
Ich mußte kurz darauf zur Musterungsuntersuchung. Ich kam ins Geschäft. Mein Chef war Unteroffizier bei den Pionieren. Er sagte zu mir: „Gehen Sie mal hin, da werden Sie ja sicherlich Oberst werden." Ich ging zur Untersuchungsstelle. „Sie sind ja viel zu jung. Was wollen Sie denn für ein Soldat werden?" Ich sagte: „Ich habe keinen besonderen Wunsch." Daraufhin antwortete der Arzt: „Also gut, zu den Lübbener Jägern." Als ich in das Geschäft zurückkam, guckten die anderen mich an: „Was sagt er? Wie ist das möglich, daß er zu den Lübbener Jägern kommt?" Mein Chef und alle waren erstaunt. Die Lübbener Jäger waren etwas Besonderes.

Kurt Schröder, geb. 1897
Mein Bruder wurde eingezogen und dann auch verwundet. Es ging ihm so schlecht, daß mein Vater dachte, mein Bruder ginge vor die Hunde. Er nahm sich daher vor, alles zu tun, damit sein zweiter Sohn das nicht erleben sollte. Mein Vater war als Eisendreher in der Blohm & Voss-Werft am Reiherstieg beschäftigt. Er sprach dort mit dem Meister: „Könnt Ihr meinen Sohn nicht reklamieren?" Der hat das nicht gekonnt. Dann ist er zur Verwaltung von Blohm & Voss gegangen und hat dem Portier gesagt, er wolle mit dem Direktor sprechen. Auch das hat nicht geklappt, aber er hat es schließlich trotzdem fertiggebracht, daß ich als unabkömmlichen U-Boot-Spezialist aus der Kaserne herausgeholt wurde. Das muß man sich mal

vorstellen. Ich hatte von U-Booten überhaupt keine Ahnung. Aber mein Vater war ein sehr kluger Mann.

Albert Benecke, geb. 1897:
Bei der Musterung hier in Harburg, Schloßstraße, standen wir, so wie das halt bei einer Musterung ist, mit einigen Mann nackt beieinander. Es kamen zwei junge Ärzte und der eine sagte: „So, meine Herren, wer nun meint, daß er nicht mit braucht, der trete vor und melde sich. Meldet sich keiner?“ Ein Augenblick Pause, einer tritt vor. „Na, was haben Sie?“ „Ich, Albert Benecke, ich denke, ich brauche nicht mit. Ich bin noch zu jung und klein und ich hab’ keine Meinung für den Krieg.“ Da sagt er zu mir: „Mein Sohn, deine Brust ist für die Kugel breit genug und für das Eiserne Kreuz auch.“ „Ja“, sag ich, „schönen Dank.“ Das Eiserne Kreuz habe ich gekriegt.

Georg Barre, geb. 1898:
1916 war ich eingezogen worden. Mein Vater versuchte, mich bald wieder in die Heimat zurückzuholen. Zu diesem Zweck richtete er ein Schreiben an die Militärbehörden. Daraufhin wurde mit Schreiben des Kriegsministeriums Berlin vom 21. Juni 1917 geantwortet: „Die Angehörigen des Heeres werden unter Berücksichtigung ihrer körperlichen und geistigen Fähigkeiten so verwendet, wie es der Dienst für das Vaterland erfordert. Die Behauptung, daß 18jährige junge Leute der Vernichtung preisgegeben werden, muß als ein ungerechtfertigter Vorwurf gegen die wohlerwogenen Maßnahmen der Obersten Heeresleitung zurückgewiesen werden.“

Kurt Schröder, geb. 1897:
Als mein Bruder eingezogen wurde, hat er eine regelrechte Abschiedsfeier gegeben. Wir wohnten damals am Brunnenhof in Altona, und er hatte ein eigenes Zimmer in unserer kleinen Wohnung. Er hat alle, die er kannte, eingeladen, das waren ungefähr 12 oder 15 Personen. Wir haben noch Stühle von den Nachbarn geholt. Es gab auch etwas zu trinken, Kaffee oder sonst etwas, was man ohne Marken bekommen konnte. Ich durfte daran nicht teilnehmen, ich war wohl nicht alt genug. Er hat zum Abschied ein Gedicht gesprochen. „So lasset uns in Freundschaft einander recht verstehen, die kurze Zeit, die wir zusammengehen.“ Das war wohl ein Zitat aus einem berühmten Gedicht. Die Stimmung war sehr ernst, regelrecht eine traurige Abschiedsfeier. Es war auch im wahrsten Sinne des Wortes ein Abschied, denn die meisten sind gefallen. Er ging zu den Funkern und ist durchgekommen.

August Urban, geb. 1896:
Es kam der Zeitpunkt, wo ich denn eingezogen wurde. Auf einem Sonntagabend wurden wir in Kohlhöfen zusammengezogen. Meine Eltern brachten mich noch mit hin. Der gesamte junge Jahrgang war versammelt. Es waren verschiedene darunter, die wollten im Kriege was erleben. Die ersten Tage waren dann aber schon schlimm. Als wir in den Zug verladen wurden, wartete ein Unteroffizier auf uns. In unserem Zugwaggon war nur eine Bank. Wir hatten nur einen Pappkarton und ein bißchen Verpflegung für einen Tag mitgenommen. Statt einen Tag waren wir von Hamburg nach Königsberg aber zweieinhalb Tage unterwegs. Nun waren wir ja aber noch jung an Jahren, wo das noch ein bißchen als Sport aufgefaßt wird.

Ernst Kock, geb. 1896:
Auf einmal kriegte ich den Stellungsbefehl nach Berlin. Unterwegs im Zug beschnupperten wir Rekruten uns. Man konnte diejenigen, die zum Militär kamen, gleich daran erkennen, daß sie alle einen Pappkarton bei sich trugen. Diesen Pappkarton nahm man mit, um in ihm später den Zivilanzug, der gerade reinpaßte, nach Hause zu schicken. Damals besaß nicht jeder so einen Kavalierskoffer oder Aktentaschen. Auf dem Karton stand gleich die Adresse drauf, so daß man nachher bloß die Klamotten reinpacken und den Karton zur Post bringen mußte. Im Zug habe ich bereits einen Rekruten aus Husum – er hieß Ernst Lütgens – und zwei Flensburger kennengelernt. Der Lütgens wurde später mein bester Freund. Sein Vater war Uhrmacher in Husum. Sie erzählten mir, daß sie zum ersten Mal mit der Bahn fuhren.

Am Lehrter Bahnhof kamen verschiedene Busse oder Wagen an und holten die Rekruten ab, die zur Infanterie oder anderen Einheiten kamen. Die Stimmung unter uns war hervorragend. Wir waren ja stolz, uns als so junge Leute schon freiwillig gemeldet zu haben, um dieses Kriegserlebnis mitzumachen. Und daß es im Krieg auch Tote gab, darüber hat man gar nicht nachgedacht. Es blieb dann am Lehrter Bahnhof nur noch ein Rest stehen, und zwar der Lütgens, die Flensburger und ich. Mit einmal kam ein höherer Offizier an: „Was ist denn dies hier noch für ein Haufen?" Freudestrahlend sagte ich: „Das sind Flieger." Er hat sich erkundigt, ob welche von den Fliegern da seien, um Rekruten abzuholen. Nein, keine. Aber da waren welche von den Feldluftschiffern, die Zeppeline sind damals ja gerade aufgekommen. Ich hab' bei mir gedacht: „Na ja, schön." Und dann sind wir mit ungefähr zwölf bis fünfzehn Mann erst einmal zu Fuß abmarschiert, danach wurde mit der Straßenbahn gefahren. Es war ein Erlebnis, zum ersten Mal in Berlin zu sein. Alles war so groß, und die Straßen und Busse, was hat man da alles gesehen. Im Verhältnis zu unseren kleinen Städten wie Gadebusch oder Grevesmühlen kam es mir vor wie Tag und Nacht. Und wir wollten uns ja überraschen lassen.

Wir fuhren raus zur Jungfernheide und mußten einen Weg durch unbebautes Gebiet längsmarschieren und kamen schließlich nach Reinickendorf bei Berlin. Dort war die große Luftschifferkaserne, in der wir einquartiert wurden. Wir wurden von aktiven Soldaten ausgebildet. Unter ihnen war ein Schlachtergeselle, der hieß Schönemann. Er ließ uns vorbeimarschieren und grüßen üben. Danach mußten wir uns wieder in der Reihe aufstellen und verschiedene Handbewegungen machen. Wie wir wieder in Reih und Glied standen, haben wir uns gegenseitig geschubst, und ich habe mit Ernst Lütgens und noch einem anderen Freund dummes Zeug gemacht. Das hat er gesehen. Daraufhin schrie er: „Der Luftschiffer Kock an den Pulverschuppen, marsch, marsch." Wie ich weit genug weg war, hat er geschrien: „Zurück, marsch, marsch." Da habe ich gedacht: „Du kannst mich mal am Arm lecken", und bin immer weiter gelaufen. Er zog seine Trillerpfeife raus. Das war das Signal, sofort stehen zu bleiben und kehrt zu machen. Er hat wieder geblökt: „Zurück, marsch, marsch!" Ich habe getan, als ob ich das gar nicht hören könnte. Erst als er ankam, bin ich langsam zurückgegangen. Inzwischen war aber schon Essenempfang. Ich schloß mich in der Reihe an, und, wie ich an der Gulaschkanone an der Reihe war und mein Kochgeschirr hinhielt, sagte er: „Luftschiffer Kock, hinten an'n Schwanz." So mußte ich mich hinten wieder neu anstellen. Gegen Ende der Essenausgabe wurde aber oft schon ein Eimer Wasser in die Gulaschkanone geschüttet und die Suppe verlängert. Damit ich nicht von diesem Verlängerten kriegte, haben mir meine guten Kameraden an der Gulaschkanone ein Kochgeschirr, aber richtig mit Fleisch drin, zurückgestellt.

Hermann Schütz, geb. 1896:
Nach längeren Ausmärschen während der Ausbildung hatte unser Hauptmann häufig die Idee, Sprungkästen aufzustellen. Wer drüber kam, der konnte ins Quartier gehen und Essen holen. Ich habe dann verschiedene Kameraden erst mal an die Seite gedrückt, um gleich zu Anfang zu springen. 1,57 Meter, zeitweise 1,87 Meter, bin ich mit der ganzen Ausrüstung hochgesprungen. Danach ging es ins Quartier, das Gewehr in die Gewehrstände gestellt und dann zum Essenholen. Es ist des öfteren passiert, daß, wenn ich meine Schüssel schon sauber hatte, die schlechten Springer noch vor dem Sprungkasten standen. Die wurden gepiesackt. Ich habe selber gesehen, wie ihnen mitunter mit dem Seitengewehr in den Hintern gestoßen wurde, weil sie nicht rüberkamen. Dies hat mir überhaupt nicht gefallen.

Die Kameraden hatten Respekt vor mir. Am ersten Tag in der Bude haben wir uns vorgestellt. Ich war als Kaufmann der „Heringsbändiger". Einer, der Gustav Siegmund, wollte sich als prächtiger Mann hervortun. Am Abend gab er mir einen Schubs und ich fiel gegen meine Schranktür. In diesem Moment habe ich ihn gefaßt, erstmal zu Boden gehauen. Dann habe ihn wieder hochgenommen, gegen das Fensterkreuz gestemmt und ihn wieder auf seinen Platz gesetzt. Glauben Sie mir, von da an hat keiner mehr zu mir „Heringsbändiger" gesagt. An einem anderen Tag hatten wir auf dem Kasernenhof Aufstellung zum Bajonettieren genommen. Vorne auf das Bajonett war ein Stahlrohr gesetzt, damit man sich nicht verletzen konnte. Ein Kollege ärgerte mich. Ich sagte: „Fritz, laß das sein." Er kam wieder an. Ich gab ihm einen Schubs, so daß er hintenüber fiel. Der Ausbildungsoffizier kam zu mir: „Schnallen Sie den Panzer um und setzen Sie ihre Gesichtsmaske auf." Wir fochten ein paar Runden, dann gab sich der Leutnant eine Blöße. Ich hätte ihm mit dem Gewehrschloß einen Schlag auf die Nase versetzen können, hätte ihn dabei aber wohl verletzt. Gleichzeitig hatte ich aber meinen Holzdolch aus dem Stiefel gezogen, den ich ihm nun auf sein Herz setzte. „Gut", sagte er, „wegtreten, alles wegtreten!"

Otto Hayen, geb. 1895:
Es kam der Krieg. Ich erhielt den Einberufungsbefehl, mich bei den 10. Jägern in Goslar zu stellen. Jedes Armeekorps in Deutschland hatte ein Jägerbataillon, das die Nummer des Armeekorps auf den Achselstücken trug. Wir gehörten zum X. Armeekorps in Niedersachsen. Auch das Großherzogtum Oldenburg war damals verpflichtet, eine Kompanie Jäger – dies waren 200 Mann – zu stellen. Ich kam einen Tag zu früh in Goslar an. Der Wachhabende unten an der Domkaserne fuhr mich an: „Was wollen Sie denn hier?" Ich sagte: „Ich habe doch einen Stellungsbefehl." „Ja, Sie können doch lesen, Sie brauchen erst morgen herzukommen. Hauen Sie bloß ab, ab morgen sitzen Sie im Gefängnis." Dann bin ich weggegangen und habe mir für die Nacht ein Quartier besorgt.

In der Kaserne mußten wir uns den nächsten Morgen zunächst um den Schlafsack kümmern. Es kam ein Wagen mit Heidekraut, aber mit zum Teil kräftigen Stücken, das wir in die Schlafsäcke füllen mußten. Wir trugen noch Zivil. Erst am dritten Tag hieß es, zur Kammer heraufzugehen, wo wir unsere Uniformen erhielten. Die Stiefel waren knochenhart. Wir mußten sie weichmachen. Die Aussprüche des Feldwebels waren „Himmelhund, verfluchter" oder „Du dummer Dorfdeubel". Das war Feldwebelsprache. In der Inspektion, der ich angehörte, war ein Gefreiter, der bereits zu Anfang des Krieges verwundet worden war. Den mußten wir mit „Herr Gefreiter" anreden. Ich habe aber auch gute Zeiten in der Ausbildung erlebt. Da hieß es: „Gehen Sie mal zum Feldwebel, Bingel." Der Feldwebel Bingel war ein Förster aus Helmstedt, Offizierstellvertreter. „Wollen Sie meine Stiefel pflegen?" „Jawohl, Herr Feldwebel." Bei dem habe ich nun gute Zeiten gehabt. Er war ein väterlicher alter Forstmann. Als er eines freitagnachmittags nach Hause fuhr, sagte er mir: „Morgen können Sie aus der Küche meine Menage holen." Das war gutes Offiziersessen. Wir bekamen ganz schlechtes Essen. Was wir an Brot kriegten, das war eine Hülle, in der ein Kloß Teig war, den sie rausschmeißen konnten. Kastanienbrot war es.

Jacob Brand, geb. 1898:
Ich bekam den Bescheid, mich am 16. Dezember 1916 in Würzburg beim 9. Infanterie-Regiment zu melden, bei dem auch mein älterer Bruder war. Ich habe eine angenehme Erinnerung an diese Zeit. Wie wir eingekleidet wurden, bekamen wir noch die hellblaue bayerische Friedensuniform. Der Unteroffizier schmiß mir eine Jacke hin, ich nahme sie, sie paßte mir wie angegossen. Ich guckte nach, was auf dem Futter stand. Da war das die Exerzier-Uniform meines Bruders. Ich habe sie die ganze Zeit angehabt, bis die Ausbildung zu Ende war. Da erst wurden wir in Feldgrau eingekleidet. In Würzburg kam ich nicht in eine Kaserne, sondern wir wohnten in einer Schule, die ganz vom Militär in Anspruch genommen wurde. Ich lag zuerst in der Turnhalle auf einem Strohsack gefüllt mit Papierschnitzeln. Es war ein bißchen beengt. Nachher konnten sich die Einjährigen privat ein Zimmer nehmen.

Die Ausbildung war nicht hart. Es war nämlich so, daß ich den Ausbildungsleutnant gut kannte. Mit ihm waren wir als Kinder immer zusammen in den Sommerferien gewesen. Wie wir in der Kaserne aufmarschierten, um den Eid zu sprechen, hat er mich aus der Linie rausgeholt und mit mir über die letzten Jahre geredet. Das haben die Unteroffiziere natürlich gesehen und dadurch war ich etwas bevorzugt.

Fritz Siemers, geb. 1897:
In Altona mußten wir uns melden. Von da aus kamen wir nach Berlin-Moabit zu den Garde-Pionieren, zu denen wir gezogen waren. Wie wir in Moabit ankamen, sahen wir den Kasernenhof und wußten schon, was los war. Es gab Garde-Jäger, Garde-Schützen und wie sie alle hießen. Dann wurden wir Pioniere aufgerufen, gesammelt und zogen über die Friedrichstraße zu Fuß mit unseren Pappschachteln zur Köpenicker Straße. Dort fragte uns der Spieß erstmal, was wir von Beruf waren. Sie können sich ja denken, bei den

Pionieren waren wir ja hauptsächlich Zimmerleute und Maurer. Die Kameraden haben ihm aber Antworten gegeben, das glauben sie gar nicht. „Astrologe“ oder „Wilddieb“, solche Antworten kriegte er. „Ach so“, hat der Spieß immer gesagt. Wir wußten ja gar nicht, was passieren würde. Ich habe immer gedacht: „Wenn das mal gut geht, der sieht doch, was wir von Beruf sind.“ „Ach so“, hat er immer gesagt. Der Spieß selbst war von Beruf auch Maurer. Er sagte: „Morgen sehen wir schon ganz anders aus, dann erkennen wir uns kaum wieder.“

Am nächsten Tag wurden die Haare geschoren und wir kriegten Drillichzeug und dann ging es los. Er hat uns alles zurückbezahlt, das kann ich Ihnen sagen. Sie können sich nicht vorstellen, wie es zuging. Also ich habe die Militärzeit durch und durch erlebt. Das zweite Rekrutendepot war in einer Schule untergebracht. Wir sind erstmal um die Schule gerannt wie die Blöden und dann Kniebeugen. Und noch die Stube saubergemacht, alles unter den Betten. Mein Unteroffizier in der 3. Korporalschaft war so blöde, der konnte sich gegenüber den anderen Unteroffizieren nicht durchsetzen und so wurden wir von den anderen Unteroffizieren schikaniert. Er nahme unsere Beschwerde auch an, aber er kriegte ja nichts durch. Der Dienst ging von morgens um sechs Uhr bis abends um acht Uhr, vormittags Infanteriedienst, nachmittags Pionierdienst und in der nächsten Woche umgekehrt. Beim Wasserübungsplatz mußten wir auf Pontons – so ein Ponton wiegt 16 Zentner – hinausschippern. Die Riemen waren fünf Meter lang, das waren furchtbare Dinger, zumal wir ja alle auf den Pontons standen. Eine Sitzgelegenheit gab es nur vorne und hinten, und hinten saß der Korporal. Wenn sie nicht richtig mit den Riemen umgingen, dann kriegten sie gleich eine Konservendose mit Wasser ins Gesicht. Und wer konnte denn schon mit Riemen umgehen? Wir mußten das ja erst lernen und hatten schon bald Blasen an den Händen. Brücken haben wir geschlagen, die mußten am selben Tag wieder abgebaut werden. Auf dem Landübungsplatz wurde alles probiert, da waren die Flammenwerfer, die Minenwerfer und Stollenbau und Schanzen. Schließlich kamen wir als Feldpioniere für alle möglichen Aufgaben zurück in die Kompanie. Und dann ging es ins Feld.

F. Kl., geb. 1893:
Am 9. Januar 1915 bin ich in Frankfurt an der Oder zum 18. Feldartillerie-Regiment einberufen worden. Ich wurde zunächst als Kanonier ausgebildet. Aber ich wollte lieber reiten. Das ist dann sehr anstrengend geworden, morgens früh um fünf Uhr in den Stall. Wir hatten einen aktiven Unteroffizier, der aus dem Krieg

verwundet zurückgekommen war. Er fuhr mich an: „Was stehst du da wie ein Idiot herum, worauf wartest du?“ So war die Sprache damals. „Ich warte, Herr Unteroffizier, auf eine Mistgabel.“ „Mistgabel?“ Da hat er mich genommen und weggestoßen. Auf dem Übungsplatz oder in dem Stall herrschte Anfang Januar eine kolossale Kälte. Im Stall mußte jeder von uns 15 Pferde reinigen, striegeln, bürsten. Natürlich ohne Kaffeetrinken und Frühstück, wozu man gar nicht kam, denn schon hieß es: „Antreten zur Ausfahrübung!“ Die aktiven Wachtmeister oder Spieße waren böse, grobe Menschen. Sie waren aber fast alle im Felde. So war unser Spieß ein ehemaliger Zivilist, der Schauspieler gewesen war. Er war gemütlich und ein sehr humaner Mensch. Ich konnte Geige spielen. Wenn nun einer der Reserveoffiziere, große Bäcker- oder Fleischermeister, befördert worden war, geheiratet oder Geburtstag hatte, musizierte ich zusammen mit meinem Spieß. Dadurch ging es mir ganz gut.

Paul Weiher, geb. 1896:
Es gab Unteroffiziere, die würden heute nicht bestehen, die müßten eingesperrt werden. Die Offiziere haben nicht beanstandet, was die Unteroffiziere gemacht haben. Die haben immer darüber hinweggesehen. Das schlimmste war die Feldübung in den letzten vier Wochen. Da der Boden in der Tiefe gefroren war, konnte das Wasser nicht einziehen. „Hinlegen, auf marsch, marsch!“ Da ist der Moder über unseren Rücken zusammengeschlagen. Dem Unteroffizier hat dies nichts ausgemacht. Wenn wir nach Hause kamen, waren wir nicht mehr wiederzuerkennen. Aber wie das so ist, nach drei bis vier Stunden waren wir schon wieder putzmunter. Wir haben uns direkt gefreut, als es hieß, wir kämen an die Front.

Martin Fritzsche, geb. 1895:
In der Ausbildung wurden wir wie Tiere behandelt. „Denken dürft ihr nicht. Das überlassen wir doch lieber den Pferden, die haben größere Köpfe“, so haben die Unteroffiziere geredet. Ich habe später mal einen Kollegen gefragt, der sich auch freiwillig gemeldet hatte: „Wie sind Sie denn dazu gekommen, freiwillig in den Krieg zu ziehen?“ „Ja“, sagte der, „das habe ich schon eine Woche, nachdem ich eingezogen war, bereut. Ich wußte doch nicht, wie es in der Kaserne zugeht.“

Ich habe mir auch meine Gedanken gemacht, als wir dann ausrückten, am Bahnhof standen und verabschiedet wurden. Da sprach natürlich ein Pastor zu uns. Der Pastor, habe ich mir gedacht, wird ja auch in der Schule gelernt haben: „Du sollst nicht töten.“ Also es ist mir damals schon unangenehm gewesen, daß die

Kirche nicht gegen diesen Krieg gewesen ist, sondern alles mitgemacht hat.

A. H., geb. 1899:
Beim Exerzieren sind einmal die Feldwebel ausgetauscht worden, und der neue Feldwebel kannte uns nicht. Ich bin aufgefallen, und der Feldwebel hat zu mir gesagt: „Da steht er wie ein Metzger, hat umgeschnallt wie ein Metzger. Was sind Sie denn von Beruf?“ Ich habe gesagt: „Metzger, Herr Feldwebel.“ Da haben sie alle lachen müssen. Am 5. März 1918 kam ich von Mannheim aus ins Feld.

August Kahlcke, geb. 1898:
Unsere Ausbildung Ende des Krieges in Segeberg und dann in Lübeck war nicht von der Art, wie sie in „Im Westen nichts Neues“ geschildert wird mit dem Unteroffizier Himmelstoß. Zwar hatte man damals wohl immer noch das Gefühl, man wird erst Mensch, wenn man zum Soldaten erzogen worden ist. Aber an sich gab es eine solche Ausbildung nicht mehr. Ich erinnere mich daran, daß wir in der Ausbildung grüßen üben mußten. Da gab es einen Leutnant, der uns sagte: „Ihr grüßt viel zu krampfhaft. Ihr seid Menschen, ich bin ein Mensch. Ihr sollt mich grüßen, aber nicht so.“ Ich fand dies bezeichnend für eine gewisse Anschauung, die sich im Kriege entwickelt hatte. An der Front verliert sich das sowieso sofort. Ich will Ihnen noch ein Beispiel dafür sagen. Lange Zeit hatte es in der Ausbildung nur alte Feldwebel und Unteroffiziere gegeben. Als wir ausgebildet wurden, waren das schon verwundete Soldaten. Die hatten eine ganz andere Mentalität. Ich habe das noch einmal in der Gefangenschaft bei den Engländern erlebt. Wir hatten zunächst alte Engländer als Wachpersonal, die waren überkorrekt. Als der Krieg dann zu Ende war, wurden sie zuerst entlassen. Es kamen Fronttruppen und übernahmen uns. Sie machten alles ganz leger, das war der Unterschied.

A. S., geb. 1899:
Am Morgen kamen wir in Köln an und das erste, das wir am Bahnhof sahen, war der Dom. Wir wurden von den Unteroffizieren des Regiments abgeholt. Vom Bahnhof mußten wir zu Fuß zur Kaserne gehen. Die Kaserne lag ziemlich weit draußen in Richtung Bonn. Noch am selben Abend kriegten wir unsere Uniform und etwas zu essen. Ich weiß noch wie heute, es gab Nudeln und ein Kamerad, der schon länger da war, versaute mir dabei gleich meinen schönen blauen Rock. Ich hätte ihn am liebsten bei den Ohren gekriegt, aber das half ja nun nichts. Dann habe ich die Ausbildung genossen. Jeden Morgen von sieben bis acht Uhr war auf dem Flur der Kaserne

theoretischer Unterricht. Den hielt ein älterer Unteroffizier in Feldwebelrang, „Papa Drews". Er erklärte uns die Geschütze. Jeden Morgen dasselbe Evangelium. Wir wurden zunächst an der Kanone 72 ausgebildet. Dann wurde immer wieder gefragt: „Weshalb heißt die 72?" „Weil sie 1872 konstruiert wurde." „Und weshalb 9 cm-Kanone?" „Weil das Kaliber 9 cm ist." Jeden Morgen dasselbe. Darüber habe ich mich immer gewundert. Ich dachte, wenn sie dir ein Buch gegeben hätten, hättest du es nachgelesen und ebensoviel davon gehabt.

Köln war damals eine Festung mit Fort, und wir wurden im Dienst hauptsächlich auf dem Fort 7 ausgebildet. Dort befand sich auch ein Exerzierplatz, auf dem die Geschütze standen. Andere Geschütze als die alte Kanone 72 hatte man zunächst nicht. Die modernen Geschütze waren ja alle an der Front. Schließlich wurde ich an einem Mörser ausgebildet. Da hatte ich dann das Vergnügen oder auch Pech, als Richtkanonier eingesetzt zu werden. Während die Kanonen noch die ganz alten Instrumente, Richtkreis und Quadrant besaßen, war der Mörser mit dem modernen Rundblickfernrohr ausgerüstet. Der Mörser war ein sehr schweres Geschütz, Kaliber 21, zudem ein Steilfeuergeschütz. Daneben gab es Haubitzen als Geschütze für mittlere Reichweite, die für Flachschießen, aber auch für Hochschießen benutzt wurden. Es kam vor, daß Truppen, die vom Osten nach dem Westen verlegt wurden, ein bis zwei Tage in Köln hielten. Dann wurde ein Mörser oder eine Haubitze geholt, kam auf den Exerzierplatz und wir wurden auch daran ausgebildet. Nach einem Vierteljahr waren wir fertig mit der Ausbildung und kamen zur Ersatzbatterie.

Fritz Wegel, geb. 1898:
1917 wurde ich zum 1. Garde-Regiment eingezogen. Die Stimmung unter uns jungen Leuten war genauso wie zu Kriegsbeginn. Was ich auszusetzen hatte, war, daß man uns zu wenig Ausbildung gegeben hat. Es ging damals nur darum, Marschieren, Marschieren, Parademarsch. Aber richtigen Felddienst als solchen umfaßte unsere Ausbildung nicht. Wir haben nie scharf geschossen und es gab es nicht, daß wir irgendwelchen Pulverdampf zu riechen bekamen. Als wir später draußen waren, hatte ich ein Erlebnis, das meine Einschätzung bestätigte. Wir mußten nach ein paar Tagen nach vorne auf Horchposten. In der Heimat hatten wir uns viel mit Gasalarm beschäftigt. Plötzlich roch es nach Qualm und ich habe in den Graben gerufen: „Gasalarm!" Die Alten sagten: „Blöder Hund, das ist Pulverdampf." Ich will nur sagen, wie es einem jungen Menschen von 19 Jahren erging.

Hans Reimers, geb. 1899:
Im Wandervogelverein hatte ich einen sehr guten Freund, er hieß Rathke. Da unsere Namen beide mit „R“ anfingen, mußten wir zusammen zur Musterung. Ich habe gedacht: „Na, da werden wir auch zusammen eingezogen.“ Ein paar Tage später kriegte ich die Einberufung für den 16. Juni 1917 und er für den 14. Wir zum Bezirksamt und haben gesagt: „Wir waren doch zusammen zur Musterung, wir wollen auch jetzt zusammenbleiben.“ Der Feldwebel antwortete uns: „Ich kann daran nichts ändern, aber gehen Sie doch mit Ihrem Freund zum Hannoverschen Bahnhof. Gewöhnlich fehlt einer, und dann kommen Sie als Überzähliger mit.“ Und so klappte es auch. Der einzige Nachteil für mich, den ich aber nicht als so schwer empfunden habe, bestand darin, daß ich Interesse für das Regiment 84 in Neumünster gehabt hatte, weil mein Vater dort mal gedient hatte.

So kamen wir von Hamburg nach Gnesen. Das war an sich schon eine Weltreise, aber wir waren zusammen und kamen in eine Kompanie auf eine Stube. Auf dieser Stube lag ein Gleichaltriger, der auch eingezogen worden war, und der hieß Georg Osburg. Er kannte mich aus Hamburg und schrieb seinen Eltern: „Stellt euch vor, ich liege auf der Stube zusammen mit dem jungen Mann von der Polizeibehörde, der uns immer die Gutscheine für die Saatzucht ausgestellt hat.“ So waren wir zu dritt und haben uns angefreundet. Im August wurde uns vom Feldwebel gesagt: „Wer Verwandte auf dem Land hat mit einem größeren Besitz als 30 Hektar kann Ernteurlaub bekommen.“ Und da ich Verwandte in Dithmarschen hatte und es auch mit der Größe stimmte, habe ich vier Wochen Urlaub bekommen. Wie ich vom Urlaub zurückkam, war die Kompanie schon ins Feld abgerückt. Nun war ich etwas vereinsamt. Aber ich habe mich damit abgefunden, denn von meiner Einstellung her war ich ja sozusagen Kriegsfreiwilliger. Nicht daß ich für die Schießerei war, aber ich war eben vaterlandstreu und wußte, daß ich für meine Heimat kämpfte.

Dr. Bernhard Lehnert, geb. 1896:
In Mainz kam unsere Kompanie in die Fußartillerie-Kaserne. Die Belegschaft dieser Kaserne war natürlich schon im Feld und wir wurden in der leeren Kaserne einquartiert. Unsere Ausbildung fing dort bereits mit dem Allernotwendigsten an. Das Allernotwendigste war, daß wir grüßen lernten, damit wir uns überhaupt draußen bewegen konnten. In besonderer Erinnerung ist mir aus dieser Kaserne die dortige Toilette geblieben. Sie war in einem Kreis angeordnet und für jedes Klo war ein Sektor vorgesehen. Vielleicht 30 Mann saßen da mit dem Rücken zur Mitte und sahen sich nicht. Nach vielleicht drei Tagen wurden wir in die Stadt losgelassen. Mein Haupterlebnis

war, daß ich mit einigen Kameraden über eine Brücke ging, die über den Rhein führte. Das war für mich nun ungeheuer eindrucksvoll, weil ich ja in diesem Augenblick für das Vaterland kämpfen und den deutschen Rhein verteidigen wollte. In der angespannten finanziellen Situation meiner Familie nach dem Tod meines Vaters hatten wir natürlich keine Reisen machen können. Ich bin über Halle kaum hinweg gekommen, nur in Leipzig bei meinen Großeltern bin ich viel gewesen.

Nach vielleicht einer Woche wurden wir nach Rhein-Hessen in die Gegend von Bingen an der Nahe verlegt. Wir kamen dort zunächst in einen Ort, der Sponheim hieß. Dort waren wir bei einem Bauern einquartiert, bei dem ich zum ersten Mal in meinem Leben Wein getrunken habe. Der größte Teil unseres Ersatzbataillons waren natürlich Reservisten, die schon gedient hatten und jetzt zusammen mit uns nochmals eine Sonderausbildung genossen. Voraussichtlich sind wir nach dem Westen geschickt worden, um die Bevölkerung zu beruhigen. Wir wurden dann auch von der Bevölkerung mit großer Begeisterung aufgenommen. Wenn wir Übungsmärsche unternahmen und in einem Dorf Pause machten, kamen die Leute sofort und brachten uns Milch zu trinken oder Wein und Brote. Es war ja noch ganz am Anfang des Krieges, wo die Front noch nicht zum Stillstand gekommen war und die Begeisterung für den Krieg ungeteilt war.

Rudolf Friemuth, geb. 1897:
Zwei Tage vor meinem 19. Geburtstag wurde ich eingezogen. Und plötzlich waren wir dann in Eisenach. In Eisenach kam ich zum Ersatzbataillon des Infanterie-Regiments 367. Wir wurden eingekleidet und dann hieß es, es waren ziemlich scharfe Feldwebel und Unteroffiziere unter unseren Ausbildern: „Jetzt werdet ihr erst einmal auf der Katzenaue zu Menschen gemacht." Die Katzenaue war unser Exerzierplatz in Eisenach und dort wurden wir dann jeden Tag, rechtsum und linksum, ausgebildet. Eisenach war aber eine sehr hübsche Stadt und wir haben uns dort alle sehr wohl gefühlt. Sonntags war Kirchgang und, wer nicht zur Kirche wollte, der mußte den Kasernenhof fegen und Kippen aufsammeln. Und nachmittags gingen wir meistens in den Ort und zwar in das Arbeiterviertel, wo es zwei Kneipen gab, in denen es immer noch Kartoffelklöße gab. Nachher ging es in die Stadt rein und von da über die Hohe Sonne zur Wartburg. Von der Wartburg aus haben wir die Gegend genossen, Bier getrunken. Viel Geld hatten wir alle nicht. Abends zogen wir wieder runter. Nächsten Morgen ging es dann wieder los: „Auf zur Katzenaue!" Wir sind viel in der Umgebung marschiert, aber ich erinnere die vielen Kleinstädte und Dörfer gar nicht mehr, durch

die wir gekommen sind. Auch mußten wir an verschiedenen Kursen teilnehmen, an einem Handgranatenkursus und einem Flammenwerferkursus, die ich nachher aber nie benötigt habe.

Ein Vierteljahr sind wir in Eisenach gewesen und waren ja nun schon zu drei Viertel Soldaten, also Menschen, die man in den Krieg schicken konnte, und so wurden wir nach Gent in Belgien verlegt. Ich erinnere nur, daß wir auf einem Truppenübungsplatz in Kasernen einquartiert wurden. Es war ein fürchterlich heißer Sommer, nach dem Mittagessen schlief die ganze Gesellschaft, ob sie nun was machen sollte oder nicht. Sie fielen einfach um und schliefen. Wie wir so 14 Tage in Gent gewesen waren, hieß es: „Sie kommen morgen wieder nach Eisenach." Und dann sind wir mit dem Zug wieder zurückgefahren. Warum, hat keiner von uns gewußt. Das haben die Offiziere, glaube ich, selber nicht gewußt. Jedenfalls sind wir noch einmal vier Wochen in Eisenach gewesen und dann kamen wir zum Reserve-Infanterie-Regiment 234, die lagen damals an der Somme.

R. M., geb. 1898:
Im November 1916 erhielt ich dann den Gestellungsbefehl. Innerhalb einer Woche spielte sich die Notreife-Prüfung ab. Den Sonntag war ich noch Zuhause und Montag mußte ich mich in Krefeld stellen. Ich wurde eingezogen zum Infanterie-Regiment 60 nach Weißenburg im Elsaß. Mit unseren 18 Jahren hatten wir immer zu wenig zu Essen. Sonntags war kein Dienst. Nach dem Mittagessen gingen wir mit unseren blau-weiß gewürfelten Kopfkissenbezügen auf die Dörfer und versuchten, noch einige Brotkanten zu erbetteln. Da ist es mir auch einmal passiert, daß ein Bauer zu mir sagte: „Du dienst doch bei Kaiser Wilhelm, also geh' doch zu dem und hol' dir da das Brot." Frauen mit ihrer mütterlichen Einstellung waren eher bereit, etwas zu geben als die meisten Männer. Auf unseren Übungsmärschen im Elsaß, die immer sonnabends stattfanden, haben wir in Ortschaften einmal Pause gemacht. Dann lief alles wieder los, um sich Brot zu erbetteln, und das war natürlich nicht im Sinne des Veranstalters. Infolgedessen machten wir später zwar weiterhin die Marschpausen, aber entweder vor den Ortschaften oder dahinter.

Wilhelm Garmsen, geb. 1896:
Am 2. November 1915, als 19jähriger, wurde ich in Flensburg eingezogen, am selben Tag eingekleidet und am nächsten Tag in die Garnison nach Husum geschickt. Zu Husum kann ich sagen, daß es da gar keine Kaserne gab. In den Ställen, das sind die riesigen Ställe in der Neustadt, in die im Frühjahr das Magervieh und im Herbst die fetten Ochsen kamen, war unser Massenquartier. Es war sauber und ordentlich, ein sehr breiter Gang und auf beiden Seiten, wo sonst

die Tiere standen, lagen unsere Matratzen. Unser Operationsfeld war der Ochsenkamp, eine große Koppel außerhalb Husums. Na ja, das ging dann bis Weihnachten. Weihnachten hieß es: „Wer in Urlaub fahren möchte, soll vortreten." Ich habe das auch gemacht und einen Freischein nach Niebüll gekriegt.

Es war ein Sauwetter dieses Weihnachten, das vergesse ich nie mehr. Schneematsch. Ich hatte eine kleine Freundin zu Hause. Also Freundin, den Ausdruck kennt man ja erst heute, damals sagte man Schatz. Wir waren dauernd unterwegs, das war ja nicht so wie heute, daß man den Eltern vorgestellt wird. Um Gottes Willen, wir durften uns nicht sehen lassen. Vor allen Dingen waren die Eltern meiner kleinen Freundin sehr streng. Jedenfalls gingen die Tage vorbei und ich kam krank nach Husum. Am folgenden Tag war Appell und da bin ich im Glied umgefallen und fand mich erst im Lazarett in Husum mit Diphtherie wieder. Diphtherie war zu damaliger Zeit eine ganz gefährliche Krankheit. Lange Zeit konnte ich weder essen noch trinken. Bis eines Morgens der Wärter ein Mischbrot brachte, bei dem er diesmal die Rinde nicht abgeschnitten war. Ich schlucke das Brot und mit einem Mal kamen Blut, Wasser und Eiter raus. Ich hatte ein Geschwür im Hals gehabt. Von Stund an wurde es besser. Während der Zeit, in der ich im Lazarett war, erkrankte auch meine Freundin, und zwar an galoppierender Schwindsucht. Mitte Januar wurde sie krank und Ende Januar war sie tot. Das war ein schlimmes Erlebnis, ein Erlebnis, das man nie vergißt. Ich habe manchmal im Schlaf geweint. Mitte Februar wurden die Abstriche bei mir negativ und ich kam zur Truppe.

Nachdem das mit meinem Mädel passiert war, war mir alles gleich. Ich habe meinen Dienst gemacht. Mitte Mai war es soweit. Wir waren fast alle Landwirtssöhne. Einigen von uns hatte man Heimaturlaub von 14 Tagen genehmigt, um in der Landwirtschaft mitzuarbeiten. Trotzdem verzichteten sie auf diesen Urlaub, damit wir zusammenbleiben konnten. Uns drängte es, an die Front zu kommen. Der Krieg konnte ja zu Ende gehen und wir waren dann nicht an die Front gelangt. Mit Klingelspiel, ich sehe es noch heute vor mir, ging es zum Bahnhof. Jeder von uns – fast jeder von uns – hatte eine Freundin bei sich, die auf dem Bürgersteig mitmarschierte. Die allgemeine Stimmung war damals bestens, mit Gesang und Musik. Die Unterbringung im Zug war nicht besonders gut. Wenn ich noch daran denke, nachts zwei Mann auf der Erde, zwei Mann auf jeder Bank und einer im Gepäcknetz. Das war unsere Nachtruhe. Der Tod meiner Freundin wirkte auch an der Front zunächst noch nach. Erst der Umgang mit den Kameraden und andere Eindrücke an der Front haben dann doch bewirkt, daß dies, ich will nicht sagen, in Vergessenheit geriet, aber abflaute.

Kurt Hauswurz, geb. 1896:
Ich bin 1915 eingezogen worden zum Infanterie-Regiment 182 in Königsbrück bei Dresden. Wir waren eine Garde-Einheit. Meine Kompanie war zu einer Sturmabteilung bestimmt. Wir sind von Unteroffizier-Schülern noch einmal richtig gedrillt worden wie aktive Soldaten. Und dann wollte König Friedrich August bei uns Visite halten. Wir standen von morgens sechs Uhr – dies ist die reine Wahrheit – bis abends sechs Uhr vor der Kaserne. Der August kam nicht. Bei Einbrechen der Dunkelheit hieß es: „Wegtreten". Da kam einer und sagte uns: „Der Friedrich August ist tatsächlich aufgebrochen zur Kaserne. Sie sind unterwegs aber in fünf oder sechs Gaststätten eingekehrt. Er ist aus dem Wagen ausgestiegen, hat an den Wagen gepißt, ist wieder eingestiegen und heimgefahren." Das ist eine Tatsache. Wir mußten immer: „Rührt euch, stillgestanden, rührt euch." Zwölf Stunden von früh bis abends standen wir, und der König kam nicht. Er war besoffen und danach ist die Visite ausgefallen, weil wir gleich an die Front kamen.

Hans Seidelmann, geb. 1898:
Im Januar 1917 wurde ich eingezogen. Ich hatte inzwischen das Einjährige erreicht, die Mittlere Reife, wie man heute sagt. Das Abitur machte damals nur der, der studieren wollte. Dieser Schulabschluß berechtigte zum einjährigen freiwilligen Dienst. Bis zum Ersten Weltkrieg diente die Infanterie zwei Jahre und die berittenen und befahrenen Formationen, also Kavallerie und Artillerie, drei Jahre. Ich habe mich nicht freiwillig gemeldet. Ich war, wie man heute so sagen würde, ein Muttersöhnchen, war kein Held, das gebe ich ohne weiteres zu. Ich war gemustert und tauglich geschrieben worden. Es waren schon zwei Jahre Krieg und der Krieg war etwas Alltägliches geworden. Es war 1916 nicht mehr so, daß man nun täglich von den Ereignissen berührt wurde. Sie wurden in der Zeitung gelesen und zur Kenntnis genommen. Der Krieg spielte sich außerhalb Deutschlands ab. Deutschland, auch wir im Osten, waren von keiner Seite bedroht.

In diese Alltäglichkeit hinein bekam ich auf einmal einen Brief gesandt: „Am 6. Januar 1917 haben Sie sich zu stellen." Alle Hoffnungspläne für den Aufbau meines Lebens waren zunichte gemacht, unterbrochen. Als der Bescheid da war, war ich tieftraurig, beinahe unglücklich. Ich war nicht zu Hause, man teilte es meinen Eltern mit. Weihnachten 1916 fuhr ich noch einmal nach Hause und in der ganzen Familie herrschte eine gedrückte Stimmung. Dies galt auch für meinen Vater, besonders aber für meine Mutter, an der ich unglaublich hing und sie natürlich auch an mir.

Und dann kam eine eigentlich sehr schwierige Zeit für mich. Ich mußte mich in Schlesien melden, wir wurden dann aber gleich nach

Westdeutschland geschafft, weil eben bei jungen Menschen das Heimweh eine unheimlich große Rolle spielt. Ich kam nach Magdeburg. Unterwegs wurde irgendwo in Mitteldeutschland haltgemacht und es gab eine Suppe. Ich hatte aber nicht einmal einen Löffel bei mir, so unvorbereitet war ich auf die Dinge. Im Einstellungsbescheid hatte es lediglich geheißen, einen leeren Karton mitzubringen, damit man seine Sachen zurückschicken konnte. Ich konnte also die Suppe nicht mitessen. Alles ist mir fremd gewesen. Das erste, was ich mir also in Magdeburg in der Kantine kaufen mußte, war ein Löffel, den es in einem Gerät zusammen mit Messer und Gabel gab. Fürchterlich, aus Blech!

In Magdeburg wurden wir den dortigen Regimentern zugeteilt. Ich kam zum Infanterie-Regiment Fürst Leopold von Anhalt-Dessau, 1. Magdeburgisches Infanterie-Regiment Nr. 26, 1. Kompanie. Am Sudenburger Tor in Magdeburg befand sich eine große Baracke, in der unsere Kompanie untergebracht war. Wir wurden immer zu acht Mann auf eine Stube mit einem Unteroffizier verteilt. Ich bekam einen ganz reizenden Unteroffizier. Es waren alles Reservemenschen, die Aktiven waren ja draußen. Unteroffizier Henning, ich weiß nicht mehr, was er im Zivilberuf war. Jedenfalls war ein verständiger, netter, älterer Herr, so um die 40 Jahre. Am nächsten Tag ging es in die Kleiderkammer in den alten Kasematten der Festung Magdeburg zur Einkleidung. Das werde ich nie vergessen, es hat einen unglaublichen Eindruck auf mich gemacht. Da hieß es dann, in einem ziemlich dunklen Gang anzutreten. Ich war kein Sportler und bis dahin auch kein Soldat. Ich habe wohl nicht ganz richtig in der Reihe gestanden, ich hörte nur, wie der Kammerunteroffizier brüllte: „Welches dreimal in die Luft geschissene ... steht denn dort so weit vor?" Das war ich. Dies war mein Empfang bei den Soldaten.

Nun ging die Ausbildung weiter, in der ich mehr unter seelischen Belastungen gelitten habe. Sie werden heute darüber lachen, daß ich mir als Soldat das erste Mal meine Stiefel selber putzen mußte. So völlig von zu Hause weg zu sein und keine Verbindung mehr dorthin zu haben, lastete sehr auf mir. Am zweiten Sonntag war ein Stadtausgang, bei dem wir von unserem Unteroffizier geführt wurden. Frei durften wir noch nicht laufen, da wir nicht richtig grüßen konnten. Eine solche Führung endete ja immer in einer Kneipe. Ich hatte aber noch nie ohne meine Eltern in einem Gasthaus gesessen. Nur einmal, als ich zu den Ferien nach Hause fuhr und in Glatz umsteigen mußte, bin ich in eine Gastwirtschaft gegangen und habe für zehn Pfennig einen Schnitt Bier getrunken. Ich erzählte dies zu Hause meiner Mutter, die darüber, obwohl ich damals schon 15 oder 16 Jahre alt war, entsetzt war.

Wir hatten einen sehr netten Kompanieführer, einen Hauptmann Korins, der im Zivilberuf Oberförster war. Unser Hauptmann Korins erlaubte uns drei oder vier Einjährigen, in der Stadt zu wohnen. Also suchte ich mir, was ich auch in meinem ganzen Leben noch nie gemacht hatte, ein möbliertes Zimmer am Hasselbachplatz bei der Frau Kuber. Ich werde es nie vergessen. Die Eltern mußten das Zimmer bezahlen, wir bekamen ja nur 22 Pfennig, die Friedenslöhnung bei den Soldaten. Auch während des Krieges war es so, daß der Soldat bis in die späte Abendstunde beschäftigt war, zwischen fünf und sechs Uhr war Gewehrreinigen und zwischen sechs und sieben Uhr war immer Putz- und Flickstunde, in der man z.B. alle Knöpfe annähen mußte. Im Frieden hatte der Einjährige einen Putzer, den wir natürlich im Kriege nicht mehr hatten. Dennoch brauchten wir Einjährigen an der Putz- und Flickstunde nicht teilzunehmen. Wir konnten uns um sechs Uhr in unsere Privatquartiere begeben, hatten allerdings keinen Ausgang. Auch am Abendbrot in der Kaserne nahmen wir so nicht teil. Wir bekamen stattdessen unsere Brotrationen – es war ja alles schon auf Marken – und konnten unser Kommißbrot nach Hause mitnehmen. Allerdings hatten wir in der Kaserne in unserer Gruppe ein Bett und einen Spind, denn es konnte ja jederzeit einen Alarm zum Abtransport oder zur Verlegung geben. Eine enge kameradschaftliche Bindung mit anderen Menschen entstand so nicht. Es war im Endeffekt wie in der Schule, jeder für sich allein. Daß ich mich besonders allein fühlte, wenn ich jeden Abend in mein Privatzimmer ging, war eigentlich klar. Dies war völlig unklug. Heute würde ich das wahrscheinlich nicht mehr machen, sondern lieber bei den anderen bleiben. Einen weiteren Nachteil hatte das Dasein als Einjähriger. Keine Sonntagswache, die unsere Kompanie z.B. im Gefängnis oder vor irgendwelchen Militäreinrichtungen schieben mußte, ohne Einjährigen wegen der Kiste Bier, die der Einjährige seit Friedenszeiten den Unteroffizieren und den Feldwebeln spendieren mußte. Das war fürchterlich. Um zwölf Uhr mittags am Sonntag zogen wir auf und am nächsten Morgen um zwölf Uhr gingen wir wieder ab. Zwei Stunden mußte man Wache stehen, dann kam die Abwechslung und dann nach zwei Stunden wieder Wachdienst. Ich weiß noch, ich war einmal nicht eingeteilt und da traf ich von einer anderen Gruppe einen Sergeanten. „Hast du heute Wachdienst?“ „Nein.“ „Aber um sechs bringst du mir 'ne Buddel Rotwein hin!“ So war das.

Am 27. Januar 1917, dem Geburtstag unseres Kaisers, wurde in dem wundervollen Magdeburger Dom unsere Vereidigung angesetzt. Zu dieser Vereidigung kamen trotz der 1917 schon sehr schwierigen Verkehrsverhältnisse meine Eltern aus Schlesien nach Magdeburg gefahren. Ich erbat mir Urlaub bis zum Wecken, den ich auch bekam. Am 26., ich denke es war dieses Datum, wollten sie ankommen. Der Zug kam mit zwei Stunden Verspätung an. Aber damals war man das gewohnt, man harrte treu und brav an der Sperre aus. Die Vereidigung auf die Fahne unserer damaligen Formation war eine äußerst feierliche Angelegenheit, die einen sehr tiefen Eindruck auf mich gemacht hat. Es war nicht nur eine Formalität, bei der es heißt: „Du bist jetzt Soldat und damit ist der Laden ausgestanden." Diese Veranstaltung hat mich eigentlich mit den Pflichten des Soldaten erst richtig vertraut gemacht. Manche mögen darüber anders gedacht haben und für manche war der 27. Januar auch nur deshalb ein Grund zu besonderer Freude, da es gutes Essen in der Küche gab und den ganzen Tag dienstfrei.

Nach ca. vier Monaten der Ausbildung warteten wir darauf, daß es an die Front gehen würde. Es war ein häßliches Gefühl. Die Magdeburger Zeit gipfelte dann Mitte/Ende Juni in einem 10- oder 14tägigen Aufenthalt auf dem Truppenübungsplatz Altengrabow. Das war das Zeichen dafür, daß die Ausbildungszeit vorbei war. Auf dem Truppenübungsplatz wurde alles, was wir bis dahin theoretisch gelernt hatten, praktiziert. Es wurde auch scharf geschossen und wir lernten vor allen Dingen Handgranaten zu werfen, etwas woran ich gar keine Freude hatte und ich habe sie leider immer zu zeitig weggeschmissen, auch im Graben. Ich will mal ganz ehrlich sagen, aus Angst, daß sie mir in der Hand krepieren würde. Altengrabow war eine ausgesprochene Sandwüste. Truppenübungsplätze legte man ja immer in solche Gebiete und am Abend wurden wir sehr häufig von den Unteroffizieren in die Gastwirtschaft befohlen. Nachdem wir dann nach Magdeburg zurückgekommen waren, bekamen wir feldgraue Uniformen. Bis dahin hatten wir die alten blauen Uniformen mit roten Kragen getragen. Und eines Tages hieß es: „Morgen, Abmarsch!" „Ja, wohin?" Das wußte keiner. Und dann wurden wir verladen. Es ist schwer, all das heute nachzuempfinden, nicht nur es zu sagen, sondern wirklich die richtigen Worte dafür zu finden. Aber ich glaube, Ihnen sagen zu können, daß ich in diesem Moment keine Angst hatte, aber doch ein sehr schwummeriges Gefühl.

Johann Buck, geb. 1898:
Ich meldete mich gleich 1916 bei der Fliegerabteilung 5 in Hannover freiwillig. Sie schrieben mir zurück, ich sei noch so jung und solle erst einmal abwarten, bis ich Soldat würde. Im November 1916 wurde ich eingezogen und kam zum Jägerbataillon Nr. 9 nach Ratzeburg, wo ich die Grundausbildung mitmachte. Dabei dachte ich wieder an meine Fliegerei. Ich meldete mich beim Bataillon freiwillig zur Fliegerei. Man schickte mich zunächst zum Arzt. Das erste, was der junge Bataillonsarzt sagte, war: „Viel zu jung. Bei der Fliegerei

braucht man doch erwachsene Männer." Er untersuchte mich nicht einmal. Auf meine Meldung beim Bataillonskommandeur hin wurde ich erneut untersucht und er schrieb jetzt „tauglich für Flieger". Nun mußte ich aber meiner Mutter erst einmal klarmachen, daß ich mich zur Fliegerei gemeldet hatte. So etwas war 1916 ja ein Unding. Flugzeug, davon hatte man zwar schon gehört, aber es hieß, daß die Flugzeugführer nur sehr kurz lebten. Also meine Mutter: „Um Gottes Willen, oh, nein, nein." Und da habe ich meiner Mutter vorgesponnen, im Schützengraben sei es doch noch viel gefährlicher als in der Fliegerei. Nachher hat sie dann nichts mehr gesagt: „Das mußt du denn ja wissen."

Und so kam ich nach Breslau zur Fliegerschule Hundsfeld zur Ausbildung. In Breslau mußte ich mich vorstellen und habe im ersten Moment gar nicht bemerkt, wem ich gegenüberstand. Es war Carganico. Das war ein bedeutender Mann, einer der Pioniere der Fliegerei. „Gefahr", das Wort tauchte bei den Fliegern überhaupt nicht auf. Wenn irgendetwas war, sprach man von Malheur. Und wir hatten dauernd Malheur. Zunächst stießen zwei in der Luft zusammen und stürzten beide ab, tot. Und dann ein lieber Freund, er war über Brieg, wir sahen das am Höhenschreiber, und stürzte aus 1.000 m Höhe senkrecht auf den Bahnhof ab. Wir haben ihn aus der Erde buddeln müssen. So reisten wir sehr oft zu Beerdigungen. Da hieß es dann immer: „Ein kurzes Gedenken. So, Tore auf, Flugzeuge raus, fliegen!" Das lenkte am besten ab. Bei einem meiner ersten 20 Flüge hatte ich dann selber dickes Pech. In der Albatros saß der Flugschüler vorne und der Lehrer hinten. Wir hatten beim Start ein Rad verloren. Die Räder waren kümmerlich. Gummibereifung konnten wir uns nicht erlauben und so waren es Holzräder. Wir hatten nicht gesehen, daß wir das Rad verloren hatten. Wir landeten und berührten den Boden und ich verstauchte mir den Rücken. Bequem waren die Schulmaschinen nicht gebaut, Hauptsache sie flogen. Ich habe aber gesagt: „Nee, nee, das tut nicht weh." Sonst wären wieder zwei Flüge ausgefallen und wir wollten ja fliegen.

Das nächste war der erste Alleinflug. Insgesamt habe ich später 600 Alleinflüge gemacht. An Krieg dachten wir noch gar nicht bei der Geschichte, erst mal fliegen lernen. Dann kam die erste Prüfung, der Feldpilot. Das war ja eine ganz große Sache. Man mußte starten, 2.000 m aufsteigen, mindestens eine halbe Stunde fliegen und dann bei mindestens 2.000 den Motor abstellen und, ohne wieder Gas zu geben, landen. Das war alles nicht so schlimm, wenn man über dem Flugplatz war. Bei mir ereignete sich aber nun das Mißgeschick, daß sich langsam eine Wolkenschicht unterschob. Ich komme durch die Wolkenschicht hindurch, sehe aber kein Breslau, sondern nur Gebirge. Ich suche: „Wo kannst du landen?"

Unter mir war unebenes Gelände im Eulengebirge. Ich mußte einen Moment wieder Gas geben, um auf einer großen Viehweide zu landen. An den Flugschreiber, der Apparat war plombiert, konnte man nicht mehr ran. Ich habe ihn ein bißchen angestoßen – damals war der Schreiber noch mit Tinte gefüllt – und der Klecks hat mein Gasgeben ein bißchen verdeckt. Nun kamen schon Leute an und ein Soldat. Hinter ihm folgte seine Mutter mit einem Gebetbuch: „Um Gottes Willen, das Ding nicht anfassen!" So war das 1917 noch. Der Mann half mir dann beim Starten. Vorher habe ich mir noch sagen lassen, wo Breslau liegt. Es wurde schon dämmrig. Etwas rechts sah ich eine Stadt, in der die Lichter angingen. Ich fliege darauf zu und sehe schon: „Herrgott nochmal, das stimmt ja wieder nicht." War es Brieg. Also mußte ich in der Dämmerung noch eine Außenlandung machen. Ich setzte auf einem abgeernteten Feld neben der Eisenbahn zur Landung an. Jetzt hatte ich den Feldpiloten gemacht mit zwei Außenlandungen. Ich ging nach Brieg, um mich endlich telefonisch bei meiner Abteilung zu melden. „Oh, Gott sei Dank, wir schießen schon dauernd Leuchtraketen ab." Am nächsten Morgen konnte ich mit dem Benzin, das mir meine Fliegerabteilung mittlerweile gebracht hatte, zurück nach Hundsfeld fliegen. Das war natürlich ein „Hallo". „Ist die Maschine in Ordnung?" „Ja." „Prima!" Und die Sache mit dem Klecks ging auch gut. Nach einiger Zeit, in der ich sämtliche Maschinen geflogen bin, kam das Kommando „Zum Armeeflugpark A in Straßburg".

Ernst Kock, geb. 1896:
Von der Fliegerschule Cottbus wurde ich zur Fliegerbeobachtungsschule nach Stolp in Pommern versetzt. Dort wurden die Flugbeobachter ausgebildet. Ich fand in Stolp wieder gute Kameraden. Das geht immer ganz schnell bei der Fliegerei. Wir sind ein bißchen spazierengegangen. Wenn man in Stolp vom Marktplatz aus zum Bahnhof geht, kommt man durch zwei große Lindenalleen, wo die kleinen Mädchen promenieren. Wir setzen unsere Fliegermütze ein wenig schief auf. Das sah dann ja ein bißchen keß aus. Wir begegneten einem ganz jungen Infanterieoffizier. Früher war es ja Usus, daß man einen Offizier zackig grüßen mußte. Wir haben es wohl ein bißchen lässig gemacht, denn er hat mich angeschnauzt. Es war mir meinen Kameraden und den Mädchen gegenüber peinlich und ich sagte: „Ja, Herr Leutnant, ich komme von der Fliegerei, da herrscht unter den Flugzeugführern keine Grußpflicht."

Am nächsten Tag kriegte ich meinen Beobachter. Dem Gefreiten, der die Beobachter einteilte, hatte ich schon am Tag zuvor Bescheid gegeben: „Den Heini möchte ich noch einmal haben." Er teilte ihn mir ein. Sein Auftrag bestand darin, ein Gleisdreieck zu fotografieren. Ich hatte vorher schon mit dem Leutnant Doddy, der von den Schwarzen Husaren aus Danzig kam, vereinbart, daß wir uns über Stettin treffen wollten. Es dauerte ein wenig länger, bis der Leutnant das Gleisdreieck fotografiert hatte. Ich flog dann nach Stettin. Plötzlich kam der Doddy und griff mich an. Wir schossen mit Platzpatronen. Es ratterte ja richtig. Ich hab gerufen: „Luftgefecht-Vorübung! MG lösen!“ Das hat er dann versucht. Doddy und ich kurvten um uns herum. Ich wurde angegriffen, griff ihn an. Sein Beobachter hat uns Feuer gegeben noch und noch. Ich denk: „Zum Donnerwetter, wo ist denn dein Beobachter? Den hast du doch wohl nicht verloren?“ Im Spiegel konnte ich ihn nicht mehr sehen. Ich langte nach hinten, da merkte ich, er war noch da. Er lag unten in dem Sitz drin. Den Fotoapparat hatte er zur Seite gelegt und immer versucht, aus dem Fotoapparatloch herauszuspucken. Das hat er aber nicht getroffen, sondern sich alles vollgespuckt. Doddy wollte immer noch ein bißchen hin und her kurven. Ich habe ihm ein Zeichen gegeben, daß Schluß sein müsse. Ich bin dann zurückgeflogen und gelandet. Als meine Maschine kurz vor der Halle stand, bin ich ausgestiegen und habe mich um ihn gar nicht mehr gekümmert. Er hat sich aus der Maschine herausgewühlt. Die Monteure haben ihm ein bißchen geholfen und seinen Apparat herausgeholt. Er ist schräg über den Platz getaumelt, bis ihm jemand sagte, daß es zur Flugleitung in die andere Richtung ginge.

Er hat mich dann beim Kommandeur gemeldet. Unser Kommandeur, der Oberstleutnant, wollte mich bestrafen: „Eigentlich müßte ich Sie ja richtig bestrafen. Aber Sie sind feldreif und ich habe Ihre Versetzung zur Jagdstaffel befürwortet. Aber etwas bestrafen muß ich sie ja. Wenn in den nächsten 14 Tagen jemand abstürzt oder stirbt, müssen Sie Trauerparade fliegen.“ Man mußte in diesem Fall über das Grab fliegen und Kränze abwerfen. Gott sei Dank ist keiner verunglückt. Es war eine Ehrensache, gleichzeitig aber auch eine Strafe, weil alle Flieger ein bißchen abergläubisch sind und es immer hieß: „Wer Trauer fliegt, ist der nächste.“

Dr. Arthur Tischer, geb. 1895:
Meine erste Begegnung mit dem Tod hatte ich bereits während meiner Ausbildungszeit zum Sanitäter in Offenburg. Da bin ich einem schwerkranken Franzosen begegnet, der im Zuge einer Verwundung Starrkrampf bekommen hat. Da saß nun der arme Kerl mit steifem Genick und konnte nicht sprechen. Bakterien, die mit einer Kugel in den Körper gelangt waren, hatten die Genickstarre bewirkt. Er ist dann gleich gestorben. Das war einer der allerschlimmsten

Eindrücke, die ich im Krieg sammeln mußte. Das hat mir natürlich seelisch sehr zugesetzt.

Alphonse Beccard, geb. 1895:
Eines Tages kamen Pioniere, die uns das Handgranatenwerfen beibrachten. Sie hatten einen Laufgraben mit Schulterwehren gegraben, immer eine Gruppe von Rekruten wurde hereingeführt und dann schmissen sie ihre Handgranaten weg. Wie das so ist, zählen „21, 22, 23", dann schmeißen, denn nach fünf Sekunden zündet das Ding. Also, eine Gruppe war im Graben drin, wir lagen dahinter. Mit einem Mal geht bei einem die Handgranate früher los. Er hatte wohl zu lange gewartet und kam nun schreiend angerannt, Hand zerfetzt. Aber das war noch das wenigste, denn hinter ihm stand der nächste und hatte den Finger schon am Abzug. Er zieht vor Schreck ab und weiß gar nicht, daß er abgezogen hat. In dem Grabenstück, rechts eine Schulterwehr, links eine Schulterwehr, kann der Druck nicht entweichen. Die Menschen sind zerfetzt worden. Das war eine der scheußlichsten Sachen, die ich gesehen haben. Aus lauter Schreck sind die wartenden Kameraden weggelaufen. Als ich den mit seiner Hand sah, sagte ich mir, daß ich die Hand verbinden müsse und habe es getan.

Franz Kühn, geb. 1900:
Ich wurde am 25. Februar 1918, 17 Jahre alt, als Kriegsfreiwilliger beim Ersatzregiment 17 in Bromberg Soldat. Die erste Nacht war nicht sehr angenehm, weil sich ein Siebzehnjähriger, der schon feldmarschmäßig eingekleidet war und nun eingesetzt werden sollte, erschossen hatte. Und zwar, weil er in dieser Nacht über den Zapfen gehauen hatte und nun wohl Angst hatte, daß er eingesperrt und nicht mehr eingesetzt werden würde.

Der erste Tag

Wenn es ein Thema gibt, dem ich in den Interviews mit besonderer Ungeduld entgegensehe, ist es die erste Begegnung der Soldaten mit der Front. Noch für einen letzten Moment, auf der Zugfahrt an die Front nach dem Verlassen der Kasernen, kann sich der Soldat friedensmäßig sicher fühlen. Noch dominieren die Eindrücke aus der Heimat und das Gefühl Hermann Gieselmanns, man sei jetzt „die Hauptfigur der Familie“ – sonst ist dies der Vater – besteht fort. Kurz darauf sind diese Gefühle wie weggewischt. Im Hintergrund ist schon die Front zu hören.

Es ist ein weiter Schritt auf dem Weg vom friedensmäßigen Leben hin zum Dasein des Landsers. Die deutsche Sprache hat hierfür das Wort „Feuertaufe“ geschaffen. Eine beachtliche Simplifizierung der Wirklichkeit. Die Gegensätze zwischen Heimat und Front sind riesengroß. Wie groß sie sind, entzieht sich sicherlich meiner Vorstellungskraft. Eine Geräuschkulisse, stelle ich mir vor, die sich am ehesten mit den Verhältnissen im Zentrum eines gewaltigen Gewitters vergleichen läßt. Ungewohnte Gerüche, geprägt vom Sprengstoff und menschlicher Verwesung. Der Anblick toter und sterbender Menschen und Tiere. Eine ganz neue Welt. Wieviel tote Menschen hat der Rekrut schon gesehen? Wieviel darunter schwer entstellt? Keine älteren Menschen, sondern Freunde, die eben noch kerngesund neben einem gestanden haben.

Mein Soldat ist jung, 18, 19 Jahre alt. Er ist ein unfertiger Mensch, beinahe ein Kind. Er ist ziemlich allein. Die Möglichkeit, Rat bei anderen zu suchen, ist so gut wie nicht vorhanden. Vom Krieg hat er bislang nur durch die bunten, schwülstigen Bilder aus den Geschichtsbüchern erfahren und aus den Kriegsparolen in der Heimat. Begriffe wie „Verteidigung des Vaterlandes“ oder „Pflichterfüllung“ sind leblos. Sie führen vom Kern des Krieges weg und versperren den Blick auf seine Realitäten. Unsere Fähigkeit, künftige Situationen vorzuempfinden, ist außerdem gering. Wie oft hat jeder von uns feststellen müssen, daß Vorstellungen etwa vom ersten Tag des Urlaubs oder von einem neuen Arbeitsplatz nicht im geringsten mit den tatsächlichen Eindrücken an diesem Tag übereinstimmten. Wie wenig vorbereitet müssen deshalb diese Menschen zum ersten Mal der Front begegnen. Ich kann mir nicht vorstellen, wie sie dem ersten Granateneinschlag standhalten können.

Dann erfolgt der Granateinschlag. Der Alptraum wird wahr. Menschen werden getroffen. Diejenigen, die irgendwie durchkommen, müssen diese Momente verdauen. Der Kasernenhof-Drill der zurückliegenden Wochen nutzt nun wenig. Kommen ihnen andere Umstände zur Hilfe? Vielleicht entwickelt der Mensch im Augenblick höchster Anspannung auch eine Haltung, wonach einem alles egal ist. Ob die Nähe der anderen, die man zumindest in der gleichen Situation weiß, hilft? Oder kommt es im Moment der Feuertaufe unter Umständen doch zu Begegnungen zwischen den Mitsoldaten, die an Tiefe weit über das normale Maß hinausgehen? Ich empfehle schon jetzt, die Darstellung Gerhard Bahrmanns etwa in der Mitte dieses Kapitels mit besonderer Aufmerksamkeit zu lesen.

Zeugnisse

Wilhelm Eddelbüttel, geb.1894:
Ich war am 8. Oktober 1914 eingezogen worden. Wir wurden recht lange ausgebildet. An sich sollten wir gar nicht mehr ins Feld, sondern wären das künftige stehende Heer geworden. Dies verlor sich aber bald, denn es gingen die großen Verluste in Frankreich los. Die Front erstarrte. Und so kam auch der Tag näher, daß wir raus mußten. Wir mußten unsere Uniform abgeben und am anderen Tag in Altona bei den 31ern antreten. Dort wurden wir eingekleidet. In diesen Tagen hörte man immer wieder in Familien: „Wenn du das Eiserne Kreuz erhältst, dann werde ich stolz auf dich sein." Mein Vater sagte, als er mich den Abschiedstag runterbrachte: „Das will ich dir noch sagen. Das Eiserne Kreuz brauchst du nicht mitzubringen." Das war die Einstellung meines Vaters.

R. S., geb. 1896:
Ich fühlte mich einfach aufgenommen in die große vaterländische Begeisterung. Wir sind von Flensburg mit 1.000 Kriegsfreiwilligen in langen Zügen in den Westen gefahren. Begeisternd, genau wie das immer beschrieben wird: „Siegreich wollen wir Frankreich schlagen" und „Es braust ein Ruf wie Donnerhall". Nachträglich habe ich mir überlegt, was meine Eltern wohl gedacht haben, wie sie uns damals in Flensburg zuwinkten. Einfach verlorene Gedanken.

Wilhelm Höpfner, geb. 1892:
Am Ende meiner Ausbildungszeit hatte ich Urlaub bekommen nach Rostock. Wie der Tag näherrückte, daß ich ins Feld mußte, habe ich noch einmal mit meiner Mutter gesprochen. Sie sagte: „Junge, du brauchst keine Angst zu haben. Ich weiß genau, daß du wiederkommst." Ich sagte: „Das ist ja komisch, Mutter. Wieso weißt du das?" „Ich weiß das, kannst du mir glauben. Was ich hier im Portemonnaie trage, sagt die Wahrheit." Sie sagte: „Wer bei der

Geburt einen „Helm" aufhat, der ist beschützt im Leben." Bei dem Helm muß es sich um Teile der Gebärmutter handeln, die nach der Geburt abgezogen werden. Die getrocknete Haut bewahrte meine Mutter im Portemonnaie auf. Ich habe zuerst nicht daran geglaubt und gedacht: „Ach, Mutter, was du so denkst." Später habe ich mir oft überlegt: „Donnerwetter, du bist ja gut davongekommen."

Theodor Hein, geb. 1893:
Bevor mein Bruder und ich ausgerückt sind, hat uns meine Mutter noch besucht. Ich sagte zu ihr: „Für mich ist keine Kugel gegossen." Mein Bruder, der dann in Rußland gefallen ist, sagte: „Mutter, ich komm nicht wieder."

Karl Heckert, geb. 1896:
Ich meldete mich nach erfolgter Ausbildung bei den Blauen Husaren in Wandsbek beim Wachtmeister Wandstedt: „Ich will zum Regiment nach Rußland." „Für dich habe ich etwas anderes," sagte er gleich zu mir. Den anderen Tag rief er alle zusammen. „Ihr kriegt ein Kommando, werdet dabei aber wieder in Zivil eingekleidet. Ihr müßt verschwiegen sein bis dorthinaus." Anderentags wurden wir ausgekleidet und mußten alles Militärische abgeben. Wir waren jetzt nach außen hin keine Soldaten mehr. Da fuhr ein Vizewachtmeister mit, der war nun „Herr Ehlers". Kommandoführer war ein Major der Husaren, der aber auch in Zivil reiste. Unsere Aufgabe war es, in Schweden Pferde einzukaufen. Da Schweden neutral war, durften wir in keiner Hinsicht als Soldaten auffallen. In Malmö legten wir, von Stettin kommend, an und fuhren nach Schweden hinein. Die Pferde wurden mit Kohlen bezahlt, die von Deutschland nach Schweden geliefert wurden. Es fanden richtige Pferdemusterungen statt. Die Pferde kamen direkt von der Koppel. Sie wurden mit 1000 bis 1400 Mark pro Pferd bezahlt. Ich habe in diesem Dreivierteljahr sehr viel an Trinkgeldern bekommen und wir haben auch geschmuggelt.

Gerhard Bahrmann, geb. 1896:
Ich war militärisch kein Held. In der Ausbildung habe ich alles über mich ergehen lassen. Ich weiß nur noch, meine Eltern kamen zwei, drei Tage vor Abrücken noch mal nach Leisnig und wir haben im Bahnhofsrestaurant gegessen und Abschied genommen. Als dann der Zug mit den 133ern ins Feld fuhr, machte er noch mal in Bengsdorf, dem Vorortbahnhof von Leipzig, halt. Da schau ich aus dem Fenster meines Waggons und höre eine Stimme: „Kennen sie den Kriegsfreiwilligen Bahrmann?" Es war mein Vater. Er

wußte, der Zug hielt dort, und war gekommen, um mich noch einmal zu sehen. In dem ewig langen Zug hatte er gerade vor meinem Waggon gestanden. Die Stimmung auf der Fahrt war gut. Wir haben Lieder gesungen: „Siegreich wollen wir Frankreich schlagen und sterben als ein tapferer Held." Eine nicht tiefgehende, aber ehrliche Begeisterung.

Otto Frahm, geb. 1896:
Wir kamen Mitte Juni 1916 raus und zwar mit der Eisenbahn. Das war natürlich ein sehr gemischtes Gefühl, als wir in voller Ausrüstung zum Flensburger Bahnhof marschierten. Wir waren ja alles junge Soldaten, da war noch etwas Begeisterung drin. Wir wurden im Zug auch sehr gut untergebracht. Wir fuhren nicht im Viehwagen wie die meisten, sondern kamen alle im Personenwagen nach draußen. Unser Zug brauchte anderthalb Tage über Köln, Trier bis nach Frankreich. Beim Ausladen erwarteten uns schon die Feldwebel unseres Regiments 84 und holten sich Rekruten weg. Es wurde gefragt: „Wer will in die 1. Kompanie, wer in die 2. oder 3." Ich hatte einen Freund, der war ein Jahr älter als ich und bei der 3. Kompanie, wie mir gesagt worden war. Hinterher stellte sich heraus, daß er bei der 4. war. Ich hab ihn später im Feld getroffen. Ich meldete mich also für die 3. Kompanie des 84. Infanterie-Regiments, 54. Infanterie-Division. Die Division war im Frühjahr 1916 als fliegende Division von Rußland nach Frankreich verlegt worden. Wir blieben zunachst noch im Rekrutendepot einige Kilometer hinter der Front bei Verdun.

Hermann Gieselmann, geb. 1895:
Wir haben oft gesehen, daß andere, wenn sie ausgebildet waren, mit Musik aus dem Kasernenhof herausgingen. Wir haben zugesehen und manchmal gerufen: „Auf Wiedersehn." Manchmal schrien sie: „Ja, im Massengrab." Es waren ja auch Ältere dabei, die schon etwas vom Krieg kannten. Als wir rausmarschiert sind, haben uns die Leute unterwegs Blumen und andere Sachen geschenkt. Die Blumen steckte man oben in den Gewehrlauf rein. Das war so üblich. Mein Vater, der auch mal beim Regiment 76 gedient hatte, sagte: „Du kannst doch nicht mit Blumen im Gewehr ausrücken. Das gibt's doch nicht." „Doch, das gibt es." Stolz sind wir mit Musik in neuer feldgrauer Uniform und mit Gewehr zum Hauptbahnhof marschiert. Mein Vater ging noch an der Seite und meine Schwestern natürlich. Für meine Mutter war das körperlich zu schwer. Und Kollegen waren unter den Leuten am Straßenrand. Man ist der Held, die Hauptperson der Familie, man marschiert. Am Hauptbahnhof hieß es: „Beim ersten Hornsignal einsteigen." Dann

ging es los. Wohin es ging, wußte keiner. Erst fuhren wir nach Lübeck, dort wurden die Lübecker angehängt. Und dann ging es weiter nach Osten. Das merkte man an der Fahrtrichtung. Während der Fahrt ging es wie ein Lauffeuer durch den Zug: „Wir kommen nach Osten." Wir waren an sich froh. Nach Westen war ja gefährlich.

E. P., geb. 1897:
Weihnachten 1915 gingen wir aus Itzehoe raus. Es waren die letzten Freiwilligen aus Itzehoe. Was meinen Sie, Itzehoe stand Kopf vor Begeisterung. Ungefähr 100 Personen waren wir. Die Abiturienten waren schon weg. Es waren alles Schleswig-Holsteiner, das weiß ich noch wie heute. Vielleicht waren drei, vier Westfalen dabei. Wir befanden uns eine Woche in Alarmbereitschaft, bis es dann losging, fix und fertig eingekleidet. Meine Eltern, die damals Silberne Hochzeit hatten, sind noch einmal zwei, drei Tage in Itzehoe gewesen. Dann haben sie sich gesagt: „Wir können ja nicht warten, bis ihr endlich einmal ausrückt" und sind nach Hause gefahren. Als die Sache dann losging, sind wir singend durch Itzehoe marschiert. Die Kapelle vorweg. Die ganze Bevölkerung war auf den Beinen. Es ging zum Bahnhof, wo alle Abschied nahmen. Wir drei, vier Athleten standen mutterseelenallein da. Kein Mensch kümmerte sich um uns, bis die bemerkten: „Was ist denn mit denen los?" Da wurden wir mit den anderen gleich ein Herz und eine Seele. Abgesehen von den Tränen der Angehörigen war es so, als wenn wir in Urlaub fuhren. Wir waren begeistert auszurücken, denn der Schliff in den Kasernen in Itzehoe war ja auch keine Kleinigkeit gewesen.

O. N., geb. 1897:
Wir standen alle am Bahnhof. Mit einem Mal kommt der Hauptmann an, ruft verschiedene Rekruten auf, die sich melden mußten, wo sie zu Hause seien. Plötzlich ruft er meine Wenigkeit auf: „Sofort in Marsch zu setzen zur Kaiserlichen Marinewerft in Wilhelmshaven." Ich war in Wilhelmshaven in der Lehre gewesen und, als ich eingezogen werden mußte, hatte man mir in Wilhelmshaven gleich gesagt: „Wir werden sie reklamieren und, wenn sie ihre Rekrutenzeit rumhaben, kommen sie gleich zurück. „Das will ich gar nicht", sagte ich dem Hauptmann, „ich will mit meinen Kollegen ins Feld." Ich wollte etwas erleben. Wenn man einmal dazwischen ist, dann hat man schon etwas Ahnung. Der Hauptmann sagte: „Gut, mein Sohn." Der Feldwebel mußte gleich aufschreiben, daß ich es vorgezogen hatte, mit meinen Kameraden ins Feld zu ziehen. Und dann ging es los über Köln und Aachen.

A. S., geb. 1899:
Im Februar 1918 erhielten wir plötzlich Bescheid: „10 Uhr zwölf Mann fertig machen ins Feld." Wir wurden ausgerüstet, kriegten unsere Gasmasken mit und erhielten Fahrkarten für den Bahnhof Köln. Wir fuhren in einem Personenzug ab und saßen in dem Coupé mit der Zivilbevölkerung. Die Leute bewunderten uns, daß wir mit 18 Jahren an die Front mußten. Man fühlte sich so ein bißchen, wie soll ich sagen, als richtiger Soldat. In Diedenhofen in Lothringen wurden wir ausgeladen.

E. E., geb. 1896:
1915 mußte ich hier in Oldenburg Soldat werden. Unsere Rekrutenkompanie lag in der Kaserne am Pferdemarkt. Damals verlief die Bahn zu ebener Erde quer über den Pferdemarkt und das Exerzieren fand zwischen Kaserne und Bahn statt. Eines Tages kommandierte der Ausbildungsgefreite: „An die Bahn, marsch, marsch!" Ein paar Soldaten hoben die eiserne Einfriedung aus den Angeln. Es hat kein Mensch gewußt, daß dies möglich war, und in fünf Minuten waren wir im Zug und weg. So schnell ist das gegangen. Abends waren wir schon unterwegs und fuhren in Richtung Front. Westfront, das wußten wir, mehr wurde nicht gesagt. Aber wir merkten ja, daß wir durch Osnabrück fuhren und gegen Abend kam dann das Ruhrgebiet in Sicht. Da war seinerzeit noch der ganze Himmel hell von den Hochöfen. In Erinnerung habe ich bei dieser Fahrt durch das Ruhrgebiet, daß alle paar Meter eine Weiche kam. Sie hörten nur „klick, klick". Dann kam der Rhein.

Josef Beutmiller, geb. 1899:
Wir fuhren über Bingerbrück in Richtung Westen. In Bingerbrück haben wir Halt gemacht. Auf dem Nachbargleis stand ein Lazarettzug, der von der Front her kam und der entladen wurde. Da kamen die Burschen raus mit halben Armen, halben Beinen und die ganze Verstümmeltheit. Mein Freund, der Seppl hat mich getröstet und gesagt: „Sei nicht traurig, wir kommen wieder heim, wir kommen wieder heim."

Walter Bewer, geb. 1897:
Im Feldrekrutendepot wurden die Leute den Regimentern zugeteilt. Das Feldrekrutendepot war verhältnismäßig dicht hinter der Front. Als wir ganz nach vorne gehen sollten, kam die Regimentskapelle und spielte heimatliche Weisen, „Walzertraum" und andere Stücke aus Operetten. Je zwei Kameraden bekamen eine Flasche Wein. Sie suchten sich eine Ecke und hauten sich da hin. Irgend-

wie fanden sich zwei zusammen, ob sie sich nun vorher schon gut kannten oder es sich in dieser Situation ergab. Man behielt sich auch später lange im Auge. Ein Unteroffizier brachte uns zu einer Kleinbahnstation und fuhr uns mit der Bahn nach vorne, so weit es ging. Und von dort war es nicht mehr allzu weit bis zur Reservestellung. So kamen wir zu unser eigentlichen Einheit, die war vollkommen zusammengeschlagen, ein kleines Häuflein. Ein junger Leutnant, etwa Mitte 20 Jahre alt, war ihr Führer. Seinem nachdenklichen Gesicht konnte man ansehen: „Mensch, da kommt ja wieder so junger Nachschub." Das stärkste Erlebnis hatte ich dann, als es durch den Laufgraben an die Front ging. Der Laufgraben wurde durch eine Straße unterbrochen, die man für die Artilleriezufuhr brauchte. Die wurde natürlich unregelmäßig unter Beschuß genommen. Da mußte man rüber. Man stand davor, es war ein bißchen Spannung und Angst. Im nächsten Moment mußte man springen.

E. E., geb. 1896:
Die Front hörte man schon von weitem. In Luxemburg auf dem Offizierskursus wurde ein anderer Aspirant von seinem Vater, der hoher Marineoffizier war, besucht. Er hat in einem Hotel geschlafen und seinen Sohn am nächsten Tag gefragt: „Grummelt das hier immer so?" In Luxemburg konnte man das Artilleriefeuer von Verdun Tag und Nacht hören. Im Hinterland von Verdun wurden wir auf freiem Feld aus dem Zug ausgeladen. Auf dem Weg vom Zug weg habe ich den ersten toten Soldaten gesehen, und meine Mutter hat mir nach dem Ersten Krieg, als ich nach drei Jahren wieder zu Hause war, vorgeworfen: „Wie konntest du uns eine Feldpostkarte schicken ‚Habe heute den ersten Toten gesehen'." Das war für mich eine Sensation. Dann war da eine kleine Holzbude, zwei oder drei Quadratmeter groß. Wir bekamen Gasmasken. Wir hatten noch nie eine Gasmaske gesehen. Anschließend wurden wir einzeln in die Bude gesteckt, wo von einem Soldaten, der gehörte aber gar nicht zu uns, alle Augenblick eine Gaspatrone abgeschossen wurde.'Wer anfing zu weinen, dessen Maske war nicht dicht. Er kriegte eine neue verpaßt, denn die Maske mußte ja schließen. In einer Stunde hatte jeder eine passende Gasmaske. Bei Preußens ging das „zack, zack".

F. Kl., geb. 1893:
Ich bin in Frankreich mit jungen Rekruten, jungen Menschen im Eisenbahnzug gewesen. Sie haben das „Bum, Bum" der Kanonen gehört, und der eine hat angefangen zu weinen. Ich wußte ja schon, wie es sich anhört, wenn Kanonen schießen.

Dr. Alfons Beil, geb. 1896
Ich kam 1916 an die Front, und zwar in die Champagne. Als wie wir vom Bahnhof zur Front marschierten, hörten wir den Kanonendonner immer deutlicher. Wir gingen auf den sogenannten Kanonenberg zu. Stellen sie sich vor, einen Berg mit um die 100 Bunkern und Eingängen. Ich weiß noch genau, als wir am Berg anlangten, lagen dort, ich glaube, sechs tote Soldaten. Ich war erschüttert und dachte: „Da kannst du bald auch dabei sein."

Max Löble, geb. 1897:
Wir marschierten von Straßburg zur Front. Ein französischer Flieger wurde wie verrückt beschossen. Die ganze Kompanie hat das natürlich beobachtet. Die Maschine ging vor uns runter. Unsere Einheit war in heller Aufregung, die Kommandos unserer Vorgesetzten wurden nicht eingehalten. Manche sind ganz hin gelaufen, ich habe ihn mir aus ein paar Meter Entfernung angesehen. Der Flugzeugführer lag vor dem Flugzeug und der Arm war lose. Es ist für mich ein schrecklicher Anblick gewesen, und für die anderen auch: ein toter Mensch.

Dr. Arthur Tischer, geb. 1895:
In der Nähe von Colmar habe ich zum ersten Mal einen Kriegsschauplatz gesehen und kam in einen ehemaligen französischen Schützengraben. Den Schützengraben hatte man halt nur notdürftig zugeschüttet, aber es gab noch Beine, Hände und Köpfe, die herausguckten. Das war meine erste Begegnung mit dem Tod vorne als Soldat.

Paul Grünig, geb. 1897:
Am 20.07.1916 bin ich zum IX. Armeekorps in Frankreich gestoßen. Ich kam zu den 75ern, dem Bremer Regiment. Aber ich bin ein Glückskind. Ich kam nicht sofort an die Front. Das Regiment 75 wurde aus der Front herausgezogen. Sie hatten viele Verluste gehabt und kamen in die Ruhestellung. Die überlebenden Kameraden waren bedrückt. Wir haben uns erzählen lassen, wie es vorne war und waren daher froh, daß das Regiment rausgezogen war. Nach vier Wochen kamen wir wieder an die Somme zurück. Schon einige Kilometer hinter der Front hörte man ein dauerndes Rummeln der Artillerie, Tag und Nacht. Das war der erste Eindruck.

An der Somme stellte sich heraus, daß die Maschinengewehrkompanie noch keinen Ersatz bekommen hatte. Es wurde gefragt: „Wer hat mit Maschinen zu tun gehabt?" Das war das erste Mal, daß ich mich freiwillig gemeldet habe. Ich kam dann nicht mit an die Front, sondern wurde mit einem Gefreiten ungefähr ein Vierteljahr hinter der Front am Maschinengewehr ausgebildet. Das war wieder Glück. Dann kam ich zur 3. Maschinengewehr-Kompanie. Abends im Dunkeln mußte ich an die Front marschieren. Ich habe die erste Nacht oben in einem halbfertigen Stollen auf Stufen aus Stollenbrettern geschlafen. Ich wollte draußen hören, was passierte. Ich habe die Gefahr noch gar nicht wahrgenommen. Es war nun wieder mein persönliches Glück, daß die 75er nach nur wenigen Tagen rausgezogen wurden und ein zweites Mal in Ruhestellung kamen. Wie wir dann zum dritten Mal an die Front gingen, kamen wir nicht mehr an die Somme, sondern nach Arras. Und da habe ich den Schützengrabenkrieg richtig kennengelernt.

H. Be., geb. 1893:
Wir kamen in Belgien an und hatten ungefähr 30 Kilometer in Richtung Front zu gehen. Nachts. Wir kamen durch einen Wald. In dem Wald schossen mehrere Geschütze einer Batterie, die dort lag, ihre Geschosse ab. Einer von uns fiel vor Schrecken um, ich machte in die Hose und der dritte erbrach sich. Wir konnten nicht weiter. Wir waren fertig. Das dauernde Gekrache. Wir hatten eine Visitenkarte des Krieges erhalten, die nicht von schlechten Eltern war. Schließlich, nach einer halben Stunde, mußten wir ja weiter und kamen gegen Mitternacht in dem Unterstand bei Arras an. Ich habe gedacht: „Das ist ja grauenhaft." Wir drei Neuen hatten Angst, aber selbst die Dreißig-, Fünfunddreißigjährigen, die unten im Bunker und in den Löchern waren, hatten die gleiche Angst, entweder umgebracht zu werden, zum Krüppel zu werden oder sonst zu verschwinden. Wir waren nur noch ängstlich. „Was machen wir bloß?" Alles andere interessierte uns drei nicht mehr. Ein Entkommen aus dieser Lage gab es nicht.

Alfred Hartwig, geb. 1896:
Vom Feldrekrutendepot in der Nähe von Arras kamen wir gar nicht erst in die Stellung vor Arras, sondern wurden den Truppen zugeteilt, die an die Somme gingen. Der Engländer schoß. Am Tage mußten wir uns verstecken. Sobald ein Abschuß zu hören war, war das Geschoß schon bei uns. Man hatte nur den Gedanken: „Wann kommen wir hier wieder weg." In der ersten Nacht mußten wir Verwundete, die vor dem Graben gelegen hatten, nach hinten bringen. Wir sind ungehindert hinten angelangt, auf dem Rückweg haben wir Trinken und Leuchtmunition für den Offizier nach vorne geschafft. Da ist nichts passiert. In der zweiten Nacht wurden wir zum Trägertrupp eingeteilt. Wir waren unterwegs und da ist ein Schrapnell direkt zwischen uns geplatzt und ich habe eine Kugel in den Arm gekriegt. Es war dunkel, aber man hörte, daß es Kamera-

den gab, die schwerer getroffen waren. Als Leichtverwundeter kam ich dann nach Deutschland. Eigentlich war ich nur 14 Tage an der Front und davon drei Tage in der ersten Linie.

Gerhard Bahrmann, geb. 1896:
Gedanken über den Krieg habe ich mir in meiner ersten Nacht in Frankreich gemacht. Es war irgendwo bei Amiens. Das Wetterleuchten der Front haben wir schon gesehen, als wir die Front entlang zu unserem Bestimmungsort fuhren, an dem wir dann ausgeladen wurden. Wir lagen in unseren Stellungen und sollten ganz weit auseinandergezogen auf den Feind warten. Ein Oberleutnant kam vorbei und fragte mich, wer ich sei und was ich sei. „Gymnasiast." Er hat gesehen, daß ich noch ein ganz junger Hase war und wollte mich irgendwie aufrichten. „Sie wissen ja, es ist Krieg. Es geht um das Letzte, das Vaterland. Es geht aber auch um unser eigenes Sterben. Damit müßt ihr auch rechnen." Da hat mir der vollkommen fremde Mann im Dunkeln eine Predigt gehalten, die mir unvergeßlich geblieben ist, und hat mir Pflichtbewußtsein eingeimpft.

K. O., geb. 1896
Die Wirkung einer Granate hatte ich vorher noch gar nicht ermessen können. In den Argonnen wurden Feldbahnen eingesetzt, um auf Loren Munition und Lebensmittel an die Front heranzufahren. Schienen waren hierfür gelegt. Da fiel mir auf, daß eine Granate kurz vorher mitten zwischen zwei Schienensträngen eingeschlagen hatte. Diese Schienen waren auseinandergerissen und ragten meterweit in den Himmel hinein und es gab einen großen Trichter. Da war ich natürlich entsetzt, daß eine Granate eine solche Wirkung haben konnte. Das war einer meiner ersten Eindrücke an der Front.

Paul Weiher, geb. 1896:
Die Ausbildungszeit bei dem Ersatzbataillon in Brügge war schlimm, und wir haben uns direkt gefreut, als es hieß: „Wir kommen an die Front." Die Fahrt zur Front war schon ziemlich unheimlich. Wie wir immer näher zur Front kamen, sahen wir es blitzen, nachher hörten wir es sogar donnern. Zu Fuß marschierten wir dann zwei Kilometer bis hinter die ersten Linien in einen Wald. Es war der Hessenwald in der Nähe von Wijtschate, wo provisorische Unterstände errichtet worden waren. Wir haben uns auf die primitiven Unterstände verteilt. Der Wald wurde ununterbrochen unter Feuer genommen, weil man von feindlicher Seite in einem Wald immer etwas vermutet. Es war Streufeuer, Granateinschläge, die alle paar Minuten erfolgten, mal hier, mal 300 m weiter. Am zweiten Tag war's wohl, daß eine Granate zufällig den Unterstand unseres Kompanieführers traf. Der

Kompanieführer, ein Schreiber, ein Melder und noch einige mehr waren tot. Wir waren ein bißchen schockiert. Zum ersten Mal wurde man mit einem Todesfall konfrontiert, und es hatte den Chef unserer Kompanie getroffen. Wie wir das gesehen haben, haben sich einige von uns Jungen gesagt: „Wir bleiben nicht in unseren Unterständen. Wir gehen etwas weiter abseits und legen uns in einen Granattrichter."

Karl Peters, geb. 1898:
Auf unserem Weg an die Front kamen wir zuerst in das Ruhelager in Montbrehain, ein Dorf in der Nähe von St.Quentin. Dort konnte man sich eigentlich noch geschützt fühlen, in der anschließenden Bereitschaftsstellung dann aber nicht mehr. Die Bereitschaftsstellung befand sich in der Siegfriedlinie am Somme-Kanal von St.Quentin rauf bis nach Cambrai. Links lag Bellenglise, rechts Bellicourt. Wir mußten Nacht für Nacht aus der Bereitschaft heraus vorne schanzen. Ich erinnere mich noch eines Vorfalls aus dieser Zeit. Wir hatten im Dunkeln unsere Gewehre zu einer Pyramide zusammengestellt und dann geschanzt. Wir waren durch Feldwachen gesichert, die weiter draußen lagen. Natürlich hatten die Tommys auch ihre vorgeschobenen Wachen. Wir hatten nun unser Pensum erfüllt, waren angetreten und standen bei den Gewehren. Unser Zugführer, ein Feldwebel-Leutnant, gab gerade den Befehl zur Auflösung der Gewehrpyramide: „Gewehr in die Hand." Jeder griff nach seinem Gewehr. In diesem Augenblick rasselte ein Schrapnellhagel von oben auf uns herunter. Das Wort „Hand" haben wir gar nicht mehr gehört. Jeder hat nur seine Knarre genommen und ist zurückgerannt. Wir hatten ja weiter vorne nichts mehr zu suchen. Dabei hat es die ersten Verwundeten gegeben, Gott sei Dank keine Toten. Ich blieb heil, habe mir aber furchtbar meine Hosen zerrissen, weil ich in einen Stacheldraht fiel. Meine Arme waren aufgerissen und blutbesudelt.

Am 9.5.1917 standen wir das erste Mal vorne im Schützengraben vor dem Feinde. Wir waren recht betreten und niedergeschlagen, wußten wir ja, was uns bevorstand. Wir hatten noch unsere alten Pickelhauben auf, als wir die Heimat verlassen hatten. Es wurde uns gesagt – auch wieder ein Hinweis auf die Brutalität des Krieges: „Die Pickelhauben braucht ihr nicht lange. Draußen an der Front liegen Stahlhelme von Gefallenen herum. Die könnt ihr euch nehmen. Die Gefallenen brauchen sie doch nicht mehr." Ich weiß noch, als wir zu Fuß ganz nahe an die Front rückten, sah ich links von mir im Vorbeischreiten das Grab eines gefallenen Kameraden. Das hat mich außerordentlich stark berührt, wie dieses Kreuz im Flackerschein der Granaten und Leuchtkugeln stand. Hinter der nächsten Anhöhe lag schon die Front, die damals von Engländern und, wie wir dann hinterher erfuhren, von Indern besetzt war. Wir jungen Leute waren psychologisch überhaupt noch nicht weit genug entwickelt und bereit für den Krieg. Da hatten es beispielsweise die Engländer leichter. England konnte es sich leisten, sich hinter den Hilfstruppen aus Kanada, Indien, Australien, Neuseeland zu verstecken und die eigenen Jahrgänge zu schützen. Die Jahrgänge 1898, 1899 und 1900 sind in England überhaupt nicht mehr eingezogen worden. Wir konnten uns das nicht leisten, denn ein solches Arsenal von Menschen besaß Deutschland nicht.

O. N., geb. 1897:
Es ging nach Cambrai. Wir kamen durch verschiedene Ortschaften. Auf der Suche nach einer Unterkunft ging eine Abordnung von uns zur Kommandantur und fragte, wo die Feldkompanie unter Leitung von Oberleutnant Cornelius lag. Wir kriegten Bescheid, daß sie in einem Gutshof einquartiert war. Von dort bin ich dann einmal, wir waren noch nicht eingeteilt, aus lauter Langeweile und Neugier bis zur Front durchgegangen. Die Tommys legten Sperrfeuer, Feuer noch und noch. Ich war ganz alleine, kein Mensch zu sehen. Ich bin nicht mehr bis ganz in die Stellung gekommen, aber ich konnte die Gräben und die Drahtverhaue sehen. Ich mußte laufen, wußte aber gar nicht, wohin. An den Straßenrändern waren kleine Stollen von 80 x 80 cm errichtet worden, wo man sich in erster Not hinsetzen konnte. Ich bin in eines dieser kleinen Dinger gesprungen. Die Stollen gingen nicht tief in den Boden hinein, so daß man sich in sie hineinducken konnte, während alle anderen Kameraden kompanieweise ganz tief in der Erde in ihren Unterständen mit Rahmen von 1,20 x 1,60 Meter saßen. Da hat man schon Angst gekriegt, als das Sperrfeuer über die Gräben immer näher kam. Ich dachte: „Hoffentlich geht das gut?" Es ging gut. Wie die Schießerei und der ganze Krach vorbei war und es ruhig wurde, dachte ich: „Jetzt mal raus und schnell nach Hause." Ich bin auf allen Vieren dorthin gekrochen. Hinter dem Gutshof war ein Obstgarten und dort befanden sich große Unterstände. Ich komm da an, vor dem Bunker stand ein Latrineneimer, und ich saus' mit dem Kopf rein. Ich stank furchtbar, und die anderen haben mich fix aus dem Unterstand rausgescheucht.

Alfred Hardt, geb. 1898:
Als ich nach Frankreich kam, war ich erst 18 Jahre alt. „Wir kommen ja erst einmal für ein halbes Jahr ins Rekrutendepot", so hatten wir uns das vorgestellt. Wir wußten ja auch nicht weiter Bescheid. Das

Rekrutendepot haben wir nie gesehen. Wir sind gleich bei Arras in die Scheiße gekommen. Am ersten Tag, jede Kompanie kriegte ein paar Mann ab, waren alle traurig und stumm. Da hatte keiner Lust, was zu reden. Da hieß es: „Wie ihr heißt, will ich gar nicht wissen. Vier Mann kommen mit mir!" Wir mußten mitgehen. Von der dritten Linie aus sind wir im Dunkeln nach vorne marschiert, es kam der zweite und dann der dritte Graben. Man sieht nur, da blitzt es, da wird abgeschossen, da ist der Franzose. Bei der Ablösung wurden wir beschossen. Von oben sind wir in den Graben gesprungen und da bin ich auf einem Kameraden, der halb tot war, gelandet. „Hu, hu, hu" jammerte er. Ich muß auf seinem Bauch gelandet sein. Vor Schreck bin ich gelaufen, durch die Luft geflogen. Ich war doch erst eine halbe Stunde an der Front.

Ich habe dann ganz unten im Bunker gesessen und habe mich nicht gemeldet, als Posten gesucht wurden. Dann sagte einer : „Der Hamburger, der Neue, der kann doch auch gerne mal nach oben gehen." Da mußte ich raus. Ich war mit einem Juden zusammen, Jakob Latschin hieß er. Den Namen vergeß' ich nicht, der war noch ängstlicher als ich. Wir mußten nun zwei Stunden im Trichter auf dem Bauch liegen. Man durfte nicht nachdenken. Das Schlimme war nun, daß unsere Kameraden nie nach uns guckten. So haben wir den ganzen Tag in dem Trichter gesessen. Erst abends gingen wir zurück. Da haben sie gesagt: „Ach, ihr lebt ja noch. Wo habt ihr Bande denn gesessen?"

Hans Ratschky, geb. 1898:
Als wir das erste Mal von Fresnes aus zum Einsatz kamen und nach vorne marschierten, gab es Gasalarm und wir mußten die Gasmaske aufsetzen. Mit einem Mal kriegte ich am ganzen Körper das Zittern. Ich wußte zuerst nicht, was das war. Nachher wußte ich es: Kanonenfieber. Es wurde immer gesagt: „Jeder hat Kanonenfieber, der eine so, der andere so." Es hat mit einem Mal angefangen und ist so auch wieder verschwunden. Nachher habe ich das nicht mehr gehabt. Nur einmal bin ich später noch in einer ähnlichen Situation gewesen, als in einem Einsatz mein Essentopf zerschossen wurde. Ich hätte nun einem Toten den Essenstopf abschneiden können. Es lagen ja genug Tote herum. Ich habe es aber einfach nicht fertiggebracht. Das kann man doch nicht machen.

Willi Marquardt, geb. 1898:
Wir als Artilleristen brauchten glücklicherweise nicht zu Fuß laufen, sondern wurden auf große Wagen, die von sechs Pferden gezogen wurden, gepackt. Die Geschütze waren schon hinter der Front aufgebaut worden. Alle vier Tage wurde eine Gruppe abgelöst, und in

diesem zeitlichen Wechsel ging es dann immer weiter. Während wir auf dem Wagen saßen, überflogen viele Granaten den Wagen. Bei jeder Granate zuckten wir zusammen. Das Geräusch der Granaten erschreckte uns und wir duckten uns auf dem Wagen. Wir dachten: „Nun geht es zu Ende." Die alten Soldaten, die schon x-mal an der Front gewesen waren, konnten an dem Geräusch der Granaten hören, daß sie uns nichts taten und weit über uns hinweggingen. Sie lachten dann über uns. Da dachten wir: „Na ja, das kann ja nicht so schlimm sein." Später haben auch wir gelernt, wie es mit den Granaten ist.

A.S., geb.1899:
Wir merkten, daß wir näher an die Front kamen. In der Gegend von St. Quentin bezogen wir mit unseren drei Mörsern in einer Schlucht, vielleicht zwei Kilometer von der Front entfernt, Stellung. Nun ergab sich folgendes: „Der junge Ersatz geht zurück auf's freie Feld, da wird über Nacht Munition abgeladen für die Feldartillerie. Es sind Plätze abgesteckt, wo die Geschütze später für den Angriff aufgefahren werden, und dort bringt ihr die Munition hin." Wir haben die Arbeit dann auch erledigt, haben die Sache aber nicht so ernst genommen und blieben auch noch auf dem freien Feld, als es Tag wurde. Wir guckten nach oben: „Ach, sieh da, da sind ja französische Flugzeuge." Die sahen uns und wir sahen sie. Es dauerte nicht lange, da kamen die ersten Granateinschläge. Die Flieger hatten gemeldet, dort sind Soldaten auf freiem Feld, und so wurden die feindlichen Geschütze auf uns eingestellt. Verluste gab es nicht, aber was haben wir für eine Angst gekriegt. Sicher war uns gesagt worden: „Seht zu, daß ihr dies schnell fertig bringt und daß ihr dort verschwindet." Aber wir waren ja noch zu unerfahren.

Wir robbten uns zu einer eingegrabenen deutschen Batterie, von der nur die Rohre aus dem Boden guckten, sonst war nichts zu sehen. Dort haben wir erst einmal Schutz gesucht. Ich war mit einem jungen Soldaten zusammen, der gerade sein Abitur gemacht hatte. Wir beide hielten ein bißchen zusammen. „Ja, wo blieben wir nun die Nacht?" Zurück zur Batterie, wo unsere Kameraden waren? Wir beide wußten nicht, ob wir das durften, jedenfalls gingen wir nicht zurück. Auf der Suche nach einem Quartier gelangten wir zu einer Kiesgrube. In dieser fanden wir ein altes Sofa und eine alte Liege, auf die wir uns für die Nacht gelegt haben. Und jetzt kam die allergrößte Angst. Hinter dieser Kiesgrube war eine weitere deutsche Batterie, die dort schon länger in Stellung lag und die ihre Rohre zum Feind hin ausgerichtet hatte. Nachts plötzlich schossen die Störungsfeuer. Wir konnten damals noch nicht unterscheiden, ob das Abschüsse oder Einschläge waren. So weit waren wir noch nicht. Das

Herz hat uns zum Halse herausgeschlagen. Dann merkten wir aber: „Ach, das ist ja eine deutsche Batterie, und das sind nur Abschüsse." Da waren wir beruhigt. Das war der erste Eindruck von der Front.

Hans Seidelmann, geb. 1898:
Nach meinen Aufzeichnungen kam ich am 20. Juni 1917 ins Feldrekrutendepot der 47. Reservedivision in Athies-sous-Laon. Zur 47. Reservedivision gehörten die Regimenter 218, 219 und 220. Es wurde dort nicht mehr exerziert, sondern man wartete eigentlich auf die Zuteilung zu einer Formation. Wir wurden in der Nacht vom Norden über Charleroi und Vervins nach vorne gekarrt. Die Front des Chemin-des-Dames wurde bei unserem Anmarsch teilweise durch den Kegel, auf dem sich die Stadt Laon befand, verdeckt. Laon machte auf mich einen großen Eindruck. In einer ziemlich weiten Ebene ein kleiner Kegel, auf dessen Gipfel und an dessen Hängen sich die Stadt Laon erstreckte. Die Kathedrale von Laon überragte und prägte das ganze Landschaftsbild. Davor verliefen noch die kantigen Mauern der Zitadelle von Laon. Auf dem begrünten Hang des Kegels befanden sich sowohl an der Nord- als auch an der Südseite Serpentinen, die zur Oberstadt emporführten. In Richtung zur französischen Front erstreckte sich das Weinanbaugebiet der Cuve. Unten am Fuß dieses Kegels lag das kleine Dorf Athies und da kamen wir hin.

Wir fanden unser Quartier in der Kirche, in der Betten übereinander aufgestellt waren. Die berühmten Soldatenbetten, nur primitiv zusammengezimmert. Dort sind wir ein paar Tage gewesen und abends hörte man es grummeln und sah es aufblitzen. Wenn wir die Wahl gehabt hätten, wir wären alle wieder nach Hause gefahren. Bald erfuhren wir, daß wir der 4. Kompanie des Infanterie-Regiments 26 zugeteilt waren. Der Chemin-des-Dames – übersetzt der Damenweg – war seit alters her ein Höhenweg, an dem sich einige große Schlösser befanden. Unterhalb des Chemin-des-Dames verlief ein Kanal, der die Oise mit der Aisne verband. Längs des Kanals befand sich ein vielleicht 1,5 Meter breiter Fußweg, von dem aus man früher wahrscheinlich die Kähne gezogen hatte. Der Chemin-des-Dames war zu damaliger Zeit zu einem reinen Grabenkrieg erstarrt.

Eines Tages hieß es in Athies, unserem Stammquartier: „Das Sturmgepäck fertig machen." Es war vielleicht um sechs Uhr am späten Nachmittag, da wir so gegen acht Uhr in den Abenddämmerungsstunden ablösen mußten. Wir wurden von Athies mit Lastwagen, die keine Vollgummi-, sondern Eisenräder hatten, einige Kilometer in Richtung Front gefahren. Die Fahrt auf den zum Teil zerschossenen Kriegsstraßen, stehend in einem derartigen Lastwagen mit 30, 40 Mann, war furchtbar. Bald erreichten uns auch die ersten Kriegseindrücke, denn wir fuhren durch das vollständig eingeebnete Dörfchen Chevregny. Ein kleines unbedeutendes Dorf, in dem buchstäblich keine drei Steine mehr übereinander standen. Hinten sah man etwa wie einen Bahndamm das Panorama des Chemin des Dames und weiter in der Ferne die Fesselballons. Das hat die Sache spannend gemacht. Das Wort „Angst" ist furchtbar schwer zu gebrauchen, „Prickeln" ist besser. Wir fuhren bis kurz vor den Chemin-des-Dames. Dann gingen wir im Gänsemarsch, ein Mann hinter dem anderen, den Kanalweg zwischen dem Hang und dem Kanal entlang. Unser Ziel war der Tunnel, der direkt im ersten Graben endete. Die Ablösungen mußten ganz pünktlich erfolgen, denn jeder hatte vorne die Nase voll und wollte endlich raus. Am Tag einer Ablösung setzte im Graben immer eine erhebliche Bewegung ein, und so hatte es der Feind im Grabenkrieg sehr schnell raus, wann abgelöst wurde. Infolgedessen griff er die Neuen beim Reingehen an. Wenn man in einem anderen Grabenabschnitt ein kleines Trommelfeuer bemerkte, wußte man, dort wird gerade abgelöst.

Wir gingen auf den Eingang zum Tunnel zu, als wir mit Schrapnells beschossen wurden. Schrapnells sehen von untern zunächst völlig harmlos aus. Sie verpuffen am Himmel, und dann scheint alles ausgestanden. Plötzlich fiel der Mann direkt vor mir tot um. Das war ein fürcherlicher Eindruck. Er wurde bloß eilig an die Seite gezerrt. Es war der erste Tote, den ich im Krieg erlebt habe. Schnell gingen wir in den Tunnel rein, in dem wir auf einer Sprossenleiter einzeln nach oben klettern mußten. Sie können sich vorstellen, was das für Geräusche machte. Wir landeten direkt im Graben. Das erste, was ich im Graben erblickte, waren die auf die Ablösung wartenden Kameraden, die sich schon am Tunnelausgang gesammelt hatten, um, nachdem der letzte Mann Ablösung hoch war, die Leiter hinabzusteigen. Nur einige Posten standen noch im Graben verteilt. Unser Unteroffizier vom Dienst, der im Graben ja der liebe Gott war, ließ sich vom Vorgänger noch schnell sagen, wo überall Posten standen. Dann erhielten wir den Befehl, den Graben zu besetzen und die bisherigen Posten abzulösen. Wir Neulinge kannten überhaupt nichts. Die Alten werden manchmal schon in diesem Abschnitt gewesen sein. Nachdem die Ablösung vorbei war, beruhigte sich das feindliche Feuer wieder.

Im Schützengraben

Gerhard Bahrmann

Schützengraben

Der Anmarsch an die Front hat die Rekruten erschüttert. Die Soldaten haben nun ihre Stellungen im Schützengraben bezogen. In einer Gemütslage aus Entspannung, die erste Aufregung beim Beziehen des Grabens hinter sich zu haben, und Neugier betrachten sie den Kriegsschauplatz um sich herum. Nun ist jedes Schlachtfeld, egal wie es aussehen mag, für die meisten Menschen kein gelobtes Land, aber was die Soldaten hier zu sehen bekommen, ist eine Welt, die gespenstischer nicht sein könnte. Die Landschaft und die Natur sind zerstört, vollkommen in ihre Einzelteile zerlegt, manchmal beinahe atomisiert. Das vormalige Dorf, Gutshaus, Waldstück oder Feld, auf dem sich nun das Grabensystem ausbreitet, existiert nicht mehr. Es ist durch unentwegten Granateinschlag oder beim Grabenbau zerpflügt worden. Ich zögere, eine Rangliste grausamster Schlachtfelder aufzustellen, und der Mensch hat sich neben den Schützengräben des Ersten Weltkrieges ja auch noch einige andere Schauplätze des Grauens einfallen lassen. Aber für diese Welt des Ersten Weltkriegs fehlen jegliche Begriffe.

Ich frage mich, wie sich die Rekruten wohl in dieser Umgebung fühlen, die so in nichts an Zuhause erinnert. Schlachtfelder der Befreiungskriege vermochten vielleicht noch das ein oder andere vertraute Gefühl auslösen, beim Anblick etwa eines Baumes oder eines Zaunes ähnlich dem auf dem heimischen Bauernhof. Anders diese bizarre und entseelte Landschaft, die den Rekruten einfach nur fremd erscheinen muß. Verstärkt diese vergewaltigte Welt im Rekruten nicht die Befürchtung, auch er könne bald Opfer dieser Gewalt werden? Muß sie nicht Verzweiflung oder zumindest völlige Orientierungslosigkeit auslösen? Vielleicht ist dieser Ansatz aber auch wieder zu naiv und diese Nicht-Landschaft führt eventuell zu einer ganz anderen Reaktion. Der Mensch könnte sogar hemmungsloser werden im Sinne eines „Alles oder Nichts“.

Ich realisiere, daß ich den Faktor Zeit nicht vergessen darf. Der Soldat begegnet der Schützengrabenwelt nicht nur für einen flüchtigen Moment, er ist vielmehr gezwungen, sich für längere Zeit in ihr einzurichten. Er ist gleichsam umgezogen von den heimischen vier Wänden in sein neues Zuhause in den Schützengraben. Das Leben aller Soldaten wird nun vom Schützengraben bestimmt.

Zeugnisse

Dr. Bernhard Lehnert, geb. 1896:
Oktober, November 1914 waren die Schützengräben doch noch sehr kümmerlich. Kein Mensch hatte daran gedacht, daß man jahrelang in ihnen leben würde. Es waren eben nur einfache Gräben ausgehoben worden, in denen man Deckung hatte. Wir sind in dieser Zeit in die Front einmarschiert. Es war schon mühselig, durch den Schlamm zu laufen, und dann noch mit Balken auf den Schultern, die wir natürlich immer nur zu zweien tragen mußten. Ich bekam einen ganz kümmerlichen Unterstand. Das war nur so ein Loch in der Wand mit Stroh drin, auf das man sich legen konnte. Da zunächst noch an keinen Ausbau dieser Löcher durch Balken, wie wir sie nun hinschafften, gedacht worden war, stürzte der Kram zusammen, wenn in unmittelbarer Nähe eine Granate einschlug, und man wurde begraben. Das Grabenstück, in dem unsere Kompanie lag, verlief derart unregelmäßig, daß ein Teil unserer Kompanie 700 Meter vom Gegner entfernt war, während an anderer Stelle die Gräben nur 30 Meter auseinander waren.

Es gab in dem Grabenstück nahe am Gegner ein Schutzschild mit Schießscharte, meinetwegen eine Handbreit groß, aus der heraus geschossen wurde. Es war immer ein Wettlaufen, rechtzeitig die gegnerische Schießscharte zu erkennen. Wir hatten viele Kopfschüsse durch Treffer in unsere Schießscharte. Zudem war diese Stellungen deshalb gefährlich, weil sie gegenseitig unterminiert wurden. Wir hatten einen Unteroffizier, der war Steiger in einem Bergwerk im Harz und führte die Gruppe, die die gegnerische Stellung unterminieren sollte. Wer zuerst unter der anderen Stellung war, jagte sie in die Luft. Der Steiger ist auch gefallen, war einer von denen, der in der Schießscharte einen Kopfschuß erhielt. Andererseits hatten wir in dieser Stellung relativ wenig Artillerieverluste, weil sie uns nicht beschießen konnten, da sie sonst möglicherweise die eigene Stellung getroffen hätten.

Rudolf Friemuth, geb. 1897:
Ich habe die Hauptzeit meines Soldatenlebens in der Champagne verbracht. Wir sind nicht wie andere Truppenteile nach Rußland oder nach Nordfrankreich verlegt worden, sondern sind dort geblieben und haben in den Stollen gewohnt. Die Champagne ist ja schon bergig und in diese Berge waren von Pionieren große Stollen hineingeschlagen worden, in denen ganze Kompanien logierten. Feldküchen waren da drinnen und Lazarette und dann ging es auch durch den Berg nach oben zu den Ausguckstellungen. Es gab einen Hindenburgstollen. Ich weiß gar nicht mehr, wie die alle hießen.

Hermann Kottmeier, geb. 1897:
Ich kam zum Einsatz vor Reims. Da gibt es den Vorort Bètheny, wo wir Deutschen den Schützengraben besetzt hielten. Wir hatten zunächst etwa sechs Kilometer von der Schützengrabenlinie entfernt in unserem Quartier in Pomacle gelegen. Dann nahmen wir unser Gepäck auf und marschierten bei Nacht in einer Kolonne nach vorne. Es war eine ziemlich dunkle Nacht. Wir kamen durch ein kleines Wäldchen und wußten, daß am Ausgang des Waldes unsere Artillerie lag. Vorne am Waldrand waren Gefallene bestattet. Dann kamen wir an eine Stelle, wo der Verbindungsgraben nach vorne begann. Wir stiegen in den Verbindungsgraben ein. Auf unserem Weg überquerten wir Reservegräben. Auf beiden Seiten war der Kalkboden der Champagne hochgeschichtet. Im vordersten Graben angekommen, wurden wir dann auf Deckungen verteilt. Es gab dort so kleine Unterstände, viereckige Räume mit ein paar Zweigen darüber. Am Morgen haben wir die Kathedrale von Reims vor uns liegen gesehen.

Hans Seidelmann, geb. 1898:
Der Chemin-des-Dames war eine Erhöhung wie ein Bahndamm. Oben auf der geraden Linie des Chemin des Dames befanden sich die Gräben. Im Schlagschatten des Dammes konnte sich einiges bewegen, ohne daß eingesehen werden konnte. Auf den Chemin-des-Dames haben sich die Deutschen schon 1914, als der Bewegungskrieg ins Stocken geriet, zurückgezogen und dort verschanzt. Der Chemin-des-Dames gehörte zu den in den Vorjahren hart umkämpften Gebieten, von dauerndem Granatbeschuß umgepflügt. Von ganzen Wäldern waren nur noch mannshohe Stümpfe übriggeblieben, die zum Teil in Sperrbauten einbezogen wurden. Es war ein trostloses Umland. Mit dieser Landschaft fand man sich als Soldat aber schnell ab, es war eben das Kampfgebiet.

J. E., geb. 1895:
Wir hatten nahe Lille eine Stellung, die verlief quer über einen Gutshof. Wir lagen in den Kellerräumen des Gutshauses. Ich hatte mit meinen zwölf Mann einen Raum, in einem Kellerraum nebenan befand sich der Kompanieführer und dann hatte eine MG-Besatzung hier ihr Quartier. Die Räume waren mit großen Balken abgestützt, damit bei einem Volltreffer nichts passierte. Wir hatten elektrisches Licht von Lille aus und sogar einen kleinen Kanonenofen, weil es sehr naß und feucht war. Die Nässe in den Schützengräben war immer furchtbar. Wenn man im Graben – da waren so Art Leitern, Treppen, Stege – im Dunkeln nicht genau geradeaus ging, sondern ein bißchen weiter links oder rechts, oder wenn die Böschung

abbröckelte in der Frühjahrszeit, wenn es anfing zu tauen, dann konnten sie bis zum Stiefelrand im Wasser stehen.

Paul Grünig, geb. 1897:
Am anderen Morgen habe ich beim Aufwachen das Trümmerfeld vor mir gesehen und erkannt, was der Somme-Krieg bedeutete. Was da alles vor einem lag! Verendete Pferde, eine kaputte Feldküche. Es muß vor unserem Eintreffen ein schweres Artillerie-Gefecht gegeben haben, denn, wie wir kamen, war es ruhig. Es war alles zerstört.

Hans Seidelmann, geb. 1898:
Wenn man eine Truppe ablöste, suchte man sich zunächst für die nächsten Tage ein Quartier. In einem Abschnitt hatten wir mal einen alten Betonbunker, der ca. acht bis zehn Mann faßte. Er war aber gar nicht so sehr beliebt, denn man hatte öfters gehört, daß Eingänge verschüttet wurden und sie nicht raus konnten, außerdem waren Ratten drin. Deshalb zogen wir unsere Liegestellen in der Grabenwand vor. Die Grabenwand von ca. zwei Meter Höhe war zur Feindseite hin häufig in der Länge eines Menschen ausgebuchtet. Das waren unsere Liegestellen, in Kniekehlenhöhe vom Boden aus wurden sie angelegt. Aufrichten konnte man sich in ihnen nicht, nur so seitlich vorgucken. Wenn der Feind wirklich schoß, schoß er ja in die andere Grabenseite, vor allen Dingen beim Sturmangriff. Wer großes Glück hatte, erwischte mal ein von den Pionieren liegengelassenes Stollenbrett. Das waren sehr schöne breite Dinger, etwa 30 bis 40 cm Breite. Ansonsten schuf man sich ein Bett in dem Lehm, der schon ganz hart geworden war. Im Graben legten wir den Teil des Sturmgepäcks, den wir nicht unbedingt brauchten, wie Mantel und Brotbeutel, ab. Unbedingt brauchten wir einen Spaten, das Seitengewehr und den Stahlhelm. Zudem hatten wir immer unsere Patronentaschen voll Munition. Im Graben lag unendlich viel Infanteriemunition herum. Es gab viele, die diese Last nicht tragen wollten und ganz einfach ihre Patronen auf den Boden schmissen. Die Munition wurde ebenso von hinten in den ersten Graben geschafft wie zum Beispiel die Drahtrollen. Wir hatten auch eine Mütze mit, die aber höchstens am Tage aufgesetzt werden konnte.

In unserem Graben am Chemin-des-Dames gab es aber auch etwas sehr Häßliches. Der Graben verlief im Zickzack, und hinter einer Ecke befand sich in der Wand ungefähr in Blickhöhe die Leiche eines deutschen Soldaten in seiner Uniform. Den hatten sie hier einmal begraben, dann ist der Graben gezogen worden und da ist der Graben direkt an ihm vorbeigeschnitten worden. Früh morgens kam immer der Sanitäter und bespritzte ihn mit Kalk. Was sollten sie machen? Das war ja sein Grab. Das war nicht schön, obwohl Pietät und solche Begriffe bei uns noch gar nicht so ausgeprägt waren. Ich jedenfalls habe immer versucht wegzugucken.

Ab circa acht Uhr abends wurde genau gemäß Reglement zwei Stunden Posten gestanden und dann wurde abgelöst. Im Graben wurde die Nacht zum Tag. Es wurden an allen Ecken und Enden Posten aufgestellt. Unheimlich war in manchen Nächten die Ruhe und Stille draußen. Da hat es nicht immerfort gebumst. Man hörte wohl mal in der Ferne einen Abschuß. Zeitweise hörte man aber nur den eigenen Atem. Es kam natürlich immer darauf an, selbst ruhig zu bleiben, um der Gegenseite keinerlei Anhaltspunkte zu geben. Bei der geringen Entfernung von Graben zu Graben dauerte ein Angriff, bis man ihn richtig bemerkte, nicht länger als fünf Minuten. Tief in der Nacht gab es keine Angriffe, meist erfolgten sie in der Morgendämmerung oder in der abendlichen Dämmerstunde. Wenn es dann hell geworden war und das Essen verteilt war und man sich seine Feldflasche gefüllt hatte, schlief man erst mal. Zu dieser Zeit standen auf beiden Seiten auch schon wieder die Fesselballons, die abends eingezogen worden waren, am Himmel.

Im Schützengraben gab es Stellen, wo die feindlichen Gräben ein bißchen weiter auseinandergezogen waren und Stellen, da lagen sie wieder ganz nah beieinander, daß man schon ein paar Eierhandgranaten rüberschmeißen konnte. Dort mußte im Graben immer größte Ruhe herrschen, man durfte nicht miteinander sprechen, weil das drüben gehört werden konnte. Wo die Gräben ein klein wenig weiter weg waren, wurden vom eigenen Graben ganz schmale Stichgräben, in denen sich ein Mann nur mit Not durchzwängen konnte, bis ganz nahe an die feindliche Stellung gezogen. Der Kopf dieser Stichgräben wurde ein wenig erweitert, so daß gerade zwei Menschen nebeneinander stehen konnten und der eine links, der andere rechts die Front beobachten und abhören konnte. Dies waren die sogenannten Sappen. Die Sappen mußten abends immer bezogen sein, am Tage waren sie nicht besetzt. Häufig wurden sie vom Feind ausgehoben. Wenn die Ablösung kam, war eben keiner mehr in der Sappe. Der Dienst als Sappenposten war etwas Häßliches und jeder drückte sich, wenn es irgendwie ging, darum herum. Der Unteroffizier verteilte die Sappenposten. Ich glaube, er hatte dabei überhaupt kein System. „Du gehst da hin, du gehst da hin.“ Gott sei Dank habe ich nur zweimal vier Stunden als Posten in der Sappe verbracht.

Vor uns hatten wir die Drahthindernisse und zwar nicht, wie das in Büchern immer so schön beschrieben ist, mit Pfählen im Boden befestigt, sondern einfach nur schnell hingeworfen. Wir kriegten ca. 1,5 Meter hohen Rollendraht mit einem Griff und jede Nacht mußten wir den Drahtverhau an Stellen, an denen er kaputtgegangen war, wieder reparieren. Das war gar nicht so schön, wenn es hieß: „Heute nacht wird draußen gearbeitet“, denn die Franzosen hatten wundervolle Leuchtraketen, wesentlich bessere als die Deutschen. Die deutschen Leuchtraketen glichen einem Feuerwerk. Das Ding wurde abgeschossen, leuchtete, wenn es oben war, und sackte langsam ab. Im Laufe von eins, zwei Minuten war es vorbei. Die Franzosen hatten wundervolle Dinger, die wurden hochgeschossen, hingen an Seidenschirmen und standen drei bis fünf Minuten in der Luft. Es war taghell. Bei den französischen Leuchtraketen durften sie sich nicht mehr bewegen. Da hieß es nur: „Hinlegen!“ Es kam hinzu, der Feind war ja auch draußen. Man sah viele Silhouetten, man sah, daß etwas rannte und sich hinwarf. Es gab zudem unter den eigenen Kameraden in der Nacht sehr viel nervöse Leute. Wenn irgendwo im Drahtverhau etwas knisterte, schossen sie drauf. Es wurde uns zwar angesagt: „Heute vorsichtig sein, die von der Nebenkompanie wollen was ausheben.“ Es kam aber auch vor, daß wir nicht aufmerksam gemacht wurden, und da konnte es leicht geschehen, daß auf einen zurückkehrenden Spähtrupp geschossen wurde.

Hermann Baass, geb. 1897:
Unser erster Graben und der französische erste Graben waren durch einen Laufgraben verbunden, weil dieser früher ja mal unsere erste Linie gewesen war. In die Mitte des Laufgrabens war von beiden Seiten Stacheldraht hingepackt worden und da lag man nun als Sappenposten, wegen der Minen auf dem Bauch. Kam ein Gewitter, lag man im Wasser. Die Sappenposten vorne, immer vier Mann, blieben vom Hellwerden bis zur Dunkelheit da. Kamen Essenträgertrupps von hinten, die Verpflegung gelangte nicht zu ihnen. Die Sappenposten kriegten einfach nichts ab. Ihnen wurde lediglich eine Feldflasche voll Schnaps mitgegeben, Fusel kann man sagen, aber der wärmte großartig. Und wer am besten Geschichten erzählen konnte, der durfte mal einen Schluck aus der Flasche nehmen.

Emil Buck, geb. 1898:
Wir sollten einmal Mittagessen holen. Die Gulaschkanone konnte ja nicht bis in den ersten Graben fahren. Nach einiger Zeit stellten wir fest, daß der Graben zu Ende war. Wir blickten uns um und guckten direkt in die französischen Stellungen. Mit Handgranaten hätten wir uns gegenseitig wohl bewerfen können, so dicht waren wir zusammen. Wir hatten uns im Labyrinth der Schützengräben verirrt. In der Nähe war jedoch ein deutscher Artilleriebeobachtungsposten, der Feldwebel kam raus und hat uns in seinen Artilleriestand reingeholt. Er hätte uns den Sack voll geben können, machte es aber nicht.

Jacob Brand, geb. 1898:
Anfang September 1917 mußten wir zum ersten Mal mit in Stellung. Zehn Kilometer hinter unseren Gräben lag Lille und hinter den englischen Linien war die Stadt Armentières. Es handelte sich um eine alte Stellung, dieselben Gräben, die 1914 gebaut worden waren. Wegen des Grundwassers konnten die Gräben nicht tief gegraben werden. Stattdessen sicherte eine Schutzwehr zum Feind hin. Es war eine ganz ruhige Stellung, nicht weit von den Linien wohnte schon wieder Zivilbevölkerung. Das Leben verlief verhältnismäßig normal. Wenn wirklich einmal etwas vorgekommen wäre, hätten aus den nahen Kasernen sogleich ausreichend Soldaten einrücken können. Unsere Einsätze waren so organisiert, daß wir 14 Tage vorne und eine Woche hinten waren. Morgens schossen die Engländer meist Minen. Mitunter auch abends, aber gewöhnlich war es abends ruhig.

H. S., geb. 1898:
Es war in der Siegfriedstellung. In Frankreich gibt es viel Kreide wie auf der Insel Rügen. Um Unterstände zu schaffen, war der Kreideboden mit Pickel und Schaufel ausgehöhlt worden, immer so Stufen reingeschlagen, damit man hinabsteigen konnte. Ob es nun 30 oder 40 Stufen waren, kann ich nicht mehr sagen. Durch diese Kreideschicht waren die Unterstände sicher wie Betonbunker. Hauptsächlich unter der ersten Stellung ging das so kilometerweit, um Menschenmaterial zu sparen. Im Schützengraben stand alle paar Meter auseinander ein Posten. Die Schützengräben waren mit Lattenrosten ausgestattet, damit das Wasser ablaufen konnte.

K. O., geb. 1896:
Je näher wir der Front in den Argonnen kamen, um so mehr waren die Ortschaften zerschossen. Ich erinnere mich insbesondere eines Ortes namens Apremont. Die Häuser waren mehr oder weniger völlig zerstört. Granattrichter auf der Straße, die man umfahren mußte. Dann kamen wir noch weiter an die Front nahe den beiden Orte Varemes – aus der Geschichte bekannt – und Cheppy und da begann der Argonner Wald. Wir mußten die Fahrzeuge verlassen und zu Fuß in die Stellung marschieren. Der Wald war teilweise sehr stark mitgenommen. Ich erinnere mich, daß manche Bäume – große, alte Bäume – unterhalb der Krone von einer Granate getroffen waren. Die ganze Krone war heruntergefallen und der Stamm blätterte oben auseinander und sah etwa wie eine Palme aus. Das waren natürlich alles Eindrücke, die mir unvergeßlich sind.

August Kahlcke, geb. 1898:
In Flandern gab es überhaupt keine feste Stellung. Dort gab es nur Granatlöcher, in denen wir uns seitlich eine Lagerstätte gruben, irgendein Material deckten wir darüber und so lagen wir denn. Diese Front hatte überhaupt nichts mehr mit dem zu tun, was ich bis dahin als Front kennengelernt hatte. Wir gingen in die vorderste Stellung nur mit etwa 60 bis 70 Mann aus der Kompanie. In vorderster Stellung befanden sich zudem eine Reihe von Betonbunkern, die sich aber bis auf einen inzwischen in englischer Hand befanden. In diesem einen Betonbunker saß der Kompaniestab, der Kompanieführer und der Sanitäter. Die übrige Truppe saß verteilt in Rufweite von etwa 50 Metern jeweils zu zweit in Granatlöchern. Die Front war tief gestaffelt. Wir waren vorne nur ganz wenige Leute, dann kam eine zweite, dann eine dritte Linie, schließlich die Artillerie und wieder eine vierte und fünfte Linie. Bei einer weichen Linie – das war die Taktik in Flandern – kann man nicht durchbrechen. Wenn man früher die Hauptlinie durchbrochen hatte, war man frei. Jetzt kam wenig später eine neue Linie.

Paul Krüger, geb. 1899:
Wir kamen zum Houthulster Wald dicht bei Langemark, wo wir dann wohl vier Wochen lagen. Vier Jahre lang war hier die Front verlaufen. Einst muß dort ein kleines Anwesen gewesen sein. Es war aber nur noch ein Stück zu sehen von dem Haus. Dort lag unser Unterstand. Der Wald war vollkommen vertrocknet. Das waren alles Kiefern, vielleicht 20 Jahre alt. Es hatte dort Gasangriffe gegeben. Die Bäume waren nicht zerschossen, sie waren nur vergiftet. Ich bin hingegangen, um mir das anzusehen. Wir hatten ja zwischendurch immer Zeit, denn viel los war nicht. Wir haben in dieser Zeit nur drei-, viermal am Tag geschossen. Da war auch ein Grab: „Hier ruht ein tapferer Franzose." Auch ein Holzkreuz hatten sie hingesetzt. Es gab in der Umgebung noch ein paar Orte, der eine hieß Tutulsk und der andere hieß Terrest. Auf einer Ecke stand eine Kirche, da wurde immer fürchterlich viel hingeschossen. Ich sagte immer: „Die armen Toten, die stehen jetzt noch auf und haben nicht mal ihre Ruhe."

Heinrich Bartels, geb. 1897:
Im Abschnitt Langemark gab es keinen Wald mehr, es waren nur noch Stümpfe. Es waren keine Straßen mehr vorhanden, es waren nur noch Löcher. In einer Nacht lag ein englischer Offizier in einem Loch. Der Arm hing im Stacheldraht und er hielt noch die Hand hoch mit dem Revolver. Das weiß ich noch wie heute. In der nächsten Nacht, als wir wieder dort vorbeikamen, hing der Mann immer noch da, nur der Revolver war schon weg.

Alfred Hartwig, geb. 1896:
Vor der Front lagen zwei tote englische Soldaten, die wir sehen konnten und um die sich niemand kümmerte, weil da dicke Luft war im Schützengraben. Und es muß in der Nähe ein totes Pferd gewesen sein, das wir nicht sehen konnten, aber riechen. Die Luft war voller Fliegen, die von den Toten lebten. Wenn Sie heute hier eine Fliege fangen wollen, dann ist sie schnell wieder weg. Aber die Fliegen damals waren lahm. Daneben gab es auch Schwalben, es war ja Hochsommer, und die ernährten sich von den Fliegen.

H. Br., geb. 1898:
Unter denen, die uns ablösten, war ein Kollege von zu Hause, der hieß Brandner. Und da haben wir ein paar Wörter gewechselt und das erste, was er fragte: „Du, wie ist das mit dem Feind hier vorne. Wie geht das?" Das waren die Worte, die wir wechseln konnten, dann mußte ich sehen, daß ich mit meiner Kompanie mitkam und er mit seiner.

Hermann Baass, geb. 1897:
Von den drei Bataillonen eines Regiments wurden zwei nach vorne geschickt, eines in die erste, das andere in die zweite Linie, und eines war immer in Ruhe. Die Bataillone wechselten und schließlich kam man wieder alle 14 Tage in Ruhe.

Hermann Baass, geb. 1897:
Ich war insgesamt, glaube ich, dreimal in Flandern. Wir wollten lieber noch einmal nach Flandern, aber nie nach Verdun. Und die in Verdun waren, sagten: „Lieber nach Verdun, nie nach Flandern." Wo man einmal war, fühlte man sich gewissermaßen zu Hause, obwohl sich das eigenartig anhört. Aber das ist so. Man wußte Bescheid, kannte die Umgebung und in der Ruhestellung die Leute.

Bernhard Lehnert

Kriegsmaschinerie

Dieses Thema interessiert mich, wenn ich ehrlich sein will, zunächst überhaupt nicht. Mit allem Elan begebe ich mich auf die Spurensuche nach dem Innenleben des Krieges und wozu soll es dabei von Bedeutung sein, wo nun Geschütze dieses oder jenes Kalibers an der Front stehen. Ich ändere mich sehr schnell. Je mehr Mosaiksteine ich vom Leben an der Front in Händen halte, um so mehr möchte ich entdecken. Jetzt geht es nicht mehr nur noch um die großen Zusammenhänge, sondern ich verspüre zu meiner Verwunderung die Freude des Sammlers, wenn mir einer der Gesprächspartner selbst ballistische Details vermittelt. Ich begreife, daß die Seelenlage der Soldaten nur der richtig verstehen kann, der die Wirklichkeit der Front kennt. Wie soll ich die Freude eines Infanteristen über die Einführung von Infanteriegeschützen 1918 nachvollziehen können, wenn ich nicht weiß, daß die schwerfälligen Geschütze, die bis dahin zur Ausstattung an der Front gehörten, die infanteristischen Angriffe nicht schnell genug begleiten konnten.

Ohne die gewaltige Kriegsmaschinerie wäre es im Ersten Weltkrieg nicht zu der beispiellosen Zerstörung von Mensch und Natur gekommen. Der Testfall für das 20. Jahrhundert, das mit so vielen widersprüchlichen technischen Errungenschaften aufwarten wird, mißlingt gründlich. Dabei gibt es Hinweise auf das, was kommen wird. Der amerikanische Bürgerkrieg – mehr noch als die Kriege der nationalen Einigung im deutschen Umfeld zwischen 1864 und 1871 – hatte schon manche Horrorszenarien eines „modernen" Krieges offenbart. Aber er findet weit weg statt, und wie sollen Nachrichten von ihm die Menschen in einem niedersächsischen Dorf am Rande der Heide oder in einer pommerschen Kleinstadt erreichen.

Jetzt wird alles nur Vorstellbare aufgeboten. Artillerie findet sich im gesamten Hinterland der Front, wenige Meter hinter den ersten Gräben beginnend bis Kilometer weiter zurück. Sie verschlingt Unmengen von Munition. Der Mensch beweist nachdrücklich, daß er keine Hemmungen mehr kennt, wenn es darum geht, den Gegner auszuschalten. Gas wird nun als Kampfmittel eingesetzt, aus sicherer Entfernung und erstmals von den Deutschen. Es bedarf schon der schrecklichen Erfahrungen gerade dieses Krieges, um chemische Kampfmittel auf die schwarze Liste der Kriegsmittel zu setzen. Aber so weit ist es noch nicht. Nun kommen erst einmal Flammenwerfer zum Einsatz. Tanks, die Urtypen des Panzers, unternehmen ab Herbst 1916 ihre ersten Gehversuche. Eine so vielfältige Kriegsmaschinerie muß auf das Feinste abgestimmt werden, will man das Chaos verhindern. Infolgedessen wird das Melde- und

Informationswesen im Verlauf des Krieges immer weiter verbessert, vom Melder zu Fuß über Telefonverbindungen bis zum kabellosen Funk. Als wenn dies nicht reichte, greift der Mensch aus der Luft an. Flugzeuge – zugegebenermaßen vornehmlich zur Beobachtung eingesetzt und sich untereinander bekämpfend – erscheinen auf dem Kriegsschauplatz. All diese Funktionen erfordern zahllose Bedienungsmannschaften, die neben den Infanteristen auf den Kriegsschauplätzen des Ersten Weltkriegs ihrem Handwerk nachgehen.

Eine Information möchte ich noch anfügen: wer beim Lesen des Buches meint, Passagen über den Seekrieg übersehen zu haben, irrt. Ich habe mich auf die Kämpfe zu Lande als das für den Ersten Weltkrieg eigentlich bezeichnende Kriegsgeschehen beschränkt.

Zeugnisse

Dr. Curt Werner, geb. 1896:
So ungefähr Mai 1915 kam ich zur Fußartillerie, Batterie 497, bei Reims. Unser Quartier, das waren Bretterbuden, befand sich in Grateux an dem Hang eines tiefen Tales. Reims haben wir nur gesehen, wenn wir einmal ganz nach vorne gingen, denn wir lagen weit zurück. Als Geschütze hatten wir die 10 cm-Kanonen, dann kamen die 15 cm-Haubitzen und dann die 20er Mörser. Es waren immer fünf bis sechs Personen, die an einem Geschütz arbeiteten, der Geschützführer, der Richtkanonier und die anderen Kanoniere. In den Stellungen, in denen wir zunächst waren, gab es keine Bunker. Da haben wir eben draußen im Freien gelegen. Nachher gehörten zu unseren Batterien tiefe Bunker. Von 1916 an haben wir von der Champagne bis nach Vauquois verschiedene Batteriestellungen gehabt. Wenn man in eine neue Stellung fuhr, wurde zunächst die Bettung aufgebaut. Anschließend wurde das Geschütz daraufgezogen, es wurde eine Bremsrolle eingebaut und das Geschütz wurde mit dem Richtkreis eingerichtet und genau vermessen, damit unsere Position in der Karte eingetragen werden konnte. Dann wurde der Umkreis festgelegt, den wir zu beschießen hatten.

A. S., geb. 1899:
Ich war bei der Fußartillerie. Die Batterie zählte über 200 Mann. Jedes Geschütz hatte acht Mann, drei Geschütze waren es, macht 24 Mann. Dies war die Kampftruppe und die bestand in erster Linie aus jungen Soldaten als Geschützkanonieren. Nur der Soldat, der das Geschütz abzog, war ein alter. Als Kanonier mußte ich zu Fuß gehen, auf Märschen wurde ich Bremser. Ich lief hinter den Wagen her und, wenn es den Berg runter ging, mußte ich die Bremse antreten.

Die anderen 170 gehörten zu Bagage und waren ganz hinten. Ein Teil der Soldaten versorgte die Pferde. Wir waren eine bespannte Batterie und hatten sehr viele Pferde. Dann gehörte zu uns ein Schmiedewagen, ein Schneider, ein Schuster und ein Koch. Und die Schreibstube war extra. Worüber ich mich gewundert habe, wir hatten viel zu viele Offiziere. Ferner hatte die Batterie extra noch eine Munitionskolonne. Die konnten pro Fahrzeug nur sieben Granaten transportieren. Die Langgranaten wiegen 2,5 Zentner. Diese sieben Granaten mußten nachts schnell abgeladen werden. Da kam dann der Befehl: „Die Kolonne ist da, ihr müßt Munition abladen.“ Das gefiel uns Kanonieren nicht gut. Wir waren stets fünf Tage vorne und fünf Tage hinten. Nach vorne gingen wir meist nicht auf der Chaussee, sondern wir suchten uns einen Weg über das Feld. Rechts neben uns lag die zweite Batterie. Sonst haben wir keine Truppen gesehen. Ich hatte eigentlich immer den Eindruck, daß vor uns kein Militär lag, als wenn man allein war.

Dr. Reinhold Kulbe, geb. 1894:
Wir von der Feldartillerie standen ziemlich weit vorne. Ideal war eine Schußentfernung von drei Kilometern. Wir arbeiteten mit Netzfang, indem wir einen gegnerischen Abschuß von verschiedenen Stellen mit Geräten, die es damals schon gab, auffingen. Die Richtung, woher der Schuß kam, zeichneten wir auf der Karte ein, maßen dann den Schuß von einer anderen Stelle aus, zeichneten auch hier die Schußrichtung ein. Und an der Kreuzung beider Linien stand der Feind. Möglichst wurden noch irgendwelche Kontrollbeobachtungen mit einbezogen, zum Beispiel, wenn es das Glück wollte, stiegen aus den feindlichen Geschützen auch noch Abschußwolken heraus. Genauso konnte, wenn wir nicht aufpaßten, der Gegner unsere Abschüsse einsehen. Schließlich wurde, wenn wir den Kreuzpunkt hatten, die Landkarte angesehen. „Wo steht die Batterie nun? Aha, wenn das die Kreuzung ist, hier ist eine Bodenwelle. Also steht sie da.“ Dann wurden unsere Geschütze danach eingerichtet, möglichst noch die einer zweiten Artilleriebatterie, und dann kam es zu einem Feuerüberfall, zehn, zwölf Schuß von jeder Batterie rauf. Das hatte fast immer große Wirkung. Anschließend zog man ein Fliegerbild hinzu. Es wurde sehr schnell entwickelt und einem vorgelegt. Wenn wir Glück hatten, konnten wir auf der Fotografie erkennen, wo die eigenen Schüsse lagen, denn die feindliche Batterie hatte sich ja in frisches Gelände gestellt, wo sich keine Einschußlöcher befanden. Die 10,5 cm-Geschütze von uns machten schon sehr tiefe Einschußlöcher. Das reichte aus, um ein klares Bild über die Explosionsstelle zu erhalten. Manchmal erkannte man auf den Fotografien, daß ein Geschütz nicht mehr so stand wie zuvor

oder ein Rad eines Geschützes weg war. Dann hatten wir einen Treffer erzielt.

Wir vermieden es, zwei Batterien nebeneinander aufzustellen. Wenn eine Senge kriegte von drüben, dann wurde auch die andere in Mitleidenschaft gezogen. Zudem wurde, um die Batterie möglichst lange unbeschossen zu lassen, von den vier eigenen Geschützen eines rausgezogen, das Arbeitsgeschütz, und in der Nähe, möglichst etwas vorwärts oder rückwärts, auf jeden Fall seitlich versetzt, aufgestellt, damit es nicht in das sogenannte Strichfeuer, das der eigenen Batterie galt, geriet. Wenn nämlich die eigene Batterie beschossen wurde und man stand 200 Meter dahinter, dann kriegte man das Strichfeuer ab. Es gab drüben viele Ziele, die einzeln bekämpft werden mußten, eine besondere Beobachtung oder eine Anmarschstraße, bei der es genügte, wenn ein eingeschossenes Geschütz dahinschoß. Und das machte dann das Arbeitsgeschütz. Dies hatte den Vorteil, daß ein einzelnes Geschütz im allgemeinen für feindliche Batterien kein lohnendes Ziel war. Aber es war ein gefährliches Spiel. Wenn sie zu doll, zu genau schossen und zu unangenehm drüben trafen, dann wurden sie aufs Korn genommen. Es ging ein Trommelfeuer nieder, da war nachher nichts mehr von der eigenen Kanone übrig.

Die Franzosen schossen viel mit leichten Feldbatterien, also 7,5 cm, während unser Regiment 10,5 cm-Geschütze hatte, die nicht ganz so weit und etwas langsamer schossen. Die Franzosen liebten Feuerüberfälle, bei denen sie ganz konzentriert in einem wahnsinnig schnellen Tempo die 7,5 cm-Geschosse auf den Gegner abschossen. Manchmal glückte es ihnen, uns zu packen, manchmal lagen sie aber auch vollkommen daneben. Die Infanteristen mieden die Batteriestellungen und gingen in großem Bogen drum herum. Sie wußten ganz genau, wenn es dort einschlägt, dann sind sie am allerschlechtesten dran, denn sie haben nicht mal ihre übliche Deckung durch einen Schützengraben.

Wolfgang Schramm, geb. 1895:
Die Feldartillerie war auf drei Stellen verteilt. Die Pferde ganz hinten, die Kanonen etwa zwei Kilometer hinter der Front, aber der, der die eigentlichen Feuerbefehle gab, war der Artilleriebeobachter vorne im Graben bei der Infanterie. Das war ich. Als Artilleriebeobachter mußte ich mich natürlich bei den Vorgesetzen der Infanterie, das war ein Major oder Hauptmann melden, obwohl ich als beobachtender Leutnant der Artillerie für das Wohl und Wehe der Infanteristen sorgte, indem wir über ihre Köpfe hinwegschossen. Die Kommandos gab der beobachtende Artillerieoffizier mit Telefon. Ohne Telefon bin ich überhaupt nicht ausgekommen. Unange-

nehm war es für die Kanoniere, die gerade nicht schossen. Sie mußten nämlich im feindlichen Feuer die zerschossenen Telefonleitungen flicken. Ich hatte aber immer Glück und konnte meinen Geschützen die nötigen Befehle erteilen.

Man schoß nach der Karte. Um die feindliche Artillerie genau kennenzulernen, mußte man das Flugzeug besteigen. Vor mir saß der Flugzeugführer, das war ein Unteroffizier, und hinten saß ich als Offizier, wie in einem Paddelboot breitbeinig und festgeschnallt. Durch ein Loch im Boden des Flugzeugs schob man einen Kasten mit einem fotografischen Apparat und fotografierte das Gelände. Die hinter der Front entwickelten Fotos bekam die Artillerie und sie zeichneten im Verhältnis 1:100 000 in unseren amtlichen Karten die feindlichen Stellungen ein. Manche waren nur Scheinstellungen ohne Kanonen, zu denen dann unnötigerweise hingeschossen wurde. Ich weiß noch, wenn ich um drei Uhr mittags an einer bestimmten Stelle in meine Stellung wollte und auf französischer Seite einen Ballon aufsteigen sah, dann wußte ich sofort, daß ich furchtbares Feuer kriegen würde und schmiß mich sofort hin. Die Franzosen hatten eine unangenehme Munition mit sehr empfindlichen Zündern, die sich nicht eingruben, sondern dicht über der Erde zerstoben. Also tat man gut daran, sich in einen Graben zu legen.

Willi Marquardt, geb. 1898:
Wir jungen Feldartilleristen landeten bei der Batterie. Die Batterie stand auf freiem Felde. Das Geschütz war etwas vertieft eingegraben und mit Laub und Zweigen überdeckt, so daß es nicht zu sehen war. Und dann ging es an die Verteilung der Arbeit. Die einen standen am Geschütz. Die anderen buddelten den Unterstand unter dem Geschütz aus. Es wurde zunächst ca. 1,90 Meter senkrecht in die Erde gegraben und dann wurden zu den Seiten Gänge mit kleinen Schütten ausgebaggert. Mit Holzbohlen wurden die Seiten abgestützt. Diese Unterstände wurden dann immer weiter verbessert. Wenn Gefahr bestand, konnte man in die Gänge schlüpfen. Etwas entfernt gab es auch noch eine Art Bunker aus Holz. Alle drei Nächte konnten dort zwei Mann schlafen.

In der Nacht wurde eigentlich wenig geschossen, weil der Feind damals schon mit Apparaten leicht den Feuerschein feststellen konnte, und wir dann beschossen werden konnten. In den frühen Morgenstunden oder der Abenddämmerung ging von beiden Seiten das Trommelfeuer los. Obwohl vorgeschrieben war, daß in diesen kleinen Geschützen nur soundsoviel Granaten verschossen werden durften, wurde eine Granate nach der anderen in das Rohr geschoben, so daß die Rohre oft glühten. Und dann, was auch verboten war, holte man einen Eimer Wasser und goß es in das Rohr. Das

Wasser verdampfte sofort und dann wurde weiter geschossen. Wenn es dann so richtig hell geworden war und mit Scherenfernrohren eingesehen werden konnte, ließ das Feuer nach.

Zu jeder Batterie gehörten vier Geschütze. Manchmal standen unsere Geschütze an versteckten Stellen vor der Infanterie. Ansonsten befand sich die Stellung aber immer drei oder vier Kilometer hinter der Infanterie. Die Batterie leitete ein Hauptmann. Unter ihm befand sich ein Feldwebel und dann kamen die Geschützführer. Die Einteilung bei den einzelnen Geschützen sah so aus: Da war erst mal der Richtkanonier, der saß. Ich wurde gleich dafür eingeteilt. Es war der höchste Posten am Geschütz. Er hatte die genauen Ansagen zu machen, wonach die Apparaturen am Geschütz eingestellt wurden. Hinten am Schwanz, am Ruder, saß der zweite Kanonier, der das Geschütz erstmal in die Großrichtung brachte. Und die anderen waren die Munitionsträger, die die Munition von dem Munitionshaufen ranschleppen mußten. Die Munition lag nicht allzuweit weg, etwas versteckt.

Paul Krüger, geb. 1899:
Die Feuerbefehle erhielten wir von der Abteilung. Eine Abteilung sollte eigentlich von einem Major geführt werden. Das war jetzt aber wahrscheinlich immer nur ein Hauptmann, genauso wie der Batterieoffizier eigentlich ein Hauptmann sein sollte, das war bei uns aber ein Leutnant. Die Abteilung umfaßt drei Batterien, wie bei der Infanterie ein Bataillon. Ich war bei der zweiten Artillerieabteilung, bestehend aus der 4., 5. und 6. Haubitzbatterie. Die ersten drei Batterien waren die gewöhnlichen 7,5 cm-Geschütze und die 7., 8., 9. Batterie umfaßte die langrohrigen Geschütze, das war die neue Kanone 16, die schoß ungefähr zwei Kilometer weiter als unsere.

In Bailleul war ich am Kampfgeschütz eingesetzt. Das lag ungefähr 1,5 Kilometer von den anderen drei Geschützen weg. Das war das Geschütz, das man benutzte, wenn man mal besonders schießen wollte, Störungsfeuer zum Beispiel. Nachts zwischen ein und drei Uhr kam manchmal der Befehl, Störungsfeuer auf deren Zufahrtsstraßen weit hinter der Front abzugeben. Die Entfernung war ungefähr 5.200 Meter. Der Scheitelpunkt liegt bei 5,2 Kilometer schon ziemlich hoch. Dann habe ich eine Granate ins Rohr geschoben, habe abgeschossen. Das gab den ersten Knall. Dann war alles ganz still. Eine Granate fliegt ungefähr 600 Meter in der ersten Sekunde, nachher läßt das ja nach. Dann habe ich aufgepaßt. Ungefähr nach acht Sekunden wurde es drüben hell, ein Blitz, da schlug meine Granate ein. Ich habe dann noch einmal ungefähr acht Sekunden gewartet, dann kam der Schall zurück. Meist haben wir bei Bailleul aber auf 2.800 Meter geschossen, das war die Sperrfeuereinrichtung.

Wenn ein Angriff zu erwarten war, waren die Kanonen auf eine bestimmte Richtung und Weite eingestellt. Das wurde von den Beobachtern durch Lichtsignale durchgegeben. Sie forderten Unterstützung an, indem sie rote Leuchtkugeln schossen oder grüne oder gelbe, je nachdem, das war alle Tage verschieden. Zu diesem Zweck wurde morgens immer schon Bescheid gegeben: „Diesen Tag, wenn Feuerüberfall ist, sind es rote Leuchtkugeln."

Jeden zweiten Tag gab es einen Feuerüberfall auf unsere Stellung. Wir hatten einen Unterstand, der war aus Kisten gebaut, aus Munitionskisten mit Sand gefüllt. Der bot Sicherheit als Splitterschutz, aber wenn eine Granate direkt eingeschlagen hätte, wäre er kaputt gewesen. Also bauten wir uns noch einen weiteren Unterstand ein Ende weiter in einem tiefen Granatloch. Da wir bei Feuerüberfällen oft mit 50 bis 60 Granaten beschossen wurden und nie was passiert ist, habe ich immer den Eindruck gehabt, daß es mit meinen Schüssen drüben wahrscheinlich auch so gewesen sein wird.

Richard Krohn, geb. 1897:
Eine grausige Erinnerung habe ich doch noch an meine Zeit in der Maschinengewehr-Kompanie. Wir lagen vor einer Höhe und um uns herum war es vollkommen ruhig. Es passierte überhaupt nichts. Man ging auf der Deckung spazieren. Aber plötzlich sahen wir im Nachbarabschnitt eine Welle der Franzosen nach der anderen. Sie griffen über eine Höhe die dortige Stellung an, der wir von der Seite Flankenschutz geben konnten. Wir richteten unsere Maschinengewehre ein, lagen da und bewegten das Gewehr nur rauf und runter. Das genügte. Man sah die Franzosen bis zu einer bestimmten Grenze kommen, dann fielen sie um. Sie kamen einfach die Anhöhe nicht hoch, denn zwangsläufig liefen sie in den Maschinengewehrstrahl hinein. Weg waren sie. Die angegriffene Stellung war dadurch entlastet worden. Als der ganze Schlamassel vorbei war, sah man eine ganze Reihe Franzosen am Boden liegen und mußte sich klarmachen, daß man selbst der Urheber gewesen ist. Ich hatte schwer daran zu kratzen. Das indirekte Schießen wurde immer wieder verfeinert. Man sah das Ziel jetzt gar nicht mehr. Es wurde genau berechnet, in welcher Höhe das MG eingestellt werden mußte, damit die Maschinengewehrgarbe gerade noch über einen Berg hinwegstrich. Nachher wurden die Schlitten aber zu schwer und die Maschinengewehre wurden nur auch auf Sturmböcke gesetzt und da war es wieder nur Gefühlssache, wie hoch man gehen durfte.

Paul Grünig, geb. 1897:
Ich war wieder ein Glückskind. Im Dezember 1916 wurde ich aus dem Schützengraben zur Formation einer neuen Einheit heraus-

gezogen. Ich kam zunächst in Itzehoe zur Maschinengewehr-Abteilung und dann zur sogenannten Maschinengewehrscharfschützen-Abteilung. Diese Abteilung diente an der Front als Reserve. Wenn es irgendwo brannte, wurden wir dahin geschickt. Da wir nicht motorisiert waren, sondern nur über Pferde verfügten, brauchten wir immer eine gewisse Zeit. Bis wir da waren, war die Gefahr vorbei. So bin ich an der ganzen Front gewesen. Da sollte ein Vorstoß gemacht werden, dort sollten wir eingesetzt werden. Das dauerte zwei Tage von der Mitte Frankreichs bis runter nach Straßburg. Inzwischen waren die Engländer wieder in Flandern aktiv und wir wurden dorthin in Marsch gesetzt. Wie wir dann in Flandern ankamen, hatten die Engländer ihr Vorhaben aufgegeben. Die Maschinengewehrscharfschützen-Abteilung hat fast keine Verluste gehabt.

M. G., geb. 1894:
Pioniere waren richtige Todeskandidaten. Die Infanterie ging ohne Pioniere nicht vor. Sie kriegte immer eine bestimmte Zuteilung Pioniere und wir mußten dann machen, was uns befohlen wurde. Wir besaßen all das an Werkzeug, das die Infanterie nicht hatte. Die Infanterie hatte zum Beispiel nur so einen kleinen Spaten, wir hatten lange Schippen, richtige Picken und Sägen und dann vor allen Dingen die Drahtscheren, die wir beim Sturm benötigten. An unserem Seitengewehr befanden sich die Zähne einer Säge. Mit ihnen haben wir Bäume abgesägt, so scharf waren die. Und wir hatten Leitern, Flammenwerfer, Minenwerfer.

Johannes Götzmann, geb. 1896:
Ich kam nach St. Mihiel an die Maas, aber nicht zum Kämpfen, sondern zum Arbeiten. Ich war ja Pionier. Wir mußten die Stellungen ausbauen, Stollen treiben, Unterstände bauen. Das war unsere Arbeit. Erst einmal mußten wir gemeinsam mit der Infanterie die Bohlen hinschaffen, die wir für die Stolleneingänge und die Räume brauchten. Wir haben meistens mit Pickel und Schaufel gearbeitet und daneben gesprengt. In Frankreich gibt es ja Kalkstein. Wir machten den Mist los und die Infanterie mußte das dann herausschaffen. Das machten sie gerne, da brauchten sie nicht mit ihren Gewehren im Graben stehen.

G. A., geb. 1896:
Über Berlin, wo wir unsere Ausrüstung erhielten, wurden wir als Minenwerferkompanie 203 zur 3. Reservedivision nach Rußland weiterbefördert. Gleich nach der Ankunft wurde festgestellt, wer eine technische Vorbildung hatte. Ich gehörte dazu und kam so zu

einem Meßtrupp. In Rußland waren wir bis zum Mai 1917. Dann wurden wir in einer 14tägigen Fahrt zum Westen befördert und landeten in Flandern. Bis auf die dritte Flandernschlacht bin ich nur im Stellungskrieg eingesetzt worden. Der Meßtrupp hatte die Aufgabe, den Verlauf unserer Schützengräben auszumessen, in Karten festzuhalten und die Geschützstellungen für die schweren Minenwerfer besonders einzuzeichnen. Die schweren Werfer konnten nicht nach Sicht schießen wie die leichten, weil sie einen gesonderten Bunker als Abschußbasis benötigten. Sie wurden mit der Zeit immer tiefer eingebuddelt, in einem Loch mit Holzeinkleidung und einer Ausschußöffnung nach oben. Wir hatten nach Lage des Geschützbunkers und der feindlichen Stellung eine genaue Bedienungsanweisung zu erstellen. Höhenlage, Seitenlage, Ladungskapazität, da kriegte jeder Werfer von mir einen Block, wo alles drauf stand. Er brauchte nur danach zu schießen.

Fritz Siemers, geb. 1897:
In meiner Pionierausbildung wurde ich für ein paar Wochen zu den Flammenwerfern abkommandiert. Das machten auch die Pioniere. Die großen Werfer waren gewaltige Apparate. Die kleinen ähnelten einem Rucksack mit einem Schlauch als Schnecke auf dem Rücken und das Ende links unterm Arm. Den Inhalt des Flammenwerfers haben wir nicht zu wissen gekriegt. Wir haben immer gesagt: „Das ist Öl." Auf dem Übungsplatz waren auch Rekruten des 2. Garde-Regiments, die wie wir in der Köpenicker Straße lagen. Und dann wurde ein Angriff mit Flammenwerfern geübt. Die Infanteristen standen alle im Graben und wir befanden uns mit unseren großen Flammenwerfern hinter der Infanterielinie. Eine Sirene heulte und wir haben den Flammenwerfer in Gang gesetzt. Dann kam aus dem Flammenwerfer so eine Glut raus und die ging hoch über den Graben weg. Zehn, zwölf Meter weit konnten die. Dann sollten die Infanteristen raus. Aber keiner ging raus. Die hatten alle Schiß. Ihre Offiziere sahen das. Da war dann schwer was los.

Paul Weiher, geb. 1896:
Wie wir wieder mal für ein paar Tage in Ruhestellung waren, wurden wir vor der versammelten Kompanie gefragt, wer bergmännische Kenntnisse zum Einsatz als Mineur unter der Erde habe. Da habe ich gedacht: „Buddeln, das ist die Gelegenheit, aus dem größten Mist herauszukommen. Da bist du nicht mehr so sehr den Granaten, den Maschinengewehren und Minen ausgesetzt." Ich habe mich erst einmal gemeldet und wurde notiert. „Ja, ist gut." Nun war ich Pioniermineur, so hießen wir. Kompanie Nr. 321. Die meisten waren Bergleute, aber es waren vielleicht auch noch andere darunter, die

lediglich so gedacht haben wie ich. Nun ging es los. Als erstes mußten wir uns in unseren Trichtern ein Stollenhaus bauen, damit nicht jeder kleine Granatsplitter unsere Arbeit unterbrechen oder zunichte machen konnte. Wir haben zu diesem Zweck den Ton oben raufgepackt, um einigermaßen Schutz zu haben. Vom Stolleneingang aus ging es jeden Tag ungefähr einen Meter weiter. Also eine Schicht zwölf Stunden vier Holzrahmen 80x120 und 25 cm Dicke. Der Schacht, der sogenannte Schleppschacht, verlief zunächst im Winkel 45° nach unten und wenn wir weit genug ausgebuddelt hatten, kam ein Rahmen rein. An den Seiten waren solche Nuten. Das paßte jedenfalls zusammen und konnte nicht zusammenbrechen. Die Treppen haben jedoch die Schächte sehr verkleinert. Das Holz mußten wir uns vom Pionierdepot abholen, wenn wir nach vorne gingen. Der Ton wurde von einem von uns mit einem Handspaten abgestochen. Der Zweite hielt den Sandsack auf und dann wurden die Sandsäcke von einem Dritten und Vierten rausbefördert.

Es war eine elende Arbeit. Man war so naß, wenn man ein, zwei Stunden unten war, weil der Ton Wasser abgab, das auf uns niedertropfte. Wir hatten eine Art Drillichzeug an, die Schultern behängt mit Sandsäcken, damit das Wasser nicht sogleich durchdrang. Es war unten vielleicht ein bißchen wärmer als oben, weil es keinen Luftzug gab und sich die Wärme staute. Wir benutzten nur Kaminlampen und die haben bei dem Sauerstoffmangel dermaßen geblakt, daß sie schwarzen Qualm abgaben. Da wir unten keinen Sauerstoffaustausch hatten, atmeten wir es ein. Nach ein, zwei Tagen spuckten wir schwarz aus wie doll. Das war so schlimm, die Nässe, die Luftknappheit und das Einatmen der Rußpartikel, daß wir dachten, nach zwei Jahren könnten wir alle schon unsere Invalidität beantragen. Wir konnten nur auf den Knien arbeiten, und einmal hatte ich solch geschwollene Knie, daß ich ins Krankenhaus in Gent mußte. Das hat nicht lange gedauert, da war Wasser im Knie und ich konnte nicht mehr für diese Arbeiten eingesetzt werden. Das war ungefähr ein halbes Jahr, nachdem ich im Stollen angefangen hatte.

Es ist oft passiert, daß die Schachthäuser von Granaten getroffen und mit Erde bedeckt wurden und die Leute erstickten. Da ist manch einer drin geblieben. Ein älterer Bergmann erzählte mir, er habe einmal schon mit seiner Pistole gespielt und wollte sich erschießen, weil die Luft schwer wurde und er keine Aussicht mehr sah. Er hatte Nervenflattern, aber sie haben ihn davon abgehalten. Man mußte dort schon mit starken Nerven sterben können. Aufgeregtsein war nicht angesagt, wenn man in einer solchen Situation war. Man mußte hoffen, bis man zusammensackte. Wenn wir unten saßen, und es gab ein Trommelfeuer auf unsere Stellung, dann war man immer mit den Gedanken dabei: „Ist unser Schachthaus noch ganz geblieben? Kommen wir noch raus?“ Insbesondere dann, wenn sich der Feind nachher auch auf diese kurze Entfernung mit Steilfeuergeschossen, vor allen Dingen aber mit Minen, eingeschossen hatte. Wenn es so getrommelt hat, hieß es schon einmal: „Der Eingang hat einen Treffer abbekommen.“ Dann sind wir gar nicht gleich nach oben gegangen und haben nachgeguckt, das waren ja immerhin so 30, 40 Meter, sondern wir blieben unten sitzen, denn die Luft war ja noch da. Wenn man still ist und nicht arbeiten muß, dann kann man schon eine Weile aushalten. Wir haben dann in Ruhe festgestellt, ob alles dicht war und haben dann von unten die Erde abgetragen und versucht, die Schachthölzer wegzuräumen. Dann haben auch schon die Infanteristen, die sich mitunter bei uns untergestellt haben, von oben gearbeitet. Wenn wir erst einmal ein Loch hatten, wo Luft durchkam, waren wir schon zufrieden. Es hat es einige Male gegeben, daß wir mal weniger, mal mehr getroffen worden sind.

Nach jeder Arbeitsschicht von zwölf Stunden ging es ca. 2,5 bis 3 Kilometer nach Wijtschate zurück, nur zum Ausruhen. Inzwischen war eine andere Schicht vorne und dann haben wir sie wieder abgelöst. In Wijtschate stand kein Haus mehr, nur ein großes Kellersystem war insoweit in Ordnung geblieben, daß man dort übernachten konnte, schlafen, naß wie wir waren, abgearbeitet. Es zog dort in dem großen Labyrinth, aber wir haben uns mit Matten zugedeckt und trotzdem noch einigermaßen Schlaf gefunden. Nach drei Tagen gingen wir für drei Tage zurück nach Comines, das war zehn Kilometer hinter der Front. In Comines wohnten sogar noch Zivilisten und es war alles noch intakt.

Wir hatten auch einen größeren Schacht, der ging 50 Meter senkrecht in die Tiefe und verlief dann waagerecht bis unter die englischen Linien. Wie er fertig war, wurde er nur besetzt, um mit einem ganz primitiven Horchgerät zu horchen: „Wo tut sich was? Was ist Stollenarbeit?“ Wir hörten vieles, aber wir mußten herausfinden, was Minierarbeit und was oben Getrappel war. Alle Gräben aber waren ja mit Holzrosten ausgelegt. Wir selbst durften nicht laut schaufeln, damit der Engländer uns nicht hörte. In die Luft gesprengt haben wir den Engländer nicht. Wir haben nur immer seine Schächte, die er zu uns gebuddelt hat, gequetscht. „Na, wie weit ist er? 30 m, 20 m, 15 m.“ Dann kam ein Bergoffizier heraus. Er gab dem Kompaniechef Bescheid: „Da müssen wir quetschen, wir sind zu nah dran.“ Der Sprengstoff wurde so berechnet, daß 30, 40 Metern nichts ganz blieb da unten, aber daß es nicht nach oben kam, weil die Decke zu hoch war. In meinem Abschnitt ist keiner unser Schächte von den Engländern gequetscht worden, da sind wir ihm immer bei Zeiten zuvorgekommen.

Einmal sind wir auf einen benachbarten englischen Graben gestoßen. Die Engländer hatten schon alles zum Sprengen fertiggemacht. Unsere Leute haben erst einmal den Zünddraht für die Sprengladungen durchgeschnitten. Die Engländer schliefen vorne im Schachthaus. Wahrscheinlich hätten sie am nächsten Tag die Ladung gesprengt. Unsere Leute haben sich mit Pistolen ganz langsam, ganz leise nach vorne zu den Engländern vorgearbeitet und sind mit einem Mal dort aufgetaucht: „Hände hoch." Dann haben sie sie unter den Linien zu uns durchgeschleust. Wir hörten davon, daß sie natürlich ein großes Lob und Heimaturlaub gekriegt haben. Einige sollen gesagt haben: „Ich will lieber das Eiserne Kreuz." Da haben sie das Eiserne Kreuz bekommen.

1917 haben uns die Engländer in kleinen Offensiven Meter für Meter aus dem Grabensystem vertrieben. Wir Mineure haben schon gesehen, daß wir uns nicht mehr halten konnten, weil wir dann als einzige zu weit vorne gelegen hätten. Da haben wir unsere Schächte sprengen müssen, auch den großen. Es tat uns leid, weil wir so viel Arbeit, Mühe und Gesundheit in diese Wühlarbeit gesteckt hatten, ohne Erfolg.

M. D., geb. 1899:
Bei der Musterung war man „kv", kriegsdienstverwendungsfähig, „gv", garnisonsdienstverwendungsfähig oder „av", arbeitsverwendungsfähig. Ich war av und kam zur Armierungstruppe. In dieser Arbeitertruppe waren alles Beschädigte. Ich kam nach Hamburg, ich glaube, zu den 76ern. Wir wurden in Hamburg etwas ausgebildet im Schießen, Marschieren und was noch alles zu tun war, aber die ganze soldatische Ausbildung erhielten wir nicht. Wir wurden in Frankreich nicht als Kampfsoldaten, sondern als Helfer eingesetzt. So mußten wir helfen, die Schützengräben auszuheben, und wir mußten die Toten beerdigen. Das heißt, beerdigen ist zu viel gesagt. Man mußte sie mit Sand bestreuen, denn der Boden war dort, wo wir stationiert waren, felsig. Und wir mußten den Leichen die Erkennungsmarken abmachen. Die Franzosen hatten sie ja am Arm an einem Kettchen. So vergingen die Tage mit Arbeit.

J. E., geb. 1895:
Dann kann ich erwähnen, daß wir im Osten bei Warschau im Juli 1915 diejenigen waren, die zum ersten Mal einen Gasangriff unternahmen. Der Russe lag damals vor Warschau ungefähr 200 Meter von uns entfernt in einer sehr gut ausgebauten Stellung. Wir beobachteten nun, daß bei uns Pioniere kamen und in der Abenddämmerung in die dem Feind zugewandte Brustwehr Rohrleitungen mit der Mündung zum Feind verlegten. Ein paar Tage später

wurden große Flaschen, ähnlich Sauerstoffflaschen, angeschlossen, in denen das Gas war. Sanitäter brachten eines morgens – eben kam die Sonne hoch – Schüsseln, in denen sich eine blaue Flüssigkeit so ähnlich wie Kaliumpermanganat befand. Gasmasken hatten wir damals noch keine. Ein Wattebausch wurde in die Flüssigkeit getaucht und in ein kleines Säckchen gepackt und vor Mund und Nase gebunden. Es war Juli 1915. Das russische Maschinengewehrfeuer wurde allmählich immer weniger und, wir waren noch nicht drüben, da hörte man ein Husten und ein Keuchen und mit einmal war Schluß. Na, wir sprangen dann in den russischen Graben. Wir hatten kaum Verluste. Es sind vielleicht drei, vier Leute gestorben, die vor Aufregung in die Bajonette der abgestellten russischen Gewehre gesprungen sind. Die Offiziere in den Unterständen lagen teilweise nackt da. Sie hatten sich, weil der Körper ja nicht nur durch die Lunge atmet, sondern auch durch die Poren, die Kleider vom Leib gerissen, um Luft zu kriegen. Natürlich waren sie dennoch erstickt. Sie hatten unter der Nase zwei blaue Streifen. Das war das Gift, das sie wieder ausgeatmet hatten.

Hans Megallis, geb. 1897:
Das letzte, was ich im Krieg erlebt habe, war der Gasangriff mit Lungenkampfstoff an der Höhe 304 im Abschnitt Verdun. Es war gerade morgens um halb 4 Uhr. Ich hatte das Glück, daß ich mich direkt am Graben in einem Schützenstand auf Posten befand. Ich war schon skeptisch, als die Granaten mit einem Rollen ankamen und nach meiner Schätzung 100 Meter vor unserem Graben explodierten. Gasgranaten rollen „rrrrr“ und dann sieht man schon die weißen Wolken. Ich wollte erst mal schnuppern. „Ja, Gas!“ Ich setzte meine Gasmaske auf, lief den Schützengraben lang und schrie überall: „Gas, Gas!“ Aber die Kameraden schliefen alle so fest. Ich habe sie geschüttelt und getan, daß sie wach wurden. Die Kameraden, die im Schützengraben lagen und nicht wach zu kriegen waren, weil sie so übermüdet waren, sind gleich für immer eingeschlafen. Viele haben es verstanden, haben sofort die Gasmaske aufgesetzt, aber es ließ sich nicht vermeiden, daß sie doch etwas eingeatmet haben und sich dann erbrochen haben. Es war Lungengift. Die Lunge wurde aufgelöst, zerfressen, erbrochen. Andere hatten Durchfall. Es war furchtbar. Die ganzen Eingeweide waren durch dieses Lungengift angegriffen. Für viele bestand keinerlei Hoffnung mehr, so stark war das Lungengift. Ich habe es sehr bedauert, daß ich nicht alle meine Kameraden rechtzeitig informieren konnte. Sie wurden auf Tragen abtransportiert.

Ich hab auch etwas abbekommen. Natürlich waren die Gasmasken damals noch nicht so luxuriös ausgestattet wie im letzten Weltkrieg bei Hitler. Ich habe mein Taschentuch vor den Filter gehalten, damit ich das Gas nicht zu stark einatmete. Ich wurde direkt hinter der Front untersucht und bekam noch eine Sauerstoffmaske aufgesetzt, damit das Gas ein bißchen verdünnt, ausgespült werden konnte. Der Wagen mit dem Sauerstoffgerät stand schon wenige hundert Meter hinter der Front, denn wir mußten ja mit einem Kampfstoffangriff der Franzosen rechnen. Ich kam nachher in ein Spezialkrankenhaus für kampfstoffgeschädigte Soldaten nach Lüttich und dann nach Brüssel. Die Eltern befürchteten immer, es könnte was nachkommen, was das Leben bitter machen würde. Andere sagten: „Ach, der lebt nicht lange, der hat Gas geschluckt." Aber ich bin darüber hinweggekommen. Heute sitze ich in meinem hohen Alter noch hier.

Heinrich Bartels, geb. 1897:
Wir haben an der italienischen Front an der Schlacht bei Tolmein teilgenommen. Tolmein liegt in einem großen Kessel, auf der einen Seite ein Hochplateau und auf der anderen Seite der Burgberg. Geschütze und Munition und alles mögliche Kriegsgerät wurden zu unseren Stellungen gefahren. Wir vom Train wußten ja nicht, was los war. Am 24. Oktober 1917 abends bekamen wir Nachricht: „Um zwei Uhr nachts beginnt ein Angriff. Gasmaske raus aus dem Behälter und jederzeit griffbereit halten." Was soll ich Ihnen sagen, um zwei Uhr begann ein Trommelfeuer, also mir ist die Spucke weggeblieben. Wir konnten uns ruhig anschreien, unsere Worte waren nicht zu verstehen. Die vielen Geschütze – darunter die riesigen österreichischen 30,5 Mörserbatterien – und dann der Widerhall in den Bergen. Furchtbar war das. Wir Leute vom Train standen unbeholfen neben den Geschützen, die gefeuert haben wie verrückt, und hatten keinen Befehl. Wir haben dann ein wenig den Kanonieren geholfen und Munition mit rangeschafft. Es dauerte von zwei bis vier Uhr. Es war ein Trommelfeuer, das muß man erlebt haben, beschreiben kann man es nicht. Um vier Uhr hörte das Feuer schlagartig auf. Anschließend wurden Schrapnells vorne auf die Stellungen geschossen.

Um acht Uhr wurde dann angegriffen. Zu diesem Zeitpunkt waren schon viele der Italiener tot, denn von zwei bis vier war mit Gas geschossen worden und zwar mit furchtbarem Gas. Unsere Verluste waren eigentlich sehr gering. Wir hatten Gasmasken, die Italiener aber nur so einfache Tücher, die hinter dem Kopf zugebunden wurden. Insbesondere in die Täler zog das Gas und da lagen sie wie die Fliegen. Die oben waren fein dran, die hatten vom Gas nicht viel abgekriegt. Als wir später mit unserem Wagen um eine Straßenecke fuhren, habe ich einen Mann gesehen, der saß noch hinter seinem

Maschinengewehr wie vor dem Gasangriff. So schnell trat die Leichenstarre ein. Aus hölzernen Pontons wurde eine Brücke über den Isonzo geschlagen. Wir hatten nur abzuladen und alles bis ans Ufer heranzuschaffen. Als wir in unsere Stellungen zurückgingen, kamen schon die ersten italienischen Gefangenen gelaufen. Ich habe gesehen, wie manche im Laufen umgefallen sind. Sie hatten Gas geschluckt.

Hermann Baass, geb. 1897:
Jedes Regiment hatte ein Musikkorps. In ernsten Zeiten, in denen wir große Verluste hatten, mußten die Musiker, die ja Unteroffiziere und Feldwebel waren, vorne als Krankenträger arbeiten. Das ist keine leichte Aufgabe. Die Krankenträger habe ich immer bewundert, wenn sie mit vier Mann eine Bahre unter Beschuß durch ein Trümmerfeld nur aus Granatlöchern tragen mußten. Und dann ging eine Leuchtkugel hoch und man kann sie sehen. Ich hab es beim Aufmarsch zur Sommeschlacht – drei Tage bevor ich verwundet wurde – erlebt. Da zog eine Kompanie aus der Ruhe in einer Linie nach vorne, am Schluß die vier Krankenträger und die kriegten einen Volltreffer. Alle vier Krankenträger fielen aus. Das war ungefähr 100 Meter von mir entfernt. Die mußten viel durchmachen. Sanitäter wurden manchmal belacht und waren doch häufig zunächst Soldaten gewesen. Einige, die sich nicht zum Schießen eigneten, haben diese Aufgabe auch gleich gewählt. Sie waren ausgebildet, mußten ja einiges können, wenn sie es mit Schwerverwundeten zu tun hatten. Nicht nur transportieren, denn sonst kamen die Verwundeten ja tot an.

Dr. Arthur Tischer, geb. 1895:
Wir sind im November 1914 an den Hartmannsweilerkopf gekommen. Ich war drei Jahre am Hartmannsweilerkopf. Das war die Hölle. Ein Rittmeister war der Chef unserer Sanitätskompanie. Die Kompanie dürften 120 Leute gewesen sein und dann gab es noch die ganze Ausrüstung mit den Tragen und Fahrzeugen, die Feldküche natürlich. Wir waren alle vorher in Lazaretten und auf Kursen ausgebildet worden. Die Sanitätskompanie war im zweiten Glied hinter der Front. Wenn Gefechte losgingen, wurde ein Teil von uns zu einem Regiment und ein Teil zu einem anderen Regiment abkommandiert. Wir waren ja ein Stück weiter unten am Hartmannsweiler Kopf in den Dörfern einquartiert, nicht ganz oben. Die Sanitätskompanie hatte die Verwundeten nur abzutransportieren und unterwegs Erste Hilfe zu leisten. Immer wieder hat man die Leute hinuntertragen müssen. Das dauerte manches Mal eine Stunde. Man mußte unterwegs ein bißchen helfen, trösten: „Haben

Sie bitte Geduld, wir sind bald unten." Das war bei Feind und Freund gleich. Da war der Franzose genauso ein armer Kerl, der in diesen Schlamassel geraten war, wie unsere jungen Deutschen. Die Franzosen konnten ja zum Teil die Wege einsehen und haben auch dazwischen geballert. Dabei sind etliche Sanitäter gefallen.

Oben gab es ein Hilfslazarett, in dem wir wohl auch Ärzte gehabt haben, die erste ärztliche Betreuungen vornahmen, die aber wie wir mit der Ersten Hilfe nicht viel ausrichten konnten. Die richtige Behandlung erfolgte dann unten in einem Feldlazarett. Wir hatten im Lazarett Internisten und Chirurgen. Da wurden dann die chirurgischen Eingriffe vorgenommen, Amputationen, wenn gar keine Hilfe mehr möglich war, bei schweren Kopfverletzungen unter Umständen auch Trepanationen. Es sind natürlich auch mal Krankheiten ausgebrochen. In der Kälte des Winters oben Erkältungskrankheiten und Fieber. Ich bin 1916 eine Zeit lang in einem Lazarett in der Nähe von Mühlhausen eingesetzt worden, habe bei den Operationen geholfen, Verbände angelegt, zu essen und zu trinken gebracht. Dort sind auch Schwestern gewesen. Verwundete mit schweren Verletzungen, die wir heruntergebracht haben und die starben, wurden dann in Ollweiler am Fuß des Hartmannweilerkopfes auf einem größeren Friedhof mit Ehren bestattet.

Jede Truppe hatte auch eigene Sanitäter, die mit der Sanitätskompanie nichts zu tun hatten, die gleich mit vor mußten. Ich bin eine Zeit lang bei einem Mecklenburger Regiment gewesen. Mit denen bin ich sehr gut ausgekommen. Die Sanitäter waren ein bißchen auf das Gelände verteilt. Wenn in der Nähe etwas passiert war, wurde man gerufen: „Da ist einer gefallen, da ist einer verwundet. Los!", und dann mußte man in der Hauptsache schnell verbinden, so ein bißchen notschienen, wenn Knochen gebrochen waren. Viel konnte man eigentlich nicht machen.

Richard Lander, geb. 1897:
An der Somme war ich als Läuferposten eingesetzt. Zuerst gab es ja nicht überall Telefon. Da sind die Nachrichten durch Meldegänger übermittelt worden. Wir saßen mit drei Mann beieinander im Unterstand. Ungefähr tausend Meter weiter war ein anderer Unterstand. Auf diese Weise sind die Briefe weiterbefördert worden.

H. Be., geb. 1893:
An der Front kam mir ein Einfall. Ich ging nach 14 Tagen zu dem Herrn Hauptmann und sagte ihm, ich hätte ein Motorrad stehen in Hamburg und das könnten wir hier sehr gut gebrauchen. Es gab damals zu Anfang des Krieges nur wenige Motorräder. „Holen Sie die Klamotte!" sagte der Hauptmann. Ich ließ mir eigentlich reich-

lich Zeit für den Weg nach Hamburg und dachte mir: „Dann bist du eine Weile von den Schützengräben weg." Ich genoß die zehn, zwölf Tage oder solange, wie das Holen halt gedauert hat. Im Hamburger Hauptbahnhof wurde meine Maschine verstaut und in Belgien wieder ausgeladen. Der Rest war dann Fahrerei bis zu unseren Unterständen. Der Hauptmann war froh: „Sie sind jetzt der Vermittler zwischen der Division, die 30 Kilometer in der Etappe liegt, und uns. Da holen sie die Befehle für uns und meine Nachbarn." Und das habe ich dann auch getan. Ich konnte in der Division schlafen und war wieder Mensch. Aber die Angst blieb.

Ich merkte sehr bald, daß alles, was ich an Straßen und Wegen benutzte, total verwüstet war, mit großen, schweren Löchern. Es wurde nicht ausgebessert, stattdessen nur Steine hineingeschmissen, damit die Löcher ein bißchen zu waren. Kurz, ich lernte in den nächsten Monaten kennen, daß man Kopfschmerzen bekommt, wenn man ständig im Motorradsattel hochgeworfen wird und daß man sehr leicht vom Rad fallen kann. Ich habe in den ersten Monaten meines Dienstes gelbe und grüne Flecken am ganzen Körper davongetragen und Schmerzen natürlich auch reichlich genug.

G. R., geb. 1898:
Es wurden auch Hunde gebraucht, Meldehunde. Die kriegten einen Brief ans Halsband gehängt und dann sausten sie los. Das haben wir immer bewundert und, daß sie auch tatsächlich wiedergekommen sind.

Ludwig Karl Diebold, geb. 1899:
Wir machten als Funker Stationsdienst im Schützengraben. Unsere Stationen lagen in Unterständen im ersten Graben. Ich war dem Funkerpark VI in Lille zugeteilt. Da ich nur mit der Funkerei befaßt war, durfte mir vorne kein Offizier etwas sagen. Die Funker lösten die Fernsprecher ab, die noch ihre Kästchen hatten und Leitungen legen mußten. Das mit der Funkerei begann schon 1916, hauptsächlich aber Anfang 1917. Wenn wir im Einsatz waren, benötigten wir Drehstrom, den wir mit einem Tretrad erzeugten. Zwei Mann haben darauf gesessen und die Akkus mit Strom gefüllt. So eine Funkstation hatte mindestens 10 Mann, die genaue Zahl weiß ich nicht mehr. Unsere Stationen waren alle fachgerecht geerdet, so daß die Erde als Verbindung dienen konnte und Leitungen nicht mehr nötig waren. Nur wenn man eine gewaltsame Erkundigung machen wollte, mal sehen wollten, was drüben los war, mußten sie als Hilfsmaßnahme das Seitengewehr in den Boden stecken und darum das Kabel binden, das mit dem Erdapparat verbunden war. Dann haben sie sich hingelegt und mit dem kleinen Kästchen angehört, was die

drüben sagten. Da wir das Gerät nicht alleine tragen konnten, hatten wir so einen kleinen ausziehbaren Karren dabei. Wir hatten drei Arten von Funkgeräten. Ein kleines Gerät, mit dem sie bis auf 10 Kilometer hören konnten, ein mittleres Gerät für 20 Kilometer und ein großes, mit dem sie haben senden und empfangen können. Was wir machten, war Morsefunk.

Jeden einzelnen Buchstaben mußten wir durchgeben, anders als im Zweiten Weltkrieg, wo du sprechen konntest. Wenn uns zum Beispiel der Artilleriebeobachter einen Meldezettel vorgelegt hat und gesagt hat „Gebt das mal durch", haben wir nur die entsprechende Stelle anwählen müssen. Ich habe gewußt, die Ari oder die Sanis haben die und die Nummer, weil man ja im Umkreis die Stellen genau kannte. Oder aber man benutzte das Chiffrebuch. In der Zeit, wo ich an der Front war, 1917/18, kriegten wir fast jede Woche ein neues Chiffrebuch. Bei irgendeinem Vorstoß hatten sie das Chiffrebuch gefunden. Wir haben bei den Franzosen ja auch sofort geguckt, wo das Chiffrebuch war. Das Signalbuch mußte man kennen. Z.B. das Wort Schwartemagen bedeutete „Feuer von der Ari". Die haben manchmal in unsere eigene Stellung reingerotzt. Denen hab ich etwas hintelegrafiert. Die Ari hatte auch entsprechend ausgebildete Leute und Empfangsapparate.

Man hat Meldungen bekommen und man konnte zurückmelden. Man konnte aber auch einfach nur hören. Wenn die Funker der anderen Seite aufgeregt waren, da wußten wir schon: „Halt, hier ist was los?" Über das Empfangsgerät haben wir die Worte von drüben vernommen, wie die unsere vernommen haben. Und man hat die Einschläge der Artillerie gehört. Das waren Erschütterungen, die man wahrnehmen konnte. Darauf wurde man schon in der Ausbildung aufmerksam gemacht. Man hat der Artillerie gemeldet, daß man in soundsoviel Kilometern Entfernung Einschläge gehört hat und sich das Feuer anscheinend nähert. Wissen Sie, da war ein gewisses Feingefühl nötig, das hat nicht jeder gehabt. Manchmal habe ich mich gefreut, wenn ich drüben die französische Musik hören konnte.

Ich war stolz, Funker zu sein. Ich wurde auch beachtet. Vorher hatten sie immer gesagt: „Du mit deinem Fernsprechkasten, was willst du mit dem machen?" Die Infanteristen haben geschimpft: „Die Funker haben es aber schön." Als sie dann merkten, was man alles damit anfangen kann, sind sie manchmal angekommen, man solle einen Funkspruch durchgeben. Ein Kamerad wollte mal seinen Eltern gratulieren, die hatten 50jährigen Hochzeitstag. Wir hatten unsere Apparate, an die wir uns geklammert haben. Die Infanterie hatte gar nichts. Wir haben im allgemeinen mehr gewußt als die anderen. Und man konnte doch wenigstens Hilfe rufen, wenn man sie brauchte. Ach Gott, wie soll ich es sagen, es war ein gewisser Glaube an die Technik.

Richard Lander, geb. 1897:
An dem Tag, an dem die englischen Tanks kamen, waren wir in der ersten Gruppe. Im Abstand von 50 bis 80 Metern tauchten sie plötzlich auf. Es waren Hunderte. Wir waren platt. Wir haben ja gar nicht gewußt, daß der Engländer Tanks hatte. Die englische Artillerie und unsere haben dauernd geschossen, man hat nichts mehr gesehen und gehört. Sie sind nicht schnell gefahren, vielleicht 30 bis 40 Kilometer. Auch die Tanks haben immer geschossen, sie haben drei, vier leichte Flakgeschütze gehabt. Hinter ihnen sind englische Infanteristen gelaufen. Die sind nicht weit gekommen. Unsere Artillerie hat in die Tanks reingeschossen. Bei Tanks, die getroffen worden waren, ist die Besatzung oben herausgestiegen und hat sich ergeben. Als die Tanks etwa hundert Meter an uns herangekommen waren, rief unser Leutnant oder Unteroffizier: „Zurück!" Wir konnten ja nichts mehr machen. Wir sind durch die Laufgräben, die die Gräben vorne mit der zweiten Linie verbunden haben, zurückgelaufen und haben vorne die Tanks über die Gräben rollen sehen. Das hat denen nichts ausgemacht. Der Angriff der Tanks ist dann aber abgeschlagen worden. Später hat man bei uns drei bis vier Kilometer weiter hinten Gräben von 3 Metern Durchmesser und 1,50 Meter Tiefe gegraben, über die die Tanks dann nicht mehr hinweggekommen sind.

Willi Nothdurft, geb. 1895:
Die große Panzerschlacht bei Cambrai war ja 1917, als die Engländer mit 300, wir nannten sie damals Tanks angriffen. Unser Regiment lag gerade in Cambrai in Ruhe. Wir wurden plötzlich alarmiert und auf der Chaussee nach Arras kriegten wir schon Maschinengewehrfeuer. Wir sagten alle: „Was ist los, da stimmt doch was nicht." Uns war ja nicht gesagt worden, daß die Engländer mit Tanks durchgebrochen waren. Wir mußten daraufhin bis zum Wald von Bourlon ausschwärmen. In Bourlon stießen wir auf die Tanks der englischen Armee. Die hat unsere Artillerie einen nach dem anderen abgeschossen. Wir mit unseren Gewehren konnten ja nichts erreichen. Die Panzer, die wir nicht kriegen konnten, fuhren dann so ziellos im Gelände umher und hielten die weiße Fahne raus. Die Soldaten konnten sich selbst gar nicht befreien, weil die Panzertüren durch die deutsche Artillerie beschädigt worden waren. Wir hatten das Gefühl, die Engländer erreichten nichts mit diesen Panzern. Einige von uns machten sich auch einen Spaß daraus und sagten: „Mensch, das sind ja Dinger, die wir knacken können." Die sind in Gräben

gesprungen, ließen die Dinger drüber wegfahren und haben von unten durch irgendeine Öffnung Handgranaten reingeworfen.

Walther Gallasch, geb. 1895:
Nach einem Feuerüberfall der Franzosen im Februar 1916 war ich vollkommen taub und kam in Belgien in ein Erholungsheim über dem Lac de Spa. Wir erlebten da eine besondere Überraschung. Ostern 1916 erschien plötzlich am Himmel ein Zeppelin, sofort daran anschließend ein zweiter, ein dritter, ein vierter, ein fünfter. Sechs Zeppeline flogen nach England. Es war ein imposantes Bild und es war für uns eine große Freude, daß die Engländer so beschossen wurden. Die Zeppeline haben über London Bomben abgeworfen. Es kamen aber nur fünf zurück. Einer ist in England abgeschossen worden.

Johannes Götzmann, geb. 1896:
Wir hatten auch viel mit Fliegern zu tun. Die französischen Flieger griffen uns dauernd an. Als ich noch im Einsatz war, kam eines Tages ein großer Schwarm feindlicher Flieger. Da sah ich, wie der Richthofen mit seinem roten Flieger diesen Schwarm angriff. Er stürzte sich mitten hinein. Wir standen und guckten zu und im Handumdrehen kippten einer nach dem anderen, insgesamt drei Stück, runter, und er flog unverseht wieder zurück. Die Franzosen drehten ab, und wir jubelten. Das war wirklich ein Schauspiel.

Ernst Kock, geb. 1896:
Wir hatten rings um die Ballons Posten mit Maschinengewehren gegen Tiefflieger aufgestellt. Die Franzosen pirschten sich gewöhnlich in den Wolken heran und stürzten sich dann auf den Ballon. Man hörte sie oben summen, mit einem Mal war das Geräusch weg. Das war immer ein Zeichen dafür, daß der Flieger im Sturzflug runterkam. Und wenn sie angriffen, dann immer die Sonne im Rücken, damit man sie gegen die Sonne schlecht erkennen konnte. So war es denn auch, als unser Rittmeister Freiherr von Wangenheim mit unserem Oberleutnant oben war. Er wollte selbstverständlich auch so einen Brustkrabbler – einen Orden – haben und mußte denn auch mal dabei gewesen sein. Ich sah nun, wie die Leuchtspur über den Ballon hinwegging. Die Flugabwehr hatte wohl geschlafen. Ich habe sofort die Maschine der Winde mit einer Kurbel angedreht. In diesem Moment ruft im Telefon von Wangenheim: „Was ist unten los, ihr seid wohl verrückt geworden?“ Ich antwortete: „Feindliche Flieger, Angriff!“ Ich habe ihn bis auf 200 Meter runtergeholt, daß er hinter einer Waldkante Deckung nehmen konnte. Dann hat er

am Telefon gefragt: „Wer ist am Apparat?“ Ich sag: „Hier ist Luftschiffer Kock.“

A. H., geb. 1899:
Ich gehörte zur Bedienungsmannschaft der Fesselballons. Wir waren mal zwei Kilometer, mal drei Kilometer hinter der Front stationiert. Vom Fesselballon aus hat man gesehen, wie die Front verlief und es wurden die Zielobjekte für die Artillerie beobachtet. Wir hatten ausgebildete Beobachter. Einen Leutnant – einen Professor – haben sie bloß eingesetzt, wenn nichts zu beobachten war. Der hat Meldungen gebracht, da haben wir gelacht. Und einen Feldwebel hatten wir, der von Beruf Sattler war. Der Feldwebel stieg immer auf, wenn was los gewesen ist. Die Fesselballons sind nicht frei in der Luft geflogen, sie hingen an einem Seil. Deshalb heißt es ja auch Fesselballon. Es wurde ein 2 000 Meter langes Seil abgelassen. Ferner ist noch das Kabel mit dem Telefondraht zum Ballon hochgegangen. Am Boden befand sich ein Lastwagen, fast schon ein Panzer, auf dem ein Motor gestanden hat und eine Winde mit dem Seil. Wenn ein feindlicher Flieger gekommen ist, hat es geheißen: „Die Winde anwerfen.“ An dem Seil ist eine Rolle gelaufen mit einem Haken. Wenn die Winde nicht funktionierte, hat die Mannschaft drangehangen oder ein Pferdefuhrwerk hat den Ballon langsam runtergezogen. Morgens um vier Uhr mußte ein Sichtballon aufsteigen, um in Erfahrung zu bringen, ob Sicht war. Dann ist die Meldung überall hingekommen: „Braucht nicht aufzusteigen“ oder „erst abends“. Abends haben wir mehr gesehen, weil die Sonne doch im Westen untergeht und der Franzose gegen Osten nichts mehr gesehen hat. Als ich erstmals bei den Luftschiffern eingesetzt worden bin, sollten wir den Ballon hochlassen. Ich war ganz am hintersten Eck. Der Feldwebel hat vorne kommandiert: „Leine loslassen!“ Ich habe das halt wieder nicht richtig gehört und habe nicht losgelassen. Da bin ich mindestens sechs Meter mit dem Ballon in die Höhe gegangen.

Johann Buck, geb. 1898:
Ich wurde von der Abteilung 276 LB – Lichtbild hieß das – angefordert. Es waren Aufklärer, die über die Front ins Land flogen. 40 Kilometer hinter der Front lagen Epinal und die Festung Belfort, in diesem Gebiet bin ich geflogen. Den Krieg sahen wir von oben nicht. Unter 3 000 Meter konnte man nicht über die Front fliegen. Denn Sie müssen bedenken, die einzige Sicherheit, wenn wir weit ins Land flogen, war die Höhe. Bei Sedan überquerten wir die Front. Wir überflogen den französischen Flugplatz und da sahen wir, wie sie unten starteten. Wir gingen langsam bis auf 4 000 Meter und manchmal auch darüber. Die Jäger klappten dann ab, denn, wenn sie so

hoch waren wie wir, hatten sie meistens kein Benzin mehr. Ein Jäger wird erst gefährlich, wenn er über mir ist. Und so waren die Jäger zunächst gar keine Gefahr. Wir hatten die Aufgabe, das Hinterland der Front zu erkunden. Denn eine Offensive entwickelt sich ja hinter der Front und was dort los war, mußten wir durch unsere Aufnahmen feststellen. In Epinal waren zum Beispiel so viele Kreuzungen, daß man früh sah, wenn Transporte anrollten. Was meinen sie, welch wunderbare Bilder bei uns in der Bildstelle vom gesamten Hinterland der Front vorlagen. Die Aufnahmen, die der Beobachter aus 4 000 Meter Höhe machte, ließen sich wunderbar vergrößern.

Mein Beobachter hieß Scharf und war aus Stettin. Leider sind wir dann über Epinal abgeschossen worden. Ich merkte, daß die Steuerflächen nicht reagierten, überhaupt nichts ankam. Heute sagt man doch immer, die Maschinen müssen so gebaut werden, daß sie sich aus jeder Lage fangen. Das war seinerzeit noch nicht so. Und dann ganz dicht über der Erde reagierte die Maschine plötzlich in einer Rechtskurve auf die Steuerung, die eine Fläche nach unten, die andere nach oben. In diesem Moment schrie mein Beobachter: „Was ist denn los? Was ist denn los?" Ich konnte ihm nicht mehr antworten. Wir waren schon dicht über der Erde. Ich sah nur noch, wie sich meine rechte Tragfläche in eine grüne Fläche bohrte. Es war wohl Gras. Dann kam von unten der Schleier vor meinen Augen und es wurde schwarz. Das ist alles. Es war am 3. Mai. Es wollen mir immer Leute erzählen, wenn man in einer Notlage ist, dann denkt man sein ganzes Leben noch einmal zurück. Überhaupt nicht. Ich habe nur eins gedacht: „Wie krieg' ich das Flugzeug wieder in die Gewalt."

Scharf war tot. Und ich lebe. Ich will Ihnen begründen, warum ich noch lebe. Der Kasten, in dem ich saß, ist in dem fest gebauten Gestell gewesen, das auch den schweren Motor des 160er Mercedes trug. Scharf aber saß im Freien. Als ich zur Besinnung kam im Lazarett – das war aber schon drei, vier Tage später –, war ich von unten bis oben eingegipst. Ich muß den Franzosen danken, daß sie sich so um mich gekümmert haben. Nach fünf Tagen haben sie mir gesagt, daß Scharf tot war. Ich hatte gerade die erste Suppe gegessen. Ich wurde wieder besinnungslos. Er war in diesem Moment schon begraben.

Ernst Kock, geb. 1896:
Auf einmal kriegte ich meinen Versetzungsbefehl zur Jagdstaffel-Schule nach Belgien in Valenciennes, wo ich vier Wochen geschult wurde. Damals, im Frühjahr 1918, war Richthofen schon gefallen. Vorher hatte es geheißen: „Der rote Baron ist der König. Dem passiert überhaupt nichts." Wir haben aber auch schon gesagt: „Eines

Tages kommt mal ein ganz kleiner Anfänger und schießt ihn ab.“ Es hieß dann, er hätte landen müssen und dann sei ein feindlicher Flieger gekommen und hätte ihm den letzten Stoß versetzt. Andere behaupteten, er sei verwundet gewesen und im Lazarett gestorben. Die Wahrheit haben wir erst später gehört. Sein Nachfolger war der Oberleutnant Hermann Göring. Seine Staffel hatte mittlerweile Verluste gehabt und mußte Ersatz haben. Mit anderen Staffelführern auch erschien er eines Tages in Valenciennes und dann wurden von uns Vorführflüge gemacht. Es wurde alles von uns verlangt, wir mußten Kurven fliegen, Looping, trudeln, landen. Er suchte sich dann die aus, die er in der Luft für gut befunden hatte. Wer in der Maschine drin sitzt, wurde ihm gar nicht gesagt. Er hat nur meine Maschinennummer aufgerufen und, zack, bin ich vorgetreten. Ich wurde gleich abgeholt zur Staffel 11, die seinerzeit in der Nähe von Mülhausen lag.

Ich war gerade zur Richthofen-Staffel gekommen, als die Franzosen mit großen Bombermaschinen unter dem Schutz von Jagdfliegern Mühlhausen angriffen. Nun mußten wir starten. Wir hatten in den Tagen zuvor Staffelfliegen geübt. Der jüngste Pilot – er wurde allgemein das Häschen genannt – kriegte Bescheid, zuerst zu starten. In 1000 Meter Höhe drehte ich meine Platzrunden. Dann sind die anderen gestartet und ganz unten flog zuletzt der Kapitän. In dieser Staffelform sind wir von Habsheim aus den Bombern entgegengeflogen und wurden gleich aus den Wolken heraus angegriffen. Und ich natürlich zuerst. Wir hatten auf der Fliegerschule alles gelernt, was wir so zu machen hatten. Ich war aber überrascht. Ich hatte überall herumgeguckt und überhaupt kein Flugzeug gesehen. Plötzlich höre ich „dat, dat, dat, dat“ und sehe, wie aus meinen Tragflächen, die aus Leinwand bestanden, lauter Fäden wie Wollfäden im Wind flatterten. Dort waren die Kugeln hindurchgegangen. Gott sei Dank hatte ich da noch nichts abgekriegt. Nun begann für mich aber erst der Luftkampf. Alle waren in Kämpfe verwickelt. Dann war ich allein in der Luft. Wo die anderen geblieben waren, wußte ich nicht. Auf einmal tauchte ein Flugzeug vor mir auf. Ich hatte es genau im Visier, als wenn es so sein sollte. Ich schoß. Bei jeder Propellerdrehung geht ein Schuß durch den Propeller. Ich sehe, daß die Maschine vor mir anfängt zu qualmen. Im gleichen Moment merke ich, daß schon wieder einer von hinten vorbeigerauscht ist. Ich gucke: „Oh Gott, oh Gott, die runde Kokarde.“ Er hatte mich zunächst verfehlt, nahm mich dann aber wieder ins Visier und schoß. Ich merkte, daß meine Höhen- und Seitensteuerung keine Wirkung mehr tat. Ich war quasi flügellahm. Unter mir erblickte ich in der Nähe von Lutterbach die Straße nach Sennheim. Von oben sah es aus, als wenn zu beiden Seiten der Straße grünes Gelände sei.

Mit einem Mal merkte ich, daß es sich um einen Wald handelte. Die Bäume waren vielleicht zwei Etagen hoch. Ich überlegte mir, die Maschine langsam ausschweben zu lassen, bis sie von selbst senkrecht runterfallen würde, dann sie noch einmal hochzureißen und sie daraufhin endgültig fallen zu lassen. Das habe ich so gemacht. Dabei kamen natürlich die Baumspitzen überall durch die Tragflächen durch. In einem dicken Wulst von Tannen blieb die Maschine in ca. fünf bis zehn Metern hängen.

Nach Möglichkeit sollten wir die Maschine sprengen, daran habe ich aber gar nicht mehr gedacht. Ich raus. Ich war noch nicht einmal aus der Maschine gestiegen und an einer Birke heruntergeklettert, da bekam ich schon Artilleriefeuer aus der Richtung des Hartmannweilerkopfs, ob von uns oder vom Feind, wußte ich nicht. Ich bekam an der Nase einen Streifschuß. Nun mußte ich natürlich ein Loch suchen. Ich brauchte aber gar nicht lange zu suchen, da in der Umgebung viele Granatlöcher waren. Ich habe gedacht: „Mensch, hier muß aber was los gewesen sein." Ich habe in dem Loch abgewartet und ein bißchen gezittert. Auf einmal hörte ich, daß Leute kamen. Ich horchte und erkannte, daß Deutsch gesprochen wurde: „Nein, hier ist er nicht, etwas weiter links muß er sein." Ich schrie aus: „Hier ist er!" Die haben mich dann gleich zum Artilleriestab gebracht. Ich wurde ein bißchen verbunden und dann wurde in Habsheim am Flugplatz angerufen. Schnell kam ein Auto angeflitzt und hat mich abgeholt. Ich war siegesgewiß und wollte als Häschen meinen ersten Abschuß melden. Bald wurde mir bewußt, daß ich einen Fehler gemacht hatte. Ich hätte nachstarten sollen, den feindlichen Flieger richtig beschießen sollen, bis er unten am Boden gelegen hätte. Es wurde uns nie auf der Jagdschule gesagt, daß bei der Jagd der als Sieger gilt, der den letzten Schuß abgegeben hat. Nicht ich, sondern Hermann Göring kriegte den Abschuß zugesprochen. Nachher wurde mir klar, weshalb die Staffelführer so hohe Abschüsse hatten. Und was der Staffelführer sagt, das stimmt natürlich.

Nun wurde ich eingeweiht, daß, wenn die Staffel zusammenkommt, das Häschen einen Trinkspruch sagen muß. Es wurde natürlich mit Sekt begossen. Siegesfeier! Wir hatten allerlei Abschüsse gehabt. Die französische Staffel hatte abdrehen müssen und war in diesem Moment besiegt. Die großen Bomber alleine waren nicht wendig genug, um Angriffe abzuwehren. Es hatten sich auch mehrere von uns auf die Bomber gestürzt und einen oder zwei von den Bombern abgeschossen. Ja, es war ein großes Fest. Und dann kam Hermann Göring an, großartig gemeldet. Nun wußte ich keinen Trinkspruch. Ich konnte ja nicht einfach sein: „Ich wünsche Wohlsein." Ich fing natürlich an zu stottern. Da sagte er: „Was, Flieger wollt ihr sein. Scheißkerle seid ihr." Ich habe gedacht: „Mensch, hier herrscht aber ein Ton." „Dann werd ich Euch mal den Trinkspruch sagen." Er kletterte auf den Tisch: „So, wenn das Häschen nichts weiß, aber es kennt die Maschinen. Da ist die LVG. Und die LVG ist so gebaut, daß der Schwanz besonders hoch steht. Jetzt mein Spruch. Mein liebes Häschen, da kannst du dir ein Beispiel dran nehmen. ‚Wenn ich des abends bei meinem Liebchen steh, denk ich stets an LVG. Schwanz in die Höh'". Da hab ich im stillen gedacht: „Donnerwetter, ist das ein Schwein."

Ein zerstörter Tank

Vor dem Einsatz

Kaiser Wilhem II. besucht Generaloberst Mackensen
im Herbst 1915 in seinem Hauptquartier

Militär

Ich sehe vor mir den Soldaten als Posten im Graben, sehe ihn angreifen und auch fallen, und er ist ein Individuum. Gleichzeitig ist mir bewußt, daß das Bild nicht vollständig ist. Krieg ist keine Privatveranstaltung, zu der Zigtausende mehr oder wenig unkoordiniert aufbrechen. Das Gegenteil ist der Fall. Ein enormer Militärapparat in streng hierarchischer Ordnung, an der Spitze der Kaiser oder vielmehr die Oberste Heeresleitung, hält die Fäden in der Hand und setzt die Menschenmassen in Bewegung. Befehle werden von oben weitergegeben, auf immer kleinere Einheiten heruntergebrochen und erreichen den einzelnen Soldaten. Dies sind die Grundsätze, ohne die keine Armee betrieben werden kann, ganz besonders nicht in einem derartig komplexen Geschehen wie es der Erste Weltkrieg ist. Und, nie zu vergessen, wir haben es mit dem preußisch-deutschen Militär zu tun, das heißt, mit dem Paradebeispiel für eine straffe militärische Organisation.

Welche Bedeutung hat das Militär für den einzelnen Soldaten? Die denkbar größte. Er bewegt sich in einem Dickicht von Anordnungen. Wie verhält man sich etwa gefangenen Feinden gegenüber? Ein Reglement sagt es ihm. Noch wichtiger für den einzelnen werden die tagtäglichen Einsatzbefehle. Jede nennenswerte Aktion, an der der Soldat im Verlaufe des Krieges teilnimmt, geht auf einen Befehl von oben zurück. Sein Leben hängt in unmittelbarer Weise von seinen Befehlshabern ab, denn während eine Zeit in der Ruhestellung Überleben garantiert, kann ein Angriff auf eine schwer einnehmbare feindliche Stellung den beinahe sicheren Tod bedeuten. In den Entscheidungsprozeß, der etwa zum Angriff führt, ist der Soldat nicht einbezogen. Er erfährt den Befehl in seiner letzten Ausgestaltung kurzfristig und hat ihn auszuführen.

Die Frage ist nur, ob das Bild damit schon vollständig ist. Denn eines ist klar, so automatisch die militärischen Abläufe von außen wirken mögen, auch das Militär setzt sich nur aus Menschen zusammen. Diese Menschen können Reglements und Befehle entweder stur ausführen lassen oder ihre Befehlsgewalt gar sadistisch oder zynisch mißbrauchen, sie können sich aber auch von einer menschlichen Seite zeigen. Beinahe erwartungsgemäß beschreiben die Kriegsteilnehmer beide Typen von Militärvorgesetzten. „Gute Menschen und Schweinehunde“, wie Johannes Götzmann es zusammenfaßt. Die Grenze zwischen beiden Gruppen ist fließend. Der Offizier, darunter auch höhere Ränge, sitzt häufig mit vorne in den Gräben und das geteilte Schicksal nivelliert die Gegensätze ein. Hinzu kommt, daß die Verlustzahlen gerade unter den niedrigen Offiziersrängen ungeheur hoch sind und manch junger Einjähriger, bevor er sich versieht, selbst Leutnant ist. Die schnelle Beförderung schafft zwar neue Probleme, sorgt aber für Vorgesetzte, die die Perspektive des einfachen Soldaten sehr genau kennen. Viele ehemalige Offiziere treffe ich natürlich in den Jahrgängen ab 1893 nicht mehr an und höher als zum bis zum Oberleutnant – der einzige war nach meinen Informationen Alfred Toepfer – konnte auch keiner von ihnen mehr aufsteigen.

Wie lebt der Soldat nun in dieser Welt von Befehlen, unten den Augen seiner Vorgesetzter? Welcher Spielraum bleibt ihm und was passiert, wenn er die Befehle besonders gut oder im anderen Extrem schlecht ausführt? Der militärische Erfolg ist für die Vorgesetzten eine ernste Sache und so ist zu vermuten, daß sie Fehlleistungen unnachgiebig bestrafen werden. Oder regelt sich das Leben an der Front nach eigenen Gesetzen?

Zeugnisse

Dr. Bernhard Lehnert, geb. 1896:
Wir sollten Anfang 1915 an der Schlacht von Soissons teilnehmen. Aber als wir ankamen, war die Schlacht schon geschlagen. Wir lagerten in einer Zuckerfabrik. Auf einmal wurden wir alarmiert und dachten: „Jetzt geht's los." Aber keineswegs. Es wurde eine große Parade abgehalten, weil der Kaiser kam. In Zeiten des Stellungskriegs war eine solche Schlacht ganz ungewöhnlich und, daß ein so ernster Angriff des Feindes abgeschlagen wurde, wurde als ein großer Erfolg angesehen. Die Einheiten, die tatsächlich gekämpft hatten, standen nicht zur Verfügung. Also mußte unser Bataillon, das jetzt in Reserve lag und in der Schlacht überhaupt nicht eingesetzt worden war, antreten. Der Kaiser hielt eine Ansprache, die uns sehr gut gefiel. Er machte einen guten Eindruck, trug eine große Generalsuniform. Dann mußten wir präsentieren, das ganze Bataillon hatte mit Gewehr in der Hand Aufstellung genommen und der Kaiser schritt die Front ab. Neben mir blieb er stehen. Dort stand ein Gefreiter mit Namen Teske. Er hatte das Eiserne Kreuz 2. Klasse, was damals noch sehr ungewöhnlich war. Der Kaiser blieb vor ihm – also unmittelbar neben mir – stehen. Der Kaiser fragte ihn: „Woher hast du das?" Er redete ja alle Soldaten mit „du" an. Teske antwortete: „Bei Autrèche." Über Autrèche wurde bei uns viel gesprochen, da es die letzte große Schlacht im Bewegungskrieg gewesen war, die unser Regiment mitgemacht hatte. Der Kaiser wandte sich halb zu seinem Adjutanten und sagte: „Autrèche, wo ist das?" Daraufhin zeigte der Adjutant: „Dort, Euer Majestät." Ob das stimmte, das weiß kein

Mensch. Aber der Kaiser gab sich damit zufrieden und ging weiter. Er sah jedem, an dem er vorbeiging, in die Augen, auch mir. Ich muß sagen, er hatte ein eindrucksvolles Gesicht, strahlend blaue Augen. Wir waren natürlich voller Hochachtung für unseren allerhöchsten Kriegsherrn. Mich hat er nicht angesprochen, aber immerhin, er hatte ja unmittelbar vor mir gestanden.

Ernst Weckerling, geb. 1897:
Nach unserem ersten Einsatz vor Verdun zogen wir uns in die Nähe von Marville zurück, wo Kaiser Wilhelm uns sehen wollte. Es war wieder ein Blödsinn der Obersten Heeresleitung, diese angeschlagene und schwerkranke Truppe für einen Parademarsch vor Kaiser Wilhelm vorzusehen. Der Kaiser hat vor der Truppe gestanden mit dem Korpsführer, dem Großherzog von Hessen. Im Hintergrund, etwa 50 Meter entfernt, befanden sich der Armeeführer, der Kronprinz, der sich mit den Offizieren etwas erzählte. Während sein Vater eine todernste Rede hielt, haben der Kronprinz und die Offiziere, was uns sehr schockiert hat, gelacht. Immer wieder wenn ein neues Bonmot gefallen war, amüsierten sie sich köstlich.

K.O., geb. 1896:
Im Februar 1918 besuchte General Ludendorff sein Regiment persönlich. Er saß bei uns im Kasino und hielt einen Vortrag, in dem er uns erzählte, daß irgendwann demnächst eine Offensive ganz großen Stils stattfinden werde, durch die der Krieg beendet werden solle. Er machte einen sehr guten Eindruck auf uns.

F. Kn., geb. 1897:
Wir haben nur frisierte Meldungen bekommen. Die einzelnen Regimenter hatten ihre eigenen Nachrichtenleute, die aber nur das Notwendigste herausgegeben haben. Da hat es zum Beispiel im Heeresbericht geheißen: „Der Frontbogen wurde begradigt." Jetzt hat der Funker gefragt: „Wohin ist der Bogen begradigt worden?" Darüber wurde geschwiegen. Nur wenn dies bei der eigenen Division geschah, hat man natürlich doch ein wenig mehr davon mitbekommen. 1917 war ich im Oberkommando für den Osten in Litauen. In einem großen Gebäude war die Nachrichtenzentrale untergebracht. Auf einmal kam die Nachricht vom Kaiserlichen Hauptquartier: „Alle Pressestellen sind anzuweisen, daß das Auftreten von Panzern an der Westfront absolut keinen Wert hat. Sie sind völlig ungefährlich und ein kleiner Graben kann von ihnen schon nicht überwunden werden." So ungefähr in dieser Form sollte berichtet werden. Von dieser Anweisung mußten natürlich fächerartig wieder die anderen Stellen in Kenntnis gesetzt werden. Später hab ich

daran denken müssen. Gleichschaltung der Zeitungen, wie bei Adolf Hitler auch.

Hermann Gieselmann, geb. 1895:
In Flandern hatten wir furchtbare Verluste. Und die armen Verwundeten mußten zu Fuß zum Bahnhof gehen. Auf Stöcken krüppelten sie längs. Wir hatten in der Telegrafenabteilung ja Pferde und Wagen und sollten von der Bahn aus die Munition nach vorne bringen. Da hab ich vorgeschlagen: „Wir können doch die Leute hinfahren." Aber das war verboten, wir durften keine Verwundeten fahren. Ich habe die armen Leute gesehen, wie sie auf der Straße krochen, einige auf dem Bauch. Da erst bin ich dahintergekommen, daß der Krieg schlecht ist.

Hermann Baass, geb. 1897:
Eines Tages kam ein Befehl, meine Briefe müßten von einem Offizier gelesen, geprüft und unterschrieben werden. Allmählich bekam ich heraus: Spionageabwehr, weil meine Eltern in Brüssel lebten. Da wir vor dem Krieg in Frankreich gelebt hatten, durfte ich an sich auch gar nicht an der französischen Front eingesetzt werden. Nun war ich einmal da, weggeben wollten sie mich auch nicht und so wurde ich herausgezogen und Melder in der Schreibstube. Da habe ich dann vier, sechs Wochen ein feines Leben gehabt, mußte nur die Meldungen nach vorne bringen und brauchte nicht zu exerzieren.

Theodor Hein, geb. 1893:
Während des Krieges wurde verboten, Tagebuch zu schreiben. Falls einer in Gefangenschaft kam, die Franzosen haben die Tagebücher gelesen. Da stand vieles drin und hohe Offiziere konnten aus den Aufzeichnungen einiges entnehmen. Ich habe aber jede Stunde, jedes Gefecht aufgeschrieben, noch im Schützengraben auf meinem Tornister.

C. T., geb. 1898:
Wir durften englische Gefangene gar nicht anfassen. Es war Sache der Sanitätskolonne, die Verwundeten und Kranken, auch der Engländer, wegzuschaffen. Wenn wir Zeit hatten, durften wir sie wohl höchstens verbinden, aber auch das nicht mit unserem eigenen Verbandszeug. Da mußten wir etwas von ihren Päckchen nehmen.

Dr. Alfons Beil, geb. 1896:
Von unserem Brigadekommandeur, einem General, erinnere ich noch gut, daß er geflickte Hosen hatte. Er bestand auf Sparsamkeit, war in dieser Hinsicht ganz streng. Es erging der Befehl, daß sich die

Offiziere ja nicht mehr leisten durften als das, wozu sie berechtigt waren. Und dann ging der Witz herum, sein Bursche habe ihm eine Portion Butter gebracht und der General habe diese sehr genossen. Aber immer habe er seinen Burschen gefragt: „Johann, bekomme ich wirklich nur, was mir zusteht?“ Der schlägt die Hacken zusammen: „Jawohl, Herr General.“ Was an dieser Geschichte dran und was erfunden ist, weiß ich nicht. Aber ich hatte doch den Eindruck, dem General war es ernst. Einmal mußten wir antreten. Da fragte der General, wieviel Offiziere in der Kompanie sind. „Fünf Stück, Herr General“, antwortete der Feldwebel. „Was, Sie berechnen die Menschen nach der Stückzahl?“ Einmal ging allerdings von ihm ein Brigadebefehl herum, da zitierte er Shakespeare „...von des Gedankens Blässe angekränkelt...“ Da hat man natürlich viel gelacht. Er ist mir aber in guter Erinnerung geblieben.

E.E., geb. 1896:
Einmal mußte ich vor Verdun einen Befehl nach vorne tragen. Ich kam durch die Totenschlucht. In einem der Löcher in der Wand, in die man einige Stufen heruntersteigen mußte, befand sich der Regimentsstab. Nachts fummelte ich mich dorthin durch. Ich komme rein, sitzt da ein General auf seinem wackeligen Tisch und telefoniert. Und dieser General schimpft auf Deubel komm raus. Ich steh da und will wieder raus. „Nichts da, hier bleiben“, gibt er mir während des Telefonierens ein Zeichen und schimpft auf diese Leute ein: „Meine jungen Offiziere kriechen bei einem Feuerüberfall alle zusammen in einen Bunker. Volltreffer, und schon bin ich sechs Offiziere los.“ Es ist selten gewesen, einen so hohen Offizier vorne zu erleben.

Genau dasselbe kann ich aber von einem Divisionspfarrer sagen. Wenn hinter der Front eine Beerdigung war, mußten diejenigen, die gerade hinten waren, an der Beerdigung teilnehmen. Dann kam Pfarrer Österlein aus Celle und hielt die Rede. Ihm sagte man nach, er sei in Verdun in den vordersten Gräben gewesen und habe Sterbenden Hilfe geleistet. Einer Trauerrede von ihm habe ich beigewohnt. Das war ausgerechnet unter einem Friedhof, das Wasser leckte durch und er hatte mit Hilfe einer Kiste einen kleinen Altar aufgebaut. Dann fing der Mann an. Er konnte die Soldaten so weich machen. In seiner Rede sprach er immer wieder „von der Totenschlucht, wo die Anemonen blühen.“ Ich erinnere das noch, weil alles so eigenartig war, in einem Friedhof, wo die Suppe durch die Decke lief und wir an die Seite treten mußten, um nicht naß zu werden. „In der Totenschlucht, wo die Anemonen blühen“, das war für uns das Zeichen, daß er da gewesen sein mußte, weil er wußte, daß es in der Totenschlucht Anemonen gab. Komisch, daß ich das noch erinnere.

Karl Peters, geb. 1898:
Albert Bruckmann und ich waren Meldegänger. Wir konnten unser Bataillon, das sich in Passendale befand, nur nachts erreichen. Manchmal brauchten wir die ganze Nacht, um zum Bataillon zu kommen. Dort angelangt, sahen wir Major Dietlein, der in seinem nahezu abgesoffenen Bunker hockte. „Jungs, seid ihr doch durchgekommen? Wie sieht es denn aus?“ Was konnte der sein? 40. Der war nett, hat uns etwas verpflegen lassen. Wir konnten uns durchwärmen, haben einen Schluck aus der Pulle gekriegt. Er hat uns alles Gute gewünscht, dann sind wir wieder losgezogen.

Karl Bainier, geb. 1898:
Der Major mit seinem Stock kam zu mir und noch einem, das war ein Großer, und wir standen zusammen, und sagte: „Nehmen sie einen Sandsack. Am Hohlweg gleich links ist die Küche heute nacht durch eine Granate vernichtet worden und da liegt ein Pferd. Schneiden sie die Kehle auf und bringen sie mir die Zunge.“ Wir sind beide los über das Gelände. Das muß der Engländer eingesehen haben. Es fing an zu schießen. Unmittelbar einen Meter hinter dem Rücken meines Kameraden ging eine Brisanzgranate in der Böschung nieder. Es dauerte ein bißchen, dann ging alles hoch. Ich war halb vergraben vor Sand, mein Kamerad kriegte einen Splitter ins Kreuz, fiel um, war tot. Ich konnte nicht gleich weg, habe mich hinter den Rücken des Pferdes gelegt und ein wenig abgewartet. Nach einer Weile war es ruhig. Dann bin ich wieder vorgekrochen, habe die Zunge des Gauls herausgeschnitten und in den Sandsack gelegt und bin auf dem Bauch zurück. Der Major hat mir auf die Schulter geklopft und gesagt: „Du bist ein tüchtiger Junge.“ Die Pferdezunge hab ich nicht mehr gesehen. Die hat er gegessen.

Walther Gallasch, geb. 1895:
Eine Kompanie bestand aus drei oder vier Zügen à 30 Mann. Dementsprechend hatte der Hauptmann als Kompanieführer drei oder vier Leutnants unter sich und eine Kompanieschreibstube, die natürlich draußen an der Front nicht als wirkliche Schreibstube anzusehen war, sondern die sich im Tornister befand. Im Zug wiederum waren drei oder vier Gruppen à acht Mann, die von einem Unteroffizier, bei den Jägern hieß es Oberjäger, geführt wurden.

Heinrich Bartels, geb. 1897:
Von meinem Oberleutnant muß ich ihnen noch erzählen. Der Oberleutnant war ein Gutsinspektor. Er war es gewohnt, eine Reitpeitsche bei sich zu haben. Ein zynischer Mensch war das. Der konnte einen so verächtlich behandeln. Da ist folgendes in Italien passiert. Schon

morgens früh um sieben Uhr morgens mußten wir antreten. Es sollte ein Marsch gemacht werden. Ich war bei meinem Quartier in eine Jauchekuhle getreten. Meine Stiefel waren voller Jauche. Über das Reinigen bin ich zu spät zum Antreten gekommen. Erst war gar nichts los. Wir sind marschiert und plötzlich sagt der Oberleutnant: „Halt!" Alles blieb stehen. Ein Hamburger mit Vollbart, der auch zu spät gekommen war, und ich mußten raustreten. Nun hätte der Oberleutnant am liebsten mit der Peitsche rumgehauen. Als er nun anfing und wollte uns niedermachen, da ruft einer: „Halt die Klappe." Der Oberleutnant geht auf diesen Mann zu, aber da ruft schon ein anderer: „Haut ihn, haut ihn." Ein dritter ruft: „Messer raus, Messer raus." Da wurde dem Oberleutnant schwummerig. Also, das war für mich ein gewaltiger Moment, und zwar deswegen, weil dieser Mann, der eine solche Machtfülle besaß, nun so klein war. Ich war doch noch ein junger Mensch und hätte mir das nie zugetraut. Aber diese Alten, die hatten ja nichts mehr zu verlieren. Er nahm seine Kartentasche, gab sie seinem Stellvertreter, setzte sich auf sein Pferd und, heidewitzka, fort war er. Bei allen künftigen Einsätzen, die wir mit ihm im Feuer hatten, war er ein ganz kleiner Mann. Denn mancher Vorgesetzte hat in solchen Situationen sein Leben lassen müssen, kriegte einen Schuß in den Rücken und war weg.

Willi Nothdurft, geb. 1895:
Wir waren ja ein Garderegiment und hatten sehr viele adlige Offiziere. Da gab es keinen Unterschied von wegen, „ich bin adelig, ich stamm' aus der und der Familie". Nein, die lagen mit uns zusammen. Zu Stroßtrupps wurden hauptsächlich die Soldaten genommen, die zum Unteroffizier oder Feldwebel avancieren wollten. Wenn ein Stoßtrupp etwas Besonderes bezwecken sollte, dann ging auch ein Leutnant mit. Die Hauptleute als Bataillonsführer lagen auch mit vorne, während sich der Bataillonskommandeur, das war ein Major, in einer gewissen Linie hinter der vordersten befand. Er war dort aber wie wir dem Feuer ausgesetzt.

Paul Weiher, geb. 1896:
Unsere Offiziere haben uns nicht so fürsorglich behandelt, wie man das erwarten durfte. Schon ein Jahr vor Ende des Krieges kursierte der Spruch: „Gleicher Lohn und gleiches Essen, dann wär der Krieg schon längst vergessen." Aus diesem Spruch konnte man die Verärgerung heraushören.

Gerhard Bahrmann, geb. 1896:
Es muß Sommer 1915 gewesen sein, daß ich auf dem Offiziersaspirantenkursus im Warthe-Lager in Posen gewesen bin. Dort hab ich

eigentlich gemerkt, daß ich zum Offizier absolut keine Neigung hatte. Das Kommandieren und der Abstand zwischen Offizier und Soldat war sehr groß. Die Offiziere hatten ein Kasino und die Soldaten bekamen das gewöhnliche Essen. Als ich von dem Kursus zurückkam, hatte ich als Offiziersanwärter Zutritt zu den Kasinoabenden, an denen ich, wenn wir in Reserve lagen, teilnahm. Es wurde dort gesoffen. Ich weiß noch, es gab Sekt und ich habe, wenn die Offiziere gerade einmal wegschauten, meinen Sekt auf die schönen französischen Teppiche gegossen. Einen besonderen Zusammenhalt unter den Offizieren habe ich eigentlich nicht gespürt. Beherrschend war das soldatische Distanzgefühl zwischen den einzelnen Offizieren, Kompanieführer, Bataillonsführer. Immer Männchen machen.

Gustav Heckmann, geb. 1898:
Darmstädter war meine Batterieführer. Er war in der Abteilung, das ist die nächsthöhere Einheit, Adjutant gewesen und hatte viel mit Planung und Verwaltung zu tun gehabt. Die Exaktheit seiner Verwaltung hatte für unsere Batterie eine große Bedeutung. Wir konnten uns alle darauf verlassen, daß die Löhnung pünktlich ausgezahlt wurde, daß jeder den ihm zustehenden Urlaub bekam und dabei nicht gemogelt wurde. Auf diese Weise herrschte in der Batterie das Gefühl „das ist ein Haufen, in dem es anständig zugeht, auf den man sich verlassen kann“, und es entstand ein starkes Solidaritätsgefühl.

Johannes Götzmann, geb. 1896:
Ich habe viele Offiziere kennengelernt. Gute Menschen und Schweinehunde, vor allen Dingen arrogante Pinsel. Wir wurden als Pioniere oft von den Infanterieoffizieren angeschnauzt und belästigt. Eines Tages bin ich beim Stollenbau gewesen, hatte gerade die Sprengladung angebracht und verließ den Stollen. Kommt der Infanterieleutnant vorbei: „Können Sie nicht grüßen?“ „Hauen Sie bloß ab, sonst kriegen Sie eine Granate ab, gleich kommt was hoch.“ Er guckt sich um. „Bums“, macht es. Das verstand er. Es kam nicht wieder vor. Ich sagte unserem Leutnant, daß wir von den Infanterieoffizieren schlecht behandelt wurden: „Wart' mal, das mach' ich schon.“ Von diesem Tag an hat kein Mensch mehr was gesagt. Unser Leutnant war wunderbar, einen solchen habe ich nie wieder gehabt. Er war ein Mensch. 25 Jahre alt. Für den gingen wir durchs Feuer. Er hat für uns gesorgt, hat sogar vorne im Graben bei der Infanterie Granaten für uns geklaut, mit denen wir in der Marne versucht haben, Fische zu fangen. Gebildeter Mensch war das, er konnte Französisch und stammte aus Mecklenburg, glaube ich. Was nachher aus ihm geworden ist, weiß ich nicht. Ich habe nie wieder von ihm gehört.

Alfred Töpfer, geb. 1894:
Im August 1916 wurde ich Kompanieführer. Jedes Bataillon kriegte seine eigene Maschinengewehr-Kompanie. Ich kannte natürlich jeden Mann in der Kompanie. Als Kompanieführer habe ich nach Kräften dafür gesorgt, daß meine Leute mehr Verpflegung hatten als normal. Ich habe für die Kompanie drei Kühe gefangengenommen. Ein alter Soldat wurde zum Hüter der Kühe bestimmt. Es gab immer reichlich Milch und jeder kriegte zum Geburtstag einen Kuchen mit Schlagsahne. Nach meiner Verwundung an der Somme bin ich zurückgegangen zum Regimentssanitätsstand, um mich verbinden zu lassen. Die wollten mich natürlich gleich ins Lazarett geben, aber ich habe gesagt. „Nein, laßt mich mal wieder zu meiner Kompanie zurück." Ich habe eine besondere Verantwortung und Verpflichtung gefühlt und mir gesagt: „Ich muß durchhalten wegen meiner Leute. Ich kann mich nicht drücken." Jeden Tag mußte ich im Düstern zum Arzt. Am dritten Tag sagte er: „Töpfer, jetzt wird es höchste Zeit, daß Sie ins Lazarett kommen. Die Geschichte entzündet sich. Sie werden ihren Arm verlieren." Da habe ich mir gesagt: „Na gut. So ein Arm ist natürlich auch was wert." So kam ich ins Lazarett.

K. O., geb. 1896:
Man fühlte sich als Leutnant – im Stellungskrieg vor allem – für die Leute, die einem unterstellt waren, verantwortlich. Innerhalb eines bestimmten Grabenabschnitts mit so und soviel Unterständen mußte man dafür sorgen, daß die Leute einigermaßen anständig untergebracht waren, daß sie sich nicht leichtfertig im Gelände herumtrieben und man mußte auch dafür sorgen, daß die Verpflegung rechtzeitig ankam. Man betreute die Männer manchmal auch seelisch, wenn sie einen Kummer hatten, so gut man das als junger Mann konnte. Ich bin im Dezember 1915 mit 19 Jahren Leutnant geworden. In den folgenden Jahren 1916 und 1917 bin ich dann etwas gereift und konnte den Männern trotz meiner geringen Lebenserfahrung doch irgendwie zur Seite stehen. Ich habe zum Beispiel auch einige Briefe an Angehörige von Gefallenen schreiben müssen. Das war natürlich für mich als junger Mensch eine sehr bittere Sache. Wenn ihm ein Arm abgerissen war und er dann verblutet ist, hat man das natürlich nicht erwähnt, sondern geschrieben, daß er nicht hat leiden müssen, sondern gleich tot war. Es hieß nach dem Krieg in einem Buch, der Stellungskrieg sei der Krieg der Leutnants gewesen. Diese jungen Offiziere von Anfang, Mitte 20 sorgten in einer unheimlichen Weise für ihre Männer. Denen war eine ganze Kompanie unterstellt, 120, 150 Mann. Sie haben sich enorm eingesetzt und auch ihr Leben nicht geschont. Selbst bei starkem Artilleriefeuer haben sie versucht, die einzelnen Unterstände zu erreichen

und die Männer aufzumuntern. Ich muß sagen, diese jungen Männer haben mir sehr imponiert. Dabei waren sie, wie soll ich sagen, sehr sorglos, lebten ein bißchen in den Tag hinein, machten sich keine Gedanken und genossen ihr Leben, solange sie lebten. Die Reserveoffiziere waren etwas älter und besonnener. Sie waren meistens Volksschullehrer und neigten dazu, ihre Männer so ein bißchen wie Schulkinder zu behandeln. Ich habe da großen Respekt vor den Volksschullehrern bekommen.

Dr. Bernhard Lehnert, geb. 1896:
Von der Front aus mußte ich mich beim Regimentsstab in Halle melden und wurde von dort zu einem Offiziersausbildungs-Kursus im Munster-Lager in der Lüneburger Heide abkommandiert. Dort waren wir – ich möchte annehmen – vielleicht 1 000 Menschen. Ein kriegsverwundeter Reserveoffizier, es war ein Major, war der Kommandeur dieses Lehrgangs. Wir wurden in allem, was im Krieg vorkam, unterrichtet. Am Schluß dieses Lehrgangens wurden dann die Ernennungen bekannt gegeben. Man konnte damals schon Leutnant werden. Man konnte aber auch Vize-Feldwebel oder Unteroffizier werden. Ich wurde Unteroffizier. Ich gehörte also nicht zu den Auserwählten und, ich nehme an, man hat uns keine Begründung dafür gegeben. Ich war natürlich enttäuscht, aber ich bin dann auch sehr bald zum Feldwebel und ein Jahr nach dem Lehrgang zum Leutnant befördert worden.

Offizier werden zu wollen, war nicht hauptsächlich Ehrgeiz, sondern Egoismus. Man hat es ja als Offizier viel besser als als gewöhnlicher Soldat. Es war natürlich auch eine gewisse Befriedigung dabei, will ich mal sagen, daß man das nun erreicht hatte. Unter den Kriegsfreiwilligen wollte es natürlich jeder werden. Meine ganze Familie war stolz auf ihren Leutnant. Ich hatte noch einen älteren Bruder, der konnte nicht das Einjährige machen und hat es bis zum Unteroffizier gebracht, weiter nicht. Da wurde ich natürlich mehr estimiert als mein älterer Bruder. Es war ja schon ein großer Unterschied zwischen einem Feldwebel und einem Leutnant. Ein Feldwebel konnte nie Kompanieführer werden. Offizierstellvertreter waren alte Feldwebel. Sie trugen weiterhin ihre Feldwebel-Abzeichen, das heißt also Tressen und einen großen Knopf – der Gefreite hatte einen kleinen Knopf an der Seite – zusätzlich aber die Leutnants-Schulterstücke. Sie waren von ihrer ganzen Einstellung her aber mehr Feldwebel, hatten eben nur den Rang eines Offiziers.

Hermann Kottmeier, geb. 1897:
Im Jahre 1915 befand ich mich auf einem Kursus in Elsenborn in der Eifel. Da waren fast 3000 Einjährige zusammen. Und diese 3000

Männer waren zum Teil einfache Musketiere, zum Teil schon Gefreite. Ich kriegte extra, wie ich nach Elsenborn geschickt wurde, Gefreitenknöpfe, damit ich etwas vorstellen konnte. Eines Tages kam durch: „Herrschaften, hört zu, ich werdet mich auffressen, ihr werdet mir das nicht abnehmen, wir sind von heute an alle zu Leutnants der Reserve befördert." „Du bist verrückt, du Idiot, was denkst du dir aus." „Geht hin zur Dienststelle, da ist ein offizielles Blatt ausgehängt, da steht ihr alle drin." „Oh, da muß ich sehen, ob ich auch dabei bin." Alle standen drin. Unser Leutnant, das war ein aktiver Offizier, kam abends in unsere Korporalschaftstube und ein Frechdachs stand auf: „Melde, Herr Leutnant, ganze Stube zum Leutnant der Reserve befördert." „Was", brüllte der ihn an, „auf'n Hintern gelegt kriegt ihr die Achselstücke." Aber es stimmte doch.

Ich war erschüttert. Die Psychologie war für die Heeresleitung wohl noch nicht erfunden, denn sie schickte die, die jetzt Leutnant der Reserve wurden, wieder in dieselben Regimenter, zu denselben Kameraden, mit denen sie ausgebildet worden waren. Und da standen wir nun vor unseren Kameraden. Sie mußten uns grüßen und wir mußten gnädig wiedergrüßen. Genauso unser Ausbildungsunteroffizier, der mußte uns auch grüßen. Wir mußten nun den nötigen Takt besitzen, dies in netter Form, ohne hochmütig zu wirken, durchzuführen. Wir hatten es nicht leicht. Die Unteroffiziere hatten ja ein viel größeres militärisches Wissen als wir. Wenn wir einmal das Exerzieren kommandierten, holten wir uns einen alten Unteroffizier und fragten, was wir jetzt für ein Kommando geben sollten. Dann grinste er und sagt: „Jetzt müssen Sie das und das sagen." Wir dachten zu uns: „Laß dir bloß nicht anmerken, daß du ängstlich bist. Du mußt hier eine Rolle spielen auf Gedeih und Verderben. Jetzt bist du Offizier, nimm dich zusammen."

Eh wir an die Somme kamen, lagen wir ein paar Wochen zurückgezogen irgendwo in Belgien auf einem Bauernhof. Eines Sonntagmorgens, ich hatte mir die Flöte kommen lassen und musizierte, hörte ich, wie der ältere Unteroffizier in seinem Zimmer furchtbar schrie und schimpfte. Da brüllte ich über den Gang: „Na, Ahrens, mal langsam." Es dauerte einen Augenblick, da klopfte es bei mir. Unteroffizier Ahrens, umgeschnallt, Helm auf: „Bitte Herrn Leutnant folgendes melden zu dürfen." Ich sag: „Na, Ahrens, was ist denn los?" „Herr Leutnant, wollen Sie bitte diesen Brief lesen." Da hatte er einen Brief gekriegt, ich glaube von seiner Mutter oder Schwiegermutter, die ihm mitteilte, daß seine Frau ihn mit einem anderen Mann betrog. Er war darüber in Rage geraten, hatte in seinem Zimmer getobt und wollte sich nun entschuldigen. „Sehen Sie, ich bin ein älterer Mann, das ist meine Frau, jemand ist in meine Ehe eingebrochen. Da soll man nicht verrückt werden. Ich bitte um Verständnis, daß ich so laut geworden bin." Und ich habe zu mir gedacht: „Jetzt sitze ich als 18jähriger Stift hier, und meine Männer haben Probleme, von denen ich gar keine Ahnung hab. Sei behutsam mit diesen alten Männern." Ich bin mit ihnen immer gut ausgekommen. Wenn man aus einem Pfarrhaus stammt, gehen viele Menschen aus und ein, und man muß sehen, mit ihnen gut auszukommen. Aber von den jungen Leuten, die mit mir Offizier geworden waren, ist dies doch manchem zu Kopf gestiegen, und sie schnauzten ihre Untergebenen an. Da gab es denn böses Blut.

Hans Seidelmann, geb. 1898:
Der unterste Grad des Offiziers ist der Leutnant. Unsere Kompanie wurde im Feld Ende des Krieges von einem Leutnant geführt, in der Garnison in Magdeburg mindestens von einem Oberleutnant. Wir hatten einen ganz reizenden Leutnant, Biber hieß er. Sowie wir von der Front nach Athies zurückkamen, hatte er sogar ein Pferd und ritt. Er bekam die Befehle von oben und gab sie an die Unteroffiziere und Feldwebel weiter. Der Leutnant war mit im Graben. Da jede Kompanie aber im Graben einen großen Abschnitt zu besetzen hatte – der Abschnitt kann über 500 m lang gewesen sein – merkte man von ihm nichts.

Der Unteroffizier führte schon eine Gruppe von acht Mann. Beim Unteroffizier hörte im Ersten Weltkrieg die Kameradschaft auf. Das war doch schon eine Respektsperson. Der Feldwebel ist Portepee-Träger. Sie trugen im Ersten Weltkrieg keine Troddel an der Waffe, sondern das Offiziersportepee. Der Feldwebel ließ sich mit einem Soldaten nicht ein. Ein außerdienstlich freundliches Wort zu äußern, gab es nicht. Es gab nur: Hände an die Hosennaht, strammstehen, sei es im Felde oder in Laon in der Ruhestellung. Der Feldwebel war aber noch nicht Offizier. Bei uns gab es aber die Feldwebel-Leutnants. Das waren Feldwebel, die aufgrund ihrer Vorbildung Dienst wie ein in der Kompanie tätiger Leutnant taten und einen Zug führen konnten.

Unteroffizier, Gefreiter und dann Musketier. Der Musketier konnte, wenn er ganz besonders ruhmreich war, ohne es zu merken, Gefreiter werden. Der Gefreitenknopf war bei den Amerikanern als Souvenir sehr begehrt und wurde uns bei der Gefangennahme sofort abgenommen. Die ganze Kompanie waren weit mehr als 200 Mann. Aber darunter waren Posten wie Küche, Sani-Personal, Schreibstube. Die rein kämpfende Truppe belief sich, glaube ich, immer so um die 110, 120 Mann.

Ernst Weckerling, geb. 1897:
Louis Rühl war in meiner Kompanie Offizierstellvertreter. Er war über 30 Jahre alt. Er war mein Zugführer, ein alter Afrikakämpfer,

der schon als junger Unteroffizier den Krieg in Südwest-Afrika mitgemacht hatte. Er spielte als Veteran eine große Rolle in der Kompanie und im Regiment. Immer bekam er besondere Aufgaben. Er war ein harter, aber auch gerechter Mann und sehr kameradschaftlich eingestellt. Wir hatten ihn alle sehr gern. Als ich zu den Fliegern ging, hat er mir noch nette Briefe geschrieben und immer von der Kompanie berichtet. Er ist 1918 gefallen.

Otto Frahm, geb. 1896:
Unser Spieß, der Kompaniefeldwebel, war hinter der Front stationiert. Er war ein Aktiver gewesen, wohl 36 bis 40. Wenn wir abgelöst wurden, freute er sich über jeden, der zurückkam. Er kannte den Namen von jedem von uns. Da er aus Nordschleswig stammte, kriegten sie gleich ein Glas Tee mit Rum vorgesetzt. Ich kann ihnen sagen, das war eine Erlösung.

Dr. Curt Werner, geb. 1896:
Die Organisation der Truppe lag beim Hauptfeldwebel, dem Etatmäßigen. Er war der Manager, der alles macht, die Mutter der Kompanie. Er teilte die Soldaten ein. Das machte nicht der Batterieführer. Er regelte die Urlaubsangelegenheiten und schrieb an die Angehörigen Beileidsschreiben, die der Leutnant unterschrieb. Der Hauptfeldwebel war ja immer im Lager und sorgte auch für die Beerdigungen.

Wilhelm Garmsen, geb. 1896:
Inzwischen war ich Unteroffizier geworden. Wer zum Gefreiten ernannt wird oder zum Unteroffizier, muß sich beim Appell beim Feldwebel melden: „Musketier soundso zum Gefreiten ernannt!“ Wir hatten nun ausgemacht, daß wir den Feldwebel ärgern und uns nicht melden wollten. Uns konnte nicht viel passieren. Der Feldwebel grölte: „Da sind noch mehr, die sich zu melden haben.“ Beim zweiten Grölen sind wir dann vorgetreten und haben uns gemeldet. Im Anschluß an den Appell sagte er mir: „Sie kommen nachher auf die Schreibstube.“ Na, denk ich: „Jetzt kriegst du noch eine Zigarre.“ Nachmittags meldete ich mich bei ihm und da war er wie umgewandelt. „Na, nehmen Sie doch Platz“, druckste er so ein bißchen herum, „wollen Sie in Urlaub fahren?“ Ich habe nicht geantwortet, ich war so perplex. Ich war gar nicht dran mit Urlaub. „Ich hab’ Sie gefragt, ob Sie in Urlaub fahren wollen?“ „Jawohl, Herr Feldwebel.“ „Ja, dann kommen Sie morgen auf die Schreibstube. Ich mach’ Ihnen die Papiere fertig.“ Den nächsten Tag kam ich hin und holte mein Verpflegungsgeld und den Urlaubsschein ab. Ich hatte die Türklinke schon in der Hand: „Moment Mal, Herr Garmsen. Ich

habe da ein paar Pakete, Sie fahren doch über Altona?" sagte er. „Ja, ich muß nach Niebüll über Altona fahren." „Wie ist es, können Sie die mir vielleicht mitnehmen? Die brauchen Sie nicht zu meiner Frau hinbringen, Sie können sie in Altona im Postamt abgeben". „Aha", denke ich, „das war der Witz." Ich war der einzige Schleswig-Holsteiner in dem Haufen, das wußte er. Wenn ich daran zurückdenke, gerate ich noch heute in Wut. Ich hätte wenigstens eines dieser beiden Pakete mit nach Hause nehmen sollen. Das waren doch alles Sachen von Toten und Verletzten, Ausrüstungsgegenstände, Stiefel und Hosen, Lebensmittel vielleicht auch. Ich weiß es nicht. Ich Hornochse hab nicht nachgeguckt, hab treu und brav die Pakete abgeliefert und dann war die Sache für mich erledigt. Aber, ich hatte wieder Urlaub.

Dr. Bernhard Lehnert, geb. 1896:
Am 27. Januar 1915 wurden wir Kriegsfreiwilligen, die Einjährige waren, zu Gefreiten ernannt. Gefreiter ist der höchste Grad der Gemeinheit. Dazu wurde man ernannt, nicht befördert. Eine Beförderung erfolgte erst zum Offizier.

Julius Kreckler, geb. 1896:
Der Angriff der Franzosen war abgeschlagen worden. Abends gingen wir an der Stelle vorbei, an der der Laufgraben begann, und da lag jemand. Es war ein Leutnant, Gruber hieß er. Er hatte einen Treffer gekriegt und war tot. Wir waren gut mit ihm befreundet gewesen. Mein Kamerad sagte: „Ich möchte doch von ihm ein Andenken haben." Er schnitt ihm die Kokarde ab, und ich nahm einen seiner Knöpfe. Wir waren ja junge Bengels von 19 Jahren. Es blieb dann in dieser Stellung in der Folgezeit verhältnismäßig ruhig. Eines Tages kam ein Offizier von hinten. Er fragte mich, ob ich den Leutnant Gruber gekannt hätte. Ich bejahte es. Er fragte dann, wie das denn mit dem Leutnant gewesen sei, er hätte gar keine Kokarde gehabt. Ich sagte: „Die hat mein Kamerad." Wir sind dann zusammen zu meinem Kameraden gegangen. Er holte sein Portemonnaie heraus und in dem war sie drin. Der Offizier hat uns zum Abschied die Hand gegeben und ist weggegangen. Die Sache war erledigt, aber das hat uns nachher doch sehr zu denken gegeben. Denn wenn man einem Soldaten die Kokarde abgenommen hat, hat man ihn degradiert.

Walter Dechow, geb. 1897:
Es gab im Ersten Weltkrieg auch Soldaten, die hatten nur eine Kokarde. Wir waren ja Soldaten mit zwei Kokarden. Die hatten irgendetwas verbrochen. Normalerweise wären sie ja nicht Soldaten geworden, aber im Krieg brauchte man alle. Die wurden anders

behandelt als wir. Sie wurden besonders geschliffen. Ich hatte keine Fühlung mit ihnen. Es waren Soldaten zweiter Klasse.

Theodor Hein, geb. 1893:
Einmal mußte ich einen Offizierstellvertreter zur Strafgefangenenkompanie bringen. Er war degradiert worden. Ihm hatte ein Lager unterstanden und er hatte an die Franzosen Wäsche, Ausrüstung, Stiefel und ähnliche Dinge verscheuert. Wie ich ihn abgeliefert habe, hat er anscheinend die Hacken nicht ordentlich zusammengehauen. Da hat ihn der Unteroffizier gleich angebrüllt wie ein Verrückter. Ich habe gesehen, was da los war. Die wurden schwer rangenommen, wurden dressiert bis aufs Blut. Sie wurden schwer mißhandelt und bestraft. Ich hab' nachher gar nicht mehr hingeguckt. Direkt an der Front habe ich keine Strafkompanie erlebt, die bekamen wir gar nicht zu sehen.

J. E., geb. 1895:
Alle Offiziersanwärter mußten sich beim Bataillon melden. Wir standen zu 20 Mann in einer Reihe, der Adjutant kam und unterhielt sich sehr freundlich mit uns: „Schickt Briefe nach Hause an eure Eltern. Laßt euch eure Schulabgangszeugnisse schicken, euer Abi-Zeugnis oder von der Polizei ein Leumundszeugnis und wenn ihr in vier Wochen wieder hinten seid, gebt mir die Papiere." Ich schrieb meinen Eltern und kriegte keine Antwort. Nach vier Wochen mußten wir wieder nach hinten. „Ihre Papiere?" Ich war zuvor mit den anderen Offiziersaspiranten zum Festmahl der Offiziere zu Kaisers Geburtstag mit eingeladen worden. Von dem Moment an, wo ich meine Papiere nicht hatte, war ich nicht mehr dabei. Anscheinend nahmen sie an, daß mein Vater Sozialdemokrat war. Ich habe dadurch viel Ärger und Zurücksetzung erfahren. An sämtlichen Aktionen an der Front, in denen eventuell etwas mehr Gefahr drohte, mußte ich ran. Später sprach ich meinen Vater darauf an, warum er mir die Papiere nicht geschickt hätte. „Mein lieber Sohn, ich bin ja nie Soldat gewesen, aber ich kann mir vorstellen, daß du als Unteroffizier mal hin und wieder, wenn es brenzlig ist, deinen Kopf in den Sand stecken kannst. Aber wenn du Offizier bist, kannst du es nicht mehr. Dann mußt du mit dem Degen deinen Leuten vorangehen." Er hat Recht gehabt. Ihm habe ich es zu verdanken, daß ich mit Ihnen hier sitze und mich unterhalte.

Karl Bainier, geb. 1898:
Ich hatte unter Zeugen den englischen Infanterieflieger abgeschossen. Aber nicht ich bekam das Eiserne Kreuz, sondern ein Einjähriger. Das war bei der deutschen Truppe immer gemein, zuletzt wurden

immer der Herr Leutnant, der Einjährige, vorgezogen. Angeblich hatte der geschossen. Er konnte ihn aber gar nicht treffen. Ich hatte in den Benzintank geschossen und es gab eine große Stichflamme. Der Feldwebel hat es ja ausgesprochen: „So eine Gemeinheit!" Zum Dank haben sie mich 14 Tage in die Etappe weggeschickt.

Johannes Götzmann, geb. 1896:
In Stettin auf dem Kreckower-Platz nahm Mackensen einmal eine Parade ab. Da hab' ich ihn zum ersten Mal kennengelernt. Er schritt auch unsere Kompanie ab, guckte hin und her. „Ist denn keiner von meinen Pionieren hier, der das EK I hat?" Alles still. „Krieg ich keine Antwort?" „Ja, hier, der Pionier Eisenberger." „Vortreten!" Er tritt vor, ohne EK I. „Warum tragen Sie es nicht?" „Weil ich mich schäme." „Warum?" „Von meinen Leuten hat niemand das EK I, nur alles Leute, die chargiert sind", sagte Eisenberger. „Sofort gehen Sie hin, holen Ihr EK und stecken es an." Bis auf Eisenberger hatten nur Unteroffiziere, Feldwebel, Leutnants das EK I. Das EK II hatten einige von uns.

Fritz Bornemann, geb. 1897:
Ich habe in unser Stellung in der Picardie 1916 ja dauernd den englischen Sender abgehört. Das ging bis Dezember 1916. Eines schönen Tages, es war der 16. 12. 1916, ließ Leutnant Esser die Abteilung antreten und überreichte mir das EK II. „Das kommt von der Division." Den vorläufigen Ausweis für das EK II habe ich sogar noch. Das war für die Abteilung und natürlich auch für mich eine Bombenüberraschung. Ich war verwirrt, gar nicht einmal stolz. Ich denk: „Wie kann denn das passieren?" Das EK II war damals ja noch was wert. Später wurde es, wie man sagte, kochgeschirrweise ausgegeben. Ich vermute – ich weiß es ja nicht –, daß dies im Zusammenhang mir der Vorbereitung der Engländer für eine Offensive stand, die ich abgehört hatte. Aber die Kameraden haben mir das alle gegönnt: „Da hast du ja was fabriziert."

Erich Wolter, geb. 1898:
Ende August 1918 kriegte ich das Eiserne Kreuz. Ich hatte als Richtkanonier aber gar keinen Feind gesehen. Dabei hieß es doch immer, das Eiserne Kreuz gäbe es für Tapferkeit. Ich bekam das Eiserne Kreuz und wurde zum etatmäßigen Gefreiten befördert.

Martin Trinks, geb. 1894:
In der großen Offensive in Galizien im Mai 1915 lag ich als Vorposten einige hundert Meter vor der Kompanie. Wie es geschehen konnte, weiß ich nicht, jedenfalls sind einige Vorposten zurückge-

gangen. Ich stand neben dem Führer vom zweiten Zug, der ging nicht vor und nicht zurück, und ich habe das auch gemacht und habe mitangesehen, wie unser Hauptmann die Leute, die zurückgingen, mit gezogenem Revolver wieder vorgetrieben hat: „Wer hat hier Rückzug befohlen?“ Das weiß ich noch wie heute.

Wilhelm Oltmanns, geb. 1898:
Als ich krank wurde, wollte ich eigentlich nichts sagen. Wer sich nämlich morgens früh krankmeldete und dann nicht krank geschrieben wurde, kriegte zwei Stunden Strafexerzieren!“ Ich wollte wieder ins Feld gehen, da kam aber ein Arzt und fuhr mich nach Rethel ins Feldlazarett. Meine Eltern erkundigten sich. „Der Zustand ihres Sohnes ist bedenklich. Es liegt in Gottes Hand, ob er durchkommt.“ Es ging mir ganz schlecht. Enormer Durchfall. Dennoch wagte man nicht, sich krankzumelden. Es war traurig.

Heinrich Bartels, geb. 1897:
In der Zeit in den Karpaten kriegten wir Gasmasken. Wir hatten im Train einen Mann, der war 35 Jahre und Buchmacher von Beruf. Wir nannten ihn Väterchen, weil er einen Bart hatte. Er sollte sich nun den Bart an den Backenknochen abrasieren. Er hat gesagt: „Das mach' ich nicht.“ Man wußte nicht, was man mit ihm machen sollte. Er wurde in die Etappe abgegeben und dort zu Arrest verurteilt. Später haben wir gesehen, daß er dort geblieben ist und Aufsichtsdienst machte. Wir hatten auch einen Königsberger Bierkutscher, der war ständig betrunken. Er kriegte drei Tage Arrest und sollte eigentlich diese Zeit eingesperrt werden. Aber unterwegs in Rumänien gab es keine Arrestlokale. Stattdessen hat man den Mann ans Rad gebunden. Für jeden Tag Arrest mußte er eine Stunde am Rad stehen mit gespreizten Beinen und festgebundenem Oberkörper. Dem Kutscher war es egal, aber ich fand es deprimierend. Nachher hat man solche Strafen aufgehoben. 1918 gab es das nicht mehr.

Günther Becker, geb. 1896:
Wir gingen in Verdun in Stellung. Als wir später aus der Stellung zurückkamen, wurde festgestellt, daß sie sich drei Leute abgesetzt hatten, irgendwo in den Büsche der Umgebung verschwunden waren. Sie hatten sich ein Kreuz gemacht: „Hier ruhen drei tapfere Soldaten.“ Da sie aber ja nicht vollständig von der Bildfläche verschwinden konnten, wurden sie nach vier Wochen von der Feldpolizei aufgespürt. Ich habe nachher gehört, sie seien vor ein Kriegsgericht gekommen und anschließend nach Borkum auf die dortige Festung geschafft worden, wo sie den Rest des Krieges verbracht haben. Und so haben sie überlebt, was damals die Hauptsache war.

August Kahlcke, geb. 1898:
Im Feldrekrutendepot gab es einen mir sehr sympathischen Mann, der ein Jahr älter war als ich und der in der Somme-Schlacht ausgebüchst war. Den hat man offenbar nicht mit der ganzen Härte des Kriegsrechts behandelt, sondern versucht, seine Nerven wieder instand zu bringen. Als wir dann zur Truppe kamen, ging er wieder mit nach vorne. Ich weiß nicht, ob er aus religiösen Gründen gehandelt hat oder ob ihn nur die seelische Überwältigung in der Schlacht veranlaßt hat, die Truppe zu verlassen.

J. M., geb. 1896:
Wir waren in Schweighausen im Elsaß in Stellung und haben nach Thann hineingeschossen. Dort lagen die Franzosen. Wir hatten einen Richtkanonier, der war aus Thann. Er hat sich gemeldet, er könne das nicht, in seine Heimat hineinschießen. Er wurde aus der Stellung herausgezogen und kam in die Feldküche.

Fritz Wegel, geb. 1898:
Die Eiserne Ration bestand aus einer kleinen Dose Fleisch und einem Beutel Trockenbrot. Wenn man in Ruhe kam, war mit der Eisernen Ration Appell und da mußte man den Beutel zeigen. Manche hatten doch aus dem Beutel etwas herausgenommen und steckten ihn dann auf die Faust, so daß er voll aussah. Den einen oder anderen haben sie auch einmal dabei erwischt, daß er mogelte. Eigentlich gab es dafür keine große Strafe, das wurde meistens glatt gemacht. Man war im Feld großzügiger, während in der Garnison jede Kleinigkeit bemängelt wurde. Ich wüßte bei uns von keiner Strafe. Nachexerzieren gab es draußen nicht. Wenn einer mal besonders aufgefallen war, dann mußte er einen Besen nehmen und draußen vor der Unterkunft ein bißchen fegen.

Adolf Pützfeld, geb. 1896:
In meiner Jugend gab es kaum denkende Menschen. Die standen ja nur unter Druck im Kaiserreich, hatten nichts zu bestellen. Damals ging alles auf hunderprozentiges Kommando. Es wird heute im Gefängnis niemand so behandelt wie wir damals. Da bestimmte der Vorgesetzte, ob das nun der Unteroffizier oder der Offizier war, denen man zu folgen hatte. Ich war so ein kleines Kerlchen. Die Alten standen so hoch. Das war der Abstand zwischen Alt und Jung.

Ich war aber nun einer von denen, die schon früh vor dem Krieg Soldat gespielt hatten, wenn wir auf der Rennbahn in Merheim den Soldaten all die Kunststücke abgeguckt hatten. Jetzt als Soldaten standen wir mit einmal ziemlich hoch im Kurs. Wenn es nämlich an die Front ging, war die Sache umgedreht, die Herren abgeschoben und die kleinen Kerlchen, die konnten nun den Krieg gewinnen. „He, du kleiner Kölsch, komm machst'e das und das und nimm die Alten mit!" Es kam soweit, daß der andere, den ich kommandieren mußte, mein Vater sein konnte. An der Front lief alles darauf hinaus, wer ist der Mann. Da konnte passieren, was wollte. Zum Beispiel habe ich mit einem Feldwebel eine Auseinandersetzung gehabt. Ich war einfacher Soldat, Kölner mit größerer Schnauze als die anderen. Es hat mir nichts ausgemacht, weil er an der Front selbst der Kleinste war.

Im Angriff

Französische Gefangene

Der Feind

Welche Rolle spielt der Franzose, der Engländer, der Russe, den ich hier vereinfachend als den Feind bezeichne? Ich ertappe mich dabei, daß ich ihn kaum vor Augen habe, wenn ich an ein Schlachtfeld des Ersten Weltkriegs denke. In der Gesamtschau der Interviews erscheint mir der feindliche Soldat als ein ziemlich entrücktes Wesen, das gleichsam am anderen Ende der Welt lebt und das, bekommt man es einmal zu Gesicht, beim Beobachter zunächst einmal Überraschung und neugieriges Bestaunen hervorruft.

Auch dies ist ein Resultat des Grabenkrieges. Die Menschen stehen sich auf dem Schlachtfeld nicht mehr von Angesicht zu Angesicht gegenüber und marschieren auch nicht mehr in geschlossenen Linien aufeinander zu. Sie haben sich stattdessen vergraben und leben in nicht einsichtigen Grabensystemen, paradoxerweise oft nur wenige Meter voneinander entfernt. Diese werden nur in der Dämmerung und in der Nacht verlassen, um anzugreifen oder einen Patrouillengang zwischen den Grabenwelten durchzuführen. Da man sowieso nicht davon ausgeht, sich im Kampfgetümmel unterscheiden zu müssen, sind die bunten Uniformen abgelegt und gegen Uniformen in matten Farben ausgetauscht. Der Krieg ist ein Artilleriekrieg geworden, dessen Sinn und Ziel es ohne Unterschied auf beiden Seiten ist, die Menschen zu zermahlen, bevor sie bei den eigenen Linien anlangen. Wenn man sie zu Gesicht bekommt, dann häufig als leblose Körper im Niemandsland und in den Drahtrollen nahe der Gräben, aber auch dann nur kurzzeitig, bis die Artillerie anfängt, selbst die Toten in ihre Einzelteile zu zerlegen.

In Ausnahmesituationen sieht man den Feind dann doch, beispielsweise in einem Bajonettkampf am Grabenrand, für wenige Augenblicke in Erregung und Anspannung. Gefangene Feinde werden in der Hektik des Kampfes angewiesen, hinter die deutschen Linien zu laufen, wo sie schon bald in Gefangenenlagern verschwinden, die der kämpfenden Truppe nicht zugänglich sind. Da die Gefangenen ihrerseits befürchten müssen, von der eigenen Artillerie getroffen zu werden, haben sie selbst ein Interesse, sich schnell zurückzuziehen. Im Hinterland der Front treffen diese Kolonnen auf nachrückende deutsche Truppen. Doch die haben in diesem Augenblick andere Sorgen. Wer als Deutscher in Gefangenschaft gerät, hat natürlich ausgiebig Zeit, den Feind zu betrachten. Aber für ihn ist der Krieg zu Ende und ein ganz neuer Akt des Kriegsdramas beginnt.

Obschon die Deutschen also mit dem feindlichen Soldaten auf der anderen Seite des Grabens nur wenig Kontakte haben, leben sie doch, was die Franzosen anlangt, auf engstem Raum mit ihren Müttern, Frauen und Kindern zusammen. Der Krieg im Westen findet mit ganz wenigen Ausnahmen auf französischem Boden statt. Nennenswerte Gebiete Frankreichs sind von den Deutschen besetzt. An der russischen Front ist dies genauso, aber hier verliert sich alles in der Tiefe des Raumes. Abgesehen von dem Todesstreifen der Front sind die Dörfer und Städte hinter den deutschen Linien in Frankreich voll intakt. Nur unterstehen sie jetzt einer deutschen Militärverwaltung und die Familien müssen ohne die Väter und Söhne auskommen, die im Zeitpunkt der Besetzung im wehrfähigen Alter waren und nun auf der anderen Seite der Front im Einsatz sind.

Es ist schon eine eigenartige Situation. Während man den Soldaten der Gegenseite kaum zu Gesicht bekommt, wäscht einem seine Mutter hinter der Front die Wäsche. Wenn man den Feind sieht, geschieht dies meist in mitleiderregenden Situationen. Kann man solchen Menschen ablehnend begegnen? Am ehesten noch scheint dies der Fall zu sein – diesen Eindruck erwecken die Berichte – gegenüber Menschen, die einem aus deutsch-provinzieller Sicht fremd und exotisch erscheinen, etwa den Senegalesen auf französischer Seite. Bei alledem überrascht es nicht, daß es auffällig viele Erzählungen aus dem Ersten Weltkrieg gibt, die sogar eine gewisse Freundschaft über die Gräben hinweg bekunden. Ich erinnere mich noch gut an die Äußerung eines meiner alten Herren, der hervorhebt, daß der Erste Weltkrieg anders als der Krieg unter Hitler kein „fieser" Krieg gewesen sei. Auf Nachfragen stellt er klar, daß er keine Erschießungen erlebt habe wie im Zweiten Weltkrieg. Diese Aussage verwundert, beweisen doch die Darstellungen über den Einmarsch der Deutschen 1914 in Belgien, daß fast jeder meiner Gesprächspartner zum Sommer 1914 davon zu berichten weiß. Was ist dann der Grund dafür, daß die Soldaten des Ersten Weltkrieg ihre Gegenüber nicht als die großen Feinde ansehen? Sitzen diese vielleicht irgendwo anders?

Zeugnisse

Wilhelm Höpfner, geb. 1892:
Hinter der Front sind wir auf dem Marktplatz einer Ortschaft angetreten. Der Hauptmann rief: „Wir lieben vereint, wir hassen vereint, wir haben alle nur einen Feind." Und dann mußte die ganze Kompanie rufen: „England!" Den Engländer haben wir alle gehaßt.

F. Kl., geb. 1893:
Bei St. Quentin habe ich die Gelegenheit gehabt, die Unterstände englischer Offiziere zu sehen. Lauter Bilder von nackten Frauen und

ein perverses Parfüm hatten die Offiziere. Wir machten unzählige Gefangene, und zwar alles Studenten von der Londoner Universität. Uniformen wie aus dem Ei gepellt. Sie sagten uns damals, die Engländer seien humorlos und nicht musikalisch. Da habe ich mich getäuscht. Was haben sie gemacht? Sie haben „Goodbye Dolly", einen Marsch, geschmettert und manche haben dabei den Bass nachgemacht: „Wupp, wupp." Ich habe da auch einen Sergeant-Major kennengelernt. Das ist bei uns der Spieß. Er trug als Kopfbedeckung eine Kreissäge, einen Strohhut. Er war nicht so ein Roher wie bei uns der Spieß. Zu mir sagte er: „In drei Monaten Germany kaputt."

Fritz Wegel, geb. 1898:
Ich habe im Krieg vor allen Dingen Engländer erlebt. Man hat sich unwahrscheinlich beguckt: „Wie sehen die aus?" Ihre Ausrüstung hat man sich angesehen, aber sie wurden bei uns nicht gefilzt und wir haben sie auch nicht nach Zigaretten durchsucht. Landsturmleute nahmen sie hinter den Regimentern in Empfang und brachten sie zum Bataillon oder zum Regimentsstab, wo sie vernommen wurden. Wenn es einzelne waren, haben wir das auch schnell gemacht. Es entstand kein Kontakt. Von den Engländern hatten wir nichts zu befürchten, sie waren lieb. Wenn wir irgendwo hinkamen und es hieß, vor uns lagen Engländer, so bedeutete dies, so schlimm wird das nicht werden. Der Franzose hingegen war sehr scharf und eisern. Seit Sommer 1918 kamen noch Amerikaner hinzu. Sie taten so, als wenn sie zur Jagd gingen. Sie kannten keine Angst, waren in Massen in Frankreich.

Carl Heckert, geb. 1896:
Das Oldenburger Infanterieregiment 91 war von französischen Divisionen – alles Schwarze – vollkommen aufgerieben worden. Nun wurde die Eingreifdivision eingesetzt. Wir kriegten den Befehl: „Keine Gefangenen!" Wir protzten auf einer Chaussee ab und standen dort mit unseren Geschützen. Vor uns lagen noch deutsche Infanteristen. Mit einem Mal um vier Uhr morgens – es muß im Juni gewesen sein – drüben und bei uns Feuerpause. Ich stand am ersten Geschütz. Kein Schuß fiel mehr. Hinter uns war ein kleines Wäldchen. Da sagt mein Geschützführer, Feldwebel Kück: „Kuddel, horch, eine Nachtigall!" Da sang um vier Uhr eine Nachtigall. Ich habe sie das erste Mal in meinem Leben singen hören, obwohl wir zu Hause am Wald wohnten. Während der Ruhepause marschierten die Schwarzen wieder vor. Sie kriegten die Befehle vom Fesselballon, die oben alles beobachtet haben. Dann bekamen wir Feuerbefehl. Aus etwa 400, 500 Metern haben wir in direktem Beschuß mit Brisanzmunition in die Pulks der Schwarzen hineingeschossen. Wenn

wir trafen, gab es bei einem Schuß gleich 20 bis 30 Tote. Ich habe mit meinen Augen gesehen, wie sie gepurzelt sind. Die Schwarzen haben sich hingeschmissen, aber es kamen immer wieder neue nach vorne. Wir mußten die Geschütze kühlen, haben Wasser darüber geschüttet. Die nachrückenden Schwarzen haben wir mit Gas beschossen. Sie haben gar nicht vermutet, daß wir vorne so viel Artillerie hatten.

Die Schwarzen hoben ihre Hände. Sie ergaben sich kompanieweise, weil wir sie mit der Artillerie so beharkt haben. Sie konnten nicht fliehen. Nun hieß der Divisionsbefehl ja, keine Schwarzen am Leben zu lassen. Wenn ich einen Schwarzen gefangengenommen hätte und hätte ihn nicht erschossen, dann wäre ich weg gewesen. Die Infanteristen haben alle gefangengenommenen Schwarzen ermordet, immer zehn Mann hintereinandergestellt, das Maschinengewehr auf die Brust gesetzt und geschossen. In einer Reihe haben sie dann auch gelegen. Bergeweise haben Tote am Boden gelegen. Da ist keiner übriggeblieben. Es hieß nachher, es sei eine halbe Division gewesen. Da Sommer war und eine Krankheit hätte ausbrechen können, haben wir Benzin rübergegossen und sie verbrannt. Es wurde eine große Kuhle ausgegraben, in die die Überreste kamen.

Kurt Weickhmann, geb. 1897:
Ich war gerade vorne, als die Franzosen die schwarzen Völker angetrieben haben. Sie waren uns so nahe, daß man das sehen konnte. Sie haben gestürmt und sind in unser Maschinengewehrfeuer reingelaufen. Sie fielen wie die Fliegen. Die französischen Offiziere haben sie immer wieder angefeuert, bis auch sie gefallen sind. Der Sturm kam nicht zum Tragen.

Theodor Hein, geb. 1893:
Einmal griffen die Franzosen uns an, und wir machten einen Gegenstoß. Es kam zum Handgemenge. Ich war einer der besten Fechter in der Kompanie, hatte die Fechtschule mitgemacht. Ein Franzose vor mir ging in Bajonettstellung. Da hab ich noch gedacht: „Der Bruder ist nicht aus Pappe." Ich hatte aber noch einen Schuß im Lauf drin, der Schuß war meine Rettung. Schon kommt der zweite Franzosen auf mich zu. Das sieht einer meiner Kerls und durchbohrt ihn mit dem Bajonett. Er hat oft zu mir gesagt: „Unteroffizier, noch eine Sekunde!" „Ja, hast gut aufgepaßt."

Dr. Bernhard Lehnert, geb. 1896:
Weihnachten 1914 sangen die Wachen im Graben „Stille Nacht, Heilige Nacht". Gleich nachdem die ersten Töne des Gesangs erklungen waren, fingen die Franzosen an, wie verrückt zu schießen. Sie dach-

ten, es sei der Anfang eines Angriffes, obwohl dieses Lied ja nicht gerade kriegerisch klingt. Nach kurzer Zeit hörten sie mit dem Schießen auf, weil weiter nichts passierte. Da hatten sie wohl gemerkt, daß das irgendwie mit dem Weihnachtsfest zusammenhing und blieben ruhig. Als wir mit unserem „Stille Nacht, Heilige Nacht" fertig waren, sangen sie die Marseillaise. Das war das Weihnachtsfest 1914.

Paul Grünig, geb. 1897:
Die Engländer haben einmal einen Vorstoß unternommen und sind nicht ganz nüchtern gewesen. Wie sie nahe an unsere Frontlinie herangekommen waren und es wurde geschossen, haben sie „Kehrt, Marsch" gemacht und sind zurückgelaufen. Viele sind direkt vor den englischen Linien gefallen. Auch in den Stacheldrahtverhauen zwischen den beiden Linien sind zwei oder drei Tote gewesen. Die haben die Engländer nachher rausgeholt. Unweit unseres Gewehres lag ein englischer Feldwebel. Er war verwundet und konnte nicht zurücklaufen. Den haben wir dann herausgeschafft. Schwer kann seine Wunde nicht gewesen sein, denn er ist längere Zeit unten im Graben von unserem Leutnant vernommen worden.

Am Kemmelberg, unserer letzten Stellung, war die eine Seite in deutscher Hand. Drüben haben wir die englischen Soldaten gesehen. Wir haben uns aber gegenseitig nichts getan. Einmal ist ein dummer Kerl von den Engländern zu uns herübergelaufen. Er hatte wohl auch einen zuviel getrunken. Er ging ganz allein über das freie Gelände und wollte zu uns. Dann hat er die deutschen Maschinengewehre in Stellung gesehen und wollte wieder zurück. Dabei wurde er erschossen. Meine Kameraden hatten das alles gar nicht so richtig mitgekriegt. Da hab ich geschimpft: „Wie könnt ihr den erschießen?"

Zum Schluß des Krieges machten wir so kleine Offensiven. Wir mit unseren Maschinengewehren waren immer hinten dran, um Gegenstöße aufzufangen. Da sind wir auch verhältnismäßig glimpflich davongekommen. Eines Tages ist ein großer Haufen von Franzosen gefangengenommen worden. Die Franzosen waren immer auf die Gefangennahme vorbereitet. Sie hatten schon ihre Mäntel an, Hände hoch und liefen ohne Begleitung an uns vorbei hinter die deutsche Front. Die waren ja froh. Für sie war der Krieg zu Ende.

Otto Hayen, geb. 1896:
Im Ersten Weltkrieg war alles noch humaner. Wenn ich bedenke, was wir den Franzosen geholfen haben, wo es doch unsere bittersten Feinde waren. Wir sind so menschlich gewesen, daß wir den Gefangenen vor Verdun unser Wasser aus den Feldflaschen gegeben haben. Die haben gebettelt. Ein verwundeter Offizier sagte: „Gib mir doch

etwas Wasser. Ihr könnt von mir alles Geld haben, das ich bei mir habe." Wir haben ihm Wasser gegeben, tropfenweise, weil wir selbst nichts mehr viel zu trinken hatten. Er ist von seinen französischen Kameraden zurückgetragen worden. Was passiert? Mit einem Male kriegen wir von hinten Feuer. Die Franzosen hatten unsere Gewehre gefunden und haben uns auf dem Weg zum Fort beschossen. Sie sind dann natürlich von unseren nachrückenden Truppen, die dies beobachtet haben, erledigt worden. Dies sind so ganz verschiedene Momenteindrücke, einmal Mitleid, einmal Feindschaft.

Theodor Hein, geb. 1893:
In Verdun kam eines Tages ein französischer Soldat zu uns herüber und gab uns die Nachricht: „Kameraden, begebt euch in Deckung. Unsere Artillerie fängt dann und dann an zu trommeln." Er sprach Deutsch, es sprachen ja viele Deutsch. Natürlich durfte er das nicht machen, hat es heimlich getan. Er war kameradschaftlich und wollte nicht, daß wir kaputtgingen. An einer anderen Stelle lag ich mit meinem Zug und dem Maschinengewehr auf einer Höhe. Da war ein französischer Unteroffizier mit einigen Mann. Sagt der Unteroffizier: „Kamerad, warum wollen wir uns gegenseitig totschlagen, wir kennen uns doch gar nicht." Ich sag: „Mensch, hau ab mit deinen Kameraden nach hinten, eure Artillerie ist so blöde und knallt in euch rein." Ich habe auch viele Franzosen gerettet.

August Kahlcke, geb. 1898:
Wir saßen zu dritt in einem Granatloch. Wir hatten in dieser Nacht einen Verwundeten zurückgetragen und waren sehr ermüdet von der Anstrengung. Trotz heftigen Beschusses haben wir geschlafen. Gegen Morgen wurde der Beschuß ganz wahnsinnig und mit einem Mal hörte er auf. Ich ging aus dem Loch raus, nahm mein Gewehr und da standen die Engländer schon. Sie konnten ihr Sperrfeuer so exakt schießen, daß sie vielleicht 50 Meter dahinter anmarschiert sind. Als wir merkten, daß der Beschuß weiter nach hinten ging, waren sie schon da. Eine Unfreundlichkeit habe ich dabei bemerkt. Ein englischer Soldat, der uns unbedingt nach hinten bringen wollte, wurde von einem englischen Offizier mit der Pistole gezwungen, weiter mit nach vorne zu gehen. Wir landeten dort, wo sich bei den Engländern die Bunker und die Kriechgräben zwischen den Bunkern befanden. Nun kam von unserer Seite Beschuß. Jeder duckte sich dahin, wo er konnte. Da gab es keinen Unterschied. Daß sie nun gesagt hätten, ihr dürft nicht in den Bunker, legt euch in den Graben, davon haben wir nichts gemerkt. Einen Engländer sehe ich noch vor mir. Er stand ausgezogen in einem Zelt und hatte einen Brustdurchschuß und der Sanitäter meiner Kompanie verband ihn im Stehen.

H. J., geb. 1896:
Vier Wochen haben wir in einem großen Waldrevier an der Marne gelegen. Wir erhielten den Befehl, einen toten Franzosen, der allein auf einer Anhöhe lag, zu begraben. Seine Leute hatten ihn wohl vergessen. Wir kamen da oben an. Er war nur noch Matsch, bestand mehr aus Maden. Wir gruben ein Granatloch der Länge nach aus. Ich habe dann noch den Vorschlag gemacht, die Erkennungsmarke mitzubringen. Wir hatten unsere Erkennungsmarke ja um den Hals, der Franzose hatte sie am Arm. Wir konnten die Kette nicht von der Hand abkriegen und haben daher die Hand mit dem Spaten abgeschlagen. Dann habe ich ihn begraben und auf das Grab ein Kreuz gesetzt. Wir haben das gemacht, damit seine Angehörigen wissen sollten, was mit ihm los war. Das ging über die Schweiz. Wir haben die Erkennungsmarke beim Sanitätsunterstand abgegeben.

H. Br., geb. 1898:
Wir waren an der Somme 1918 im Vormarsch. Ich mußte eine Meldung abgeben. Beim Vorgehen lagen die beiden Engländer an der Grabenböschung einer Straße. Sie lagen da ohne Beine. Die Hosen waren noch da, aber vollkommen zerfetzt und die Beine abgeschossen. Wir mußten weiter, konnten uns auch gar nicht um diese beiden Leute kümmern. Als wir in unserem Vormarsch auf Widerstand stießen, mußte ich eine Meldung nach hinten bringen. Dabei kam ich wieder bei den beiden vorbei. Ich bin gleich noch zu ihnen hingegangen, konnte aber nichts mehr unternehmen. Sie waren tot. Da habe ich mich an den Satz meiner Mutter erinnert: „Denk daran, auch deine Feinde haben Mütter, und die Mütter hoffen, daß sie zurückkommen."

Paul Beuge, geb.1897:
Ich habe gleich zu Anfang des Krieges einen Feldgottesdienst erlebt und dabei habe ich mir überlegt: „Jetzt steht da drüben auf der anderen Seite auch einer vor der Truppe und predigt und segnet die Waffen." Das ist mir nicht aus dem Kopf gegangen.

Dr. Bernhard Lehnert, geb. 1896:
Jemand hat mir erzählt, daß er einmal an der Front in einem starken Artilleriefeuer mit einem Franzosen zusammengetroffen war. Er selbst und der Franzose waren in einen Granattrichter gesprungen, weil man dort Deckung hatte. Die beiden haben sich bestens vertragen. Sie hätten sich auch gegenseitig totschlagen können, aber sie haben sich gesagt: „Das müssen wir nun miteinander durchstehen." Als das Feuer aufhörte, ist jeder zu seiner Truppe zurückgekehrt.

Emil Buck, geb. 1898:
In der Offensive bei St.Quentin und Reims war ich als Meldefahrer mit meinem Fahrrad unterwegs. Da stieß ich auf einen verwundeten Engländer. Ich hörte, wie er immer „water“ rief. Ich bin zu ihm hingegangen und habe seine Zeltbahn über ihn gedeckt, daß er im Schatten war. Es war ja Sommer, war heiß. Er muß sehr schwer verletzt gewesen sein. Nun hatte ich ja kein Wasser, ich hatte nur Wein in der Feldflasche. Ich habe ihm gesagt: „Nix water.“ Water konnte ich ja verstehen. Und da habe ich ihm mit einem Schluck Wein aus meiner Feldflasche die Lippen naß gemacht. In diesem Moment drehte er sich um und war tot. Ich habe nie Haßgefühle gehabt gegen die anderen, auch nicht für die Franzosen. Sie konnten genauso wenig dafür wie ich. Ich hatte den Krieg nicht gewollt und sie auch nicht.

Kurt Hauswurz, geb. 1896:
Ich hatte eine Meldung zum Bataillon geschafft und lauf an einem Wald vorbei. Auf einmal kommt aus dem Wald ein Franzose raus mit Gewehr. Ich hatte kein Gewehr bei mir, nur die Gasmaske. Ich habe gedacht: „Jetzt bist du tot.“ Auf einmal schreit er: „Kamerad, ich spreche Deutsch, nicht schießen“, und wirft das Gewehr fort. Er kam zu mir hin, perfekt Deutsch gesprochen: „Ich bin aus Paris. Ich hab in einem Hotel als Hoteldiener gearbeitet. Ich habe die Schnauze voll und bin ausgerissen.“ Den habe ich mit weggeschafft. Er war froh, daß er sich gerettet hatte.

Albert Benecke, geb.1897:
Als wir in Verdun zur Erholung weiter zurücklagen, bin ich einmal, wie nicht so viel Schießerei war, vielleicht 150, 200 Meter von unserer Stellung entfernt in einen Wald gegangen und wollte Holz suchen. Der Wald bestand aus lauter Baumstümpfen von etwa anderthalb Meter Höhe. Als ich wieder zur Kompanie zurückgehen wollte, stand plötzlich ein Franzose vor mir und sang. Ich hatte die Hosen voll. Wir hatten ihn wohl vor einiger Zeit gefangengenommen. Er war im Wald geblieben. Er ging in eine Behausung aus Buschwerk und Laub und wer weiß was an altem Kram und da waren noch zwei Franzosen. Nun war ich noch ängstlicher wie sonst. Die waren mit drei Mann und ich war alleine. Ich konnte ja kein Französisch, aber ich verstand, daß sie Angst vor mir hatten. Dabei hatte ich gar keine Pistole bei mir. Nun waren das schon ältere Leute, die Tränen liefen. Sie zeigten mir Bilder. Was sollte ich machen? Der eine hatte Kinder. Ich habe das dann dem Unteroffizier gemeldet und bin mit zum Kompanieführer, der wollte ja auch wissen, ob das wahr sei. Die drei wurden anschließend weggeholt.

Emil Buck, geb. 1898:
Nachts unternahmen wir eine Offensive. Ich war mit dem Minenwerfer ein ganzes Stück hinter der Front. Es war taghell und ich saß in einem Trichterloch. Da kamen zwei Engländer – die hatten sie gefangengenommen – mit erhobenen Händen auf uns zu. Ich sagte: „Kommt mal her, ihr beiden." Ich hatte ja mein Gewehr, die hatten als Gefangene nichts. Sie boten mir Zigaretten an. „Behaltet mal eure Zigaretten, das werden für längere Zeit eure letzten sein. Aber wenn ihr Tabak habt, den nehm ich gerne." Und dann habe ich von ihnen einen Bund Tabak gekriegt und wir haben zusammen geraucht. Viel unterhalten konnten wir uns ja nicht. Aber die waren lustig und freuten sich, daß sie in Gefangenschaft geraten waren. Sie waren für mich Kollegen, die dies alles ja auch nicht gewollt hatten. Wir sind ja alle gezwungen worden. Und deswegen haben sie sich bei mir auch ganz wohl gefühlt. Dann kamen andere Deutsche vorbei und ich durfte mich doch nicht mit Kriegsgefangenen einlassen. Da hab ich gesagt: „Geht man hier raus. Hinten werden sie euch schon in Empfang nehmen."

M. D., geb. 1899:
Als Armierungssoldaten mußten wir manchmal Gefangene als Bewachung nach hinten bringen. Wenn der Kampf vorne zu Ende war und man kam hinter der Front mit denen zusammen, dann waren wir einfach Menschen. Sie waren Gefangene, aber keine Feinde. Ich sprach kein Französisch und konnte mit französischen Gefangenen daher nicht sprechen. Wenn aber zum Beispiel ein deutscher Soldat beim Marsch ungeschickt war und mit dem Fuß hängen blieb und hinfiel, da haben sie mitgelacht. Wie dies eben Menschen tun, die weiter kein Vergnügen haben. Und solche Menschen sollten umgebracht werden? Mir war das über und mein Gedanke war, nur wieder schnell in den Zivilberuf zurück und etwas schaffen, das sinnvoll ist.

Gerhard Bahrmann, geb. 1896:
Wir erhielten als Verpflegung Sauerkraut und drüben aus dem englischen Graben rief einer laut auf Deutsch rüber: „Ihr Sauerkrautfresser." Und ich dachte: „Hat denn der gerochen, daß es bei uns Sauerkraut gibt?"

Erich Gieskes, geb. 1896:
Die Artillerie schoß an der Somme nicht ununterbrochen. Vor allen Dingen morgens zwischen neun und zehn Uhr gab es eine Sanitätspause. In dieser Zeit wurden die Verwundeten und Toten geborgen. Diese Pause wurde eingehalten, beide Seiten hatten ja Interesse, ihre Verwundeten wegzubringen. Dann kamen wir zur Front Lens-

Arras. Unser Graben war von der Seite aufgerollt worden, und in bin mit einigen Kameraden in den Gang eines Bunkers gekrochen. Es waren kanadische Truppen, die plötzlich zu uns in den Bunker hinabstiegen, so vier Mann. Wir haben die Hindenburg-Lichter in den kleinen Blechschachteln mit Wachs und Docht angezündet und zusammen mit den Kanadiern gefrühstückt. Natürlich war das erste: „Have you a souvenir for me?" Das war der erste englische Satz, den ich gelernt hatte. Sie hatten es vor allen Dingen auf Achselklappen und Uniformknöpfe abgesehen. Ich habe ihnen mein Foto gegeben und einer hat mir ein Foto von seiner Heimat geschenkt, ein kleines Foto, einstöckiges Häuschen und seine Familie davor. Ich habe das Bild noch eine Zeitlang behalten, nachher ist es irgendwie verlorengegangen. Auf unserem Weg hinter die englische Front mußten wir noch einen verwundeten Offizier tragen.

Willi Marquardt, geb. 1898:
In Elsaß-Lothringen herrschte Ruhe. Da lagen die Fronten so dicht beieinander – es waren allerhöchstens 50 Meter, so weit war es noch gar nicht –, daß sich die französischen und deutschen Soldaten zuwinkten und sich etwas zuriefen. Es herrschte eine richtige Freundschaft zwischen beiden. Da wurde auch nie geschossen. Manchmal wurde ein Schuß abgegeben, aber in die Luft, damit es hieß, hier wird auch noch geschossen, aber nicht auf Menschen. Die liefen deshalb sogar draußen herum und saßen nicht immer in den Gräben. Das war ganz einmalig. Sie fühlten sich dort eben als Menschen. In anderen Gegenden kam es aber nicht dazu, da wurde geschossen und geschossen und die Feindschaft entwickelte sich dadurch erst richtig.

Hermann Baass, geb. 1897:
Der englische Sappenposten war ziemlich weit von uns entfernt. Die Engländer waren immer mit sechs Mann vorne, wir waren nur vier. Eines Tages lief zwischen den Linien ein Karnickel. Von jeder Seite wurde auf das Karnickel gezeigt und dann geschossen. Die Engländer waren dichter dran und trafen. Dann verständigte man sich, nicht zu schießen. Ein Engländer lief hin. Ihm wurde nichts getan. Er hat dann das Kaninchen hochgehalten. Das war ein Kameradschaftsgefühl auch gegenüber den Engländern. In der Somme-Schlacht haben die – wir lagen ja nur ein paar Meter entfernt – eine Pickelhaube hochgehalten und immer, wenn wir die Pickelhaube abschossen, legten die Franzosen an einem neutralen Brunnen die Preise – Weißbrot zum Beispiel – ab. Und wir hatten auch irgendeinen Preis. Kaum zu glauben, aber so war unser Pickelhauben-Preisschießen.

Karl Peters, geb. 1898:
Im Priesterwald und auch in Flandern habe ich ein eigenartiges stilles Übereinkommen erlebt. Gegen Abend hißten wir die „Rote-Kreuz-Flagge“, gingen über die Deckung hinweg und brachten unsere Verwundeten nach hinten. Mit der Flagge in der Hand wurden wir nicht beschossen. Denn unsere Gegner machten es genauso. Bis zum Anbruch der Dunkelheit ging dies so, dann wurde es mit den schlechteren Sichtverhältnissen unsicher.

E.P., geb. 1897:
Als wir Deutschen Lenin von der Schweiz nach Rußland brachten, saß ich oben in Litauen an der russischen Grenze. Feindliche Aktion zwischen uns und den Russen gab es nicht mehr. Wir sind an die Drahverhaue gegangen und sind dort mit den Russen zusammengekommen. Die Russen wollten von uns in erster Linie Spirituosen haben. Davon hatten wir aber nicht genug. Was wir lieferten, reicherten wir nun mit Pfeffer oder sonstwas Scharfem an, denn je schärfer, um so besser. Die gaben uns dafür im Jahre 1917 an der russischen Front beste französische Seife.

A. H., geb. 1899:
Wir haben einmal an einer Stelle gelegen, an der auch die Artillerie dabei war. Wenn die Artilleristen vorne waren, haben sie all ihre Pferde am Waldrand stehen lassen. Der Franzose hat nicht einsehen können. Und doch haben die Franzosen dann jeden Tag Schrapnells gegen unsere Artillerie eingesetzt. Wir lagen gerade nebenan: „Wie kommt denn das, daß immer wenn die Gäule rauskommen, die Franzosen schießen?“ Da habe ich dann rausbekommen, daß ein Bauer an diesen Tagen immer mit seinem Schimmel aufs Feld fuhr. Und wenn der draußen gewesen ist, haben sie geschossen. Da haben unsere ihn geschnappt. Was mit ihm passiert ist, weiß ich nicht.

Hermann Gieselmann, geb. 1895:
In Frankreich wurden wir privat einquartiert. Vom Bürgermeister kriegten wir eine Bescheinigung mit und mußten uns dann ein Quartier besorgen. Da war eine Villa, die wollten mich nicht aufnehmen: „Hier nur Offizier, Offizier.“ Ich sagte: „Ja, ich bin Offizier.“ Ich mußte mir dann mit Gewalt Einlaß verschaffen. Weil ich dort ganz allein wohnte und Angst hatte, hatte ich mein Gewehr immer bei mir. Nachts stand es am Bett für den Fall, daß was passiert wäre. Sehen Sie, und da habe ich dann über den Krieg nachgedacht. Die haben nämlich auch über ihn geschimpft und hatten die Nase voll: „Warum gibt es denn Krieg?“ Alle schimpften und doch gab es den Krieg.

Dr. Bernhard Lehnert, geb. 1896:
Die Dörfer hinter der Front waren noch nicht völlig geräumt. Der größte Teil der Einwohner war weg. Aber es waren immer noch einige da, mit denen wir uns dann auseinanderzusetzen hatten. Ich weiß noch, wir mußten Erdarbeiten durchführen und hatten dafür doch nur unsere kleinen Spaten, mit denen man nur kümmerlich arbeiten konnte. Wir mußten also zusehen, uns richtige Spaten und Schaufeln zu besorgen. Und da bin ich zu einem Bauern gegangen und habe ihn um eine Schaufel gebeten. Ich war damals sehr verwundert, daß er mir sehr unfreundlich begegnete und mir nur ungern eine Schaufel zur Verfügung stellte. Von seinem Standpunkt als Franzose war es an sich selbstverständlich, daß er einem Besatzungsoldaten nicht helfen wollte. Aber mir erschien das damals – ich weiß auch nicht, wie ich dazu kam – merkwürdig, weil ich ihm ja absolut freundlich begegnet war und ich dies ja auch nicht zu meinem Spaß machte.

Hellmuth Paulsen, geb. 1898:
Wir kamen im Frühjahr 1917 an der französisch-deutschen Grenze in ein Rekrutendepot. Wir lagen in einem großen Schulkomplex. Die kleinen Kinder kamen immer zu uns rein und wollten mit uns hantieren. Wir ließen uns alles gefallen. Eines Tages kam eine zu mir und sagte: „Ma mère dit: Les Allemandes, couper ici“, den Deutschen müßte also der Hals abgeschnitten werden. Das vergeß ich nie.

F. Kl., geb. 1893:
In Berlin sagte ein Kamerad zu mir: „Weißt du schon, wo wir hinkommen? Wir kommen nach Libau.“ Das hörte ein junger Jude: „Herr Soldat, bitte, bitte, ich habe gehört. Wollen Sie sich erbarmen, an meine Eltern in Libau einen Brief zu übermitteln.“ Die Deutschen hatten damals alle jungen jüdischen Männer einkassiert und nach Deutschland geschafft. Er schrieb mit wundervoller Schrift seinen Brief. Wie wir in Libau angekommen sind, bin ich losgegangen, seine Eltern aufzusuchen. Sie wohnten in einem weißen Haus direkt am Hafen. Jägerplatz hieß es dort. Ich habe noch einen Kameraden mitgenommen. Oh, was hatte die Frau zunächst für eine Angst, als sie die deutschen Soldaten sah. Ich sagte: „Ich bringe einen Brief von ihrem Sohn.“ Ach, da hat die Jüdin geschrien und ihren Mann gerufen. Es war eine große Freude. Und dann kam die Tochter, Rebekka Jakobson hieß sie, sprach fünf Sprachen und hatte in Moskau studiert. Ihr Teint war so blaß wie Alabaster, kohlrabenschwarze Haare. Sie konnte wunderbar Klavier spielen. „Wir hassen Ihren Kaiser“, sagte sie. Sie hat mir gleich eine Geige besorgt, und ich habe mit ihr gespielt. Sie kannte alle deutschen Lieder und Stücke. Die

Juden sind eben alle schlau gewesen. Die Eltern haben gebangt, ob ich wisse, wo ihr Sohn jetzt hingekommen sei. Aber das konnte ich ihnen natürlich nicht sagen. Jedenfalls durfte ich jeden Abend zu ihnen kommen und habe auf der Geige gespielt.

Paul Krüger, geb. 1899:
Ich wurde Ende des Krieges eingezogen. In Lüttich hielt unser Zug auf dem Bahnhof an. Frauen standen in irgendeiner Schlange, um etwas zu ergattern. Wie sie uns sahen, drehten sie sich um und zeigten uns den Hintern und schimpften. Da dachte ich mir: „Vier Jahre ist nun schon Krieg. Freunde sind das nicht für uns geworden." Das war mir auch verständlich, denn wir hatten ja das Land überfallen, um nach Nordfrankreich hineinzukommen und die französischen Befestigungen zu umgehen. Dieser erste Eindruck in Lüttich hat mich eigentlich etwas bedrückt, und ich habe mich gefragt, ob uns die Leute wohl überall so schlecht empfangen werden?

Dann wurden wir in einer Kleinstadt südlich von Brüssel ausgeladen, und ich kam in ein Bürgerquartier. Die Häuser waren alle sehr klein, eine Tür rechts und links ein Fenster und oben noch ein kleines Stockwerk. Die Straße verlief an einer Bahnstrecke, sie hieß Rue de Tunnel, und in der Ferne sah man auch, wie die Straße in einem Tunnel verschwand. Ich war der einzige Soldat in dem Hause. Die flämische Familie hieß van der Boer, und sie hatten eine Tochter, die vielleicht 16, 17 Jahre alt war und noch zur Schule ging. Sie betrachtete mich nicht als Feind, obgleich ich ihr sagte: „Ich bin ja Ihr Feind." Sie sah mich als Menschen oder sogar als Freund an. Jedenfalls kam sie am nächsten Morgen und brachte mir eine Schüssel mit Wasser zum Waschen. Sie hatten so ein Majolika-Geschirr, wie wir es zu Hause auch besaßen, mit der großen Kanne für vier Liter Wasser. Ich hatte das breite französische Bett ganz allein für mich. Es ergab sich, daß wir ins Gespräch kamen. Ich konnte mich mit ihr knapp verständigen. Cesari, hieß sie, Cesari van der Boer. Am nächsten Tag kam sie wieder. Ich hatte bei mir eine Karte liegen, die mir ein Kollege geschickt hatte, eine Künstlerkarte. Die Karte las sie nun: „Paul Kru..., Kru..., Krugère aus Nöstaatin in Pommèrn." Das interessierte sie. Am nächsten Tag kam sie mit einem Atlas und wollte sehen, wo ich zu Hause war. Sie freute sich offensichtlich, daß wir uns verständigen konnten. Ein paar Tage später kam sie mit einem Postkartenalbum. Darin waren viele Bilder aus Paris. Es gab auf den Karten auch Liebespaare, die sich küßten oder sich küssen wollten. Sie übersetzte mir auch, wie das auf Französisch hieß. „Baiser", glaube ich. Dann war die Geschichte leider zu Ende. Es wurde nämlich noch ein Infanterist von der Front einquartiert. Da konnte sie mich nicht mehr besuchen.

Hermann Baass, geb. 1897:
In Frankreich war das Verhältnis zu den Einwohnern anders als in Belgien. Die Belgier waren im allgemeinen nicht besonders freundlich zu uns Soldaten. In Frankreich – schön, wir waren Feinde – hat man sich doch sehr wohl gefühlt. In der Gegend von Cambrai habe ich mal mit vier Mann bei einer Familie gewohnt. Er war ein reicher Maurermeister, großes Wohnhaus, zwei Töchter, eine war wohl 20, eine ungefähr 16, beide hießen Marie de la Motte. Gegenüber ihrem Haus war die Schreibstube. Als Fernsprecher brauchten wir nicht zum normalen Dienst anzutreten, weil wir direkt dem Leutnant beim Regiment unterstanden. Um unsere Position wurden wir beneidet. Die Leute waren sehr nett und ich stand besonders gut mit ihnen, weil ich Französisch konnte. Aus Deutschland konnte ja keiner was schicken, aber in Brüssel gab es alles. Ich hab mir sogar einen Wunschzettel aufschreiben lassen. Meine Mutter hat alles besorgt und, als ich aus dem Urlaub aus Brüssel zurückkam, habe ich Blumensamen und alles Mögliche mitgebracht. Schokolade kannten die Mädchen gar nicht. Dadurch war ich natürlich beliebt, ich war ein junger Bengel von 19 Jahren, aber auch die anderen hatten ein anständiges, nettes Verhältnis zu den Leuten.

Gerhard Bahrmann, geb. 1896:
1915 lagen wir nahe Lille in einem Dorf in dem kleinen Haus eines alten Ehepaars. Das Ehepaar war in die obere Etage des Hauses verbannt und wir waren unten. Das Verhältnis war so ausgezeichnet, daß die beiden alten Leute zu mir bloß „Monsieur Gérard" sagten. Eines Tages kommt einer meiner Kameraden und sagt: „Du, hier im Garten hinter dem Haus stimmt was nicht. Da haben die Franzosen sicher was vergraben. Ich werde heute abend mal nachsehen." Er sieht nach, kommt wieder: „Hier, die Alten haben eine Schatulle mit Geld und Schmuck vergraben." Ich geh dann zu dem alten Herrn: „Haben sie etwas im Garten vergraben?" „Non, non." Dann sag ich: „Mein Kamerad hat die Schatulle gefunden. Wir haben sie aber wieder hingetan und denken nicht daran, uns daran zu vergreifen. Aber wir bitten Sie, verstecken Sie sie besser, daß sie nicht von anderen Kameraden weggenommen wird."

Heinrich Bartels, geb. 1897:
In den Dolomiten bekam ich Fieber. Es herrschte die asiatische Grippe. Viele, die nicht behandelt werden konnten, sind daran gestorben. Wir lagen in einer Gaststätte und der Gastwirt war ein patenter Mann, der zehn Jahre im Rheinland als Terrazzoarbeiter gearbeitet hatte. Er war zunächst bei den Italienern Soldat gewesen, als wir angegriffen hatten, hatte er sich aber gesagt: „Schnell nach

Hause." Er sorgte dafür, daß ich ein gesondertes Zimmer bekam und seine Tochter betreute mich und machte mir Umschläge gegen das Fieber. Und nach einiger Zeit war ich wieder in Ordnung.

Willi Marquardt, geb. 1998:
Wir kamen in irgendeinen Ort hinein. So der nicht zerstört war, wurden wir in Häusern der Einwohner einquartiert. Wir wurden von ihnen so nett behandelt. Sie freuten sich immer, wenn wir wieder einmal in der Nähe lagen und sie dann besuchten. Sie freuten sich, als wenn ihre eigenen Kinder kämen. Selbst die armen Leute, die auch nichts mehr hatten, gaben uns zu essen. Zum Beispiel in Elsaß-Lothringen, da lagen wir auch mal in Ruhe und die Elsässer waren damals ja sehr französisch eingestellt. Wir konnten bei ihnen im Zimmer sitzen und uns mit ihnen unterhalten. Und wenn sie dann Mittag aßen, sagten sie: „Ach, euer Kasernenessen gebt uns mal her. Das kriegen die Schweine. Ihr könnt mit uns Mittag essen." Sie waren nett, obwohl sie immer sagten: „Wir sind Franzosen. Den Krieg könnt ihr nie gewinnen."

Wilhelm Schmerenbeck, geb. 1893:
Bemerkenswert war das Verhältnis zur französischen Bevölkerung. Sie war nicht ein bißchen deutschfeindlich. Ich wurde bei einer Witwe einquartiert, deren Mann war gefallen. Aber sie hat uns das nicht spüren lassen.

Wilhelm Eddelbüttel, geb. 1894:
Wir haben längere Zeit in Frankreich bei Douai gelegen. Wir fertigten dort kleine Loren für Transporte und ich bin von der Kompanie dieser Stelle zugeteilt worden. Bei einer Französin ließen wir unsere Wäsche waschen. Wir bekamen bei ihr eine Tasse Kaffee und sie machte die Wäsche zurecht. Da gingen viele hin, nicht nur zu ihr, sondern auch zu anderen Frauen. Das Verhältnis war dort eigentlich recht gut. Dann habe ich mich zur Starkstromkompanie gemeldet. Mir war ein junger Franzosen zugeteilt worden. Er war verheiratet, vielleicht 20 Jahre alt. 1914 war er wohl noch zu jung gewesen, um auf französischer Seite eingezogen zu werden. Wir mußten im Keller der Präfektur, der als Luftschutzraum gebraucht wurde, eine Leitung ziehen. Im Grunde genommen hatte ich keine Ahnung. Der hat sich richtig gefreut, daß ich ihn im Gegensatz zu meinem Vorgänger überhaupt rangelassen habe. Und ich lernte bei ihm viel über Starkstrom. Er sprach deutsch. Er hat mich auch zu sich nach Hause eingeladen. Mit dem habe ich mich lange Zeit noch geschrieben. Wir haben beide Esperanto gelernt.

Auf dem Truppenübungsplatz

Unter den Kameraden

Kameraden

Das Kameradschaftserlebnis ist die zentrale Erfahrung des Ersten Weltkriegs, so jedenfalls lautet meine Erwartung vor den ersten Interviews. Die Weltkriegsliteratur, der Umstand, daß sich ehemalige Soldaten später in Vereinigungen wie dem „Stahlhelm" zusammenschließen, Legendenbildungen unmittelbar vor oder im Dritten Reich sprechen hier eine deutliche Sprache. Ich gehe an die Interviews unbefangen mit diesem Ansatz heran und bleibe bei meiner Linie, aufmerksam zuzuhören und zusammenzutragen, was in den Interviews zum Zusammenleben der Soldaten an der Front gesagt wird.

1918 teilen sechs Millionen deutsche Männer an den verschiedenen Fronten ein häufig dramatisches Schicksal, was tatsächlich ein Grund sein kann, zu „guten" Kameraden zu werden. Auf engstem Raum um das Überleben zu kämpfen, kann die Menschen zusammenschweißen und Gegensätze überwinden. Davon gibt es allerdings viele. Der Arbeiter trifft auf den Unternehmersohn, Alt auf Jung, der Fronterfahrene auf den Ersatz aus der Heimat. Ganz zu schweigen von landsmannschaftlichen Unterschieden, die Anfang des 20. Jahrunderts, in einer Zeit, in der man nicht mehrmals im Jahr von „Preußen" nach Bayern reist, Gräben zwischen den Menschen bilden können. Zwar rekrutieren sich die jeweiligen Regimenter in erster Linie aus dem jeweiligen lokalen Umfeld ihres Sitzes, so daß der Bayer grundsätzlich Kameraden aus Bayern um sich weiß. Wegen der großen Verluste im Verlaufe des Krieges kann dieser Grundsatz aber schon bald nicht mehr ganz eingehalten werden.

An der Front kommt es nun zur Nagelprobe, ob die Menschen in der Extremsituation des Krieges die bestehenden Unterschiede überwinden können. Bestätigt sich die These von der guten Kameradschaft, so liegt hierin sicherlich eine Erklärung für das eiserne Durchhaltevermögen im Ersten Weltkrieg. Das Erleben einer engen Gemeinschaft könnte durchaus ein Motiv sein, dem Kriegsgeschehen einen gewissen Sinn zu verleihen. Erweist sich das Kameradschaftserlebnis in vielen Fällen jedoch als brüchig, muß es andere Gründe dafür geben.

Zeugnisse

W. S., geb. 1896:
Ich bin im Zweiten Weltkrieg bestürzt gewesen, weil ich Kameradschaft anders verstanden habe, als sie in diesem Krieg praktiziert wurde. Damals im Ersten Weltkrieg war die Kameradschaft eine

Selbstverständlichkeit, indem einer sich dem anderen verpflichtet fühlte einzuspringen. In diesem Krieg aber war jeder auf sich selbst gestellt und versuchte, sich zu schonen. Mir ist dann auch der Kragen geplatzt, als ich hörte „Nein, nein, den anderen nur einfach zu retten." Da guckten sie mich mit großen Augen an. Ich wollte eine gewisse Gerechtigkeit.

Julius Kreckler, geb. 1896:
Wir wurden an der Somme eingesetzt. Ein Schulkamerad von mir aus dem Waisenhaus war auch bei den 215ern. Er war mit seinem Feldwebel, einem Klempnermeister, genauso zufrieden wie ich mit meinem. Als ich meinen Freund aufsuchte, kam mir der Feldwebel gleich entgegen und drückte mir richtig freundschaftlich die Hände. Eines Tages kamen wir von einem Einsatz wieder zurück. Da schickte der Feldwebel einen seiner Soldaten längs. Mein Freund war gefallen. Da war ich aber fertig. Hans Jakob hieß er. 1917 kam ich einmal auf Urlaub nach Hamburg und bin zum Waisenhaus gegangen. Am Eingang der Kirche war eine schwarze Tafel angebracht, auf der die Namen der Gefallenen standen. Da ist es mir schwer zumute gewesen.

August Urban, geb. 1896:
Zur gleichen Zeit wie ich lernte in Hamburg einer Bäcker. Er war aus Memel gebürtig, auch mein Jahrgang. Er hat dann in Hamburg-Altona gearbeitet und wurde bei den 31ern eingezogen. Er kam gleich an die Westfront und wir haben uns Briefe geschrieben. Wie ich in Memel war, rief mich abends beim Gewehrreinigen der Spieß. Ich denk: „Was ist jetzt los?" Da war der Kleine auf Urlaub. Ich habe ein paar Stunden Urlaub gekriegt. Einen Vater hatte er auch nicht mehr. Seine Mutter hat uns noch ein paar Spiegeleier gemacht. Und dann mußte er wieder an die Front und ist nicht wiedergekommen.

Eric Collins, geb. 1897:
Im Stellungskrieg sind wir – zwei Kameraden und ich – nachts, wenn es irgendwie ging, durch den Drahtverhau gekrochen und haben Verwundete hereingeholt. Das war für uns selbstverständlich. Es sind viele, die das das getan haben, dabei umgekommen, denn die Gegenseite hat ja nur darauf gewartet, genauso wie wir leider auch. Die Verwundeten wurden dann sofort durch die Laufgräben zurückgeschafft: Ein Kamerad, den ich reinholte, hat nur immer gesagt: „Gott sei Dank, Gott sei Dank." Der konnte nichts anderes sagen. Es ist ja ganz selbstverständlich, daß die Menschen wie erlöst waren. Dafür, daß ich in einer Nacht einmal eine ganze Reihe Verwundete geborgen habe, habe ich das Eiserne Kreuz 2. Klasse bekommen. Es spielte sich gerade

an einer sehr schwierigen Stelle ab und wurde von einem Offizier beobachtet. Durch eine Dummheit, die ich nicht erwähnen möchte, habe ich später auch noch das Eiserne Kreuz 1. Klasse bekommen.

O. N., geb. 1897:
Ich holte die Post für unseren Leutnant. Auf dem Rückweg mußten wir zu zweit Proviant und Essen von der Küche nach vorne bringen. Nun war es dunkel und man konnte nichts mehr sehen. In dem Laufgraben zum zweiten Graben hatte eine Mine eingeschlagen. Der Trichter war voll Wasser gelaufen. Wir mußten links an dem Granatloch vorbei zu unserem Bunker laufen. Wir sind aber rechts gegangen. Plötzlich stand unser Infanterieleutnant vor uns: „Halt, wer da?" Ich sagte: „Pioniere, wir haben uns verlaufen." „Kommt her, gleich geht das Sperrfeuer wieder los." Ich fragte meinen Kameraden, ob es noch Zweck habe, in unsere Stellung zu gehen. „Ja, wir wollen schnell machen", sagte er und lief schon fix vorweg. Wie ich den Rand des Minentrichters erreichte, lag er schon im Trichter. „Wo bist du denn?" Er jammerte, hatte etwas abgekriegt. Ich konnte in der Dunkelheit nichts an ihm feststellen. Er war am Beten, wie er da lag, und ich habe mich zu ihm gesetzt unter seinen Stahlhelm. Mit einem Mal wurde er ruhiger. Jetzt habe ich ihn unter den Arm genommen. Wir hatten ja mit den Feldgeschirren und dem Brot schon viel zu schleppen, aber ich kam mit ihm in unsere Stellung. Da standen schon unsere Kameraden und warteten. Sie hatten ja Hunger. „Wir haben schon geglaubt, ihr seid verschütt gegangen." Ich habe erstmal das Essen ausgeteilt und dann den verwundeten Kameraden mit Hilfe eines anderen in einen Bunker geschleppt. Ich war total fertig, war im Dunkeln über Drahtverhaue geklettert, Jacken und Hosen waren kaputt.

Rudolf Möller, geb. 1898:
Bei einem Marsch in die vordere Linie, wurden wir von einem Sperrfeuer überrascht. Rechts und links von uns schlugen Granaten ein. Die Truppe warf sich natürlich zu Boden. Es kam sofort ein Kamerad die Linie entlang und fragte, als ich nicht gleich wieder hoch kam: „Hat's dich erwischt?" Das empfand ich als sehr kameradschaftlich.

Hans Reimers, geb. 1899:
Einen Feldwebel-Leutnant, der vor dem Feind schwer verletzt worden war, habe ich mit einem anderen Kameraden trotz des feindlichen Feuers hereingeholt. Dafür bekam ich das EK II. Ich war sehr erfreut über die Auszeichnung. Obendrein wurde ich noch Gefreiter. Für mich war es eine Selbstverständlichkeit, daß ich ihm helfen mußte, während andere, die an sich nicht feige waren, sagten: „Ach

Gott, wir können dem ja doch nicht helfen, der ist schwer verletzt", und nichts unternahmen. Ich hab' mich zu all diesen Dingen freiwillig gemeldet und voll und ganz das geleistet, was man von einem Soldaten an der Front erwarten mußte.

Gerd Rehder, geb. 1897:
Wir hatten auch zwei Brüder aus Schlesien in unseren Reihen, die sollten beide den anderen Tag in Urlaub fahren. Die beiden Jungs waren nie zusammen gewesen, aber den Abend wollten sie sich besprechen, wann sie los wollten und so weiter. Da bekam ihr Unterstand einen Volltreffer, beide waren tot. Die Kompanie hat anschließend ihrer Mutter Geld geschickt. Viele haben ihre ganze Löhnung gegeben.

Kameraden, die verwundet worden waren, konnten nach ihrer Genesung wählen, wohin sie gehen wollten. Die meisten wollten aber wieder zum selben Regiment zurück und in ihre Kompanie. In unserer Truppe war Unteroffizier Müller, ein ganz strammer Soldat, der in Detmold gedient hatte. Er war Tischlermeister aus Prille in Westfalen. Er war wie ein älterer Bruder zu uns, ein ganz freundlicher Mann, von dem wir viel hielten. Er sagte immer „Jungens" und „du" zu uns. Als ich vom Offizierslehrgang zurück war und Feldwebel geworden war, war ich plötzlich sein Vorgesetzter. Er hat weiter immer zu mir „du" gesagt. Das habe ich ihm gar nicht übel genommen. Ich wurde damals 21 Jahre, und der Mann war vielleicht knapp 40.

K. O., geb. 1896:
Ich kam 1915 zur Auffrischung in ein Landwehr-Infanterie-Regiment, das zuvor in einem großen Angriff eingesetzt worden war. Ich habe mich bei diesem Regiment sehr wohl gefühlt. Die Männer – einfache Männer – waren alle schon etwas älter und betrachteten mich beinahe als ihren Sohn. Ich war damals 19 Jahre alt, die Männer vielleicht 30 oder 40 Jahre. Die Offiziere waren alles Reserveoffiziere, sehr nette Leute, unter ihnen viele Volksschullehrer. Die Stimmung unter diesen Offizieren war eine ganz andere als in der Etappe, wo man nur sehr stark auf Vergnügungen, auf möglichst friedensmäßiges Leben aus war, während das Frontschwein vorne doch sehr primitiv leben mußte. Ich erinnere mich zum Beispiel an die Essenträger, die von den Küchen die Verpflegung in Kesseln herbeibrachten. Die sind eine Stunde oder mehr gelaufen, erst durch Gräben, nachher über freies Feld oder in den Argonnen durch den Wald, bis sie zu den Küchen kamen, die an irgendeinem Hang etwas in Deckung standen. Immer zu zweit einen Eßkübel über der Schulter. Unter Umstän-

den kamen sie in einen Artillerieüberfall hinein. Also, das haben diese Männer hervorragend gemacht.

Dr. Curt Werner, geb. 1896:
1915, als ich zum erstenmal mit der Batterie rausging, waren unter uns Kumpels, alles kräftige Leute aus dem Kohlenpott, Hauer und so was alles. Die sagten manchmal: „Mensch, laß doch, wir helfen dir. Du brauchst dich ja nicht so anzustrengen." Ich konnte gut mit ihnen, mußte aber in ihrer Sprache sprechen. Ich durfte nicht „Sie" zu ihnen sagen. So entstand eine Kameradschaft. Ich kriegte von zu Hause viele Zigaretten an die Front geschickt, von denen ich ihnen mal abgegeben habe. Da freuten sie sich.

Gerhard Bahrmann, geb. 1896:
Ende 14, Anfang 15 lag ich im Schlamm von Flandern. In Flandern habe ich mein stärkstes Kameradschaftserlebnis gehabt. Ich kam in ein Erzgebirgsregiment. Das waren prachtvolle, auch eigentlich weiche, schlichte Arbeiter. Aber wir waren eine Bruderschaft. Die Älteren unter ihnen waren ausgezeichnete Familienväter und hatten in ihrer Brusttasche das Bild ihrer Familie, das sie am Tag ein paar Mal herauszogen. Manche Träne fiel darauf. Ich war in dieser Gruppe vielleicht der jüngste und deshalb haben sie mich ein bißchen bemuttert. Weihnachten 1914 bekam ich fünf 10-Pfund-Pakete, zum Beispiel von meinen Damen aus den Tanzstunden. Damals gab es ja noch alles zu kaufen. Da haben meine Kameraden helfen müssen. Die Gruppe war eine ausgesprochene Familie, an andere kann ich mich gar nicht mehr entsinnen.

Wilhelm Eddelbüttel, geb. 1894:
In Rußland angekommen wurde unsere Kompanie auf andere Truppenteile verteilt. Ich hatte mich in den Tagen zuvor mit drei Lehrern angefreundet. Nun wurden wir aufgeteilt. Es wurde abgezählt. Hinter den Dreien war Schluß. Ich kam zu einer anderen Kompanie. Das war ganz furchtbar für mich. Plötzlich kam der eine meiner Freunde zu mir und sagte: „Komm doch zu uns herüber, was willst du hier. Das merkt doch keiner." Da bin ich zu ihrer Truppe gegangen. Nachher wurde wieder abgezählt. „Um Gottes willen, wie kommt denn das? Da ist doch einer zuviel." Aber es wurde dann nicht mehr revidiert. Der eine meiner Freunde hat zur selben Zeit, in der ich verwundet wurde, einen Kopfschuß bekommen. Den hab ich später in Hamburg wieder getroffen. Er hat den Krieg überstanden. Ein anderer hatte auch einen Schuß abbekommen. Den hab ich nie wiedergesehen. Und der dritte, der eigentlich mein besonderer Freund war, der mich bei meiner Verwun-

dung auch verbunden hat, hat den Krieg bis zum letzten Jahr mitgemacht, wurde nachher Leutnant und ist im letzten Jahr noch gefallen.

Gerhard Bahrmann, geb. 1896:
Ich habe eigentlich bloß einen deutschen Soldaten, der Jude war, erlebt. Das war ein Feldwebel in englischer Kriegsgefangenschaft im Lager in Brocton near Stafford. Der hatte auch das EK. Er war außerordentlich kameradschaftlich. Der hat uns, als er sein Food-Paket bekam, davon noch etwas abgegeben. Ich kann mich sonst nicht erinnern, daß einer der Kameraden das einmal gemacht hat.

Heinrich Dudel, geb. 1893:
Ich war bei einem aktiven Regiment. Unser Ersatz waren zunächst Reservisten des Regiments, die auch zu ihrer Kompanie kamen, so daß wieder eine Gemeinschaft bestand. Zu Anfang klappte das noch, nach 1915 war es aber vorbei. Alles, was man in Friedenszeiten aufgebaut und geplant hatte, war durch die vielen neuen Formationen über den Haufen geworfen. Hier Ersatz und dort Ersatz, überall schrien sie nach Ersatz. Der Ersatz wurde immer schlechter. Sie waren zu alt oder Leute, die zunächst nicht kriegsverwendungsfähig gewesen waren, wurden jetzt eingezogen. Die Neuen wurden zwischen die Alten gesteckt und nicht alleingelassen, weil man befürchtete, daß sie sonst schnell verschwinden würden. Sie wurden von den Alten eingewiesen, wie sie sich zu verhalten hatten: „Komm mal mit, da leg dich hin." Sie wurden beruhigt und es wurde auf die Leute Rücksicht genommen. Manch einer war zu Anfang ein Feigling, aber nachher merkten sie, daß es keinen Sinn hatte, sich zu ducken und zurückzubleiben, wenn es hieß anzugreifen.

Hermann Kottmeier, geb. 1897:
Schon in der Ausbildungszeit gab es sehr viel Bemerkenswertes. Wir kamen aus der Schule und dem Elternhaus zwischen Reservisten. Das waren Männer Mitte 30, zum Teil schon verheiratet, die im Leben standen. Und wir waren Pennäler. Sie sagten zu uns: „Jungs, ihr könnt ruhig ‚du' zu uns sagen." Da fühlten wir uns gehoben. „Jetzt stehen wir zwischen wehrfähigen Männern, das ist doch eine andere Sache, als Unterprimaner zu sein." Die Kameradschaft war für uns enorm. Die sagten „du" zu uns und halfen uns. Wir waren in manchen Dingen ungeschickt. „Gewehrreinigen, wie fängt man das an und wie hält man das Gewehr?" Das hatten die schnell weg, und wir waren darin etwas langsamer. Manch einer kam von der Volksschule oder war zum Beispiel aus der Lehre weggelaufen. Wir vermieden es, sie herabzusetzen oder irgendwie dumm aufzufallen.

Man war Soldat unter Soldaten und das – so kriegten wir bald heraus – hatte seine eigenen Gesetzmäßigkeiten. Wenn du dem anderen was abgibst, dann bist du sein guter Kamerad. Wenn du von dem anderen was haben willst, dann ist das eine ganz andere Sache.

August Kahlcke, geb. 1898:
Ich bin dann in den wenigen Monaten, die ich an der Front war, nicht so in die Truppe hineingewachsen. Ich habe aber ein klein bißchen aus eigener Erfahrung mitbekommen, daß es so was wie Kameradschaft gibt. Es war ein merkwürdig starker kameradschaftlicher Zusammenhalt in den Truppen, der den Leuten überhaupt die Kraft gegeben hat, solange durchzuhalten. Was mich selber betrifft, ich habe eigentlich die Zeit an der Front noch gar nicht als Erwachsener erlebt, sondern als Junge. Mir ist schon im Rekrutendepot aufgefallen, daß die etwa Gleichaltrigen, die bei Blohm & Voss ausgelernt hatten, viel reifer waren als wir, die wir direkt von der Schule dahin gekommen waren.

E. E., geb. 1896:
Im Krieg habe ich die Pommern kennengelernt, ein sicherer Volksschlag, auf den sie sich verlassen können. Nachher, wie ich eine Gruppe führte, hatte ich acht Pommern, großgewachsen. Es waren fast alles Bauernjungen von kleineren Höfen. Die von größeren Höfen waren wahrscheinlich Offiziere. Beim Anmarsch nach vorne gab es jedes Mal Verluste. Die eine Nacht war der eine nicht mitgekommen, die nächste Nacht ein anderer. Diese Pommern waren so zuverlässsige Leute. Sie hatten unter sich abgesprochen: „Wenn einem aus unserer Gruppe etwas passiert, den lassen wir nicht liegen und überlassen ihn den Sanitätern, die ihn vielleicht erst einen Tag später abholen. Wir bringen unsere Leute selbst weg.“ Diese Haltung war bestimmt eine Ausnahme, das finden sie z.B. bei den Sachsen nicht. Sachsen sind helle, aber zuverlässig sind sie nicht. Ich habe viele Beispiele an der Front erfahren. Da hieß es: „Wir müssen die Sachsen ablösen, die können den Laden wieder nicht halten.“ Ich habe auch Bayern erlebt. Die Bayern, die sollen mir was erzählen. Ich habe an der Front nie zweierlei Sachen zum Mittagessen gekriegt. Der Bayer hatte in seinem ovalen Kochgeschirrdeckel Fleisch, Soße und Kartoffeln und in dem größeren Pott hatte er Suppe. Wir durften einmal reingukken. Die kriegten ihre Verpflegung direkt aus Bayern. So eine Trennung wie zwischen Bayern und Preußen habe ich nie wieder erlebt. Die Kantinen zum Beispiel. Wenn man einen bayerischen Freund hatte, konnte man ihm etwas Geld geben und sich was besorgen lassen, etwa eine Stange Kekse. Der Keks schmeckte

buchstäblich nach Seife, schrecklich, aber die Bayern hatten immerhin was, auch einmal Zigaretten extra, und wir nicht. In unserer Kantine war nie was zu kaufen.

Heinrich Bartels, geb. 1897:
Meine Formation bestand ursprünglich nur aus Ostpreußen. Und nun kamen wir jungen Kerle dazu, die nichts verstanden. Die behandelten uns wie Dreck. Die meisten waren Bauern. Sie fuhren zum Großteil zweimal im Jahr in Urlaub, mußten ihre Felder bestellen und ernten. Und wenn sie das Feld bestellt hatten, beantragten sie schon ihren Urlaub für die nächste Ernte. Da waren Leute, die sind zehnmal im Urlaub gewesen. Aus dieser Situation hat sich eine Spaltung ergeben aus Ostpreußen und „Ausländern“, das waren Berliner, zwei Hamburger und drei Hannoveraner. Wir waren die Prügelknaben, und wenn schwierige Arbeit zu leisten war, wer mußte zuerst raus? Wir! Die Unteroffiziere waren mit einer Ausnahme alle Ostpreußen. Mein Unteroffizier war ein Straßenbahnführer aus Königsberg. Ich konnte mich gut mit ihm vertragen, weil er ein anständiger Mann war. Aber das waren nicht alle Ostpreußen. Da waren Leute darunter mit einem ganz schäbigen Charakter, das können sie mir glauben. Wir hatten einen, der hat dem Oberleutnant immer alles zugetragen. Wir wußten zuerst gar nicht, wie der Oberleutnant zu seinem Wissen kam. Einmal war der Bruder nun betrunken und verriet sich. Da haben wir ihn verhauen, daß er den nächsten Tag nicht aus dem Bett konnte.

F. Kl., geb. 1893:
Munition mußten wir beim Munitionsunteroffizier abgeben. Das war der Vater vom Franz Josef Strauß. Obwohl er im Gegensatz zu seinem Sohn ein schwächlicher Mensch war, war er äußerst klug, ein böser Bengel und schlau. Der hatte vorm Teufel keine Angst, so ein mutiger Mensch. Einmal wurden wir von den Franzosen angegriffen und haben die Granaten weggeworfen. Der Vater Strauß hat mir den leeren Munitionskorb ins Kreuz geschmissen. „Herrgott, Sakrifix!“ Obgleich er nicht französisch sprechen konnte, er hat den Offizieren Quartiere besorgen müssen. Zu Weihnachten habe ich ihm eine von unseren schwarz-weiß-roten Tabakspfeifen geben wollen. Er hat sie nicht angenommen. Er hat nur eine weiß-blaue gehabt. Daran können sie sehen, welch kolossale Aversion die Bayern gegen uns hatten. 1916 in Wolhynien hat es große Spannungen gegeben. Die Bayern waren sehr rohe Menschen. Aber sie sind gut verpflegt werden. Eisenbahnzüge mit Bierfässern und Kartoffeln. Die Bayern haben sich sehr um ihr Mannschaften gekümmert. Aber doch nicht im Leben um die Preußen.

Theodor Hein, geb. 1893:
Die Bayern lagen in Verdun in einem anderen Abschnitt. Wir haben uns gegenseitig abgelöst. Die Bayern haben immer gesagt: „Saupreußen! Wenn wir den Angriff nicht schaffen, ihr Preußen schafft es bestimmt nicht." Und dann sind wir gleich am anderen Tag durch die feindliche Stellung durchgebrochen und die Bayern mußten hinter uns hermarschieren. Die Bayern waren grobe Menschen. In Flandern griffen uns Schotten in ihren Röcken an. „Die Frauen greifen uns an." Die haben wir total zusammengeschossen. Ich hatte Mitleid mit einem Verwundeten mit einem Beinschuß und setzte ihn bei den Bayern auf einen Wagen. Der Bayer sagte: „Wenn ich 150 Meter weiter gefahren bin, stoße ich den doch vom Wagen runter." Ob er das getan hat, weiß ich nicht. Die Bayern waren alle sehr gläubig, aber geflucht haben sie wie die Verrückten.

Robert Haarmeyer, geb. 1897:
Unsere Gruppe bestand nur aus 18jährigen. Nur ein älterer Unteroffizier, dazu auch noch Pole. Nachts im Schlaf sprach er Polnisch. Bevor der Krieg ausbrochen war, war er von Polen nach Norddeutschland gegangen, um bei Bauern zu arbeiten. Dort ist er dann auch eingezogen worden, und nun war er schon zwei Jahre Soldat. In der Zwischenzeit hatte er es zum Unteroffizier gebracht. Ich habe ihn ein paarmal korrigiert, wenn er gesprochen hat: „Das heißt aber so und so." Dafür kriegte ich beinahe einen Tag Arrest.

C. T., geb. 1898:
Ich habe viele Pakete von zu Hause gekriegt. Wir haben ja häufig geschlachtet, Hunger hatten wir vom Land nie. Die Städter waren dann auch immer neidisch. Mit den Städtern hatten wir kein so gutes Verhältnis. Wir merkten gleich an der Sprache, daß jemand aus der Stadt kam. Mit den Bauern war das Verhältnis gut. Die Hannoveraner sprachen alle platt. In der Gefangenschaft waren später viele Württemberger und Bayern, alles Bauern. Mit denen haben wir uns auch gut verstanden. Die Offiziere – viel älter als ich waren sie auch nicht – kamen meistens aus der Stadt. Sie waren große Angsthasen. Die gingen nicht an die Luft.

K. H., geb. 1897:
„Ihr Bumsköpfe habt es hinten wunderbar, wir müssen vorne den Kopf hinhalten." Dies war die Einstellung der Infanteristen den Artilleristen gegenüber. Die waren wenig begeistert: „Ihr seid ja immer in der Reservestellung." Wir Artilleristen empfanden es als Glück, daß wir nicht vorne sitzen mußten.

Hermann Gieselmann, geb. 1895:
Ich weiß nicht mehr, wo wir jungen Soldaten im Osten ausgeladen wurden. Das Regiment war ja schon weg und so mußten wir hinterherlaufen. Ein Leutnant, den wir bis dahin gar nicht kannten, führte uns. Wir marschierten immer weiter, ohne unsere Truppe zu erreichen. Es war alles fremd für uns. Nach tagelangem Marsch kamen wir zu unserem Regiment, dem Landwehr-Regiment 142. Dort ging mein Leiden eigentlich erst richtig los. Ich wurde einer Kompanie zugeteilt, das waren nur Ältere, schon Erfahrene. Ich war der Jüngste, mußte immer laufen. Mit mir konnten sie machen, was sie wollten. Da habe ich ein bißchen Heimweh bekommen. Mit der Zeit hat sich das zwar gegeben, aber zu Anfang war es schlimm. Wenn man auf dem Vormarsch ist, ist man stets allein. Was die nebenan machen, weiß man gar nicht. Mit den älteren Leuten konnte man sich auch kaum unterhalten. Wir kamen dann an den Bug, wo wir uns eingruben. Wir konnten nicht über den Grabenrand hinweggucken, der Russe schoß sofort. Da hatte ich anständig Angst. Vor uns brannte alles. Man konnte niemanden fragen, da wurde man ausgelacht. Zuletzt wird man aber frecher. Man läßt sich nicht mehr alles gefallen. Da ist man schon ein alter Soldat.

Karl Peters, geb. 1898:
Manchmal waren die Alten, die nur wenig älter waren als wir, wenig kameradschaftlich, sehr stark darauf bedacht, sich selbst zu schonen und, wo es brenzelig war, lieber die anderen hinzuschicken, die sowieso noch nicht viel davon verstanden. Ich habe verschiedene solche Beispiele von Unkameradschaftlichkeit erlebt, die häßlich waren. Die wußten genau Bescheid, was los war, und schickten lieber uns Unerfahrene vor.

Rudolf Möller, geb. 1898:
Wir Rekruten wurden einem bestimmten Abschnitt der 3. Kompanie, die vorne im ersten Graben lag, zur Verstärkung zugeteilt. Jetzt kamen wir da an und wollten mit in den Unterstand. Die im Unterstand sagten: „Ist voll, hier paßt keiner mehr rein. Baut euch man selbst einen Unterstand!“ Wir mußten also jetzt sehen, daß wir einen Unterstand fertigbrachten. Dazu brauchten wir Holz und Holz konnten wir nur holen bei den Hausruinen, die zwischen den Linien im Niemandsland lagen. Wir machten dies als Neulinge am Tage. Als wir das zurechtgelegte Holz nach hinten schleppen wollten, gerieten wir in einen Artillerieüberfall. Ich schätze, er dauerte eine halbe Stunde. Es war Granate an Granate, sogenanntes Sperrfeuer. Wir konnten nicht gleich zurück und jeder verkroch sich in einen Trichter. Wir empfanden das Feuer als erheblich, sind aber

ohne Verluste davongekommen. Ich habe meine große Enttäuschung noch in Erinnerung, daß die Kameraden nicht einfach mal zusammenkrochen und uns in den Unterstand hineinließen und daß der Unteroffizier dies duldete.

M. D., geb. 1899:
Wissen Sie, in solchen Verhältnissen ist nicht viel von Kameradschaft. Jeder hat mit sich zu tun. Zu essen gab's wenig und schlecht, manchmal auch gar nichts. Da sieht jeder zu, wie er am besten durchkommt. Der Tag verging mit Arbeit und dann waren sie froh, daß sie sich irgendwo hinlegen konnten.

Josef Beutmiller, geb. 1899:
Der Erich und ich stießen in einem Hohlweg auf drei tote Kameraden. Am selbigen Tag hatte es Marmelade gegeben und die Marmelade war bei uns geachtet. Weil wir viel zu tragen hatten, haben wir die Marmelade liegengelassen. Darüber kam es anschließend im Graben mit Kameraden zum Streit. Sie haben uns vorgeworfen, daß die Toten noch ein Geschirr mit Marmelade gehabt haben. Vielleicht war es gute Marmelade, Zwetschenmarmelade, das weiß ich halt nicht mehr. Der Unteroffizier wollte schlichten, aber wir haben das nicht zugelassen.

H. Br., geb. 1898:
Und wenn wir von der Front zurückkamen zur Kompanie, wurden jeder gefragt, ob er persönliche Sachen der Gefallenen hätte. Die Eltern haben nämlich häufig an die Kompanie geschrieben, sie möchten gerne die Andenken haben. Kein einziges Andenken der Gefallenen ist abgeliefert worden, weil wir sie ja nicht beerdigt haben. Dies hat die Sanitätskompanie gemacht und das waren auch diejenigen, die die Toten ausgeräubert haben.

Hans Dose, geb. 1897:
Das bei den Wandsbeker Husaren war überhaupt eine „Unkameradschaft". Die aktiven Soldaten und die Reservisten waren die Herren und wir Rekruten waren die „Russen". Schon in der Wandsbeker Kaserne war dies so. Abends mußten wir zum Appell antreten und da verteilte der Unteroffizier die Post. Als „Russe" konnten sie noch so schnell hinlaufen, sie wurden stets angeschnauzt. Während des Aufmarschs im Felde sorgten die Aktiven schon dafür, daß wir beim Abzählen „eins, zwei, eins, zwei" immer die „eins" hatten. Denn es galt: „Ungerade Nummern zum Gefecht zu Fuß vor!" Der Rest blieb bei den Pferden. Auch wenn es hieß: „Freiwillige zur Patrouille", wurden wir von den Aktiven gezwungen, uns freiwillig zu melden.

Ich hatte mich kriegsfreiwillig gemeldet und nahm jetzt auch hin, daß sie mich „Russe“ nannten. Für mich gehörte das mit dazu, ich wollte das gewissermaßen so haben. Ich habe mich nie dagegen aufgelehnt oder mich übel gefühlt. Ich konnte mich auch ein wenig wehren, da ich auf dem Land groß geworden war und beim Schmied die Hinterbeine des Pferdes hochheben und so halten konnte, daß er das Pferd besohlen konnte. Das ist eine Kunst. Insofern habe ich immer noch ein bißchen Sympathie genossen, aber nur ein bißchen.

Albert Benecke, geb. 1897:
Schöppler war unser Tambour und er war wie ich, der ich gerne gesungen habe, Spielmann. Er war im Urlaub gewesen. An diesem Tag hieß es: „Schöppler kommt wieder. Der soll lieber bei der Kompanie bleiben. Wir werden ja den anderen Tag abgelöst.“ Einen Augenblick später kommt einer und sagt: „Schöppler hat einen Bauchschuß gekriegt.“ Manche haben hingegen gesagt: „Das war kein Guter.“ Er hat von unseren Toten die Lederriemen abgeschnitten und das Sohlenleder. Sein Vater war Schuhmacher und er hat auf diese Weise immer Leder für zu Hause beschafft.

J. M., geb. 1896:
Man hatte an der Front gar keinen wirklichen persönlichen Kontakt. Wir sind in Stellung gegangen, und, wenn wir anschließend wieder zurück ins Quartier kamen, dann waren wir auch wieder verteilt. Ich bin immer ein Alleingänger gewesen und habe mich auch später im Leben nur schwer angeschlossen. Ich will ihnen was sagen, bei so einem Kampf wie nachher vor Douaumont kennt einer den anderen nicht mehr. Die Truppen sind ja so durcheinander geraten, die Kompanien gehen nicht mehr allein, sondern gehen meinetwegen im Bataillon auf. Man hat auch gar kein Interesse am anderen, sieht nur, daß man seine Pflicht tut und wieder rauskommt. Diesen Zustand kann man nicht beschreiben. Man weiß nicht einmal, warum man seine Pflicht tut.

Kriegsalltag

Der Soldat erlebt die Wirklichkeit der Front, den Schützengraben selbst, die Kriegsmaschinerie um ihn herum, das Militär, manchmal auch den Feind und natürlich die Kameraden. In dieser Welt spielt sich jetzt sein Leben ab. Wir befinden uns im Krieg und deshalb steht der Kampf im Mittelpunkt. Doch niemand kann tagtäglich kämpfen und so gibt es Phasen, die durch eine relative Ruhe gekennzeichnet sind. Ich nenne diese Perioden Kriegsalltag, obwohl diese Definition nicht den Eindruck erwecken darf, daß nun entspannter Müßiggang angesagt ist. Im Hintergrund lauert immer schon der nächste Angriff oder Patrouillengang. Der Ausdruck „die Einschläge kommen näher" bewahrheitet sich Tag für Tag.

Der Kriegsalltag stellt gleichermaßen für Körper und Psyche eine große Belastung dar. Alle bisherigen Gesetze des Lebens sind außer Kraft gesetzt. Überlegungen zur beruflichen Ausbildung, der nächsten Ernte, der Hoffnung auf baldige Verlobung verlieren hier an Bedeutung und werden von nun an von einer ganz anderen Daseinsform überlagert: dem täglichen Überlebenskampf in Erdhöhlen wie er Tieren gemein ist, Anfang dieses Jahrhunderts aber nicht mehr den Menschen in Europa. Der einzelne bewegt sich zudem in einer Welt, in der die früheren Beziehungspersonen fehlen. Auch wenn man an die Eltern oder Geschwister denkt, sie sind in der Regel nicht da und können daher nicht helfen, sich in diesem Leben zurechtzufinden. Es fehlt die Ehefrau oder Freundin. Überhaupt gibt es in dieser Männerwelt mit wenigen Ausnahmen keine Frauen. Welches Ventil bleibt, Dampf abzulassen? Langeweile macht sich breit und der einzelne ist gefragt, etwas dagegen zu tun.

Müdigkeit, Ungeziefer, extreme Temperaturen, um nur einige Widrigkeiten zu nennen, begleiten das Tagewerk in den vordersten Gräben aus Wachestehen, Gewehrreinigen. Geringe Verschnaufpausen in der Ruhestellung vermögen die Belastung nur teilweise auszugleichen. Auch in einer Zeit, in der das Automobil noch nicht zum Standard gehört und man auch in der Heimat fortwährend beachtliche Wegstrecken zurücklegen muß, sind Tagesmärsche von einem Frontabschnitt zum nächsten eine außerordentliche Anstrengung. Die Versorgung der millionenstarken Truppen mit Nahrungsmitteln stellt die Heeresverwaltung vor eine kaum lösbare Aufgabe und so ist der Hunger immer wieder ein Thema.

All dies mag für erdverbundene Menschen schon eher zu meistern sein. Aber eben nicht jeder an der Front ist in der Heimat Landwirt. Die gleichen Anforderungen werden auch an Beamte, Lehrer oder Künstler gestellt und ich bin beim Zuhören immer ein wenig verwundert, wie mehr oder weniger gut sich fast alle diesen Bedingungen anpassen. Menschen, die in ihrem Beruf zu Hause hochgeistige Tätigkeiten verrichtet haben, beschäftigen sich nun mit der Verfolgung von Ratten und dem notdürftigen Säubern von Kleidungsstücken, die sie in friedensmäßigen Zeiten nur mit spitzen Fingern angefaßt hätten. Erfindungsreichtum ist jetzt gefragt, für sich oder seine Einheit Verpflegungsmittel zu organisieren.

Zeugnisse

Hans Seidelmann, geb. 1898:
Das Landschaft am Chemin des Dames war trostlos. Als ich einmal auf Posten im Graben war, sah ich in dieser Öde – es war Sommer –, daß ein Blümchen hochgekommen war. Ich glaube, es war ein Stiefmütterchen. Ich habe zu mir gesagt: „Wenn es morgen noch da ist, hole ich es mir und schicke es meiner Mutter." Es war noch da und ich bin aus dem Graben herausgekrochen, habe es geholt und meiner Mutter geschickt, die es auch tatsächlich erhalten hat.

G. A., geb. 1896:
Man hat natürlich immer an zu Hause gedacht. Ich war damals jung verheiratet und die älteste Tochter wurde geboren, so daß die Gedanken doch sehr, sehr nach Hause gingen. Auch an meine Brüder mußte ich denken. Einer war als Lehrer in einer Nachrichtentruppe. Mit ihm habe ich mich einmal in Frankreich getroffen. Der älteste war im Roten Meer als Kapitän. Ein anderer war als Marinebeamter in Wilhelmshaven eingesetzt, wo nicht viel passieren konnte. Mein nächstältester Bruder war bei der Marine-Infanterie. Er hatte vor dem Krieg gedient und war Reserveoffizier. Auch er ist gut davongekommen.

Wilhelm Garmsen, geb. 1896:
Ein kleine Begebenheit: Ich stehe nachts auf Posten. Es war eine mondhelle Nacht, Vollmond, alles ruhig, wunderschön. Da fängt doch auf der französischen Seite ein Hund an zu bellen. Also, mir ist es kalt den Rücken heruntergelaufen. Ein heimatliches Gefühl. Fängt da ein Hund an zu bellen.

Dr. Bernhard Lehnert, geb. 1896:
Die älteren Kameraden haben alle Bilder gehabt von ihrer Frau und möglicherweise auch von den Kindern. Diese Bilder waren ihre Verbindung mit der Heimat, und die haben sie sich natürlich oft angesehen. Auch wir, die wir noch relativ unberührt

davon waren, haben uns natürlich die Bilder, die wir von unserer Familie hatten, auch gerne mal angesehen. Ich hatte auch eine, allerdings sehr lose Verbindung zu einer Freundin, die ich erst kurz vorher kennengelernt hatte und an die ich hauptsächlich gedacht habe. Weihnachten 1914 schickte sie mir einen Weihnachtsbaum. Das war so eine kleines Dings von vielleicht 15 cm mit Kerzen dran, den man in ein Feldpostpaket reinpacken konnte. Ich lag also in unserer Stellung und hatte dieses kleine Weihnachtsbäumchen mit den Kerzen vor mir und habe beim Scheine dieser Kerzen das Bild meiner Freundin betrachtet, soweit man etwas sehen konnte. Es war natürlich nur eine kurze Freude, da die Kerzen aufflammten und dann waren sie weg. Heiligabend war wie jeder andere Tag. Wir schoben unsere Wachen und lagen unter Artilleriefeuer. In der Nacht fing auf einmal jemand in unser Kompanie an „Stille Nacht, Heilige Nacht" zu singen. In den Gräben stand ja doch immer eine relativ große Zahl Menschen auf Wache und dieses Lied verbreitete sich über die Front, soweit wir dies hören konnten, und alle sangen „Stille Nacht, Heilige Nacht".

Dr. Johannes Willers, geb. 1898:
Ich war im Sanitätsdienst ausgebildet und wurde von München aus in einem Lazarettzug eingesetzt. Als Begleiter der Lazarettzüge kriegten wir reichlich Verpflegung mit. Da blieb dann schon einmal ein Kommißbrot übrig. Man konnte es ja aber nicht wegwerfen. Da habe ich es vom nächsten Postamt aus nach Hamburg geschickt. Das war für die zu Hause ein Feiertag.

Josef Beutmiller, geb. 1899:
Ich habe, wenn ich in Ruhe lag, an meinen Großvater gedacht. Mein Großvater war ein Raucher und zu rauchen hat es damals in Deutschland nichts gegeben. Wir Soldaten haben Zigaretten gekriegt, die ich gegen Stumpen umtauschte. Die Stumpen habe ich dann meinem Großvater geschickt. Ich habe erst mit 29 Jahren zu rauchen angefangen.

Hans Seidelmann, geb. 1898:
Das Ulkige mit den Seidenschirmen der französischen Leuchtraketen war, sie lösten sich ab, und es war eine so wundervolle Seide, daß sich viele Leute am nächsten Tage oder in der nächsten Nacht aus dem Graben herausschlichen, um so ein Ding zu holen und der Braut oder Mutter nach Hause zu schicken. Die ließen sich Blusen daraus machen.

Karl Peters, geb. 1898:
Es war verboten, Tagebücher zu führen. Tagebücher hätten in die Hand des Feindes fallen können und so hätte man über Truppenbewegungen und so manches weitere erfahren können. Aber ich habe an jedem Tag an meine Mutter geschrieben und von all den Dingen, die ich draußen erlebt habe, berichtet. Meine Mutter hat alle Briefe aufgehoben. Sie liegen noch wohlgeordnet in meinem Bücherschrank, drei Mappen aus dem Ersten Weltkrieg, 1917, 1918, 1919.

Martin Fritzsche, geb. 1895:
Ich habe viel nach Hause geschrieben, so alle zwei, drei Tage. Ich hatte meine Mutter und drei Schwestern. Mein Vater ist 1915 gestorben. Er hat wohl noch erlebt, daß mein Bruder, der an der Somme fallen sollte, eingezogen wurde. Als wir uns verabschiedeten, sagten meine Schwestern: „Schreib aber viel, damit wir wissen, was mit dir los ist." Und das habe ich getan, kurz. Mir haben natürlich meine Schwestern ebenso viel geschrieben. Feldpost war ja unentgeltlich und wurde schnell befördert. Das funktionierte. Wir hatten richtige Poststellen in Bunkern hinter der Front.

M. D., geb. 1899:
Man konnte seinen Eltern schreiben, aber was nützte das. Was sollte man schreiben? Das Elend, das man sah? Ich habe geschrieben, daß mir das Leben an der Front nicht gefiel, daß ich wieder anders leben wollte. Man kannte aber die Empfindungen der Eltern nicht. Sie haben ihre Kinder großgezogen und nun müssen sie plötzlich in den Krieg, sollen andere umbringen und werden schließlich selber umgebracht. „Na ja, sie sind eben im Krieg gefallen", viele Gedanken haben sich die Eltern auch nicht gemacht. Sie haben sich im Ersten Weltkrieg gefreut, wenn man wieder zurückkam und wenn man nicht zurückkam, dann trauerten sie. „Es ist nun mal so", war damals die Stimmung unter den Menschen.

F. A., geb. 1892:
Ich hatte nicht viel Gelegenheit und Lust zu schreiben. Ich freute mich aber immer, wenn von zu Hause ein paar Zigaretten kamen.

H. Be., geb. 1893:
Eines Tages war ich für die Fliegerabteilung ziemlich oben an der Grenze nach Belgien. Da habe ich gedacht: „Du darfst es an sich ja nicht, aber du fährst jetzt diese 60 Kilometer hin zu dem Ort, wo dein Bruder begraben liegt." Wie ich dort ankam, haben mich die Dorfbewohner auf eine Weide verwiesen: „Es ist eine sehr große Weide, ist nicht zu verfehlen." Von weitem schon sah ich das Grab.

Der Bauer – seinen Namen habe ich nicht vergessen können – hatte seinerzeit die Toten, nachdem er sie gefunden hatte, beerdigt. Er wollte nicht, daß seine Tiere über das Grab hinwegliefen, und hat es deshalb umzäunt.

Friedrich Findeisen, geb. 1896:
Wir lagen auf einer Höhe und vor uns erstreckte sich ein flaches Tal. Im Hintergrund war ein Wäldchen, das vom Franzosen besetzt war. Auf einmal gingen Soldaten durch unsere Linie durch nach vorne. Ich sah Uniformen mit Lederknien. Mein Bruder war beim Sturmbataillon Rohr. Da fragte ich die, die bei uns durchkamen, „Seid Ihr vom Sturmbataillon Rohr?" „Ja." Ich sagte: „Wenn ihr meinen Bruder trefft, meine Name ist Findeisen. Kennt ihr Findeisen?" „Ja, der ist Melder. Der muß eine Meldung nach vorne bringen." Nach einer Weile kam mein Bruder tatsächlich an. Ich hatte gerade ein Päckchen von meiner Firma bekommen. Das haben wir in dem Einschlagloch brüderlich geteilt. Er hat noch eine Weile bei mir gelegen und dann ist er nach vorne gegangen. Die Sturmtruppen wurden zurückgeschlagen. Der Waldrand war von den Franzosen ziemlich stark besetzt und sie kamen nicht durch. Sie zogen sich durch dieses Tal zurück und wurden dabei auch beschossen. Ich lag nun hier oben, wußte, mein Bruder ist mit da vorne. Sie warfen sich mal nach rechts, mal nach links an die Böschung, um dem Feuer zu entgehen. Einige sind dabei wohl auch liegen geblieben, ob verwundet oder tot, das weiß ich nicht. Ich habe mir natürlich Sorgen gemacht. Daß mein Bruder da rausgekommen ist, habe ich dann erst wieder gehört, als ich in Berlin im Urlaub war. Mein Bruder hat den Krieg auch gut überstanden. Er war zum Schluß noch bei Hindenburg im großen Hauptquartier.

Hermann Wölp, geb. 1896:
Mein Vater war bei der Eisenbahn und wurde, als der Krieg ausbrach, mit seinen Kollegen nach Valenciennes verlegt. Wir wußten nur aus seinen Briefen, wie es ihm ging. An der Somme fand die Schlacht statt und da erlitten wir große Verluste und die Franzosen noch größere. Unser Regiment wurde herausgezogen und wir kamen in Ruhe nach Valenciennes, allerdings nur für acht Tage. Nun suchen sie mal einen Menschen, der Wölp heißt, in einem Ort mit soundsoviel Tausend Einwohnern. Das ist gar nicht so einfach. Keiner von uns durfte das Quartier verlassen. Ich hatte Glück, daß mir gerade mein Hauptmann in die Quere kam und fragte: „Was willst du denn hier?" Ich sag': „Herr Hauptmann, ich habe einen Wunsch. Ich möchte gern einen Tag Urlaub haben." „Ja, weshalb denn?" Ich sagte: „Mein Vater ist hier stationiert. Ich weiß aller-

dings nicht, ob ich ihn finde. Aber ich kann es doch mal versuchen." „Ja, versuch es, aber du mußt heute abend wieder hier sein." Da bin ich dann losmarschiert, habe überall geguckt. Ich kam ein wenig mehr in die Stadt hinein und da fiel mir ein Haus auf, das sah aus, als wenn es ein Büro wäre. Ich bin näher herangetreten und mit einem Mal geht die Tür auf, und es kommt einer heraus. Es war nicht mein Vater. Ich guck mir den Kerl an, und er guckt mich an. Mit einem Mal sag ich: „Ich glaube, wir kennen uns." Dieser Mann war mal in Hamburg bei meinem Vater zu Besuch gewesen. Nun war es ja nicht mehr schwer. Er ging wieder zurück ins Haus und rief: „Karl, du kriegst Besuch." Da kam mein Vater raus, und wir haben uns beide umarmt. So habe ich meinen Vater im Krieg getroffen.

Heinrich Dudel, geb. 1893:
Weihnachten 1914 kamen so viele Liebesgaben. Viel zu viele, da ein Paket und dort ein Paket, ein Brief von einem jungen Mädchen, alten Leuten. Viel kam von jungen Mädchen, die dann schrieben „Lieber Soldat, usw." Daraus entwickelte sich nachher ein Briefverkehr. Ich habe heute noch verschiedene Adressen von Mädchen aufgehoben, mit denen ich korrespondierte. Wenn ich nachher Urlaub hatte in Berlin, hab ich die Betreffenden aufgesucht und mich persönlich bedankt. Dann kamen wieder Liebesgaben noch und noch.

Hermann Siebe, geb. 1898:
Frauen waren das Thema Nummer Eins. „Mensch, ich habe eine Freundin, das ist vielleicht eine Scharfe." Wenn man jung ist, erzählt man sich das doch und hat manchmal auch darüber gelacht. Oder einer sagte: „Meine Freundin, die hat so lange nicht geschrieben, hoffentlich ist da nichts passiert." Die hatten ja auch Angst, daß die Frau, wenn der Mann oder der Freund im Krieg ist, vielleicht schon einen andern kennengelernt hat. Die Post kam ja auch nicht immer regelmäßig. Manchmal war ein Brief schon drei, vier Wochen alt.

Otto Frahm, geb. 1896:
Einer meiner Kameraden war so ein bißchen leicht. Der war schon nach vier Wochen in weiblicher Gesellschaft gewesen und hatte sich was weggeholt. Er hatte Schanker. Das war natürlich nicht schön. Ich wußte gar nicht, daß es so was gab. Wir waren ja erst 20jährig.

J. E., geb. 1895:
Ich muß ihnen eins sagen: Vater Staat war sehr besorgt um seine Kinder, um seine Soldaten. Nicht nur, daß er fürs Essen sorgte. Das mußte er ja, sonst hätten wir nicht kämpfen könnnen. Er

sorgte auch dafür, daß wir unseren sexuellen Gefühlen genüge tun konnten. Es war einmal in Minsk und einmal in Lemberg, da mußte die ganze Kompanie bei einem Puff antreten. Wir wurden hineingeführt, bezahlen mußten wir das natürlich von unserem Wehrsold. Es kostete so sieben Mark das Vögeln. Ich weiß, in Lemberg waren wir so richtig in einem Freudenhaus. Wir kommen rein, ich als erster meiner Gruppe. Ich war einer der Jüngsten. Da waren Ältere, die offen über ihre Ehe sprachen. „Scheiße" und „Arschloch" war unsere Umgangssprache. Ist ja ganz klar, daß man verroht. Ich komme also rein in das Freudenhaus. Da riecht es schon nach diesem billigen Parfum und ich sehe in der Ecke die Schüssel stehen mit dem Kaliumpulver, womit sie sich nachher ihre Möse saubermachen. Ich hätte doch nie da draufsteigen können, wo einer vielleicht vor mir war und wieder einer nach mir. Ich rauchte damals, wie wir alle ja damals auf unsere Gesundheit wenig Wert legten, denn wir wußten ja nicht, ob es überhaupt nützen würde. Ich biete der Madame gleich 'ne Zigarette an. Die will sich schon die Röcke hochheben. Ich sag: „Laß das, laß das." „Was, du willst nicht?" Ich sag: „Nee, kommen Sie mal her." Also wir haben uns unterhalten. Ich sag: „Nur möcht' ich Sie bitten. Tun Sie mir einen Gefallen. Wenn Sie jetzt rauskommen mit mir, dann nehmen Sie mich untern Arm, drücken mich so ein bißchen und sagen ganz laut: ‚Der hat es mir aber schön gemacht. So schön hat es mir noch keiner gemacht'." Und das hat sie denn auch getan. Und die Älteren, die da warteten, lachten und freuten sich. Andere waren vielleicht auch etwas mißgünstig, daß ich es der so schön gemacht haben sollte. Ich habe sie aber nicht angerührt. Nicht mal einen Kuß habe ich ihr gegeben.

Paul Weiher, geb. 1896:
Die Belgier hatten im Ersten Weltkrieg ihre Truppen in einem kleinen Abschnitt eingesetzt und zurückgeblieben waren Frauen, Kinder, ältere Leute und Heranwachsende, die damals 15, 16, 17 Jahre waren. Mittlerweile waren die Jungen zwanzig und älter, waren also im wehrfähigen Alter, aber sie waren bei uns geblieben, wir ließen sie ja nicht weg. Unsere Männer gingen nun zu den Frauen hin und amüsierten sich mit ihnen. Wir waren in dem belgischen Ort immer ohne Alarm davongekommen. Aber nun ist es wohl doch eines nachts so brenzlig geworden, daß der Kommandeur der Pioniere Alarm gegeben hat. Wie unsere Kompanie antreten mußte, trat der Oberfeldwebel, der Etatmäßige, unruhig von einem Fuß auf den anderen. Ein Dutzend und mehr Männer fehlten in dieser Nacht. Er wußte ja auch, daß sie abseits unseres Lagers bei den Frauen waren und über Nacht dort blieben.

F. Kl., geb. 1893:
Im Mai 1916 gelangten wir nach Wolhynien. Gleich wie wir dort eintrafen, kamen Prostituierte zu uns, es müssen Jüdinnen gewesen sein, die an die Bügel unserer Pferde faßten: „Schöner Herr Soldat, kommen Sie heut' zu mir!" Die jungen Frauen waren dort alle Prostituierte. Ich habe keinen Gebrauch davon gemacht.

Gustav Heckmann, geb. 1898:
Wenn ich auf Wache stand, las ich damals erstens die „Vergleichenden Leben" von Plutarch, also die Lebensbeschreibungen der Griechen und Römer im Vergleich. Und den „Faust" hatte ich mit. Vom „Faust" kannte ich ganze Szenen auswendig, die ich mir auf Wache vorsagte. Wo ich mir nicht sicher war oder Passagen vergessen hatte, schaute ich dies gleich nach, wenn ich wieder in den Unterstand kam. Die Kameraden in meiner Batterie fragten dann: „Gustav, was liest du da?" Ich erzählte ein bißchen von meinen Büchern. Ich weiß nicht, was die anderen machten. Manche spielten wohl Skat, was ich nicht konnte.

Julius Kreckler, geb. 1896:
Nachts mußten wir alle hellwach sein, ganz besonders in einer Stellung wie an der Somme. Aber am Tag gab es immer einmal ruhige Momente, in denen man die Augen zumachen konnte. Gewiß, müde war man, schon aus Schlappheit, weil der Körper ja keine richtige Nahrung bekam. Wenn was rankam, war es ein Löffel Marmelade als Zubrot. Das Marschieren, Sie können sich das ja vorstellen, war schwer. Zig Kilometer feldmarschmäßig in Sonnenglut und bei Kälte. Man konnte tatsächlich nicht mehr.

S. N., geb. 1898:
Die Anforderungen, die an uns gestellt wurden, waren sehr hoch. Wir haben es einmal erlebt, daß wir abends um zehn Uhr in Flandern schlafen gingen. Quartier war auf dem Boden im Stroh. Wir waren froh, daß wir schlafen konnten. Wir sollten ein paar Tage zurückgestellt werden. Um halb elf Uhr kam die Meldung, wir würden in Flandern eingesetzt werden. Wir mußten raus auf die Protze und auf die Pferde. Und dann fing es an zu regnen und hat die ganze Nacht von abends zehn bis morgens zehn geregnet. Da war alles naß, nichts war trocken. Morgens kamen wir in Flandern an. In einem großen Schweinestall haben wir uns alle hingelegt und geschlafen. Ich frag' mich immer: „Wie bist du da bloß durchgekommen? Daß du keine Lungenentzündung bekommen hast?" Woher nimmt man bloß die Kraft dafür?

Hellmuth Paulsen, geb. 1898:
Kurz vor dem Ende des Kriegs wurden wir in einem Dorf in dem Tanzsaal einer Gastwirtschaft untergebracht. Wir waren so hundemüde, daß wir im Stehen schlafen konnten. Ich hatte mich auf dem Fußboden hingelegt und morgens wache ich mit einem Mal auf und denke: „Was ist denn das?“ Da war über mir das ganze Dach weg und einige Latten des Dachs lagen auf meinem Lager. Ich hatte so fest geschlafen, daß ich gar nicht gemerkt hatte, daß das Dorf in der Nacht vom Feind beschossen worden war.

Paul Beuge, geb. 1897
In der Gegend von Tschenstochau in Schlesien wurden wir eines Vormittags ausgeladen. Ich weiß nicht, ob wir überhaupt zwanzig Mann waren. Und dann wurde losmarschiert. Als Artilleristen waren wir das Laufen ja gar nicht so gewohnt. Der Vormittag verging, der Nachmittag verging und wir marschierten immer noch. Mir fielen schwarze Gestalten auf, die in unserer Nähe umherhuschten. Ich hatte so etwas noch nie gesehen. Es waren polnische Juden in ihren langen Kaftanen. Es war schon dunkel, als wir einen Ort erreichten. Bei einem Juden, der aus einem kleinen Laden heraus verkaufte, tranken wir Tee. Der Wachtmeister war dabei zu überlegen, wo wir hier unterkommen konnten. Mit einem Mal brannte in irgendeiner Ecke eine Scheune. „Also nein, hier bleiben wir nicht.“ Wir marschierten weiter. Ich glaube, wir sind nach Mitternacht in dem Ort angekommen, in dem sich das Regiment befand. Wir haben uns bloß noch in die Scheune fallen lassen und sind eingeschlafen. Abgezählt haben sie gar nicht mehr. Als wir morgens aufstanden, kamen die letzten an. Bald wurden wir wieder in Gang gesetzt.

Robert Haarmeyer, geb. 1897:
Ich war der Kleinste in der Kompanie. Alle nannten mich Bubi. Dann wurden wir versetzt und auf dem Weg nach Flandern mußten wir jeden Tag mit großem Gewicht marschieren. Ich ging als Kleinster hinten und direkt hinter mir waren der Kompanieführer, der aus Kiel stammte, und der Spieß. Auf diesem Marsch fiel immer wieder jemand wegen Fußproblemen aus. Ich hörte, wie der Spieß zum Leutnant sagte: „Daß der Bubi das aushält, das wundert mich.“ Ich habe mich gefreut, daß er das gesagt hat.

Otto Frahm, geb. 1896:
Unsere Verpflegung brachten wir nach vorne mit. Essen kriegten wir an der Höhe 304 vor Verdun nicht bis in die ersten Schützengräben. Wir waren immer ausgerüstet mit eineinhalb kleinen Schwarzbroten und dann hatten wir eine Dose Fleisch, eine Dose

Leberwurst, eine halbe Dose Blutwurst und noch etwas Backobst bei uns. Und dann blieben die Tornister Verwundeter liegen und da war auch noch Verpflegung drin. Manchmal hatten wir so reichlich zu essen, daß wir abgaben. Kaffee konnten wir so viel mitkriegen, wie wir wollten, aber wir konnten ja nur zwei Feldflaschen tragen. Der Gurt war ja schon voll mit all den anderen Sachen. Da war erst einmal die Knarre mit 190 Schuß Munition um den Hals, der Spaten, das Gewehr und natürlich der Tornister. Aber das will ich Ihnen sagen, bei den vielen Aufregungen war bei mir die zweite Flasche Kaffee immer schon am zweiten Tag leer. Es kam auch schon vor, daß der Feldwebel in den fünf Tagen Kaffee nach vorne schickte und daß er ankam. Aber dann mußten wir ungefähr eine halbe Stunde durch den Laufgraben zurücklaufen, bis wir die Stelle erreichten, wohin der Pferdewagen mit dem Kaffee fahren konnte. Die Pferde wurden bei jedem Schuß unruhig. Wir füllten den Kaffee in vier Kochgeschirre, in jeder Hand zwei, mehr konnte man nicht tragen und dann lief man wieder durch die Laufgräben im Zickzack zurück. Wenn der Kaffee alle war, gingen wir raus aus dem Graben und holten uns Wasser aus Granatlöchern. Direkt am Rand des Wasserlochs lag ein toter Deutscher, der war noch nicht abgeholt. Da waren schon die Würmer dran. Ein schreckliches Erlebnis. Das Wasser war grün von den Granaten. Da habe ich richtig Wasser gesoffen und auf das andere überhaupt nicht geachtet.

Hermann Kottmeier, geb. 1897:
Es war eine Sauerei, was uns zugemutet wurde. Man bekam ein lauwarmes Essen, in das schon Dreck und wer weiß was reingefallen war. Eine Woche war wie die andere. Da haben wir dann doch sehr starke Ausdrücke gefunden.

Fritz Bornemann, geb. 1897:
Die Tageslöhnung eines einfachen Soldaten im Frieden war 22 Pfennig und 33 Pfennig im Kriege. An der Somme wurde ich zum Gefreiten ernannt und der kriegte 50 Pfennig. Davon konnte man sich ein bißchen Schokolade kaufen, wenn es die gab. Und bei den Bayern gab es Bier.

E. M., geb. 1897:
Nachher kam die Hungersnot. In der Champagne haben wir in der Erde gelebt. Wir mußten wegen des Hungers immer wieder zwei Stunden schlafen. Man kann nicht sagen, durch den Dolchstoß ist der Krieg zu Ende gegangen. Nein, durch die schlechte Verpflegung.

J. E., geb. 1895:
Wenn wir auf dem Marsch nach Minsk durch ein Dorf kamen, begann für uns die Jagd nach Lebensmitteln. Denn die Fourage, die Gulaschkanone, konnte nicht nachkommen, weil die Russen sämtliche Telegraphenstangen an den Chausseen gekappt hatten, die dann die Straßen versperrten. Unsere Eiserne Ration, die wir nur auf Befehl angreifen durften, war aufgezehrt. Wir hatten nichts. Wir hatten uns aber angewöhnt, wenn wir in ein Dorf kamen, in die Häuser zu gehen, um in den Küchen und in den Schränken nachzugucken, ob da nicht ein Stück Wurst oder etwas anderes zu essen zu finden war. Andere Kameraden machten sich auf den Dorfplätzen zu schaffen: „Halt, hier ist was. Da muß ein Loch sein." Wir rissen das Loch auf. Keine Wurst, kein Schinken, kein Speck, was war: Mehl, Hirse, Buchweizengrütze und all solche Sachen, die schwer zu transportieren waren. Ich dachte: „Bevor du gar nichts zu essen hast, nimm das Mehl." Und ich habe mein Kochgeschirr oben auf dem Tornister mit Mehl gefüllt.

Wilhelm Oltmanns, geb. 1898:
Ich aß abends alles auf und wollte den Kapitulantenschlag haben. Wenn alle etwas bekommen hatten, blieb nämlich oft noch etwas übrig. Ich hatte an der Front furchtbare Angst. Dennoch ging ich aus Hunger jeden Abend mit den Essenholern zurück zur Feldküche. Die Feldküche kam mit dem Wagen nach vorne, einen oder auch zwei Kilometer mußten wir aber schon laufen. Es wurde immer geredet, kein unreifes Obst zu essen. Wir ließen es aber doch nicht und ich kriegte die Ruhr. Andererseits hatte ich so das Glück, daß ich wegkam.

Otto Porath, geb. 1893:
Am 1. Februar 1915 kamen wir ins Feld und wurden in Ostpreußen eingesetzt. Das war die schlimmste Zeit meines Lebens. Ich wurde gegen meinen Willen Fahrer einer Munitionskolonne. Mit Händen und Füßen habe ich mich gewehrt. Ich kam ausgerechnet an den schwersten Wagen, den es gibt, den Vorratswagen. Der Vorratswagen hatte in Ostpreußen ganz besonders mit dem Schnee zu kämpfen und erreichte, anders als die Feldküche, die ja leichter bespannt war, in den zwei Monaten höchstens ein oder zwei Mal rechtzeitig das Ziel. Manchmal haben uns die Leute unterwegs eine Stulle zugeworfen, damit wir nicht hungerten. Einmal trieb der Hunger mich und einen Kameraden dazu, in der Nacht bei Polen etwas an Verpflegung zu suchen. Wir haben irgendwo, wo noch ein Licht war, angeklopft: „Chleba." Das bedeutet Brot. Die Leute sagten: „Niema Chleba." Nachdem wir so eine Stunde herumgelaufen waren und

zurück mußten, waren wir erst richtig hungrig. Wir haben die Kekse aus unserer Eisernen Reserve aufgegessen. Ich bin beinahe verhungert.

Fritz Siemers, geb. 1897:
Ich konnte nie satt werden von den Portionen. Sie wissen ja, wenn Sie jung sind, hat man einen ganz schönen Appetit. Und dann habe ich vier Wochen immer zwei Portionen Fleisch geholt, indem ich in der Küche sagte: „Für Siemers und für mich." Der Koch hat mir zwei Portionen eingefüllt und dann war das erledigt. Eines Tages war es dann vorbei. Da hat der Koch zu mir gesagt: „Na, für Siemers und für mich?" Ich sag: „Nee, heute nicht." „Mensch", sagt er, „du hast uns vielleicht Kopfschmerzen bereitet, wir kamen ja nie mit den Fleischportionen aus." Und wissen Sie, wo ich den wiedergetroffen habe? Hier in Hamburg. Wir haben an der Kaimauer am Schuppen 84 gearbeitet, er saß auf dem Getreideheber und hat herübergerufen: „Für Siemers und für mich."

H. Br., geb. 1898:
Denken Sie sich bloß einmal: Eines Tages kommt einer unserer Offiziere bei der Küche vorbei und sieht, wie das restliche Essen verteilt wird. Da sagt er zu dem Küchenunteroffizier: „Ich hätte auch gerne einmal mein Kochgeschirr voll, wenn ich dran bin." Der Unteroffizier antwortet ihm: „Herr Leutnant, Sie bekommen jeden Tag ihr Kochgeschirr voll." Da hatte der Bursche des Leutnants stets einen solchen Hunger gehabt, daß er die Hälfte davon aufaß und sein Leutnant kriegte nur einen Schlag.

F. A., geb. 1892:
Unser Regimentsschreiber hieß Mackensen, so wie der General. So wie ich weiß, war Mackensen ein Kieler und ich konnte ganz gut mit ihm. Er wollte mich immer zum Gefreiten befördern. Ich sag: „Ich will dir helfen. Ich hab den Krieg nicht gewollt und ich muß ihn nun mitmachen. Aber befördern kommt für mich nicht in Frage." Ich wollte immer etwas ganz anderes, ich wollte etwas zu fressen kriegen. Wo es etwas zu fressen gab, da war ich dabei. Wenn ich einmal für ein paar Tage von der Truppe verschwunden war, das machte nichts. Die wußten Bescheid. Wenn ich dann wiederkam, brachte ich ein paar Eimer oder Tüten voll zu fressen mit und dann waren sie alle wieder glücklich. Da war so ein Friedhof und daneben war ein großes Erdbeerfeld und das habe ich abrasiert. Einmal haben wir lange Zeit auf einer Stelle gelegen. In diesem Ort stand draußen ein großes Faß voll Salzgurken. Ich mußte nur aufpassen, daß nicht zu viel Flüssigkeit mit auslief, und mußte den Stöpsel wieder reinkriegen.

Solange wir da gelegen haben, hab ich jeden Tag für Salzgurken gesorgt. Auch mit dem an der Essenausgabe konnte ich gut. Der hat mir unter dem Tisch ein Extrakommißbrot zugeschoben.

Hans Wohlers, geb. 1889:
In Frankreich bekam ich einen guten Posten und wurde Fourier. Da habe ich Lebensmittel empfangen. Einmal waren wir mit fünf Mann Vorposten und da sehe ich, wie die Artillerie Kartoffeln kriegt und wir nicht. Abends bin ich heimlich hingegangen, 50 Pfund auf den Nacken und ich komm gerade rein in meine Bude, da fühle ich eine Hand auf meiner Schulter. Ich habe dem Kameraden ein paar Kartoffeln mitgeben müssen.

Gustav Schöning, geb. 1894:
Die Ernährung war einigermaßen gut. Wir haben ja auch immer mal, wo wir was kriegen konnten, requiriert. Wir haben uns Papiergeld gemacht. Das können sie ganz einfach machen. Sie legen ein Fünfmarkstück unter ein Stück Papier, drücken dies durch und das Fünfmarkstück bleibt im Papier. Den Schein haben wir mit „Kommandeur von der Fettesse" unterschrieben. So ein Unfug. Die Unterschrift war gut, und der Schein sah ganz natürlich aus. Und dann haben wir den Schein bei den Polen abgegeben und einen fetten Hammel und auch Enten requiriert. Sie haben ihn angenommen und dachten, es sei Geld. Jeder hat versucht durchzukommen, denn die Bagagen, die Feldküchen blieben ja manchmal hängen und da kam gar kein Essen ran.

A. S., geb. 1899:
Die Verluste unter den Pferden waren immer groß. Die Pferde wurden getroffen und blieben dann liegen. Die waren aber nicht alle gleich tot. Wir hatten einige ältere Leute mit in der Batterie, die gingen dann los nachzusehen, was auf der Straße passiert war. „Ja, da liegen wieder ein paar Pferde." Dann wurden die Tiere totgeschossen und die Leute fingen an, aus dem Schinken das beste Fleisch herauszuschneiden. Einmal bin ich auch mitgefahren und habe mir von dem krepierten Gaul ein Stück Fleisch geholt. Nun hatten wir ja an der Front die kleinen Spirituskocher. Ich habe versucht, das Fleisch gar zu kriegen. Es ist mir nicht geglückt. Das Biest blieb hart und ich habe diese Gänge nicht wieder mitgemacht. Aber ein paar Ältere waren dabei, die wußten genau Bescheid. Ob es Schlachter waren, weiß ich nicht, zumindest waren es Landwirte. Die haben dann auch die Flomen von den Gäulen genommen, haben sie zu Schmalz verarbeitet und mit diesem Schmalz, wenn wir Kartoffeln hatten, Bratkartoffeln gemacht.

A. H., geb. 1899:
Wir sind zu einem sächsischen Truppenteil abkommandiert worden und lagen mit unserer Küche im Keller eines Hauses. In den paar Tagen, die wir dort gewesen sind, ist jeden Tag mittags der Hund des Ortskommandanten in die Küche gerannt und hat dort sein Futter gekriegt. Ein paar Schlingel von uns haben den Hund gesehen, haben ihn erschossen und ihn dann abgekocht. „Adolf, was hast du gemacht?" „Wir haben halt des Guten zuviel getan, indem wir den Hund gefressen haben." Der Ortskommandant hat den Hund gesucht.

Richard Krohn, geb. 1897:
Wenn wir nach vorne in die Stellungen gingen, mußte ich 150 Zigaretten mithaben. Die wurden in der Zeit vorne alle. Es war eine Sucht. Die inneren Reserven waren völlig leer. Nach dem Krieg habe ich mir von einem Tag zum anderen gesagt: „Jetzt rauche ich nicht mehr, aus!"

Dr. Bernhard Lehnert, geb. 1896:
Ich kriegte zu Weihnachten derart viele Rauchwaren geschickt, daß sie kein Mensch mehr als Geschenk annahm. Und da dachte ich: „Nein, wegschmeißen oder liegenlassen, das mache ich nicht, da rauche ich sie lieber." Und so habe ich zu Weihnachten 1914 wieder angefangen, Zigaretten zu rauchen. Während in der ersten Hälfte 1915 noch alles unbeschränkt war – wir zum Beispiel viel Schmalz als Brotaufstrich geschickt bekamen –, wurde es in der zweiten Hälfte 1915 schon knapp. Die englische Blockade wirkte sich aus. Als der Steckrübenwinter kam, das war ja 1916 auf 17, waren wir natürlich mit Essen auch knapp dran. Aber immerhin, wir sind satt geworden.

Heinrich Bartels, geb. 1897:
Wir waren den ganzen Tag im strömenden Regen marschiert. Abends sind wir mit sechs, acht Mann in einer großen Scheune untergekommen. In einer Ecke haben wir Feuer gemacht, zuerst unsere Mäntel getrocknet und ein bißchen was gegessen. Anschließend haben wir geschlafen und da kamen die Ratten, einen halben Meter groß wie Katzen. Ich weiß noch, ich habe geschlafen und da ist mir eine Ratte über das Gesicht gelaufen. Am nächsten Morgen stellten wir fest, daß die Ratten unser ganzes Brot aufgefressen hatten. Das war mein 20. Geburtstag.

Willi Marquardt, geb. 1898:
In der Nähe unseres Frontabschnitts vor Verdun war ein kleines Wäldchen, das heißt, die Bäume waren ja alles nur noch Stümpfe. Dort war ein großer Holzbunker gebaut worden, in den wir des

Nachts abwechselnd schlafen gehen konnten. Da drinnen wimmelte das von Ratten. Es mußten immer zwei, drei Mann nachts Wache halten und die Ratten totschlagen oder totschießen. Die fraßen einem das Brot aus der Tasche weg und haben manche auch an den Zehen genagt. Es war furchtbar, dort schlafen zu gehen, aber man mußte ja schlafen.

Paul Beuge, geb. 1897:
Wir marschierten von der Beresina zurück bis nach Drosten in Ostpreußen. Dort angekommen, marschierten wir auf der einen Seite eines Bahnhofs auf. Das Kommando lautete: „Die Fahrer nehmen die Woilachs und die Satteltaschen mit, alles andere wird stehengelassen!" Wir gingen in die nächste Baracke rein. Kleidungsstücke, die Hitze vertragen konnten, kamen in einen besonderen Beutel. Dann ging es in die nächste Menschenschlange. „Ausziehen!" Da standen ein paar große Kübel mit dem Gift, hätte ich beinahe gesagt. Die haarigen Stellen wurde alle eingesprüht. Friseure waren noch da, die schoren uns die Haare runter. Und dann gab es noch neue Hemden und eine neue Unterhose. Wie wir am anderen Ende der Baracke rauskamen, kriegten wir unsere Sachen wieder, die wir anziehen konnten. Zu essen gab es auch etwas. Es war jetzt Mittag. Am Abend waren wir in die Baracke gegangen, nächsten Mittag waren wir fertig. Am Bahnhofsausgang standen unser Zug, die Wagen bespannt, die Pferde geputzt und gefüttert. Alles war fertig, wir brauchten nur einzusteigen. Die Zugfahrt endete in der Nähe von Metz.

J. E., geb. 1895:
Januar 1915 bei Bolimow in Polen waren es 27 Grad minus, sternenklare Nächte. Wir trugen nur dünne Mäntel, die uns dauernd frieren ließen. Deshalb hatten wir Kopfschützer, Pulswärmer, Brustwärmer, Knieschützer, Wolljacken. Die Nächte fingen nachmittags um drei Uhr an und morgens um neun wurde es allmählich hell. Alle zwei Stunden mußten wir raus und Wache stehen. Es war so kalt, daß, wenn man mal raus mußte auf das Loch, wo man seine Bedürfnisse befriedigen konnte, die Hose eher voll war, als daß man sie aufhatte. So erstarrt waren die Finger vor lauter Kälte.

E. P., geb. 1897:
Von Vietz an der Ostbahn ging es in Richtung Osten, geradeaus in den russischen Winter, wo es knallig kalt war. Wir hatten in unserer Abteilung schon im ersten Winter ca. zehn Mann Verluste, die mit Erfrierungen ersten Grades zurückgingen. Erfroren habe ich mir die Ohren zweiten und dritten Grades. Ich kam ins Lazarett und der Feldarzt hat mir die Ohren beschnitten. Ich dachte, da ist gar nichts

mehr dran. Wir waren ja nicht ausgerüstet für diese Gegend. Mäntel hatten wir und Decken, aber das reichte nicht für dort. Die Wachen draußen wurden jede Stunde abgelöst. Sowieso hatten wir Doppelposten aufgezogen. Einer war nur dafür da, dauernd aus dem Unterstand rauslaufen und zu sehen, daß die Wachen noch da waren. Wir mußten uns die zugewehten Unterstände freischaufeln, bevor wir wieder rauskamen. Was wir uns da zusammengefroren haben, war nicht mehr feierlich. Für diejenigen von uns, die als Wachen draußen stehen mußten, wurden Russenpelze geliefert. Und wir hatten einen sehr netten Juden in unserer Batterie, dessen Vater in der Nähe von Itzehoe eine Fabrik für Holzschuhe hatte. Er bestellte für die Wachen unserer Batterie Holzschuhe. So standen wir mit unseren normalen Knobelbechern in Filzstiefeln und mit diesen Filzstiefeln wieder in den gewaltigen Holzlatschen. Vor allen Dingen machte uns der furchbare Wind zu schaffen. Im Winter mußten wir die Stellung ausbauen. 1,5 bis 2 Meter Frost waren nicht übertrieben. Da konnte man nur mit Hacken und Spitzhacken arbeiten. Abends wenn wir durch den Frost hindurch waren, haben wir alles wieder mit Schnee zugeschüttet, damit es nachts nicht wieder zufror.

Das Allerschlimmste aber, was ich im Osten neben der Kälte erlebt habe, war das Ungeziefer. Sie glauben gar nicht, was wir darunter gelitten haben. Einige ältere Kameraden verstanden Gott sei Dank, Unterstände zu bauen und nachher haben wir es auch gelernt. Wir haben hierzu das Holz russischer Bauernhäuser verwandt. Die russischen Häuser waren aber verwanzt, verlaust, verflöht. Da war alles dran, was es an Ungeziefer gibt. Wenn wir einen erwischt haben, der plötzlich anfing zu knacken, hieß es: „Du Ferkel, du hast Läuse." Dabei hatten die anderen sie auch schon und merkten es nur noch nicht. Die Brut saß in den Körperfalten. So eine richtige russische Laus, die hat es in sich. Wir waren ja schon froh, wenn wir Trinkwasser hatten. Beim Waschen war man dafür sparsam mit dem Wasser. Nun hatte man ja auch keine reinen Fingernägel. Da fingen sie zu kratzen an und die ganze Truppe kriegte die Krätze. Unsere Sanitäter schickten uns dann ins Revier. Man mußte sich ausziehen und wurde mit Perubalsam, einer dunkelbraunen Salbe, eingestrichen. Wir sahen aus wie die Neger. Dann kamen zwei Mann und mußten das lange Baumwollhemd, das wir bei den Preußen ja kriegten und das meist bis an die Knie langte, über den Kopf rüberziehen. Das konnte man nicht allein, da es doch gleich backen blieb. Acht Tage mußte man das Hemd anbehalten. Es klebte am Körper fest und die Läuse fühlten sich in der Salbe wohl. Nach acht Tagen mußten sie wieder zum Revier hin und ein paar Mann zogen einem das Fell ab. Das tat ganz schön weh. Dann wurde man gewaschen. Zwei Tage später saßen sie wieder da und knipsten die Läuse.

Wir haben als 18jährige zu Hause doch nie ein Hemd waschen müssen. Das kannten wir doch alles gar nicht. Jetzt mußten wir unsere Plünnen selbst waschen. Sie wurden im Unterstand gekocht. Die besten Bäume haben wir abgehauen, um Feuer zu machen. Die Wäsche hängten wir draußen im Geschützstand auf. In fünf Minuten konnten sie damit einen totschlagen, so hart war sie von der Kälte. Das Schlimmste von dem ganzen Zeug aber waren die Mücken. In der Affenhitze sommertags und in der Kälte des Winters, wenn sie sich mit den Woilachs, den Pferdedecken, zudeckten, hatten sie im selben Moment ein Dutzend Mücken unter der Decke. Dann ging es los. Eine Granate, die draußen geschossen wurde, hat uns nicht so aufgeregt wie die Mückenschwärme. Die Mückenschwärme haben uns verfolgt, solange wir in Rußland waren.

Wilhelm Oltmanns, geb. 1898:
Die Läuse hatten mich. Und kamen wir einmal in die Entlausung, dann sind sie erst richtig lebendig geworden. Die Kleidung wurde ja nur gut warm gemacht. Einmal kam ich auf Urlaub und meine Mutter fragte: „Hast du Läuse?“ „Nein, ich bin ja entlaust.“ In diesem Moment sind sie unter dem Kragen hervorgekrochen. Ich hatte schwer mit Läusen zu tun. Wo ich hinlangte, war meine Haut kaputt.

Otto Frahm, geb. 1896:
Als ich nach meiner Verwundung wieder rauskam, war es Oktober und alles war lehmig, dreckig. Wenn man dann eine saubere Uniform trägt, ist man vorsichtig. Man möchte sich ja nicht gleich am ersten Tag von oben bis unten mit Lehm beschmieren. Wir mußten über einen kleinen Hügel rüber, der von einer Granaten aufgeworfen worden war. Da wurde ich von einem Scharfschützen beschossen. Er schoß vorbei und traf einen Kameraden, der hinter mir kam. Da ist dir alles egal, dann schmiert man sich ein. Den ersten Tag vorne und man wird gleich mit dem ganzen Dreck konfrontiert! Alles, alles war grau. Vor allen Dingen mußte man immer aufpassen, daß das Gewehr nicht in den Dreck kam. Wenn wir in der Ruhestellung den Dreck abmachen wollten, ließen sie uns kaum Zeit dazu. Gleich hieß es schon wieder: „Antreten!“ Gewehrappell und dann Stiefelappell. Man mußte alles selbst reinigen, bürsten, etwas waschen, wenn man Wasser hatte. Und das Zeug mußte natürlich getrocknet werden. Man hatte ja nur das eine Stück.

Auf die Ruhe bei uns habe ich immer geschimpft. Wenn sie morgens um zehn aus dem Graben in die Ruhestellung kamen, hatten sie ein großes Ruhebedürfnis. Schon um zwei Uhr mittags hieß es aber: „Es ist Gewehrappell." Das habe ich gehaßt. Ich mußte ja erst mal ausschlafen, denn da vorne konnte man ja nicht richtig schlafen. Man wollte wirklich Ruhe haben und die gab es nicht. Und am nächsten Tag war schon wieder exerzieren angesetzt, aber nicht, daß man uns lehrte, mit Handgranaten umzugehen, nein, nur Disziplin. Da hab ich die Preußen gehaßt, kann ich ihnen sagen. Mit Preußen meine ich das Militär. Dann mußte man nach vorne in die Reservestellung und da erst hatte man etwas mehr Freiheit, bis auf die Fälle, wo in der Reserve was los war. Erst in der Reserve in Malancourt konnte man ausruhen, ohne daß an einem herumgedoktert wurde. In Malancourt war alles kaputt. Wir lagen in den Kellern. Am Tage gingen wir spazieren oder wir konnten herumsitzen. Es kam auch einmal eine Granate rüber, aber das war halb so schlimm.

M.G., geb. 1894
Unsere Gewehre hätten sie sehen müssen. Wenn die bloß eine Nacht draußen gelegen haben, waren sie voller Rost. Also, wie konnte man solche Gewehre herstellen? Wir hatten immer einen Draht bei uns, mit dem wir wenigstens die Läufe reinigen mußten, damit sie in Ordnung blieben.

Richard Lander, geb. 1897:
Ich habe manchmal acht Tage lang die Kleider nicht ausgehabt, nicht mal die Stiefel. Es gab einfach keine Möglichkeit, die Kleider zu wechseln. Erst wenn wir alle zehn Tage abgelöst wurden und in Ruhe waren, haben wir sie saubermachen können.

Wilhelm Garmsen, geb.1896:
Ruhestellung. Wir kamen ja kurz nach Mitternacht, so zwei, drei Uhr, im Quartier an, erst mal hingehauen und geschlafen. Das war kein Wunder, daß man den Schlaf nachholen mußte. Dann am nächsten Vormittag wurden die Klamotten saubergemacht. Da die Soldaten ja wußten, was ihnen bei Fleury mit dem Lehmboden blühte, hatten sie die Angewohnheit, sich Sandsäcke über die Hosenbeine und Ärmel zu ziehen. Als wir das das erste Mal sahen, waren wir verwundert: „Was macht ihr denn da?" „Ja, das ist Schutz." „Wofür denn?" „Für den Dreck." „Ach, frischer Dreck ziert doch den Soldaten." „Ja, ja, ihr braucht das ja nicht zu machen." Aber beim nächsten Mal machten wir ihnen das nach. Sandsäcke hatten wir ja genug. Den übrigen Lehm konnte man mit dem Messer abkratzen. In der Ruhestellung haben wir uns dann auch erst mal gewaschen.

Läuse hatten wir. Die Laus ist ein sehr sauberes Tier, wenn wir saubere Wäsche angezogen hatten, krochen sie mit Vorliebe hinein. In alten Bottichen haben wir die Wäsche gekocht.

Am zweiten Abend in Ruhe ging der Remmidemmi los. Einer hatte eine Handharmonika, ein anderer eine Mundharmonika, ein Dritter hatte sich eine Teufelsgeige gebaut, einen Stab mit Saiten aus dünnem Draht, an den alle möglichen Sachen wie Dosendeckel angehängt wurden, damit sie recht viel Lärm verursachten. Mit der einen Hand stampfte er die Geige auf den Boden auf und mit der anderen Hand zog er die Drähte. Wir waren vorwiegend junge Leute, da kannte man nichts. Bis um zehn Uhr abends ging es ungefähr, dann trat Ruhe ein.

Hermann Baass, geb. 1897:
In meinem Militärpaß steht: „30. April bis 7. Juni 1917 Kämpfe vor der Siegfriedfront." Vorne war der Graben und übernachtet haben wir in einem Schloß in einem großen Saal, da zog es sehr. Das Schloß war nicht zerbombt. Neuville-Bourjonval, so hieß der Abschnitt. Ich weiß, daß wir einmal Fußball gespielt haben. Eine Auswahlmannschaft von uns 75ern, der auch ich angehörte, spielte gegen die 76er, die in der Nähe lagen. Es gab welche, die zu Hause Fußball spielten. Ich weiß aus meiner Schulzeit, beim Fußball hatten wir nur englische Ausdrücke, Goalkeeper usw. Auf dem Spielfeld war einst ein Blindgänger niedergegangen, der jetzt mit Gras zugewachsen war. Da trat ich rein und anschließend kriegte ich eine eiserne Hacke gegen den Bauch. Wir hatten keine Fußballstiefel, sondern unsere normalen Stiefel mit eisernen Hacken. Mir blieb die Luft weg, zudem ich vom Verschüttetsein sowieso noch Schwierigkeiten mit dem Atmen hatte. Ich hab nie wieder gespielt.

Albert Benecke, geb. 1897:
Wenn wir unterwegs waren, dann haben wir gesungen. Ich habe gern und gut gesungen. Die Lieder habe ich bis zum letzten Vers gekannt. Die meisten konnten das nicht. Ich war auf Wanderschaft gewesen. Wir brauchten die Musik, wenn Feierabend war und wir uns schlafen legten. Früher hatte ich einmal Flöte gespielt. Und als wir von Verdun in eine andere Stellung kamen, bin ich Spielmann geworden, Hornist.

Hermann Schütz, geb. 1896:
Mein Hobby war, die Zünder von Granaten und Schrapnellen zu sammeln. Was hat der Engländer mich manchmal mit Schrapnellen beschossen. Als Melder bin ich ja überall hingekommen. Ich hatte einen Spazierstock mit einer Stahlzwinge unten dran. Ich bin dann

mit meinem Stock hingegangen und habe nachgeguckt, wie tief der Zünder im Boden steckte. Wenn es nicht ganz so tief war, habe ich ihn mit dem Spaten, den ich auch bei mir hatte, herausgebuddelt. Materialverwertung. Die Zünder waren doch reines Messing und andere bessere Metalle. Wir hatten bloß Eisen. Zünder, leere Schatullen und manchmal abgeschlagene Gewehre und alles, was die Soldaten so weggeschmissen hatten, habe ich zusammengesammelt. Mit dem Küchenwagen ging es zurück ins Quartier. Wenn ich ins Quartier kam und es war Appell, sagte der Spieß: „Unser Melder Schütz, der hat alleine mehr gesammelt als die ganze Kompanie."

Dr. Curt Werner, geb. 1896:
Ich hatte eine Kamera, eine Ikarette. Die hatte mir mein Vater besorgt. Da habe ich regelmäßig Bilder gemacht, die ich dann nach Hause schickte. Die Kameraden oder auch abgeschossene Flieger, die am Boden lagen, oder einmal Batterien oder kaputte Geschütze habe ich aufgenommen. Ich hatte ein ganz dickes Album mit Bildern, die ich erst vor drei Jahren weggeschmissen habe.

F. A., geb. 1892:
Die Fesselballons kennen sie doch? Ich bin mal mit so einem Ding geflogen. Das ist sehr interessant. Man kann vielleicht eine große Fläche überblicken. Normalerweise durfte man ja gar nicht mit rein, aber ich war ein ganz frecher Teufel und kannte den Leiter von diesem Fesselballon gut. Ich sag: „Nun nimm mich bloß mal mit." Da bin ich dann einmal mit hochgeflogen. Das war ein schönes Erlebnis.

K. H., geb. 1897:
1917 ist an der russischen Front überhaupt gar nichts mehr geschehen. Es sind einige Paar Skier verteilt worden, die keiner haben wollte. Da ich alter Skifahrer aus dem Schwarzwald war, habe ich mir gleich ein Paar Skier geschnappt und mir meine Stiefel von zu Hause kommen lassen. Als junger Offizier hatte ich auch andere Batterien aufzusuchen und so ging es auf Skiern von einer Batterie zur anderen. Haben die geguckt, als ein Leutnant auf Skiern angekommen ist.

Im Gefecht

Mit einem Mal ist es mit der Ruhe im Schützengraben vorbei. Der Kampf hat die ganze Zeit in der Luft gelegen, jetzt ist er da. Es handelt sich um Schlachten historischen Ausmaßes wie den Angriff auf Verdun und beiderseits der Somme, aber auch kleinere Attacken auf Grabenabschnitte, die in keinem Geschichtsbuch stehen. Einmal beginnen die Alliierten, ein anderes Mal die Deutschen. Die trügerische Ruhe der Vortage ist plötzlich wie weggeblasen. Es geht ums Töten und gleichzeitig ums Überleben.

Wenn man sich die Vielzahl von Gefechten verteilt über vier Jahre und drei Monate vergegenwärtigt, wundert einen die für sich schon erschreckende Zahl von um die 2 Millionen Toten des Ersten Weltkriegs allein auf deutscher Seite nicht. Kaum ein Monat, in dem nicht wenigstens an einer Front eine berühmt-berüchtigte Schlacht geschlagen wird, mit bis ins Jahr 1918 immer gleichen Ergebnissen: geradezu lächerlichen Gebietsgewinnen und sich unentwegt aufsummierenden Verlustzahlen. Für das Schicksal des einzelnen bedeutet dies, daß man die Soldaten zählen kann, die insbesondere in Infanterieeinheiten vom Sommer 1914 bis 1918 im Einsatz gewesen sind und dies überlebt haben. Es ist beinahe nicht möglich und mir sind aus meinen 150 Interviewpartnern nur ganz wenige bekannt, auf die dies zutrifft. Meistens ist in diesen Fällen ein „gnädige" Wendung in Form einer Verwundung hinzugekommen, die den Betreffenden in der Folgezeit aus dem Schlimmsten herausgehalten hat.

Bei denkwürdigen Schlachten wie Verdun hat mein historisches Herz allzu sehr geschlagen und ich habe Details – Ortsangaben und Daten –, die in den Interviews angesprochen wurden, mit abgedruckt. Bei anderen Gefechtsdarstellungen verzichte ich darauf. Es tut einfach nichts zur Sache, ob ein Angriff auf einen Schützengraben bei Lille oder bei Reims erfolgt ist und schon gar nicht, ob dies im April 1915 oder erst im Frühjahr 1917 der Fall gewesen ist. Entscheidend sind die Aktionen, in denen die Menschen verwickelt sind und denen sie sich ausgesetzt sehen. Es ist dies der immer gleiche Vorgang: das Verlassen des eigenen Grabens unter größter Anspannung, das unsichere Überqueren des Niemandslandes und schließlich, wenn man selten genug am gegnerischen Graben ankommt, der Kampf Auge in Auge mit dem Feind. Einmal ist man der Angreifer, dann wieder der Verteidiger. Endlose Wiederholungen mit häufig fürchterlichem Ausgang.

Zeugnisse

Dr. Arthur Tischer, geb. 1895:
Die Franzosen hatten zu Anfang des Krieges das Elsaß ein Stück weit erobert und auch den Hartmannsweilerkopf besetzt. Es galt nun, diesen weit in die Ebene hineinragenden Berg, der eine völlige Übersicht über die ganze Oberrheinebene bot, wieder in deutsche Hand zu bekommen. Die Franzosen hielten mit den Alpenjägern, einer Elitetruppe, die Bergspitze besetzt. Dann wurden wir mit einer Landwehrabteilung – also Leuten, die schon an die 35 Jahre waren – eingeteilt, diesen Berg zurückzuerobern. Im November 1914 sind wir Sanitäter mit ihnen an den Hartmannsweilerkopf gekommen. Zusätzlich gab es drei Artillerieeinheiten als Unterstützung für die Landwehrleute. Wir waren noch einige Tage im Quartier und dann sind wir in den Wald hineingeschickt worden, wußten überhaupt nicht mehr, wo und was los war. Die Alpenjäger saßen oben auf dem Berg und haben uns abgeschossen wie die Hasen. Ein Stückchen sind wir vorangekommen und einige Stellungen der Franzosen wurden erobert. Wir haben französischen Wein, Käse und die sonst übliche Verpflegung der Franzosen vorgefunden. Unsere Ausrüstung war nicht besonders gut. Wir stießen auch auf einige verwundete Franzosen, denen wir Erste Hilfe leisteten. Ich war Krankenträger und wir haben die Verwundeten in das Tal heruntergebracht.

Unsere haben, nachdem sie erkannt hatten, daß sie auf diese Weise nicht erfolgreich sein konnten, im Februar 1915 Elitetruppen, Jäger, Garde-Jäger, Garde-Schützen zusammengezogen. Sie haben dann auch Artillerie unten in der Nähe von Sultz stationiert und im Februar 1915 ging der schwerste Kampf um den Hartmannsweilerkopf los. Hin und wieder waren die Franzosen oben, mal wieder wir. Die Franzosen hatten schwere Geschütze, die irgendwo hinten bei Géradmer standen. Auf beiden Seiten gab es sehr große Verluste. Mittlerweile hatten sich beide Seiten eingegraben. Wir saßen uns manchmal in nur ganz wenigen Metern Entfernung gegenüber. So ging das bis 1917, bis die oberrheinische Front nicht mehr die Bedeutung hatte.

Alfred Töpfer, geb. 1894:
Im Januar 1915 wurden wir nach Ostpreußen geschickt, wo Ende Januar auf russischem Boden die Masuren-Schlacht stattfinden sollte. Am ersten Tag – es lag ungefähr 40 Zentimeter hoher Schnee – hatten wir einen Marsch von vierzig Kilometer zu unternehmen. Wir überschritten die russische Grenze und landeten im Dunkeln auf einer Schneelandschaft, rundherum war lockeres Gehölz, wo wir übernachteten. Einer hielt Wache und nach zehn Minuten mußte er

uns immer alle hochtrommeln, damit wir uns bewegten, um nicht zu erfrieren. Als es am nächsten Morgen hell wurde, erlebten wir eine grandiose Überraschung. Rund um uns in wenigen Metern Entfernung lagen einige 100 Russen. Die haben genauso wir wir dort im Schnee geschlafen. Gesunde, junge, sibirische Leute, die größer waren als wir. Von der Kleidung her waren sie sogar noch etwas besser ausgerüstet. Wir waren natürlich beide überrascht, die Russen und wir. Die Frage war: „Wer faßt jetzt zuerst den Mut, den anderen gefangenzunehmen?" Wir waren doch schneller von Begriff: „Hände hoch!" Wir forderten die Russen auf: „Zieht mal eure guten Stiefel aus, dann könnt ihr unsere kleinen Langschäfter nehmen." So haben wir eine größere Schar Russen gefangengenommen. Das war der Beginn der Masuren-Schlacht.

Wir waren auf dem Vormarsch. Am späten Nachmittag hatten wir ein Gefecht, aber es ging dann ohne Störungen weiter. Als die große Umfassungsschlacht im Gange war, marschierten wir weiter gegen Rußland vor, um die nachrückenden russischen Truppen aufzuhalten. Ich war Maschinengewehrschütze und hatte einen stellvertretenden Schützen bei mir. Unsere Maschinengewehre waren im Abstand von 10 bis 20 Meter aufgestellt. Im Morgengrauen marschierten mehrere Reihen von Russen in einer Breite von 800 bis 900 Meter auf und ich schoß mit dem Maschinengewehr auf sie. Der stellvertretende Maschinengewehrschütze links neben mir sagte: „Töpfer, laß mich endlich mal ran ans Gewehr." Er nahm mich am Arm und riß mich weg. Dann fing er an zu schießen. Das war die Lebensrettung für mich. Nicht eine Minute später traf ein Volltreffer mein Maschinengewehr und er wurde durch einen Kopfschuß getötet. Das Maschinengewehr war zerstört. Ich sagte zu meinen Leuten: „Wir müssen uns zurückziehen, wir können uns ja nicht mehr wehren." Ungefähr 1000 Meter zurück fragte uns der Divisionskommandeur: „Na, was habt ihr erlebt?" Durch die davorliegenden Hügel hatte er nichts sehen können. Ich habe ihm von dem russischen Anmarsch berichtet, habe ihm meine Maschinengewehrruine gezeigt und erzählt, daß der Maschinengewehrschütze getötet worden sei. Dann sagte der General: „Na, also gut, da werden wir uns jetzt zurückziehen. Wir sind ja hier, um die Umfassungsarmee zu schützen und sind bis jetzt erfolgreich gewesen. Wir können in aller Ruhe und Sicherheit zurückgehen." Der Umfassungsarmee gelang der große Sieg der Masurenschlacht. Hunderttausend Russen wurden gefangengenommen. Wir sind dann noch eine gewisse Zeit in absolutem Frieden als Grenzwache eingesetzt worden.

J. E., geb. 1895:
Nach ungefähr einem Vierteljahr Ausbildung kamen wir im November 1914 ins Feld. Wie wir nachts ungefähr um zehn Uhr im Verlade-

bahnhof in die Güterzüge stiegen, meine Eltern, mein Bruder und unser Geschäftsführer waren mitgekommen, um von mir Abschied zu nehmen, war natürlich das größte Rätselraten: „Wohin geht es nun, nach dem Westen oder nach dem Osten?“ Unter uns waren aber ganz wache, kiebige Leute, die wußten Bescheid. „Ist doch ganz klar, daß wir nach dem Osten kommen.“ „Und warum?“ „Weil keine Strohschütten zum Schlafen in den Waggons sind, sondern nur Bänke zum Sitzen.“ Wir verließen dann in der Nähe von Lodz den Zug. Zunächst wurden wir zu einem Sammellager geführt und dort wurde ein neues Regiment zusammengestellt. Wir befanden uns zunächst im Gebiet vor Warschau, in Orten wie Skierniewice, Lowicz, Kutno.

Im Januar 1915 lagen wir dann bei Bolimow. Das waren Kämpfe, die an Heftigkeit und Kampfgeist mit denen in Frankreich gleichzustellen waren. In weiter Ferne sahen wir einen hellen Reflex, das war Warschau, unser Ziel. Da habe ich im Januar 1915 oft gestanden und gedacht: „Du bist 19 Jahre und das ist dein Leben.“ Als vernünftig denkender Mensch mußte man sich damals bereits eingestehen: „Du bist dumm gewesen, daß du zum Militär gegangen bist.“ Aber das eine muß ich sagen, es war auch mein Glück, daß ich mich freiwillig gemeldet habe. Denn von Breslau aus kam ich in den Osten, wo man allerdings auch nicht mit Pellkartoffeln geschmissen hat, sondern wo richtiger Krieg war, aber lange nicht so furchtbar, so technisch und maschinell, mit Flammenwerfern, mit Gasgranaten wie im Westen. Im Osten konnte man sich als junger Soldat allmählich akklimatisieren und mit der Materie vertraut werden. Wäre ich in den Westen gekommen, wär ich schnell weg gewesen.

Und allmählich griffen wir in das Kriegsgeschehen ein. Das waren zunächst ungeheuer aufregende Momente für uns, als wir die ersten Kameraden fallen sahen, während wir selbst mit heiler Haut davonkamen. Ich erinnere mich noch, daß ich mit einem Kameraden, den ich von Breslau aus kannte, bei einem Angriff hinter einem Baum Schutz suchte und er schrie mit einem Mal auf: „Hans, guck mal nach, ich glaube, ich habe einen Schuß in den Schenkel gekriegt.“ Ich faßte an sein Bein und die Hand war blutig. Dann wurde es mir auch ganz warm und ich dachte: „Ach, jetzt hast du auch was abgekriegt.“ Denn bei Schüssen merkt man in den ersten Sekunden nichts, bis sich nach und nach der Schmerz ausbreitet. Ich faßte hin. Was hatte ich? Ich hatte keine blutige, sondern eine nasse Hand, und ich stellte fest, daß ich einen Schuß in meine Feldflasche gekriegt hatte.

Dann lagen wir vor Warschau in einer Stellung, von der aus der Generalstoß gegen Warschau erfolgen sollte. Wie wir von den Essenholern hörten, war im Hintergrund Geschütz auf Geschütz aufgefahren. Wir lagen in einem Sumpfgelände, wo man nicht tief in die

Erde rein kam, sondern nach vorne einen Wall aufschütten mußte. Ich lag mit meiner Gruppe am Ende des Schützengrabens, wo es nicht weiterging, weil dort direkt der Sumpf begann. Dort wurde ein Maschinengewehr eingesetzt, um dieses offene Loch zu decken. Die anderen aber, die alle weiter rechts waren in der Stellung, mußten sich, um zum Feind zu kommen, eine Sekunde oben auf dem Wall aufhalten. Nachdem wir vier, fünf Tage dort gelegen hatten, ging eines morgens ein Donnerwetter los, Nah- und Ferngeschütze, große und kleine Kaliber. Vorher waren wir informiert worden, daß wir um die und die Zeit raus sollten. Meine Kameraden aus Breslau, mit denen ich ein Vierteljahr in der Kaserne ausgebildet worden war – es waren sogar Studenten und Lehrer dabei – mußten alle hoch. Ich hatte das Glück, mit der MG-Besatzung und meiner Gruppe aus dem Loch heraus zum Feind rüber laufen zu können. Und mein Schutzengel hatte noch weiter für mich gesorgt. Wir brauchten nicht auf der Ackersohle zu laufen, sondern da war ein Wassergraben von einem Meter Breite, der gefroren war, so daß wir darin gut laufen konnten. Ich hatte mein Gewehr in der Hand, lief so gebückt und hörte immer „Tschi, tschi" die MG-Salven über mir. Wir kamen rüber ohne einen Verlust. Und die anderen, die über das Gelände rüber mußten, waren tot.

Wir waren noch nicht in Warschau, als wir ein Dorf erreichten. Dort kriegten wir Ersatz, alles junge Leute von 19, 20 Jahren mit nagelneuen Uniformen. Sie kamen aus Paderborn. Wir lagen auf einem großen Bauernhof. Es war ein herrlicher, kalter Tag. Ganz weit in der Ferne konnte man, wenn man ein Fernglas hatte, sehen, daß beim Russen ein Fesselballon am Himmel hing. Das war ein Betrieb auf dem Platz inmitten der Häuser. Einige Leute hatten ihr Kochgeschirr aufgestellt, Feuer gemacht und brutzelten ihren Speck. Ich hatte das Auge, den Fesselballon, gesehen und habe mir gedacht: „Laß deinen Speck stecken, auch wenn er anbrennt." Ich stellte mich zur Deckung an die Wand eines Gutshofes. Es dauerte nicht lange: „Hiiium, hiiium, hiiium." Die Russen zielten genau in die Kochstellen auf dem Platz. Oh, ein Geschreie, 20, 30 Tote. Und ich kriegte, „tschib", mit einmal auch den Splitter einer Granate ab. Mein rechtes Ohr blutete, das war alles. Ich war dermaßen geschockt. Ich habe Köpfe gesehen, da konnten sie in den Hals hineingucken, das andere war weg. Oder die Seite eines Körpers war weggerissen. Ein Schlachthof war das.

Im Juli 1915 nahmen wir bei Warschau die russischen Gräben ein. In einem russischen Unterstand habe ich eine Zeitschrift gefunden, die ich heute noch besitze. Den russischen Soldaten wurde in Text und Bildern – viele konnten ja nicht lesen und schreiben – weisgemacht, daß sich der deutsche Kaiser mit einem Negerhäuptling

Kinder kochen ließ, um sie aufzufressen. So wurden sie verarscht. Die ersten Tage in der russischen Stellung verbrachten wir mit Hunderten von Toten. Wir kriegten unser Essen und mußten neben den Leichen unser Essen verzehren. Hummeln und Schmeißfliegen saßen in den Mundwinkeln und unter den Nasen der Toten und haben ihr Vernichtungswerk begonnen. Das waren Augenblicke, die ich nie vergessen habe.

Nun waren wir im russischen Graben keineswegs sicher. Denn der Russe hatte die Gewohnheit, lediglich nach vorne einen hohen Wall mit Schießlöchern und sogar einem Dach aufzuschütten, aber nach hinten war die Stellung offen. Die Offiziere sagten: „Kinder, Kinder, grabt, grabt. Wir haben Fliegernachrichten erhalten, daß Tausende von Reservisten aus Warschau unterwegs sind, um einzugreifen und das Loch an der Front zu stopfen." Wir haben mit Picken den Lehmboden Stück für Stück abgetragen. 30 Grad Hitze, es war ja Juli. Die nächste Querstraße war eine Straße, die von Warschau ins Hinterland verlief. Da kamen sie an. Jedenfalls sind sie von uns zurückgeschlagen worden und danach war Totenstille, kein Vogel, kein Insekt, kein nichts. Es dauerte wenige Tage und es kam eine Eskorte von Offizieren zu Pferde auf der beschriebenen Straße und sagte: „So, Kinder, auf! Warschau ist in Sicht." Da haben wir vielleicht noch zwei, drei Tage gebraucht, bis wir in Warschau waren. Von Warschau ging es auf der Chaussee nach Minsk. Nachher, September 1915, konnten wir Minsk sehen, aber ganz nach Minsk sind wir nicht gekommen. Da war für uns Schluß. Dann wurde es direkt kasernenhofmäßig.

Später gelangten wir nach Lemberg. Dort wurde unser Regiment aus der Division herausgezogen und wir wurden die sogenannte Feuerwehr am letzten Zipfel der Ostfront, wo neben den Deutschmeistern und den Kaiserjägern – den Eliteregimentern der Österreicher – Jugoslawen, Slowenen, Kroaten, Bosniaken und das ganze Völkergemisch des k.u.k. stand. Wir erhielten eine Gebirgsausrüstung, die Hosen an den Knien und hinten mit Leder, mit Eisen beschlagene Schnürschuhe, Wickelgamaschen. Stahlhelme hatten wir noch nicht, wir hatten Pickelhauben. Wir lagen hoch oben in den Bergen. Überall, wo es brannte, mußten wir mit einem Zug, der speziell zu unserer Verfügung stand, hin. Einmal lautete der Tagesbefehl: „Wenn wir in die Stellung kommen, haben wir die Pflicht, zwischen den Jugoslawen oder Kroaten zu stehen und von unserer Schußwaffe Gebrauch zu machen, wenn sie bei einem Angriff der Russen zurückgehen sollten." Ein anderes Mal hatten wir die Russen rausgeworfen und die Österreicher waren wieder in der Stellung. Wie die Russen aber das österreichische Käppi sahen, waren sie wieder da. Wir fuhren bereits mit unserem Spezialzug durch die ungarische Pußta in Richtung Budapest. Auf einem freien Feld landete ein Flugzeug. Wir guckten aus unserem Viehwagen und ahnten nichts Gutes. Aus dem Flugzeug stiegen Leute und gingen zu dem Personenwagen, in dem sich unsere Offiziere befanden. Es dauerte nicht lange, da kam auf dem Nebengleis eine Lokomotive, setzte sich vor uns und wir mußten zum zweiten Mal an die Front.

Ernst Weckerling, geb. 1897:
Wir lagen bei Péronne und marschierten zu Fuß in den Raum von Verdun ins Quartier, wo wir gut 14 Tage vor Beginn der Schlacht lagen. Uns wurde bekanntgegeben, daß eine große Schlacht bevorstand. Wir wußten alles. Die Schlacht sollte schon am 12. Februar 1916 beginnen, wurde aber wegen des schlechten Wetters von Tag zu Tag verschoben. Vor Verdun lagen drei Armeekorps, viel zu wenig für diese große Sache. Das war ja der große Fehler. Aber der Herr von Falkenhayn wollte seine Reserven nicht verbuttern und setzten deshalb nur drei Korps ein für den Angriff und keine anderen Truppen zur Ablösung. Wir mußten immer wieder ran und waren es bald leid, in Verdun zu kämpfen. Wir waren das mittlere Korps, das 18. Korps, mit den hessischen Infanterieregimentern 115, 116, 117 und den preußischen Regimentern 80, 81 und 87 der 21. Division. Das 5. Korps, dem die unglückseligen Sachsen vom 105er Regiment angehörten, wurde erst später rangezogen, nachdem die Schlacht angelaufen war. Es lag zunächst am linken Flügel der Front bei Fromezey, Woëvre, und war eigentlich für die Offensive gar nicht vorgesehen.

Also am 12. Februar wurde der Angriff nicht wie vorgesehen durchgeführt, weil das Wetter hundsmiserabel war. Es regnete und schneite. Es war kein richtiger Schnee, sondern Schneeregen und dauernde Kälte, Frost zwischendurch. Die Leute hatten erfrorene Knochen, weil wir keine richtigen beheizten Unterkünfte hatten in dem kleinen Bauernnest, wo ein ganzes Bataillon unseres Regiments untergebracht war, und viele wurden wegen Erfrierungen abgeschoben. Im Schloß lebte der Herzog von Sachsen, für den wir die Wache stellten. Die sechs Mann der Wache und der Offizierstellvertreter als Wachhabender bekamen alle nachher die hessische Tapferkeitsmedaille. Wir waren nicht untätig und haben den Munitionsführern, die doch eine unheimliche Menge Munition nach vorne bringen mußten, vom 12. bis 21. Februar die Wege sauber gehalten, die verschlammt und voll Wasserlachen waren. Wir waren sehr strapaziert durch diese Tätigkeit, waren dauernd durchnäßt und hatten keine Trocknungsmöglichkeiten, waren aber trotzdem guter Dinge, weil wir hofften, jetzt die Endschlacht mitzuerleben. Verdun war der Eckpfeiler und die Stütze der ganzen Westfront. Wenn Verdun gefallen wäre, wäre wahrscheinlich die ganze Westfront zusammengebrochen. Dann forderte der Batteriechef einer 42er Batterie für den Anfang der Schlacht Bedienungsmannschaft von meiner Kompanie an. Ihm wurden 100 Mann zugeteilt, die zu Beginn der Schlacht bei der Batterie blieben. Ich war bei der Restkompanie, einem Torso von einer Kompanie von vielleicht noch einmal 80 oder 100 Mann. Am Angriffstag, dem 21. Februar 1916, blieben wir, weil wir nicht vollzählig waren, zurück und erlebten die Schlacht von unserem Quartier aus.

Wir haben das furchtbare deutsche Trommelfeuer gehört und die lebhafte Fliegertätigkeit und den Einsatz von Ballonbeobachtern gesehen. Wir waren zuversichtlich und dachten: „Nun hat es angefangen, nun wird es auch gut weitergehen." Der Einsatz von über 3000 Geschützen berechtigte zu guten Hoffnungen. Am 22. Februar morgens gingen wir dann auch mit vor und drangen in den Caures-Wald ein. Bei Flabas haben wir die Front durchschritten und die ersten Gräben der Franzosen besetzt. Die Gräben waren dem Erdboden gleichgemacht, mit umgestürzten Bäumen angefüllt und alles voller Unrat. Überall stießen wir auf liegengelassene Waffen und Ausrüstungsgegenstände der französischen Besatzung. Gleich am Anfang des Caures-Waldes lagen die Toten vom Vortage der Regimenter 81 und 87, die den ersten Angriff durchgeführt hatten. Wir haben uns dann durch den Caures-Wald, der mindestens vier Kilometer lang war, bis zum Südhang durchgeschlagen. Unterwegs haben wir noch restliche französische Truppen, die in Bunkerlöchern und befestigten Stellungen lagen, niedergekämpft, ohne große Verluste. Die Anglemont Ferme, die am Südhang des Caures-Waldes lag, war zerschossen, aber noch von französischen Truppen besetzt. Wir haben sie am dritten Tag ausgeräumt. Die Artillerie beider Seiten schoß Tag und Nacht, nachts allerdings etwas weniger. Man war immer in Gefahr, in Geschützfeuer zu geraten.

Am Südhang machten wir Halt und dann kam der Befehl, die Höhe 344 zu nehmen, die ein Hauptstützpunkt der Franzosen war und sogar Einblick in die Festung Verdun gewährte. Die Höhe 344 war kein einzelner Hügel, sondern ein Höhenkamm. Die Franzosen, die ihn besetzt hielten, waren durch die Beschießung der 42er – wir wollen mal sagen – wie gelähmt. Wir mußten sie teilweise mit vorgehaltenem Gewehr aus den Gräben herausziehen, weil sie steif waren vor Schreck und Angst. Aber sie haben sich dann blitzschnell zu Viererkolonnen formiert und sind im Tal hinter uns abmarschiert. Sie haben uns mit den Worten zugewunken: „Fini pour nous!" „Es ist für uns zu Ende." In langen Kolonnen sind die Gefangenen abmarschiert. Wir hatten in der Kompanie bis dahin nur einen Toten.

Nachdem wir die Höhe 344 eingenommen hatten, wurde sie sofort von einem französischen Flugzeug, einem Doppeldecker, abgeflogen. In zielsicherer Höhe hat der Mann die neuen Stellungen festgestellt und das Artilleriefeuer der Franzosen auf der anderen Maas-Seite zu uns dirigiert. Bald flogen die ersten Geschosse von dem Ferngeschütz herüber. Wir hatten erhebliche Verluste. Es sind auch einige Leute meines Zuges oder meiner Kompanie gefallen. Wer es war, weiß ich nicht mehr. Aber es waren mindestens an die 20 Mann, die getroffen wurden, entweder verwundet wurden oder gefallen sind. Wir haben nun versucht, von der Höhe 344 in das Tal und bis hin nach Louvemont zu gelangen.

Unser Hoffnung, bald in Verdun zu sein, wurde jedoch bitter enttäuscht. Der Vormarsch ging nur schrittweise vorwärts. In der Nacht vom 24. zum 25. Februar – am 25. in der Frühe wurde ja der Douaumont genommen – lagen wir in der Schlucht vor Louvement. Rechts von uns zwischen der Höhe 344 und der Stellung des 7. Korps war die Höhe des Côte de Talou. Hier war eine Lücke in der Front entstanden und die Franzosen waren dort durchgesickert. In der Schlucht vor Louvemont hatte ich die Begegnung mit einem Franzosen, der schwer verwundet war. Sein Bauch war aufgerissen und er jammerte furchtbar und auf diese Weise wurde unsere schwacher Schlaf gestört. Er lag mit uns in den zerschossenen Gräben und Granattrichtern aus den Kämpfen der Vortage. Wir hätten ihn am liebsten umgebracht, aber keiner hat sich an ihm vergangen. Bei uns war auch kein Sanitäter. Ich kann mich jedenfalls nicht erinnern, daß ihm jemand geholfen hätte. Er ist dann gestorben. Am frühen Morgen bekam ich den Befehl, die abgerissene Verbindung am rechten Flügel zum 7. Reservekorps wiederherzustellen. Ich ging mit zwei Leuten in dem Tal auf den Côte de Talou zu. Und da sah ich einen einzelnen Franzosen in einem Gebüsch stehen. Das kam mir verdächtig vor. Wir haben uns angeschlichen, ihn aus dem Gebüsch heraus überrascht und ihn gefangengenommen. Ich habe ihm das Gewehr zerschlagen und ihn gefragt, wo seine Leute, für die er Wache stand, seien. Ich sprach ja gut Französisch. Ich hatte es in der Schule gelernt. Er deutete auf einen Unterstand. Der Franzose war vollkommen überrascht und ließ sich von meinen Leuten weiter entwaffnen.

Dann habe ich mich an den Unterstand herangemacht. Mit meiner Taschenlampe – wir hatten ja eine Taschenlampe an der Uniform hängen – habe ich hineingeleuchtet und sah dort eine Unmenge Menschen liegen und der Gestank von Menschen, von Zigaretten und Alkohol kam mir entgegen. Ich war nun sehr im Zweifel, was ich machen sollte. Ich mußte ja meinen Auftrag durchführen und weiter nach vorne marschieren, um die Verbindung herzustellen. Aber hierzu mußten erst einmal die Franzosen abtransportiert werden, die hier im Unterstand waren. Ich habe mit sehr gemischten Gefühlen in den Unterstand hineingebrüllt, daß sie jetzt Gefangene seien und herauskommen sollten. Sie kamen tatsächlich ohne Waffen heraus. Sie haben sich oben an dem Unterstand aufgestellt, haben palavert, sich Zigaretten angesteckt, haben geraucht und keine Anstalten gemacht, rückwärts zu gehen. Da habe ich zu meinen Soldaten gesagt: „Schießt mal in die Luft, damit die munter werden." Dann endlich sind sie nach hinten losmarschiert. Ich habe sie mit meinem Französisch so energisch zurechtgewiesen, daß sie sich überhaupt nicht gewehrt haben. Vielleicht waren sie auch schlaftrunken oder haben nicht wahrgenommen, daß wir nur drei Mann waren.

Als letzter der Franzosen kam der Hauptmann. Er griff mir an den Kragen und fragte, ob ich Offizier sei. Ich antwortete: „Ich bin Unteroffizier." Da sagte er: „Ich gebe meinem Degen nur einem deutschen Offizier." „Gut, dann kommen Sie mit zu meinem Kompanieführer und bleiben an meiner Seite." Das hat er dann auch gemacht. Er war sehr zutraulich. Er erzählte mir: „Wir kommen gerade mit Lastwagen aus Paris, sind die Nacht über marschiert und nun hier eingetroffen." Sie sollten weiter bis zur Front vorgehen, aber die verlief hier ja gar nicht mehr. Sie waren dann zu müde und hatten sich in dem Unterstand schlafen gelegt. Wo der andere Teil seiner Kompanie geblieben war, wußte er nicht. Dann kamen wir zu meinem Kompaniechef. Er nahm sofort den Degen, die Pistole und ein wunderbares Fernglas des Franzosen an sich und übergab es seinem Burschen. Er hat dem Regimentskommandeur später die ganze Sache erzählt und die Gefangennahme gewissermaßen als seine Tat hingestellt. Dabei hatte er damit gar nichts zu tun. Ich habe dies später meinem nächsten Kompanieführer erzählt und der hat mich dann sofort für das Eiserne Kreuz benannt. Erst kam die zweite Klasse, erster Klasse habe ich nie bekommen.

Es war wohl am 25. Februar, daß wir weiter vorgerückt sind. Die Franzosen räumten in den Morgenstunden den östlichen Teil des Pfeffer-Rückens. Die Reste meiner Kompanie marschierten zur Chambrettes-Ferme. Die Chambrettes-Ferme war ein Drehpunkt der Front. Von unseren Sanitätern war in den Kellerräumen ein Lazarett angelegt worden. Schwerverwundete wurden dort zum ersten Mal von Ärzten behandelt. Louvemont war bereits von den 87ern genommen worden. Unsere Kompanie hatte die Aufgabe, die Toten zu sammeln und zu begraben. Das haben wir am 25. gemacht. Wir haben ein großes Massengrab ausgehoben und ungefähr 20 Tote in dem Tal bei Louvemont begraben. Es war der Sohn eines bekannten Reichstagsabgeordneten aus Frankfurt dabei. Irgendjemand wußte, daß es der Sohn von dem und dem gewesen ist. Der Unteroffizier Rühl hat seinem Vater in einem kurzen Brief mitgeteilt, daß sein Sohn in dem Massengrab beigesetzt sei. Nachdem wir die Toten beerdigt hatten, errichteten wir ein Lagerfeuer, wärmten uns und nahmen etwas zu uns. Die Feldküche war am Abend zuvor gekommen und hatte Brot und einige Zutaten mitgebracht. Ein Franzose mit einer Beinverwundung schlich sich heran und griff nach einem deutschen Gewehr. Er wollte anscheinend noch kämpfen. Es war ein braunhäutiger, schlanker, junger Mann. Sie haben ihm dem Gewehrkolben solange auf den Kopf gehauen, bis er tot war. Daß Douaumont gefallen war, sprach sich schnell herum. Von den Munitionsträgern, die ja laufend Verbindung zwischen der Frontartillerie und den Depots hielten, erfuhren wir immer das Neueste.

Von der Chambrettes-Ferme marschierten wir dann abwärts in eine Schlucht hinein, die den Zugang zum Chauffour-Wald bildete. An den Höhen des Chauffour-Waldes lag das Dorf Douaumont. Bei der Chambrettes-Ferme haben sich einige Leute der Kompanie krankgemeldet, die den Braten gerochen hatten, daß es vorne nicht gut aussah. Wir gingen langsam durch die Chauffour-Schlucht. Der Unteroffizier Tabrich wurde gleich als erster verwundet und ging zurück. Wir mußten weiter vor bis zu dem Steilhang, der zum Dorf Douaumont hinaufführte. Und da sah ich, daß an den Höhen überall deutsche Soldaten in den Löchern lagen. Ich wollte feststellen, was das für Leute waren. Es waren 105er. Der Steilhang war übersät mit schwerverwundeten oder toten 105ern, die da liegengeblieben waren, weil das Artilleriefeuer so stark war und keine Sanitätsmannschaften sie versorgten. Die 105er hatten das Dorf Douaumont stürmen wollen und dabei kolossale Verluste gehabt. Viele sind durch deutsches Feuer getroffen worden. Zu Hunderten lagen sie hingestreckt in der Chauffour-Schlucht. Es war ein großer Schock, die vielen Menschen zu sehen. Man trat nur auf Leichen. Überall, in jedem Loch, in jeder Ecke lagen Tote. Das war furchtbar. Ich sehe das Bild heute noch. Es war das Leipziger Regiment 105.

Am Ende des Steilhanges war ein Schützengraben, der von den Deutschen besetzt gehalten wurde. 30 Meter weiter vor dem Dorf war wieder ein Schützengraben, da saßen die Franzosen. Die Franzosen verteidigten das Dorf mit einer Erbitterung, tagelang. Nach dem Fehlschlag der 105er wollte man nicht auch noch die 80er opfern. Man hatte ja nicht endlos Soldaten zur Verfügung. Deshalb sollten erst Flammenwerfer die Franzosen in dem Graben vor dem Dorf bekämpfen. Die Flammenwerfermannschaft marschierte an uns vorbei. Ich habe mit angesehen, wie die zwei Flammenwerfer aus etwa 20 Meter Entfernung die Schweinerei in den Graben reingeblasen haben, bis ihre Geräte leer waren. Dann sind sie wieder verduftet.

Vom Bataillon aus wurde an mich der Befehl weitergegeben, durch eine Patrouille die Wirkung der Flammenwerfer festzustellen. Nun kam ich zum Zug und bin mit Sauerwein und Tratz auf Patrouille gegangen. Ich bin mit meinen Leuten bis an den französischen Graben herangekrabbelt und habe teilweise sogar in den Graben heruntergeschaut. Es war schon eine bodenlose Dreistigkeit von mir. Wir stellten fest, daß in dem Graben lebhafter Betrieb herrschte. Die Franzosen beschäftigten sich mit den angebrannten Kameraden, jammerten und es war ein großer Rummel in dem Schützengraben, der vor mir lag. Ich konnte genau feststellen, daß es nach verbranntem Menschenfleisch roch. Die Franzosen bemerkten mich nicht. Ich bin dann mit meinen Leuten langsam wieder zurückgegangen, um Meldung zu machen. Zwischenzeitlich hatten uns die Franzosen in dem Graben doch bemerkt und eine Patrouille herausgeschickt, um uns den Weg abzuschneiden. Im Licht der Leuchtkugeln sah ich die Köpfe einiger Franzosen in einiger Entfernung herankriechen. Plötzlich gab es Infanteriefeuer. Unsere Nachbarkompanie hatte einige Horchposten eingesetzt. Ob die auf die Franzosen oder auf uns geschossen haben, ist nie festgestellt worden. In einem schmalen Raum von ungefähr 20, 30 Meter Tiefe spielte sich die ganze Geschichte ab. Tratz bekam einen Schuß in dem Arm. Ich habe ihn in einem Granatloch, in das wir bei den ersten Schüssen gesprungen waren, verbunden und ihn zurückgeschickt. Sauerwein war verschwunden. Er antwortete nicht auf meine Rufe und blieb verschwunden. Er war ein guter Patrouillengänger und ein aktiver Soldat, auf den ich mich absolut verlassen konnte. Ich beschloß nun, doch weiter rückwärts zu gehen, um meine Beobachtung zu melden. Das war ja mein Auftrag. Beim Zurückgehen kam ich weiter rechts in die französische Patrouille hinein, sprang in ein Loch auf einen angeschossenen Franzosen. Ich nahm den Burschen sofort gefangen. Er war verwundet und hatte einen Bauchschuß. Er wollte aber nicht verbunden werden, sondern drückte mit seiner Hand sein Hemd auf die Wunde. Wir erreichten Leute der 4. Kompanie, die endlich die Schießerei einstellten, sonst hätten sie vermutlich auch uns erschossen.

Ich nahm den Gefangenen mit zum Bataillonskommandeur, machte dort Meldung und lieferte ihn ab. Als ich wieder bei der Kompanie war, befahl mir mein Zugführer, noch einmal in die Richtung, in der Sauerwein vermißt wurde, vorzugehen und nach ihm zu suchen. Er selbst ging ein Stück mit mir mit und wir haben noch die ganze Ecke abgesucht. Aber in der Dunkelheit war nichts festzustellen. Sauerwein blieb verschwunden. Er wurde erst zwei Tage später von den Truppen, die das Dorf Douaumont eroberten, gefunden mit einem Kopfschuß, den er wahrscheinlich damals schon gleich bekommen hatte. Sein Todesdatum wird mit dem 2. März 1916 angegeben.

Wir blieben vier Tage an dem Hang liegen und erwarteten einen französischen Gegenangriff, der aber nicht kam. Am drittenTag – Anfang März war es nun inzwischen geworden – haben deutsche Truppen das Dorf Douaumont genommen und einen Haufen Gefangene in die Schlucht runtergejagt. Die Franzosen kamen über den Kamm des Hanges in unsere Schlucht hinunter und gingen von dort aus zur Chambrettes-Ferme. Darunter war ein ganz langer Franzose. Er war Hauptmann und hatte eine Kompanie im Dorf Douaumont geführt. Er ragte unter den Gefangenen um Kopfeshöhe hervor. Wir haben noch Witze gemacht über den langen Kerl. Erst nach dem Krieg habe ich erfahren, daß dies Charles de Gaulle, der spätere Staatschef Frankreichs, gewesen ist. Die Franzosen wurden von unserem Sanitäter, Feldwebel Müller, angehalten, die verwundeten 105er und unsere Schwerverwundeten mitzunehmen. Sie bauten sich aus den zerschossenen Ästen der Bäume Tragbahren zusammen, zwei Holme, ein paar Reiser quer darüber gebunden und brachten mit diesen provisorischen Tragbahren treu und brav und mit großer Sorgfalt die Verwundeten zurück. Es war den Franzosen hoch anzuerkennen. Sie waren froh, aus dem Rummel heraus zu sein.

In dieser Zeit wurde auch wenig geschossen, weil die Franzosen ja nicht in ihre eigenen Leute reinschießen wollten. Sie haben nur weitflächig bei Tag und Nacht mit verschiedenen Batterien das rückwärtige Gelände abgestreut, so daß unsere Verstärkung und Feldküchen nicht vorwärtskamen und der Verkehr mit der Front sehr stark behindert wurde. Man mußte durch diese Sperrfeuerkette hindurchspringen, wenn man überhaupt durchkam. Dort wurden noch viele Leute verwundet und tödlich getroffen. Mit mir in einem Granatloch am Steilhang als Unterkunft lag der 80er Soldat Emil Bruchsaler, tüchtiger Patrouillengänger, mit dem ich schon seit 1914 Patrouille gelaufen war. Er war ein Jude aus Siegerstadt und war durch einen Granatsplitter in die Brust getroffen worden. Es war ein ganz kleines Loch. Ich habe ihn verbunden, was an sich kaum erforderlich war, da er wenig blutete. Einen ganzen Tag und eine ganze Nacht habe ich den armen Kerl betreut, ihn mit Getränken und Essen verpflegt. Er ist bei vollem Bewußtsein ganz langsam gestorben, innerlich verblutet. Es war erschütternd. Ein Leutnant Winkel auch aus dem Rheingau, Sohn einer großen Weinhandlung in Oestrich, ging in die Schlucht hinunter. Er war der Führer des ersten Zuges. Er kannte mich und sagte zu mir: „Ob wir unsere schöne Heimat noch einmal wiedersehen?“ Ich konnte ihm dies auch nicht sagen. Zwei Tage später hörte ich, daß er gefallen war.

Nach vier Tagen etwa wurden wir vom Regiment 116 des 18. Korps abgelöst und kamen für ein oder zwei Tage in das Fay-Wäldchen, um uns zu erholen. Richtig aus der Schlacht heraus kam man nicht. Man ging nur zeitweilig in eine solche Reservestellung oder als Verstärkung in ein anderes Gebiet des Schlachtfeldes. So zogen wir dauernd bei Verdun umeinander her. Im Fay-Wäldchen haben wir unsere Klamotten ein bißchen in Ordnung gebracht, die Waffen gereinigt und versucht, was zu essen zu bekommen. Durch ein Loch konnte ich in einen zerschossenen Artillerie-Unterstand hineinkrabbeln und fand dort eine Menge Büchsen gefüllt mit herrlichem Schweineschinken. Die holte ich einzeln heraus und brachte sie meinen Leuten. Wir haben uns natürlich auch ausgeruht, meist geschlafen oder Feldpost geschrieben

Nach diesen Tagen im Fay-Wald kamen wir wieder in die Nähe der Chambrettes-Ferme. Einen Kilometer weiter rechts in der Albain-Schlucht stürmten wir die Blockhäuser, die noch in französischer Hand waren. Bei einem Sturm auf ein solches Blockhaus wurde der Chef der 4. Kompanie, der Oberleutnant von Knoblauch zu Hatzbach, wahrscheinlich von den Franzosen getötet. Er wurde nie gefunden. Er war ein alter aktiver Offizier des Regiments, der vom Anfang an mit dabei war und für sein forsches Auftreten sehr bekannt war. Das ganze Regiment war mittlerweile vollkommen von der Ruhr befallen durch die Kälte und Nässe und die mangelhafte Ernährung. Vor allem aber durch das verseuchte Wasser, das wir trinken mußten, weil ja sonst nichts da war. Wir sind truppweise über den Hang zur Chambrettes-Ferme aus der Albain-Schlucht zurückmarschiert bis hin nach Ville. Dort bauten wir uns mit von Pionieren gelieferten Brettern und Dachpappen ein Zelt, was natürlich viel Zeit in Anspruch nahm. In Ville sind wir ein paar Tage geblieben und wurden mit Weißbrot, Tee und Rotwein versorgt, um einigermaßen der Ruhr Herr zu werden, an der schon einige Leute gestorben waren.

Am 2. oder 3. April marschierten wir erneut nach vorne und kamen von der Woëvre-Ebene aus nach Bezonvaux. In Bezonvaux bezogen wir eine Reservestellung in der Artillerielinie, ganz in der Nähe einer 15-Zentimeter-Batterie, die wir bei ihrer Tätigkeit dauernd beobachten konnten. Sie schossen Tag und Nacht und wir sahen, wie sie sich mit dem Gegner duellierten. Ich sah die Granaten in der Nähe dieser Batterie einschlagen, sah, wie die Soldaten verschwanden und dann sofort wieder die Geschütze fertigmachten und dem unsichtbaren Gegner Grüße hinüberschickten. Es war hochinteressant. Zufälligerweise war der Batteriechef der Sohn eines Landwirts aus der Nähe von Eltville, den ich kannte. Ich besuchte ihn und er zeigte mir die Tätigkeit seiner Leute. Aber ich blieb nicht lange in der Batterie, sondern ging zu meiner Kompanie zurück. Dann marschierten wir langsam frontwärts durch die Kasematten-Schlucht in die Nähe des Caillette-Waldes. Hier kamen wir wieder in Feindberührung. Wir wurden in einen üblen Waldkampf verwickelt zwischen Stümpfen und zusammengeschlagenem Holz. Die Zielrichtung unseres Angriffs war Fleury. Ich glaube, es war zwischen dem 14. und 16. April. Nein, es muß früher gewesen sein.

Am 16. April war ich schon verwundet. Wir haben uns in dicht beieinander liegenden Gräben mit Handgranaten bekämpft. Ich bekam von einer Granate vier oder fünf Splitter am Rücken, aber nur Fleischwunden. Ich war bereits Feldwebel. Einer meiner Leute sagte: „Sie bluten ja!" „Ja, ich spür' da was." Er wollte mich verbinden. Ich sagte: „Nein, ich habe keine Schmerzen. Ich kann mich doch hier nicht ausziehen." Er bestand aber darauf: „Es blutet aber stark." Ich bin dann über Bezonvaux wieder zu meiner Kompanie zurückmarschiert und habe alles, was ich noch hatte, Waffen, die Armeepistole und Gasmaske, meinen ganzen Quatsch, abgegeben. Man schickte mich zu einem Feldlazarett, das sich in einem riesigen Zelt befand. Obwohl ich noch hingehen konnte, begleitete mich jemand von der Feldküche oder von unserem Kompaniestab. Sie zogen mir die Uniform aus und verbanden den ganzen Rücken mit einem großen Stoffverband. Dann verpaßten sie mir, was damals äußerst wichtig war, fünf Tetanusspritzen gegen Wundstarrkrampf in beide Arme. Dann hieß es, daß ganz in der Nähe ein Kleinbahnzug sei, der zur normalen Bahn und zum Lazarettzug führe. In der Nacht sind wir über Montmédy, Metz, Saarbrücken durch ganz Deutschland bis nach Weißenfels in Sachsen gefahren. Da haben sie dreißig Mann ausgeladen und ich kam in das dortige Lazarett, eine Oberrealschule.

Alphonse Beccard, geb. 1895:
Nach unseren Kämpfen in Serbien wurden wir neu eingekleidet und kamen in ein sogenanntes Ruhelager hinter der französischen Front in der Nähe von Arras. Tatsächlich erlebten wir dort ein sehr hartes Training. Wir wurden für Verdun trainiert. Wir wußten aber zunächst nicht, wohin es ging. Verdun war an und für sich eine ganz ruhige Stellung, wo überhaupt nichts los war. Am 8. oder 10. Februar 1916, also knapp zwei Wochen vor Beginn der Kämpfe vor Verdun, sind wir im dortigen Hinterland von Verdun angekommen. Wir warteten auf den Einsatz und es war schlechtes Wetter. Der Angriff wurde von einem Tag auf den anderen verschoben. In der Zwischenzeit wurden wir eingesetzt zum Schanzen, Gräben ausheben.

Am Morgen des 21. Februar begann auf unserer Seite ganz massives Artilleriefeuer. Also, so was von Artilleriefeuer hatten wir noch nie erlebt. Das ist auch die ganze Zeit, die ich bei Verdun war, so geblieben, weil dort auf beiden Seiten so sehr viel Artillerie lag. Als Ausgangsposition hatten wir keinen Graben, aber wohl Deckung durch ein Waldstück. Wir marschierten an. Sie kennen ja den schönen Befehl: „Linie bilden mit drei oder vier Schritt Abstand!“ Da sieht man bloß die aufgereihten Leute nebeneinander. Irgendwann kommt der berühmte Befehl: „Sprung auf, marsch, marsch.“ Dann geht es sprungweise vor. Erneut ein Befehl: „Schütze, Visier 200“, und dann: „Schütze, Feuer.“ Die Franzosen schossen mit Gewehren zurück. Es gab vor uns Strauchzeug und es war ein bißchen hügelig. Jeder versuchte, irgendeine Deckung zu finden, daß er nicht von den feindlichen Kugeln getroffen wurde. Sie rennen um ihr Leben. Diese Anspannung. Das Gefühl, war es Angst? „Wie kommst du hier raus? Wie hast du Deckung? Hast du Anschluß an den nächsten?“ Es war ja wichtig, daß man Anschluß hatte, daß man nicht allein vorgeprescht ist.

Rechts von uns ging das 24. Infanterieregiment vor, das am 25. Februar Fort Douaumont erobern sollte. Wie der Angriff losging, war der Widerstand der Franzosen zunächst nicht so groß. Den ersten richtigen Widerstand hatten wir im Wald von Herbebois. Und zwar waren dort Blockhäuser, die halb aus der Erde herausguckten und es waren Maschinengewehre montiert. Wir haben dort eine Weile gelegen und plötzlich kamen Pioniere mit Flammenwerfern. Sie gingen auf 80 Meter an die Bunker ran und räucherten sie aus. Wir bekamen nicht mit, was in diesen Momenten in den Bunkern vor sich ging. Unser anschließender Vormarsch wurde gebremst, weil unsere 21er Mörser bei uns hineinschossen. Wir sind zu schnell vorgegangen und die haben das Feuer nicht rechtzeitig vorverlegt. Die Verständigung zwischen Truppe und Artillerie hatte nicht funktioniert. Für uns war es überhaupt nicht verständlich, warum es nicht weiterging. Wir sahen nämlich, daß die Franzosen, für die der deutsche Angriff eine große Überraschung gewesen war, nun Truppen und Artillerie heranschafften.

Auf dem weiteren Vormarsch landeten wir dann auf der Höhe 304. Wir lagen in Reserve und es hieß, daß die Franzosen ihre Stellung am Waldrand geräumt hätten. Da wir ein Stück abseits lagen, sollte eine Patrouille rausgehen und feststellen, wo der Franzose jetzt war. Ein Feldwebel, Krupps hieß er, kriegte den Auftrag und sollte sich noch zwei Mann aussuchen. Keiner machte das gerne. Da sagte er zu mir: „Komm du mal mit.“ Ich hätte ja an sich nicht mit gebraucht, als Melder hatte ich andere Funktionen. Aber ich bin dann mit ihm und einem weiteren Mann herausgegangen. Wir gelangten an den Waldrand. Die Gräben der Franzosen waren leer und wir konnten sie nicht ausmachen. Wir haben den dritten Mann als Rückendeckung zurückgelassen und gingen weiter vor. Da begann ein Hohlweg, der ging runter zum Dorf Bezonvaux, das zu dieser Zeit noch von den Franzosen besetzt war. Plötzlich hörten wir Geräusche im Hohlweg. Wir kletterten am Wegrand ein Stück hoch, um sehen zu können. Da steht oben vor uns ein französischer Oberleutnant mit einem Fernglas vor den Augen und guckt rüber zum Waldrand und unser Mann, der uns Rückendeckung geben sollte, marschiert wie ein Posten vor dem Wald auf und ab. Wir haben dem Franzosen die Flinte vor den Bauch gehalten und ihn hinunter in den Hohlweg gezogen. Als wir wieder an den Waldrand kamen, hatten uns die Franzosen entdeckt und feuerten hinter uns her. Der Franzose bekam einen Schuß durch das Bein und so haben wir ihn auf den Buckel genommen und rasch in den Wald hineingetragen.

In den nächsten Tagen sind wir über Bezonvaux vorgerückt. Die Bezonvaux-Schlucht hinter Bezonvaux ist ungefähr unser Anmarschweg gewesen. Da war die Ornesschlucht, die Küchenschlucht. Wir sind in der Kasemattenschlucht nur wenige Hundert Meter vom Douaumont entfernt zum Stehen gekommen. Wie wir das erste Mal abgelöst wurden, war ich so fertig, daß ich mich auf die Erde gesetzt habe. Ich konnte nicht mehr. Es kam ein Essenholer, den hab ich bitten müssen, mir einen Schluck zu trinken zu geben. Wir wurden abgelöst vom Bayerischen 3. Korps. Die Bayern kamen aus Rußland und brüllten immer: „Im Osten kämpft das tapfere Heer, im Westen kämpft die Feuerwehr." Die dachten, sie könnten alles leicht einnehmen, hatten dann aber tatsächlich riesige Verluste, so daß wir Angst hatten, gleich wieder an die Stelle der Bayern treten zu müssen. Wir verlebten dann aber die schönste Ruhezeit, die es je gab, in Habsheim bei Mühlhausen. Ein schönes Dorf, ganz ruhig.

Im Mai war ich wieder in Verdun. Ich hatte Urlaub gehabt. Wie im Mai der große Angriff der Franzosen einsetzte, war ich in der Schreibstube hinten in Billy und an diesem Tag hatten wir ungefähr 20 Mann Ersatz bekommen. Die 20 Mann Ersatz sollte ich mit nach vorne nehmen. Einen konnte ich nicht mitnehmen, er war über die Stange des Scheißhauses in die Grube gefallen. Wieviele von den 20 Mann ich da vorne abgeliefert habe, weiß ich nicht. Es fing damit an, daß die französischen Fesselballons eingezogen wurden. Da wußten wir, daß es losging. Wie sollte ich mich als einzelner auch um 20 Leute kümmern? Das Gelände sah ja aus, Trichter neben Trichter. Es war ein Irrsinn. Von beiden Seiten wurde angekarrt, was an Menschenmaterial und Munition da war und alle Munition auf diesem einen Fleck eingesetzt. Viel wird die Kompanie nicht bekommen haben von den 20 Mann.

In Verdun war ich von Anfang an Melder. War natürlich ein Scheißberuf. Wir waren eine Gruppe. Wenn einem etwas passierte, konnte ein anderer an seine Stelle treten. Ich bin zu jeder Tageszeit umhergetrottet, nach Billy zur Schreibstube Post holen, zum Regiment, zum Bataillon. Man hat zwar Essenholer getroffen oder Leute, die Munition nach vorne schleppten, aber es war schon eine ziemliche Einsamkeit, kein Verkehr wie auf der Friedrichstraße in Berlin. Im Fort Douaumont bin ich im Mai gewesen, wie der Franzose drauf und dran war, das Fort zurückzugewinnen. Wir haben ihn aber rausgekloppt. Wir dachten, wir könnten uns mal in den Kasematten von Douaumont ausruhen. Aber der Hauptmann Haupt und der Oberleutnant von Brandis haben alles rausgeschickt, was nicht zu den 24ern gehörte. Da war nichts mit Ruhe. Im Fort roch es überall nach Pulver und Schweiß, nach allem. Das Fort war von dem ständigen Artilleriebeschuß vollkommen zerfetzt. Die Kasematten waren noch einigermaßen heil. Es waren Löcher drin, aber sie waren nicht eingestürzt. Das Loch, das die Dicke Bertha gerissen hatte, war imponierend groß. Das war wohl der frühere Eingang gewesen. Nach dem Mai 1916 bin ich nicht wieder in Verdun gewesen. Wir kamen an die Somme.

M. G., geb. 1894:
Im Februar haben sie doch begonnen, Verdun zu erstürmen. Und im Februar sind wir in Ostpreußen abgefahren. Nachmittags fuhren wir dort los und morgens waren wir in Berlin. Unser Wagen war festgefahren und sie mußten ihn erst auf dem Schlesischen Bahnhof reparieren. Abends sind wir weitergefahren bis nach Metz. Ich weiß noch, wir kriegten dort eine ordentlich warme Wurst. Dort blieben wir wieder eine Nacht und morgens fuhren wir weiter. Das muß vor Luxemburg gewesen sein. Die Wagen sahen aus! Es war keine Scheibe mehr drin. Das sah schon gleich so aus, als wenn man im Krieg war. Dann kamen wir nach Frankreich. Longuyon, hieß es wohl. Wir fuhren von dort bis nach Montmédy. Montmédy liegt in einem freien Gelände, aus dem ein Berg von erheblicher Höhe herausragt. Montmédy war ein richtiger Sammelplatz für die Truppen. Es gab einen gewaltigen Platz mit fünf Eisenbahngleisen. Auf diesen standen lauter Züge für die Verwundeten. Die wurden immer nach Montmédy gebracht. In einem solchen Zug sollte ich nachher auch abfahren. Über dem Berg befand sich ein Fesselballon, so eine Wurst, die alles übersehen konnte. Übernachtet haben wir in Sedan. Da war noch alles ganz, auch die Scheune, in der wir dann geschlafen haben.

Am anderen Tag sind wir bis nach Samogneux marschiert. Samogneux lag wenige Kilometer vor Azannes, dem Ort, wo die Front gewesen war, als wir am 21. Februar angegriffen hatten. Der Boden war derart eingeweicht, richtiger Motter war das, so schlimm, daß die Pferde die Kanonen nicht mehr durch den Dreck hindurchziehen konnten. Mich hat nur immer gewundert, warum wir gerade in diesem Mist angreifen mußten. In Samougneux stand unsere Bagage. Unser Vorgesetzter sagte: „Nun baut mal eure Zelte auf und schlaft die Nacht bis morgen früh.“ Wir hatten da so alte Kastenwagen einer Brauerei. Ich habe zu meinem Freund – der hieß Zimmermann – gesagt: „Wir legen uns beide auf den Wagen rauf.“ Es wurde frühmorgens und unsere Kameraden machten sich schon zum Marsch an die Front fertig. Sie suchten uns und nahmen uns im letzten Moment noch mit. Wir kriegten aber keine Gasmasken, was eigentlich gefährlich war.

Wir sind noch in der Dunkelheit losgelaufen. Unweit Azannes war früher überall Wald. Es gab Drahtverhaue so hoch wie eine Hausetage. Die hatten die Franzosen gebaut zu der Zeit, als sie dort gelegen hatten. Ich habe mich immer gewundert, wie unsere Deutschen da durchgekommen sind. Als es hell wurde, kamen wir zu einem ganz breiten Tal. Rechts vom Tal waren die Berge hoch und der letzte Berg, auf dem das Fort Douaumont lag, war ganz kahl. Da war kein Baum, kein nichts. Von dem Tal aus haben wir gesehen, wie hoch oben auf dem Berg einzelne Männer einen Telefondraht zogen. Nach diesen Männern haben sie manchmal sogar geschossen, obwohl sie oben nur noch ganz klein waren. Ein Bekannter von mir ist als einer der ersten in das Fort Douaumont hineingekommen. Er war hineingesprungen und noch auf vier oder fünf Franzosen getroffen, die einen fürchterlichen Schreck bekamen. Vermutlich hatten sie gerade die Besatzung ausgewechselt und dabei gar nicht bemerkt, daß die Deutschen schon drin waren. Mein Bruder war Melder und kam häufig durch das Fort Douaumont. Wie er das letztemal dort hineingegangen ist, mußten sie reinkriechen, so war schon alles kaputt.

Am Ende der breiten Schlucht zweigte links ein Tal ab, vor dem in ein paar Hundert Meter Entfernung das Fort Vaux lag. Wir mußten rasch hinüberrennen. Die Franzosen schossen jedoch nicht. An dem Tag, an dem wir nach vorne kamen, herrschte ziemliche Ruhe. Die Franzosen hatten seit dem deutschen Angriff erst alles herangeschafft und Stellungen ausgebaut. Die richtige Schlacht ging ja erst am 9. März los. Der ganze Krieg war eigentlich eine Artillerieschlacht. Die Soldaten gingen nie vor, wenn nicht vorher alles von der Artillerie aufgeräumt worden war. An diesem Tag sahen wir vor uns unsere Küche mit den vier Pferden. Wir haben noch gewunken. Die Küchen versorgten unsere Truppen vorne bis 150 Meter hinter der Frontlinie. Wie wir nun in das Tal in Richtung Vaux reinkommen, liegt da unsere Küche zertrümmert. Alle vier Pferde tot und die vier Menschen tot. Der eine hatte den halben Kopf weg. An der

Straße lagen sie alle aufgebahrt. Ich habe immer hingeguckt und gedacht: „Schlafen die?“ Nein, sie waren tot. Es muß ein richtiger Volltreffer gewesen sein. Ich bin Tage später von demselben Geschütz getroffen worden. Nur hatte ich das Glück, daß ich das Ding gehört habe, wie es ankam. Es muß ein Schiffsgeschütz gewesen sein, ein ganz schweres Ding.

Man war ja gar kein Mensch mehr. Man lief nur wie im Traum, als wenn wir benebelt wären. Wir kriegten nachher vorne auch Schnaps. Die haben uns richtig vollgepumpt damit. Seit wir losmarschiert waren von Sedan hatten wir vor lauter Aufregung auch nicht schlafen können. Wir hatten uns immer gefragt: „Was kommt nun?“ In unserer Schlucht mußten wir gleich Bäume absägen und Unterstände bauen. Nachdem das Gelände in den ersten Tagen der Schlacht erkämpft worden war, hatten unsere die Tage der Ruhe genutzt und Drahverhaue und Stollenbretter zu Fuß über Kilometer nach vorne geschleppt. Ein Unteroffizier, dem ich zusammen mit meinem Freund zugeteilt wurde, hatte in den Tagen zuvor schon ein großes rechteckiges Loch gebuddelt, links und rechts konnten je zwei sitzen. Das wichtigste waren die Stollenbretter, die bestimmt sechs bis acht Zentimeter dick waren und die als Dach dienten. Sie hielten die Granatsplitter mächtig ab. Auch die Gewehre packten wir als Dach über das Loch. Unser Loch war höchstens vier Meter von der Grube entfernt, in der die Toten der Küche in Reih und Glied lagen. Das hat uns alles nicht gerührt, denn wir kriegten ja Schnaps.

Wir sollten nun in den ersten Graben hinein. Wir waren noch gar nicht ganz vorne, es waren noch hundert Meter zum Graben, da kriegten wir mindestens fünf Salven von drüben. Ich habe mich ganz lang hingelegt. Ich weiß noch genau, wir hatten doch hinten an den Stiefeln immer eiserne Beschläge. Die hatten sich verbogen. Ich faßte mit meiner Hand dorthin und dachte: „Mensch, du bist ja getroffen.“ Ich weiß noch, daß hinter der Front ein Offizier war, der, wie wir nun nach der Salve da lagen, schrie: „Ihr Schweinehunde, macht, daß ihr nach vorne kommt.“ Das ärgerte mich doch sehr, wie er das rufen konnte, denn wir hatten uns ja nicht umsonst langgelegt. Wir warteten erst einmal ab und sind dann natürlich gerannt. Da rief schon einer aus dem Schützengraben: „Kinder, seht euch vor, hier ist ein Scharfschütze!“ Wir sind nun rasch in den Graben gesprungen. Aber die Gräben waren furchtbar tief und der Sand, der hier kein Motter war, war hart wie Stein.

Es hieß: „Um zwei Uhr ist der Sturmangriff.“ Es war am Tage und es fiel ganz feiner Schnee, der schon ein wenig taute. In diesen Schnee hinein sollte es um zwei Uhr losgehen. Nun schießt unsere Artillerie und wohin trifft sie? In unseren Graben. Ein Radau bei uns. Alle haben geschrien. Ein Artilleriebeobachter hat das Feuer sofort einstellen lassen. Der Sturm wurde abgesagt. Eine oder zwei Stunden später sollten wir noch einmal angreifen. Wir standen im Graben. Der Franzose schoß mit seinem Maschinengewehr so genau, direkt über unseren Graben. Mein Freund Zimmermann und ich standen auf mindestens zehn Meter Breite des Grabens allein. Nun hieß es: „Raus!“ Es gingen aber nur ein paar aus dem Graben. Es waren vielleicht fünf Mann. Sie waren keine Minute draußen, da hatte jeder von ihnen einen Beinschuß und sie kamen angehumpelt. Wir sind gar nicht rausgegangen. Der Angriff wurde abgeblasen.

Es vergingen ein paar Stunden, es wurde dunkel und dann begann dieses Artilleriegefecht am 9. März. So wie es dunkel wurde, ging es los. Es war vielleicht der schlimmste Tag, den es, so glaube ich, im ganzen Krieg gegeben hat. Wir haben ein Artillerieduell miterlebt, das war einmalig. Die Granaten fielen derart dicht. Wir konnten aus dem Graben herausgehen und alles mit ansehen. Sie schossen nachts, während sie sonst doch immer am Tage geschossen haben. Da waren Granaten, die hörten sich an, als wenn eine Hochbahn fährt. Einzelne Granaten konnte man auch sehen. Sie hatten einen roten Schweif, denn sie glühten beinahe. Sowie es dunkel wurde, nahm ich meine Picke und buddelte vor unserem Graben einen weiteren Graben, nicht tief, denn nachher wurde er ja eventuell gar nicht gebraucht. Mit einem Mal kamen von hinten deutsche Soldaten zu Hunderten vorgestürmt. Ich weiß gar nicht, woher die alle kamen. Sie müssen wohl gewußt haben, daß die feindlichen Gräben vorne mittlerweile alle leer waren, denn sie liefen über das offene Gelände, wo sonst immer das Gewehrfeuer das Gelände abstreifte. Der Franzose muß um die Zeit zurückgegangen sein, wo es dunkel wurde und sie mit ihrer Artillerie schossen.

Den anderen Tag wurde ich dann verwundet. Mit einem Mal kam eine schwere Granate an. Da stand also drüben noch was. Ich wurde in die linke Hüfte getroffen. Es war bloß ein kleiner Splitter, aber es blutete eben. An einer Ecke der Front, wo keine Granate hinkam, hatten wir einen Sanitätsunterstand. Wir waren drei oder vier Verwundete. Der Sanitäter hat uns alle verbunden und gesagt: „Nun seht mal zu, wie ihr zurückkommt.“ Das Tal lag doch noch unter Granatfeuer. Ich bin nun immer von Granatloch zu Granatloch gerannt und in einem Granattrichter auch in den Motter hineingefallen. Vor dem Fort Douaumont muß eine kleine Schlucht gewesen sein, da standen ein paar Deutsche drin mit Schnaps. Die haben mich herübergerufen, und ich habe einen Schluck gekriegt. Dann bin ich die Chaussee in Richtung Azannes weitergelaufen. Vorher war da noch ein Feldlazarett, wo alle Verwundeten gesammelt wurden. Ich habe Morphium gekriegt zum Schlafen. Ich hörte nur, wie die Sanitäter immer getroffene Soldaten reinholten: „Da liegt noch einer, und da liegt noch einer. Die müssen wir noch holen." Ich bin dann an unseren Bagagen vorbei bis Montmédy gelaufen. Dort standen Lazarettzüge, und sie haben mich zuerst in einen Lazarettzug mit Schwerverwundeten hineingelgt. Meine Hüfte tat mir jetzt sehr weh. Ich dachte: „Hier bleibst du nicht." Ich bin ausgestiegen und zu den Leichtverwundeten gegangen. Das war mein Glück. Es war ein offener Güterwagen mit Bänken. Wir haben oben im Freien gesessen und sind dieselbe Strecke wie bei der Hinfahrt über Longuyon und wieder durch Luxemburg nach Deutschland gefahren.

Günther Becker, geb. 1896:
Wir wurden etwa 30 Kilometer vor Verdun in dem Feldrekrutendepot Longuyon ausgeladen, wo wir noch zwei bis drei Wochen blieben. Wir haben turnerische Übungen gemacht und Schnelläufe. Die Bevölkerung war zumeist geflohen. Nur ein paar Wäscherinnen waren zurückgeblieben, zu denen wir gleich guten Kontakt hatten. Die Abteilung aus Oldenburg – das waren vielleicht 20 bis 30 Leute – wurde nach und nach auf die Division vor Verdun verteilt. Beim ersten Transport war ich gerade erkältet. Ich hatte Fieber, mußte zurückbleiben und wurde in die Küche abkommandiert. Es gab satt zu essen und zu trinken und ich hatte eine gute Zeit. Beim dritten Transport im April/Mai 1916 wurde ich abkommandiert zum 73er Regiment. Wir wurden nachts zum Fosses-Wald gebracht, wo die 42er Ferngeschütze standen. Wir lagen in einer tiefen Schlucht – Minzschlucht nannten wir sie –, die parallel zur Front verlief. Die Franzosen schossen mit Steilfeuergeschützen. Sie schossen hauptsächlich nachts und, wenn Sperrfeuer oder Vernichtungsfeuer angefordert wurde, war die Nacht für uns taghell, wie wir es uns nie zuvor vorgestellt hatten. Zwei Wochen blieben wir dort. Wir hatten in dieser Zeit die Aufgabe, mit zwei Mann die Befehle von vorne nach hinten zu bringen. Alle 100, 200 Meter war ein Posten. Ich habe zweimal miterlebt, daß mein Kollege abgeschossen wurde. Er lag da, ich konnte mich aber nicht lange damit beschäftigen. Ich mußte den Befehl abgeben.

Eines Nachts um elf Uhr hieß es: „Leute, fertigmachen." Wir gingen über die Anhöhe Chambrettes Ferme bis zur Totenschlucht. In der Chambrettes Ferme hatten wir erst noch einen Gottesdienst. Da wußten wir schon Bescheid, was los war. Wir wurden mit scharfen Sachen aus der Feldflasche noch ein bißchen aufgepäppelt und gingen dann in Stellung. Die Totenschlucht war uns schon durch die Zeitung und die Heeresberichte ein Begriff. In der von Leuchtraketen taghell erleuchteten Totenschlucht lagen die toten Artilleriepferde und Menschen bei einer Temperatur von 20 bis 25 Grad. Es war ein furchtbarer süßlicher Geruch. Man konnte nicht jeden Kameraden rausholen, weil die Franzosen mit Zielgeräten die ganze Totenschlucht abstreifen konnten. Auf jeden Punkt waren ihre Geschütze eingestellt. Die Totenschlucht konnte man nur im Laufschritt durchqueren: Man mußte laufen, was man konnte. Wir hatten uns die Totenschlucht anders vorgestellt. Eine Schlucht, zu beiden Seiten mit Tannen- und Buchenwald bestanden und in der Mitte vielleicht ein kleines Flüßchen. Tatsächlich waren diese Schluchten ursprünglich zu beiden Seiten bewaldet gewesen. Wir haben aber keinen Baum und keinen Strauch mehr gesehen. Die Totenschlucht war weiter in Richtung Douaumont schwer umkämpft.

Ich selber bin in dieser Nacht erst gut durch die Schlucht hindurchgekommen. Wir gingen auf der rechten Seite. Jeder mußte etwas mitnehmen auf dem Buckel, entweder eine Rolle Stacheldraht oder Stollenholz. Dann gerieten wir doch noch in das Vernichtungsfeuer der Franzosen. Als dies abflaute, waren wir mitten in dem Feuer einer deutschen Haubitzbatterie. Rechts und links stieg Feuer aus der Erde. Wir standen wie gelähmt da. Was sollten wir machen? Wir haben uns alle zunächst zehn Minuten flach auf den Boden gelegt. Nach hinten wollten wir noch nicht und nach vorne ging es nicht. Nach den Seiten zu flaute das Feuer nach und nach ab. Von der Totenschlucht gingen rechts und links Nebenschluchten ab. Auf Befehl unseres Unteroffiziers zogen wir uns mit 20 bis 30 Mann seitlich zurück. In einer Nebenschlucht befand sich ein Eisenbahntunnel, der bis zur nächsten Querschlucht durch die Anhöhe getrieben war. In diesem tiefen Stollen logierten wir ungefähr acht Tage und verzehrten unsere Eiserne Ration. Wir mußten warten, bis Befehle von hinten kamen.

Ich habe dann den ersten Tag miterlebt, daß von deutscher Seite Vernichtungsfeuer geschossen wurde. Dann wurde die Garde eingesetzt, die links von uns auf einem Höhenzug lag. Tausend Mann stürmten die Höhe herunter. Die Franzosen erwiderten mit Vernichtungsfeuer und walzten die Gardisten nieder. Es war ein furchtbares Blutbad. Ich konnte es von dem Stollen auf der anderen Seite der Schlucht aus sehen. Es sind da wenige herausgekommen. Verletzte blieben liegen. Sie konnten nicht zu uns herüberkommen. Es war ganz schlimm. Dann wurden wir von Feldgendarmen, die bei Tag und bei Nacht die Umgebung abstreiften, gefunden. Durch den Fosses-Wald gingen wir wieder zurück. Hinter der Front haben wir uns in Grandpré gesammelt. Die Hälfte unserer Truppe haben wir nie wiedergesehen.

Die Division wurde nun herausgezogen und wir kamen in eine ruhige Stellung im Argonner Wald zur Erholung. Nach einiger Zeit wurden wir wieder eingesetzt. „Hoffentlich nicht wieder Verdun!“ Es ging aber doch wieder nach Verdun. Wir waren alle schockiert, tief traurig. Es gab an der Westfront doch genug Abschnitte, aber die Einheiten von Flandern bis Metz wurden nach und nach alle nach Verdun geschafft. Und wenn sie zu 50% dezimiert waren, kamen sie raus in irgendeine Ruhestellung. Wir mußten uns dies gefallen lassen. Wir hatten nichts zu melden, waren ja Soldaten. Wir waren still, gingen in uns: „Dies ist das Ende vom Lied. Wir werden jetzt in Verdun verheizt.“ Unser Anmarsch zur Front verlief diesmal reibungslos. Wir erreichten Fort Douaumont, wo wir zwei Tage in den Kasematten verbringen konnten. Nachts wurden wir dann in Richtung Dorf Fleury eingesetzt. Ganz nach Fleury bin ich nicht gekommen. Den Weg dorthin versperrten uns schwarze Regimenter und schweres Artilleriefeuer. Um überhaupt ein wenig Deckung zu haben, schlichen wir uns durch die Trichterlandschaft nach vorne. Die Trichter standen unter Wasser.

Ich wurde getroffen. Blut lief mir den Kopf herunter und ich konnte kaum mehr sehen. Sanitäter brachten mich zurück ins Fort Douaumont. Dort wurde ich sofort in der zweiten, dritten Etage von Ärzten verbunden. Ich hatte nur Fleischwunden, kleine Granatsplitter am Kopf, an den Ohren, Hals, Gesicht. Ich wurde verbunden, daß ich gerade noch sehen konnte. Aber ich konnte laufen und sprechen. In der Abenddämmerung verließ ich Douaumont mit drei französischen Gefangenen. „Prisonnier avec quatre enfants“, hat mir einer unterwegs erzählt. Es waren harmlose Menschen. Ich hatte meine Flinte und meine Munition, also ausrücken konnten sie nicht. Hätten sie auch gar nicht gemacht. Wir sind eineinhalb, zwei Stunden marschiert, immer in Richtung auf die deutschen Linien zu. Auf einem Verbandsplatz wurde ich empfangen und als Leichtverwundeter sofort in einen Güterwagen verfrachtet. Ich kam in die Pfalz, in die Nähe von Kaiserslautern.

Fritz Bornemann, geb. 1897:
Anfang Mai 1916 kamen wir von Sedan nach Loison und von dort gleich nach Sorel Ferme. Sorel Ferme sollte für die nächste Zeit unsere feste Ruhestellung vor Verdun werden. Es war eine Waldstellung, die wenig unter Beschuß lag. Von Sorel Ferme hörte man ein dauerndes Rollen wie fernes Gewitter, unterbrochen durch größere Geschützgeräusche. Nicht weit entfernt, im Wald von Spincourt, lag ein schweres Geschütz. Zudem konnte man von der Front her das flache Blitzen der Explosionen wahrnehmen. Wir blieben nur eine Nacht in Sorel Ferme. Die Spannung war groß. Da wir übermüdet waren, konnten wir aber schlafen. Am nächsten Morgen haben wir uns natürlich schon wieder Gedanken gemacht, was wohl weiter

vorne passieren würde und daß wir hoffentlich heil wieder herauskämen. Wir wurden gruppenweise je 5 Mann, ein Unteroffizier und vier einfache Soldaten, in Marsch gesetzt. Insgesamt waren wir 15 Mann der Kleinfunkabteilung, die von Leutnant Esser aus Köln angeführt wurde. Wir passierten ziemlich dichte Waldungen. Anders wurde das erst, als wir zum Zwischenwerk Bezonvaux heruntergingen. Dort war alles kaputt, nur Baumstümpfe.

Ich wurde die erste Zeit mit einem anderen Mann als Meldegänger eingesetzt. Wir mußten schriftliche Meldungen und auch Proviant überbringen. Alleine bin ich nie gegangen. Wir hatten die Papiere beim Unteroffizier abzugeben. Südlich von Bezonvaux begannen die Laufgräben in Richtung auf die vordersten Linien, die zu meiner Zeit noch ein Stück südlich vom Hardaumont-Berg verliefen. Die Laufgräben waren etwa 1,50 m tief, also mußte man geduckt durchlaufen. Gesehen haben wir nur das beigefarbene Grau des Bodens und die alten Schützengräben der Vormonate und die Laufgräben. Ein bißchen Angstgefühl hatten wir. Immer die Sorge: „Kommst du durch? Wenn du erst mal im Unterstand bist, bist du fürs erste gerettet. Dann mußt du nur noch heil wieder zurückkommen." In den Gräben weiter vorne gab es Unterstände, die die Pioniere gebaut hatten.

Unsere Station mit Hörgerät und kleinen Sendern, die wir in Verdun schon hatten, befand sich in einem Unterstand, der nur sechs, sieben Stufen tief war. Die Sender reichten bis 3000 Meter und wir konnten so Nachrichten, die wir vom Kompaniechef bekamen, nach hinten an das Kampfbataillon weitergeben, das bei Verdun kurz hinter der Front lag. Damit wir immer genügend Strom hatten, füllten wir mit einem Tretrad die Akkumulatoren auf. Der Beschuß war ganz unregelmäßig. Manchmal, besonders in der Nacht, konnte eine halbe Stunde bis zu einer Stunde kein Beschuß sein und das war die Zeit, in der man zurückgehen mußte. In den vier Wochen vor Verdun bin ich bestimmt zehnmal vorne im Unterstand gewesen.

Aus der Ruhestellung nach vorne zu gehen, war immer sehr, sehr gefährlich. Am 6. Mai hatte ja der Kronprinz Geburtstag und an diesem Tag wurde von uns ein Angriff ziemlich weit vorgetragen. Zwei Tote in Zeltbahnen wurden an uns vorbeigetragen. In der Hardaumont-Tiefe habe ich eine Feldartilleriebatterie gesehen, die getroffen worden war. Ob es da Tote gegeben hat, habe ich nicht gesehen, dafür aber tote Pferde. In der ganzen Gegend gab es diesen intensiven Chlorgeruch. Überall wo Tote waren und tote Pferde, wurde Chlor gestreut. Auch für uns war Vorsicht geboten. Granaten gingen über uns hinweg. Da hieß es, Deckung nehmen, wo immer es ging. Das Schlimmste war das Wasserholen. Klares Wasser gab es nur am Hardaumont-Rücken. Ansonsten kriegten wir weiße Tabletten, um Wasser trinkbar zu machen. Wir haben natürlich eine ganze Menge französischer Gefangener gemacht. Einen mußte ich zum Fort Bezonvaux bringen, einen französischen Adjutanten. Die Gräben waren voll von Papieren und Papierschnitzeln. Die Gefangenen schmissen natürlich alles weg. Zu meinem Schrecken sprang der Gefangene des öfteren auf die Deckung. Er konnte ja nicht ausreißen. Wahrscheinlich wollte er so schneller vorwärts kommen. Ich lief im Graben hinterher und brachte ihn jedenfalls glücklich zum Fort, wo sich bereits eine ganze Menge Gefangener befand.

Eines Tages wurde unser Unterstand von einer schweren Granate getroffen. Es gab auf einmal einen unglaublichen Krach und die Decke brach zusammen. Die Deckenbalken versperrten den Ausgang. Ich konnte gerade noch durchkriechen und die anderen hinter mir her. Ich hatte eine ziemlich schmerzhafte Stauchung der Schulter, konnte aber durch die Laufgräben zu dem Sanitätsunterstand in der Nähe laufen. Anschließend wurde ich zum Feldlazarett bei Sorel Ferme gebracht, von wo aus ich über Loison nach Hause nach Stolp transportiert wurde. Nach 14 Tagen wurde ich wieder einberufen zur Truppe und kam an die Somme-Front.

Wilhelm Garmsen, geb. 1896:
Eines Tages – wir waren an der Höhe 304 stationiert – hieß es, wir sollten abgelöst werden. Ich sollte mit zwei weiteren Soldaten meiner Kompanie zur Schreibstube kommen. Ich denk': „Hast du was verbrochen?" Meistens war es ja so. Wir fragten den Feldwebel, was los sei. „Das kriegt ihr gleich zu erfahren". Der Kompanieführer, aktiver Oberleutnant, ein feiner Kerl, erzählte uns dann, was man mit uns vorhatte. Unsere Einheit sollte eine neue Stellung beziehen und, um diese neue Stellung zu erkunden, mußten vorher Leute von uns mit denen, die jetzt drinnen waren, nach vorne marschieren. Warum man nun uns junge Rekruten ausgewählt hat, weiß ich nicht. Die alten wären ja viel besser dafür geeignet gewesen. „Packt eure Klamotten zusammen und dann werdet ihr abgeholt."

Wir wurden abgeholt und wohin sollte es gehen? Zum Douaumont. Zunächst kamen wir in eine Ruhestellung. Einige Tage später gingen wir mit einer fremden Kompanie nach vorne. Das ging auch tadellos, wir hatten beim ersten Mal unterwegs keinen Feuerüberfall. Wir landeten im Fort Douaumont. Nun muß man sich den Douaumont vorstellen. Ein riesiger künstlicher Berg. Der Westeingang war in dem anfänglichen deutschen Beschuß vor der Einnahme vollständig zerschossen worden. Es gab keine Treppe, nichts mehr. Man konnte auf den Stiefelabsätzen oder dem Hintern hinunterrutschen. Es ging alles glatt, wir erreichten im Douaumont den breiten

Mittelgang von 2,5 bis 3 Meter. Auf beiden Seiten befanden sich Kasematten. Im Douaumont – das war allgemein bekannt – durften wir uns nur eine Weile aufhalten, um uns ein wenig zu erholen. Es gab Bänke, auf die man sich setzen konnte. Nach einer Viertelstunde, vielleicht ist es auch eine halbe gewesen, kam der Kommandant. Ich glaube, es war ein alter Hauptmann: „Meine Herren", sagt er, „wenn jetzt", der Osteingang lag dauernd unter Feuer, „die Salve am Osteingang krepiert ist, dann aber nichts wie raus." Er durfte nicht dulden, daß die Zeit übermäßig ausgedehnt wurde, weil immer neue von der Front kamen, die ausruhen mußten.

Nachdem die Salve abgeschossen war, sind wir im Laufschritt, teils auf allen Vieren, rausgestürmt, um von diesem verdammten Eingang, der auch zerschossen war, etwas weiter wegzukommen. Mit dem Gepäck und dem Gewehr war das nicht so einfach und dann ging es in Richtung Fleury, das vielleicht zwei Kilometer entfernt lag. In dem Galopp verlor man jedes Gefühl für die Entfernung oder Zeit. Fleury war einmal ein Dorf gewesen. Jetzt lag kein Stein mehr auf dem anderen. Nur ragte irgendwo eine Wasserleitung in die Höhe. Fleury war eine miserable Stellung, kein Unterstand und es regnete dauernd. Der Lehmboden, Sie können sich den Matsch vorstellen. Furchtbar war das. Wieder vier Mann nachts Posten stehen, vier Mann die Pfützen im Graben entfernen. Der Graben lief nun nicht stur gerade, sondern im Zickzack mit Wehren, da der Franzose von dem höher gelegenen Fort Souville in Fleury in den Graben hineingucken konnte und flankierendes Feuer von Souville zu befürchten war. Bei Tage ließ sich bei uns niemand sehen. Aber trotzdem ist mancher – die Scharfschützen hatten die Gewehre auf den Graben gerichtet und ab und zu gaben sie ein paar Schüsse ab – dabei draufgegangen. Tagsüber mußte man irgendwie schlafen. Scheußlich, fünf Tage kein Mittagessen. Wir kriegten Brot und Rindfleisch im eigenen Saft. Ich vertrug das schlecht. In Fleury lagen wir teilweise nur 30 Meter auseinander. Es wäre uns ein leichtes gewesen, Eiergranaten in den feindlichen Graben zu werfen. Ich glaube, bei einem guten Werfer wäre sogar eine Stielhandgranate dort gelandet. Dennoch haben wir es nicht gemacht, denn wir erwarteten das gleiche vom Franzosen. Es war eine stillschweigende Übereinkunft.

Als wir beim zweiten Marsch nach vorne unsere Kompanie in die vorderste Linie führen mußten, kriegten wir unterwegs von rechts Feuer und automatisch verzog sich die Kompanie. Wir kamen ganz und gar vom Weg ab. Weg und Steg in dem Sinne gab es ja nicht. Man hat damals alles Mögliche versucht, hat eine Leine gezogen, dickes Tau. Aber nach ein oder zwei Tagen war es durchschossen und damit war die Verbindung weg. Man hat es versucht mit leuchtenden Marmeln, aber innerhalb weniger Tage waren sie alle verschwunden. So hat man es nachher aufgegeben. Mancher hat zwischen Fleury und dem Douaumont seinen letzten Schuß gekriegt.

Eines Tages griff der Franzose bei Fleury an. Mein Leutnant, ein junger Leutnant, war mit im Graben: „Wir halten die nicht. Ich muß Sperrfeuer anfordern." Ob es grüne Leuchtmunition war oder eine andere Farbe, weiß ich nicht mehr. Jedenfalls forderte er Sperrfeuer an. Unsere Kanoniere schossen aber so schlecht, daß die Granaten sogar noch hinter unserer Stellung einschlugen. Das ist etwas Fürchterliches. Von vorne den französischen Angriff und von hinten die eigene Artillerie. Er schoß dann Leuchtkugeln „Feuer vorverlegen" und die reagierten erst nach einer ganzen Weile. Da sagte der Leutnant: „Im Leben fordere ich kein Sperrfeuer mehr an."

Wenn wir nach fünf Tagen abgelöst wurden, mußten wir Verwundete mitnehmen. Zwischen Douaumont und Fleury lag noch eine Art Mittelfort, das für die damaligen Verhältnisse gut befestigt war. Dort wurden die Verwundeten und die Kranken gesammelt. Zum Transport der Verwundeten wurde eine Zeltbahn an beiden Enden zusammengebunden und ein dicker Knüppel hindurchgezogen. Vier Mann vertraute man einen Verwundeten an, damit man zwei Mann zum Auswechseln hatte. Dies führte zu einer Freundschaft zwischen mir und einem alten Bayern, Held hieß er. Also, ich hielt ihn für alt, er war vielleicht 35. Er hatte mich unter seine Fittiche genommen. Ich war ja ein junger Dachs von 19 Jahren. Er verstand es meisterhaft, sich so herumzudrücken, daß wir zwei stets als einzige nachblieben. Zweien konnte man keinen Verwundeten anvertrauen. Die anderen marschierten los und wir konnten ohne weiteres hinter ihnen hermarschieren. In der langen Frontzeit lernt man so etwas.

Einmal als wir von Fleury kamen – wir beide als einzige hinterher –, kriegten wir Feuer. Dunst sagten wir. Wir verzogen uns in ein Granatloch. Ob in einem solchen Granatloch Wasser stand, machte nichts aus, instinktiv sprang man hinein. Die Schießerei hörte zunächst nicht auf. Als es dann ruhig wurde, war es Nacht und nichts zu sehen. Wir sind beide losmarschiert, paßten nur auf, daß wir den Franzosen nicht zu nahe kamen. Unser Ziel war der Steilhang, unsere Reservestellung. Wir liefen, bis wir zuletzt ein Licht sahen. Na, und wo Licht ist, da müssen auch Menschen sein. Tatsächlich war es der Steilhang und es waren unsere Leute mit einer Laterne. Der Steilhang war von der Front nicht einzusehen. Man hatte dort Tunnelbunker in den Berg hineingetrieben. Wir haben uns die Bunker angeguckt, aber weil dort ein solcher Mief von all den Leuten herrschte und auch keine Lüftung vorhanden war, haben wir uns gesagt: „Hier bleiben wir nicht. Wir gehen den Berg etwas weiter hinauf und bauen uns eine Sommervilla." Spaten hatten wir ja, Erde war genug da und so haben wir uns ein Loch ausgehoben für zwei Mann, so tief, daß man sitzen konnte. Dann haben wir hinter uns einen Berg Erde aufgeschüttet, damit uns das Wasser nicht in den Nacken laufen konnte. Schließlich haben wir uns alte Gewehre und Knüppel gesucht, über das Loch gelegt und eine Zeltbahn drüber. Das war unser Quartier. Wunderbar! Da vom Franzosen nicht eingesehen werden konnte, konnte man sogar Licht machen. Immer dann, wenn der Franzose es zuließ, daß die Gulaschkanone rankam, holten wir uns das Mittagessen ab.

Eines Tages bekamen wir ein bißchen Weißkohl. Im Vergleich zu dem Konservenfleisch, das wir vorne gehabt hatten, schmeckte uns das ganz toll. Wir haben die Zeltbahn zurückgeschlagen, saßen beide in dem Loch. Um uns herum gab es eine ganze Menge solcher Löcher. Mit einem Mal knallte es. Wir deckten schnell unser Kochgeschirr zu. Erdbrocken flogen ja durch die Luft. Wir gucken von unserem Loch in das Nebenloch, das vielleicht nur fünf Meter entfernt war. Da war eine Granate eingeschlagen, ein Steilfeuergeschütz. Der eine der Kameraden lag auf der Böschung, der Kopf abgerissen. Blut lief ihm aus dem Hals. Der zweite hatte nicht so viel abbekommen. Er war aus dem Loch rausgeflogen und lief etwas weiter unten auf einer Art Laufsteg und schrie. Gewiß greift einen so etwas im ersten Augenblick etwas an. Wenn Sie aber denken, daß uns das Essen nachher nicht geschmeckt hat, dann irren Sie sich. Wir haben unsere Sommervilla da oben nicht geräumt. Es war der einzige Schuß, der gefallen ist, während wir da lagen.

Sie mögen es glauben oder nicht, die ganze Kriegszeit hindurch habe ich nie das Gefühl gehabt, daß ich fallen oder verwundet werden könnte. Wir hatten dank unser Sommervilla noch den Vorteil, daß, wenn nachts Stollenbretter, Munition oder auch Kaffee nach vorne nach Fleury gebracht werden mußten, die Reservekompanie in den Tunnels unten am Steilhang dazu herangezogen wurde. Wir lagen ja da oben und hörten nichts. Am nächsten Tag gab es natürlich eine Zigarre, wo wir gewesen seien. Die nahmen wir gerne in Empfang. Wir sind mehrere Male für fünf Tage dort gewesen. Ich bin dann wegen einer Magenverstimmung ins Lazarett gekommen. Held habe ich nie wieder getroffen. Ich hätte doch Erkundigungen nach ihm einholen können? Ich weiß auch nicht, warum ich es nicht gemacht habe.

E. E., geb. 1896:
Als 17-, 18jähriger auf dem Weg zur Front, was hatten sie da für eine Vorstellung von Verdun. Hinterher ist das ein großer Begriff geworden. Zu der Zeit war Verdun einfach die Front. Nach einer Stunde Marsch mit unseren Gasmasken merkten wir schon: „Donnerwetter, das muß nicht weit ab sein.“ Wir kamen an 42er Geschützen vorbei.

Die waren damals eine ganz große Sache. Jeglicher Transport mußte im Halbdunkel geschehen, weil die Franzosen auch schon Aufklärungsflieger hatten und Ballons, die allerdings in dem hügeligen Gelände nicht viel sehen konnten. Wir gingen weiter nach vorne und merkten schon, da war ein Bunker und da war ein anderer. In einer Schlucht waren von den Pionieren in die Bergwände Löcher gehauen worden, die zur Front hin Schutz boten. Nach der offenen Seite hing höchstens eine Wolldecke vor dem Eingang. Das war die Ankunft in unserer Stellung in Verdun.

Der Dienst ging gleich abends los. Der Kompanieführer trat heraus und sagte: „Wir haben die Aufgabe, als Trägertrupp das 6. und 7. Garde-Regiment mit Material zu versorgen." Unter Material verstand man alles. Essen haben wir vorgeschleppt, die Marmeladeneimer, die Stollenbretter, um Stollen zu bauen. Unsere Kompanie war 200 Mann stark. Die Chambrettes Ferme, ein großer Pionierpark auf halbem Wege zur Totenschlucht, lieferte uns das Zeug. Da kriegte jeder Schnaps und dies und das. Mit zwei Mann eine Rolle Stacheldraht nach vorne tragen, das war gar nicht so einfach. Und dann die Zentnerminen, eine Mine wog zwei Zentner und war dem Staat so wichtig, daß sie von drei Mann getragen wurde. Wenn einer von den zweien verwundet wurde, mußte der Ersatzmann einspringen.

Von der Chambrettes Ferme liefen Laufgräben in Zickzackform nach vorne. Auch durch den Chauffour-Wald – sämtliche Bäume in bestimmter Höhe abrasiert – ging ein Zickzack-Graben hindurch. Wir hätten viel weniger Verluste gehabt, wenn wir die von den Pionieren wohlweislich angelegten Laufgräben benutzt hätten. Aber das konnte man nicht, weil die Laufgräben halb voll Wasser standen. Wir liefen alle neben den Gräben über freies Land, um unsere Sachen schnell vorne abzuliefern und schnell wieder zurückzukommen. Vorne ist natürlich nicht der erste Schützengraben, sondern vielleicht der zweite, etwa 25, 30 Meter dahinter. Nach dem Chauffour-Wald kam man in die Totenschlucht, in der die ersten Verbandsplätze waren. Zehn Nächte lang wurden wir als Trägertrupp für das 6. und 7. Garde-Regiment eingesetzt und nach den zehn Nächten waren von unseren 200 Mann noch 92 da, die anderen waren teils gefallen, teils verwundet.

Kurt Hauswurz, geb. 1896:
Von Königsbrück in Sachsen sind wir sofort an die Front gekommen, und zwar in die Gegend von Verdun. Als wir die erste Nacht vorgingen, gerieten wir in der Brûle-Schlucht in einen Feuerüberfall und sind dort in die Unterstände geflüchtet. Die Artillerie hatte ihre Geschütze am Ende des Tals aufgestellt. Wir haben noch gesehen, wie eine Granate der Franzosen direkt auf einen Geschützunter-

stand aufschlug und ihn zugedeckt hat. Sie haben geschrien und ihre Kameraden haben die ganze Nacht gearbeitet und sie lebend herausgebracht. Wir gingen weiter vor und kamen in das Düsseldorfer Lager in einem großen Eichenwald, der noch heil war. Dies war ein Ausbildungslager, wo wir einen oder zwei Tage für den Sturm auf Douaumont vorbereitet wurden. Dort standen auch unsere Küchen. Vom Lager aus hat man die Anhöhe des Douaumont gesehen. Die erste Nacht gleich sollten sechs Mann Minen vorschaffen zum Fort Douaumont. Die Zentnerminen mußten immer von zwei Mann getragen werden. Wir mußten eine Quittung zurückbringen, daß wir die Minen abgegeben hatten. Unterwegs haben wir Feuer gekriegt und da haben wir unsere Mine weggeschmissen. Wie wir wieder zurückgekommen sind, hat der Befehlshaber gesagt: „Wieder los! Ich möchte die Bescheinigung vom Douaumont sehen." Dann haben wir sie nach vorne gebracht.

Den nächsten Tag sind wir alle eingesetzt worden. An diesem Tag, dem 10. Juli, hatte ich Geburtstag. Wir haben noch Essen gekriegt. Ich dachte: „Jetzt an meinem Geburtstag muß ich sterben." Wir sind vormarschiert und haben unterwegs erneut tüchtig Feuer der Franzosen abgekriegt, so daß wir Deckung nehmen mußten. Wir sind dann aber ohne Verluste bis ans Fort Douaumont gekommen. Am nächsten Tag mußte die ganze Kompanie im Fort antreten. Sie haben uns gesagt, daß es eine Grabenstellung vorne nicht gebe, bloß Minentrichter. Einer hatte ein weißes Band vorgezogen bis zu der Höhe, wo der Feind liegen sollte. Dann sind wir vormarschiert und ein Stück dem Band nachgelaufen. Mit einem Mal haben die Franzosen mit Maschinengewehren zu schießen angefangen und natürlich sind bei uns gleich eine Masse Menschen erschossen worden. Das Band ist gerissen und der eine von uns ist hierhin gesaust und der andere dorthin. Während wir angriffen, hab ich gesehen wie die Schwarzen – das waren meistens Senegalneger – den Douaumont stürmen wollten. Unsere Leute haben vorne in den Öffnungen des Forts mit Maschinengewehren gesessen. Die Schwarzen waren direkt bis auf zehn, zwanzig Meter am Fort und dann sind sie umgefallen, weil unsere mit ihren Maschinengewehren draufgehalten haben. Die toten Schwarzen lagen den anderen Tag noch draußen.

Ich hatte alles gut überstanden und befand mich vor dem Chapitre-Wald. Ich weiß noch, ich erschrak, als ich über fünf Tote steigen mußte. Da lagen welche, bei denen hat man keine Wunde gesehen. Das waren Maschinengewehrschüsse und dann waren sie weg. Unterwegs hat man auch Leichenteile gesehen. Es gab keinen Strauch, keinen Baum, nichts mehr, bloß Dreck und Schmand. Ich habe auf den Morgen gewartet. Ganz allein. Wo die anderen waren, wußte ich nicht. Dann ist es hell geworden. Ich schaue raus und da guckt vielleicht zwanzig Meter von mir entfernt ein Schwarzen aus einem Loch. Ich habe zunächst noch gedacht, daß er winkt. Er wirkte ganz freundlich, Zigarette im Mund. Er hat ein bißchen rumgeduselt und sich bis zum Bauch herausgebeugt. Er konnte mich aber nicht sehen, weil ich ganz tief unten im Trichter war. Ich dachte: „Ich schieß' nicht. Wenn ich ihn erschieße, kommen die anderen über Nacht und töten mich." Es wurde erzählt, daß die Schwarzen einen erstechen. Zudem lag mein Karabiner schon im Dreck, und ich hätte vermutlich gar nicht schießen können. Mein Granattrichter befand sich ungefähr 500 bis 600 Meter vom Fort Douaumont entfernt. Ich konnte von ihm das Fort noch erkennen. Wie ich morgens früh in dem Minenloch aufwachte, habe ich noch gesehen, daß zwei meiner Kameraden, die mit mir in Königsbrück ausgebildet worden waren, nicht weit von meinem Loch tot lagen. Dann ist es Nacht geworden und wir sind abgelöst worden. Mein Kompanieführer, ein ganz junger Leutnant, den ich noch gesehen hatte, wie er rausging, ist nicht mehr zurückgekehrt. Wir haben gleich wieder einen anderen Kompanieführer gekriegt.

Im Douaumont sind wir wieder einquartiert worden und mußten dann noch einmal vor. Auf drei Tage haben wir Verpflegung bekommen. Ich war wieder auf genau derselben Stelle. Das zweite Mal war es ruhig. Dennoch sind unsere Leute immer weniger geworden. Zuletzt waren wir von unserer Kompanie von vielleicht 100 Mann noch etwa 20 Mann. Der Rest unserer Sturmabteilung wurde dann wieder in das Düsseldorfer Lager verlegt, wo wir Auffüllung bekamen. Dann hieß es: „Es geht in die Woëvre-Ebene, für ein paar weitere Tage Ruhe." Auf dem Fort Vaux lag zu diesem Zeitpunkt schon sechs Tage lang französisches Trommelfeuer. Wir waren auf dem Marsch in die Woëvre-Ebene, vorne hat es geregnet und hinter uns haben sie getrommelt, da kommt auf einmal ein Reiter und sagt: „Halt! Sturmgepäck packen. Sofort vorrücken zum Gegenstoß auf Fort Vaux!" „Gute Nacht", hab ich gedacht, „jetzt kommt das Ende." Er hatte zwei Fässer Schnaps mitgebracht. Die Leute haben tatsächlich an Ort und Stelle den Schnaps ausgesoffen.

Es war vielleicht eine Strecke von drei, vier Kilometern zurück. Noch in der Nacht rückten wir vor. Die Franzosen schossen sehr gut. Das Dorf Vaux lag unterhalb des Forts, da sah man kein Haus und keinen Baum mehr. Natürlich haben die Franzosen das Feuer direkt vor den Eingang des Forts auf das Dorf Vaux gelegt und durch diese Feuerwelle mußten wir durch. Wir sind so ins Feuer gekommen, daß mindestens 30 Mann starben. Es hatte sechs Tage geregnet und der Schlamm war einen halben Meter hoch. Ich bin so weit in dem Schlamm eingesunken, daß es mir meine Stiefel und die Fußlappen ausgezogen hat. Eine Granate ist in meiner Nähe geplatzt und der Druck hat meinen Karabiner fortgeschleudert. Neben mir haben die Verwundeten und Sterbenden gerufen und gebrüllt. Ich habe mit aller Kraft versucht, mich aus dem Schlamm zu befreien und bin barfuß herausgekommen. Überall lagen Tote und Verwundete. Ich bin dann den Berg hochgeklettert und kam ins Fort. Im ganzen sind vielleicht noch 20 oder 30 Mann im Fort gelandet. Der Eingang bestand auch hier bloß aus einem Loch. Ich habe mich in die Kasematten gelegt. Kaum waren wir im Fort, kam der Fortkommandant – Oberleutnant Lehmann hieß er – und sagte: „Alles raus sofort zu einem Gegenstoß! Drüben kommen die Schwarzen." Ich war kaputt und konnte nicht mit, weil ich keine Schuhe hatte. Das war mein Glück. Später habe ich gehört, daß gerade, als all die Leute raus sind, eine 28er oder 30er Granate auf dem Fort eingeschlagen ist, direkt in die Leute rein.

Gegen Morgen ist es dann ruhiger geworden, und da hat der Kommandant gerufen: „Alles, was noch im Fort ist, geht weg nach hinten." Es waren nicht mehr viele Soldaten drin. Von meiner Kompanie waren, ich möchte sagen, noch 25 Mann übrig. Die Franzosen schossen weiter. Wir sind keine zehn Schritt raus, fliegt neben mir eine Granate hin. Ich war vielleicht zwei oder drei Meter davon entfernt. Ich habe einen Durchschuß durch die Wade gekriegt. Zwei Mann waren tot, und einem Schuster aus Leipzig hat es den Arm nahezu abgerissen. Er hat gebrüllt: „Komm, hilf mir doch." Ich konnte aber nicht, durch den Druck der Granate lag ich in einem Loch drinnen. Dann ist er umgefallen. Als ich die Verwundung bekommen habe, habe ich noch den Hang runtergeguckt, da sind 11 oder 12 Mann unten gelaufen und ich habe gesehen, wie sie von zwei weiteren Granaten getroffen worden sind. Rechts und links sind sie rausgeflogen. Mir ist das Blut aus dem Bein gespritzt. Ich habe schnell meine Binde herausgeholt und das Bein abgebunden. In diesem Moment haben die Franzosen aufgehört zu schießen, da nämlich von hinten Rot-Kreuz-Wagen kamen. Sie haben uns, die Toten und die Verwundeten vom Vaux-Berg, aufgeladen und zurückgeschafft. Der Schuster ist am Abend gestorben. Er hatte zu viel Blut verloren. Ich bin zunächst ins Feldlazarett gekommen und nach einer Woche nach Deutschland verladen worden.

Willi Nothdurft, geb. 1895:
Wir fuhren über Süddeutschland nach Verdun. Unsere Stimmung war zunächst in keiner Hinsicht gedrückt. Dies wurde sie erst, als wir dicht an der Front in die letzten Quartiere kamen. Da hörten wir dieses Rumoren. Verdun, das ging ja Tag und Nacht „wuhuhuhu". Die Artillerie schoß unentwegt. 30 Kilometer hinter der Front war das noch zu hören. „Wir kommen in dicke Luft." Wir wurden dann am Toten Mann eingesetzt. Das Schlimmste war der Weg zum Toten

Mann. Der Anmarsch vom Dorf Forges aus lag unter schwerem französischen Artilleriefeuer. Dort fing das Feuer an und das blieb auch so, bis man oben auf dem Toten Mann war. Man sah keine Häuser mehr. Die waren alle wegradiert. Wir mußten durch die Ebene im Tal des Forges-Bach durch und waren dort praktisch wehrlos dem Feuer ausgesetzt. Wegen der schweren Verluste mußten unsere Pioniere dann Tunnel graben. Mit den Tunnelbauten hat das aber alles nicht so funktioniert. Ich bin später nie durch einen Tunnel gegangen.

Wenn man oben auf dem Berg war, sagte man: „Gott sei Dank, daß wir es bis hierher geschafft haben." Und es war eigenartig, je dichter wir an den Feind kamen, desto sicherer fühlten wir uns. Oben auf dem Berg schoß die Artillerie über uns hinweg. Wir blieben immer vier Tage oben. Das war aber vorne keine wirkliche Stellung. Es war nur Loch an Loch. Auf diese Löcher wurde dann die Kompanie verteilt. Anfang des Krieges waren dort nur kleine Scharmützel gewesen und dann war im März 1916 unsere schwere Artillerie eingesetzt worden und die Franzosen hatten dies erwidert. Da lag man nun oben, und die Essenholer kamen von unten und brachten das Essen, wenn sie nicht vorher abgeschossen wurden. Die Küche befand sich dicht an der Spitze des Toten Manns in einer Mulde. Dort wurde eine Stellung ausgegraben, damit sie in Sicherheit waren und das Essen zubereiten konnten. In einem festen Unterstand vorne kümmerten sich ein evangelischer und ein katholischer Geistlicher zusammen mit den Sanitätern um die Verwundeten. Ein großes Lazarett gab es erst in Dannevoux etwa zehn Kilometer hinter der Front.

Manchmal hieß es: „Es wird angegriffen." Dann schoß die Artillerie und um soundsoviel Uhr war das Artilleriefeuer vorbei und es begann der Angriff. Und dann gab es wieder Verluste. Dabei sah man immer nur seinen nächsten Kameraden. Wir wußten erst, wieviele Verluste es gegeben hatte, wenn wir nachher abgelöst wurden und wieder für vier Tage in die Quartiere zurückkamen. Im allgemeinen gingen Stoßtrupps voran und dann folgte das Gros der Kompanie. Und so ist man schließlich bis zur Höhe gelangt. Die Kämpfe am Toten Mann sind so schlimm gewesen, daß französische Feldmesser nach dem Kriege festgestellt haben, daß vom Toten Mann sechs Meter fehlten. Meine Zeit in Verdun endete Mai 1916, als ich am Toten Mann verwundet wurde. Es war auch so eine schwere Granate, die in meiner Nähe eingeschlagen hatte. Ich hatte mehrere kleine Splitter im Gesicht.

Willi Marquardt, geb. 1898:
An der Somme wurde auf breiter Front angegriffen, auf beiden Seiten. Die Angriffe waren stärker als in Verdun. Erst kamen die einen

einige Meter vor, dann drückten wir. Aus der Entfernung der Artillerie konnte man am Tage sehen, was vorne los war. Natürlich nicht ganz genau, da überall Pulverqualm war, so daß uns Artilleristen doch manches verborgen blieb. Wir sahen die Infanteristen zurückkommen, wenn sie in Ruhe gingen und bei uns vorbeikamen. Da trafen wir auch manchen Bekannten. Wir haben sie immer sehr bemitleidet.

H. Be., geb. 1893:
Die Fliegerabteilung wurde in die Nähe der Somme verlegt. Die Schlacht war schon im vollem Gange, als wir ankamen. Die Fliegerabteilung lag etwas abseits der Front. Die Straßen, die vom Hinterland nach vorne an die Front gingen, waren schwarz vor Soldaten. Da spielte sich etwas ab, das ich im Leben nie vergessen werde. Ich stand mit meinem Motorrad an der Seite einer kleinen Chaussee. Die Ersatzleute für die Front gingen in Vierer- oder Fünferreihen, manchmal aber auch völlig ungeordnet nach vorne. Infanteristen mit umgehängtem Gewehr und abgerissenen Plünnen. So schlotterten sie mit dem Gesicht eines Verbrechers an mir vorbei, zum Tode verurteilt und zur Schlachtbank geführt. Stunden habe ich da gestanden und bei mir gedacht: „Du bist vom Herrgott ausgesucht worden, mit deinem Motorrad bei der Fliegerabteilung zu sein, und diese Leute, die ihren Mitmenschen nichts getan haben, werden nun zu Krüppeln gemacht oder umgebracht." Sie waren schon Kilometer mit ihrem Gepäck und ihrer Flinte gelaufen. Nun waren sie kraftlos und immer wieder fiel einer um. Der Nächste trat dann auf ihn, weil er nicht um sich guckte. Die Unteroffiziere versuchten, Ordnung in die Truppe hineinzubringen, daß sie zügig weiterkamen, und trieben sie immer wieder an. Mit einem Mal kam das Regiment der 76er vorbei. Was heißt Regiment? Ich rief das Wort aus: „Hummel, Hummel." Irgendeiner brachte dann nach ein paar Minuten heraus: „Mors." Er sagte nicht: „Mors, Mors", wie es heißt, sondern nur dieses eine „Mors" und ging dann weiter. Was sich auf dieser Straße mit seinen Leuten abgespielt hat, hätte sich unser Kaiser, der nachher aus Belgien geflüchtet ist, einmal ansehen sollen.

Hermann Kottmeier, geb. 1897:
Wenn man jetzt einem zivilen Staatsbürger zumuten würde, ständig unter Artilleriebeschuß zu leben, würde der sagen: „Das ist kein Leben. Das ist gegen die Würde des Menschen wie ein Karnickel auf der Treibjagd Objekt des Beschusses zu sein." Ich bin empört gewesen, als ich in der Somme-Schlacht im Trommelfeuer war. Diese Zusammenballung von Artillerie da drüben. Was hatten die Franzo-

sen, die Kanadier und die Engländer an Kanonen aufgestellt. Mit dem Glas konnte man hinter jedem Busch ein Geschütz sehen. Auf einem bestimmten Abschnitt, an dem sie durchbrechen wollten, sagen wir mal 100 Meter, feuerten alle Geschütze bis hin zu den allerschwersten Dingern. Dann kam die Feuerwalze auf uns zu. Wir durften nicht ausweichen. Erst die Schrapnells, dann die Feldartillerie, dann die Haubitzen. Jetzt kamen die schweren Brummer dran. Ich weiß, daß ich ein Vaterunser zu beten angefangen habe in dem Bewußtsein, „anfangen kannst du es noch, ob du es lebend zu Ende bringst, das ist die Frage". „Ach, wir sind verloren." „Nein, es geht weiter. Die Walze geht weiter."

Dann griff die englische Infanterie an. Das vorderste Grabenstück war von den Engländern schon erobert worden. In dem Gewirr von Gräben hatten wir uns eine Stellung ausgebaut. Es gab aber immer noch die alten Verbindungsgräben von vorne bis zu uns, und da beobachteten wir, daß ein englischer Trupp mit Handgranaten in einem Zuführungsgraben auf unseren Abschnitt vorrückte. Es spielte sich alles in dem ersten Zug des Leutnants Redecker ab. Wir lagen mit dem zweiten Zug nebenan. Leutnant Redecker hatte lauter große Ostfriesen in seinem Zug. Er war ein Pfundskerl, mein bester Freund, und seine Leute gingen für ihn durchs Feuer. Ich beobachtete den Handgranatenkampf in der Sappe. Sie müssen sich vorstellen, da tauchte einer im Graben auf, ein Stück entfernt ein weiterer. Eine klare Linie war gar nicht zu erkennen. Der Kampf wogte hin und her. Einige brachten noch Handgranaten nach. Zeitweilig ragte Leutnant Redecker mit seinem Oberkörper aus dem Graben heraus. Plötzlich kam von Leutnant Redecker der Befehl: „Leutnant Kottmeier übernimmt auch den ersten Zug." „Nanu?" Als ich bei ihm eintraf, lag er auf dem Boden, hatte einen Lungenschuß bekommen und sein Oberkörper war verbunden. „Kottmeier, was macht die Kompanie?" Ich sagte: „Ist alles in Ordnung, die Engländer sind zurückgedrängt." Sie legten uns auch einen schwerverwundeten Engländer hin. „What is the matter?" sagte ich zu ihm. „Give me water." Ich habe ihm etwas zu trinken gegeben. Redecker wurde dann von den Sanitätern weggebracht. Von meinen Leuten waren zwei mit Handgranaten zu dem ersten Zug gestoßen. Der Engländer hatte sie mit einem Maschinengewehr weggeblasen. Sie lagen beide tot da. Die Verluste des ersten Zuges kenne ich nicht. Leutnant Redecker jedenfalls ist zwei Tage darauf gestorben.

Gerhard Bahrmann, geb. 1896:
Wir kamen im Sommer 1916 als Verstärkung an die Somme, weil die Regimenter, die dort lagen, aufgebraucht waren. Sie mußten unbedingt rausgezogen werden. Ich erinnere mich noch, als wir zum

ersten Mal in die vorderste Stellung einrückten, kamen wir an einer großen Grube vorbei und da fragten wir, was das ist. „Das sind die Gräber für die, die heute noch fallen werden." Die Verluste waren an der Somme riesig groß. Unsere ersten Stellungen wurden richtig beharkt. Das Trommelfeuer an der Somme war schon etwas anderes als das, was wir zuvor in Flandern erlebt hatten. Wenn es heute hier mal nachts donnert, dann sag ich immer: Wir haben damals gefragt, wenn es donnerte: „Ist es der Petrus oder der Tommy?"

R. M., geb. 1898:
Ein Unteroffizier, ein Friese war das, war mit einem Kopfschuß durch einen Scharfschützen der Gegenseite tot neben mir zusammengesackt. Nur ein Loch in der Stirn, gar keine Schmerzäußerung oder sonst was. Scharfschützen waren, soweit ich das festgestellt habe, gut über die Front verteilt und hatten die Aufgabe, einen Feind, wenn er einmal unvorsichtig war und aus der Deckung herauskam, sofort ins Visier zu nehmen und zu schießen. Sie waren im Schießen besonders gut ausgebildet und vor allen Dingen waren sie von ihrer Natur her, was die Ruhe für das Zielen angeht, besonders geeignet. Die müssen auch von ihrer inneren Haltung besondere Menschen gewesen sein, denn sie haben ja gezielt getötet. Wir selbst schossen natürlich auch, wenn ein Angriff stattfand, aber wir fanden grundsätzlich, ob bei uns oder auf der anderen Seite, die Einrichtung der Scharfschützen nicht so gut.

Kurt Hauswurz, geb. 1896:
An der Somme lagen wir monatelange in Gräben an einem Berg und durch den Berg hatten die Deutschen einen Zugang gebaut. Plötzlich setzte ein Trommelfeuer der Franzosen auf die vorderen Gräben ein. Das hat gar nicht lange gedauert, da haben die Franzosen gestürmt und unsere Leute vorne überfallen. Auf einmal war wieder Ruhe. Da kam ein Hauptmann und hat zu mir gesagt: „Hauswurz, ich kenne Sie, gehen Sie hier mal durch diesen Tunnel durch und sehen, was auf der anderen Seite los ist." Das ist jetzt interessant. Ich gehe los, komme drüben raus und habe zunächst keinen von unseren Leuten mehr gesehen. Ein Franzose stand an der Schulterwehr mit aufgepflanzten Seitengewehr. Er konnte nicht schießen, da er wohl keine Patrone mehr in seinem Gewehr hatte. Ich bin im Graben zur Seite ausgewichen und habe mich noch einmal umgeblickt. Da lagen drei junge Leutnants vom Regiment 242 tot nebeneinander. Der eine hieß Kerner, der andere Wilhelm und der dritte Wagner. Sie sind von denen bei dem Überfall erschossen worden. Man hat keinen Einschuß gesehen, gar nichts. Zurück in unserem Graben habe ich dies gemeldet. Da haben sie die drei toten Leut-

nants weggeschafft. Es war ein furchtbarer Anblick. Das waren ganz junge Leutnants.

Unser Bataillon ist dann aus der Stellung hinter dem Berg weiter zurückgegangen in einen Wald, wo wir auch wieder aufgefüllt werden mußten. Vorher hatte mich der Hauptmann mit einem Feldwebel noch einmal zurückgeschickt, den Eingang des Tunnels zu sprengen. Wir sind vorgegangen – die Franzosen waren ja noch auf der anderen Seite – und haben eine geballte Ladung gemacht mit vier, fünf zusammengebundenen Handgranaten. Dann sind wir in die Mitte des Tunnels vorgedrungen, haben die geballte Ladung mit der Zündschnur angezündet und sind schnell verschwunden. Wie wir draußen waren, gab es einen gewaltigen Krach, und der Tunnel ist eingestürzt. Im Lager zurückgekommen sagte der Küchenchef zu mir: „Hauswurz, du hast Glück. Wie lange warst du denn jetzt an der Front?“ „Dreizehn Monate“, habe ich gesagt. „Du kannst heute auf Urlaub fahren.“

Walter Dechow, geb. 1897:
Bei Trommelfeuer war es mitunter so, als wenn die Luft kochte. Sie müssen bedenken, was da für Massen an Granaten abgeschossen wurden.

Heinrich Dudel, geb. 1893:
Wenn die Stellung unter Trommelfeuer genommen wurde, wußte man nicht, was in der nächsten Stunde geschah. Hatte man einen guten Unterstand, sagte man sich: „Da bist du sicher.“ Aber dann setzten die Franzosen und Engländern schwere Geschütze ein und wenn so ein Unterstand getroffen wurde, dann sind gleich 10 oder 15 Mann tot gewesen. Das war natürlich fürchterlich. Man sagte nachher, daß Unterstände Mausefallen seien. Da hat sich der einzelne im Schützengraben lieber eine Nische gebaut, in die er sich reinrollte. Solange nicht alles runtergekommen ist und er nicht gleich lebendig beerdigt wurde, halfen die anderen Kameraden sogleich und holten ihn raus. Wir wurden erst am Ende der Somme-Schlacht eingesetzt. Die Regimenter waren im Nu ausgeblutet und dezimiert. Sie wurden rausgezogen, denn sie waren moralisch etwas angeschlagen.

Hermann Baass, geb. 1897:
Januar bis März 1917 nahmen wir in Stellungskämpfen an der Somme teil. Die Verpflegung wurde knapp und mit einmal wurden wir durch ein anderes Bataillon ersetzt. Wir kamen nach hinten in eine Schlucht, die Todesschlucht genannt wurde und durch die auch die Essenträger immer hindurch mußten. Wir lagen in zwei tiefen

Unterständen, unten war ein Raum, schmal und lang, da konnte man sitzen. Dort gabe es einen Tisch, eine Bank und einen Kanonenofen. Von diesem Raum ging ein kleiner Gang ab, in dem sich Bettgestelle mit Drahtgeflechten befanden. Sie waren sehr eng und hart, aber es war eben die einzige Schlafmöglichkeit. Auf dem kleinen Tisch hatten wir eine Karbidlampe. Die Stufen waren voll von Kameraden.

Plötzlich kam ein Blindgänger, der ging bei der Treppe rein. Alle, die auf der Treppe waren, waren tot, erschlagen oder zerdrückt, vielleicht auch weil die Erde gefroren war. Bei uns unten ging die Karbidlampe aus. Der Ausgang war durch den Blindgänger dicht, zusammengebrochen. Wir mußten die Gasmasken aufsetzen, die Luft war sowieso schlecht von dem Ofen, der Gestank, man schwitzte natürlich auch. Ich hatte eine Taschenlampe, die Batterie war ziemlich leer. Es war scheußlich. In dem Unterstand befanden sich auch ältere Landwehrleute, die schon vor dem Krieg Übungen hinter sich hatten und schon seit Anfang des Krieges draußen waren. Wir waren zwei junge Leute. Von den 25 Mann, die 1916 zu der Kompanie gekommen waren, gab es noch vier, der Rest war tot oder verwundet. Einer im Unterstand schrie, war zerquetscht – es war furchtbar – und einer fing an zu beten. Ein älterer Landwehrmann – es kann ein Unteroffizier gewesen sein – sagte: „Beten hat gar keinen Zweck. Überleg lieber, wie wir hier rauskommen. Wenn wir hier raus sind, dann bete und danke Gott." Dann wurde uns bewußt, daß nebenan auch ein Unterstand war und daß wir uns nach dort durchgraben mußten. Wir fingen an zu arbeiten, mit der Gasmaske auf, was sehr behinderte. Sehr viel Luft kriegte man nicht. Wir horchten, ob man was hörte in der Erde, Pionierpause war der Ausdruck. Von der anderen Seite fingen sie auch an zu graben. Wenn die nicht geholfen hätten, waren wir nicht herausgekommen, sondern wären erstickt. Wir waren noch sieben oder acht Mann.

Robert Haarmeyer, geb. 1897:
In Flandern wurden von den Deutschen kein Tiefbunker, sondern Betonbunker gebaut, weil alles sumpfig war. Die Gefahr war nun immer, daß die Bunker durch einen Granatentreffer umfielen. Ich erhielt meinen ersten Urlaub vom Schützenbataillon 86. Wie ich wiederkomm', sagt der Spieß zu mir: „Mensch, hast du Glück gehabt." Bei der 3. Batterie, bei der ich ja als Funker war, ist der Bunker umgekippt, kein Mensch raus. Es waren über 100 Mann drin. Die schossen eben vor den Bunker, nicht absichtlich, aber dann gab es einen Ruck und der Bunker fiel auf den Eingang und keiner konnte raus. Da bin ich zum ersten Mal vom Tode freigesprochen worden.

Josef Dornhof, geb. 1896:
In Flandern hatten wir sehr starke Verluste. Und da habe ich einmal kolossales Glück gehabt. Ich war Maschinengewehrschütze und wie ich mich an einer sicheren Stelle setzen wollte, schlug neben mir eine Granate ein. Es war aber eine nasse Wiese und die Granate krepierte nicht. Ich bin in die Grube gefallen, die durch den Einschlag der Granate entstanden war, und hatte den Mund voll Schlamm. Blindgänger! Ich war wie neugeboren.

Paul Weiher, geb. 1896:
Wijtschate, der Wald hieß Hessenwald. Da lagen vor uns die Goslarer Jäger. Wir waren herangeführt worden und sollten sie ablösen. Eines morgens, wir lagen inzwischen noch in Wartestellung, gab es ein furchtbares Getöse mit dumpfen Sprengungen und einen Granathagel ohne gleichen. Wir haben uns erst einmal gefragt: „Was ist denn das? Greift der Engländer uns an?“ Mit einem Mal hörten wir: „Die Engländer haben unsere vorderste Linie in die Luft gejagt. Da sind vier große Trichter im Abstand von 50 bis 80 Metern.“ Der Engländer hatte unsere Stellung unterminiert und sie mit Sprengstoff in die Luft gesprengt. Wir wurden nun alarmiert, aus diesem Wäldchen heraus nach vorne zu gehen. Nicht am Tage, wir mußten es nachts machen. Die Engländer hatten die Trichter besetzt und wir hatten jetzt die Aufgabe, die Trichter zurückzuerobern, weil das ja eine Verteidigungsstellung war, die gar nicht hoch genug eingeschätzt werden konnte. Einmal im Trichter konnte man so leicht nicht von Geschossen erwischt werden. Flachgeschosse gingen über den Trichter hinweg und die Haubitzen, Steilfeuergeschützte mußten sich erst einmal einschießen und bei der Nähe zur eigenen Front konnte man auch die eigenen Leute treffen.

Es führten nun Laufgräben nach vorne. Die Laufgräben waren nicht mannstief, aber man konnte ganz gut gehen. Sie waren in Zickzackform angelegt, vielleicht alle 20 Meter mit Schulterwehren, damit man nicht so hineinschießen konnte und, wenn wirklich eine Granate krepiert wäre, nicht die anderen auch in Mitleidenschaft gezogen worden wären. Im Hintergrund war der große Kemmelberg, der alles eingesehen hat auf 40, 50 Kilometer. Das war uns immer ein Dorn im Auge. Wir mußten uns immer ducken: „Der Kemmel hat Augen.“ Vorne angekommen, war natürlich von den Laufgräben nichts mehr vorhanden. Das war alles zerschossen. Wir mußten von einem Trichter zum andern klettern und der Engländer war ja nicht weit weg. Der hat mit Scharfschützengewehren auf Lauer gelegen und auf jeden einzelnen, der nun von Trichter zu Trichter sprang, geschossen. Wir hatten gelernt, wie man es macht: „Sprung auf, marsch, marsch!“ Da hat man schon die Beine in die

Hand genommen, um nicht noch eins abzubekommen. Aber unheimlich war es. Du bist dem Feind ausgesetzt und mußt dich ihm präsentieren. Langsam arbeiteten wir uns zu den großen Trichtern vor. Die erste Stellung war ja vollkommen durch die Trichter zugeschüttet. Es gab Verluste, aber es wurde nicht darauf geachtet, wenn einer liegenblieb, bis wir am Trichterrand anlangten. Die Engländer im Trichter kriegten nun Feuer von allen Seiten. Die Trichter sind nicht alle gleich genommen worden, erst nach und nach im Laufe des Tages sind sie erkämpft worden und die Engländer haben sich ergeben. Allmählich wurde von Trichter zu Trichter Verbindung hergestellt und so hatten wir die vorderste Front wieder besetzt. Mehr wollten wir auch nicht.

Otto Hayen, geb. 1895:
Der Kemmelberg in Flandern war auch so eine tollwütige Sache. Er war seit 1914 im Besitz der Franzosen und konnte von den Deutschen lange Zeit nicht genommen werden. 1917 wurde er gestürmt. Die 1. Bayerischen Jäger lagen links von uns 10. Jägern und rechts von uns befand sich unser Reservebataillon. Ab fünf Uhr schoß unsere Artillerie Giftgas, und zwar Gelbkreuz, Senfgas nannten wir es damals. Wir mußten jedenfalls auch unsere Masken aufsetzen. Auf der Höhe des Kemmels war eine Panzerkuppe. Alle Gefechtsstände, die sich um den Berg herum befanden, liefen dort in der Kommandozentrale zusammen.

Im Morgengrauen haben wir dann gestürmt, darüber hinaus bis zur Douve Ferme. Dort hieß es mit einem Mal: „Schluß, wir dürfen nicht weiter, der linke Flügel hängt ab, wir kriegen noch Franzosen in den Rücken.“ Wir blieben dort liegen. Wir haben Patrouillen ausgeschickt zu einer Mühle links von uns am Scherpenberg. Bei der Einnahme des Kemmelberges wurde zunächst der Turm besetzt und alle Telefonleitungen abgeschaltet, so daß kein Befehl der Franzosen mehr nach außen kommen konnte. Auf dem Kemmel überraschten wir eine vollständige französische Musikkapelle, die gerade ihre Musikinstrumente putzte. Die wußten von nichts. Die Kanonen sind von den Franzosen abschußbereit stehengelassen worden: „Bloß weg hier, die Deutschen kommen.“ Kanonen wurden von uns immer mit einem Zeichen versehen, welche Einheit sie erobert hatte. Die wußten genau, wer wir waren. Vor uns Jägern hatten sie Schiß. Jägerbataillone waren immer Elitetruppen, die gingen ran. Unter den Gefangenen in der Zentrale des Kemmels waren hohe Offiziere und diese Leute hatten Marschbefehle nach Warneton, was seit 1914 die Ausgangsstellung für die Kämpfe am Kemmel gewesen war. Am dritten Tag nach der Erstürmung des Kemmels – die Franzosen hatten mittlerweile festgestellt, daß auf dem Berg Deutsche waren – sichteten wir vom Berg aus 500 Mann mit Offizieren im Marschtempo, die zum Kemmel durchbrechen sollten. Sie wurden alle gefangengenommen, kampflos. Sie wurden auch geplündert von uns, hatten Schokolade bei sich.

Anschließend wurden wir zurückgezogen und kamen in die Ruhestellung nach Neverename. Mit einem Mal meldete der Fotograf beim Regiment, daß am Kemmel noch grüne Uniformen von gefallenen Jägern zu erkennen seien. Wir sind mit neun Sanitätern hingegangen. Die Kameraden warnten uns: „Geht bloß weg hier, sonst beginnt die Artillerie zu schießen, wenn sie euch sieht.“ In einem Hohlweg, direkt vor dem Kemmel, war ein Stollen mit einer Abdeckung aus Eisenbahnschienen, in den sich viele von der dritten Kompanie geflüchtet hatten. Während der Erstürmung hatten wir immer gesagt: „Mensch, da detoniert überhaupt kein Geschoß, sind das alles Blindgänger?“ Nachher müssen sie durch einen Einschuß alle zusammen explodiert sein und haben den Bunker mit unseren Kameraden eingedrückt.

Gerhard Bahrmann, geb. 1896:
Der normale Schützengrabenkrieg war nicht so schlimm. Man lag im Graben und wartete auf den Feind und der Feind wartete auf uns. Ich bin bei einem Drahtverhaukommando gewesen und mußte jede Nacht mit zwei, drei Mann raus und unseren Drahtverhau draußen in Ordnung bringen oder verstärken. Das war an und für sich kein todbringender Posten, wenngleich wir z.B. in der Nähe von Lille bei Armentières nur ungefähr 40 Meter auseinander lagen. Es ging meist glimpflich ab. Die Engländer sahen uns nicht, wir sahen sie nicht. Wir gaben nur ziellos alle paar Minuten Warnschüsse ab. Bei so einem Warnschuß bin ich später auch getroffen worden.

Erich Gieskes, geb. 1896:
Die Front Lens-Arras bestand aus dem üblichen Grabensystem, Laufgräben, Schützengräben und Unterstände. Eines Nachts mußten wir mit vier Mann einen kleinen Hohlweg vor dem Drahtverhau sichern. Weil wir keine Ablösung kriegten, schickte ich einen Kameraden zurück. Der kam nicht wieder. Da bin ich selbst zurückgelaufen und sehe auf einmal gegen den Himmel einen englischen Stahlhelm. Ich sehe das Mündungsfeuer und ein Bajonett und in dem Augenblick falle ich, da das Gelände ja vollkommen zerschossen war, und entgehe dadurch dem Schuß. Gleich schnalle ich ab, man faßt mich, vor mir taucht eine Bunkeröffnung auf. Ich kriege einen Stoß und sause die Treppen runter. Unten fühle ich gleich: „Wo ist der Gang?“ Ich bin ein Stück in den Gang hineingekrochen, in dem Augenblick höre ich, wie etwas die Treppe herunterkullert, eine

Eiergranate. Sie krepierte auf der letzten Stufe, richtete in dem Gang also keinen Schaden an. Im Gang befand sich auch mein Kamerad, den ich zurückgeschickt hatte. Er war unverwundet. Morgens um sechs kamen auch die anderen beiden hinzu. Sie waren einfach zurückgegangen, als sie gesehen haben, daß unser Graben von der Seite aufgerollt worden war.

Karl Peters, geb. 1898:
Im Priesterwald oder Bois de Prêtre, wie die Franzosen ihn nannten, haben wir furchtbare Stellungskämpfe gehabt mit Minenwerfern. Einmal haben die Franzosen versucht, unsere ganze Stellung in die Luft zu sprengen. Wir lagen dort manchmal nur 40 oder 50 Meter voneinander entfernt. Es gab Grabensysteme, die gingen direkt zum Franzmann hinüber und waren nur durch Brustwehren geschützt. An sich galt die Stellung als ruhig. Aber als das Regiment 73 auftauchte, war es nicht mehr lange ruhig. Ernst Jünger ist hier eingesetzt worden. Es war ein aktives Regiment. Bei den Franzosen herrschte betont Ruhe. Es waren alles alte Landsturmleute: „Um Gottes willen, laßt uns in Ruhe, dann lassen wir euch auch in Ruhe."

Die 73er wollten natürlich gleich wissen, wer vor ihnen lag und mit wem sie es zu tun hätten. Zu diesem Zweck wurden Gewaltunternehmen vorgenommen, die Ernst Jünger vorbereitete und durchführte. Wir hatten damals einen Kompanieführer, der von den Oldenburger Dragonern kam, einen Rittmeister, der nun zum Infanteriedienst absatteln mußte und der natürlich von diesen Dingen überhaupt keine Ahnung hatte. Ich habe selbst einmal vorne gelegen, als Jünger mit seinen Leuten durchging. Er schildert dies in seinen „Stahlgewittern" ganz genau. Wir waren gar nicht damit einverstanden. Denn die Franzosen wehrten sich natürlich in diesem Augenblick. Mit einem Mal ging es mit Granatwerfern und mit Minenwerfern los. Als die Franzosen merkten, daß was los war, schaltete sich natürlich auch ihre Artillerie ein. Ich weiß noch, bei einer Gelegenheit entwickelte sich das regelrecht zum Anfang einer Schlacht. Wir haben zuletzt die Forts von Metz alarmiert: „Ihr müßt uns helfen." Und dann ballerten die schweren Geschosse aus den vorgeschobenen Forts von Metz bei uns rein.

Einmal war ich auf Patrouille mit. Wir sollten eigentlich nur im Vorfeld der Front auskundschaften, was los war und dabei Feindberührung vermeiden. Die Front verlief genau von Norden nach Süden. Wir stellten fest, daß unmittelbar vor uns weiter keine Feindtätigkeit zu beobachten war und wollten zurückgehen. Nach Meinung unseres Unteroffiziers gingen wir tatsächlich zurück. Ich aber stellte fest, daß wir gar nicht nach Osten gingen, wohin wir gehörten, sondern daß wir dem Nordstern nachliefen. Ich sagte dies unserem

Unteroffizier. Unteroffiziere waren altgediente oder ältere Leute: „Ja, ihr wollt immer schlauer sein als wir." Er gab mir dann die Freiheit nach rechts hinüber zu gehen. Ich fand aber unsere Linie auch nicht. Ich gab die Suche auf und wollte zu meiner Patrouille zurückkehren, zu meinen Kameraden und dem Unteroffizier. Ich verfehlte sie aber und saß nun mutterseelenallein im Niemandsland. Ab und zu fielen Schüsse und es gab auch Streugranaten. Nun hatte ich von meinem Großvater, der den Krieg 1864 gegen Dänemark mitgemacht hatte und Gendarm in Harpstedt war, gelernt, daß, wenn man sich verirrt hat, man in der Dunkelheit nicht im Gelände herumlaufen und suchen soll. Da findet man doch nichts. Ich habe nun den Morgen abgewartet, weil ich mir sagte: „Da, wo die Sonne aufgeht, ist Osten. Da ist Deutschland und dort liegen unsere Kameraden. Dorthin mußt du zurückgehen." Ich ging dann in Richtung Osten. Nach kurzer Zeit fand ich unseren Stacheldrahtverhau. Ich wurde von unserem Posten angerufen und gab dann die Parole. „Komm dort herein, da ist ein Durchlaß durch den Drahtverhau." Ich war beim Regiment 164 aus Hameln gelandet, das ebenfalls zu unserer 111. Infanteriedivision gehörte. Der Unteroffizier mit den anderen Leuten war schon zurückgekommen. Es hatte aber gemeldet: „Einer von uns ist noch draußen." Und der eine war ich.

J. E., geb. 1895:
Unsere Stellung verlief über einen Gutshof. Nebenan in einem Kellerraum des Gutshauses lag der Kompanieführer. Ich hatte ein gutes Verhältnis zu ihm und habe oft in seiner Kammer neben ihm gesessen. An einem Haken an der Wand hing eine Feldflasche mit Schnaps und da haben wir oft „Prösterchen" gemacht. So lagen wir auch eines Abends. Also, wenn ich das heute erzähle, dann kommt es mir vor wie ein Märchen. Es wurde dunkel und ich ging noch einmal hinaus zu kontrollieren, ob die Posten alle ordnungsgemäß auf Wache waren. Hin und wieder wurde mal geschossen und man hörte ganz weit entfernt eine MG-Salve. Bei uns war es ziemlich ruhig. Der Mond schien und ich ging wieder in unseren Unterstand. Und ich weiß noch, da waren Ratten. Also, ich komme rein und melde mich bei dem Hauptmann. Er sagt zu mir: „Na, wie sieht es denn draußen aus?" Ich sage: „Meiner Ansicht nach ist nichts zu befürchten. Man hört aber Geklapper, als wenn die drüben den Drahtverhau ausbessern." Ich legte mich in meinen Mantel. Es war ja feucht. Daß man nicht gleich Rheuma gekriegt hat? Ich zieh' die Decke über den Kopf und lieg' da.

Mit einem Mal, als wenn einer sagt: „Es ist taghell und nun machen wir das Licht aus und es ist stockdunkel", geht eine Schießerei los. Nah und fern und große und kleine Bomben und Schrapnells, wie verrückt. Wir hatten zwei Ausgänge, beide wurden zugeschüttet. Das Licht ging aus, der Ofen fiel um. Er fiel auf Stroh. Das Stroh fing an zu brennen. Das gab einen Qualm! Ich fing an zu husten. Mit einemmal hörte ich: „Johnny, Johnny, come on. Here is the entrance." Ich denke: „Was machst du, was machst du? Die sind schon im Graben die Engländer." Das sind ja alles Gedanken, die einen in Sekunden durchzucken und den Unterschied machen zwischen Leben und Tod. Ich nehme im Dunkeln die Decken, die da alle lagen, die Mäntel und hau mich in die äußerste Ecke des Unterstands. Ich habe mich ganz still verhalten. Es dauerte nicht lange, ich habe mein Herz hier oben am Hals gespürt: „Come on German dog, come on you German dog, get up, get up." „German dog", sagt er. Ich denke: „Jetzt nimm dein Englisch zusammen." Ich steh auf: „Oh, what's the matter? What's the matter? I'm your prisoner. I beg your pardon. You are my friend. What have I to do?" Die guckten mich an. Der spricht ja Englisch! „What have I to do?" „What's that?" Ich hatte meine Gasmaske um. „My gas-mask. What have I to do?" „Get out." „In that direction? I don't know where." „Yes, get out in that direction."

Also, ich geh' raus, die beiden blieben noch drin. Und draußen war es ja dunkel. Man hörte von ganz weit hinten „hurra", da kam der deutsche Gegenangriff. Es waren neue Regimenter in den Kampf geworfen worden, die das Grabenstück von den Engländern wieder nehmen sollten. Ich überlegte, ob ich zum Engländer rübergehen sollte. Wir hatten gehört, daß dort Australier lagen, die kein Pardon machen, einfach die Kehle durchschnitten. Ich habe gedacht: „Wenn du rüber gehst und das Menschen sind, dann kannst du es vielleicht gut haben. Du kommst auf einen Bauernhof, du sprichst Englisch, kannst Verbindungen aufnehmen. Du kannst dein Englisch erweitern und kommst heil nach Hause. Wenn es Hunde sind, keine Menschen, dann bist du tot. Also, was machst du? Du machst das, was du in deinen Händen hast, du gehst nicht zum Engländer." Ich seh' einen großen Granattrichter mit Wasser unten im Grund. Ich denk: „Runter, runter in den Granattrichter." Ich zieh meinen Stahlhelm ganz übers Gesicht, damit mich im Gesicht keine Splitter treffen. Unten läuft mir das Wasser in die Stiefel rein. Ich lag ganz still. Wie lange, das weiß man in solchen Momenten nicht. Es können Sekunden gewesen sein. Man denkt, es sind Stunden. Auf jeden Fall höre ich mit einem Mal: „Johnny, Johnny, come on, the Germans return, the Germans return." Ich geh in dem Trichter etwas hoch und sehe, wie die beiden aus dem Unterstand bei mir vorbeirennen.

Wie ein Maulwurf robbe ich mich vor und wieder in den Unterstand. Mein Hauptmann war natürlich weg. Wo er vorher war, lagen zwei Männer. Sie waren schwerverwundet und stöhnten. Ich habe ihnen die Uniform aufgemacht und da sah ich schon, daß die Eingeweide bloß lagen. Ich wußte nicht, was ich machen sollte. Ich erinnerte mich an den Tröster meines Hauptmanns. An der Wand hing die Feldflasche. Ich habe die ganze Flasche leer getrunken. Wenn ich das heute täte, wäre ich besoffen. Ich habe nichts gemerkt. Die Eruption des Gemüts, der Gedanken, des Gefühls war dermaßen groß, daß der Alkohol verpufft ist, als wenn sie Wasser auf eine heiße Platte gießen. Es dauerte nicht lange, da erreichten die Deutschen den Graben wieder. Von all den Leuten war ich der einzige, der noch da war.

Hermann Baass, geb. 1897:
Anfang April 1917 waren wir dann ein Vierteljahr lang in der Gegend von Oppy. Die Engländer lagen ungefähr zwei Kilometer vor uns in unseren früheren ersten Linien und wir befanden uns direkt im Städtchen Oppy. Die Kämpfe gingen hin und her, darunter auch Fliegerkämpfe, keine großen Verluste. Aber dann kam der Angriff. Wir sollten die alte Linie zwei Kilometer vor uns wiederholen. Wir lagen in Oppy am Marktplatz. Dort war ein Haus, im Keller war der Sanitätsunterstand. Man guckte in einen Park, auf der anderen Seite des Parkes waren die Engländer. Sie konnten uns in das Haus hineinschießen. Es war sehr gefährlich, sich sehen zu lassen. Als der Angriff losging, stand rechts neben uns das Brandenburgische Infanterie-Regiment 64, links von uns die 76er aus Hamburg. Wir selbst waren die Bremer. Der Angriff ging mit großer Artillerie von beiden Seiten los, so daß wir gar nicht wußten, von welcher Seite die Kugel kam, die einen treffen konnte. Die erste Linie ging direkt durch das Städtchen durch. Nach drei, vier Stunden hatten wir unser Ziel erreicht. Wir waren in der alten Linie, aber die Engländer hatten anscheinend Verstärkung herangeholt und wir wurden wieder bis in den Ort hinein zurückgeworfen. Dann wurden wir abgelöst vom 2. Garde-Regiment. Wir hatten enorme Verluste gehabt. Von den Offizieren des ganzen Bataillons waren nur zwei Leutnants zurückgekommen. Als wir nach Oppy gekommen waren, zählte unsere Kompanie vielleicht 100 Mann. Ich spreche von der Verpflegungsstärke, das heißt diejenigen, die nach vorne gingen. Hinten sind ja auch noch welche, die aber andere Dienste leisten. Von diesen 100 Mann sind alles in allem nur 25 Mann nachgeblieben.

Heinrich Dudel, geb. 1893:
Als Zugführer einer Stoßtruppe mußte ich vor allem eine vollkommen zuverlässige Gruppe haben, die ich in den schlimmsten Situationen einsetzen konnte. Ein Angriff scheiterte nämlich immer dann, wenn die Truppe die Stellung nicht verließ, weil sie in der Stellung Schutz gegen Artilleriebeschuß hatte. Da benötigte man einen Stoß-

trupp, sechs Mann und einen richtigen Führer dazu. Ich wußte genau, was ich von jedem einzelnen verlangen konnte. Das war meine wesentliche Führungsaufgabe. Man hatte forsche Bengels, die bis dahin alles mitgemacht hatten. Wenn es hieß: „Es muß eine Patrouille geschickt werden", dann wußte ich ganz genau, wer ist dafür der geeignete Mann. Besonders der Flankenschutz. Wenn man eine offene Flanke hatte, dann sagte man sich: „Um Gottes willen, wenn die Franzosen das merken, kommen sie von der Seite." Mir ist zum Beispiel der Name eines Soldaten im Gedächtnis geblieben, auf den ich mich stets verlassen konnte. Er hieß Heinz Wichmann. Er hatte für mich schon hier in Berlin vieles erledigt und war dann im Felde der Mann, dem ich sagen konnte: „Heini, mach das und das." Da wußte ich, das geht in Ordnung. Aber er ist nachher im März 1918 gefallen.

J. M., geb. 1896:
Wir gehörten als Sturmkompanie zum Königin Elisabeth Garde-Grenadier-Regiment Nr. 3. Eines Tages wurde ich gefragt, ob ich nicht als Bayer lieber bei den Bayern sein wollte. Mir war es egal, Hauptsache ich blieb bei einer Sturmdivision. Das war die beste Truppe. Wir haben hinten in Ruhe gelegen, hatten Autos, die uns nach vorne in die Reservestellung fuhren. Wir trugen keinen Tornister, sondern nur Sturmgepäck, und dann bekamen wir eine Flasche Cognac oder Rum. Von der Reservestellung gingen wir zu Fuß bis in den ersten deutschen Graben. Wir hatten einen Oberleutnant, der war 23 Jahre alt. Er war frech, wir alle waren ja so frech. Das kann man gar nicht beschreiben, wie wir da gehaust haben. Es wurde abgemacht, daß Nummer 1, 3 und 5 über den ersten feindlichen Graben weg in den zweiten läuft, die anderen springen in den ersten Graben hinein, schleudern Handgranaten in den Unterstand und holen die feindlichen Truppen als Gefangene heraus. Das war alles gut organisiert. Der Oberleutnant: „Wollen wir Artillerie haben?" „Nein, keine Artillerie. Es soll unverhofft kommen."

Alles ging auf Kommando. Er stand mit der Uhr am Graben: „Jetzt geht's los!" Da sind wir alle rüber. Wir sind einmal mit 230 Mann in den Einsatz gegangen und mit 23 Mann wieder herausgekommen. Man hatte nur ein Ziel, man muß hin. Was unterwegs liegenblieb, da kam man gar nicht so dahinter. Dafür sind die Sanis da, das ist wieder eine Spezialtruppe. Sie müssen sich vorstellen, es geht ums eigene Leben, da springt man über jeden hinweg, nur um in den Graben hineinzukommen. Das waren ja Überraschungsangriffe. War einer in der Sappe drin, wurde er kaltgemacht. Der Angriff ohne Artillerievorbereitung und mit dem Überraschungselement verlief hundertprozentig. Wir haben jedesmal unser Ziel erreicht. So eine Stellung ist schnell überrannt. Dies ist kein Problem. Dann wurden wir abgelöst, sind in den Laufgräben in unsere Reservestellung gegangen, in unsere Autos und nach Hause gefahren. Wir hatten unsere Pflicht getan. Die Infanterie mußte die Stellung besetzten und die haben dann das Feuer gekriegt und mußten die Stellung halten.

Gerd Rehder, geb. 1897:
Die Engländer unternahmen sogenannte Gewaltpatrouillen. Es wurde erst ein Feuerüberfall gemacht, dann drangen sie bei uns im Graben ein. Anschließend wurde dies von unserer Seite wiederholt. Aber nicht meine Einheit, es gab extra Sturmtrupps dafür. Die spanischen Reiter mit dem Draht lagen bei uns normalerweise oben auf dem Grabenrand. Wenn nun ein Feuerüberfall der Engländer stattfand, mußten wir die spanischen Reiter mit Hilfe der dafür vorgesehenen Bänder in den Graben runterziehen und oben hinter dem Graben auf Deckung gehen. Wenn der Engländer dann in den Graben eindrang, sollten wir ihn von oben mit Handgranaten bearbeiten.

Der Engländer griff nun an. Sie kamen über das freie Gelände, hatten auf ihrer Seite den Draht weggeräumt. Ich ging auf Deckung. Ich hatte einen Kameraden bei mir, Bruszinski hieß er, war ein polnischer Jude. Ich habe ihn gepackt: „Komm her, bleib oben." Er sprang aber wieder in den Graben runter. Ich sagte: „Mensch, komm her, der Tommy kommt gleich." Er ist aber unten geblieben. Ich habe oben gelegen mit meinen Handgranaten. Ich konnte aber keine Handgranaten werfen, weil ich Angst hatte, daß ich meinen Kameraden töten würde. Wie der Angriff vorbei war, bin ich in den Graben gesprungen. Da stand ein nagelneues englisches Seitengewehr und mein Kamerad lag auf der Erde und war tot. Ich habe ihn abgetastet, konnte aber keine Wunde an ihm finden. Ich nehme an, sie haben ihm auf den Schädel geschlagen. Der Engländer hatte sein Gewehr in der Eile stehengelassen.

Hans Seidelmann, geb. 1898:
Die Angriffe im Schützengraben spielten sich meistens so ab, daß von feindlicher Seite aus ein kleines Trommelfeuer einsetzte. Es wurde auf einmal dieser Abschnitt sehr stark beschossen. Dies war für uns im Graben ein Alarmzeichen, uns tiefer im Graben zu verkriechen und das Seitengewehr aufzupflanzen. Geladen hatten wir immer. Und dann hörte man schon das „klick, klick, klick". Der Feind mußte den Drahtverhau wegräumen und erst einmal Gassen schneiden, was gar nicht so leicht war, da die Drahtverhaue im Laufe der Zeit sehr dicht geworden waren. Beim Angriff hörte das Artille-

riefeuer auf. Die Franzosen waren von uns 15 bis 50 Meter entfernt. Plötzlich sah man in der Dunkelheit die Silhouetten der Angreifer am Grabenrand. Die Franzosen hatten im Gegensatz zu uns ganz lange Seitengewehre, die sie aufpflanzten. Scheußliche Dinger. Man mußte sehen, daß man im Graben zur Seite auswich. Dann ging alles sehr flott. Meistens sprangen sie in den Graben hinein, die Soldaten im Graben haben sich nicht mehr verteidigt und dann wurde das Stück aufgegeben. Der Franzosen besetzte das Grabenstück und wen er noch erwischte, nahm er in Gefangenschaft. Herausgeguckt haben wir in dieser Situation nicht, aber man wird die Gefangenen wahrscheinlich mit den Ablösungen in der Frühe oder abends mit rausgenommen haben. Nun waren sie eben Gefangene.

Wir haben es viel erlebt, daß im gleichen Graben auf der anderen Seite der Franzose war. An den Übergängen im Graben waren Posten aufgestellt. Begegnete man sich im Graben, wurde nicht unbedingt immer geschossen. Einer war doch immer da, der freiwillig Platz machte. Das war so eine Routinegeschichte. Es gab im Endeffekt zwei Gründe, weshalb man Grabenteile wegnahm und besetzte. Der eine war, im Frontalangriff den Graben in Besitz zu nehmen. Die kurzen Aushebungen erfolgten dagegen meistens an der Stelle, wo ein Posten stand. Da konnte es passieren, daß bloß der Posten weggeholt wurde. Sie wollten wissen, welche Formation liegt hier. Es gab Formationen – das wußten wir –, vor denen hatten sie Angst, zum Beispiel vor der Garde. Wir freuten uns immer, wenn wir von der Garde abgelöst wurden. Die Grabenabschnitte, die durch solche kleinen Einbrüche am Morgen oder Abend verloren gegangen waren, wurden meist am selben Tag oder am nächsten Tag wieder auf die gleiche Weise zurückerobert. Das ging fast automatisch ab. In dem Nebenabschnitt wurden einige Leute gesammelt. Dabei hat es dann häufig Verluste gegeben.

E. E., geb. 1896:
Wenn wir im Argonner Wald auf Wache standen, war es mucksmäuschenstill. Immer wieder mal fiel aber ein Schuß. Dann war wohl einer auf Patrouille gewesen – teilweise war der Feind nur 25 Meter entfernt – und manchmal war einer von ihnen auch angeschossen worden. Den hat man die ganze Nacht wimmern gehört, bis er gestorben ist. Gesehen hat man ihn ja nicht, helfen konnte man ihm auch nicht.

Kurt Hauswurz

Soldaten

Krieg ist gleichbedeutend mit Töten und Sterben. Dies ist eine Binsenweisheit. Im Ersten Weltkrieg brechen hier aber alle Dämme. Tod, wohin auch immer man schaut. Die schier endlosen Verlustlisten und die große Zahl von Friedhöfen hinter der Front belegen dies. Dabei ist das Sterben an der Front kein entrückter Vorgang. Gestorben wird vor den Augen des Soldaten. Er sieht den Kameraden in seinem Todeskampf, er erblickt den Leichnam auf dem Schlachtfeld. Am Schlimmsten, wenn es sich um einen guten Freund oder gar um einen Verwandten handelt. Wer selbst schwer verwundet wird, ist mit einem Mal dem Geschehen entzogen. Wer hingegen den Feuerüberfall körperlich schadlos übersteht, muß sich mit dem, was er erlebt, in irgendeiner Weise auseinandersetzen. In diesem Akt des Verarbeitens sind die Soldaten die Hauptfiguren, weshalb ich dieses Kapitel auch nach ihnen benannt habe.

Auf das Sterben an der Front angesprochen, hat jeder meiner Interviewpartner seine Geschichte parat. Beschreibungen des Sterbens von Kameraden, denen man an der Front näher gekommen war, Freunden aus der Heimat und Verwandten, aber auch besonders furchtbare Szenen des Todes sind erwartungsgemäß die bewegendsten Momente in den Interviews. Wie oft habe ich meine Gesprächspartner weinen sehen. Wer einmal an einem vergleichbaren Gespräch teilgenommen hat, weiß, wie präzise die Erinnerungen gerade hier arbeiten und jedes auch noch so schreckliche Detail freilegen. Es ist, als wäre der Freund erst gestern getötet worden. 75 oder 80 Jahre haben der Erinnerung nichts anhaben können. Was den Schmerz heute ein wenig mildert, ist der Umstand, daß meine Gegenüber häufig selbst nicht mehr so sehr am Leben hängen. Es ist gleichsam eine Reminiszenz an die damalige Verzweiflung. Lediglich in einem Interview in Celle erlebe ich einen alten Herren, der beim Gedanken an den Tod seines Bruders in Rußland vollständig die Fassung verliert. Ich bin befangen und mache mir Sorgen um ihn. Den anderen Interviewpartnern haben ihre Berichte über das Sterben und ihre eigenen Tränen meines Erachtens gut getan.

Die Gefühle, die der Tod der Kameraden ausgelöst haben, sind sehr unterschiedlich. Bedauern und Mitleid gehen über in nackte Angst um das eigene Leben. Die Gefühle können so stark werden, daß der Soldat vor Angst wie gelähmt ist. Die Mehrzahl der Kriegsteilnehmer räumt ein, einmal von dieser Erfahrung überrascht worden zu sein. Ähnlich aufwühlend, das beweisen ihre Schilderungen, kann es aber auch sein, einen Kameraden zu beobachten, der die Nerven verloren hat. Derartige Eindrücke treffen den Soldaten unvorbereitet. Die Kasernen haben militärische Grundkenntnisse vermittelt, keine Lebenshilfe für den Einsatz an der Front. Seinem Alter gemäß ist der Soldat zudem bislang ganz und gar dem Leben zugewandt gewesen. Gedanken an den Tod liegen fern und nur derjenige hat es jetzt etwas leichter, der in seinem Leben vor dem Krieg schon Erfahrungen mit dem Tod hat sammeln müssen.

Nicht alle Menschen reagieren gleich. Ich begegne alten Herren, die anscheinend unbewegt vom Sterben im Ersten Weltkrieg berichten. Ganz abnehmen kann ich ihnen dies nicht. Mancher mag hier seine wahre Erschütterung verbergen wollen oder es ist ihm trotz seines hohen Alters wichtig zu beweisen, was für ein großer Krieger er gewesen ist. Die Erklärung für ihre mangelnde Empfindsamkeit geben sie selbst: man stumpft im Krieg ab. Die Soldaten ringen um ihr Überleben und dazu gehört es auch, sich diese Schreckensbilder vom Hals zu halten. Sie kriegen ausreichend Gelegenheit, sich an diese Bilder zu gewöhnen und die menschliche Seele nutzt die Gelegenheit, durch die Tür des Verdrängens dem seelischen Übel zu entrinnen.

Bald schon geht es vielen so, daß sie mit Toten umgehen wie mit Gebrauchsgegenständen. Selbst in die Situation gekommen zu töten, erledigen sie dies kalt. Bei einzelnen schlägt der Pendel sogar noch weiter aus. Sie ergehen sich in zügellosen Gewalttätigkeiten. Beweise für Gefühlskälte oder eher das Gegenteil? Erfreuerlicherweise gibt es daneben Menschen, die die Souveränität gewinnen, sich die eigene Verunsicherung einzugestehen, und die Fragen aufwerfen. Tastende Fragen nach dem Sinn des Krieges.

Zeugnisse

Prof. Dr. Wilhelm Wortmann, geb. 1897:
Wir haben das Notabitur mit 25 Mann gemacht und davon sind vier zurückgekommen. Die meisten sind 1916 an der Somme gefallen.

C. T., geb. 1898:
Eine Familie hier zu Hause in Francop hatte vier Söhne, kein Mädchen. Die sind alle vier gefallen. Das waren so schöne Jungens. Ich kannte sie alle. Früher war das ganz anders, da hatten wir viel mehr Verbindung mit den Kindern in der Nachbarschaft.

Dr. Richard Wege, geb. 1898:
Bei uns im Dorf lebten 370 Einwohner. Da sind doch mindestens 20 gefallen. Arbeiter, Bauern, Bahnbeamte. Die Namen der Gefallenen stehen auf dem Friedhof auf einer großen Tafel.

Theodor Hein, geb. 1893:
Zu Beerdigungen hinter der Front mußte ich immer mit. Das war immer der letzte Teil vom Lied. Ein Offizier, ich als Unteroffizier, vier bis sechs Mann und ein Feldgeistlicher am Grab. Dann schossen sie als letzte Ehre über dem Grab ihre Salve ab. Die Soldaten wurden abkommandiert: „Du und du, kommt mit mir zur Beerdigung." Nach 15 Minuten war alles erledigt.

Dr. Curt Werner, geb. 1896:
Wenn wir keinen Sarg hatten und auch keinen Sarg zusammenzimmern konnten, wurde der Tote in eine Zeltbahn gewickelt und ins Grab gelegt, mit Erde zugedeckt und dann wurde ein Kreuz daraufgesetzt, auf das der Name geschrieben wurde, oder es wurde die Erkennungsmarke am Grabkreuz befestigt.

Erich Gieskes, geb. 1896:
An einer Wegkreuzung wurde unsere Kompanie getrennt. Ich hatte vorher meinen Vordermann darauf aufmerksam gemacht, daß er die Verschlußkapsel der Handgranate, die er im Gürtel trug, verloren hatte. Weil wir getrennt worden waren, kamen wir eine Viertelstunde später im Felsenkeller von Miraumont an. Wir hörten, daß wir, obwohl wir noch keine Feindberührung gehabt hatten, schon einen Toten und noch ungefähr zehn Verletzte hatten. Der Tote war er. Er war in ein Bettgestell mit Maschendraht hineingekrochen und hatte nicht abgeschnallt. Da ist die Handgranate hängen geblieben und explodiert. Er war schon zugedeckt. Die Verwundeten wurden gleich wieder abtransportiert.

Johannes Götzmann, geb. 1896:
Auf dem Rückzug wurden wir von der Truppe getrennt. Alles lag dauernd unter Feuer der schweren Artillerie. Wir suchten Schutz in einer Art Garage, die schräg in die Erde verlief. Wir saßen unten, als die Garage getroffen wurde. Es gab ziemlich viele Verwundete. Einer hatte keine Beine mehr. Beide Beine waren ab. Er ist dort verblutet. Neben mir saß ein Kamerad, der war an dem Tag gerade 20 Jahre alt geworden. Er hatte etwas gegen den Kopf bekommen, wahrscheinlich einen Splitter, und war blind. Er jammerte: „Ich kann nicht gucken, ich kann nicht gucken." Er hat geweint, der Kerl. Ich mußte ihn trösten. Das war traurig.

C. T., geb. 1898:
Wir haben tote Tommys liegen gesehen. Es war Sommer. Die Hosen waren ganz stramm. Die Leichen konnten nicht gleich weggeholt

werden. Der Körper geht im Sommer doch auf. Die hatten ja noch gut was zu fressen. Was hatten wir noch? Steckrüben.

Hermann Kottmeier, geb. 1897:
Den Tag, bevor wir zum ersten Mal in den Schützengraben marschierten, hatte ich in der Reserve einen Freund getroffen, Hermann Blessmann hieß er und stammte aus Essen. Er war sehr stolz. Er war auch Leutnant geworden und hatte sich einen Radmantel gekauft. Offiziere konnten so einen Radmantel, einen grauen Mantel mit einem blauen Kragen und, wenn er hochgeschlagen wurde, mit rotem Futter tragen. Er ging in dem Dorf hinter der Front auf und ab, hatte seinen Kragen hochgeschlagen und sagte recht stolz zu mir: „Sehe ich nicht aus wie ein General?“ Dann kam er in den Schützengraben, der durch heftiges Artilleriefeuer in den Tagen zuvor eingeschossen war. An einer Stelle war der Graben noch nicht wieder aufgegraben. Dort stand ein Posten, der jeden warnte: „Hier mußt du vorsichtig hinübergehen, denn drüben steht ein Scharfschütze, der knallt sofort hierher.“ Da soll er, so habe ich gehört, seinen roten Kragen hochgeschlagen und gesagt haben: „Ein preußischer Leutnant fürchtet sich nicht.“ Er ging aufrecht über die eingeschossene Stelle. Plötzlich machte es „peng“, und er brach zusammen. Er hatte einen Genickschuß und war tot.

Hermann Siebe, geb. 1898:
Und dann kam das, was ich nie vergesse. Die fingen wieder an zu schießen, ein paar ganz dicht bei uns in der Nähe. Ich sag: „Mensch, wir verkrümeln uns in den Bunker.“ Wir sind eben drin, ein Kollege ist noch draußen, da kriegen wir einen Volltreffer. Alles voller Erde. Uns ist nichts passiert, wir waren ja im Bunker, aber der eine Kamerad jammert: „Oooooh, oooooh, Mama, Mama, ich bin verwundet.“ Das höre ich noch und sehe, wie ein Bein aus der Erde herausguckt. Und denn: „Vielleich können wir ihn reinziehen.“ Wir haben ihn ein bißchen freigegraben und dann zieh ich am Bein und ziehe nur das Bein rein. Das vergesse ich nie im Leben. Er hatte wohl einen Treffer in den Unterkörper bekommen und das Bein war ihm abgerissen worden. Ich habe das Bein sofort losgelassen. Wir waren alle fertig, als wenn wir kurz vor dem Herzschlag standen, so ungefähr. Wenn man dann so – denke ich mir – im Sterben liegt, gehen die Gedanken nach Hause, zum Vater, zur Mutter oder zur Frau. Es dauerte nur ein paar Minuten, bis das Wimmern aufhörte. Wenn es zu Ende geht, ist es ganz, ganz friedlich. Die Sanitäter kamen nachher mit der Bahre, gruben den restlichen Körper aus und brachten ihn weg.

Karl Bainier, geb. 1898:
Es ist furchtbar, wenn Granatsplitter mit dieser Gewalt in Weichteile hineingehen. Unsere zwei Befehlsläufer haben nachts auch einen Volltreffer gekriegt. Die ganze Brust, der andere der ganze Leib weg. Der mit dem Leib war sofort tot. Der andere hat noch geschrien. Mein Feldwebel hat gesagt: „Ich hol die Sanitäter." Da war es schon zu spät. Auf einmal haben wir nichts mehr gehört. Er hatte aufgehört, um Hilfe zu rufen. Es war zu spät. Wir holten die beiden ganz früh morgens mit der Zeltbahn weg und bauten für sie ein Grab. Von einem Wagen nahmen wir Holz für das Kreuz und das schwarze Wagenteer, mit dem ich dann die Namen von beiden auf das Kreuz geschrieben habe. Für diesen Tag hatten wir unsere Schuldigkeit getan. Von dem einen habe ich noch die Schuhe ausgezogen. Die paßten mir. So etwas sollte man ja an sich nicht machen.

Emil Buck, geb. 1898:
Einige Kameraden sollten etwas erkunden. Sie waren mit fünf Mann. Morgens habe ich sie liegen gesehen. Alle fünf tot. Sie lagen aufgeschichtet bei uns bei der Kompanie. Die Schädeldecke des einen war glatt weg, aber da bewegte sich noch der Fuß. Können sie sich das vorstellen?

Wilhelm Eddelbüttel, geb. 1894:
Furchtbar war es, wenn man vorwärts ging und diejenigen von uns, die vor uns angegriffen hatten, verwundet in den Gräben lagen. Da sah man einen Stumpf, aber man konnte dem ja nicht helfen, man konnte überhaupt nichts tun. Man mußte ja vor und zurückschießen.

Julius Kreckler, geb. 1896:
Wir saßen in der Putz- und Flickstunde beieinander. Ganz oben war ein feindlicher Flieger, den wir aber gar nicht beachtet haben. Beobachtungsflieger waren damals viele in der Luft. Unsere schossen natürlich mit Schrapnells nach dem Flieger. Mit einem Mal sackte einer von uns um und war tot. Er hatte eine Schrapnellkugel abgekriegt. Wir waren nun wirklich den Tod ein klein bißchen gewöhnt, denn Leichen gab es ja genug. Aber daß einer so mitten aus dem Leben gerissen worden ist. Da merkte man so richtig, daß man doch nur ein Häufchen Unglück war. Man hat zerfetzte Menschen gesehen, deren Bild man nie wieder vergißt. Ich erinnere noch, zwei lagen so nebeneinandergedrückt und von einer Zeltbahn verdeckt. Es waren aber nur noch die Unterkörper.

S. N., geb. 1898:
Mit einem Kameraden mußte ich Telefonleitungen flicken. Zu dem sagte ich immer wieder: „Wenn geschossen wird und du hörst die Granaten ganz kurz, dann rein in den Graben und Deckung nehmen!" Er sagte: „Das macht schon nichts." Ich habe immer wieder versucht, ihn in die Gräben zu drücken. Mit einem Mal war er jedoch ein Stück weg und bekam einen Bauchschuß, seine ganzen Gedärme hingen raus. Er hat sie sich hochgehoben und noch zu mir gesagt: „Hätte ich mal gehört, hätte ich mal gehört." Das hat er noch geschafft, dann ist er zusammengebrochen. Das war einer der erschütterndsten Eindrücke vom Tode eines Kameraden. „Hätte ich mal gehört."

E. P., geb. 1897:
Ich war vorne auf dem Beobachtungsposten zusammen mit einem Leutnant, der mit mir auf der Artillerieschießschule in Rembertow bei Warschau gewesen ist. Er war jetzt, wie wir im Westen waren, zum Leutnant befördert worden und ich war Wachtmeister. Wir sitzen also oben auf dem Beobachtungsposten. Er hatte den Urlaubszettel schon in der Tasche und wollte drei Tage später auf Urlaub fahren. Der Feind schießt. Ich sag: „Verflucht noch mal, haben wir denn hier keinen Unterstand?" Tief unten im Graben waren welche. Es waren zwei Unterstände nebeneinander, getrennt von so einer Lehmmauer. Jeder vielleicht nur anderthalb Quadratmeter, von oben natürlich nur ganz leicht abgedeckt. Wir stehen da und unterhalten uns. Der Feind schießt und ich denke: „Was ist los?" Ich fliege zurück von dem Druck der Granate. Mir ist nichts passiert, denn die Splitter gingen in den Unterstand links von mir rein. Der Leutnant steht im Eingang seines Unterstandes und kriegt die ganze Ladung ab, fällt zurück. Wie ich mich nun hochrackere, sehe ich, was los ist. Ich habe es noch genau in Erinnerung. Der Kopf war wie eine Höhle. Ein großer Granatsplitter hatte ihm die ganze Schädeldecke und das Gehirn weggeschossen. Es sah so aus, als wenn man das Gehirn rausgenommen hätte. Es zitterte alles, das Blut wabberte. Es war alles kaputtgeschossen von Splittern, Splittern, Splittern. Ich vergesse nie das Bild dieses armen Teufels. Wir waren so gut miteinander befreundet. Mich haben sie weggebracht. Ich weiß gar nicht, wo sie ihn beerdigt haben. Ich habe nachher immer darüber nachgedacht, bin aber nicht dahintergekommen. Ellersieck, so ähnlich hieß er.

Gerd Rehder, geb. 1897:
In Flandern hatten wir dann einen Schwerverwundeten. Er wurde auf Deckung gelegt, und ich mußte nachts oben bei ihm Posten ste-

hen. Er lag vor mir und atmete immer noch. Ich glaube, er hieß Pingel. Ich muß sagen, das ist mir an die Nieren gegangen. Der Mann wollte gar nicht sterben. Ich habe gedacht, wenn er bloß sterben wollte. Wenn er Atem holte, floß das Blut aus der Nase. Er muß innerlich total kaputt gewesen sein. Ich habe gedacht: „Wie ist das jämmerlich in so einem Krieg, daß man nicht helfen kann." Wissen Sie, ich bin ja letzten Endes damals noch ein junger Schlips gewesen. In der Nacht muß er dann gestorben sein. Morgens war er tot.

Fritz Wegel, geb. 1898:
Von meinem Transport, der 1917 zur 9. Kompanie gestoßen war, war inzwischen keiner mehr übrig, teils verwundet, teils gefallen. Bei meiner Rückkehr nach Hause 1918 sollte ich der einzige sein. Ostern 1918 haben wir zusammen mit der 12. Kompanie einen Angriff gemacht. Als wir in der Nacht abgelöst wurden, fehlten von beiden Kompanien über 80 Mann. Es gab auch viele Verwundete der Franzosen, denen es ja genauso ging wie uns. Die Schreie der Verwundeten haben einen mächtig mitgenommen. Nach der Ablösung kamen wir in ein Lager an einem Abhang. Dort gab es eine Feldküche, da sollte jedermann ein Kochgeschirr voll Hühnerfleisch bekommen. Keiner hat was angerührt. Wir haben uns bloß hingelegt und waren weg. An so etwas haben wir längere Zeit schwer gekaut. Natürlich sagte man: „Du hast Glück gehabt" und war froh, daß man nicht unter den Toten war. Aber man rechnete damit: „Wann bist du dran?" Am nächsten Tag nach solchen Gefechten lag jeder für sich allein in Ruhe und kümmerte sich um nichts. Wenn man abgelenkt wurde, konnte man zwei oder drei Tage später wieder etwas belastet werden. Man hat es nach schweren Kämpfen oft so gemacht, daß in Ruhe als erstes ein Gottesdienst stattfand. Der hat eigentlich allen etwas gegeben. Es war kein Befehl, daß Gottesdienst sein mußte, sondern man ging einfach hin.

H. S., geb. 1898:
Wir gelangten zu den Schützengräben. Es war wohl schummerig, so ganz klar war es nicht mehr. Da lag ein Soldat, jedenfalls hatte er einen Stahlhelm auf. Er war tot. Und ich sag zu meinem Kameraden vorne: „Seit wann haben wir denn Chinesen bei uns?" Da sagte er: „Das ist doch kein Chinese. Der hat wahrscheinlich einen Splitter auf den Stahlhelm gekriegt und dadurch ist sein ganzes Gesicht verschoben." Er hat mich gleich angeschnauzt, ob ich das nicht sehe. Das ist tief ernst gewesen. Wie mag das innerlich auf einen wirken, wenn man so etwas sieht? Der ganze Krieg, diese Konzentration der Gemeinheit. Wo setzt sich das im Körper fest? Man denkt nur: „Mein Gott, was ist bloß mit den Menschen los?"

Vor Arras, mein Kamerad stand oben vor dem Unterstand Posten. Ich mußte aufziehen und, wie ich die Stufen 'raufgehe, aber noch ganz unten bin, kommt er die Treppe heruntergestürzt, fällt auf den Bauch und hat ein großes Loch im Rücken. Da bin ich ohnmächtig geworden. Der Schreck, wie ich das Loch seh, das Blut, in dem schwachen Licht der Hindenburglichter. Ich habe gedacht, wenn ich eine Minute früher hinaufgegangen wäre, wäre ich dran gewesen. Ein anderer Kollege, ein Freund, wollte von mir das Ehrenwort haben, daß ich ihn totschieße, wenn er nicht mehr sehen könne oder wenn sein Bein ab wäre oder mehr. Ich habe gesagt: „Alles mach' ich auf der Welt, bloß das nicht."

Dr. Johannes Willers, geb. 1898:
In der vordersten Grabenlinie, die wir vom Franzosen erobert hatten und die jetzt unsere vorderste war, war ein Toter. Deutscher oder Franzose, kann ich nicht mehr sagen. Seine Beine guckten aus dem Graben heraus, durch die ständigen Einschläge aufgewühlt. Man hat versucht wegzugucken, um diesen Anblick nicht immer vor seinen Augen zu haben. Aber irgendwie fühlte man sich dadurch doch angesprochen, im unangenehmen Sinne, daß man sagte: „Mein Gott, so könnte es dir ja auch mal gehen."

Hans Ratschky, geb. 1898:
Schön war das nicht, wenn derjenige, mit dem man so ein bißchen befreundet war, fiel. Einer hieß Jansen. Ich habe nicht gesehen, wie es geschehen ist, aber doch davon gehört. Wir hatten abgemacht, wenn einer fällt, den Eltern zu schreiben. Ich habe dann seinem Vater geschrieben, der Meister bei Blohm & Voss war. Er wollte die Umstände des Todes seines Sohnes wissen, ich sollte den Brief aber nach Blohm & Voss senden, damit seine Frau nicht davon erfuhr. Ich konnte ihm aber gar nichts sagen und habe mich daher nicht wieder gemeldet.

H. Br., geb. 1898:
Wir kriegten einen Feuerüberfall. Die Granaten, die platzten knapp über der Erde oder eben auf der Erde und mähten das Gras so weg. Ich guck' mich um, da steht Briese aus Fürstenwalde, mein bester Freund, an der Wand des Schützengrabens ohne Kopf. Er hatte gerade mal über den Schützengrabenrand geguckt. Den Kopf ab. Das war nicht schön, das war nicht schön. So einen Kameraden, mit dem man jeden Tag zusammen gewesen ist, das ist mehr als alles andere. Glauben sie mir, in dem Moment ist das schlimmer, als wenn man Vater und Mutter verliert. Davon kann sich niemand einen Begriff machen, der das nicht durchgemacht hat.

Theodor Hein, geb. 1893:
Ich war mit meinem Bruder zusammen im Feld. Er war Unteroffizier bei der 5. Kompanie, ich in der 1. Kompanie. Bei Lodz kam es zu einer schweren Schlacht. Die Kompanie mit meinem Bruder lag vor uns. Sie stürmten. Wenn die Sache nicht klappen würde, sollten wir nachstoßen. Am Abend kam jemand zu mir zurückgelaufen und sagte: „Dein Bruder Hermann ist gefallen. Er liegt dort vorne." Ich bin nahe herangegangen und habe geschaut. Ich habe ihn ganz genau liegen gesehen. 50 Meter war ich weg. Ich wollte ganz zu ihm hingehen, aber mein Cousin hat mich am Bein festgehalten: „Mach keine Dummheiten! Hermann liegt schon dahinten und ist tot und du liegst nachher auch da. Du kommst nicht zurück." Kurze Zeit später wurden wir abgelöst und kamen in einen anderen Abschnitt. Ich habe ihn liegen gesehen.

A. H., geb. 1899:
Ich kam an einem Grab vorbei. Da war es ein Schulkamerad von mir, der gefallen war. Man sieht es, es tut weh, und dann geht man halt als Soldat weiter. Wenn man aber an einem neuen Grab vorbeikommt, denkt man wieder daran. Es war mein schlimmstes Erlebnis im Krieg.

Hermann Baass, geb. 1897:
Es gab welche, die aus irgendeinem Grund, körperlich und vor allen Dingen seelisch, beim Angriff nicht mit konnten. Das ist nicht immer Feigheit gewesen, das kann man nicht sagen. Ich habe das selbst erlebt, als ich von der Beerdigung meines Bruders im Juli 1917 von Brüssel aus an die Front zurückkam. Daß ich nach Brüssel fahren konnte, dafür hat mein Vater in einem Telefonat mit dem General gesorgt. Da mein Vater große Beziehungen hatte als Major, ist so manches möglich gewesen, was sonst unmöglich war. Am Tage war die Beerdigung meines Bruders, abends wurde ich von meinen Eltern an den Zug gebracht. Unsere Stimmung war dabei nicht sehr schön, denn der Kanonendonner war gewaltig den Abend. Es waren Großkampftage mit Vernichtungsfeuer an der Somme. Vernichtungsfeuer bedeutet, alle Rohre schießen. Als ich ankam, mußte ich sofort nach vorne marschieren. Unsere Truppe sollte zur Verstärkung vorgeschoben werden. Die vorne waren erledigt. Mit einem Mal wurde das Feuer noch verstärkt und ich muß ehrlich sagen, ich bekam Durchfall vor Angst. Und dabei war ich doch schon lange an der Front, aber es war einfach so und keiner hat sich gewundert oder etwas gesagt.

Johannes Götzmann, geb. 1896:
Ich bin einmal aus unserer Stellung gekommen, habe gegessen und mich aufs Bett gelegt. Ich lag oben in dem mehrstöckigen

Bett. Es war ein ganz normaler Tag im Pionierlager hinter der Front. Einer hat noch Geige gespielt und wir waren alle fröhlich und lustig. Ich legte mich auf den Rücken und wollte schlafen. Mit einem Mal bekam ich ein ganz komisches Gefühl. Es fing in den Händen an, ging durch den Arm und verlief dann durch den ganzen Körper. Ich konnte mich nicht mehr bewegen, lag nur stocksteif da und versuchte immer wieder, mich zu bewegen. Nur meine Gedanken, die waren da: „Mensch, was ist denn das? Mußt du hier bei lebendigem Leibe krepieren?“ Ich wollte immer rufen, sie sollten mich mal anstoßen. Nach einer ganzen Weile rührte sich mit einmal ein kleiner Finger, dann kam der zweite und so ging es weiter. Dann ging es mit der ganzen Hand, mit dem Arm und zum Schluß war alles wieder raus. Ich konnte wieder aufstehen. Ich habe es hinterher einem Arzt erzählt. Der hat gesagt: „Das war vielleicht eine Blutstockung.“

Erich Wolter, geb. 1898:
Auf einem Montagmorgen sind wir wieder in Stellung gegangen. Wie ich bei der Batterie angekommen bin, will ich zum zweiten Geschütz gehen, da sagt der Geschützführer: „Du bist heute am ersten Geschütz eingeteilt.“ Ich habe meine Sachen genommen und bin dorthin gegangen. Die Geschütze standen etwa zehn Meter auseinander. Jedes Geschütz hatte seinen Unterstand, schon alt und fertig ausgebaut. Diese Unterstände waren für ein Geschoß zu wenig, für einen Splitter zu viel. Wir waren beim Essen, in diesem Moment rumst es. Wir sind alle in unseren Stollen gelaufen. Ich bin unten, da wird oben nach dem Sanitäter verlangt und wie wir ihn holen wollen – er ist immer im Unterstand vom zweiten Geschütz gewesen – sind die alle verschüttet. Wie ich das gesehen habe, war es mit mir aus. Ich habe keinen Spaten mehr anfassen können, so fertig war ich. Eine halbe Stunde vorher wäre ich doch mit drinnen gewesen. Dann haben sie die ausgebuddelt. Drei sind rausgekommen. Der Sanitäter und die anderen waren erledigt.

Georg Barre, geb.1898:
Ich war auf Patrouille und mußte in Erfahrung bringen, welche feindliche Truppe in der Gegend lag. Ich war noch mit einem Kameraden zusammen, der war noch ängstlicher als ich. Es wurde ja viel geschossen, auch Granaten. Der Kamerad blieb zurück, er konnte einfach nicht mehr. Das Angstgefühl hatte ihn vollständig gelähmt. Ich bin allein weiter. Das war natürlich auch nicht leicht. Als ich mich in einem Granattrichter schützen wollte, drückte ich mich an die Wand und auf einmal hörte ich einen Ton, ein „psst“. Und als es dann ein bißchen heller wurde, bemerkte ich, daß ich mich direkt

an einen Toten angelehnt und ihm die Brust ein bißchen eingedrückt hatte. Das hat Entsetzen in mir ausgelöst und ist seit damals in meiner Erinnerung geblieben.

J. E., geb. 1895:
Es war Juli 1915 vor Warschau. Ich stürmte mit meinem Sturmgewehr vorwärts und mit einem Mal starrten mich in dem Stoppelacker aus einem Loch zwei Gestalten mit Totenkopf an. Sie hatten ihre Mäntel an. Wahrscheinlich saßen sie da seit vorigem August und waren mittlerweile mumifiziert. Mein Gott, habe ich da einen Schrecken gekriegt. Schlimmer als wer weiß was war diese Konfrontation mit dem Tod.

Ernst Krummrey, geb. 1896:
Ich hatte eben einige Kameraden an der Somme begraben. Ich weiß noch, es war ein heißer Tag. Ich hatte von zu Hause Eier bekommen und hatte mich darauf gefreut. Es waren wohl sechs oder acht in der Schachtel. Ich habe ein halbes Ei gegessen, dann war es aus. Ich hatte vorher mit den Leichen zu tun gehabt und das saß nun in der Lunge und im Gehirn so fest, daß mir übel wurde. Ich konnte die Eier nicht essen.

Günther Becker, geb. 1896:
Wir haben uns bei diesem zweiten Einsatz vor Verdun, bei dem wir wirklich bis nach ganz vorne bei Fleury gekommen sind und bei dem wir dem Feind ins Auge blicken mußten, den Tod gewünscht. Einer war tot, der andere verletzt und wer Glück hatte, wurde von Sanitätern im Douaumont abgeliefert. Wir waren fertig. Als junge Menschen von 18 bis 20 Jahren wollten wir nicht als Krüppel – ohne Beine und Arme – wieder nach Hause kommen. Hoffentlich erwischt es uns, daß wir einen Volltreffer kriegen und wir aus diesem Schlamassel herauskommen. Wer einmal direkt an der Front gewesen ist, der war geliefert.

M. D., geb.1899:
Ich habe nur gedacht: „Entweder gleich tot, aber nie als Krüppel da raus." Wenn die Arme oder die Beine abgerissen waren, das war schrecklich. Lieber tot, alles ist aus, dann spürt man ja nichts mehr.

Johannes Götzmann, geb. 1896:
Wir lagen an der Front auf einer Anhöhe in Bunkern, da waren regelrechte Betten drin. Dort hat ein Soldat dann eines Tages angefangen, verrückt zu spielen. Er nahm sich seine ganzen Papiere, pflanzte sein Seitengewehr auf und spießte jedes einzelne Blatt sei-

nes Soldbuchs, seinen Ausweis und sonstige Unterlagen einzeln auf sein Seitengewehr auf. Wir guckten ihn an: „Was machst du denn hier?“ „Ich habe keine Lust mehr. Ich mach’ nicht mehr mit. Ich will nach Hause.“ Er hat gejammert und wollte seine Mutter wiedersehen. Das war furchtbar. Er ließ sich dabei nicht stören. Ein junger Mensch, so alt wie ich. Sie haben ihn nachher tatsächlich nach Hause geschafft.

Paul Weiher, geb. 1896:
An der Front aber gab es auch welche, die hatten nicht solche Nerven wie wir Dorfjungens. Man merkte doch bei einigen, daß sie ein bißchen zusammengesunken, zusammengekauert da saßen. Ich will nicht sagen, daß sie flatterten, aber die waren doch so ängstlich, daß man es ihnen ansehen konnte. Das war schon ein Unterschied, Dorfjugend und Stadtjugend. Nicht alle, aber einen Großteil der Muttersöhnchen, die konnte man schon daran erkennen, wie sie sich benommen haben.

Gerd Rehder, geb. 1897:
Wie wir das erste Mal in Stellung gegangen sind, waren wir wegen des Trommelfeuers geplättet. Eines Abends – wir lagen in Ruhe – wurde ich abkommandiert, bei einem Bunker mit Gefangenen Posten zu stehen. Und da sagte ein Gefangener: „Posten, ich muß mal austreten.“ Ich habe mein Gewehr von der Schulter genommen, habe aufgeschlossen und ihn herausgelassen. Sagt er zu mir: „Kennst du mich nicht? Ich bin Karl Arnold.“ Er war ein Kamerad von mir, mit dem ich zusammen ausgebildet worden war. Beim ersten Mal im Trommelfeuer hatte er die Schnauze voll gehabt und war mit einem anderen Kameraden desertiert. In der Etappe hatten sie sie geschnappt. Ich hätte ihn gar nicht wiedererkannt, so abgemagert war er. Ich sag’: „Karl, ich muß in zwei Stunden wieder aufziehen, wenn ich huste, meldest du dich.“ Nach zwei Stunden habe ich gehustet, und er hat gerufen: „Posten.“ Da habe ich ihn mitgenommen und ihm meine ganze Verpflegung gegeben. Er hat gefressen, als wenn er acht Tage gehungert hätte. Er hat mir leid getan, der Junge. Ich hatte eine gute Schulbildung, die beiden waren Werftarbeiter aus Kiel. Ich glaube, wenn ich Werftarbeiter gewesen wäre, ich wäre auch getürmt. Die werden sich gesagt haben: „Wofür willst du dein Leben hergeben?“ Es war doch sinnlos, wenn man gesehen hat, wieviel Verluste wir gehabt haben.

Paul Krüger, geb. 1899:
In der ersten Stellung lag neben mir ein alter Kanonier, Mittelstedt, der war vielleicht 35 Jahre alt. Er war Kupferschmied aus Berlin. Der

Zünder einer Granate, der vielleicht so zwei Pfund wiegt, war dicht neben ihm zu Boden gefallen. Er sagte immer wieder: „Du, die wollen mir töten. Ich habe ihnen doch nichts getan, aber die wollen mir töten!" Dann kam der schlimmste Tag, den ich erlebt habe. Es war in einem Pionierpark, in den den ganzen Tag hindurch hineingeschossen wurde. Einzelne Holzhäuser brannten schon. Hinter uns war ein Fluß, der war vielleicht 20 Meter breit und eine Brücke aus Holz, über die wir mußten, wenn wir zurück wollten. Während ich nun als Behelfsrichtkanonier in dem Unterstand unseres Geschütz saß, waren unsere beiden alten Richtkanoniere draußen am Geschütz. Ich bin dann im Feuer zu ihnen hingegangen und habe ihnen angeboten, sie einmal abzulösen. Sie sagten nur: „Nee, wir machen das schon." Unser Ladekanonier wollte nicht raus. Er hat mir später erzählt, daß er an diesem Tag die Hosen voll geschissen hat, solche Angst hatte er davor rauszugehen.

O. N., geb. 1897:
Ich lag im zweiten Graben. Da seh ich plötzlich, Kaiser – er war von Beruf Zimmermann – lief auf der Deckung. Das war verboten. Er sollte im Graben laufen. Ich sagte: „Kaiser, dieser verdammte Hund. Sonst hat er so eine Angst und jetzt will er mal zeigen, daß er mutig ist." Oh, hat der Angst gehabt. Schon als wir als Pioniere schwimmen lernten, hatte er Angst. Nachher mußten wir ihn holen. Er war schwer verwundet und hatte mehrere Granatsplitter abbekommen. Mit sechs Mann mußten wir ihn mit einer Zeltplane tragen, immer am Wasser, denn die Roste waren schmal. Es war nicht einfach, er war so schwer wie ein Klotz. Wir haben ihn zurückgebracht. Er kam ins Lazarett. Wir haben ihn nie mehr wiedergesehen.

Gerd Rehder, geb. 1897:
Einer wurde mal verrückt. Es war ein Unteroffizier, den haben sie auf einem Brett festgebunden. Er wurde dann abtransportiert. Er hat getobt und wäre wohl auch zum Feind übergelaufen. Er hat das nicht mitgemacht.

Hans Ratschky, geb. 1898:
Ich sollte einen deutschen Sergeanten nach vorne zur Kompanie bringen. Er war im Lazarett gewesen, da er ein bißchen überdreht gewesen war. Nun konnte man ja ein Geschoß von drüben, das über einen wegflog, ungefähr taxieren: „Geht der weit über einen hinweg oder haut er dicht rein." Er hingegen saß schon beim kleinsten Geräusch einer Kanone im Loch. So einer machte doch die Truppe vorne ganz verrückt.

Jacob Brand, geb. 1898:
Nach meiner Zeit in der Genesungskompanie wurde ich als Gefreiter zum Landsturm versetzt, der aus Älteren und Verwundeten bestand. Einmal bekam ich den Auftrag, nach Bamberg zu fahren und dort jemanden abzuholen. Ich meldete mich beim 5. Infanterie-Regiment. Im Nebenzimmer saß ein älterer Landser, der an allen Gliedern zitterte. Er war schon seit 1914 Soldat und war später im Grabenkrieg verschüttet worden. Dabei hatte er dieses Zittern bekommen. Er war daraufhin entlassen worden und man hatte ihm gesagt: „Gehen Sie mal nach Hause, das wird schon wieder besser." Doch es wurde nicht besser. Er meldete sich wieder, wurde eingekleidet und sollte, da sie ihn in Bamberg nicht ärztlich behandeln konnten, in Würzburg kuriert werden.

A. S., geb. 1899:
Wir hatten einen jungen Menschen aus Hannover, der wohl gerade das Abitur gemacht hatte. Dem war es an der Front zuviel. Als es bei uns dann noch Pferdefleisch gab, konnte er damit nicht fertig werden. Sein Magen wollte nicht mehr. Er hatte wirklich keine Lust mehr. Was machte der? Beim Sägen hielt er seinen Fuß so, daß der Baum auf den Fuß fiel und ihn ganz erheblich verletzte. Wir haben noch gesagt: „Mensch, was machst du denn für Sachen?" Er kam dann zurück hinter die Front. Wir hatten einige junge Leute dabei, die für den Dienst viel zu schwach waren.

August Urban, geb. 1896:
Wir waren in unseren Löchern. Dann kam der gegnerische Angriff. Es gab Trommelfeuer bis dorthinaus. Wir hatten unsere Löcher mit Zeltbahn und ein bißchen Erde abgedeckt. Das flog alles durch die Luft. Der Kopf wurde immer tiefer in den Sand gesteckt. Mein Kamerad neben mir schrie nach seiner Mutter. Er wollte unbedingt nebenan in den Unterstand, mit dessen Bau gerade erst angefangen worden war. Das sind Sachen, die man manchmal gar nicht beschreiben kann.

Albert Benecke, geb. 1897:
Wir hatten einen, der hieß Neu. Den Vornamen weiß ich nicht mehr, aber er war Kaufmann. Es war am Anfang bei Verdun, da sagte der Unteroffizier zu mir: „Du kannst mit dem Neu auf Sappenposten gehen. Wir zwei standen also etwa acht oder zehn Meter vor unserem Graben in dem kleinen Sappenloch. Der Franzose war dicht bei uns. Neu hat immer gesabbelt und erzählt und dann hat er gerufen: „Franzmann, ich will ein Heimatschüßchen. Franzmann, ich will ein Heimatschüßchen." Ich sag: „Du verrückter Hund, hör auf." Ich

habe mir das noch einen Augenblick angehört, dann bin ich zurückgelaufen und habe im Graben dem Unteroffizier gesagt: „Das geht nicht so mit dem. Der will einen Heimatschuß und der Franzmann hört uns ja. Der weiß jetzt, was los ist und kommt sicher gleich." Na ja, da haben unsere ihn weggeholt.

Dr. Johannes Willers, geb. 1898:
Wir lagen ja so dicht an der französischen Stellung, daß wir die sprechen hören konnten. Wir hatten Ruhe vor den Franzosen, wenn kein französischer Offizier im Graben drin war. Kam aber einer, dann wurde es unruhig, dann wurde geknallt. Einmal bin ich als junger Dachs zusammen mit einem älteren Reservisten auf Vorposten geschickt worden, und wir gerieten in einen Feuerüberfall. Das ist diesem älteren Soldaten derart an die Nieren gegangen, daß er mich zu überreden versuchte: „Wir schmeißen hin, wir rennen rüber", bis ich gesagt habe: „Nein, lieber Freund, das mach' ich nicht!"

K. O., geb. 1896
Natürlich hat es in den extremen Situationen des Krieges viele Feiglinge gegeben, wenn man den Ausdruck gebrauchen darf, Soldaten, die weniger Mut hatten und sich niederdrücken ließen. Ich erinnere nur, daß, als ich bei der ersten Offensive von St. Quentin der Führerreserve angehörte, diese einem älteren Major unterstand. Es war Mitte März und kalt. Er hatte einen weiten Militärmantel an, und ich merkte, daß er unter dem Mantel vorne und hinten irgendetwas Viereckiges hatte. Ich habe ihn wohl gefragt. Da hatte er eine Panzerplatte als Schutz gegen Infanteriegeschosse. Da haben wir doch innerlich gelacht und ihn ein bißchen verächtlich angesehen.

Eric Collins, geb. 1897:
Wenn sie ein Trommelfeuer 48 Stunden und noch länger, Tag und Nacht, mitgemacht haben, dann sind die meisten gar keine Menschen mehr. Ich habe damals sehr genau beobachtet. Es hat mich nicht in dem Sinne berührt wie die anderen. Sie waren stumpf. Man hatte dann doch nur einen Gedanken: „Bleibe ich jetzt am Leben oder nicht? Wo kann ich einen Platz finden, wo nichts hintrifft?" Die Überlebenden konnten lange, lange Zeit kein Wort sprechen, weil sie vollkommen demoralisiert waren. Die Menschen waren am Morgen nach der Schlacht wie abgeschnitten und es war für die meisten schwer, sich zurechtzufinden. Ich erinnere mich an eine kleine Episode. Wir lagen mit einigen Kameraden in einem Granattrichter. Ein anderer und ich fingen plötzlich an, uns über Musik zu unterhalten und da sagte ich: „Von all den Sängern ist der größte meiner Ansicht nach Caruso." Da sagte ein dritter Kamerad: „Warum sagst du denn Caruso, bei uns zu

Hause sagt man Karussell." Wir alle drei waren noch nicht so niedergedrückt durch die Schlacht wie die anderen. Wir haben in dem Moment zurückgefunden und ein ganz unmotiviertes Gespräch über Musik angefangen. Die anderen lagen ganz teilnahmlos da. Wir mußten sie aufrütteln, als der Befehl zum Sammeln kam.

Adolf Pützfeld, geb. 1896:
Liegen Sie einmal eine ganze Woche vor der Front. Sie können sich im Hellen nicht bewegen, da Sie sonst getroffen werden. Da schießt der von drüben und Sie sind weg. Was machen Sie, wenn Sie eine Woche dort liegen, teils zu heiß, teils zu kalt und oft nichts zu trinken, weil die von hinten nicht bis zu den vorderen Linien herankommen können? Da liegen Sie flach auf dem Dings, mit Dreck bedeckt. Dann können Sie sich an Ungeziefer, Tieren amüsieren. Sie können auf einen Baum gucken. Gestern war noch ein Ast dran, jetzt ist er weg und nun setzt sich ein Spatz drauf. Also, diese kleinen Dinge aus der ersten Schulklasse bekommt man zu sehen. Ich sag mal, die meisten Soldaten, die zwei, drei Tage vorne waren, waren nachher verrückt. Konnten es nicht mehr mitmachen. Ich weiß nicht, ob Sie sich in den Stand versetzen können? Da gab es keinen Düsseldorfer, da gab es keinen Kölner mehr, da gab es nur: „Wer liegt da? Kannst du aufstehen, kannst du heute nacht zurück, damit du wenigstens etwas zu trinken kriegst?" Dann war das ganze Denken und Tun nur darauf ausgerichtet, von dort zurückzukommen, um eine Flasche Wasser zu kriegen und ein Butterbrot und sonst etwas. Das haben die meisten auch nicht mehr gekonnt. Die blieben da liegen. Das war kein Krieg mehr, verstehen Sie? Mit dem Seitengewehr wurde die Erde locker gemacht und eine Deckung geschaffen, hinter der sie liegen konnten. Rechts und links waren sie schon weg.

Das kann keiner erzählen, was wir mitgemacht haben. Wer über Kameraden klettern mußte, kann das nicht erzählen. Soviel Elend haben Sie noch nie gehört. Der eine schrie nach der Mutter, der andere nach der Frau oder den Kindern. Es ist einfach nicht zu erzählen. Wenn einer heute zu mir kommt und groß angibt, sage ich: „Halt den Mund, behalt deine Märchen für dich." Uns kann keiner mehr etwas weismachen. Sie müssen dabei immer bedenken, der Druck, der ewige Druck: „Du mußt jetzt nach vorne. Wie geht es da? Kannst du das? Ist dort tatsächlich, wie sie sagen, ein Graben, in den du dich setzen kannst?" Drei Tage Somme – also wie es dort wirklich dicke Luft gab – und Sie waren moralisch fertig. Da war nichts mehr zu verkaufen, das Gehirn arbeitete nicht mehr. Sie können sich das einfach nicht vorstellen, wenn die Geschütze in allernächster Nähe 20 Granaten setzten innerhalb von 10 Minuten auf den Dreck und das Surren der Splitter um Ihren Schädel herum. Da sind Sie kein Mensch mehr.

Wenn das jemand sagt, der lügt. Dies können Sie ruhig sagen. Die Menschen waren hinterher ein zusammengefallenes Stück Mensch mit den Zügen eines Tieres. Die konnten nicht mehr geradeaus sprechen, ich will nicht sagen wie die Irren, aber es lief nicht mehr rund.

Heinrich Dudel, geb. 1893:
Während des Krieges hat man so viele Tote und Verwundete erlebt. Leute fielen neben einem oder wurden von einer Granate zerfetzt. Da stand man dann vor den Trümmern. Also, das hat einen zu Anfang moralisch ziemlich angefaßt. Aber nachher brüht der Mensch ab. Es ist Krieg, es ist eben nicht anders zu machen. Der Krieg bringt das ja mit sich. Das wird natürlich für einen. Wenn Ersatz kam und der wurde dann eingesetzt und ein Mann wurde von einer Granate zerfetzt, hat das den Neuling ordentlich gepackt. Einen alten Soldaten rührt das nicht mehr.

Dr. Curt Werner, geb. 1896:
1915 waren die schweren Champagne-Schlachten. Da ging ein Laufgraben von unserer Artilleriestellung hinüber zu den ersten Stellungen. Wie ich dort vorbeigehe, entdecke ich, daß an diesem Laufgraben ein Schädel aus dem Boden herausguckt. Er war ganz blank gescheuert. Also, das war eine Sache, die mich furchtbar erschüttert hat. Und ich sagte: „Wozu?" Nachdem ich dann aber die vielen Toten gesehen habe, bin ich darüber hinweggekommen. Da war für mich ein Toter genau wie alles andere um mich herum. Heute ist es wieder schlimmer.

Hermann Kottmeier, geb. 1897:
Das Sterben gehörte dazu. Das war eben so: „Die sind gefallen." Der Soldat setzte sich über alles hinweg. „Der hat eben Pech gehabt." Da mußte man hart sein. „Den hat's getroffen und jetzt geht's weiter. Wir können uns nicht mehr damit aufhalten." Irgendwie zog man sich aus der Sache heraus. Man ging den Dingen nicht so nach. Letztlich ist man schon erschüttert gewesen, aber das ließ man sich nicht anmerken. Ich bin später Flugzeugbeobachter gewesen und hatte einen Flugzeugführer, mit dem war ich sehr befreundet. Wir sagten immer Flugzeugführer und -beobachter seien eine Fliegerehe. Ich will die näheren Umstände nicht schildern. Er war bei einem Probeflug im Westen plötzlich abgestürzt. Er und sein Begleiter waren beide tot. Das ist mir sehr nahegegangen. Meine Kameraden waren sehr rücksichtsvoll mit mir. Sie haben nicht geduldet, daß ich meinen Freund sah. Der war nämlich mit dem Gesicht auf seine Instrumente geschlagen und wohl sehr entstellt. Ich wollte zu ihm hingehen, als mich einer faßte und sagte: „Gott weiß, das ist nichts für Euch." Es war damals so üblich, daß, wenn ein Todesfall einen

Mann der Flugzeugbesatzung sehr stark betraf, er erst einmal eine Zeitlang auf einem Ruheposten hinter der Front beschäftigt wurde. Da haben sie auch mich eingesetzt. Ich war wohl so 14 Tage nicht zu gebrauchen.

J. E., geb. 1895
Meine ganzen Kameraden aus Breslau, aus der Fürstenschule waren tot. Mittlerweile war ich in meinen Gefühlen schon dermaßen abgestumpft. Nicht nur, daß ich diese Kameraden fallen sah, nein, ich mußte sie auch noch bestatten. Es kam die Order, daß soundsoviele Leute – ich war dabei – die Kameraden, die hinten auf dem Feld lagen, zu bestatten hätten. Man konnte sie aber nicht behutsam mit Engelsflügeln vom Boden nehmen. Man mußte sie losreißen von der Erde, weil sie angefroren waren, und zwar in den Stellungen, in denen sie gefallen waren. Die Hände waren nicht an die Körper zu legen, weil die Gelenke steif waren vor Kälte. Die Pioniere kamen und haben tiefe Gruben gegraben und da mußten wir sie reinlegen. Das war das Ende. Das waren meine Kameraden.

Eric Collins, geb. 1897:
All das, was an der Westfront im Ersten Krieg geschah, ging in jedem Fall über das Fassungsvermögen des einzelnen weit hinaus. Man hat das tägliche Sterben nicht so wahrgenommen. Man hat in einem Graben gesessen und hat gefrühstückt inmitten der Toten. Irgendwie ist dieser ganze Tod nicht zu tief in die Menschen eingedrungen. Das war eine Selbstverständlichkeit, das gehörte zum täglichen Leben. Man hat die Toten gesehen, man hat gesehen, wie Freunde vor einem erschossen wurden. Aber man hatte gar keine Zeit, darüber nachzudenken. War man aus der Schlacht heraus, war das alles vergessen. Man hat nur noch gedacht: „Was kommt jetzt?" Was mich tiefer berührt hat, war das Schreien verwundeter Pferde. Das habe ich erlebt, als wir am Ende des Krieges zurückwichen. Das hat mich so aufgewühlt, daß ich geweint habe. Aber die Toten? Die Toten auf dem Feld hat man angeguckt und ist weiter gegangen. Ich dachte, ich kriegte in der einen Nacht graue Haare, so schlimm war das Schreien der Pferde. Ich kann mir das nicht erklären. Vielleicht weil ihr Schreien stärker, lauter war oder weil man Mitgefühl mit der hilflosen Kreatur hatte? Das Tier war unverschuldet in diese Situation geraten, während wir es, wenn wir als Soldaten erschossen wurden, verdient hatten.

Dr. Arthur Tischer, geb. 1895:
Wenn man als Sanitäter das erste Mal sieht, da verliert ein Mensch ein Bein oder wird sein Lebtag gelähmt sein, berührt einen das schon. Aber dann ist der nächste gekommen, dem halt auch das

Bein abgetrennt wurde. Auch er war ein armer Kerl. Auf die Dauer hat das die Empfindungen irgendwie ein bißchen abgeschwächt. Nicht, daß man keine Empfindungen mehr hatte, aber das unmittelbare Erlebnis war nicht mehr so wie bei den ersten. Das einzige Ziel war, noch ein bißchen zu helfen, die Qualen zu lindern und einen Verwundeten schnell zu verbinden und ihn abzutransportieren, damit er wenigstens am Leben blieb. Das hat mich den ganzen Krieg durchhalten lassen. Natürlich, wenn die Menschen so schwer verwundet waren, daß man sie nicht weitertransportieren konnte, hat man den Geistlichen bewegt, Sterbehilfe zu leisten. Und ist natürlich bei manchem auch in seiner letzten Lebenssekunde gewesen und hat den Tod unmittelbar vor Augen gehabt. Ich als junger Mensch von 20 bis 22 Jahren. Besonders Väter haben an ihre Familie gedacht und gesagt: „Gell, Sie schreiben mal an meine Frau?“ Man hat so möglicherweise noch ein wenig letzten Trost spenden können, indem man etwas zugesagt hat. Das hat einen natürlich schon bewegt. Aber, wie gesagt, auf die Dauer sind die Gefühle abgeflacht, und nicht in jedem Einzelfall hat man erneut seelische Belastungen besonderer Art durchlitten. Der Krieg hat eben einfach die Abstumpfung mit sich gebracht.

Otto Hayen, geb. 1895:
Das Inferno von Verdun haben wir schon von unserem Ausbildungslager aus gesehen. Wir haben uns gar nichts dabei gedacht. Offiziere mögen etwas gedacht haben. Wir hatten keine Angst, stattdessen Niedergeschlagenheit, Dumpfheit. Man kann sich ja vorher gar keinen Begriff davon machen, was überhaupt im Krieg passiert. Da dachte man nur: „Wenn du reinmußt, es sind so viele gefallen, da wird es vielleicht auch leicht sein, wenn du selbst einen kriegst.“ Die damals schon verheiratet waren, die überhaupt noch da waren an Aktiven und Reservisten mögen anders gedacht haben. Die lagen manchmal da und jammerten und jammerten.

Richard Krohn, geb. 1897:
Richtig denken konnte man nicht, wenn man im Dreck saß. Bis zum nächsten Granatloch vielleicht konnte man denken. Wenn man als Ersatz in die ersten Linien geschickt wurde, fragte man sich: „Wie komme ich denn nun nach vorne?“ Führer, die die Stellung kannten und die geschickt wurden, den Ersatz zu holen, fielen häufig aus. Sie waren ja auch nicht unverwundbar. Nun stand der Trupp, der nach vorne wollte, da. Wir hatten es aber sehr schnell spitz. Wo die meisten Toten liegen, da geht's nach vorne. Etwas billiger Trost. Vereinfachtes Verfahren.

Karl Bainier, geb. 1898:
Den kleinen Kameraden mit dem Spitzbart hab ich auch noch verloren. Wir lagen in einem zerschossenen Bauernhof. Vorne am Eingang saß er auf einem Stein mir gegenüber, hatte sein Hemd ausgezogen und knackte Läuse. Auf einmal reißt er den Mund auf und guckt mich ganz starr an. Ich sag: „Mensch, was ist mit dir, was hast du denn?“ Ich steh auf. Da sackt er etwas nach vorne. Ich guck hin, da blutet er, hat eine Schrapnellkugel ins Kreuz gekriegt und sie hat das Kreuz durchgeschlagen. Er war sofort tot. Man hat sich in dem Moment gesagt: „Er ist nicht mehr da. Was sollst du jetzt noch machen? Er ist eben ein gefallener Soldat.“ Denn Sie kriegen das Grauen, wenn Sie daran denken, daß jetzt wieder irgendeiner fehlt, dem man vertraut hat. Und man hat, wenn sie alle so langsam weggingen, gedacht: „Wann kommst du dran? Jetzt bist du an der Reihe.“ Das ist etwas Furchtbares. Aber man durfte den Verstand nicht verlieren, mußte immer wach bleiben. Die weichen Leute sind meistens draufgegangen.

Alfred Hardt, geb. 1898:
Du mußtest dich an der Front anpassen und durftest nicht denken. Es ist uns auch immer wieder gesagt worden: „Fang' nicht an zu grübeln, sonst wirst du ganz verrückt hier.“

Alfred Hartwig, geb. 1896:
Der Soldat hat keine Zeit, keinen Sonntag, keinen Feiertag, kein nichts. Er hat nur zu gehorchen, was er tun soll, sonst nichts.

M. G., geb. 1894:
Ich bin ein denkender Mensch. Die meisten Menschen denken ja gar nicht, die machen alles mit. Wenn einer sagt: „Ich mach dies“, dann macht der andere das nach. Wenn man zum Beispiel Soldat wird, dann weiß man doch, daß man zum Totschießen da ist. Wenn ich nun beim Angriff so einfach aus dem Graben herausgegangen wäre, hätte ich doch sofort einen Treffer gekriegt. Das überlegen sich andere nicht. Da muß ich doch abwarten, bis zum ersten Mal eine kleine Ruhepause kommt, dann kann ich raus. Aber die gehen alle auf Befehl raus. Dabei war ja nicht einmal einer da, der sie herausgetrieben hat. All die Vorgesetzten hatten sich doch dünne gemacht, selbst mein Unteroffizier, der doch von Rechts wegen bei uns sein mußte.

J.M., geb. 1896:
Wenn der Angriff unserer Sturmtruppe vorbei war, und wir waren in der Ruhestellung, dann kam der Schnaps. Dabei hat man sich die

ganze Aufregung weggesoffen. Erschöpft war man und die Aufregung, aber keine Angst. Wissen Sie, wenn die Truppe Angst hat, ist es vorbei. Nach einem Tag gingen der Dienst und die Übungen wieder los, bis wieder ein Einsatz fällig war. Als junger Mann hat man sich ja bei alledem nichts gedacht.

Günther Becker, geb. 1896:
Der Argonner Wald, in dem wir nach den Kämpfen bei Verdun eingesetzt waren, war herrlich. Wir lebten in meterhohen Laubhütten. Es gab dort keine Kampfhandlungen. Wir hatten lediglich im ersten Graben Posten zu stehen. Wenn man acht Tage im Argonnerwald gewesen war, in einer ganz anderen Umgebung, mit ganz anderen Menschen, dann konnte man die schweren Stunden, die seelische Belastung vergessen. Ich habe oft darüber nachgedacht, wie das möglich ist. Die Gedanken aus Verdun sind ja noch im Kopf, man hat das ja gerade eben erst erlebt. Und dennoch kann man abschalten, nur weil der Wald halt grün und nicht zerschossen ist, weil die Menschen zum Teil auch wieder lachen können. Ist erstaunlich, nicht?

Adolf Pützfeld, geb. 1896:
Ich war an der Front ein junges Kerlchen, ich war noch keine 18. Für uns Junge war das kein Krieg im wirklichen Sinne, sondern, wie soll man das sagen, ein Spiel. Das war damals so: „Wo ist der Peter oder der Franz oder der Heinrich?“ „Ja, der hat eine geklebt gekriegt.“ Da wurde nicht gesagt, er sei angeschossen oder totgeschossen worden, sondern: „Der hat eine geklebt bekommen.“ „So ein Jeck! Der hätte sich doch hinlegen können, dann hätte er nicht zu sterben brauchen.“ Das waren so unsere Ansichten. Ich bin gern Soldat gewesen, ich will Ihnen dies offen erklären. Ich habe den Krieg als Krieg angesehen und mitgespielt. Das „Muß“ hat es bei mir nie gegeben, denn das, kann ich Ihnen sagen, hält keiner aus.

Dr. Curt Werner, geb. 1896:
Wir kamen praktisch von der Schule in eine ganz andere Welt. Diese Umstellung mußte man erst einmal versuchen zu verkraften. Noch dazu, wenn man die ganzen Kinder- und Jungmännerjahre zu Hause mit seinen Eltern verlebt hatte. „Jetzt bist du allein, jetzt mußt du selbst auf dich achten“ ist die Umstellung gewesen. Der eine konnte es schneller, der andere hat es langsamer geschafft und der dritte überhaupt nicht. Ich habe mich sehr schnell umstellen können. Wenn ich auf Urlaub war, war ich gleich wieder zu Hause.

Dr. Bernhard Lehnert, geb. 1896:
Wenn man in der Stellung gewesen war und dann wieder nach Hause marschierte, dann sagte man sich: „Na, Gott sei Dank, jetzt hast du die Aussicht, ein Weilchen am Leben zu bleiben." Also, man lebte mit dem Gedanken, daß die größere Wahrscheinlichkeit sei, daß man umkäme, weil ein Kamerad nach dem anderen gegangen war. Wirklich bedrückt war man dadurch aber eigentlich nicht. Man muß ja immer bedenken, ich war ein junger Mensch, der zwar seine Mutter und Geschwister hatte, aber der größte Teil meiner Kameraden hatte ja Frau und Kinder. Diese Kameraden, die ja durchweg in den 20er Jahren waren, erzählten uns von ihrem Familienleben. Das war für uns natürlich etwas ganz Neues. Und sie sprachen zum Teil sehr frei über ihr Privatleben. An den Erzählungen der älteren Kameraden konnten wir sehen, wieviel stärker sie am Leben hingen als wir. Wenn wir weg waren, dann waren wir eben weg. Aber diese Familienväter dachten: „Was wird dann aus meiner Frau? Und was aus meinen Kindern?" Manchmal wurde gesagt: „Ja, wenn ich nicht wiederkomme, das wird für meine Frau schwer." Oder „Es ist schade, daß ich meine Kinder vielleicht nie wieder sehe." Solche Sachen wurden besprochen, sonst haben wir nicht darüber geredet. Es war eben – es ist wahrscheinlich überhaupt nicht zu erklären – eine Selbstverständlichkeit geworden und man fand sich damit ab, ich leichter, die Verheirateten schwerer.

Hans Reimers, geb. 1899:
An sich habe ich gar keine Angst gehabt. Für mich war es eine Selbstverständlichkeit, Soldat zu sein. Und ich war ein richtiger Soldat. Eigentlich bin ich von jung auf sehr auf mich angewiesen gewesen. Mein Vater ist 1907 gestorben, da war ich acht Jahre alt. Mit 15 Jahren, 1915, starb meine Mutter.

August Kahlcke, geb. 1898:
Es war ganz selbstverständlich, daß man für das Vaterland auch bereit war, das Leben zu lassen. Das war für einen in meinem Alter gar kein Problem. Man hatte noch keine Leute, für die man sorgen mußte. Mit den Eltern und den Geschwistern war man natürlich verbunden, aber es war zudem ein Alter, in dem man sich von zu Hause innerlich etwas löste. Ich hatte Angst davor, verkrüppelt zu werden, aber nicht das Leben hinzugeben.

Dr. Reinhold Kulbe, geb. 1894:
Angst ist vielleicht nicht der richtige Ausdruck. Nein, daß ich am liebsten einfach kehrtgemacht hätte und nach hinten weggerannt wäre, das auf keinen Fall. Das habe ich auch nicht bei anderen erlebt. Wir waren ja alle Freiwillige. Also mußten wir schlimmsten-

falls die Zähne zusammenbeißen und abwarten. Bei einem Granateinschlag drehten wir uns um, damit wir das, was aus dem Einschlagstrichter hochgewirbelt wurde, mit dem Puckel auffangen konnten. Wir achteten dann ängstlich darauf, ob das nun alles Lehm und Dreck und wässrige Masse oder ob es Granatsplitter waren. Da kam es schon mal vor, daß Splitter drin waren und einer nach hinten weggeschleppt werden mußte. Zwischendurch gab es Momente – wenn man im Unterstand der Batterie lag und die Unterstände mit weiten und kurzen Schüssen und Schüssen knapp daneben beschossen wurden –, in denen man sich allerdings fragte: „Wenn das man gut geht? Wann landet die nächste Granate und trommelt die Bude zusammen." Man ist aber in vielen Fällen gar nicht dazu gekommen, Angst zu haben. Wenn es bei uns in der Batterie oder in der Beobachtungsstelle einschlug, dann waren das nie lang anhaltende Trommeleien, sondern immer Feuerüberfalle von vier, acht, zwölf Schüssen. Da hatte man gar keine Zeit, wegzurennen. „Schmeiß dich hin!" So wenig Ziel wie möglich bieten. Und wenn der Feuerüberfall erst einmal vorbei war, dann liefen alle weg, denn die feindlichen Geschütze hatten ja nun ein anderes Ziel im Auge.

Hermann Baass, geb. 1897:
Als einfacher Soldat weiß man beim Angriff: „Da geht's lang, da liegt der Feind." Man merkt dies daran, woher die Schüsse kommen. Das Ziel war nur, sich in Sicherheit zu bringen, sich hinter einen Hügel zu werfen, sich in ein Loch fallen zu lassen. Granatlöcher gab es ja überall. Und man versuchte, einen Gegner zu finden. Denn wenn man einen Gegner ausschaltete, dann dachte man: „Einer weniger, der einem was tun kann." So ungefähr war das Gefühl. Die Angriffe fanden am Tage statt, nachts geht das gar nicht. Keiner wollte zudem als Feigling gelten, obwohl wir Leute dabei hatten mit Familie und Kindern zu Hause, die sich nicht so frei fühlten wie einer, der Junggeselle war. Natürlich gab es auch welche – wir sagten immer, die hatten Kreuzschmerzen –, die wollten das Eiserne Kreuz haben oder andere Orden und wollten befördert werden. Ich hatte gar keinen Ehrgeiz. Und es gibt noch einen anderen Grund, beim Angriff nach vorne zu laufen, den ich erwähnen muß. Wenn angegriffen wird, kommt von der feindlichen Artillerie Sperrfeuer auf die Angriffsposition. Also laufen sie schon aus eigener Sicherheit nach vorne, da die Granatsplitter nach hinten weggehen. Wer da nach hinten läuft, kommt um. Das wußte jeder und deshalb lief man nach vorne.

Im Ersten Krieg war es so, die Leute vorne waren in größerer Gefahr als im Zweiten. Aber wenn sie an zu Hause dachten, wußten sie zwar, die Familie hungert, aber weiter auch nichts. Im letzten Krieg habe ich Soldaten solche Fragen gestellt und es stellte sich heraus, daß sie Angst vor den Bomben zu Hause für ihre Familien hatten. Es passierte ja auch zu viel. Vorne an der Front hatten sie keine Angst vor den Fliegern. Das ist der Unterschied gewesen.

Fritz Wegel, geb. 1898:
Daß man bei Angriffen nun zitterte, kann ich nicht sagen. Man war damals nun auch ein junger Bengel und hat das alles nicht so ernst genommen. Manchmal hatte man aber doch Manschetten und dachte: „Hoffentlich geht es gut.“ Letztlich ging ich aber immer davon aus. Irgendwie verhindert werden konnte es auch nicht. Es muß sein, es ist ein Befehl. „Hauptsache, du kriegst keinen Bauchschuß.“ Davor hatte ich schwer Angst, denn was man so an Verwundeten sah, die Bauchschüsse hatten, war schrecklich. Ich hielt dies praktisch für die schlimmste Verwundung. Daß man einen Bein oder einen Arm verlieren könnte, damit hat man eigentlich gerechnet.

Friedrich Findeisen, geb. 1896:
Man verliert nachher jede Angst vor dem Tode. Er kann jeden Tag kommen oder auch nicht. Man wird leichtsinnig. Wie zum Beispiel einmal, als wir einen Minenwerfer zur Reparaturstelle beim Pionierbataillon bringen sollten. Wir hatten ein ziemliches Wegstück zurückzulaufen. Es gab aber eine Kleinbahn, die neben unserem Quartier immer langsam über die Dorfstraße hinwegfuhr. Deshalb sind wir in solchen Fällen immer auf der Lokomotive mitgefahren. Der Lokführer machte sich an diesem Tag jedoch einen Spaß und fuhr, um uns zu ärgern, mit vollem Tempo durch unser Dorf. Wir hätten bis zur Endhaltestelle mitfahren müssen und hätten ein paar Kilometer mehr zu laufen gehabt. Die Bahn fuhr auf einem frisch aufgeschütteten Bahndamm. Die anderen Kameraden waren hinten im Garten und machten gerade ihre Sachen sauber. Ich dachte: „Du wirst doch nicht das ganze Stück zurücklaufen“, warf die Beine hoch, rollte mich zusammen und sprang auf die Böschung herunter. Glücklicherweise war das weicher Sand. Die Kameraden sagten: „Mensch, du bist ja verrückt.“ Solche Sachen macht man im Krieg aus Leichtsinn.

Johannes Götzmann, geb. 1896:
Manchmal hab' ich auch Blödsinn gemacht. Es gab ja viele Blindgänger. Da machte man sich dann daran, die Kupferringe abzuhauen. Die wurden zu Fingerringen verarbeitet. Einmal entdeckte ich eine aufgerissene Furche, als wenn ein Bauer mit einem Pflug durchgefahren war. Und am anderen Morgen verfolgte ich die Furche und fand nach ungefähr 100 Metern an einem Abhang bei einem Dornengebüsch einen Blindgänger von einem guten halben Meter Länge. Er war blitzblank. Ich beäugte ihn und faßte ihn an. Er

lag noch stille. Ich schnappte ihn mir, legte ihn auf den Buckel und ging damit zum Lager. Zu meinem Leutnant sagte ich: „Ich hab' hier was mitgebracht!" „Bist du verrückt, wenn das Ding losgeht. Trag' den Blindgänger hier über die Straße und hol' ein paar Bohrpatronen, damit wir ihn sprengen können." Das haben wir dann auch getan. Der Leutnant sagte: „Mach' mir sowas nie wieder."

Willi Marquardt, geb. 1898:
Die alten Soldaten waren schon so fest, die hatten keine Angst mehr. Ich weiß zum Beispiel einen Feldwebel, den haben wir bewundert. Und wenn die Granaten noch so nah an der Batterie einschlugen, er stand da und kommandierte. Der suchte keinen Schutz. Der wurde auch nie getroffen. Andere, die sich sorgten, wurden leicht getroffen. Da sind dann viele erschossen worden.

Günther Becker, geb. 1896:
Der Jude Wallheimer aus unserer Clique war entschlossen, Offizier zu werden. Er meldete sich immer freiwillig. Er ist freiwillig zwei-, dreimal vor dem Stacheldraht gewesen. Er kam immer heil zurück, bloß zu guter Letzt hat es ihn doch erwischt und er kriegte einen Volltreffer, tot. Ich habe dies sehr bedauert. Wir waren in Oldenburg zusammen gewesen und waren gemeinsam zur Front gekommen. Ich hab mich dann auch bei den Kameraden erkundigt: „Warum meldet ihr euch nicht." „Nein, das haben wir nicht nötig. Wenn wir abkommandiert werden, gut, dann gehen wir. Das ist unsere Pflicht als Soldat. Aber wir melden uns nicht freiwillig."

Dennoch gab es immer welche, die sich freiwillig meldeten. Einen Kriegsfreiwilligen vergesse ich niemals im Leben. Er war etwas verkommen. Wir mußten jeden Tag unsere Hemden ausziehen und uns von Läusen befreien. Das hatte der nicht nötig. Sein ganzer Rücken war zerfressen von Läusen. Dieser Kamerad meldete sich auch immer freiwillig. Das ging solange gut, bis wir eine Stellung im Elsaß bezogen. Er meldete sich für ein Gewaltunternehmen und kam nicht zurück. So was gab es auch. Die Menschen sind eben verschieden.

Martin Fritzsche, geb.1895:
Ich weiß von einem Unteroffizier, der ist ungefähr zur selben Zeit wie ich in Flandern auch leicht verwundet worden. Der war so begeistert vom Krieg, daß er sich bloß leicht hat verbinden lassen und mit seinem Verband wieder nach vorne gegangen ist. Ich hätte das auch gekonnt, denn ich konnte ja noch laufen. Der hat es nicht fertiggebracht, nach Hause zu gehen. Er wollte noch siegen und ist prompt gefallen.

Hans Seidelmann, geb. 1898:
Natürlich gab es in unserem Regiment auch ein paar Rabauken. Wir hatten in unserer Formation sehr viele Oberschlesier, und im Gegensatz zu uns Jungen waren die recht robust und auch schon kriegserfahren. So hatten wir draußen einmal einen, Stazolka hieß er. Die Gräben verliefen an einer Stelle sehr, sehr nah beieinander, so daß sie sich in bequemer Wurfweite befanden. Wenn nun Stazolka abends – am Tag herrschte ja Ruhe – auf Wache ging, stopfte er sich in einen Sandsack, die ja überall herumlagen, so viele Eierhandgranaten, wie er mitnehmen konnte. Und wenn er dann an der engsten Stelle war, schmiß er denen immerzu Granaten hinüber, wo wir uns arg davor scheuten, Eierhandgranaten überhaupt abzuziehen.

C. T., geb. 1898:
Wir hatten einen Feldwebel, der war so ein ganzer Draufgänger. Er ging immer alleine auf Streife. Er hat zwei Bunker bei den Tommys ausgeräuchert und kam mit acht Gefangenen wieder. Er wußte genau, wann bei denen Ablösung war und keiner auf Posten stand. Dann ging er in den feindlichen Graben hinein und lotste sie heraus. So mörderisch war er gar nicht, aber ein pfiffiger Mensch.

Albert Benecke, geb. 1897:
Wir hatten den Graben genommen und Franzosen gefangengenommen. Die Franzosen sind im Laufgraben zurückgegangen. Einer der Franzosen wollte nicht schneller laufen. Da hat einer von uns, den ich nicht leiden mochte, ihm mit dem Gewehrkolben vor den Kopf gehauen. Der Mann fiel um. Der Deutsche hat ihm noch einen weiteren Schlag gegeben und da habe ich geschimpft. Ich erzählte das nachher bei der Kompanie, sagte aber nicht, wer das war. Das konnten sie sich aber schon denken. Es war so ein Totschläger. Der Leutnant hat gesagt: „Geh du hin mit dem und dem, seht nach, was der Franzose macht und holt die Erkennungsmarke." Er war tot. Ich hab ihm seine Erkennungsmarke abgenommen. Er hatte auch eine Armbanduhr. Wir waren drei Mann und von den anderen beiden griff jeder sogleich nach der Uhr, nach all seinen Sachen.

Dr. Alfons Beil, geb. 1896:
Ein Kamerad in unserer Einheit hatte eine Idee, die mich sehr negativ beeinduckt hat. Er hatte folgende Mechanik gebaut: im Unterstand – wir waren ja meistens im Unterstand – hatte er einen Knopf, von dem ein Kabel hinaufging zum Gewehr, das eingespannt war. Mit Spiegeln hatte er eine Verbindung nach oben und, wenn sich drüben ein Franzose zeigte, drückte er im Unterstand ab. Da kam mir zum ersten Mal die Heimtücke zu Bewußtsein, die der Krieg all-

mählich erlangt hatte gegenüber früheren Kriegen, wo man noch Mann gegen Mann kämpfte. Hier konnte also einer aus der Sicherheit des Unterstands heraus einen anderen töten.

K. H., geb. 1897:
Ich war leichte Feldartillerie. Man stellte sich gar nicht weiter vor, was drüben bei Treffern geschah. Man sah ja nie einen Menschen. Vielleicht hat man einmal wahrgenommen, daß ein Unterstand getroffen wurde. Ganz selten, daß man gesehen hat, daß Leute angreifen wollten und man dann in die vorgehende Truppe geschossen hat. Dabei sind auch schon einmal Leute umgefallen. Es war Pflichterfüllung, daß man Erfolg hatte. Das ist eigentlich selbstverständlich gewesen. Mehr hat man dabei gar nicht gedacht. Das Gefühl, daß man ein Menschenleben vernichtet, ist einem gar nicht so gekommen.

Hermann Schütz, geb. 1896:
Der Leutnant kam zu mir: „Schütz", sagte er, „wir müssen jetzt sofort eine Meldung wegbringen. Die Tauben sind weg, die Hunde sind weg, die Leitung, alles zerschossen. Sie müssen jetzt los und die Meldung durchbringen. Aber nehmen Sie sich noch einen mit." Ich sag: „Zwei Mann totschießen, das kommt gar nicht in Frage." Es war nämlich so, daß bei den Engländern hinter einem Schutzschild ein Scharfschütze stand, der genau aufpaßte. Wenn jemand bei uns bloß die Nase raussteckte, schoß er schon. Wir hatten mächtig Verluste, meist Verwundete, aber auch Tote. Ich steckte die Meldung in den Ärmel und rannte wie ein Blitz los. Auf einmal hörte ich es knacken. Der Scharfschütze war ungefähr 200 oder 300 Meter entfernt. Wenn es knackt, ist es der Abschuß. Eh die Kugel bei mir war, lag ich schon mit der Nase im Dreck. Die Kugel schoß über mich hinweg, weil das Geschoß langsamer fliegt als der Schall. Er mußte jetzt ja erst wieder laden. Ich bin hochgesprungen, ein paar Schritte, da hörte ich wieder das Knacken. Da war ich aber schon wieder in irgendeinem Granatloch bei dem Zug des Unteroffiziers Karl Tiemann. Ich sag: „Karl, du mußt mir mal dein Maschinengewehr borgen." „Wozu denn? Das darf ich doch nicht, Menschenskind." Ich sag: „Da ist ein Scharfschütze, den will ich jetzt abknallen. Was ist dir denn nun lieber? Daß du ein paar Soldaten verlierst oder die 150 Schuß?" Nun gab er mir das Gewehr. Ich richtete es ein und konnte im Glas genau sehen, wo er sich hinter einer Stahlscheibe befand. Ich habe es selber geladen, alles gut in Ordnung gebracht. Dann habe ich den ganzen Gurt auf diese eine Stelle geschossen. Da war aber Schluß. „So", sagte Karl Tiemann, „jetzt müssen wir aber verduften, jetzt hat der Engländer uns im Visier."

Ich sagte: „Ich will mal versuchen, ob der noch da ist." Ich bin aufrecht zu der Stellung gegangen, wo unsere Kompanie lag. Da hat sich nichts gemeldet. Wo das Schutzschild gestanden hatte, befand sich jetzt in der Böschung ein großes Loch.

Gerhard Bahrmann, geb. 1896:
Ich stehe mal nachts auf einem vorgeschobenen Posten und sehe weit, weit drüben wahrscheinlich einen Sanitäter. Da habe ich auf den geschossen. Ob es richtig war, weiß ich nicht. Ich kann nur sagen, daß ich mir damals gesagt habe: „Wieder einer weniger." Heute hoffe ich, daß ich ihn nicht getroffen habe. Man schämt sich dessen, aber man war damals ja auch noch zu unreif.

Dr. Alfons Beil, geb. 1896:
Auf unserem Vormarsch in der Aisne-Offensive zogen wir in einer Ortschaft ein, bekamen dort Quartier und sofort begann es: Tiere, Schweine, Geflügel wurden geschlachtet. Man kann es aber kaum schlachten nennen. Stellen sie sich vor, es wurden Handgranaten in den Bach geworfen, daß gleich eine Menge Fische getötet wurden. Immer wieder sah man ein geschlachtetes Schwein liegen. Erschütternd war auch, daß einige Kameraden auf den Gedanken kamen, den Kirchenspeicher hinaufzusteigen. Dort fanden sie Paramente, holten sie herunter und führten mit diesen Paramenten einen Fasnachtszug auf. Man merkte schon, wie die Zucht gelockert war. Es war 1918 auf dem Weg an die Front. Ich habe keine Erinnerung mehr, ob unsere Kommandeure dagegen eingeschritten sind. Ich erinnere nur noch meine Erschütterung, den Gedanken: „Was kann aus dem Menschen doch werden durch den Krieg." Ich erkläre mir dies im nachherein so, daß sich im Krieg allerhand aufstaut. Die Männer haben keine Frauen mehr, dann müssen sie auf allerhand Vergnügungen, die sie sonst haben, verzichten. Es entsteht eine Stauung und in einem Moment der Entspannung – noch weit weg von der Front – entlädt sie sich dann.

Im gleichen Jahr habe ich noch ein weiteres Mal Zerstörungswut erleben müssen. Es fand ein Kommers statt und da wurde gegessen, getrunken, soll man gleich sagen, gesoffen. Ich erinnere mich noch genau an einen guten Kameraden aus Kassel, ein Bruder von ihm hatte dort eine Likörfabrik und der bekam immer wieder Likör gesandt. Er pflegte in diesem Fall mit anderen zu knobeln und immer wieder ein Gläschen Schnaps. Ich wollte mich kurz nach Mitternacht auf mein Zimmer begeben. Er versuchte, mich zu überreden zu bleiben. Aber sie hatten schon begonnen, auf die Tische zu steigen und Gläser kaputtzuschlagen. Und das wollte ich halt nicht mehr mit ansehen und machte mich auf den Heimweg.

Theodor Hein, geb. 1893:
Wir lagen in einem Kaff in einem Gefecht. Einer von uns hatte in seinem Tornister für eine halbe Million Francs Schmuck, Ketten, Halsgeschmeide, Ringe. Das hatte er alles in einem Uhrmachergeschäft geklaut. Er wurde verwundet. Anstatt nun aber ruhig liegen zu bleiben und sich mit dem Kopf hinter den Tornister zu legen – es wär ihm nichts passiert – kroch er zurück und kriegte einen Schuß ab. Da war er weg, tot. Wir sind weiter vorgestoßen und haben nicht mehr gesehen, was aus ihm geworden ist. Der Tornister ist aber von anderen gefunden worden. Die Verwundeten wurden ja weggeholt, und die haben ihn wiederum beraubt und alles mitgenommen.

S. N., geb. 1898:
Bei Merville haben die Offiziere Klaviere nach Hause geschickt und einige Soldaten haben in den Zimmern französischer Häuser die Fußböden hochgehoben und geklaut, was von den Bewohnern dort versteckt war. Ich habe bei mir einen Ballen Leinen zurechtgelegt. Ich hab mir gesagt: „Da kann mir meine Mutter Hemden von nähen." Als ich dann vorne in der vorgeschobenen Beobachtungsstelle abgelöst wurde, wollte ich den Ballen holen. Hinten war aber alles unter Beschuß. Ich denke: „Da gehst du nicht durch, sondern machst einen Bogen darum." Ich bin nie mehr dahin gekommen und mußte den Ballen sausen lassen. Ich kam mir aber auch wie ein Dieb vor.

August Urban, geb. 1896:
Wenn sie in Rumänien drei oder vier Wochen unterwegs gewesen sind, die Küche kommt nicht ran, hieß es von der Gruppe: „Ein Mann los!" Die Bauern waren mit ihren Hammelherden ja in die Berge geflüchtet. Dann wurde ein Tier geholt und geschlachtet. Das Hammelfleisch wurde abgekocht und gegessen. Das Fell wurde weggeschmissen. Und die arme Bauersfrau, die hat geweint. Es war ihre einzige Ziege. Ein anderer sagte: „Wir haben kein Feuerholz." Da wurde einfach ein Gartenzaun abgerissen. Sie konnten sich ja nicht verständigen, und so hieß es brutal: „Wir brauchen das."

F. Kl., geb. 1893:
Eines Tages kam eine junge schöne Jüdin zu unserer Truppe und brachte Geld aus dem Verkauf von Beutepferden, die wir an ihren Vater, einen Pferdehändler, verkauft hatten. Wissen Sie, was der Wachtmeister gemacht hat? Das war ein alter Mann aus Sachsen. Er hat sie genommen, übers Bett gehangen und sie vergewaltigt. 18 Jahre war sie, bildhübsch. Was sie erlebt hat, war nicht schön. Der Krieg war schon grausam.

S. N., geb. 1898:
Beim Vormarsch kam ich an ein Haus, wo wir Telefon legen sollten. Ich betrat die Stube. Da lag eine nackte Frau von vielleicht 20 Jahren auf dem Tisch. Eine nackte Frau! Zu ihren Füßen ein Kind, beide erstickt. Gas! Da habe ich gesagt: „Das sind unsere Geschosse gewesen, wir haben Schuld! Und das läßt der liebe Gott zu? Das kann er doch nicht zulassen. Das sind doch Menschen, die er geschaffen hat. Die darf man doch nicht töten mit Gas." Da schimpfen sie doch auch mit Gott. Hinterher habe ich gedacht: „Ich habe aber nicht an der Kanone gestanden. Mich trifft dafür keine Schuld!"

Hans Reimers, geb. 1899
Wir lagen in einem kleinen Ort. Unsere Gruppe saß im Keller. Mit einem Mal wurden wir stark unter Beschuß genommen. Ein Kamerad von uns geht rauf und sieht nach, was los sei. In diesem Augenblick platzt direkt vor dem Eingang eine Granate. Er fällt die Treppe hinunter und ist sehr schwer verletzt. Er war an sich ein netter Kamerad, nur hatte er nichts über für die Gottesdienste, die an der Front hin und wieder einmal gehalten wurden. Da fängt er an zu schreien: „Lieber, lieber Gott." Er ist gestorben und an diesem Ort beigesetzt.

Heinrich Bartels, geb. 1897:
In Italien hab ich einen Auftrag gekriegt: „Du gehst jetzt zu einer Befehlsstelle, da ist ein Befehl abzuholen." Die Befehlsstelle war in einer Kirche. Ich holte den Befehl ab und war schon wieder fünf Minuten gegangen, da schossen sie in die Kirche hinein. Ich hörte den Krach und drehte mich um. Da sah ich den Turm sacken. Ich war unter dem Turm gewesen. Ich wurde wirklich nachdenklich, als ich mir sagen mußte: „Die Leute, die mir den Befehl ausgegeben haben, die liegen da drunter." Was hab' ich für ein Glück gehabt, daß ich gerade raus war. Solche Momente hat es noch mehrere gegeben, wo ich mir gesagt habe: „Das Schicksal hat es doch wieder gut mit dir gemeint."

Josef Dornhof, geb. 1896:
Mein Vater hat acht Kinder großgezogen, und zwar sechs Jungen und zwei Schwestern. 1912 wurde mein Bruder, der mir am ähnlichsten war, Soldat. Er war bloß ein bißchen kräftiger gebaut, hatte eine Nummer größeres Schuhwerk und auch sein Kopfumfang war um einen 1/2 cm größer. Er ist im Krieg zwei Mal verwundet worden, erst hatte er einen Lungendurchschuß und dann einen Oberarmschuß. Nach seiner zweiten Verwundung hat er im Sommer 1916 Urlaub gehabt und ich auch. Und da hat er mir mit einer derartigen Bestimmtheit gesagt: „Das dritte Mal geht es ganz bestimmt tödlich

Hermann Baas

Paul Krüger

Der Tod war allgegenwärtig

Fronturlaub

Wer als Soldatt in vorderster Linie steht, ist vom Krieg vollkommen vereinnahmt. Der Körper verkommt, die Seele stumpft ab. Der Krieg ist die alles bestimmende Realität. Aber es gibt eine Möglichkeit, ihr wenigstens vorübergehend zu entfliehen: den Fronturlaub. Für einige Tage bekommt man die Gelegenheit, zurück in die Vorkriegshaut zu schlüpfen. Man ist wieder zu Hause, bezieht sein altes Zimmer und könnte abschalten. Funktioniert dies tatsächlich?

Paul Bäumer in Remarques „Im Westen nichts Neues" scheitert an dem Gegensatz von Gestern und Heute. Er kann sich in seinem Fronturlaub nicht mehr in die „heile" Welt seines Elternhauses und Jugendzimmers einfinden. Die Tage in Osnabrück werden ihm unerträglich und er wünscht sich zurück in die Welt der Schützengräben, die ihm mittlerweile vertraut ist. Für mich ist diese Szene immer eine der ergreifendsten aus dem Weltkriegs-Klassiker gewesen. An nichts wird deutlicher, wie sehr der Krieg die Menschen verändert, so sehr, daß der an der Front erträumte Urlaub zu einer Enttäuschung wird. Nun ist „Im Westen nichts Neues" für mich ein Stoff, der in romanhafter Form das Kriegsgeschehen verdichtet. Die Lebenswirklichkeit unzähliger Soldaten in ihren Urlauben mag anders aussehen. Es kann so ablaufen wie bei Paul Bäumer, es können aber auch Wesenszüge und Lebensumstände hinzutreten, die den Urlaub ganz anders, viel positiver werden lassen.

Aber nicht nur der Seelenlage des Fronturlaubers gebührt Interesse. Bedeutungsvoll ist auch, wie die Menschen in der Heimat, die also, die er an der Front verteidigt, auf ihn reagieren. In Briefen und Gedanken ist man den Menschen in der Heimat nahe gewesen, jetzt aber steht man sich wirklich gegenüber. Auch diese Menschen leben ihr Leben und es stellt sich die Frage, ob es tatsächlich zu unbeschwerten Stunden des Wiedersehens kommen kann.

Zeugnisse

J. E., geb. 1895:
Nach unserem Einsatz in Rußland wurden wir dort auf Züge gesetzt und fuhren nach Oberschlesien. In Oppeln wurden wir ausgeladen, gebadet, entlaust und kriegten neue Uniformen, damit wir in den Westen kommen konnten. Es war im Januar 1917. Ich rief meine Eltern per Telefon an. Sie kamen und wir waren ein paar Stunden zusammen. Meine Eltern fuhren dann weg. Kurz darauf wurden wir erneut in Züge verladen. Wir fuhren über Breslau und hielten in

dem großen Güterbahnhof. Ich war immer rege und dachte: „Wie machst du es, daß du deine Eltern noch einmal sprichst?“ Als wenn ich dachte: „Vielleicht wird es das letzte Mal sein.“ Es ging ja nach Frankreich und wer wußte schon, was da auf uns zukam. In dem Güterbahnhof waren lauter Gleise und Güterzüge. Ich mußte unter mindestens zehn Zügen durchkriechen, bis ich endlich an das Stationsgebäude kam. Es war abends so gegen zehn, elf Uhr, ein Sonnabend oder vielleicht auch ein Sonntag.

In dem Gebäude brannte Licht. Ich ging hinein. Der Beamte fragte mich: „Was wollen Sie?“ Ich habe geantwortet: „Darf ich Sie um eine Gefälligkeit bitten. Wir sind auf dem Weg nach Frankreich und kommen aus Rußland. Ich bin seit drei Jahren Soldat. Ich möchte gerne meine Eltern noch einmal sprechen. Darf ich mal telefonieren?“ „Ja, natürlich, kommen Sie.“ Ich habe das Café meiner Eltern, „Vier Jahreszeiten“ – war beliebt in ganz Schlesien – angerufen. „Café Vier Jahreszeiten?“ Ich sag’: „Wer ist da? Fräulein Assmann?“ „Ja.“ Ich kannte ja die Bedienung. „Kann ich meine Eltern mal sprechen?“ Mein Vater war beim Dominospielen, so verlangte ich meine Mutter. „Wer ist denn da?“ Ich sag’: „Hier ist Hans.“ „Hans, was machst du denn?“ Mir sind beinahe die Tränen gekommen. Und dann höre ich im Hintergrund: „Klick, klick, klick, klick“, dieses Klicken der Billardkugeln, das Kaffeegeräusch, die Teller, die Tassen, das Geplapper, das Lachen, das Juchzen. Da habe ich gedacht: „Wie ist so etwas möglich? Da sind Menschen, ein Wochenendtag um zehn, die spielen Billard oder Karten, die spielen Domino, unterhalten sich, die essen Kuchen, die freuen sich, die freuen sich auf ein schönes, warmes Bett, ein schönes, warmes zu Hause und genießen den Abend und du bist mitten im Krieg.“

Alfred Töpfer, geb. 1894:
Ende März 1915 kam die erste Auswahl von Leuten zurück zum Regiment nach Hamburg zur Offiziersausbildung. Von unserem Regiment waren vier Leute ausgesucht worden. Einer davon war ich. Meine Eltern – vor allem mein Vater – waren natürlich begeistert über den Sohn mit dem Eisernen Kreuz. Mein Vater führte mich in seiner Firma vor. Ich besuchte auch meine Schule. Dort wurde ich aufgefordert, vor der Klasse über meine Eindrücke vom Soldatenleben zu reden.

Alfred Hardt, geb. 1898:
Ich war leicht verletzt gewesen und kam aus dem Lazarett in meiner Formation an, da hieß es: „Der Hamburger soll gleich in Urlaub fahren.“ An meine Mutter war vom Regiment ein Brief geschrieben worden, daß ich vermißt sei. In dem Moment, in dem meine Mutter

in Hamburg oben auf dem Absatz zur zweiten Etage die Feldkarte liest, komme ich in die Haustür und stehe mit einem Male vor ihr. Sechs Kommißbrote hatte ich mitgeschleppt. Abends habe ich nicht mal mehr was abgekriegt. Es waren schlechte Zeiten.

Rudolf Friemuth, geb. 1897:
Wegen unseres erfolgreichen Patrouilleneinsatzes kriegten wir 14 Tage Urlaub und sind nach Hause gefahren. Es war sehr schön. Wie ich 14 Tage in Hamburg war, hat es geheißen: „Alle Urlauber bleiben in Hamburg, es sind keine Züge einsetzbar. Die bringen gerade die Truppen vom Osten in den Westen." Mittlerweile – es war Januar 1918 – war nämlich der Krieg mit Rußland beendet. Wir hatten noch 14 Tage Urlaub und kamen so insgesamt auf etwa vier Wochen. Darüber waren wir ganz froh. In dieser Zeit hab ich auch meine spätere Frau kennengelernt. Meine Eltern hatten ein junges Mädchen aus der Stadt bei sich, die war intelligent. Der Lehrling Max sagte schon immer: „Das Fräulein guckt immer dahin, wohin Sie gehen, und sie hat mich auch gefragt, wo Sie wohnen." Ich bin dann öfters bei meinen Eltern gewesen, weil ich dieses Mädchen leiden mochte. Das war mein einziger Urlaub. Als ich wieder ins Feld ging, waren wir noch gar nicht freundschaftlich zusammen. Man hat sich verabschiedet und versprochen, sich einmal zu schreiben.

Paul Beuge, geb. 1897:
Mein Vater war Telegrafenvorarbeiter bei der Post. Ungefähr 1912/13 war er erkrankt und dienstunfähig geworden. Ihm war von der Post auf dem Dorf eine Stelle angeboten worden, die er auch angenommen hatte und meine Eltern waren aufs Land gezogen. 1914 bin ich beim Militär eingetreten. Als ich nach anderthalb Jahren – mein Vater war schon in Greifswald in der Universitätsklinik gewesen und bettlägerig – auf Urlaub kam, war ich, wie ich ihn zuerst gesehen habe, direkt schockiert. Es war ein kleines Männchen, das da saß und Bindfäden von der Post entwirren mußte. Ich habe das nie wieder vergessen.

Rudolf Göttinger, geb. 1893:
Ich hatte einen guten Freund und Schulkameraden aus Altenstadt an der Iller. Wir sind beide gemeinsam eingerückt, und er ist neben mir gefallen. Ich habe seine Erkennungsmarke und sein Medaillon, das an einer goldenen Halskette hing, mitgenommen. Ich war niedergeschlagen und dachte: „Was werden die Eltern sagen, wenn ich wieder heimkomme und ihnen mitteile, daß ihr Sohn neben mir gefallen ist." Als ich dann einmal Urlaub bekommen habe, bin ich zu seinen Eltern gegangen. Ich entsinne mich noch sehr gut. Sie

haben mich umarmt und haben gesagt: „Rudolf, du bist doch direkt bei unserem Sohn gewesen, hast die letzten Atemzüge und den letzten Augenaufschlag gesehen?“ Sie waren sehr dankbar, und ich habe ihnen das Medaillon gegeben.

Max Löble, geb. 1897:
Ein Kamerad von mir hat mir einmal von einem besonderen Erlebnis berichtet. Er war im Krieg im Urlaub zu Hause. Ein anderer Junge aus dem Ort war gerade mit einer schweren Verwundung nach Hause gekommen und war gestorben. Alle Jungens, die noch nicht eingezogen waren oder die zufällig zu Hause waren, gingen natürlich mit zur Beerdigung. Und da hat die Mutter am Grab alle Jungens ausgeschimpft, daß sie noch lebten und ihr Junge nicht mehr. Er war der Ansicht, daß sich die Frau katastrophal benommen hat. Aber man kann es natürlich auch verstehen. Da stehen nun alle, und ihr Sohn wird beerdigt.

August Urban, geb. 1896:
Pfingsten 1916 hatte ich die erste Feuertaufe hinter mir an der Front oben bei Smargan und Dünaburg. Im August 1916 lag mein Vater im Sterben. Ich bekam fünf Tage Urlaub. Es war doch sehr schmerzhaft, zumal ich seine letzte Stunde miterlebt habe, in der er zur mir sagte: „Paß auf, daß du nicht in russische Gefangenschaft gerätst.“ Er war in Ostpreußen zu Hause gewesen, also kannte er da oben die russischen Verhältnisse ein bißchen. Und es wurden damals ja auch immer diese Schreckensmeldungen von der russischen Front verbreitet.

Hermann Wölp, geb. 1896:
Mein jüngster Bruder wollte sich unbedingt freiwillig zum Krieg melden, obwohl mein zwei Jahre älterer Bruder gleich nach ein paar Wochen in Rußland vermißt worden war. Wenn ich im Urlaub nach Hause kam, habe ich ihm dies oft genug ausreden wollen, aber er ließ sich das nicht ausreden. Er wurde dann gegen Ende des Krieges eingezogen. Bei ihm wußten sie nachher auch nicht, wo er abgeblieben ist. Er ist anscheinend ebenfalls durch eine Granate zerrissen worden.

Julius Kreckler, geb. 1896:
Ich war an der Schulter verwundet worden und kam Weihnachten 1917 zum Ersatzbataillon in Lübeck. Dort hatte ich Verwandte. Meine Mutter war eine Lübeckerin. Wie es damals so war, habe ich eines Tages dem Onkel meiner Mutter einen Besuch abgestattet. Er war begütert, hatte ein eigenes Haus. Ich komme rein, fragt er: „Wer

bist du?" Ich sag': „So und so" – und da seh ich eine Landkarte mit den Fähnchen für den Verlauf der Front. „Ich komme aus dem Lazarett und wollte dich einmal kurz besuchen." „So", sagt er. Er war ganz kurz angebunden und bot mir nicht einmal einen Stuhl an. Die alten Herren waren enttäuscht, daß wir an der Front nicht weiterkamen. Sie wollten Fähnchen stecken.

F. Kn., geb. 1897:
Ich glaub', ich war zweimal daheim auf Urlaub. Ich bin im Urlaub meist in Zivil herumgelaufen. Es muß so gewesen sein, daß man in Uniform gehen sollte. Wenn man nun monatelang, jahrelang die Vorgesetzten gegrüßt hat, geht das automatisch und grüßte man einen Vorgesetzten nicht, kam man in Teufels Küche. Bin ich nun im Urlaub durch die Hauptstraße geschlendert, habe ich die rechte Hand in die Hosentasche gesteckt, wenn ein Offizier gekommen ist. Wenn ich gegrüßt hätte, hätte er ja gemerkt, daß ich Soldat war.

Fritz Siemers, geb. 1897:
Wie ich das letzte Mal im Urlaub gewesen bin und mich im Zug von Berlin in Richtung Bad Oldesloe befand, haben Frauen uns gefragt, warum wir nicht alles hinschmeißen: „Hört doch auf, was wollt ihr denn noch? Wir können ja doch nicht mehr gewinnen." Dabei hatten wir vor Urlaubsantritt gedacht: „Wie die uns wohl aufnehmen werden?" Wir waren wirklich enttäuscht. Aber wir haben auch gesagt: „Seid froh, daß wir noch da sind. Was meint ihr, wenn die hierher kommen."

Hermann Kottmeier, geb. 1897:
Ich war schon Offizier und befand mich im Urlaub zu Hause in Hildesheim. Es war Winter, ich hatte Zivil angezogen und bin mit dem Rodelschlitten auf den Galgenberg rodeln gegangen. Als ich zurückkam, überholte ich auf der Goslarschen Straße zwei Damen. Die beiden Damen unterhielten sich sehr laut. Sie wollten, daß ich sie hörte: „Nun sehen Sie mal, dieser junge Mann läuft hier rum und fährt Schlitten und unsere Männer liegen im Schützengraben." Ich mußte in dem Augenblick lächeln und fragte mich, ob ich die Damen aufklären sollte, daß ich Leutnant Soundso sei. Dann habe ich mir aber überlegt: „Es ist mir schließlich ganz wurscht. Ich bin morgen wieder in der Eisenbahn und übermorgen im Schützengraben." Aber so war damals ziemlich einheitlich die Stimmung in der Bevölkerung. Wehe, wenn einer nicht mitmachte.

Fritz Wegel, geb. 1898:
Wenn Sie nach Hause kommen, werden Sie sehr in Anspruch genommen. Erst einmal von der Mutter. Der Vater war im Krieg, und so gab es im Hause einiges zu tun. Dann kommen Bekannte und die Zeit vergeht so schnell. Wenn die erste Woche vorbei ist, denken sie schon an das Ende des Urlaubs. Es waren immer so 21 Tage Urlaub. Davon gingen ja praktisch vier Tage sowieso ab für die Hin- und Rückfahrt. Und natürlich fährt man auch mit einigen Bedenken wieder von zu Hause weg. Daß man denkt: „Hoffentlich komme ich wieder einmal nach Hause", darf man nicht zeigen. Man muß sagen: „Bis zum nächsten Mal."

Albert Benecke, geb. 1897:
Mein Bruder war Feldwebel in Ostpreußen. „Nimm deinen Urlaub, wir treffen uns zu Hause", schrieb er mir eines Tages. Ich nahm meinen Urlaub. Am Ende des Urlaubs war mein Bruder aber immer noch nicht da. Erst drei Tage später kam er und die drei Tage bin ich hier in Harburg geblieben. Vor der Abfahrt warnte mich mein Onkel, der auf dem Harburger Bahnhof Gepäckträger war: „Geh mal nicht hier, geh unten rum, dort ist der Gendarm." Sonst hätten sie mich hier schon eingesperrt.

August Kahlcke, geb. 1898:
Für mich war besonders eindrucksvoll, daß vor allem mein ältester Bruder, wenn seine halbe Urlaubszeit vorbei war, zunehmend unruhig wurde und er fragte: „Wie mag es jetzt draußen sein? Wie mag es den Kameraden gehen?" Aus den Zeitungen war das natürlich nicht im Detail zu erkennen. Es war für ihn unerträglich, daß er jetzt im Frieden lebte und sie draußen im Schlamassel saßen.

E. P., geb. 1897:
Wenn ich vom Osten auf Urlaub kam, war ich 18 Tage zu Hause. Wenn die Zeit rum war, haben wir uns vom Fenster zugewinkt. Ich habe es abgelehnt, meine Mutter zum Bahnhof mitzunehmen, weil ich ihre Tränen nicht sehen mochte. Mein Vater ging mit mir und benahm sich so, wie sich das gehörte.

Wilhelm Lindenau, geb. 1896:
Ältere Kameraden hatten ja häufig Weib und Kind. Wenn sie vom Urlaub kamen, waren sie natürlich sehr betrübt. Viel, viel Unheil ist ist durch den Krieg entstanden. Viel Ehekrieg. Die Frauen sind alleine geblieben und vieles, vieles ist kaputtgegangen.

Josef Dornhof, geb. 1896:
Von der Somme aus bekam ich Anfang Juli endlich 14 Tage Urlaub. Ich wußte, daß es Armeebefehle gab, wonach der Aufenthalt in der Heimat mindestens drei Wochen betragen sollte und darum bin ich, als der Urlaub rum war, schwarz noch ein paar Tage länger geblieben. Das wurde dann bekannt, eben mit dem Urlaubsschein verglichen, und da sollte ich eine Strafe kriegen. Mir war es ja egal, ob ich zu Vater Philipp gehen sollte – so hieß der Arrestraum bei den Landsern – oder an die Front. Inzwischen wurden wir aber eingesetzt und da wurde das vergessen.

Fritz Wegel, geb. 1898:
Leute, die vom Urlaub zurückkamen, konnten sich an die Frontleitstelle wenden. Die Leitstellen waren dafür da, daß man seine Einheit fand. Wenn ein Regiment verlegt wurde, kriegte die Leitstelle Bescheid. Auf dem Bahnhof, an dem man ankam, ging man zur Frontleitstelle und erfragte, wo sich das Regiment nun befand. Und man konnte auch fragen, ob der neue Einsatzort an einer Bahnstrecke lag und man mit der Bahn hinfahren konnte. Man kriegte einen Stempel zum Beweis, daß man dort gewesen ist. Wenn man nämlich einige Tage unterwegs gewesen war, bis man bei seiner Truppe eintraf, wurde man gefragt: „Wo warst du solange?" Dann konnte man seine Unterlagen vorlegen.

Soldaten vor der Etappen-Kommandantur

Karl Peters, oben im Bild rechts

Etappe

Ich habe bislang immer vom Soldaten in der „vordersten Linie" gesprochen. Ein Großteil der Soldaten ist aber in der klassischen Etappe gebunden oder befindet sich in etwas zurückgezogenen Einheiten wie beispielsweise den Feldluftschiffern im Einsatz. Beiden ist eines gemeinsam, sie stehen eben nicht direkt dem Feind gegenüber. Einen Krieg zu organisieren gehört schon von alters her zum Kriegshandwerk, und dies ist natürlich bei einem Weltkrieg nicht anders. Zu verwalten sind darüber hinaus nicht nur die eigenen Truppen, sondern auch die Menschen in den besetzten Gebieten. Da mir an einer vollständigen Bestandsaufnahme des Ersten Weltkriegs gelegen ist, dehne ich meine Spurensuche von Anfang an auch auf die Etappensoldaten aus.

Mir geht die Frage durch den Kopf, wie man als Soldat in der Etappe und nicht im Schützengraben landen kann. Etappe im Vergleich zur unmittelbaren Front bedeutet ungleich höhere Überlebenschancen und weitaus bessere Versorgung. Wem es gelingt, seinen Dienst in der Etappe zu verrichten, der kann mit einer durchaus unbeschwerten Zukunft rechnen, wohingegen, um ein anderes Extrem zu nehmen, der Angehörige einer Sturmkompanie tagtäglich am Abgrund wandelt. Der Unterschied ist enorm. Ist es nur das höhere Alter, das einen in den Genuß der ruhigeren Stellung bringt, oder eine Verwundung, die keinen Kampfeinsatz mehr zuläßt? Dann wäre es bloßes Schicksal, genauso wie eine Etappenverwendung, die von dritter Hand initiiert wird. Oder gibt es Möglichkeiten, sich ganz geschickt selbst dem feindlichen Feuer zu entziehen? Letzteres wäre interessant.

Zeugnisse

Hermann Baass, geb. 1897:
Es gab zu viele Unterschiede zwischen denen vorne im Graben und denen in der Etappe. Wenn wir vorne waren, hatten wir andere Sorgen. Aber wenn wir in Ruhe lagen, lernten wir die Etappe kennen, das heißt die Leute, die dort ständig waren und die in unseren Augen ein faules Leben führten. Sie hatten die Verwaltung inne, mußten zum Beispiel dafür sorgen, daß die Verpflegung nachkam. Meistens waren das Leute, die nicht kampffähig waren. Viele waren verheiratet oder waren schon einmal verwundet gewesen. Denen gönnte man, daß sie jetzt hinten zu tun hatten. Es gab aber auch so einige Auswüchse in der Etappe. So brachten die Etappensoldaten nichts nach vorne, das mußte man selber holen.

K. O., geb. 1896:
Im Juni 1915 verließen wir Hannover in Richtung Frankreich. Mit 30, 40 Mann kamen wir in Charleville an und wurden zuerst in einem Ort namens Tailly untergebracht. Die Kameraden, die in Tailly schon seit Monaten lagen, hatten es fertiggebracht, sich in Wohnhäusern nette Räumlichkeiten zu verschaffen. Die Bewohner dieser Orte waren meistenteils geflohen. Ich wurde dann einen Ort weiter geschickt nach Remoiville, wo die 5. Schwadron lag. Ortskommandant – wir nannten diese Leute Ortskomödianten – war ein Rittmeister der Landwehrkavallerie, ein älterer, sehr eleganter Herr. Vom Train, der Logistik, die ihm unterstand, hatte er sich ein Kasino anlegen lassen und dank seiner Kolonnen sorgte er dafür, daß dort immer frisches Dortmunder Bier floß. Zugang zu diesem Kasino hatte sowohl der Ortskomödiant mit seinen Offizieren als auch mein Rittmeister mit ein oder zwei anderen Offizieren, dann noch zwei Ärzte eines Lazaretts, das ebenfalls in diesem Ort untergebracht war. In dem Kasino wurden zum Teil sehr vergnügliche Bierabende veranstaltet.

Damals war ich Fähnrich, und so wurden ich und zwei andere gleichaltrige Kameraden wie in Friedenszeiten von den älteren Offizieren mit Bier vollgepumpt. Das geschah nicht nur einmal, sondern ging wochenlang so. Es paßte mir nicht, und ich habe es als sehr bitter empfunden. Es herrschte dort so ein richtiger Etappengeist. Der Ortskommandant hatte sich sogar eine Kegelbahn und einen Tennisplatz angelegt. Ich erinnere mich genau, als die Franzosen im Herbst 1915 erstmals eine große Offensive mit etwa zweitägigem Trommelfeuer unternommen hatten, kamen die ersten Verwundeten mit verbundenen Köpfen und Gliedern auf Wagen in dem Ort an und wurden in das Lazarett gebracht. Ich habe mich in tiefster Seele geschämt, wenn dann gleichzeitig von den Etappenleuten Tennis gespielt oder im Freien gekegelt wurde. Das Ganze hat mich später veranlaßt, mich wegzumelden.

Erich Wolter, geb. 1898:
Ich kam durch Lille. Unglücklicherweise hatte ich alles Geld nach Hause geschickt, sonst hätte ich mich dort noch ein bißchen aufgehalten. Ich komme an einer Gastwirtschaft vorbei und da höre ich Musik. Ich gucke durch die Tür. Wer war da? Offiziere, die mit den Mädchen tanzten. Ich bin aber nicht hineingegangen, sondern weitergefahren.

F. Kn., geb. 1897:
Verwaltung muß sein. Eine Armee ist wie ein Großbetrieb. Bürokram und, ach Gott, was alles, Einkauf, Verkauf. Da läuft eine Büro-

kratie ab. Alles mußte registriert werden. Am Anfang des Krieges, als wir siegreich waren, ist viel französisches Land besetzt worden, und die Besetzung hat Leute gekostet, die vom Heer abgezogen werden mußten. Da konnte man nicht sagen: „Die sind jetzt Besatzung, die haben ein schönes Leben." Das ist ein Fehler gewesen, ihnen das vorzuwerfen. Einer war auf der Schreibstube und es gab an jedem Ort eine Ortskommandantur, sozusagen einen deutschen Bürgermeister. Auf den Bahnhöfen waren die Bahnhofskommandanten. Das war jedes Mal ein Offizier, nicht einer, es mußten ja mehrere zur Ablösung sein. Sie brauchten auch Unterstützung, um zum Beispiel jemanden zu verhaften. Sie waren gewöhnlich im Feldwebelsrang, die Zwölfender, haben ihren Beruf ausgeübt, haben ihr Essen gekriegt und manchmal gab es auch eine Mademoiselle. Am Waffenstillstandstag, dem 11. November 1918, haben wir gesagt: „Da wird jetzt mancher heulen, daß der Krieg aus ist." Aber es wäre auch wieder ungerecht zu sagen, dies seien Drückeberger gewesen.

Josef Beutmiller, geb. 1899:
Wir waren bei Bauern einquartiert und die Bäuerin hat uns immer Eier gegeben. Eines Tages kam der deutsche Wirtschaftskontrolleur und wollte die Bäuerin notieren. Da sind wir gerade von der Übung retour gekommen. Den haben wir entsprechend behandelt. Er mußte unverrichteter Dinge gehen. 1919 habe ich den Burschen im Kanalbau in Meiring wiedergetroffen und habe ihn natürlich noch einmal zur Sau gemacht.

Hermann Kottmeier, geb. 1897:
Es war eine große Distanz, der Frontsoldat und die Etappe, von der Heimat gar nicht zu reden. Also die Befehle „Greift an!" oder ähnlich kamen alle von hinten. Die saßen in ganz dicken, ausbetonierten Bunkern, hatten groß reden und telefonierten aus dem Bunker und wir saßen vorne im Dreck. Sie beurteilten die Lage vom grünen Tisch weg, während wir wußten, was möglich und unmöglich war. Es ist unmöglich anzugreifen, wenn vor einem fünf Meter Stacheldraht sind. Da kann eine Truppe nicht hineinlaufen, das ist Wahnsinn. Es muß erst die Artillerie kommen und den Drahtverhau zerschießen, bis die Infanterie angreift. Aber die da hinten befahlen das. Und da wurden wir dann vorne stur. Ein Kompaniechef telefonierte einmal mit einem anderen: „Greifen Sie heute abend an?" „Nein, ich bedauere, bei uns ist der Drahtverhau noch nicht zerschossen."

Albert Benecke, geb. 1897:
Eine Bekannte von mir aus Harburg war mit einem Lokführer befreundet, der wohnte in Cuxhaven. Wie der Krieg ausgebrochen

war, ist er nach Lüttich gekommen. Er war schon an die 30. Ich habe ihm dann auch geschrieben und er schrieb zurück, ich könne ihn ja einmal besuchen. Unser Feldwebel sagte mir: „Wenn es bei nächster Gelegenheit paßt und wir nicht in Stellung gehen, kannst du die Zeit nach Lüttich fahren." Ich habe dann einen Urlaubsschein ausgestellt bekommen. Auf dem Bahnhof Lüttich guckte ich überall herum und fragte, wenn ich Eisenbahner gesehen hab: „Kennen sie August Bode?" Zunächst hatte ich keinen Erfolg. Zuletzt kam dann doch einer: „Och, der müßte heute abend auf dem andern Bahnsteig mit Zug soundso ankommen." Und dann habe ich eine Woche bei ihm in Lüttich gewohnt. Schönes Bett. Wenn er fahren mußte, übernahm er kurze Touren und kam nachmittags wieder. Ich durfte in der Wirtschaft, wo er verkehrte, essen gehen und er bezahlte alles. Anderswo ist es doch besser als im Schützengraben.

E. P., geb. 1897:
Als ich Rembertow bei Warschau auf der Schießschule war, durften wir einmal in der Woche mittwochs sowie jeden Sonnabend und Sonntag nach Warschau fahren und uns dort jeder auf seine Weise amüsieren. Die Offiziere hatten ihre farbigen Friedensuniformen an. Die der Artilleristen war blau. Ich habe mir, wie viele andere Kameraden auch, meine Extrauniform von zu Hause kommen lassen. Wenn wir in Warschau in dem Offizierkasino essen wollten, mußten wir uns vorher anmelden. Es gab dort einen großen Saal, in dem mittags von 12 bis 2 Uhr gespeist wurde, nur Offiziere und wir Offiziersanwärter von der Schießschule. An zwei Seiten des Saales befanden sich in großen Nischen Orchester. Wenn wir als popelige Wachtmeister den Saal betraten, da waren 40, 50 hohe Offiziere, Generäle, Leutnants durcheinander, nahmen wir einmal im Saal Haltung an und damit war das erledigt. Ich habe in Warschau die besten Theaterstücke erlebt und im Westen starben sie den Heldentod.

Gustav Heckmann, geb. 1898:
Ich kam Anfang des Krieges als freiwilliger Krankenpfleger in ein großes Seuchengenesungsheim in Ciechocinek bei Aleksandrów, nicht weit von Thorn in Russisch-Polen. Das Heim wurde von einem Grafen von Rittberg geleitet. In der dortigen Schreibstube habe ich lange gearbeitet. Der Aufenthalt in Ciechocinek hatte große Vorteile. Wir konnten dort Schinken und Lebensmittel aller Art kaufen und ich sandte Freßpakete an Leute, die dies dringend brauchen konnten, zum Beispiel an meinen Lehrer Schadow, mit dem ich sehr befreundet war. Er bat mich, einmal an seine Wirtin ein Paket zu schicken. Sie schrieb mir dann ganz überschwenglich: „Eine solche Sendung käme wie von Gott." Ich spürte aber, daß dieses schöne Etappendasein in

Ciechocinek nicht von Dauer sein würde. Ich überzeugte meinen Vater, mich doch noch freiwillig zu den Soldaten zu melden, weil ich dann den Ort meiner Ausbildung aussuchen durfte.

Wilhelm Garmsen, geb. 1896:
Zu Beginn meiner Zeit in der Genesungskompanie in Flensburg hieß es: „Wer in der Lage ist, Privatquartier zu besorgen, der darf das tun, denn die Kaserne ist übervoll." Und da wandte ich mich an meinen Schulkollegen in der Schreibstube: „Mensch, Hans, hast du nicht eine Idee?" „Ja, das kann ich dir sagen. In der Norderstraße gegenüber dem Gymnasium ist eine Villa mit sehr netten, soldatenfreundlichen Leuten. Die haben kleine Kammern unter dem Dach." Wie das Leben so spielt, ich steige die Treppe rauf, unterwegs begegnet mir ein junges Mädchen. Wir haben uns Guten Tag gesagt und ich bin weitergegangen. Nach ein paar Schritten guckten wir uns beide um. Ich habe mich dann bei den Leuten vorgestellt: „Ja, die Kammer können sie kriegen. Sie ist klein, aber sie wollen da ja auch nur schlafen. Unser Mädchen wird sie einweisen." Am nächsten Tag bin ich dann hingekommen und traf auf der Treppe wieder das Mädchen, bei der es sich um das Dienstmädchen der Herrschaften handelte. Schüchtern wie ich damals war, habe ich mit ihr nur ein paar Worte gewechselt. Es stellte sich heraus, daß sie die Kammer neben mir bewohnte. Ich hab mir zuerst gar nichts dabei gedacht. Vom Feldwebel erhielt ich als Gefreiter den Auftrag, in einem Massenquartier für Soldaten den Posten des zweiten Aufsehers zu übernehmen. Den nächsten Tag traf ich erneut auf dem Flur der Villa das Mädchen, wir haben erst ein bißchen geklönt. Nun weiß ich nicht, wer von uns beiden sagte: „Wir können doch reingehen und uns hinsetzen." Ein hübsches Mädchen. Wir haben uns hingesetzt und, na ja, was das Ende vom Lied war, dabei ist es natürlich nicht geblieben. Ich hatte von dem Augenblick an eine Freundin, zu damaliger Zeit hieß es noch, einen Schatz. Es begann für mich eine tolle Zeit, die ich im Leben nicht hätte missen mögen. Ich mußte aber immer damit rechnen, eines Tages von der Genesungskompanie wieder zur Front abgestellt zu werden.

Im April 1917 fragte dann der Oberleutnant, ob jemand Lust hätte, sich am schweren MG ausbilden zu lassen. „Mensch", denk' ich, „das ist eine Gelegenheit, für weitere vier bis sechs Wochen Ausbildungszeit in der Heimat zu bleiben." Ich habe mich mit einem anderen gemeldet und wir sind dann noch einige Wochen ausgebildet worden. Eine wunderbare Zeit. Die Ausbildung war nicht so ganz einfach, tagsüber war ich ja nicht zu sprechen für das Mädchen und sie hatte ja auch zu arbeiten. Wie das dann so ist, eines Tages waren auch wir reif für die Front. Die anderen waren schon längst wieder weg.

Hans Seidelmann, geb. 1898:
Wir waren Anfang September 1917 an der Front des Chemin-des-Dames angekommen. Im Verlauf des Septembers bekam ich im Graben die Ruhr. Die Ruhr kommt ziemlich plötzlich. Wir waren draußen am Drahtverhauausbessern, da wurde mir entsetzlich heiß, und ich mußte mich immer wieder verdrücken. Ich konnte einfach nicht mehr. In der Nacht wurde ich zu unserem Revier zurückgebracht. Von dort wurde ich mit einem Pferdewagen auf einer Trage zurückgeschafft und dann mit einem Sanitätsauto nach Laon in ein Feldlazarett transportiert. Vielleicht nach 14 Tagen sollte ich zur Genesungskompanie kommen. Die gab es aber zu dieser Zeit nicht. So wurde ich der mobilen Etappenkommandantur zugewiesen. Es war der 29. September 1917. Ich habe mich in Laon sauwohl gefühlt. Das Leben verlief friedensmäßig, und man hatte das Gefühl, gar kein richtiger Soldat mehr zu sein. Wir wurden mit leichten Arbeiten beschäftigt. Die Kameraden in der Etappe legten großen Wert darauf, ihre Posten zu behalten. Eine Zeit war ich als Telefonist in dem nun militärisch genutzten Rathaus eingesetzt.

Dann war ich eine Zeit Verkäufer in der Militärkantine, die früher ein ganz normaler Laden am Rathausplatz gewesen war. Bis Vervins gingen die Eisenbahnzüge und von dort wurde herangeschafft, was wir verkaufen konnten. Es war nicht viel, das beste war erbeuteter Burgunderwein. Unsere Position war auch nicht ganz ungefährlich, denn die deutschen Soldaten klauten sehr viel. Eines Nachts flogen die Franzosen einen Bombenangriff auf Laon. Zuerst dachte man, es sei leichter Beschuß. Aber es waren Fliegerbomben. Zu dieser Zeit wurden ja noch offene einmotorige Propellerflugzeuge geflogen, in denen zwei Mann hintereinander saßen. Der erste flog und der zweite hakte die scharfen Bomben aus, von denen auf jeder Seite des Flugzeugs fünf oder sechs angebracht waren. Die Franzosen hatten sich den obersten Teil von Laon ausgesucht, wo sich die maßgebenden Persönlichkeiten, Stäbe und eben der Rathausmarkt befanden. Die Bomben landeten schräg vor unserem Laden und die Scheiben flogen heraus. Wir waren aus den Kojen noch nicht ganz raus, da haben unsere Kameraden schon vorne das Schaufenster ausgeräumt. Wir zogen nach diesem Erlebnis eine Etage tiefer in den Keller des Gebäudes.

Nach dieser Zeit wurde ich als Quartiermeister eingeteilt. Und zwar hatte man im früheren Revier der Zitadelle ein Quartier vor allen Dingen für Offiziere eingerichtet. Urlauber, die zu ihrer Formation vorne im Graben zurück wollten, mußten häufig für eine Nacht unterkommen. Es war ein wundervoller Posten. Es werden zehn Zimmer gewesen sein, davon einige mit bis zu sechs, sieben Betten und vielleicht zwei Einzelzimmer für hohe Ränge. Ich habe einmal einen Hauptmann in ein Mehrbettzimmer gelegt, da habe ich gleich eins draufgekriegt. Zu frühstücken gab es nichts. Am nächsten Morgen kamen fünf oder sechs Frauen aus Laon, die aufräumten. Laon war ja noch von Zivilisten bewohnt, allerdings nur von Frauen, denn die Männer waren eingezogen. Sie machten uns gegenüber ein feindliches Gesicht, waren aber sonst ruhig. Ich erinnere mich noch, der Kommandant der Zitadelle, ein Feldwebel, hatte seine Schreibstube oben und war sehr gefürchtet. Er hatte sich in der Zitadelle eine niedliche kleine Wohnung eingerichtet und lebte dort mit einer bildhübschen Französin zusammen, vor der wir alle einen Heidenrespekt hatten, denn wenn sie etwas Böses über uns gesagt hätte, wäre der Teufel los gewesen. Es war ein herrlicher Druckposten, den ich gerne innehatte. Am 21. März erfolgte dann die erste der berühmten Frühjahrsoffensiven zwischen Arras und La Fère, etwas nördlich von unserer Stellung. Die zweite brachte dann die große Niederlage der Engländer, in der 90 000 Engländer in Gefangenschaft gerieten. Wir hörten nur, es seien Offensiven im Gange. Am 15. Mai kehrte ich zu meiner Kompanie zurück.

Herbert Dangers, geb. 1898:
Nach meiner Verwundung in Rußland und dem Lazarettaufenthalt kam ich in die Genesungskompanie meines alten Regiments 74 nach Hannover. In der Zeit war mein bester Schulfreund auch verwundet worden und hielt sich ebenfalls in Hannover auf. Wir kamen darauf, unser Abitur nachzumachen. Das war möglich. Wir kriegten eine gewisse Urlaubszeit, damit wir uns ein bißchen vorbereiten konnten. An einem bestimmten Tag sind wir zur Prüfung in die Schule gerufen worden, in Uniform, man durfte ja die Uniform nicht ausziehen. Wir bekamen das Abitur, aber nachher sagte uns einer der Professoren, sie hätten mehr als ein Auge zudrücken müssen. In Anbetracht der Tatsache, daß wir Soldaten und verwundet waren, mein Freund schon das Eiserne Kreuz hatte, hatte man uns dies aber nachgesehen. In der folgenden Nachuntersuchung wurde ich gefragt, ob ich 50 Kilometer marschieren könne. Ich habe das verneint und wurde beurlaubt.

Ich bin daraufhin bei der Dresdner Bank in die Lehre gegangen, die ersten Monate noch in Uniform. Dadurch kommt es, daß ich später mit 21 Jahren erstens mein Abitur haben sollte, dreieinhalb Jahre Soldat gewesen war und eine dreijährige Lehrzeit hinter mir hatte. Die Bank hat mir eineinhalb Jahre der Lehrzeit erlassen. Im Grunde war ich froh, hier in Hannover zu sein. Man mußte natürlich immer damit rechnen, wieder an die Front zu müssen. 1917 wurde ich als für die Infanterie nicht mehr tauglich eingestuft und kam zur Artillerie. Längere Zeit haben sie mich in Hannover eingesetzt. Später gelangten wir über Zeebrugge in die Vogesen, wo wir bei Gebweiler in der Nähe des Hartmannsweilerkopfes lagen. Das folgende Jahr im Elsaß war für mich sehr harmlos und teilweise wunderschön. Für den Sommer 1918 erhielt ich den Auftrag, Stellungen für einen eventuellen Rückzug auszusuchen. Ich habe mich zusammen mit einem anderen Kameraden mindestens vier Wochen bei herrlichem Wetter auf einem Pferd in der Gegend herumgetrieben und auf diese Weise die Vogesen wunderbar kennengelernt.

Wilhelm Eddelbüttel, geb. 1894:
Ich habe acht Monate im Lazarett gelegen. Mein Arm war zunächst steif und ich mußte ihn an einem langen Pendel bewegen. Nachher kam ich ins Ersatzlager nach Neustrelitz. Eigentlich war ich froh, daß ich aus der Front raus war und daß für mich, wie ich meinte, der Krieg zu Ende war. Ins Feld bin ich tatsächlich auch nicht mehr gekommen, da ich nur noch garnisonsdienstfähig war. Ich habe mich dann im Frühjahr 1916 zur Starkstromkompanie beworben. Die legten Überlandleitungen oder Leitungen in den Wohnungen die Offiziere, die natürlich Telefon und Licht brauchten. In Frankreich habe ich zwar noch manch unangenehme Situation durchmachen müssen, aber im großen und ganzen war es natürlich wesentlich anders als an der Front selbst.

Walter Lüneburg, geb. 1898:
Eines Tages wurde mein Vater krank. Er hatte Kopfschmerzen und wurde vom Arzt ins Krankenhaus überwiesen. Dort wurde festgestellt, daß er eine Hirnhautentzündung hatte. Er starb. In dieser Phase wurde ich nun eingezogen. Mein älterer Bruder war schon vorher eingezogen und galt als vermißt. Ich war gerade in den Schützengraben gekommen, hatte mich umgesehen und mein Gewehr vor mir hingestellt, als der Ruf kam: „Walter Lüneburg geht zurück.“ Meine Mutter hatte reklamiert, daß ich jetzt der einzige sei, der für die Ernährung der Familie in Frage käme. Wir hatten immerhin noch sieben jüngere Geschwister. Das ist tatsächlich anerkannt worden, und so habe ich die Front nur gesehen, aber nichts erlebt. Ich habe mich darüber gefreut, ich war kein Soldat. Ich kam dann zurück nach Brügge und wurde in der Soldatenwäscherei eingesetzt. Ich habe den ganzen Krieg über schmutzige Wäsche angenommen und saubere wieder ausgegeben.

Dr. Richard Wege, geb. 1898:
Im Spätherbst 1917 wurde ich eingezogen. Wir waren eigentlich eine Auslese der Kleineren, der Schwächeren und wurden av-Heimat geschrieben. Ich wurde ausgebildet und dann abkommandiert, mit 20 Italienern, die in der Isonzo-Schlacht gefangengenommen

worden waren, in einen Wald zu gehen und einen Schlag zu fällen. Ich hatte noch drei alte Holzfäller bei mir, die um die 70 Jahre alt waren. Ich stand mit meinem 71er Gewehr daneben und hielt Wache. Ich habe dies zwei Tage getan, dann habe ich das Gewehr in die Ecke gestellt und mitgeholfen, denn ich fror ja sonst an. Die Italiener haben auf dem Heimweg immer gesungen. Sie waren beliebt in dem Dorf: „Jetzt kommen die, die singen." Die Förstersfrau mußte kochen. Nach einem halben Jahr war der Schlag gefällt und ich kam wieder in die Kaserne zurück. Zu dieser Zeit befürchtete man von Holland aus einen Angriff. Wir wurden an der holländischen Grenze verteilt und mußten aufpassen, daß keiner hinüberkam. Es war außerdem an der Grenze ein Hochspannungsdraht gespannt worden. Wer kam, waren Schmuggler, die Kaffee schmuggelten. Sie kamen nachts in Turnschuhen, so daß man sie nicht hörte. Wir haben sie nicht erschossen, das haben wir gar nicht fertiggebracht.

Ein paar Monate später wurden wir dann nach Belgien verlegt. Wir lagen in einer Ecke der Front, im anderen Teil ballerte es, und bei uns geschah gar nichts. Nach 14 Tagen wurden wir abgelöst. Das ging so ein bis zwei Monate, da kam von der Kompanie der Befehl: „Wege, wann bist du das letzte Mal auf Urlaub gewesen?" Ich sag': „Überhaupt noch nicht." „Dann gehst du jetzt auf Urlaub." Ich denk', ich höre nicht richtig. In der Zwischenzeit hatte ich nach Murwik geschrieben, daß ich zur Marine wollte. Bei der Infanterie war es mir zu langweilig und zu dreckig. Es war nicht mein Bier. Nach kurzer Zeit kriegte ich einen Brief: „Sie sind angenommen, warten aber noch auf Befehl." Es war jetzt schon September, ich war auf Urlaub zu Hause und wartete. Da kommt die Nachricht: „Revolution bei der Marine!" Ich muß sagen, was ich vom Krieg erlebt habe, ist lächerlich. Ich wollte etwas erleben, es ist mir nie geglückt. Ich wollte zu den Fliegern, wurde stattdessen eingezogen zur Infanterie. Ich wollte aus dem Dreck raus und zur Marine und bin nie dort angekommen. Mein Soldatenleben ist merkwürdig gewesen.

Kurt Hauswurz, geb. 1896:
Am 21. März 1918 ging es bei Cambrai, St. Quentin, La Fère los. Sechs Stunden Trommelfeuer mit Gas hatten wir schon hinter uns und sollten angreifen. 500, 600 Mann von uns standen im Wald von Bourlon. Ich stand in vorderster Reihe. Mit einem Mal kommt ein deutscher Oberst geritten, schaut mich an und sagt: „Sie gehen gleich mit mir. Sie werden im Regimentsstab meine Leibordonnanz." Ich kann Ihnen sagen, wie der Oberst das gesagt hat, hat es mich vor Freude beinahe umgehauen. Er hat mich gleich mitgenommen. Den Namen des Oberst habe ich noch lange Zeit gewußt, nun habe ich ihn vergessen. Dort, weit weg von der Front, war es

ruhig geworden, zumal sich der Krieg langsam auf sein Ende zu bewegte. Im Stab machte ich weiter nichts, als die Meldungen zu den Bataillonskommandeuren hin- und wieder zurückzuschaffen.

Rudolf Möller, geb. 1898:
Ich muß von meinem großen Glück erzählen. Die Kompanie ging im Frühjahr 1918 in Stellung. Unser Regiment war zum Sturm auf den Kemmelberg ausersehen. In diesem Moment wurde ich von der Schreibstube ausgerufen und kriegte den Bescheid, ich sei zum Offizierskursus weit hinter der Front abgeordnet. Auf diese Weise bin ich dem Sturm auf den Kemmel entgangen. Ich habe die Kompanie nie wieder gesehen. Als der Kursus nämlich zu Ende war, wurden wir in die Heimat geschickt, da der Krieg beendet war. Ein Vierteljahr nach mir wurde Erich Schulze, der in meiner Kompanie schon Vize-Feldwebel war, auch zum Kursus beordert. Er erzählte, wie es den einzelnen am Kemmel ergangen war. Es war nur ein Bruchteil der Kompanie übriggeblieben. Die Kompanie hatte schwer gelitten.

H. F., geb. 1898:
Mein Vater hat den Krieg von Anfang bis Ende mitgemacht. Er hatte ja schon Familie und war als Angehöriger des Jahrgangs 1870 so alt, daß er im September/Oktober 1914 in das Landsturmbataillon kam. Meine Mutter war sehr niedergeschlagen, freute sich aber, als er berichtete, er sei zur Sanitätskompanie versetzt worden. Da er hinter der Front erst als Unteroffizier, dann als Sanitätsfeldwebel eingesetzt wurde, hatte er ja einen ganz guten Posten. Ende 1917 wurden mit einem Mal die alten Herrschaften entlassen. Aber kurz vor Kriegsende mußten sie wieder die Uniform anziehen.

Wilhelm Dettmer, geb. 1898:
Im Herbst 1916 bin ich bei der Fliegerersatz-Abteilung V in Hannover Soldat geworden. Anfang 1917 mußte die Fliegerersatz-Abteilung Personal für eine neu eingerichtete Fliegerschießschule in Belgien abstellen. Es gab seinerzeit ja den Flugzeugführer und den Beobachter. Die Beobachter wurden hier im Schießen vom Flugzeug aus ausgebildet. Das merkwürdige war, sie brauchten hierfür nicht zu fliegen, sondern wir hatten einen Schießplatz. Auf einem Gleis lief eine Lore, auf die ein Flugzeugrumpf montiert war und in diesem Rumpf saß der Beobachter, der immer im Kreise herumfuhr und auf ein Flugzeug schoß, das sich auf einer zweiten Bahn in der Form einer Acht fortgesetzt bewegte. So wurde das Schießen auf bewegliche Ziele geübt, ohne daß einer abstürzen konnte.

Ein Teil des Bodenpersonals beschäftigte sich mit der Wartung der Flugzeuge. Die Flugzeuge bestanden ja alle aus Leinwand und Sperrholz. Wenn man fest zutrat, war ein Loch in der Maschine. Als Sparkassenmann kam ich natürlich von Anfang an aufs Büro. Ich war Rechnungsführer im Offizierskasino. Es waren meistens junge Offiziere in der Ausbildung, denn alte Flieger gab es eigentlich noch gar nicht. Wir hatten im Kasino eine ganz vorzügliche Küche, denn der Koch war der Küchenchef vom Hamburger Ratsweinkeller. Unser Kommandeur war ein begeisterter Burgunderfreund. All diese Dinge hatte ich nun zu verwalten und sorgte dafür, daß auch wir ab und zu einmal zu einem guten Wein kamen. Es gibt doch den sogenannten Korkgeschmack beim Wein. Wenn er eine Flasche Wein wünschte, wurde die Flasche vorbereitet, temperiert, nicht zu kalt. Plötzlich schmeckte sie nach Kork und dann gab er uns die Flasche zum Verbrauch in der Küche. Dies haben wir jedoch nicht getan, sondern wir setzten sie ihm noch mal vor. Er schrieb einen Bon aus und wir konnten eine Flasche abbuchen. So kam es öfter vor, daß wir eine Flasche mit Korkgeschmack hatten.

Walter Tostlöwe, geb. 1893:
In Jever wurden wir ausgeladen und erhielten unsere Grundausbildung. Nach der Ausbildung geschah etwas Komisches. Ich war zur Werftdivision ausgehoben worden, das heißt, ich wäre normalerweise zur weiteren Ausbildung aufs Schiff gekommen. Da gab es aber so viele Reservisten, daß für uns kein Platz mehr vorhanden war. Wir wurden also zur Matrosen-Artillerie überschrieben. Das Militärkommando hatte den Auftrag, eine Feldbatterie mit normalen 7,5 cm Feldgeschützen zum Schutze von Wilhelmshaven auszubilden. Dazu hatte man einen Artillerieoffizier abgeordnet, der uns als Feldartillerie ausbildete. Da ich Interesse an Pferden hatte, wurde ich Fahrer. Wir machten auch Übungen, regelrechte Stellungsauffahrten. Scheinbar sah man aber bald ein, daß eine Kampfbatterie von vier Geschützen in Wilhelmshaven auch nicht viel ausrichten konnte. Wir wurden daraufhin nach Flandern, südlich von Ypern, direkt an die Front verlegt. Dort muß offensichtlich eine Lücke in der Front entstanden sein, in der unsere Matrosenbatterie eingebaut wurde. Eines Tages – wir hatten einen Kameraden, der war Fleischer von Beruf und hatte uns etwas beschafft – bekamen wir eine Fleischvergiftung. Ausgerechnet in diesen 14 Tagen, in denen wir im Lazarett saßen, wurde unsere Batterie aufgerieben. Ich kam gar nicht wieder zurück, sondern wurde gleich nach Zeebrugge zu einer 10,5 Flakbatterie versetzt, die dort zum Schutz der Schleuse lag. Ich bin dann die ganzen nächsten drei Jahre über in Zeebrugge gewesen.

August Philipp, geb. 1893:
Im April 1915 kam ich nach Frankreich in den Ort Billy, nordöstlich von Verdun. Weil ich von Beruf Installateur war, fing ich gleich mit

Elektrizitätsarbeiten an und bin bis zum letzten Tag dabei geblieben. Die Ortschaften wie Billy, Romagne wurden mit Strom ausgelegt. Wie die Front nach 1915 festlag, sind sogleich Stollen gebaut worden und die haben wir nachher auch mit Strom versorgt. Wir haben den Strom über den Berg hinüber nach Mocourt gelegt.

Wilhelm Rath, geb. 1895:
Meine kurze Seefahrtszeit hat mir das Leben gerettet. Für das Militär gehörte ich zur seemännischen Bevölkerung, für die zunächst noch kein Bedarf zum Einziehen bestand. Sonst wäre ich als Zimmermann zu den Pionieren gekommen. Das Bezirkskommando ließ mich zuerst in Ruhe und ich habe in Hamburg beim Barackenbau gearbeitet. Mitte Februar 1915 kam dann per Postkarte vom Bezirkskommando die Anfrage, ob ich bereit wäre, in militärischen Betrieben zu arbeiten. Ich bejahte dies. Ein Onkel von mir hatte gesagt: „Wenn du dich da nicht meldest, kommst du in den Schützengraben.“ In der letzten Februarwoche hieß es dann, ich sollte mich bei der Telegrafenbauabteilung an der Langen Reihe in Hamburg zum Arbeitsbeginn melden. Am 1. März 1915 begann meine Dienstzeit bei der Post. Das Personal waren meist junge Leute von 17, 18 Jahren. In der Handwerkerkolonne wurde ich am laufenden Band reklamiert. Der Werkmeister sagte von Zeit zu Zeit zu mir: „Rath, Sie sind wieder reklamiert.“ Ich hatte mein Zimmer in Barmbek.

Das ging gut bis 1917. Da sollten alle jungen Männer eingezogen und durch alte ersetzt werden. Also kam ich am 23. April 1917 zur Marine nach Kiel-Wik. Nach der Ausbildungszeit wurde ich mit mehreren Kameraden nach Flensburg-Murwik abgezweigt. Wir kamen dort auf den Panzerkreuzer „König Wilhelm“, einen alten Panzerkreuzer, der in den 60er Jahren des vorigen Jahrhunderts für die preußische Marine gebaut worden war. Wir hatten auch Offiziere der türkischen Marine an Bord. Sie wohnten unten im Schiff, hatten ihre eigene Messe. Oben an Deck waren die Werkstätten, Schmiede, Schlosserei und Zimmerei, und am Land wurden große Boote gebaut. Ich habe dort bis zum Kriegsende noch viel vom Bootsbau gelernt.

J. E., geb. 1895
Vier Wochen, nachdem mein Unterstand einen Treffer gekriegt hatte, kam ich in eine Genesungsabteilung, die in einer Schule untergebracht war. Eines Tages standen wir mit ungefähr 100 Mann auf dem großen Schulhof in einer Reihe. Der Feldwebel baute sich direkt neben mir auf und schrie: „Ein Schreibbeflissener.“ Ich denke, das ist das Richtige für dich. „Hier, Herr Feldwebel.“ „So“, er trat an mich ran, „was sind sie denn?“ Ich sagte: „Ich bin gelernter

Kaufmann, kann Schreibmaschine, Stenografie." So kam ich zum Oberkommando der 4. Armee in Kortrijk. Wir waren in einem beschlagnahmten Privathaus untergebracht. Unten war das Büro, oben war mein Zimmer. Da habe ich ein Leben gehabt wie Gott in Frankreich. Nebenan war ein Restaurant, da haben wir draußen gesessen und unser Bier getrunken. Belgisches Bier schmeckt aber nicht. In dem Restaurant war ein nettes Mädelchen, aber die Eltern paßten auf, daß nichts passierte.

Von Kortrijk aus bin ich nach Brüssel gefahren. Ich bin in die Theater, ins Varieté, in Museen gegangen. Vorher habe ich mir in einem Hotel ein Zimmer bestellt. Der an der Rezeption hat mich französisch gefragt: „Est-ce que vous voulez la nuit avec une femme?" Ich habe es abgelehnt. Aber man hätte es haben können. Wenn man nach Hause kam aus dem Theater, lag da eine Madame, die brauchte bloß die Beine breit zu machen. Herrlich habe ich's gehabt. In Brüssel habe ich sogar Handel getrieben, habe Wurst geholt für das Restaurant neben unserem Quartier. Einmal sitzt neben mir im Varieté eine Weibsperson. Wir kommen auf Französisch ins Gespräch und sie sagt mir, daß ihre Mutter hinter der französischen Grenze wohne, sie könne aber nicht hinfahren, da sie dafür einen Passeport haben müßte. Ob ich ihr nicht einmal einen Gefallen tun könnte und ihre schmutzige Wäsche auf dem Rückweg mitnehmen könnte. Das habe ich dann gemacht. Sie war eine Hure. Eines Tages erklärte sie mir, sie möge mich. Da bin ich mit ihr auf ihr Zimmer gegangen. Aber ich konnte nicht. Es war mir nicht möglich, eine Erektion zu haben. Und da weinte sie ein bißchen und sagte: „Liebst du mich nicht?" Ich sagte: „Von Liebe, um ehrlich zu sein, kann ja eigentlich keine Rede sein. Das kann nur das Geschlechtliche sein, aber ich bring's nicht fertig." Einmal mußte sie zu einer Gesundheitsinspektion fahren. Ich saß mit ihr und ungefähr zehn Frauen in einer elektrischen Karre, sie war wohl extra dafür gemietet. Da habe ich auch gedacht: „Wenn einer sehen würde, daß du hier mit zehn Huren zur körperlichen Visite fährst." Ich war mindestens ein Jahr in Kortrijk. Wir haben sogar Weihnachten 1917/18 dort gefeiert.

Eines Tages war Schluß mit dem friedensmäßigen Leben und ich mußte wieder an die Front. Anfang 1918 habe ich mir dann gesagt: „Du bleibst nicht hier. Du machst irgend etwas, damit du wegkommst." Deshalb habe ich mich zu den Fliegern gemeldet und habe mir gedacht: „Wenn du wirklich zu den Fliegern kommst, dann dauert es Monate, bis du Kampfflieger wirst. Bis dahin ist der Krieg zu Ende." Ich wußte ganz genau, daß wir ihn nicht gewinnen konnten. Es muß etwa März gewesen sein, die ersten Blüten kamen durch und es sollte eine große Offensive stattfinden. Und damit wir, wenn wir zum lieben Gott kämen, sauber waren, wurden wir vorher noch in Badeanstalten geschickt und dort entlaust. Ich weiß noch, wir kamen zurück und ich ging mit den Ordonnanzen und den Meldern am Ende der Kompanie. Da höre ich, wie die anderen hinter mir ziemlich laut reden und der eine sagt: „Du, der Unteroffizier E., der hat ja ein Schwein." „Wieso, was ist denn los mit dem?" „Der kommt zu den Fliegern. Der kommt heute noch weg." Ich dreh mich um: „Was hast du gesagt?" „Ich habe gar nichts gesagt." Der durfte das ja nicht ausplaudern. Ich sag': „Ich gebe dir mein Ehrenwort." „Ja, du gehst zu den Fliegern." Also ich denke: „Ruhe, Ruhe bewahren, bis du die Sache in der Tasche hast." Ich warte ab, mach' gar nichts, bis eine Ordonnanz kommt und sagt: „Herr Unteroffizier, Sie sollen zum Hauptmann kommen." Ich melde mich stramm: „Ja, ich muß Ihnen leider sagen, daß Sie uns verlassen." Ich sag': „Was ist denn?" „Sie werden versetzt: Fliegerabteilung 7 nach Braunschweig." Ich antworte: „Nach Braunschweig, das Schicksal ist doch komisch. Da bin ich geboren."

In Braunschweig wurden wir in einer Kaserne auf dem Flughafen untergebracht. Wir mußten die Motoren der bei Flugübungen abgestürzten Flugzeuge auseinandernehmen, mit Stahlbürsten in Benzin reinigen und die Techniker setzten sie wieder zusammen. Und dann hatten wir theoretischen Unterricht. Nach einigen Tagen fragte mich ein Kamerad: „Wo wohnst du eigentlich?" „Ich wohne hier auf der Kaserne." „Bist schön dumm. Du gehst zur Berlitz-Schule und schreibst dich im Sekretariat für 20 Mark für englischen oder französischen Sprachunterricht zwecks Weiterbildung für deine Zukunft ein. Dann darfst du privat wohnen." Man mußte allerdings, wenn man privat wohnte, einen Wohnungstürschlüssel mit einem Namensetikett in der Hauptfeldwebelstube abgeben. Und jeden Abend ging ein Offizier mit zwei Mann mal zu dem, mal zu dem. Er klopfte höflich an: „Unteroffizier, sind Sie da?" „Jawohl." „Ja, machen Sie mal auf." Ich zog meinen Mantel an und öffnete die Tür und nahm Haltung ein. „Ach, dann schlafen Sie mal schön." Nach zehn Uhr abends mußte man von der Straße weg sein. In Braunschweig war das Café Kronprinz damals ein ganz bekanntes Café. Wenn der Kellner etwas brachte, legte man ihm immer extra eine Mark hin: „Falls eine Kontrolle kommt, geben Sie uns schnell einen Tip, damit wir zum Pissen gehen können."

Meine Mutter hatte mich darauf hingewiesen, daß in Braunschweig allerhand Familien lebten, die seinerzeit mit uns Freundschaft geschlossen hatten und mit deren Kindern ich einst gespielt hatte. So kam es, daß ich eine Familie besuchte, die hieß Rust. Der Vater hatte am Aegidienplatz einen großen Malereibetrieb. Ich meldete mich eines Tages an. Eine nette Dame mit weißem Haar: „Was willst du?" Ich sagte: „Meine Name ist Hänschen." Hänschen nannten sie mich, Hans heiß' ich ja. „Was, das Hänschen. Willi, komm mal her." Da kam ein Mädchen von 19 Jahren, hübsch, jung, lieb. Mit der bin ich nachher ins Theater und ins Kino gegangen. Wir haben uns eingehakt. Die hat sich angekuschelt bei mir. Aber immer in Begleitung einer Freundin, weil sie Angst hatten, daß was passierte. Das waren Zeiten, der Rotdorn blühte, ich schlief in einem sauberen Bett und hatte mein schönes Essen. Ich mußte allerdings die Schmutzarbeit auf dem Flugplatz machen, aber es donnerte und blitzte nicht mehr. Eines Tages – es wird im Juni gewesen sein – mußte ich mich auf dem Büro des Flugplatzes melden und wurde vom Hauptmann gefragt: „Haben Sie Lust, nach Travemünde zu gehen?" So kam ich für die letzte Zeit des Krieges nach Travemünde-Priwall zum Fliegen.

Hermann Gieselmann, geb. 1895:
Ich wurde als Maschinengewehrschütze ausgebildet. Dann kam die Anweisung, ehemalige Telegrafenarbeiter seien zu melden. Ich war gerade in der Schreibstube und habe mich selbst gemeldet. Ich dachte, als Telegrafenarbeiter könne ich nicht nach ganz vorne kommen, sondern würde im Hinterland eingesetzt. Tatsächlich erhielt ich Bescheid, ich sei sofort zum Bataillon in Marsch zu setzen. So kam ich 1916 nach Berlin-Treptow. Wir haben am Treptower Bahnhof in einem großen Tanzsaal gelegen und auf dem Fußboden geschlafen. Wir sind nicht ausgebildet worden, sondern leisteten unseren Arbeitsdienst. Morgens wurden wir zu irgendeiner Arbeit eingeteilt. Abends gingen wir zur Bockwiese. Dorthin kamen die Mädchen von Berlin. Wir haben mit ihnen poussiert, sind mit ihnen auch in die Lokale gegangen. Geld hatten wir ja nicht viel, aber wir haben uns so durchgeschlängelt. Ich habe verschiedene Hamburger, die ich von früher noch kannte, in Berlin wiedergetroffen. Eines Tages wurden wir dann zu einer Einheit zusammengestellt und fuhren nach Rumänien.

R. G., geb. 1898:
Ich hatte beschlossen: „Der Krieg findet für mich nicht statt." Mein Vorhaben wurde dadurch unterstützt, daß ich schließlich bei einer Firma landete, die für die Artillerie arbeitete und die mich reklamieren konnte. 1917 war dann nichts mehr in Sachen Reklamation zu machen, und ich mußte einrücken. Ich kam zu den 75ern aus Bremen. Im Schatten der Gnadenkirche hinter dem Oberlandesgericht in Hamburg war ein Haus, in dem sich Menschen aus verschiedenen Ländern treffen konnten. Dieses Haus diente jetzt als Kompaniehaus der 75er in Hamburg. Die meisten dort waren wie ich nach der Musterung arbeitsverwendungsfähig eingestuft. Es gab immer genü-

gend Arbeitsaufträge für uns. Ich hatte schnell spitz gekriegt, daß, wenn der Spieß vorne fragte: „Wer meldet sich für ...?“, ich schon dastand. Mir war ganz egal, was kam. Ich nahm es vorweg. Es kam nämlich häufig vor, daß nachher der Rest der Leute für die Etappe oder für vorne genommen wurde. Ich mußte solche Sachen machen wie Kohlenschleppen oder wir wurden angefordert, wenn irgendwo eine Straße ausgebessert werden mußte.

J. M., geb. 1896:
Drei bis vier Monate war ich im Lazarett, dann kam ich zum Ersatztruppenteil. Dort paßte es mir nicht. Ich war ja ein alter Krieger und habe den Schwindel in der Kaserne gar nicht mehr mitgemacht. Wie ich wieder kv war, wurde ein Transport für die Karpaten zusammengestellt. Wir gehörten als Sturmkompanie zum Königin-Elisabeth-Garde-Grenadier-Regiment Nr. 3 mit Sitz in Berlin. Wir hatten einen Hauptmann als Kompanieführer, der sagt: „Na, kleiner Bayer, möchtest du nicht lieber bei den Bayern sein?“ Ich antworte: „Das läßt sich wohl schwer machen. Ich bin ja jetzt schon von Anfang an bei den Preußen.“ „Na, wollen wir mal sehen. Wenn du lieber zurück willst. Wohin willst du denn?“ „Nach München! Zwanzig Kilometer von München weg bin ich zu Hause.“ Auf einmal kam tatsächlich der Befehl, daß ich nach München abzutransportieren sei. Nun war ich beim dortigen Ersatztruppenteil, aber kv. Sie suchten Leute, die zum Hornisten oder Trommler ausgebildet werden sollten. Ich denk': „Das ist ein Druckposten. Laß dich als Hornist ausbilden.“ Als kv braucht man einen Druckposten, bei dem man nicht mehr richtig eingesetzt wird.

In dieser Zeit hatte ich ein privates Erlebnis. Wie ich vom Münchner Hauptbahnhof die lange Straße zur Amalienschule gehe – dort lag das Ersatztruppenteil –, begegnet mir auf der Amalienstraße eine Frau und die guckt mich so komisch an. Da war das ein Liebling aus meiner Lehrzeit. Ich fragte: „Ja, wo gehst du hin?“ „Ich gehe zum Dienst. Ich bin hier oben in dem Salon im Büfett. Mein Mann ist Soldat. Er war Schankkellner. Wo er jetzt eingezogen ist, habe ich für ihn das Büfett übernommen.“ Eines schönen Tages wird von der Wache unten angerufen: „Besuch ist da für dich.“ Wie ich herunterkomme, ist es die Wally: „Hans, was soll ich machen, mein Mann ist gefallen.“ Ja, was sollte ich machen? Ich bin zu ihr gezogen. Man konnte sich von der Kaserne abmelden, aber man mußte zum Dienst da sein. Wenn die Soldaten auf ihrem Weg zum Exerzierplatz am Oberwiesenfeld, wo jetzt das Olympiagelände ist, an meiner Wohnung in der Amalienstraße vorbeikamen, habe ich mich angeschlossen. Das waren keine Rekruten, sondern alles solche, die vom Lazarett kamen oder Soldaten, die zur Weiterbildung in München waren. Bei einer dieser Übungen kam ein hoher Offizier vorbeigeritten: „Wer hat hier das Kommando?“ „Unteroffizier Maier.“ „Wo ist denn der?“ „Der liegt beim Kindermädchen.“ Daraufhin schrie er: „Sofort einrücken.“ Am nächsten Tag ging es zur Untersuchung und dann Abmarsch. Die Musik hat uns rausgespielt nach Grünwald zum Bahnhof. Der Zug war noch nicht da, und so haben wir uns ein Faß Bier gekauft und uns in einen Garten gelegt. Dann kam der Zug, wir sind eingestiegen und es ging los.

Erschöpfte deutsche Gefangene im August 1918

Verwundung

„Es sind so viele gefallen. Da wird es vielleicht auch leicht sein, wenn man selbst einen kriegt." Otto Hayen drückt aus, was viele denken. Irgendwann wird es auch mich selbst treffen. Mit dieser Sorge beginnen sie jeden Tag an der Front. Der Granatsplitter kann noch fern sein, er kann einen aber auch im nächsten Augenblick treffen. Und dann passiert es. Von der einen zu anderen Sekunde wird aus einem gesunden Menschen, wenn nicht ein toter, so doch zumindest ein verwundeter Soldat. Das Frontdasein hat ein Ende. Der Verwundete wird aus dem System der Schützengräben herausgezogen. Jetzt erfaßt ihn eine ganz andere Maschinerie. Über erste Verbandsplätze gelangt er in Feldlazarette und endlich – oft nach einer wahren Odyssee – in die Lazarette in der Heimat.

Früher oder später kommt der Verwundete zu Bewußtsein und erblickt um sich herum eine eigenartige Zwischenwelt. Er ist zwar nicht mehr im Kriegseinsatz, befindet sich aber weiterhin in der Obhut militärischer Einrichtungen. Ob er in ein normales Leben zurückfinden kann, hängt ganz davon ab, wie seine Genesung verläuft und von seinem Überlebenswillen. Wer vollständig wieder auf die Beine kommt, den erwartet Bekanntes. Er kommt erneut an die Front.

Berichte über die eigene Verwundung leiden oft an einer gewissen Unschärfe. Der Dämmerzustand einer schweren Verwundung ist auch den Berichten anzumerken. Ich bin mir daher nicht ganz sicher, ob meine Fragen in jedem Detail richtig beantwortet werden können. Doch gibt es auch Zeugnisse, die so bezwingend klar sind, daß sich an ihrem Wahrheitsgehalt nicht zweifeln läßt. Günther Becker erinnert sich: „Ich dachte, nun bist du aus dem Schlamassel raus, nun kommst du nicht wieder an die Front. Ich war glücklich wie sonst was, obwohl ich schwerverwundet war." Ahnungslos frage ich ihn, ob er sich gerettet fühlte. Er ist über meine Frage verblüfft. „Nein, ich dachte, jetzt kannst du in Ruhe sterben." So also sieht die Wirklichkeit aus.

Zeugnisse

Walter Bewer, geb. 1897:
Nachmittags hatte unser Angriff mit starken Artilleriefeuer begonnen, wir zuerst. Es gab ein richtiges Glücksgefühl, dicht hinter sich die Artillerie zu spüren. Da denkt man: „Es wird geschossen. Das ist jetzt gut für uns." Sie sollte uns den Weg freischießen, aber sie war unterlegen. Es

setzte die französische Artillerie ein, die war mordsmäßig. Beim Sturmangriff bekam ich dann zwei Granatsplitter ab. Der größere drang direkt über dem Herzen in den Körper ein und auf der anderen Seite wieder raus. Als ich wegsackte, dachte ich: „Mensch, jetzt mußt du sterben." Das war das einzige. Es war nicht schwer. Beim Aufstützen fühlte ich, daß auch der Arm von einem Splitter getroffen worden war. In der heißesten Septembersonne kroch ich zurück in einen Trichter. Über den Trichterrand hinaus konnte ich beobachten, daß sich deutsche Soldaten, die keine Waffen mehr hatten, über das Feld in Richtung französischen Graben bewegten. Sie wurden erschossen.

Auf einmal war unser Offizierstellvertreter bei mir: „Wir müssen hier aushalten, bis es dunkel wird. Dann können wir sehen, wie wir weiterkommen." Die Wunde brannte, aber sonst hatte ich keinen dollen Schmerz. Ich konnte mich bewegen. Wir wußten nicht, in welche Richtung wir gehen sollten. Es war dunkel geworden. Plötzlich war vor uns ein Graben, oben stand ein Soldat, der rief: „Hallo" oder „Camarade?". Da waren es Franzosen. „La baraque, camarade blessé." Soviel Französisch sprach der Feldwebel wohl und so wurde ich in den Sanitätsunterstand gebracht. Ich lag auf einer flachen Bahre. Als ich mich wieder hinausbegeben wollte, bat mich ein älterer deutscher Verwundeter: „Bleib bitte hier, man wird dich draußen töten". Er meinte Senegalneger, die auch verwundet, aber noch beweglich waren. Von denen es hieß, sie wollten uns mit dem Messer die Kehle durchschneiden. Im Sanitätsbunker wollte dann tatsächlich ein schwerverwundeter Schwarzer auf mich losgehen. Der Militärarzt nahm sich jeden vor, ganz gleich ob Franzose oder Gefangener. Sehr korrekt. Mir wurde ein Faden mit Jod durch die Wunde gezogen. Ich hörte die Engel im Himmel singen.

Hermann Baass, geb. 1897:
Ich wurde am 27.9.1917, es waren damals Großkampftage in Flandern, bei Geluveld zwischen Ypern und Zonnebeke verwundet. Ich bekam zwei Schrapnellkugeln in den Arm. Wir waren gerade vor der ersten Linie im Angriff. Vor uns etwas tiefer gelegen war ein Bach, der Reutel-Bach. Auf der anderen Seite etwas höher lagen die Engländer. Beide Seiten beschossen sich. Ich war beim Schießen, als ich zwei Schrapnellkugeln in den linken Arm bekam. Von wem die Kugeln stammten, konnte man nicht sagen. Es gab ja gar keine Linie, keinen Grabenkampf, sondern es war freies Gelände. Mein Leutnant band mir den Arm notdürftig ab. Verbandspäckchen hatte ich nicht mehr, die hatten wir verbraucht für andere und so nahmen wir welche von Toten. Dann sagte der Leutnant zu mir: „Hau ab!" Ich wollte aber nicht nach hinten gehen. Ich wollte dort bleiben, nicht aus der Sehnsucht heraus, bei den Leuten zu sein, sondern eher aus Feigheit. Ich

sagte mir: „Wenn du erneut verwundet wirst, hilft dir keiner." Ich hatte allerhand abgekriegt. Ich trug an diesem Tag zum ersten Mal einen Stahlhelm, der war eingedrückt. Ich hatte eine Meldertasche mit einer Blendlaterne, in der sich ein Granatsplitter befand. Schließlich hatte ich einen Schulterstreifschuß. Der Kompanieführer sagte: „Baass, geh nach hinten, in zwei Stunden können wir alle erledigt sein. Du hast eine Möglichkeit, nach Hause zu kommen." Ich weiß nicht, wieviel Kilometer ich bis zum ersten Unterstand unter Trommelfeuer zurücklegen mußte, vielleicht zwei, drei Kilometer. Ich kam an einem Schloß vorbei. Das Tor, in dem ich Schutz suchte, war das einzige, das von dem Schloß noch übrig war. Der Ort nebenan war nur noch rote Erde, kein Haus mehr. Dort lagen Tote und Verwundete herum. Das muß Geluveld gewesen sein. Im Unterstand bekam ich eine Spritze und wurde verbunden. Der Unterarzt Dr. Lorenzen – später wurde er Däne – sagte zu mir: „Gehen Sie nicht zu unserem Unterstand weiter hinten, gehen Sie zur Artillerie, die schieben Sie als Infanteristen sofort ab." Ich hab es getan und war zwei Stunden später in Kortrijk.

Karl Bainier, geb. 1898:
Ich habe nur an einer Schlacht, der Schlacht bei Messines, nahe der belgischen Grenze, teilgenommen. Als es hell wurde, sahen wir über einem Granattrichter die Regimentsfahne der 76er, den Turm in der Fahne. Im Trichter hatten sich 76er eingefunden. Die Leute waren völlig erschöpft. Morgens ging es weiter mit der Schlacht. Die Panzer kamen wieder und die englische Infanterie. Und auf einmal, ganz plötzlich, flog eine Handgranate heran. Ich konnte gar nicht mehr schießen. Ich wurde getroffen. Da habe ich um Hilfe gerufen. Obwohl ich keinen Schmerz verspürte, verlor ich die Besinnung. Meine Kameraden haben mich in den Granattrichter hineingezogen. Ich wurde wieder wach. Ein Kamerad sagte zu mir: „Du bist hier gut aufgehoben, hab keine Angst." Die ganze Nacht habe ich dort noch gelegen und in dieser Nacht war die Hölle los. Der Himmel war hell erleuchtet von krepierenden Granaten, Schrapnells, Scheinwerfern vom Tommy. Nachher kamen die Engländer, haben uns überrumpelt und mich mitgenommen. Schließlich wurden bayerische Truppen eingesetzt, die den Engländer wieder ein Stück zurückgejagt haben. Deutsche Sanitäter haben mich herausgeholt. Ein Stück vom Gewinde der Eierhandgranate hatte den Knochen über dem Auge durchschlagen, Kopfsteckschuß. Mein eines Auge war verloren, auch waren einige Zähne weg und ich bekam eine Kiefersperre.

Günther Becker, geb. 1896:
Wir sollten den Chemin-des-Dames stürmen. In dem Dorf Cessières wurden wir zusammengestellt. Nachts um zehn, elf Uhr ging es auf

Schleichpfaden – Mann hinter Mann – nach vorne. Rechts und links gingen die Granaten nieder, die uns aber zunächst gar nichts getan haben. Wir waren noch 500 m von der Front entfernt, als es das Schicksal wollte, daß entfernt eine schwere Granate einschlug und ich zwei Granatsplitter durch meinen Waffenrock abkriegte. Ein Splitter durchschlug die Speise- und die Luftröhre. Er sitzt noch heute in der Wirbelsaule. Blut lief mir aus dem Mund. Sanitäter waren sofort zur Stelle. Wir drei, vier, die von der Granate verletzt worden waren, wurden gleich nach hinten gebracht. Wir lagen in Decken gehüllt in einer Kapelle, die kein Dach mehr hatte. Ärztliche Hilfe stand offenbar in dieser Nacht nicht mehr zur Verfügung. Aber morgens kamen die Sanitäter, die ich in der Nacht zum ersten Mal gesehen hatte. Rechts von mir war ein Mann kalt geworden und der links von mir war auch tot. Ich war schwer verletzt. Ich konnte nicht sprechen. Es hieß: „Der muß auf schnellstem Wege zum Kriegslazarett nach Valenciennes gebracht werden." Valenciennes war die nächstgroße Stadt, in der sich ein großes Kriegslazarett befand.

Es sollte dann aber noch acht bis zehn Tage dauern, bis ein Lastzug vorbeikam und mich nach Valenciennes mitnahm. Dort wurde ich zum ersten Mal ärztlich behandelt. Ich bekam vier Spritzen gegen Schmerzen. Ich war damals schon dermaßen apathisch durch die Verwundung. Wir lagen mit mindestens 30, 40 Leuten in einem großen Saal, alles Schwerverwundete. Dem einen wurde ein Bein abgenommen. Alle wurden operiert. Als ich auf den Operationstisch kam – vergesse ich nie wieder –, sagte der Stabsarzt: „Meine Herren, nun kommen Sie mal her. Ein hochinteressanter Fall! Dieser Mann hat einen Granatsplitter abbekommen, der das Stimmband und die Luftröhre durchschlagen hat. Mit dem können wir vorläufig nichts machen. Der muß dort liegenbleiben, wo er jetzt liegt, bis der Lazarettzug kommt."

Ich bin dann noch 10, 14 Tage in diesem Kriegslazarett geblieben. Es war furchtbar in dem Saal. Nachts schrie der eine hier, der andere dort. Ich wurde künstlich ernährt in den Oberschenkel. Und dann kam der Lazarettzug. Die freiwilligen Helferinnen des Roten Kreuz in weißen Kleidern. Ich fühlte mich wie im Himmel, wie ich in den Zug hineingetragen wurde. Ich dachte: „Nun bist du aus dem Schlamassel raus, nun kommst du nicht wieder an die Front." Ich war glücklich wie sonst was, obwohl ich schwerverwundet war. Ich sagte zu mir: „Jetzt kannst du in Ruhe sterben. Du hast keine Schmerzen mehr und bist in ärztlicher Behandlung." Im Lazarettzug habe ich eine fabelhafte Betreuung gehabt. Wir fuhren durch ganz Deutschland nach Cottbus im Spreewald, wo wir ausgeladen wurden. Dort bin ich ein halbes Jahr gewesen, bis ich wieder einigermaßen sprechen konnte.

R. Lo., geb. 1896:
1917 war ich in Frankreich. Wir haben die ganze Front abgeklappert. Wo es brenzlig war, wurden wir eingesetzt. Mir war immer so, als wenn ich einen Beschützer neben mir gehabt hätte. Es ging alles gut, bis wir nach Flandern kamen. In Flandern bekam ich ein mieses Gefühl. Ich hatte gleich so eine Ahnung, daß es mich dort erwischen würde. Ich war kein Schnapstrinker, aber an diesem Tag habe ich meinen Tabak gegen Schnaps eingetauscht. Wir gingen los und sollten angreifen. Der Ackerboden in Flandern, durch den wir gehen mußten, war zu einem zähen Matsch geworden. Ich hatte noch meine Gebirgskleidung an, trug Schweinsstiefel mit Nägeln. Ich konnte kaum vorwärtsgehen. Es wurde zunächst noch nicht geschossen. Wir gingen dicht an die Engländer heran. Die Engländer standen in ihren Gräben und empfingen uns. Ich sah ein Granatloch und dort wollte ich rein. Ich stand auf dem Kraterrand, auf einmal kam ein Schuß und ich schlug lang hin. „Au, was ist nun passiert?" Ich hatte einen Schuß durch mein linkes Fußgelenk bekommen. Ich kam nicht wieder hoch und dachte mir: „Jetzt ist es gefährlich. Bleib bloß liegen." Ich war etwa 50 Meter von den Engländern entfernt. Der Fuß schmerzte. Da kam auch schon einer meiner Kameraden, der einen Schuß durch die Backe bekommen hatte. Ich sagte zu ihm: „Mach bloß, daß du wegkommst, du kannst mich nicht mitnehmen." Ich war zu schwer, damals wog ich 175 Pfund. Er zog ab.

Ich konnte nicht laufen, mußte kriechen. Es passierten mich zwei Ordonnanzen, die eine Meldung nach vorne brachten. Sie wollten mich mitnehmen, wenn sie zurückkamen. Aber darauf konnte ich nicht warten. Ich krabbelte. Mittlerweile war Ruhe eingetreten. Einen Durst hatte ich. Wir hatten Trampelpfade getreten, in denen Wasser stand. Das Wasser habe ich getrunken. Ich habe erst viel um Hilfe gerufen. Dann wurde es still. Ich bin ruhig weitergekrabbelt. Schließlich kamen zwei Sanitäter und die nahmen mich mit. Sie brachten mich zur Verbandsstation. Dann bin ich mit einem Pferde-Lazarettwagen zur Bahnstation gebracht worden. Ich hatte Glück. Ich kam nach Gent ins Lazarett. Mein Heimatschuß wurde geheilt, und ich kam nach Altona in eine Landsturmkompanie. Mit dem Landsturm bin ich in Serbien und dann wieder im Westen eingesetzt worden. Ich habe Nachrichten übermittelt, war aber nicht mehr Infanterist.

Gerhard Bahrmann, geb. 1896:
Wir gingen einmal ziemlich bei hellichtem Tage in Reserve und von der Front her kam uns ein Kamerad entgegen. Er hielt seinen tropfenden, blutenden Arm hoch und sagte mit lachendem Gesicht: „Mir haben sie einen Finger abgeschossen und jetzt bin ich raus aus

dem Schlamassel." Der hatte vor lauter Freude, daß er der Hölle entronnen war, den Schmerz ohne weiteres verdrängt.

Walther Gallasch, geb. 1895:
Das Furchtbare in Flandern waren die Gasangriffe. Wir lagen in unseren Granattrichtern und der Engländer schoß mit Artillerie-Gasgranaten, nicht jeden Tag, aber so zwei-, dreimal die Woche. Als der Engländer sah, daß er damit nichts erreichte, bezog er die Minenwerfer mit ein und dadurch war die Gaswolke bald so dicht, daß wir in den ersten Sekunden unter der Gasmaske keine Luft bekamen, weil eben kein Sauerstoff mehr da war, sondern nur noch Gas. Es dauerte bis zu einer Minute, bis das Gas wieder gemischt war. Viele Männer haben das nicht durchgehalten, haben die Gasmaske gelüftet und waren dadurch erledigt. Ich lag mit meinem Burschen in einem großen Granattrichter. Auch er hielt die ersten Sekunden nicht aus und riß sich die Gasmaske ab. Ich habe ihn aus dem Granattrichter rausgerollt auf die Böschung und dabei hat er mir meine Gasmaske abreißen wollen. Mehr weiß ich nicht, ich bin aufgewacht, fühlte, daß ich in einem Bett lag, im Lazarett in Lille, einer ehemaligen Schule, hörte Musik und wußte gar nicht, was los war. Da veranstaltete die Militärkapelle für die Verwundeten im Hof dieser Schule ein Konzert. Und ausgerechnet als ich aufwachte, spielten sie aus Tannhäuser. Ich wurde dann in dem Lazarett wegen der Gasvergiftung ungefähr 14 Tage behandelt.

Johannes Götzmann, geb. 1896:
Wir marschierten über eine Anhöhe. Über uns kreisten französische Flieger und gaben der Artillerie immer Bescheid, wohin sie schießen sollten. Wir trafen einige Feldtelefonisten, die zogen Kabel und sagten schon: „Mensch, macht, daß ihr hier herüberkommt. Der Franzose legt Sperrfeuer." Wir marschierten weiter und es wurden Witze erzählt. Dann wurde berichtet, daß wir ausgewechselt werden sollten. Diese Neuigkeit wollte ich einem Kollegen, der ungefähr 100 Meter vor mir ging, erzählen. Ich lief los, und die anderen lachten noch hinter mir: „Ja, wo willst du denn hin?" Und ich gehe so und höre eine kommen. Man hört die Dinger immer ankommen. Wenn sie „dschiiiumb" machen, dann kann man sich ungefähr einrichten, ob man sich hinschmeißen muß oder nicht. Da denk' ich: „Die kommt ziemlich nahe." Ich will mich gerade hinwerfen, in diesem Moment bekomme ich auch schon einen Schlag direkt unter dem Gesäß gegen das Bein und falle auch gleich lang auf die Nase. Ich wollte aufstehen, ging nicht. Ein Kamerad kam: „Was hast du denn?" Da sahen sie das Loch in der Hose und das Blut herauslaufen. Ich wurde sofort verbunden und an einen Bahndamm geschleppt. Die

Granate hatte fast den ganzen Trupp getroffen. Da waren einige verwundet und einige tot. Das Bein konnte ich nicht bewegen. Der Muskel war durchgeschlagen. Wenn ich auf dem Rücken lag, kippte es regelrecht um. Zu meinem Glück war der Granatsplitter dicht am Knochen vorbeigegangen, sonst wäre mir das Bein abgerissen worden. Der Schmerz kam erst nachher in der Verbandsstation.

Ich bin zunächst drei Tage in einem Feldlazarett in einer Kirche untergebracht worden. Dort wurde der Verband erneuert und alles mit Höllenstein desinfiziert. Das brannte fürchterlich. Dann kam ich für einige Wochen ins Lazarett nach Origny bei Hirson. Da lagen Leicht-, aber auch Schwerverwundete und ein Franzose. Aber der war so ängstlich, der lag immer nur zugedeckt. Er kam bald weg. Vielleicht haben sie ihn ausgetauscht, ich weiß nicht. Wir haben viel Fez gemacht und Spaß gehabt. Es gab dort sehr nette Schwestern, die uns versorgt haben. Mein Bein fing an zu schmerzen und zu eitern. Es wurde ein Gummirohr durchgezogen, um den Eiter abfließen zu lassen. Nach einiger Zeit holte uns ein Lazarettzug ab. Ich kam zum Glück nach München in ein großes Lazarett links der Isar in der Nähe der Theresienwiese, wo wir von katholischen Nonnen versorgt wurden. Das war sehr, sehr schön da.

R. M., geb. 1898:
Oben auf dem Keilberg bei Reims verliefen die feindlichen Stellungen direkt über den Kamm des Berges. Wir hatten den Auftrag, mit Kreuzhacke und Spaten einen Laufgraben von hinten in die erste Linie zu graben. Obwohl wir alles, was klappern konnte, festgebunden hatten, war beim Arbeiten natürlich ein gewisses Geräusch entstanden. Der Franzose wurde mißtrauisch. Nun ging diese ganze Sache natürlich nachts vor sich. Nachts so um zwei Uhr sahen wir drüben eine Leuchtkugel hochgehen. Sie zerplatzte, rot war sie und oben wurde sie grün. Schon ein paar Minuten später ging der Beschuß los. Französische Artillerie bestrich das ganze Hinterland. Wir hatten die Waffenröcke ausgezogen, weil es milde war und wir arbeiten mußten. Zum Zeitpunkt des Artilleriebeschusses hatten wir den Laufgraben erst auf 90 cm bis 1 Meter, 1,80 Meter mußte er ja tief sein. Als der Beschuß kam, packten wir uns alle in diesen Graben, der ja aber noch keine richtige Deckung bot. Ich hatte den ganzen Rücken mit kleinsten Splittern übersät. Drei kleine Splitter habe ich noch heute, die haben sich verkapselt. Ich bin nicht schwer verwundet worden, weil dieser Einschlag um zwei Grabenecken herum erfolgte.

Ich rief den Kompaniesanitäter und er fragte: „Kannst du laufen?" „Kann ich." Zwei Kameraden haben mich zum Hauptverbandsplatz begleitet. Ich kam dann in das Kriegslazarett in Rethel. Weil diese kleineren Orte keine größeren Räume oder Säle hatten, hatte man sich mit der katholischen Kirche geeinigt. Zwei Drittel der Kirche dienten als Kriegslazarett und in dem anderen Drittel wurde Gottesdienst gehalten. Den Splitter in der Hüfte haben sie mir im Altarraum herausoperiert. Wir wurden von katholischen Patres betreut. Einer fragte mich: „Wollen Sie auch mal was lesen?" Wie ich denn sagte „Die Leiden des jungen Werther", da lachte er. Später wurde ich ins Lazarett in Bad Neuenahr verlegt. Anschließend kam ich nach Gnesen in die Genesungskompanie, wo uns bald die Generalmusterungskommission wieder vornahm. Um die Sache nicht so sang- und klanglos an mir vorbeiziehen lassen zu wollen, antwortete ich auf die Frage nach Beschwerden: „Jawohl, Abgeschlagenheit." „Worauf führen Sie das zurück?" „Auf den Blutverlust bei der Verwundung." Der Generalarzt sagte zu dem Sanitätsfeldwebel: „Gucken Sie mal in der Akte nach." Na, der guckte nach und sagte: „Hier steht nichts von Blutverlust drin." Natürlich war ich daraufhin kv.

Dr. Johannes Willers, geb. 1898:
In der Ornes-Schlucht bin ich 1917 bei einem Feuerüberfall der Franzosen verwundet worden. Wir wollten eben gerade dieses kleine Tal hochgehen, als es mit einem Mal „schwupp, schwupp" machte und ich am Boden lag. Dann war schon Feierabend und der Verstandskasten abgeschaltet. Ich war bewußtlos. Ich war nicht nur geistig weggetreten, sondern, da mir auch das Trommelfell geplatzt war, gehörlos. Dadurch ist alles nur an mir vorbeigezogen, ohne daß ich davon groß Notiz genommen habe. Die ersten Sanitäter, von denen ich gefunden worden war, und die versucht hatten, mich aufzurichten und mitzunehmen, hatten dies aufgegeben. Ich hatte von ihnen aber einen Kopfverband bekommen, so daß ich in der nächsten Zeit zusätzlich für blind gehalten wurde. Ich bin dann nachher auf der Protze abtransportiert worden. Ich war von unzähligen Granatsplittern übersät. Und doch hab ich noch einen guten Schutzengel gehabt. Wäre die Granate nur eine Kleinigkeit weiter geflogen, wäre ich sicherlich nur in Stücken zu finden gewesen.

Hans Dose, geb. 1897:
Mitte Januar 1915 kriegte ich in Polen Typhus. Wir lagen in einer Schule. Mir wurde immer schlechter und auf einmal kriegte ich Fieber. Da haben sie mich dann rausgeholt und in ein Lazarett gebracht. Die Lazaretts waren alle überfüllt. Ich wurde in ein Zelt gelegt. Beim Reinkommen sagten sie: „Oh, so ein junger Kriegsfreiwilliger und hochgradig Fieber." Vier Monate lag ich da betäubt, ohne daß ich mich an die Zeit erinnern kann, bis ich mich auf einmal auf einer Bahre wiederfand und nach draußen geschafft wurde

in einen Lkw. Es war tiefer Winter. Ich kam in ein Kriegslazarett, so ein großes Gebäude, der Ort fällt mir nicht mehr ein. Dort lagen 100 Mann in einem Saal. Im ersten Stock starben sie jede Nacht an Cholera, Typhus. Ich bin bäuerlicher Abstammung und war wohl ein bißchen widerstandsfähiger. Ich habe das überstanden. Und wie ich dann gesund war, kam ich nach Alexandròw, einen Kurort für die polnischen Herren. Dort kamen jetzt die Soldaten hin, die wieder aufgebaut werden sollten, aber nur 14 Tage. In Alexandròw kam man von der Hölle in den Himmel. Es waren 14 wunderbare Tage.

G. R., geb. 1898:
Wir gingen in Flandern in kleinen Gruppen vor. Es sah alles ganz harmlos aus. Auf einmal kriegte ich einen Schlag und fiel um. Ein Splitter war glatt durch meine Brust gegangen. Ich blieb liegen. Es war noch kein Schmerz zu spüren. Ich dachte: „Wenn man einmal erschossen werden sollte, dann merkt man gar nichts davon." Es war eine schöne Sache, weil die Kugel glatt durchging. Die Kugel hat wohl die Lunge gestreift, weil ich seitdem immer mit Atemnot zu kämpfen habe. Die neben mir gelaufen waren, gingen weiter vor, so daß ich ein paar Minuten später mutterseelenallein lag. Dann kamen Engländer: „Watch, watch?" Bei Uhren waren sie schnell dabei. Der eine griff zwar sofort nach der Uhr und steckte sie ein, aber der andere nahm meine Feldflasche und gab mir zu trinken. Dann drehten sie mich um, so daß ich flach auf dem Rücken liegen konnte und das Loch im Rücken immer geschlossen blieb.

Ich bin dann 24 Stunden ganz still liegen geblieben, ganz allein, kein Mensch kam, nichts. Es war überhaupt keine Schießerei mehr in meiner Nähe. Man muß sich dies einmal vorstellen, wenn man sonst immer das Bollern um sich herum hatte. Es war totenstill. Wenn ich Durst hatte, mußte ich von der Flasche den Stopfen abmachen, einen Schluck trinken. „Wieviel Wasser ist noch drin?" Das Wasser wurde natürlich immer weniger und weniger, und ich habe das letzte Viertel nur noch in den Mund genommen und gegurgelt und es danach wieder in die Flasche laufen lassen. Das war zwar eine Schweinerei, aber dadurch blieb ich wenigstens frisch. Schmerzen hatte ich, aber einen gleichmäßigen Schmerz. Angst hatte ich keine. Ich war eben Christ. Ich dachte: „Du liegst hier, wirst behütet, mal sehen, was weiter passiert."

Und dann kam ein englischer Feldwebel, der mich mitnahm. Ich lag ja mitten auf der Wiese, er guckte mich an und merkte, daß ich noch lebte. Der gute Mann half mir hoch, daß ich stehen und sogar etwas gehen konnte. Dann sind wir bis zu den englischen Linien gegangen. Englische Soldaten führten uns dann zum Zug und da passierte etwas, was ich gar nicht geahnt hatte. Wir wurden in einen richtigen Krankenwagen verladen. Auf einmal lag ich, der ich aus dem Dreck draußen gekommen war, in einem weißen Bett. Es kam auch eine Krankenschwester, die verteilte etwas Erfrischendes, ich glaube es war Obst. Dann fuhren wir von der Front ab.

Willi Marquardt, geb. 1898:
Unser Hauptmann ließ die Batterie an der Böschung einer Straße anhalten. Kurze Zeit später prasselten Granaten auf uns nieder. Sie hatten entdeckt, daß wir dort hielten. Es waren diese Granaten, die so schnell kamen, die, wenn man sie hörte, „rrrtsch" machten. An meinem Geschütz wurden gleich drei Pferde getötet und vier Männer. Etwa eineinhalb Meter von mir entfernt schlug eine Granate ein. Ich hatte das Glück, daß es sich um Granaten handelte, die nicht erst in die Erde hineingingen, sondern sofort auf dem Erdboden zerplatzten und dann ringsum Splitter streuten. Weil die Granate so dicht bei mir eingeschlagen hatte, waren die Splitter noch am Aufsteigen und verletzten mich unterhalb des Bauchs. Ich hatte 14 Splitter in beiden Beinen. Im Schienbein war der Knochen ein Stück weit herausgerissen und im anderen Bein hatte ich einen Durchschuß, der die ganze Blutzufuhr unterbrach, so daß das Bein später dick anschwoll. Das hat dann bei der Heilung auch am längsten gedauert.

Ich war zunächst erst einmal ohne Besinnung, wurde aber bald wieder munter und sah, daß das Geschütz nicht so sehr zerstört war, aber die Pferde lagen am Boden und schrien und brüllten. Einige Kameraden in meiner Nähe waren tot. Alle anderen liefen besorgt um mich herum, um zu helfen. Mich packte ein Pole – ein einfacher Mann – und schleppte mich ein bißchen weiter weg. Er besorgte sich schnell eine Trage und hat mich mit einem anderen Mann übers Feld getragen. Die Engländer schossen immer hinter uns her, obwohl sie sahen, daß ich verwundet war. Zuerst hatte ich keine Schmerzen – es war alles so betäubt –, bloß als wir dann endlich vom Feld herunterkamen und wieder den Weg erreichten, kam ein Munitionswagen gefahren, der hoch mit leerer Munition bedeckt war. Sie haben mich oben auf die Munition gelegt. Die Wege waren ja auch zerschossen und der Wagen ruckte immer. Die Beine flogen nur so. Da hatte ich kolossale Schmerzen. Meine beiden Begleiter hielten meine Beine fest. Sie brachten mich ins Feldlazarett und sind danach wieder zu ihrer Batterie zurückgefahren.

Nach 14 Tagen im Feldlazarett wurde ich in die Heimat verfrachtet, kam nach Göttingen. Dort war ein Gasthaus, dessen Saal als Lazarett eingerichtet war, in dem ich dann vielleicht zwei Wochen lag. In dieser Zeit wurde ich erstmals operiert. Erst jetzt stellte man fest, wieviele Splitter ich in den Beinen hatte. Ich hatte die Sorge, daß die Beine amputiert werden müßten. Der alte Sanitätsrat meinte zu mir: „Bei ihnen ist das alles nicht so schlimm. Passen Sie mal auf, in ein paar Wochen sind Sie wieder an der Front." Er wollte einen trösten. Von Göttingen aus kamen wir in die Nähe von Berlin, wo in dem riesigen Komplex einer ehemaligen Irrenanstalt ein Lazarett eingerichtet worden war. Ich habe in einem Zimmer mit zwölf Mann gelegen, darunter sehr viele Schwerverletzte. Einer hatte zum Beispiel im Oberschenkel eine so große Wunde, daß man eine Faust hineinlegen konnte. Aber der war auch sehr mutig und hat nie irgendwie gemuckert und geweint. Manche schrien immer wieder nach der Schwester und die riefen ihnen dann zu: „Gucken Sie doch hier diesen Herrn an. Der jammert überhaupt nicht. Und Sie haben gar nicht so etwas Schlimmes wie er und schreien und brüllen immer nach uns." Aber wir hatten in dem Lazarett auch ein lustiges Leben. Einer von uns bestellte immer einen Kasten Bier, nicht im Lazarett, sondern in der Kantine. Jeder kriegte eine Flasche, und wer die Flasche zuletzt aushatte, mußte einen neuen Kasten ausgeben. Kam der Arzt: „Na, da haben Sie ja schon wieder ganz schön gesüffelt." Er hat aber nichts dagegen unternommen. Ich bin dann schon stundenweise aus dem Lazarett gegangen, meine Eltern wohnten ja in Berlin, und habe dort auch gleich zu Mittag gegessen. Ich bin auch in der Stadt herumgelaufen, natürlich alles fest verbunden, obwohl ich ja noch nicht viel laufen sollte. Ich habe ein ganzes Jahr im Lazarett gelegen, ehe die Beine richtig ausgeheilt waren.

Otto Frahm, geb. 1896:
Ich bin im Oktober 1916 krank geworden. Wir waren ja nur vorne und vom Regen aufgeweicht. Als wir abgelöst wurden Ende Oktober, liefen alle den Steilhang an der Höhe 304 herunter und ich kam nicht mehr mit und bin dann alleine hinterher gewandert, so erkältet war ich. Ich konnte nicht schlucken, nichts essen, mir war ganz flau. Es dauerte fünf, sechs Stunden, bis ich mich zurückgeschleppt hatte. Am nächsten Morgen konnte ich zum Arzt. Er hat mich sofort in die Sammelstelle in Longuyon geschickt. Dort erhielten wir rote oder blaue Karten. Soldaten mit roten Karten kamen alle nach hinten, die mit blauen blieben hier im Feldlazarett und mußten dann bald wieder nach vorne. Ich erhielt eine rote Karte. Ich wußte gar nicht, was das bedeutete, konnte ja auch nicht reden. Wir wurden abends in Longuyon in den Zug verladen und der brachte uns über Nacht nach Deutschland zurück. Morgens um sechs fuhren wir durch Trier. Man sah die ersten Menschen, die ersten Zivilisten, die ersten Mädchen, Frauen.

Ich kam dann nach Wiesbaden. Dort wurden wir ausgeladen. In einem Verwundetenzug sind ja einige mit großen Verbänden. Als uns nun Frauen, die zufällig vorbeikamen, sahen, fingen sie an zu weinen. In Wiesbaden wurden wir auf verschiedene Hotels verteilt. Es wurden uns sofort die Uniformen abgenommen, die kamen in die Wäscherei. Ich kam gleich in ein Bett. Der Arzt guckte sich abends noch an, was los war. Die Schwestern, die um mich herum waren, waren alle so herzlich. Wir kannten das ja gar nicht. „Ja, was machen wir denn mit Ihnen?“ Sie fingen an, mit mir zu inhalieren und nach vier, fünf Tagen kam leise meine Stimme wieder, ganz rauh von unten heraus und dann konnte ich auch wieder etwas mehr essen. Man konnte ja wieder an die Front kommen, aber im Moment war man in der Heimat in Sicherheit. Drei Wochen kam ich dann noch in eine Pflegeanstalt im Kurheim von Bad Schwalbach. Es war sehr schön, wir lagen mit zwei oder drei Mann auf dem Zimmer. Dann hieß es: „Wer will, kann zu Weihnachten entlassen werden.“

Am 22. Dezember fuhr ich morgens mit dem Zug von Frankfurt nach Hamburg ab. Abends um elf kam ich am Hauptbahnhof an. Dann rüber nach Eimsbüttel und an meinem Elternhaus unten dreimal geklingelt. Mein Vater kam runter. Ich hatte geschrieben, daß ich vielleicht die Tage käme und so waren sie schon vorbereitet. Dann war ich zu Hause. Ich hatte so viel zu erzählen. Ich habe dort schöne Tage erlebt bis zum 3. Januar. Da ging es wieder hinauf nach Schleswig. Ach, das kann ich Ihnen sagen, Sie kommen abends in Schleswig in der Kaserne an und sehen die Betten mit ihren blauweißen Überzügen. Dann steht Ihnen das Ganze gleich wieder bis hier. Mitte Februar 1917 kam ich dann das zweite Mal raus.

Wilhelm Lindenau, geb. 1896:
Wir zogen uns von der Marne zurück und da bekam ich die Ruhr. Am ersten Tag konnte ich noch auf dem Pferd sitzen, am zweiten ging es nicht mehr und sie haben mich auf einen Wagen gelegt. Ich hatte mir die Hosen vollgemacht. Ich kam in ein Feldlazarett. Das kann ich Ihnen sagen, was da an Ruhrkranken gelegen hat. Immer wieder wurde Tote herausgefahren, denn die Ruhr ist eine unverschämt schwere Krankheit. Daß ich sie überstanden habe, ist ein Wunder. Ich wurde in ein Lazarett in Boppard am Rhein verlegt. Es hat sehr lange gedauert, bis ich wieder zur Truppe zurückgekommen bin.

Hermann Baass, geb. 1897:
Wir hatten in der Somme-Schlacht nur einen großen Ärger. Wir hatten kein Wasser. Wir haben uns freiwillig gemeldet, um Stacheldrahtrollen von hinten durch die Laufgräben nach vorne zu schaffen. Oben auf ebener Erde konnte man nicht gehen, weil man abgeschossen wurde. Ich bin ja nicht gerade der Stärkste, aber ich hab es gemacht, denn hinten war ein Bach, da konnte man trinken.

Daß ein toter Gaul drin lag, spielte gar keine Rolle. Wir wurden ja dauernd geimpft. Es gab keine Seuchen bei uns. Das war der Riesenunterschied zu 1870/71, wo sie nur so dahinstarben an Seuchen.

Dr. Alfons Beil, geb. 1896:
In der Aisne-Offensive wurde ich dann später am Oberschenkel und unten am Knöchel verwundet. Ein Maschinengewehr schoß auf mich. Ich stellte mich tot und dann hörte der auf. Ich befand mich direkt im Schußfeld des Maschinengewehrs und hatte tatsächlich den Eindruck, daß es mich den nächsten Augenblick tödlich treffen würde. Das weiß ich noch gut. Zunächst spürte ich keine Schmerzen, aber allmählich nahmen die Schmerzen zu. Dann kam ein Soldat unserer Kompanie, der nahm sich meiner an und trug mich zum Hauptverbandsplatz.

Im Lazarett lag neben mir ein Kamerad aus Berlin, ein sehr frommer evangelischer Christ. Wir hatten Freundschaft geschlossen. Er hatte eine ganz schwere Verwundung. Eine Granate hatte ihm das Knie zerschmettert, das Bein war aber noch dran. Ich glaube, zwei Tage konnten wir uns unterhalten und auf einmal nahmen bei ihm die Schmerzen zu. Man muß sich vorstellen, wie tapfer er in diesen zwei Tagen gewesen war. Vom Kaiser sprach er nur von „Seiner Majestät“. Nun wurde er völlig haltlos. Wenn einer am Bett vorbeiging, machte er ihm Vorwürfe. Das gehört mit zum Erschütterndsten, das ich erlebt habe, daß ein Mensch, den ich wegen seiner ganzen Haltung so hoch schätzen mußte, dermaßen haltlos werden konnte. Dann sehe ich noch, wie der herbeigerufene Arzt in Aufregung geriet, wie ich seitdem nie mehr einen Arzt erlebt habe. Er gab ihm eine Spritze und die wirkte noch verschlimmernd und dann noch eine. Er wußte sich nicht mehr anders zu helfen, als den Kameraden in den Operationssaal bringen zu lassen. An dieser Stelle verläßt mich mein Gedächtnis, obwohl wir uns so nahestanden. Ich kam weg und wir verloren die Verbindung.

Julius Kreckler, geb. 1896:
In einem Pferdewagen des Roten Kreuzes wurden wir nach Malancourt ins Lazarett gebracht, in die Betten gelegt, und dann wurde ich gefragt, wie ich heiße und welche Religion ich habe. Ich habe mir dabei nichts gedacht und geantwortet: „Ich heiße Kreckler und bin evangelisch.“ Nun hatte man ja auch Schmerzen und vor allen Dingen Hunger, denn wir hatten vor Verdun zwei Tage nichts an Essen erhalten. Es kam eine Schwester mit einer großen Haube und ging zu meinem Kameraden, der neben mir lag. Es war ein Gang dazwischen. Sie betete mit ihm, und mit einem Mal denke ich: „Der kaut ja! Der kriegt etwas zu essen, dann bekommst du auch gleich

was." Die Schwester kam noch einmal, aber sie ging immer an mir vorbei und woanders hin. In Malancourt gab es einen Gleisanschluß. Gegen Morgen wurden wir in den Lazarettzug gebracht. Erst jetzt kriegte auch ich etwas zu essen. Der Kamerad sagte zu mir: „Bist du dämlich! Wie kann man in einem katholischen Lazarett sagen, daß man evangelisch ist. Ich bin auch evangelisch." Er war schon einmal verwundet gewesen und da war ihm dasselbe passiert wie mir jetzt. Man muß sich vorstellen, was ich für einen Hunger hatte.

J. M., geb. 1896:
Als wir von München kommend in Bingen über den Rhein fuhren, kriegte ich Fieber. Es stieg immer weiter. Erst hatte ich 39, dann 40 Grad Fieber und in Lüttich sogar 41 Grad. Da hat mich unser Arzt ausladen lassen. Ich kam ins Bayerische Krankenhaus. Ich war am Verrecken, offene Bronchitis. Sie haben mich behandelt wie ein rohes Ei. Ich durfte nicht einmal selber essen. Nach 14 Tagen wurden künstlich Schweißausbrücke herbeigerufen. Wenn Mittagspause war und die anderen geschlafen haben, wurde ich in den Garten herausgetragen, damit die Bronchitis nicht wieder ausbrach. Im Lazarett in Lüttich hatten wir einen Münchner Professor und der brachte durch, wen er durchbringen konnte. Er wollte keinen mehr nach vorne an die Front schicken. Ich wurde soweit wieder hergestellt, daß ich fieberfrei war. Dann sagte er: „Junge, mit ihnen ist kein Krieg mehr zu führen. Sie kommen zum Ersatztruppenteil gv." Da kam ich wieder nach München in die Amalienschule.

Prof. Dr. Willi Wegewitz, geb. 1898:
Wir haben in Italien gewaltige Märsche unternommen. Sie müssen bedenken, wir sind aus der Ebene aufgestiegen in die Dolomiten. Wie wir nun auf dem Marsch waren in die Auffangstellung, hatte ich immer fürchterlichen Durst. Ich bin beim Marschieren beiseite gesprungen und habe mich von Weintrauben ernährt. Und dann hieß es am letzten Tag: „Wir marschieren acht Kilometer, es darf keiner zurückbleiben." Ich habe all meine Kraft zusammengenommen, und als es hieß: „Kompanie, halt!", bin ich umgefallen. Man hat mich in eine Scheune getragen. Ich weiß nur, daß meine Oberschenkel so geschwollen waren, daß ich die Hose nicht ausziehen konnte. Ich kam dann ins Feldlazarett. Vom 18. November bis zum 1. Dezember habe ich dort mit Fieber gelegen. Und ich hatte sehr schweres Fieber. Wir lagen in einer Baracke einer neugebauten italienischen Artilleriekaserne, die aber schon von den Italienern gleich als Lazarett benutzt worden ist. Da standen Betten für über 100 Kranke und Verwundete in Reihen. Es gab jedoch nur einen einzigen Krankenpfleger in diesem Feldlazarett.

Dann plötzlich am 1. Dezember wurden wir bayerisches Kriegslazarett. Eine Ärztekommission ging die Reihe durch, und plötzlich standen drei Ärzte bei mir: „Was fehlt Ihnen? Sind Sie verwundet?" „Nein." Dann hob mich einer der Herren hoch und riß mir mein Hemd über den Kopf. Mit einem Mal war alles blutig. Da merkten sie erst, daß sie ein Geschwür aufgerissen hatten. Mein ganzer Rücken war mit Eiter verklebt gewesen. Ein junger Arzt nahm die Bettdecke hoch und hatte mit einem Mal einen Hautfetzen vom meinem Unterschenkel in der Hand. Ich hatte Scharlach. Dann kamen zwei richtige Bajuwaren mit schwarzen Bärten und einer Bahre. Ich wurde auf die Bahre gepackt, eine Wolldecke drüber und dann wankten sie mit mir ab. Es dauerte eine Zeitlang, mit einem Mal gab es einen Ruck. Ich merkte, sie stellten die Bahre ab, und ich hörte, wie sie wegliefen. Ich machte mich frei und sah, daß ich auf dem Friedhof dieses Kasernengeländes stand. Und da sehe ich vor mir geschrieben: „Reparto di isolamento." „Aha, ansteckende Krankheiten." Kurze Zeit später kamen zwei Schwester und haben mich ins Haus geholt, gebadet. Ich kam mit vier Kameraden in der Isolierstation in ein Einzelzimmer. Neben mir lag einer, der hatte Genickstarre. Dann stellte man bei mir fest, daß ich rasenden Puls hatte, ferner eine Herzmuskelentzündung, dazu auch noch eine Nierenbeckenentzündung. Ich mußte strenge Bettruhe halten. Ich habe im Lazarett von anderen Kranken erfahren, daß mein Bataillon die Sternkuppe, eine Höhe von 2200 Meter, besetzt hielt und dort den Winter zubrachte.

Im Januar 1918 hatten wir eigentlich schon Frühling. Ich lag jetzt nicht mehr auf der Isolierstation, sondern in einem großen Pferdestall. Die Schwestern schoben mich mit meinem Bett auf die Terrasse. In den Steinfugen blühten die Veilchen und ich fing wieder meine ersten botanischen Beobachtungen an. Ich fand eine Pflanze, die ich nicht kannte und die ich skizzierte. Bald fielen die Stare ein. Wir hatten dort einen jungen Arzt, der mich fragte: „Sie sind ja Schüler und können schreiben. Wollen Sie mich nicht bei Schreibarbeiten unterstützen?" Dann bin ich ein paar Stunden bei ihm auf der Schreibstube gewesen und habe Krankenpapiere sortiert. Ich bekam dabei auch meine Papiere zu sehen und wurde erst jetzt gewahr, daß ich Scharlach gehabt hatte. Ich habe mir einen Satz gemerkt: „Systolische Geräusche im 5. Interkostalraum." Und bei mir waren Diphtherie-Bazillen festgestellt worden.

In dieser Zeit war ein mächtiger Verkehr auf der Straße. Die deutschen Soldaten wurden nämlich aus Italien zurückgezogen, weil die Offensiven im Westen geplant waren. Eines Tages hörte ich vorbeimarschierende Truppen singen: „Ein Jäger aus Kurpfalz." Da glaubte ich, daß es meine Kompanie war und bekam fürchterliches

Heimweh. Der junge Arzt sagte zu mir: „Gedulden Sie sich. Ich verspreche Ihnen, mit dem letzten Lazarettzug, der aus Italien wegfährt, kommen Sie in die Heimat." Und das bewahrheitete sich. Ich wurde plötzlich in einer Nacht im Februar weggeholt und der Arzt drückte mir einen Schein in die Hand, den ich bis auf den heutigen Tag aufbewahrt habe. Mit dem letzten Zug bin ich liegend nach Deutschland transportiert worden. Es war eine wunderbare Fahrt durch die verschneiten Alpen, an Salzburg vorbei. Wir kamen nach Stuttgart und wurden nach Bad Loise gebracht. Der Chefarzt war ein Jude, ein herzensguter Mensch. Er verordnete mir sogenannte Stahlbäder. Und er sagte: „Nun müssen Sie auch mal ein bißchen aufstehen, in den Garten gehen. Und wenn Sie sich besser fühlen, dann können Sie auch in die Stadt gehen. In Stuttgart gibt es doch viel zu sehen." Dann kam das Osterfest und ich sagte: „Herr Oberstabsarzt, ich möchte nun gern nach Hause fahren." Ich bekam meine Scheine und auch eine Berechtigung für einen D-Zug.

Zu Hause angekommen fragte meine Mutter: „Junge, freust du dich denn gar nicht, daß du nun zu Hause bist?" Ich sagte nur: „Ich bin so krank." Sie maß Fieber, und ich hatte über 41 Grad. Es war schwierig, einen Arzt zu kriegen. Er kam dann aus Tostedt. Ich weiß noch genau, wie er an meinem Bett saß und sagte: „Frau Förster, was machen wir denn nun?" Die Diphtherie war so weit fortgeschritten, daß sie im Hals aufgebrochen war. Mein Vater setzte sich mit Ratzeburg in Verbindung und es kam die Order, daß ich in 14 Tagen in Ratzeburg zu erscheinen habe. Ich bin mit einem Wagen zum Bahnhof gefahren worden. Das Fieber war mittlerweile weg, aber es war von der Diphtherie eine Lähmung nachgeblieben. In Ratzeburg war ein berüchtigter Arzt, der schickte alles, was nur irgendwie gehfähig war, an die Front. Ich erfuhr, daß er einen Beinamputierten an die Front hatte schicken wollen, der dann mit einem Stuhl auf ihn losgegangen war. Ich ging also mit ganz schlimmen Erwartungen in die Revierstube, bekam aber einen Urlaubsschein für 14 Tage. So richtig aufgelebt bin ich erst wieder, wie ich in diesen 14 Tagen in meinen Wald gehen konnte. Als ich wieder nach Ratzeburg zurückkam, war der Arzt abgelöst, und ich kam in die Genesungskompanie.

Wolfgang Schramm, geb. 1895:
Plötzlich setzte die sogenannte Spanische Grippe ein. Eine Krankheit, die kaum irgendwelche Symptome zeigte, an der man jedoch auch bei leichtem Fieber ganz plötzlich sterben konnte. Infolgedessen wurde ich, als ich leichtes Fieber bekam, in den Lazarettzug nach Bautzen gesetzt. Nun lag ich in Bautzen, es war schon Herbst 1918 und ich wurde sehr bald gesund, blieb aber immer noch im Krankenhaus, weil sie mich beobachten wollten. In dieser Zeit sind

tatsächlich noch viele meiner Kameraden der Spanischen Grippe zum Opfer gefallen. Wir waren in Bautzen sechs Leutnants im Zimmer. Wir hatten bloß Angst, daß wir einen Hauptmann in die Krankenstube bekämen. Denn auch in der Krankenstube war er ja unser Vorgesetzter, und tatsächlich bekamen wir einen Hauptmann, der in Serbien ein Bataillon geführt hatte. Er war verwundet worden und konnte nun keine Verdauung loswerden. Der Hauptmann bekam weiblichen Besuch. Damals war man etwas genant, wenn Damen kamen. Sonst saßen wir ohne unseren Uniformrock herum. Als die Dame kam, rutschte ich ins Bett, so daß die Dame fragte, ob ich denn besonders krank wäre. Ich sagte: „Nee, aber ich habe keine Uniform an." Da lachte sie.

Hermann Baass, geb. 1897:
Nachdem ich im Artois in dem Unterstand verschüttet worden bin, bin ich bin nicht wieder in einen Unterstand hineingegangen, nie wieder. Seitdem habe ich Atemnot, heute Asthma. Ich bin einmal mit meiner Frau in Bremerhaven auf einem Dampfer gewesen. Ich mußte aus der Kabine hinaufgebracht werden, kriegte keine Luft mehr. Ich stehe manchmal noch nachts auf und mache die Fensterklappe in meinem Zimmer auf. Andere haben es noch viel schlimmer. Ich habe noch einen Schrapnellschuß abbekommen, eine Bagatelle dagegen. Verschüttet sein, das geht halt an die Nerven.

Hans Reimers, hintere Reihe ganz rechts,
vor ihm sitzend Georg Osburg, der Großvater des Autors.

Gefangenschaft

Neben der Verwundung gibt es noch einen weiteren Anlaß, urplötzlich aus dem unmittelbaren Kampfgeschehen herausgezogen zu werden: die Gefangennahme durch die alliierten Truppen. Sie ist im Ersten Weltkrieg ein schleichender Prozeß, der bereits mit den ersten Kriegstagen einsetzt und erst Ende 1918 zum Stillstand kommt. Nach dem Waffenstillstand geraten zwar immer noch deutsche Soldaten in Gefangenschaft, der geordnete Rückzug der Deutschen im November 1918 steht indes einer massenhaften Gefangennahme wie im Zweiten Weltkrieg entgegen. Was ich zu Beginn der Interviews nicht gewußt habe, ist, wie lange deutsche Soldaten auch nach dem Ersten Weltkrieg interniert bleiben. Da sie teilweise bis 1920 auf ihre Entlassung warten müssen, kommen in extremen Fällen beinahe sechs Jahre Gefangenschaft zusammen. Der Bericht Detlev von Ahlefelds, der gleich zu Beginn 1914 in Belgien in Gefangenschaft gerät, ist ein Beleg hierfür.

Die Gefangenen werden entwaffnet und in Lager hinter der Front gesteckt. Sie sind unschädlich gemacht, ohne Nutzen für beide Seiten. Wie reagiert der Mensch darauf, mit einem Mal sozusagen auf Eis gelegt zu sein? Das akute Lebensrisiko, das an der Front herrschte, besteht nicht mehr. Darin liegt ein Vorteil. Auf der anderen Seite können die Gefangenen keinen Beitrag mehr leisten, Deutschland zum Sieg zu verhelfen und damit den Auftrag, der nicht nur die Kriegsfreiwilligen vorangetrieben hat, zu erfüllen. Für sie beginnt stattdessen eine Phase, in der sie ohnmächtig die Dinge über sich ergehen lassen müssen. Dies führt zu neuen Sorgen. Hoffnungslosigkeit, Langeweile und der weitgehende Verlust des Kontaktes zur Familie sind nun zu meistern, von einer Vielzahl von Menschen, zusammengepfercht wie Vieh.

Und noch etwas ist neu. Der Schauplatz des Geschehens verlagert sich ins französische Hinterland, die nordafrikanischen Kolonien Frankreichs oder gar in das bislang weit entrückte England. So wenig man den Feind an der Front zu sehen bekommen hat, jetzt lebt man mit seinen Wächtern zusammen und muß sich mit ihnen arrangieren. In diese Phase fällt die Niederlage des Deutschen Reiches. Sie zu verstehen, bereitet den Gefangenen, die den Niedergang der deutschen Kräfte an der Front nicht bis zum Ende mit eigenen Augen erlebt haben, sicherlich mehr Probleme als den Frontsoldaten. Ein weiteres Negativerlebnis für die Soldaten ist damit gegeben und, wie schon so oft in diesem Buch, taucht die Frage auf, wie sie dieses verkraften.

Zeugnisse

Otto Frahm, geb. 1896:
Im April 1917, an einem Morgen um sieben Uhr, bin ich an der Straße von Arras nach Cambrai gefangengenommen worden. Man denkt sofort an die Eltern, an die Mutter, den Vater und die Schwestern. Die Post von zu Hause geht nämlich zurück mit dem Vermerk „vermißt". „Vermißt", das ist eine schreckliche Nachricht. Gleichzeitig erhalten die Eltern auch eine Benachrichtigung von der Kompanie: „Ihr Sohn Soundso ist da und da nicht zurückgekehrt. Wahrscheinlich ist er in Gefangenschaft geraten. Wir geben Ihnen weitere Nachrichten."

Rudolf Friemuth, geb. 1897:
Drei Tage vor Beendigung des Krieges bin ich in französische Gefangenschaft geraten, für immerhin noch eineinhalb Jahre. Vor einiger Zeit habe ich bei mir zu Hause auf dem Boden einer Kassette einen Zettel von vielleicht 10 x 20 cm mit einem schwarzen Rand gefunden, auf dem stand: „Der Gefreite Friemuth ist bei den letzten Kämpfen in der Champagne entweder in französische Gefangenschaft geraten oder er liegt verletzt in einem Lazarett. Sollten wir Näheres in Erfahrung bringen, hören Sie von uns." Diesen Zettel haben meine Eltern eben vor Weihnachten 1918 mit der Post gekriegt. Ich weiß noch, daß mein Vater nachher sagte, daß die erste Nachricht unsere Mutter natürlich sehr mitgenommen hatte. Sie dachten, ich wäre tot. Erst im März kriegten wir in der Gefangenschaft vorgedruckte Postkarten, auf denen wir „verwundet" oder „krank" oder „gesund", in deutscher Sprache, ankreuzen und an unsere Familien nach Hause schicken konnten. Der Briefträger hat einem Bruder von mir, der schon zu Hause war, auf der Straße gesagt: „Ich habe was für euch, was Gutes." Mein Bruder ist zu meinem Vater gerannt, der den Laden voll Kundschaft hatte, und hat gerufen: „Vater, Rudolf lebt. Hier ist eine Postkarte." Er sagte: „Gib mal her, die will ich mal zu Mutter bringen." Da wußten sie, daß ich lebte.

Erich Gieskes, geb. 1896:
Als die Kanadier uns gefangennahmen, war ich schon ein bißchen aufgeregt. So schnell verkraftet man das ja nicht. Nachher wie wir uns dann mit den Kanadiern unterhalten haben, kam die Freude auf: „Der Krieg ist für mich zu Ende." Dann passierte noch etwas Unbegreifliches. Meine Eltern kriegten die Nachricht „vermißt, wahrscheinlich auf dem Felde der Ehre gefallen". Das haben sie meinem Bruder geschrieben, der in Rußland war. Mein Bruder schrieb

an die Eltern zurück: „Habt keine Angst. Ich habe in der Nacht geträumt, Erich ist in englische Gefangenschaft geraten und hat einen guten Freund getroffen, dem er noch die Hand gegeben hat. Ich habe den Freund aber nicht erkennen können." Ich hatte tatsächlich einen Lehrkollegen getroffen. Wir gingen an einem anderen Trupp Gefangener vorbei. Wir gingen beide außen, sahen uns und konnten uns gerade die Hand geben, dann waren wir schon wieder weg. Es gibt zwischen Himmel und Erde etwas, das wir nicht begreifen.

Ernst Krummrey, geb. 1896:
Am 27.11.1916, das ist mein Geburtstag, bekam ich von meinen Eltern ein Schreiben, daß sie die Nachricht bekommen hätten, daß ich in Gefangenschaft sei. Einerseits beruhigt, andererseits aber auch unglücklich. Unglücklich, daß der Sohn nicht mehr dort war, wo er eigentlich sein könnte und müßte. Beruhigt insofern, als sein Leben gerettet war. Das sind zwei Momente, die divergieren. Natürlich war ihnen aber letztlich der Sohn lieber als der Soldat.

Detlev von Ahlefeld, geb. 1895:
Nach den Ereignissen von Löwen im August 1914 bin ich als Meldefahrer von meinem Vorgesetzten in die falsche Richtung geschickt worden und landete in Tirlemont. Dort wurde ich von einem belgischen Maschinengewehrauto angeschossen. Das waren ganz witzige Fahrzeuge. Sie hatten ein gepanzertes, rundes Heck und waren vorne ein Motorrad mit zwei Rädern. Und von hinten schossen sie dann und, wenn dicke Luft war, gab der Fahrer Gas und war weg. Sie schossen mir ins Bein und ich fiel mit meinem Motorrad um. Dann haben sie mich aufgesammelt. Ich war also nur ganz kurz Soldat und bin es auch nie wieder geworden. Ich habe noch auf Seiten der Belgier ein kleines Gefecht mitgemacht und mich immer geärgert, daß die Deutschen zu hoch schossen. Sie hätten ihre Schüsse tiefer setzen müssen, dann hätten die Belgier was abgekriegt. Die Verletzung war nicht so schwer, ich konnte noch laufen. Aber man kann jetzt noch am Bein fühlen, wo das gewesen ist. Dann wurde ich in Antwerpen in den Keller des Bahnhofs gesperrt. Da habe ich furchtbar angefangen zu heulen. Das war dort widerlich.

Vorher hatte ich noch eine ganz unangenehme Geschichte erlebt. Ich wurde, wie gesagt, von Tirlemont nach Antwerpen transportiert. In dem Güterwagen, in dem ich festgehalten wurde, kam ein belgischer Posten zu mir und sagte: „Soll ich Ihren Eltern Nachricht geben?" Ich antwortete: „Ja, sicher, wenn Sie das können." Dann hab ich ihm meine Visitenkarte geben, auf die ich geschrieben habe: „Bin leicht verwundet in belgische Gefangenschaft gekommen. Sonst geht's mir gut, oder so ähnlich." Und dann kam dieser Bursche an und sagte: „Ja, hören Sie mal, so ganz umsonst kann ich das aber nicht machen." Ich hatte eine schöne goldene Armbanduhr – so ein Quatsch, die mit in den Krieg zu nehmen – und einen Fingerring. Na, langer Rede kurzer Sinn, er nahm mir beide ab und steckte sie in eine grüne Brieftasche und dazu diesen Zettel, mit dem er meinem Vater Nachricht geben wollte. Als ich dann also gefangen war, kam ich vor ein Kriegsgericht. Ein Kriegsgerichtsrat sagte zu mir: „Sie sind étudiant en droit, viel Chancen haben sie nicht mehr. Der Soldat hat uns gesagt, daß Sie ihn haben bestechen wollen." Und da sagte ich: „Entschuldigen Sie vielmals, so war das nicht. Das war ganz anders. Er hat dies von mir verlangt." Daraufhin griff der belgische Soldat, der bei dem Verhör anwesend war, in seine Tasche und schmiß eine Brieftasche auf den Tisch und sagte: „Bitte, da ist doch nichts drin." Da sagte ich: „Entschuldigen Sie, er hat eine andere Brieftasche." Die Belgier hatten doch diese langen Röcke. „Die hat er hinten im Rock." Und siehe da, da war alles drin, was ich gesagt hatte. Der Kriegsgerichtsrat war sehr ordentlich und als er nun sah, daß der Belgier Unrecht hatte, entschied er sofort, daß ich nun weiter als gewöhnlicher Gefangener behandelt werden sollte.

Nach etwa einer Stunde wurde ich auf einen Dampfer gebracht und dort bin ich von September 14 bis – glaube ich – Anfang Oktober gewesen. Es war eine vernünftige Kriegsgefangenenbehandlung. In den Lagerräumen lagen Strohsäcke. Bei den Gefangenen handelte es sich merkwürdigerweise um ein Landsturm-Bataillon. Landsturmeinheiten wurden zur Bewachung von Brücken, Bahnhöfen und ähnlichem eingesetzt und waren mindestens 40 Jahre alt. Diese Leute waren bei einer Truppenumgehung gefangengenommen worden. Mittlerweile näherten sich die Deutschen langsam Antwerpen. Eines Tages wurden wir in Waggons verladen und quer durch ganz Belgien bis nach Frankreich in die Bretagne gefahren. Ich glaube, die Fahrt hat zwei Tage gedauert. Fürchterliche Schweinerei mit den Scheißkübeln in den Waggons. In Frankreich kam ich in die Nähe von Rennes in ein französisches Zeltlager. An sich ist es in Frankreich ja nicht so furchtbar kalt, aber wir lagen da im November 1914 und es war alles naß. In der Gefangenschaft trugen wir weiter unsere Uniformen mit einem großen weiß aufgemalten PG für „Prisonnier de guerre". Es dauerte nicht allzu lange und wir mußten zu Fuß nach Monfort marschieren. In Monfort lagen wir in einem alten Kloster. Das war eigentlich dort recht ordentlich. Man hatte wenigstens ein Dach über dem Kopf und es war trocken und auch nicht ganz so kalt. Da bin ich gewesen bis – wie war das? – 15/16, ein gutes Jahr.

E. E., geb. 1896:
Ich gehörte 1917 einem Arbeitskommando in den Höhlen des Höhenzuges des Chemin-des-Dames an. In der Mitte einer Höhle stand ein Exhaustor, mit dessen Hilfe Frischluft von draußen hineingepumpt wurde. Der wurde von einem gedreht, bis er umfiel. Schrecklich, daran darf man gar nicht mehr denken. In breiter Front haben die Franzosen im April 1917 einen Umfassungsangriff gestartet, der für uns etwas überraschend kam, so daß sie tatsächlich in diesem Raum 3000 Leute gefangennehmen konnten. Und darunter war auch ich. Es gab einen Feuerüberfall und wir saßen mit vier, fünf Mann auf den Stufen eines Stollens. Es dämmerte draußen, es war fünf Uhr morgens. Mit einem Mal wurde es wieder dunkel, zwei Franzosen kamen rückwärts in unser Loch rein. Es mußte der Zeitpunkt kommen, wo sie den obersten Mann auf den Stufen erreichten. Da bemerkten sie uns und husch, husch waren sie wieder draußen. Dann zeigten sie mit ihren Gewehrläufen in den Stollen hinein. „Allez, allez", so mußten wir rausgehen. Wir haben noch Tragbahren erhalten und verwundete Franzosen zurückgetragen. Ich lief als Hintermann und hatte einen Neger auf der Trage. Wir passierten einen Trupp französischer Soldaten, unter denen auch Schwarze waren. Einer guckte den Neger auf meiner Trage an. Ob das sein Bruder oder sonstiger Verwandter war, weiß ich nicht, jedenfalls muß er ihn erkannt haben. Er wollte ausholen und mir das Gewehr über den Schädel hauen. Mein Leben hab' ich einem Posten, der uns bewachen sollte, zu verdanken. Der hielt das Gewehr fest. Sonst wäre ich heute nicht hier. Der Posten hatte seinen kleinen Auftrag und jeder ist so gedrillt, daß er ihn ausführt. Das ist die ganze Grundlage des Kommiß.

In Gefangenschaft geht es dann nur darum: „Was gibt es zu essen und zu trinken." Der Mensch trat vollkommen zurück. Das Leben besteht nur aus essen und trinken. In unserem Gefangenenlager in Orléans schütteten die Franzosen vor ihrer Baracke – es gab nur eine Baracke im ganzen Lager – ihren Kaffeesatz aus. Morgens um fünf kriegte jeder französische Soldat einen starken Kaffee. Da stürzten sich unsere deutschen Soldaten drauf. Schwierig war es auch, zum Schlafen zu kommen. Aber der Soldat kann ja in jeder Stellung schlafen. Das Bemerkenswerteste war in Gefangenschaft eine nasse Wiese, auf der man sich nicht hinlegen konnte. Da kam ein Offizierstellvertreter auf die Idee: „Fünf Soldaten zusammen!" Die faßten sich um den Hals und bildeten einen Kreis. Dann sagte er: „Knie durchgedrückt!" Da alle todmüde waren, schliefen die fünf, ohne umzufallen. Wenn sie dann 3000 Mann sehen, die da nachts so schaukeln, schrecklich.

Ich bin anderthalb Jahre in Cherbourg gewesen, habe Arbeitskommandos geführt und bin als Dolmetscher eingesetzt worden.

Ich habe auch 66 Tage Einzelhaft hinter mich gebracht auf der Île Pelée, einem ganz kleinen Felsen, der nur bei Ebbe etwas aus der See guckt. Die Zellen waren schon 1736 für inhaftierte französische Soldaten gebaut worden. Es war Dunkelhaft. Ich hatte einen Löffel, aber ich kriegte nie eine Suppe. Dafür eignete sich der Löffelstiel, um jeden Tag einen Strich in die Mörtelwand zu kratzen, damit ich meine abgesessenen Tage zählen konnte.

Gerhard Bahrmann, geb. 1896:
Ich bin im August 1916 gefangengenommen worden. Wir waren noch nicht lange an der Somme. In der Nacht wurden wir einen Kilometer in den Schützengräben vorverlegt. Ich sollte eine Patrouille gegen den Feind unternehmen und sehen, wie der Draht lag. Ich kroch eine ganze Weile vor und ließ mich in einem Granattrichter nieder. Auf einmal sagt der Kamerad, der mit mir gegangen war: „Herr Feldwebel, passen Sie auf!" Da standen hinter mir ein paar baumlange Australier und hielten die Gewehre von oben in den Trichter rein. Die hatten im Frühnebel mein Loch umgegangen und hätten mich ohne weiteres erschießen können. Ich hätte im Moment der Gefangennahme zu mir sagen können: „Gut, nun ist der ganze Scheißdreck zu Ende." Das habe ich aber nicht gesagt, sondern ich hatte ein dumpfes Gefühl der Wut, daß mir das passieren mußte, und auf der anderen Seite damals aber schon ein Gefühl der Dankbarkeit, daß sie mich nicht erschossen haben. In diesen Stunden ist mir zum ersten Mal der Gedanke gekommen, wir müßten den Krieg verlieren. Als ich nämlich im Morgennebel durch die rückwärtigen Stellungen abgeführt wurde, standen dort Kanonen über Kanonen batterieweise aufgepflastert und wir hatten nichts mehr. Daß wir das noch zwei Jahre durchgehalten haben und die Soldaten nicht verzweifelten und meuterten, ist eigentlich toll.

Im Lager habe ich dann versucht: „Make the best of it." Damals bin ich eigentlich erst richtig zum Denken gekommen. Wir lagen die erste Zeit „behind the lines" und wurden bei Straßenarbeiten in Frankreich eingesetzt. Ich war als Feldwebel bloß Aufsichtsperson, brauchte mir die Hände also nicht dreckig zu machen. Ich habe mir damals vorgenommen: „Es ist doch das beste für den Fall, daß es mal anders kommt, wenn du jetzt Englisch lernst." Am Gymnasium hatten wir wahlweise Englisch oder Hebräisch und ich hatte Hebräisch mitgemacht. Ich habe mir von einem meiner Kameraden sagen lassen, daß „was heißt" „what's that" bedeutet. Damit bin ich dann zum Engländer gegangen, wir haben uns immer sehr gut verstanden, „what's that?" – „a spoon", und habe so brockenweise Englisch gelernt. Ich konnte die besten englischen Flüche, die es gibt. Die Engländer fluchen nämlich sehr viel. Und als ich im Februar 1918 von

Le Havre in ein Gefangenenlager in Wales kam, habe ich mir von zu Hause ein Lehrbuch schicken lassen und gleichzeitig richtete irgendein älterer Kamerad einen Englischkursus ein. Auf diese Weise habe ich noch ein bißchen mehr gelernt.

In der Zeit in England 1918 hatten wir den Zusammenbruch Deutschlands täglich vor Augen, insbesondere weil man eben nur englische Berichte las. Wir haben darunter körperlich gelitten. In unserem Lager sind eine ganze Anzahl Kameraden – fünf oder sechs – freiwillig aus dem Leben geschieden, weil sie den kommenden Zusammenbruch einfach nicht verkrafteten. An der Front hatte man doch immer noch für fünf Minuten die Hoffnung, irgendwie könne die Wende geschehen. Was mich gerettet hat, war der Kontakt zu einem Kreis von Wandervögeln, die ersten Leute, zu denen ich wieder „du" sagen konnte. Und dann kam ich in eine Gruppe von bewußten Christen aus Kirchenjugendkreisen. Die waren aus anderen Lagern zu uns gestoßen und hatten dort eine Art Erweckung erlebt. Ganz grob gesagt, handelte es sich um eine christliche Massenpsychose. Einige seelsorgerisch begabte Kameraden, Führerpersönlichkeiten, hatten ausgestrahlt und eine geborgene christliche Atmosphäre verbreitet. In einen solchen Kreis bin ich auch gekommen. Mit der ersten Frage eines Mitgefangenen: „Wie stehst du zu Jesus?", war mein Schicksal eigentlich entschieden. Ich sagte mir, daß das, was ich vom elterlichen Pfarrhaus an Glauben mitbekommen hatte, Traditionsglaube war. Das war zu wenig. Andererseits hatte ich als Wandervogel geistig nicht genug mitbekommen, da es mit der Abkanzelung des bürgerlichen Lebens doch nur negativ war. Hier fand ich eine neue Geborgenheit zu Gott. Unsere Gruppe wuchs fast wie es in der Bibel steht: „Der Herr tat hinzu täglich, die da gläubig wurden." Wir hatten keine Sorgen, konnten jeden Tagen in der Bibel lesen, Schriften verteilen und konnten auch mal lachen, trösten und gut zureden. Es war eine einzig schöne Zeit.

Nun hatten die Engländer und Deutschen als Feinde – wieder etwas, das ich gar nicht verstehen kann – ein Abkommen geschlossen, ihre Offiziere und Unteroffiziere gegenseitig in Holland internieren zu lassen und zwar wegen der Gefahr von „barbed wire sickness", Stacheldraht-Krankheit. Es bestand die Furcht und vielleicht auch die Erfahrung, daß denkende Menschen viel schwerer unter der Gefangenschaft leiden als Otto Normalverbraucher. Ich kam im Sommer 1918 nach Rotterdam. Einer der Kameraden aus dieser Erweckungsgruppe und ich gingen einmal im Herbst 1918 an einem Sonntagabend durch die erleuchteten Straßen von Rotterdam. Damals war Holland ein frommes Land im Gegensatz zu heute. Überall hörte man Harmonium und Gesang. Wir kamen an einem Gebäude mit einem großen Saal vorbei, der war gerammelt voll von Menschen.

Dort trieb es uns auch hin. Es handelte sich um irgendeine christliche Versammlung. Die Leute strömten raus, strömten rein, wie sie gerade wollten. Es hat uns dort sehr gut gefallen. Beim Rausgehen sagte einer von denen: „Kommen Sie nächsten Sonntag wieder?“ Wir sind tatsächlich wiedergekommen und diesmal wurde ich beim Rausgehen von einem jungen, eleganten Holländer gefragt: „Kennst du Jesus?“ Jetzt hätte ich eine Antwort gewußt, aber ich war so erschlagen über diese plötzliche Frage, daß ich mich vermutlich bloß gefreut habe. Er gab mir die Hand und sagte „Bruder“. Es war eines der wichtigsten Erlebnisse meines Lebens, daß zwei wildfremde Menschen sagen konnten: „Wir sind Brüder.“ Am nächsten Sonntag lud er mich zu seinen Eltern zu einem Kopje Koffee ein. Auf diese Weise habe ich bewußte Christen in Holland kennengelernt. Ich war Deutscher geblieben und doch vollkommen als Bruder akzeptiert.

Prof. Dr. Wilhelm Wortmann, geb. 1897:
Ich bin am Tag der Gefangenschaft zu einem englischen Offizier geführt worden, der fließend Deutsch sprach. Er fragte mich nach meinem Regiment. Ich sagte, daß ich dies nicht wisse. Er antwortete: „Das sagen sie alle. War es nicht doch das Regiment 163? Ihren Regimentskommandeur brauchen Sie mir nicht zu sagen, das ist Oberst ...“ Er wußte genau Bescheid. Dann sagte er: „Haben Sie das Neueste gehört? Amerika ist in den Krieg eingetreten. Jetzt kann der Krieg Jahre dauern, für uns kämpft die Zeit. Sie müssen natürlich sagen, Deutschland wird den Krieg gewinnen, aber bereiten Sie sich auf die Niederlage vor.“ Der stärkste Eindruck, den ich damals hatte, war die Vollmotorisierung der gesamten englischen Armee. Bei uns wurden die Kanonen noch von Pferden gezogen, und es gab wenige Lastwagen, schon gar nicht mit Gummireifen, sondern mit Eisenreifen. Wir erlebten dann ferner die Landung der neuseeländischen Truppen mit, der Kanadier und kurzum dieser Welt von Hilfstruppen, die die Engländer hatten. Ganz zwangsläufig verstärkte sich bei mir die Ansicht, dieser Krieg könne von uns überhaupt nicht gewonnen werden. Es ist mir unverständlich, wie die Dolchstoßlegende später so weit Fuß fassen konnte und Hitler damit noch in einer solchen Weise arbeiten konnte. Dabei war es für mich schon bedeutend, daß der Krieg verlorenging. Vaterlandsbewußtsein zu haben, ist ja keine Schande. Schon meine Kinder standen dem Vaterland verhältnismäßig gleichgültig gegenüber, ich aber bin so aufgewachsen.

Josef Dornhof, geb. 1896:
Als wir 1918 in amerikanische Gefangenschaft gerieten, wurden wir von der französischen Zivilbevölkerung regelrecht bespuckt. Die far-

bigen Posten der Amerikaner haben die Bevölkerung verjagt und uns in Schutz genommen. Wir wurden vor Weihnachten 1919 entlassen. Am spätesten, erst Frühjahr oder Sommer 1920, kamen die Kameraden aus französischer Gefangenschaft nach Hause. In der Zwischenzeit war die Einstellung der Zivilbevölkerung uns gegenüber schon wesentlich besser geworden. Wir konnten feststellen, daß sie nicht mehr versuchten, uns zu bespucken oder zu beschimpfen. Sie hatten ja den Schimpfnamen „boches" für uns. Die Franzosen, die im Krieg in Deutschland festgehalten wurden, waren inzwischen entlassen worden und hatten offenbar erzählt, daß sie in Deutschland anständig behandelt worden seien. Die meisten in unserer Kompanie waren Oberschlesier. Wir haben aber auch Elsaß-Lothringer gehabt, die in die schlesischen Regimentern reingestopft und an der Ostfront eingesetzt worden waren, damit sie nicht türmen konnten. Wir hatten uns mit einigen angefreundet. Als Gefangene befanden wir uns dann nach Kriegsende irgendwo in Frankreich im Straßenbau. Eines Tages war in unserer Nähe eine Felddienstübung eines französischen Truppenteils. Da guck ich, kommt einer meiner früheren elsaß-lothringischen Kameraden als Wachtmeister hoch zu Roß. Er erkannte mich auch. Die Elsaß-Lothringer mußten im Februar 1919, glaube ich, entlassen werden und wurden in die französische Armee übernommen. Und als ehemals deutsche Soldaten wurden sie gleich befördert.

H. J., geb. 1896:
Wir wurden von den Amerikanern abgeführt. Nun mußten wir aber erst einmal durch unsere eigene Artillerie durch. Die hätten mal eher anfangen sollen. Wir gelangten in den Sanitätsunterstand der Amerikaner. Dort bekamen wir gut zu frühstücken. Dann wurden wir den Franzosen übergeben und es ging in das französische Feldlazarett. Der französische Offizier hat uns mächtig ausgefragt. Mit dem Lazarettzug sind wir nach Paris gekommen. Am Gare du Nord standen Weiber. „Du dreckiges Schwein." Und: „Alle Mann kaputt." Es standen da aber auch Deutsch-Amerikaner: „Kameraden, wir kämpfen nicht gegen euch. Wir kämpfen nur gegen den Kaiser." Auf Lastwagen mit schwer bewaffneten Begleitern sind wir durch Paris gefahren. Wir sind dann für einige Zeit in ein Pariser Lazarett gekommen. Dort haben wir es gut gehabt, das Essen war sehr gut. Auch die französischen Ärzte waren freundlich.

Aber dann ging es los. Wir wurden wieder verladen nach Rouen. Wir kamen in ein Sammellager für die Kriegsgefangenen dieser Gegend. Im Umkreis des Lagers sollten wir auch arbeiten. Ich habe dort in einer Versandstelle für Wäsche in der Schuh-Abteilung gearbeitet. Auch Weihnachten wurden wir zum Arbeiten rausgescheucht. „Raus! Travaillez, allez." „Nee, Weihnachten?" Ich wußte ja nicht, daß die nur einen Weihnachtstag haben. Nach einigen Wochen sind wir wieder in das große Sammellager gekommen, von wo aus wir nach Reims gelangten zum Wiederaufbau des Gebiets und zum Zuschütten der Schützengräben. Von Privatleuten, deren Haus wir zurechtgemacht haben, haben wir immer Brot gekriegt. Im Juli 1919 standen plötzlich in unserem Lager drei Maschinengewehre vor uns und polnische Offiziere. Die haben gesagt: „Die Kameraden aus der Gegend Ostpreußen, die für Polen stimmen, werden entlassen." Was meinen Sie, was passiert ist? Wir haben „Deutschland, Deutschland" angestimmt und „Pfui, pfui" gerufen. Es hat sich keiner gemeldet. Die haben ihr Maschinengewehr wieder abgebaut und sind verschwunden.

Erich Gieskes, geb. 1896:
Wie wir dann erst in dem Barackenlager waren, waren wir wie zu Hause. Wir hatten ein wunderbares Lager. In der Ecke der einen Baracke konnte man Zigaretten kaufen, so kleine, die auch von Gefangenen gemacht wurden. In einer anderen Baracke richteten wir ein Theater ein. Wir bauten die Bühne und die Kulissen und bemalten den Vorhang. Die Engländer besorgten uns alles, sogar Frauenkleider für die Damenrollen. In diesem Moment waren wir keine Feinde mehr. Ich habe bei den Engländern oft den Ausspruch gehört: „Lieber mit den Deutschen gegen die Franzosen als umgekehrt." Vom Krieg wurde nicht viel erzählt. Wir hatten andere Sorgen. Mit 30 Mann haben wir einen Männerchor gegründet. Die Partitur kriegten wir vom Roten Kreuz geschickt und ich setzte mich hin und zog die einzelnen Stimmen heraus. Es gab Kameraden, die Theaterstücke einstudierten. Die Texte kriegten wir auch geschickt. Einer, ein Student, hat sogar „Alt Heidelberg" aus dem Kopf niedergeschrieben.

Hans Seidelmann, geb. 1898:
Im Schützengraben hat man viel gedöst, aber man hatte immer ein Ziel vor sich, das einen hochhielt, und wenn es war: „In vier Tagen wirst du wieder abgelöst!" Aber in Gefangenschaft, als wir abgingen in Gefangenschaft an einem wundervollen warmen Julitag 1918, hatte man überhaupt kein Ziel mehr vor sich. Da durften wir nicht arbeiten. Und ich jedenfalls empfand es als eine Erlösung und fast als eine Gnade, als wir in dem Lager in Villers-Cotterêts, wo wir vier Wochen nur bei Brot und Wasser gelebt haben, zur Arbeit eingeteilt wurden. Meine Arbeit war Straßenkehren vor einer Bäckerei. Ein Bäcker kam raus und gab mir einen Knust Weißbrot. Damals begriff ich, daß Arbeit das Wertvollste und Schönste in unserem Leben ist. Eine Aufgabe zu haben und sei sie noch so primitiv.

August Kahlke, geb. 1898:
Man war eigentlich erleichtert, in Gefangenschaft geraten zu sein. Der Gedanke, fürs Vaterland das Leben hinzugeben, war für uns junge Leute an sich kein Problem. Es war aber auch nicht so, daß ich mich in der Kriegsgefangenschaft schuldig fühlte, nun nicht mehr fürs Vaterland kämpfen zu können. Im Gefangenenlager lernte ich hervorragende Leute kennen, die erhebliche Lebenserfahrungen mitbrachten, die mir nun von Nutzen gewesen ist. Flucht aus dem Lager gab es erst, als der Krieg schon vorbei war. Da sind einige Leute geflohen, aber keiner ist durchgekommen. Ich wurde zunächst bei Boulogne-sur-Mer und nachher bei Le Havre gefangengehalten. Bei Boulogne bauten wir eine große Waschanstalt fürs Heer und bei Le Havre wurde vielfältiges Kriegsmaterial repariert, vom Kochgeschirr, das neu verzinkt wurde, bis zu Kanonen. Ich selber habe nicht mitgearbeitet, sondern war Dolmetscher. Zunächst Lagerdolmetscher – wir waren fünf oder sechs Dolmetscher bei 500 Leuten – und dann kam ich ins Lazarett. Von dort wollte ich aber unbedingt ins Lager zurück, weil ich noch keine Post von zu Hause erhalten hatte. Ich war als Soldat noch ein Schuljunge gewesen und ein solcher bin ich im Lager auch schnell wieder geworden. Es fehlte im Kriegsgefangenenlager nicht an geistigen Anregungen. Es gab Bücher, Erzählliteratur hauptsächlich des 19. Jahrhunderts, Mörike, auf deutsch. Die Bücher stammten von dem Bankhaus Schröder, das in Hamburg zu Hause ist und in London eine Niederlassung unterhielt. Es gab Diskussionen unter uns, als wir erfuhren, daß in Deutschland Revolution war. Es waren ein paar Leute unter uns, deren Verwandschaft zu den Unabhängigen Sozialdemokraten gehörte. Das war zunächst schon ein Schock für sie, als die Revolution zusammenbrach.

Richard Krohn, geb. 1897:
Es gab eine Bestimmung des Roten Kreuz, daß Brüderpaare in dasselbe Lager gelegt werden sollten. Mir wurde mitgeteilt, daß dies geschehen sollte. Nach einiger Zeit wurde ich in ein anderes Lager transportiert, aber mein Bruder war nicht da. Die Franzosen legten sich nicht fest, wann das nun sein sollte. Wenn sie sagten: „Ja, ja", dann konnte es morgen sein, aber auch in 14 Tagen. Als junger Dachs hat man sich aber nicht so große Sorgen gemacht. Ich weiß nur noch, als mein Bruder dann eintraf, war die erste Begrüßung: „Hast du Zigaretten? Hast du Geld?"

Hans Reimers, geb. 1899:
Wir durften in Gefangenschaft Briefe schreiben, und ich gab von meiner Verpflegung etwas ab, damit andere, die nicht schreiben

wollten, mir ihr Briefpapier gaben. So hielt ich Verbindung mit der Heimat und meinen beiden Kameraden Rathke und Osburg. Ich habe auch Post bekommen, wenn auch nicht viel. Von meinen Verwandten zu Hause erhielt ich mal ein Päckchen und von meinen Geschwistern ein Briefchen, ansonsten haben wir von der Heimat nichts bekommen. Zu Weihnachten 1918 gab es ein Pappbildchen mit einer Großmutter und zwei Kindern. Ich habe es heute noch. Die Heimat hatte uns vergessen. Es war sehr bitter, daß wir Weihnachten so abgefertigt wurden. Der Feldwebel verteilte die Bildchen. Den Feldwebel und den Verpflegungsmann haben unsere Leute im Entlassungslager in Oberschlesien halb totgeschlagen. So eine Wut hatten sie auf die beiden, weil sie sich auf unsere Kosten fettgegessen hatten. Sie kriegten die Verpflegung zugeteilt für die 600 Mann, die im Lager waren. 200 Mann davon waren aber im Lazarett. Ich war an dieser Schlägerei aber in keiner Weise beteiligt.

Die Engländer haben uns nicht menschlich behandelt. Wir bekamen kaum Verpflegung. Natürlich hatten die Engländer auch ihre Sorgen, die vielen Gefangenen, die sie zu betreuen hatten. Es hat mich in der Gefangenschaft angeekelt, wie unsere Leute nach jedem Dreck, es konnte eine Tonne mit Abfällen oder so ein Zigarettenstummel sein, grabbelten. Es gab unter den Gefangenen Leute, die sich sehr viel Mühe gaben, mit dem Engländer in Kontakt zu kommen, was ich abgelehnt habe, weil es für mich der Feind war, eben kein Deutscher. Ich habe mich nicht mit englischen Soldaten unterhalten.

Hermann Schütz, geb. 1896:
Ich kam wegen meiner Wunde in ein englisches Lazarett. Meine Extramütze habe ich auch in der Gefangenschaft aufsetzen dürfen, bloß die Kokarde mußte ich abmachen. Wie ich mit der Lazarettzeit durch war, läuteten überall die Glocken und der Krieg war zu Ende. Vom Lazarett kamen wir in ein Lager auf dem Hungerberg in Le Havre. Wir waren in Frankreich, befanden uns aber in englischer Gefangenschaft. Unteroffiziere brauchten beim Engländer nicht zu arbeiten und bekamen ein Extralager. In dem einen waren 5 000 und in dem anderen ungefähr 7000 Chargierte bis hin zum Offizierstellvertreter untergebracht. Offiziere waren noch wieder extra. Da bin ich ein Jahr gewesen. Wir waren so viele, daß wir kaum noch in die Zelte paßten. Das Essen war derartig schlecht, da hätte ich lieber aus dem Rinnstein gefressen. Manchmal konnten wir am Atlantik spazieren gehen. Wir waren so verhungert, daß wir die Muscheln, die wir fanden, mitnahmen und sie auf den Ofen gesetzt haben.

Detlev von Ahlefeld, geb. 1895:
Nach dem Fluchtversuch wurden wir vier getrennt, damit wir nicht noch einmal dummes Zeug machten, und ich kam auf die Festung Grenoble. Es war eine richtige Festung mit tiefen Gräben, da war weiß Gott nicht mehr rauszukommen. Nach einiger Zeit lief Grenoble vor lauter Gefangenen über und wir wurden über Marseille nach Afrika transportiert. Erst nach Tunis, nach Graiba und Sfax. Ich habe meinen Kindern später immer erzählt: „Wenn man da für einen Moment aus dem Zug guckte, hatte man alles gesehen. Nichts als Wüste." Wir mußten Spitzzelte aufbauen, in denen wir mit sechs Mann lagen. Das Lager war natürlich von einem Stacheldraht umgeben. Wir mußten die Eisenbahnlinie von Sfax nach Graiba bauen.

Nach einiger Zeit beschloß ich, mit meinem Freund Hermann Heuer zu türmen. Ich wußte, daß in Tunesien deutsche Truppen waren. Eines Tages ließen wir uns eingraben mit einer Zeltplane drüber und einem Luftloch zum Atmen. Es wurde damals nicht nachgezählt, da man es für unmöglich hielt, daß einer wegkam. Als unsere Leute mit den Franzosen abgezogen waren, haben wir uns ausgebuddelt und sind losgetippelt. Leider Gottes wanderten wir immer südlich. Wenn wir einmal westlich gegangen wären, wären wir bei den Deutschen angelangt. Wir erreichten schließlich die südliche tunesische Grenze zur Sahara und da liefen wir einer französischen Festungsbesatzung in die Arme. Sie griffen uns wieder auf und behandelten uns verhältnismäßig gut. Anschließend mußten wir aber den ganzen Weg, den wir zuvor gegangen waren, zu Fuß wieder zurücklaufen. Als wir in unserem Lager ankamen, landeten wir zuerst im „Tombeau". Die internationale Bestrafung für Fluchtversuche ist 30 Tage Dicken. Dicken heißt: drei Tage bei Wasser und Brot, vierten Tag volle Verpflegung. Der Dicke war hier ein Zelt, das heißt, man mußte zunächst eine Zeltbahn aufschlagen, unter der man gerade liegen konnte Das ist natürlich verdammt anstrengend. Da habe ich doch so viel abgenommen, daß mir trotz meiner 19, 20 Jahre sehr flau wurde. Und beim Wäschewaschen wurde mir schwindelig und ich fiel um. Ein französischer Leutnant sagte: „Bringen Sie ihn ruhig ins Revier, aber seine Strafe muß er von vorne anfangen." Da hab' ich gesagt: „Das mach' ich nicht mit, dann lieber hier umfallen." Da habe ich weitergemacht und meine Kumpels, die anderen Kriegsgefangenen, haben mich in der Hauptsache mit Büchsenmilch versorgt. Die Milchbüchsen warfen sie mir zu und dann öffnete ich sie mit einem Nagel und konnte sie austrinken. Dadurch habe ich eigentlich diese Zeit nur überstanden.

Nach dem zweiten Fluchtversuch wurde ich oben in den Dschurdschura verlagert bei den Rifkabylen, also echt mang die

Affen. Die Affen kamen nachts ins Lager und gingen an unsere Abfallkübel. Wir waren zunächst nur ca. 500 Gefangene, alles nur Ausreißer. Nachher waren wir ja viel mehr, etwa 5000. Von jedem Kriegsgefangenen wurde eine Nationale geführt mit seinen persönlichen Daten. Ich habe einmal einsehen können und erinnere noch genau, da stand bei mir drin: „Il est un homme très intelligent. Il parle cinq langues." Ich habe es nie über drei gebracht, Deutsch, Englisch, Französisch. „Il a des relations importantes." Da hatten sie nämlich einen Brief von der Frau von Tirpitz – der alte Tirpitz war mein Pate – gefunden. „Qu'on surveille sa correspondance sévèrement." Na, das taten sie dann auch.

In der Zeit bei den Rifkabylen habe ich wohl das einzige Mal in meinem Leben Angst gehabt. Wir bekamen eine Typhusepidemie und die Leute haben sich – entschuldigen Sie den Ausdruck – totgeschissen. Zwei Tage vorher hast du noch neben einem gelegen, dann war er tot. Und da schrieb ich einen fingierten Brief an meinen Vater, in dem ich mit Salzlösung die Namen von fünf, sechs Leuten aufführte, die in den letzten Tagen krepiert waren. In dem Brief sprach ich von Tante Lampe. Mein Vater war helle und hat das gedeutet, auf eine Heißplatte gelegt und da stand dann da: „Gestorben sind der, der, der und der." Mein Vater setzte sich sofort in die Bahn und fuhr zu Prof. Delbrück, das war der Obermacker für die gesamte Gefangenenwirtschaft in Deutschland. Es dauerte keine acht Tage, da kam ein französischer Oberarzt zu uns, schlug die Hände über dem Kopf zusammen und sagte: „Um Gottes willen, was ist hier los." Wir hatten als Arzt einen ganz jungen, wahrscheinlich eben fertig studierten Leutnant, der sich dort mit seiner Pariser Schickse amüsierte. Unsere Sanitäter hatten sofort gesagt: „Das ist Typhus." Aber er meinte, das sei Diarrhöe und das mache nichts. Der französische Oberarzt, der mich untersuchte, gratulierte mir: „Sie sind ja der einzige, der keinen Typhus hat." Wir wurden nun nach Marseille gebracht und mehr oder minder auskuriert. Leider waren zu diesem Zeitpunkt ja schon einige gestorben.

Wir waren der festen Überzeugung, daß wir noch siegen würden. Den Kriegsverlust konnte ich mir eigentlich erst spät, so 16/17, vorstellen. „Nee, Kinder, wenn da auf einmal 60 000 in Gefangenschaft kommen, wird das nichts mehr." Dann erfuhren wir, daß der Krieg verloren war. Das war natürlich sehr bitter für uns, und am meisten haben wir uns über Seine Majestät den Kaiser geärgert, denn in ein Auto setzen und nach Holland fahren, das hätten wir auch noch gekonnt. Das ist eine Schweinerei gewesen. Und der Kronprinz hat es auch nicht besser gemacht. Anstatt seine Leute im Stich zu lassen, hätte er lieber sich selber umbringen sollen. Das wäre anständig gewesen, aber nach Holland ausbüchsen nicht.

Von Marseille aus kamen wir später in das frühere Kampfgebiet in der Champagne, das wiederaufgebaut wurde. Reims sah doch entsetzlich aus. Die Kathedrale stand zwar noch, aber sonst war alles kaputt. Wir mußten dort den Dreck wegmachen, den unsere Kameraden verursacht hatten, also Schützengräben zuschmeißen, Stacheldraht zusammenrollen. Es lag auch noch sehr viel Munition rum und da weiß ich noch, einer von unseren Leuten war in dem Glauben, er hätte eine Acetylen-Lampe gefunden. Tatsächlich aber war es eine italienische Handgranate. Und wie er mit ihr rumhantierte, ging sie los, beide Arme, beide Augen weg. Er überlebte und ich traf ihn merkwürdigerweise noch einmal in München auf der Straße wieder.

Wir lagen in den Räumen der Abfüllstation Witwe Cliquot. Cliquot ist mit der beste Sekt. Und als alte Kriegsgefangene waren wir wie die Katzen. Erst einmal sehen, wo man raus kommt. Wir hatten einen Berliner Steinträger mit dem seltenen Namen Kuckuck. Ein doller Bursche war das. Wir hatten auch genügend Kavalleristen unter uns, die aus den Strohsäcken Seile flochten und da wurde der Gefangene Kuckuck runtergelassen und mit einem Sack mit 40 Flaschen Sekt kam er wieder zurück. Davon kriegten erst einmal die französischen Posten sechs Stück ab und dann war noch für jeden eine übrig. Die Flaschen waren alle noch ganz fest verkorkt. Also wenn man sie aufmachen wollte, mußte man sie an der Tischkante aufschlagen und den Inhalt schnell ins Kochgeschirr gießen. Das ging eine ganze Weile gut, aber eines Tages, nachts um ein Uhr Appell: „Alle raustreten in voller Montur." Es erschien die Pariser Kriminalpolizei. Ich war noch nicht ganz nüchtern. „Hier ist Sekt gestohlen worden." Ich sag': „Das ist ganz unmöglich. Das sind diese verfluchten spanischen Gastarbeiter gewesen." Die Polizei durchsuchte alles, konnte aber nichts finden. Da die französischen Posten viel mehr Angst hatten als wir, hatten wir nämlich die ganze vorangegangene Nacht die leeren Weinflaschen in die Vesle, einen kleinen Nebenfluß der Aisne, werfen müssen und die Posten hatten immer aufgepaßt, daß auch alle Flaschen reinrollten. Geglaubt haben uns die Polizisten aber doch nicht.

Die älteren Gefangenen waren viel schlechter dran. Die jammerten furchtbar herum. Sie konnten das natürlich auch körperlich nicht so gut aushalten wie wir jungen Leute. Ich erinnere noch eine tragische Geschichte. Da hatte eine Ehefrau ihrem Mann in einem Brief gestanden, daß sie fremdgegangen war. Darauf hatte er einen Bindfaden genommen, ihn in den Brief gesteckt und an seine Frau geschickt. Einige Tage später kam die Nachricht, sie hätte sich aufgehängt. Bei Kriegsende haben wir immer in den französischen Zeitungen gelesen und darauf gelauert, wann die ersten Gefangenen nach Hause geschickt würden. Aber wir waren ja als Repressalie gedacht, damit der Versailler Vertrag eingehalten wurde. Wir waren das Druckmittel der Alliierten, damit erst einmal bezahlt wurde. Die alten Leute sagten: „Die können uns doch hier nicht so einfach gefangenhalten." Ich sagte: „Paßt mal auf, das können sie." 1920 sind wir in einem Güterzug nach Mannheim gefahren wurden. Es war schön, wieder auf deutschem Boden zu sein und wir fanden es ganz besonders schön, den ersten deutschen Eisenbahnwaggon zu sehen, der doch verdammt anders aussah als diese kümmerlichen französischen Wagen.

Ernst Saekel, geb. 1896:
1919 wurde mir in Gefangenschaft mitgeteilt, daß mir mein Gymnasium wegen meiner langjährigen Frontzugehörigkeit das Notabitur zuerkannt hatte. Ich bekam also das Abitur geschenkt. Daraufhin gab ich meine Vorbereitungen für mein Studium auf und beschäftigte mich mit Kartenspielen, Doppelkopf und Skat. Im zweiten Halbjahr 1919 erhielten wir gewisse Freiheiten, zum Sportplatz zu gehen oder auf Spaziergänge. Es war eine festgeschriebene Regel im deutschen Offizierkorps, daß, wenn man in Gefangenschaft geriet, man kein Ehrenwort geben durfte, nicht zu fliehen. Jeder Offizier war vielmehr verpflichtet, an Flucht zu denken und die Flucht zu ergreifen. Aber es war gestattet, daß man sich für bestimmte Dinge, etwa für den Sportplatz, verpflichtete. Das verstieß nicht gegen die Ehre. Wir haben alles mögliche gemacht, um rauszukommen. Wir haben von der Küche aus einen Tunnel unter dem Drahtzaun durch bis ein paar Meter nach draußen gegegraben.

1920 kamen wir dann nach Deutschland zurück. Nach den Ereignissen von 1945 kann man sich den Riesenjubel gar nicht vorstellen, mit dem wir in Konstanz empfangen wurden. Als der Sonderzug mit Kriegsgefangenen aus Frankreich einlief, stand dort erst einmal eine Militärkapelle. Auf dem Marsch vom Bahnhof in die Kaserne hat uns die Bevölkerung mit einem solchen Jubel empfangen. Ich habe mindestens 100 Hände drücken müssen von Leuten, die an der Straße standen und uns begrüßt haben. Uns sind eigentlich die Tränen gekommen. Wir hatten das nicht erwartet. Nichts von Haß und Ablehnung haben wir gemerkt. Das war erstaunlich. Das war aber auch schon 1920 und das Schlimmste der Revolution war überstanden.

Johann Buck, geb. 1898:
Als Schwerverwundeter kam ich bereits im Oktober 1919 aus Kriegsgefangenschaft. Die anderen kamen erst im Februar 1920 heim. Die Alten, die seit 1914 in Gefangenschaft lebten, wurden sogar noch während des Krieges ausgetauscht. Auch bei uns gab es eine solche

Gruppe Älterer. Sie waren schon zum Bahnhof marschiert und warteten jetzt auf den Zug. Wir hatten ihnen alles Gute gewünscht und „Grüßt Deutschland, wenn ihr nach Haus kommt." Sie stehen auf dem Bahnhof und das dauert und dauert. Der Zug fährt nicht ein. Und schließlich kommt ein Sergeant und sagt: „Alles antreten!" Sie mußten vom Bahnhof wieder zurückmarschieren mit der Erklärung: „Es ist Waffenstillstand, jetzt wird niemand mehr ausgetauscht." Die haben es zuerst spüren müssen. Da sie schon länger wußten, daß sie ausgetauscht werden sollten, lebten sie in Gedanken schon zu Hause. Und dann haben sie noch ein Jahr gesessen. Das Kriegsende spielte für uns nur in einer Hinsicht eine Rolle. Als nämlich der Krieg vorbei war, kriegten wir eine neue Aufsichtstruppe, und zwar ehemalige Kriegsgefangene aus Deutschland. Die sollten Revanche üben für das, was sie in Deutschland erlitten hatten. Bessere haben wir nie gehabt. Sie konnten schon ein bißchen Deutsch und freuten sich riesig, wenn sie von Deutschland erzählen konnten.

H. W., geb. 1897:
Wir Gefangenen wurden zunächst nach Le Havre und von dort nach England, Southampton, gebracht. Wir landeten in einem ehemaligen englischen Militärlager bei Ripon, das war bestens ausgerüstet mit fließendem Wasser und guten Feldbetten. In unserem Offizierslager gab es schätzungsweise 1000 bis 1500 Gefangene. Jeweils 28 Offiziere waren in den Baracken untergebracht. Es waren fast durchweg junge Offiziere, die kaum älter als 24, 25 Jahre alt waren. Hauptleute, die damals schon Bataillonskommandeure waren, waren nur sehr wenige vertreten. Die Wirtschaftsdienste, Küche, Pflege der Räume wurde von deutschen Soldaten im Mannschaftsrang erledigt. Die Engländer haben uns anständig behandelt. Wir hatten keinen Grund, uns zu beschweren. Das einzig Negative war die Verpflegung. Die Verpflegung war zu schmal. Wir bekamen täglich zwei Scheiben Weißbrot. Das war in keiner Beziehung ausreichend. Die meisten Kameraden sprachen nur davon, was sie gerne essen würden. Im Lager gab es zunächst keine Bibliothek. Sie wurde dann aber durch Sendungen aus der Heimat aufgebaut. Es wurde Sport getrieben, Fußball in der Hauptsache, und Theater gespielt, wobei die Frauenrollen von Offizieren besetzt wurden. Ich entsinne mich, daß „Der Raub der Sabinerinnen" mit großem Erfolg aufgeführt wurde. Auch englische Offiziere sahen sich diese Theatervorführungen an. Soweit ich mich entsinne, haben wir auch gelegentlich englische Zeitungen lesen können. Ich selbst war abgestumpft, habe mir aber im Lager Bücher besorgt und mich für mein Studium an der Handelshochschule in Leipzig vorbereitet.

Es gab Fluchtversuche, an denen ich aber nicht beteiligt war. Einige Kameraden versuchten, mit Lieferautos rauszukommen. Alle

Fluchtversuche sind gescheitert, keiner der flüchtenden Offiziere hat Deutschland erreicht. Ein Fluchtversuch wurde von einem deutschen Kameraden verraten. Man hatte einen Gang gegraben, um durch diesen auszubrechen. Bevor die Flucht richtig begann, stand der Engländer am Eingang des Fluchtweges. Nach Bekanntgabe eines Fluchtversuches machten sich die deutschen Kameraden abends im Nebel einen Spaß, indem sie mit Steinen gegen die Barakkenwände trommelten. Das machte den Eindruck, als sei es Maschinengewehrfeuer, wie es an der Front täglich zu hören war. Darauf griff der Engländer durch das Hauptportal kommend mit aufgepflanztem Seitengewehr das Lager an.

Wir waren erbost, als wir im November 1918 hörten, daß der Krieg durch Kapitulation beendet worden sei. Wir Offiziere blieben aber zunächst noch in England. Der englische Kommandant des Lagers soll erklärt haben, wir würden vorläufig nicht entlassen, weil die deutsche Kriegsflotte bei Scapa Flow versenkt worden sei und die Engländer dafür Ersatz haben wollten. Erst im Dezember 1919 wurden wir aus dem Lager entlassen. 2000 Kriegsgefangene wurden per Schiff nach Wilhelmshaven transportiert, wo wir am 31. Dezember 1919 ankamen. Dort wurden wir an der Schleuse nicht hereingelassen, weil erklärt wurde, daß in der neuen deutschen Republik nach 16.00 Uhr nicht mehr gearbeitet werde. Infolgedessen mußten wir vor Reede liegen und wurden erst am 1. Januar 1920 in den Hafen hereingelassen. Am gleichen Tag noch wurden wir in die Heimat entlassen. Ich konnte zu meinen Eltern nach Finsterwalde reisen.

H.J., geb. 1896:
Zur Weihnachtsfeier 1919 auf 1920 haben wir noch unseren Lagerkommandanten eingeladen. Im Februar, sechs Tage bevor es in die Heimat ging, konnte ich frei umherlaufen. Zwei Stunden mußten wir zur Verladestation laufen und dann fuhren wir über Metz, Saargebiet rauf nach Neustadt in der Pfalz, dann über Ludwigshafen. Die Mädchen haben aus den Fabriken gewinkt. Das war schön. Von unserer Begleitung nahmen wir an der Rhein-Brücke Abschied. Und in Mannheim wurden wir feierlich empfangen. Freiherr von Lersner, der war der Leiter der ehemaligen Kriegsgefangenen, hat in einem großen Saal in Mannheim eine Rede gehalten. Wir haben wirklich gefeiert. Drei Tage waren wir noch in Mannheim. Ich habe eine Karte nach Hause geschrieben, daß ich bald käme. In Mannheim wurden wir entlaust und in Zivil eingekleidet. Ich hatte bis dahin noch meine blaue französische Breecheshose mit der Nummer 325. Der Zug ging erst bis Frankfurt und von Frankfurt ging ein Sonderzug nach Hamburg. In einer Tasche hatte ich noch Tabak, Schokolade und alles mögliche und aus Begeisterung habe ich die

Tasche liegengelassen, wie wir umsteigen mußten. Mein Vater hätte sich sicher gefreut, wenn ich den Tabak mitgebracht hätte.

C. T., geb. 1898:
August, September 1919 kam ich wieder nach Hause. In Oldenburg wurden wir entlassen. Wir kriegten neue feldgraue Uniformen und dann ging's ab. Da ging die Freude los. Wir haben unterwegs all unsere Wolldecken aus den Fenstern der Züge geschmissen. Die Leute auf den Feldern saßen beim Kartoffelroden und sind gelaufen, daß sie diese guten Wolldecken bekamen. Wir sangen auf der Fahrt und, wenn wir irgendwo Leute sahen, haben wir gewunken. Ich weiß noch, ich bin zu Fuß von Neugraben hier durch die Ländereien gegangen und bin von hinten auf den Hof gekommen. Mein Vater – die waren gerade beim Pflügen – sagte: „Wo kommst du denn her?" Es war schön, die alte Heimat wiederzusehen.

Prof. Dr. Wilhelm Wortmann, geb. 1897:
Ende Oktober 1919 kehrten wir mit der Bahn nach Deutschland zurück. Auf der Bahnfahrt hatte ich ein merkwürdiges Erlebnis. Man fuhr durch dieses leere, 10, 20, 30 Kilometer breite Land, in dem der Krieg getobt hatte. Man sah dort keinen Baum mehr oder nur völlig zerschossene Bäume. Und dann wieder begannen die Straßen mit Bäumen und ohne Einfluß des Krieges.

Willi Nothdurft mit französischem Veteranen

Willi Nothdurft auf dem Schlachtfeld von Verdun
mit der französischen Ministerpräsidentin Edith Cresson

Das letzte Kriegsjahr

1918 ist im Westen das Spiegelbild der ersten Kriegsjahres. Damals haben sich die Armeen nach dem ersten Vormarsch der Deutschen ineinander verbissen, jetzt lösen sich wieder aus der Verkrampfung des Grabenkrieges. Ohne in militärische Details einsteigen zu wollen, mich, zwei Generationen später, verwundert der Verlauf des letzten Kriegsjahres immer wieder und ich widme ihm daher auch ein eigenes Kapitel. Wie ist es möglich, daß nach mehr als drei Jahren des Stellungskriegs mit einem Mal eine Entscheidung herbeigeführt werden kann? Wieviel Leben hätte gerettet werden können, wäre dies früher geschehen?

Das Jahr gleicht einer Fieberkurve. Erst durchbrechen die Deutschen die einst erstarrten Fronten, dann schlagen die Alliierten zurück und nun gehen die deutschen Truppen endgültig in die Knie. Sie verlieren gewissermaßen den Halt und in drei Monaten ist alles vorbei. Für den einzelnen Soldaten bedeutet dies ein Wechselbad der Gefühle. Zuerst die völlige Befreiung von den Stellungsgräben, unglaubliche Gefühle durch den erneuten Vormarsch nach jahrelanger Bewegungslosigkeit und Ohnmacht. Dann mit einem Mal dreht sich alles erneut und die Deutschen finden sich in einem rapiden Rückzug wieder. Jetzt gegen Ende des Krieges werden die Ermüdungserscheinungen in der Truppe deutlich. Die Moral der Truppen – bis dahin stabil – verschlechtert sich in den letzten Wochen merklich. Erste Soldatenräte als Vorboten einer neuen Zeit tauchen hinter der Front auf.

Zeugnisse

Dr. Alfons Beil, geb. 1896:
Im Winter 17/18 nahm ich an der Offiziersausbildung in Vouziers teil. Eines Tages kam ein Kamerad auf mich zu und erklärte mir mit ausgesprochener Selbstverständlichkeit und in einem solchen Ton der Überlegenheit: „Was wir Deutschen können, dazu haben wir auch das Recht." Er war hochgebildet, Gymnasium hinter sich, sonst ein feiner Herr, aber ein Supernationalist. Damals ging es ja darum, ob wir Belgien behalten durften, Siegfriedfrieden. Obwohl wir uns sonst sehr gut verstanden, gehörte dieses Gespräch zum Erschütterndsten, das ich im Krieg erlebt habe.

Prof. Dr. Wilhelm Wortmann, geb. 1897:
Im letzten Kriegswinter wurde der sogenannte Vaterländische Unterricht eingeführt. Ein Befehl, der von oben kam, also von Hin-

denburg und Ludendorff. Der Kompanieführer kam zu mir und sagte mir, daß ich sicherlich davon viel mehr verstünde. Ich sagte: „Ich werde nicht darüber sprechen, wie das Kaiserhaus zusammengesetzt ist, abgesehen davon, daß ich als Hanseat hiervon sehr wenig Ahnung habe. Ansonsten mache ich das gerne." Ich bekam regelmäßig Literatur von zu Hause nachgesandt. Darunter war eine Schrift von Thomas Mann – ich muß sagen, ich kann ihnen den Titel jetzt nicht mehr exakt nennen –, in der er aber auseinandersetzte, wie der Siebenjährige Krieg dadurch geendet habe, daß die Kaiserin von Rußland gestorben sei und dies Preußen die Möglichkeit gegeben habe, den Krieg zu beenden. Daß in Rußland eine Revolution in Vorbereitung war, ahnte ich etwas durch Berichte aus Zeitungen. Hierüber habe ich gesprochen, zum Teil vielleicht, um mir selbst Mut zu machen, zum anderen aber ganz bewußt, um meine Kameraden aufzumuntern, es könne sich eine Parallele ereignen und dadurch der Krieg beendet werden. Dazu ist es aber nicht gekommen.

R. M., geb. 1898:
Ende Januar 1918 kamen wir von Gnesen nach Stettin, wo wieder ein Bataillon zusammengestellt wurde. Wir standen auf dem Exerzierplatz der dortigen Kaserne. Weil wir ja immer Hunger oder – wie wir sagten – „Kohldampf" hatten, ging mit einem Mal ein beträchtliches Gebrummel los: „Hunger, Hunger, Hunger!" Der Feldwebel von den Grenadieren brüllte gleich los: „Wenn Sie nicht sofort den Mund halten, gehe ich raus mit ihnen nach Kreckow." Kreckow war unser Truppenübungsplatz. Daß das großer Unsinn war, wußten wir, denn wir sollten ja in der kommenden Nacht gen Westen transportiert werden. Es erschien bald ein Offizier, der wußte natürlich besser, wie er die Sache anzufassen hatte. Er sprach beruhigend auf uns ein: „Leute", („Leute" fand ich nicht so gut, klingt so wischiwaschi. Im Zweiten Weltkrieg bei der Wehrmacht fand ich „Männer" besser), „ihr kommt gleich auf die Stuben und kriegt etwas zu essen. In der Nacht marschieren wir dann zum Bahnhof zum Abtransport, und ich bitte darum, daß dies möglichst in Ruhe geschieht und wir nicht ganz Stettin aufwecken." Aber Stettin wurde aufgeweckt. Die Disziplin war schon gelockert, und es herrschte eine gewisse Demoralisierung.

K. O., geb. 1896:
Auf dem Truppenübungsplatz sickerte das Gerücht durch, daß im Frühjahr eine große Offensive in Frankreich stattfinden sollte. Wir wurden auf diese Offensive sehr intensiv vorbereitet. Zum ersten Mal sollte die Infanterie in ihrem Angriff aus der ersten Linie von

einer bespannten Feldartillerie begleitet werden, die sofort, wenn der Angriff stockte, das Feuer aufnehmen sollte, um den Gegner zu zermürben und den Angriff wieder vorzutragen. Ich erinnere mich genau, wie auf dem Übungsplatz künstliche Trichterfelder geschaffen wurden, um die Wirklichkeit möglichst realistisch darzustellen. Wir haben uns mit großer Intensität dieser Ausbildung gewidmet.

Rudolf Möller, geb. 1898:
Wir befanden uns nahe der Loretto-Höhe im Stellungskrieg. Allmählich kam der Zusammenbruch Rußlands hinzu. Wir Infanteristen merkten, daß unsere Artillerie verstärkt worden war und daß wir nicht mehr ohne Gegenwehr das feindliche Feuer aushalten mußten. Damals war ich schon in Flandern und es wurden Vorbereitungen getroffen, um die Einsicht in das Gelände zu verwehren. Auf hohen Balken wurden sackartige Tücher und zum Teil auch Sträucher an Drahtgeflechten aufgespannt und durch das Gelände gezogen, damit die Engländer von ihren Fesselballons aus nichts einsehen konnten. Ich muß sagen, all diese Vorbereitungen habe ich nur positiv gesehen, der Gedanke war: „Das kann nur gut für uns sein." Die Lorenbahnen, die bisher weit hinter der Front aufhörten, weil sie immer wieder zerschossen wurden, wurden jetzt ganz bis nach vorne geführt. Dies hielten wir für einen großen Fortschritt. An verschiedenen Vorbereitungen merkte man, daß irgendetwas im Gange war. Unsere Kompanie ging damals in Stellung und wir mußten Balken mitschleppen, damit die Artillerie später über die Gräben hinwegkommen konnte. Es war die Vorbereitung der Frühjahrsoffensive. Als wir mit den Loren nach vorn fuhren, hatte ich irgendwie das Gefühl, wir könnten eigentlich nicht verlieren.

Erich Wolter, geb. 1898:
In der Zeit vom Heiligabend 1917 bis zum März 1918 haben wir 18 Geschütze verbraucht. Wenn wir keine Lust hatten, nachts Störungsfeuer zu schießen, füllten die Kanoniere in die Kartusche extra noch etwas mehr Pulver, das Rohr seitwärts gedreht und abgezogen. Der Druck war dann so doll, daß der Zapfen abbrach. Die Fahrer kamen abends und holten das Geschütz weg und dann mußte ja erst wieder eine neues kommen. Auf diese Art und Weise verschafften sie sich ein paar Tage Ruhe. Nachher kam die Reims-Offensive. Wir kriegten zwei Geschütze hinzu und besaßen jetzt sechs Geschütze. Wir hatten 10 000 Schuß ununterbrochen zu verfeuern. Bei dieser Offensive mußten alle mit antreten. Wir schossen, bis das Rohr glühte. Ich war so fertig, daß ich mich im Deckungsgraben hingelegt habe. Deshalb habe ich nicht bemerkt, daß einige an den Geschützen draufgegangen sind. Es waren zuvor Wein und Schnaps an die

Mannschaften der Batterien verteilt worden und sie bemerkten dann nicht, wenn der Feind schoß.

Dr. Curt Werner, geb. 1896:
Ich wußte nicht, daß am 21. März 1918 der Angriff beginnen sollte. Ich merkte nur, daß eine Reihe Batterien zusammengezogen wurden. Dann kam der 21. März. Wir lagen mit unseren Geschützen 500 Meter hinter dem ersten Kampfgraben. Es wurde die Feuerwalze geschossen, das heißt, das Feuer wurde immer ganz kurz weiter vorverlegt. Ich ging mit den Fernsprechvorrichtungen hinter der Welle her, um meine Aufgabe als Artillerieverbindungsoffizier zu erfüllen. Meine Leute hatten Kabelrollen von 500 oder 1000 Meter auf dem Rücken, die sie abrollten. War dies geschehen, wurden sie mit der nächsten Rolle zusammengesteckt. Ich meldete zurück, wie unsere Batterien schossen: „So ist es richtig“ oder „Kann weitergehen als der Vorgänger.“ Ich kam dann in den ersten Schützengraben der Engländer. Im ganzen Laufgraben haben sie gelegen, wie sie nach vorne marschiert waren. Ich habe mich gewundert, was unser Gas leistet.

E. M., geb. 1897:
Um drei Uhr nachts ging die Hindenburg-Offensive los. Wir Minenwerfer und die Artillerie versuchten, den französischen Graben sturmreif zu schießen. Um sechs Uhr mußte ich als erster Mann aus dem Graben raus. Ich glaube, ich bin Weltrekord gelaufen. Wie wir in den französischen Gräben gelangten, waren keine Franzosen im Graben und keine Artillerie zu sehen. Unsere Artillerie hatte ins Leere geschossen. Die Franzosen hatten von unserem Angriff gewußt. Nun aber kriegten wir Feuer. Wir saßen den ganzen Tag von morgens bis abends im Graben und zitterten, weil uns die französische Artillerie im französischen Graben bearbeitete. Ich habe gedacht: „Jeden Moment kriegst du was ab.“ Erst abends trat Ruhe ein. Einer unserer Kameraden hatte morgens um sechs einen Schuß in den Bauch bekommen. Er hat zwölf Stunden besinnungslos ganz still auf dem Bauch gelegen. Ich entsinne mich vollkommen, wie das war. Dies war seine Rettung. Er wäre verblutet, wenn er sich bewegt hätte. Die Hindenburg-Offensive, die gefeiert wurde, war eine verpaßte Offensive. Abends konnten wir unsere Toten und Verwundeten aufsammeln.

H. Br., geb. 1898:
Die Sonne ging auf gegen Morgen und es war nebelig, als wir am Sommekanal vorgingen. Die Engländer und Franzosen hatten den Kanal für uneinnehmbar erklärt. Alle Brücken waren gesprengt. Vor der

Somme lag ein Sumpfgebiet mit Schrebergärten. Die Gartengrundstücke waren ungefähr 70 bis 100 qm groß. Jeder Gartenbesitzer besaß ein Boot, so daß er zu seinem Garten hinüberkommen konnte. Wir lagen unter Maschinengewehrfeuer der Engländer auf der anderen Seite des Kanals. Ein paar Mann von uns zogen sich aus, sprangen ins Wasser und holten die Boote ran. Immer ein Mann hielt zwei Kähne zusammen und dann ist die Kompanie auf Händen und Füßen auf diesen Booten hinübergekrochen. Als erster ging Leutnant Wolter mit seinen Leuten über die Somme. Dort wo wir an Land kamen, lag in einem der Gartenhäuser ein Kamerad von uns tot auf dem Tisch. Es war der gleiche, der am Tag zuvor seinem Bruder, der als Ersatz zu uns gestoßen war, gesagt hatte: „Melde dich nicht freiwillig zu uns, denn ich falle beim Angriff über den Somme-Kanal."

Eric Collins, geb. 1897:
1918 gingen wir in die große Schlacht bei Cambrai. Wir haben einen so starken Vorstoß gemacht, daß wir glaubten, der Krieg sei zu Ende. Ich bin bei Bapaume verwundet worden. Als wir Verwundeten zurückgingen, haben wir überall erzählt: „Der Krieg ist zu Ende, die sind alle weggelaufen."

K.O., geb. 1896:
Unser Regiment wurde dann bei St. Quentin eingesetzt. Ich gehörte als Leutnant zur sogenannten Führerreserve und lag mit einem etwas älteren Reserveoffizier in einem Keller des Rathauses in St. Quentin. Wir wußten genau, daß morgens um vier Uhr das Trommelfeuer losgehen sollte. Es war von einem Spezialisten der deutschen Artillerie ein besonderes System ausgeknobelt worden, wonach bestimmte Ziele des Gegners nicht mehr eingeschossen werden mußten, sondern vorher genau anvisiert werden konnten, so daß sie durch einen plötzlichen Feuerüberfall überrascht werden konnten. Wir hörten das Trommelfeuer in unserem Keller. Dieser ältere Herr und ich sagten zu uns: „Wir sind jetzt dabei, Geschichte zu schreiben." Wir waren fest davon überzeugt, daß dieser großangelegte Angriff – wir wußten ungefähr wieviel Armeekorps beteiligt waren – den Gegner doch sehr zermürben und letzten Endes den Krieg zu einem siegreichen Ende bringen würde.

Die Stimmung war sehr gut. Leider dauerte das Trommelfeuer bei uns nur etwa zwei bis zweieinhalb Stunden. Die Franzosen hatten in den Jahren 1915 und 1916 manchmal tagelang getrommelt. Die Infanterie trat zum Angriff ein, und dabei hatten wir dann ungeheuere Verluste. Viele meiner Kameraden, mit denen ich mich mehr oder weniger angefreundet hatte, sind dabei gefallen. Der Angriff lief sich etwa nach einer Strecke von 50 bis 80 Kilometer fest. Der

Widerstand der Franzosen und Engländer war zu groß. Es begann ein neuer Stellungskrieg.

Hans Seidelmann, geb. 1898:
Am 15. Mai 1918 kehrte ich zu meiner alten Einheit, der 4. Kompanie des Reserveinfanterie-Regiments 218, zurück. Divisionskommandant war ein Freiherr von Eichendorff. Die Formation lag noch immer in der Nähe des Chemin-des-Dames. Ich traf meine Kompanie in der Ruhestellung in Athies-sous-Laon. Die Offensive ging am 27. Mai 1918 in dem Abschnitt zwischen Soissons und Reims los. Am 27. Mai hörte man es schon grummeln. Wir verbrachten die Nacht zum 28. Mai im Freien. Nachdem ich in der ganzen Zeit in Laon ein Dach über dem Kopf gehabt hatte, war dies wieder das erste Mal. Es hatte die Tage vorher geregnet. Wir wußten, daß wir bald angreifen würden. Wir lagen ja Paris am nächsten zu, und uns war bewußt, daß wir die Front nach vorne zu treiben hatten. Ich weiß, daß es der 28. war, an dem wir vorgingen, weil dies der Hochzeitstag meiner Eltern war und zu Hause immer ein kleines Familienfest stattfand. Die Stimmung in der Truppe war ungewiß. Kein Mensch wußte, wie es werden würde. Es war nur durchgesickert, daß schon zwei Offensiven stattgefunden hatten mit großem Geländegewinn und riesigem Aderlaß für die Engländer bei Ypern. Daran klammerte man sich jetzt. Es ging doch alles immer nur darum: „Wird es bald zu Ende sein?“ Der seit 1914 bestehende Elan war nicht mehr da. Es waren jetzt auch schon ganz andere Menschen, schon eine ganz andere Schülergeneration hineingewachsen.

Wir gingen über die alten Stellungen hinweg, praktisch als die zweite Linie, die der ersten Linie vom Vortag folgte. Wir stießen auf überhaupt keinen Widerstand mehr. Ich glaube, es ist nicht ein einziger Schuß von unserer Seite gefallen. Über die Stellungen auf dem Chemin-des-Dames hinwegzugehen war etwas ganz Unglaubliches. Wir hatten den Chemin-des-Dames doch immer nur von unten aus dem Lehmdreck heraus gesehen und erahnt. Die französischen Gräben unterschieden sich von den unseren nur wenig. Sie waren vielleicht ein wenig besser ausgebaut. Am nächsten Tag wurden wir dann wieder von einer anderen deutschen Welle überholt und gingen in nächster Linie hinterher. Die Offensiven waren körperlich anstrengend wegen des Marschierens und des ganzen Drecks, den sie mit sich herumschleppen mußten. Allein unser Infanteriegewehr wog einige Pfund, und wir hatten beide Patronentaschen voll Munition. Wir hatten das Gefühl, daß der Krieg bald zu Ende sein würde. Etwas anderes als siegreich kam jetzt gar nicht mehr in die Tüte. Wir waren ja im Vormarsch und trafen auf keinen Widerstand. Das war verwunderlich und beruhigend zugleich. „Die haben nichts mehr“, dachten wir. Inzwischen setzte am 9. Juni bei Noyon die nächste Offensive ein, die aber wohl in sich zusammenbrach.

Einmal kamen wir in einen Ort rein, da muß in einem Bauernhof gerade für diesen Tag eine Hochzeit vorgesehen gewesen sein. Die Bevölkerung war vor uns geflohen, hatte alles so zurückgelassen. Das Feuer brannte noch im Küchenherd, und es standen Töpfe mit Fleisch auf dem Tisch. In der Schlafstube des Elternhauses lag der Brautstaat ausgebreitet. In diesem Ort blieben wir über Nacht. Es passierte dann noch etwas sehr Häßliches. Ein Franzose war zurückgeblieben und schug, als das Haus von deutschen Soldaten betreten wurde, an diesem schönen Abend, Ende Juni, Anfang Juli, einen Soldaten mit einer Axt tot. In dem Ort floß ein kleines Bächlein und wir saßen abends an dem Bächlein und badeten unsere wunden Füße. Plötzlich erschien Kerenski. Er war ein Pole, den wir nach dem russischen Machthaber „Kerenski" getauft hatten. Kerenski hatte das Brautkleid über die Uniform gezogen. Alles lachte. Ich aber habe dies als fürchterlich gefühlsroh empfunden, und es stimmte mich unendlich traurig. In den Orten, durch die wir marschierten, durften wir die verlassenen Häuser beziehen und uns ohne weiteres Lebensmittel mitnehmen, denn die Versorgung war für uns auf dem Vormarsch ja eine sehr schwierige Frage.

Der Vormarsch kam zum Stillstand. Die Franzosen hatten sich einfach zurückgezogen und die sogenannte „Pariser Schutzstellung" wunderbar ausgebaut. Ob sie amtlich so hieß, weiß ich nicht, bei uns war jedenfalls immer von der „Pariser Schutzstellung" die Rede. Die Stellung befand sich in einem wunderbaren alten Eichenwald. Bei diesen Exemplaren von Eichen lachte mir, der ich ein Naturfreund war, das Herz. Ein sehr kultiviertes Gebiet, ohne Gebirge, aber mit Hügeln, in die immer wieder Höhlen hineingetrieben worden waren, aus denen man durch unterirdischen Abbau die Bausteine gewann. In solch einer Höhle lag unsere Kompanie mit Sanitätseinheit und Küche und hatte ihren Schutz. Wenn wir aus der Höhle herausguckten, sahen wir vor uns ein wunderbares Weizenfeld, hochstehender Weizen mit großen goldenen Ähren. Hinter diesem herrlichen Weizenfeld verlief auf der rechten Seite eine Straße und dort, wo die Straße einen Schlenker machte und in den Wald hineinbog, lag die dazugehörige Ferme, die wahrscheinlich nicht mehr besetzt war. In das Weizenfeld war ein schmaler Weg getrampelt worden und weiter vorne nach der Ferme hin befanden sich unsere Postenlöcher. Da waren ja nicht nur wir, weiter rechts hatten ja auch die anderen Kompanien ihre Postenlöcher. Ein Postenloch war nur so groß, daß zwei Mann in ihm stehen konnten. Es war fürchterlich langweilig, dort zwei Stunden verbringen zu müssen. Ich hatte einmal auf der Kante des Lochs mein Putzzeug ausgebreitet und reinigte das Gewehr, was man gerade nicht machen sollte, und da schlug aus dem Wald heraus, etwa 200 Meter entfernt, eine kleine Stahlgranate, die unglaubliche Wirkung hatten, mit fürchterlichem Krach ein. Sebastian Kirchner, mit dem ich mich etwas angefreundet hatte, wurde aus dem Loch herausgeschleudert, fiel aber dann von oben wieder rein. Er war fürchterlich zugerichtet, hatte sich die Arme gebrochen und eine Gehirnerschütterung. Die Granate muß direkt vor dem Loch krepiert sein, so daß wir von den Splittern nicht getroffen wurden. Kirchner war aber vom Druck hochgeworfen worden. Er wimmerte vor Schmerzen, war aber wohl nicht lebensgefährlich verwundet. Ich rannte auf dem Trampelpfad zurück und meldete es den Sanitätern, die ihn dann zurückholten. Ich habe ihn nach dem Krieg wiedergesehen und er hatte ganz verkrüppelte Arme.

Dann hieß es: „Morgen sieben Uhr wird angegriffen." Der Gruppen- oder Zugführer sagte: „Ihr geht in der Mitte, ihr schwenkt rechts aus um die Front." Ich war ja bloß Soldat, Frontschwein, wir konnten nichts dagegen machen. Es folgten meine zwei wohl schlimmsten Tage im Krieg. „So eine verfluchte Scheiße", war der Jargon, in dem diese Dinge erledigt wurden. Sturmgepäck gepackt, wieder umgehängt. Wir zogen los, das unglückselige Weizenfeld wurde zertrampelt. Dieser Angriff war eine regelrechte Kette aus Soldaten, die zu der festgesetzten Zeit losmarschierte. Man war nun sehr auf sich selbst angewiesen, da wir nicht in Tuchfühlung, sondern in weiten Abständen vorgingen. Das war schon die neue Kriegstaktik, mit der man von der Idee der schiefen Phalanx vom Alten Fritz und von den geballten Sturmangriffen 70/71 weit abgekommen war. Soweit ich mich noch erinnere, waren wir völlig ohne Artillerieunterstützung. Sie hätte hier auch wenig Sinn gehabt, da diese uralten, hundertjährigen Eichen oben ein derartiges Dach bildeten, daß die Granaten schon im Geäst explodiert wären.

Zuerst gab es bei uns noch keine Verluste. Die Franzosen waren sehr geschickt und ließen uns verhältnismäßig nah herankommen. Dann wurden wir jedoch vom Wald aus unglaublich mit Gewehren beschossen. Wir schossen zurück, aber sie konnten sich herrlich hinter den Bäumen verstecken. Auf einen Franzosen, der hinter einem Baum mit seinem Gewehr stand und, ob auf mich oder einen der Nebenleute, zielte, das weiß ich nicht, legte ich an und da war er auf einmal weg, und der Schuß erübrigte sich. Die französischen Stellungen befanden sich etwas im Wald drin. Wir kamen in den Wald rein. Wir wußten da, daß wir schwere Verluste gehabt hatten, denn es lichteten sich rechts und links die Reihen. Im Wald war ich schon etwas abgedrängt. Ich selbst legte mich ins Waldgestrüpp. Immerfort prasselte das Infanteriefeuer über mich hinweg. Ich versuchte, mich so niedrig wie irgendwie möglich zu halten.

Bisher waren Kameraden in Sichtkontakt gewesen, als ich dann aber im Wald wieder einmal um mich sah, bemerkte ich, daß ich dort alleine lag. Es muß gegen elf Uhr gewesen sein, als wir im Wald zu stehen kamen, die genaue Zeit kann ich nicht mehr sagen. Nun liegen Sie einmal mit dem Gewehr an ihrer Seite und dem Stahlhelm auf dem Kopf völlig allein. Ich habe gedacht: „Hier ist Schluß." Ich habe dort bis fünf Uhr nachmittags gelegen. Die Schießerei hatte aufgehört, weil sie vermutlich dachten, da sei nicht mehr viel zu holen. Ich konnte nicht mehr. Ich dachte: „Es soll jetzt kommen, was will. Es ist mir völlig egal." Obwohl es keine große Entfernung zu den Franzosen war, vielleicht 30 Meter, bin ich gegen fünf Uhr aufgestanden und zurückgegangen. Ich habe wahrscheinlich damit gerechnet, daß sie mich totschossen. Ich bin auch gar nicht mehr richtig gelaufen, sondern zuerst mehr getorkelt. Das Gewehr hatte ich mitgenommen, da ein preußischer Soldat seinen Karabiner nicht zurückläßt. Die Hände habe ich nicht gehoben, den Gedanken hatte ich nicht. Ich wollte nur zurückgehen. Nichts war mehr zu hören und zu sehen. Inzwischen war ich wieder im Schutz einiger Bäume. Bei jedem Meter: „Mensch, du kannst es vielleicht doch schaffen." Ich kam dann in unsere Ausgangsstellung in die Höhle, wo die Küche und wahrscheinlich auch die Sanitäter zurückgeblieben waren. Es waren mittlerweile auch noch andere zurückgekommen. „Mensch, daß du noch bist."

Am 17. Juli 1918 muß die Marne-Offensive wohl zum Stillstand gekommen sein. Wir hatten nichts mehr, ganze 13 Mann und keine Hilfe von der Artillerie, denn die hatte nicht mehr genügend Munition. Wir wurden abgelöst und gingen mit fünf, sechs Mann zurück. Nach einem Marsch von einem halben Tag kamen wir nach Vauxcastille. Wir waren glücklich, den ganzen Tag ohne jede Feindberührung geblieben zu sein. Die Division lag im Ort. Im Vauxcastille steigen die Berge ein wenig an, und oben waren wieder Höhlen. In einer solchen Höhle wurden wir über Nacht einquartiert. Wir lagen nicht allein am Hang. Ich weiß, daß Artillerie und schweres MG anderer Einheiten dabei war. Ich schlief herrlich und morgens früh um sechs Uhr, es war der 18. Juli 1918, hörte man nur „Horäh!" Vor unserer Höhle standen Amerikaner. Wir gingen einzeln aus der Höhle raus. Mittlerweile war im Ort der gesamte Divisionsstab gefangengenommen worden. Bloß unser Divisionskommandeur von Eichendorff nicht, der, so wurde erzählt, war mit seinem Burschen entkommen. Wir haben dies, glaube ich, etwas komisch gefunden, daß uns unser oberster Führer in so entscheidendem Augenblick verlassen hat.

Unter den Leuten am schweren Maschinengewehr waren welche, die sich gar nicht so gerne den Amerikanern ergeben wollten.

Sie schossen von oben mit dem Maschinengewehr auf die Straße, auf der gerade ein Auto mit wahrscheinlich höheren amerikanischen Offizieren nach Vauxcastille hineinfuhr. Die drei oder vier Amerikaner, die uns festgehalten hatten, waren weg, und wir waren auf dem Plateau allein. Ein Zugführer befahl, den Hang über unserer Höhle von einer Patrouille erkunden zu lassen. Keiner meldete sich, ich auch nicht. „Wer ist unverheiratet?" Da war ich dran, und wir kletterten den steilen Hang hoch. Es hieß noch: „Wer diese Erkundigung gemacht habt, kriegt das EK I." Nach einiger Zeit meldeten wir, daß oben nichts zu erkennen sei. Es dauerte aber nicht lange und es waren mehr als nur drei Amerikaner vor uns. Wir mußten unsere Waffen ablegen, Koppel abnehmen, Seitengewehr und Patronentaschen auf einen Haufen schmeißen. Uns wirklichen Frontschweine, schweißtriefend, in Uniformen, mit denen wir schon Tage und Wochen herumgelaufen waren, standen Amerikanern mit offenem Hemd, kurzen Ärmeln gegenüber, die ankamen, als ob sie auf einer Gebirgswanderung waren. Sie hatten ihr Gewehr über der Schulter mit einem langen Seitengewehr und auf diesem Seitengewehr ein halbes Brot drauf. Die Amerikaner lachten, waren nicht bösartig. In Mund-zu-Mund-Propaganda sagten wir uns: „Gefangenschaft. Nur das Nötigste zusammensuchen." Ich nahm mein Kochgeschirr, die Feldflasche, die eiserne Ration, meinen Mantel und meine Zeltplane mit. Jetzt waren wir in Gefangenschaft.

Johannes Götzmann, geb. 1896:
Ich war gerade acht Tage im Urlaub zu Hause, als ich ein Telegramm erhielt. Ich dachte, ich würde vorzeitig abberufen, aber sie schrieben mir nur, daß wenn mein Urlaub vorbei sei, ich nicht mehr die alte Strecke zurücknehmen solle. Ich möchte über Diedenhofen fahren und dann die Richtung, die sie mir angaben. Da war die Marne-Schlacht im Gange. Ich brachte eine Nacht unten bei Laon zu und fuhr dann weiter zu meiner Truppe. Ich erfuhr, daß sie bereits angegriffen hatten und nun vorne bei Château-Thierry lagen. Château-Thierry liegt ja nahe den Wäldern der Marne. Kurz darauf habe ich dann erst einmal all meine Kameraden begrüßt. Sie hatten dort gut zu essen, vor allen Dingen gab es französischen Wein. Ein schlesischer Kumpel kam gleich mit einem Kochgeschirr voll Wein an. Eine Französin erzählte mir, die Deutschen hätten schon 1914 den Franzosen geschlagen, wenn sie nicht so besoffen gewesen wären. Ob das stimmt, weiß ich nicht, ich war ja nicht dabei. Abends mußte ich dann mit dem Trainwagen, dem zwei Pferde vorgespannt waren und der mit Lebensmitteln beladen war, nach vorne. Ich habe mich auf den Wagen gepackt und schlief wegen des Weins bald ein. Unterwegs kam uns Artillerie entgegen und fragte. „Wo wollt ihr denn

hin?" „Nach Beuvardes", sagte der Fahrer. „Beuvardes liegt unter schwerem englischen Feuer, da kommt ihr nicht durch." Wir mußten aber durch. Wir kamen immer näher an die Stadt heran. In meinem Schlaf hörte ich immer so ein Sausen. Mit einem Mal merkte ich, daß es Granaten waren und keine kleinen.

Na ja, wir kamen dann durch. Wir lagen als Feldwache mit sechs Mann in einem Haus, so eine Bootsvermietung, Angelgeschirr war da, direkt an der Marne. Das Haus war verlassen. Wir durften uns nicht sehen lassen und mußten uns reinschleichen wie Katzen, denn auf der anderen Seite der Marne lag der Franzose. Die Marne teilte sich an dieser Stelle und es gab eine kleine Halbinsel, auf der zwei tote Schwarze lagen. Der Fluß war vielleicht 40, 50 Meter breit. Wir konnten immer die schönen langen Fische in ihm schwimmen sehen. Wir hatten ein kribbeliges Gefühl. Sechs Tage blieben wir dort. Eines abends hieß es: „Der Franzose ist an anderer Stelle durchgebrochen. Wir müssen machen, daß wir zurückkommen, sonst werden wir alle eingeschlossen."

Der Rückmarsch begann. Da war dicke Luft. Sie haben uns nach Strich und Faden bearbeitet. Überall waren unsere Batterien zerschossen. Bei einer Batterie kamen wir vorbei, da war nur noch ein Mann, ein Riese von Mann, einen Haufen Granaten neben sich. Er hat sie immer reingeschoben, abgefeuert, raus die Hülse, die nächste rein. Unser Leutnant sagte: „Mensch, pack ein. Geh nach Hause. Der Franzose ist gleich hier." „Solange ich eine Granate habe, schieße ich." Wir gingen weiter zurück. Auf dem Rückmarsch wurde ich dann verwundet.

Wilhelm Lindenau, geb. 1896:
Die Marne-Schlacht 1918 war verraten worden. Es trommelten 33 deutsche Divisionen. Und was unsere Heeresleitung nicht wußte, der Franzose hatte all seine Truppen zurückgezogen und wir trommelten so auf leere Stellungen. Es geschah in der Nacht vom 14. auf den 15. Juli 1918. Einen Tag zuvor wurden unsere Geschütze in Stellung gebracht. Die Hufe der Pferde wurden mit Stroh umwickelt, damit es keinen Krach gab. Wir zogen uns zurück und mußten die Nacht, wie es losging, in die Stellung. Wir Schützen bekamen unsere genauen Anweisungen. Die Feuerwalze wurde immer um 50 oder 100 Meter vorverlegt. Wir trommelten vielleicht eine halbe Stunde, dann legte der Franzose von drüben los. Mein Geschütz bekam einen Volltreffer, der direkt vor das Geschütz gesetzt war. Der Richtkanonier war tot, dem Ladekanonier war ein Bein weggerissen worden. Ich sagte zu meinen Leuten: „In das Deckungsloch!" Neben dem Geschütz wurde ja immer ein Deckungsloch gegraben. Wir lagen mit sieben Mann darin. Ich legte meine Montur auf den Deckungsrand, denn der

Raum war ja zu klein. Wir hatten als Ersatz einen kleinen, jungen Berliner bekommen, der rief immer nach seiner Mutter. Ich sagte: „Sei still“, und legte mich auf ihn und da wurde er ruhig. Der Fähnrich Bitter aus Kleefeld machte dazu noch dumme Witze. Ich sagte: „Machen Sie keine Witze jetzt. Die Sache ist ziemlich ernst.“ Als sich morgens das Feuer gelegt hatte und wir aus dem Loch herauskamen, fand ich nur noch den Griff meines Gewehrs. Mit einem Mal sehe ich hoch zu Roß den Prinzen Eitel Friedrich mit dem ganzen Stab. Der Prinz sagte zu mir: „Wo ist denn Ihre Uniform? Sie laufen ja ohne Uniform herum.“ Mir war das egal. Wir kämpften doch mit dem Tode.

Dann gingen wir über die Marnebrücke. Trotzdem wir nicht schießen konnten, mußte ich mit meinem Geschütz mit nach vorne gehen. Wir kamen in einem Wäldchen unter. Gegen Abend legte der Franzose eine Feuerwalze auf dieses Waldstück. Es regnete und ich war vollkommen durchnäßt. Ich blieb mit meinen Sporen im Boden hängen und habe den Stiefel verloren. Morgens fand ich ihn wieder. Dann wurde ich mit dem Geschütz zum Waffenmeister zurückgeschickt und mußte denselben Weg wieder über die Marne nehmen. Im Marnetal habe ich einen liegen gesehen, dem war der obere Teil des Kopfes abgerissen worden, nur das Gebiß war noch dran. Als ich in das Marnetal kam, sah ich vor mir einen Sergeanten vom Garde-Feldartillerie-Regiment mit einem Geschütz, das einen Rohrkrepierer gehabt hatte. Ich war der jüngere und ließ ihn vorfahren. Er hatte gerade die Brücke verlassen, da kriegte sein Geschütz einen Volltreffer ab. Ich sah bloß noch, wie er am Sattel hing. Ich sagte meinen Leuten: „Auf die Pferde, und haut auf die Pferde.“ Die Ostpreußen schlagen ihre Pferde sonst nicht. Diesmal mußte es sein. Es ging dann mit Karacho auf die andere Marneseite.

Emil Buck, geb. 1898:
Wir sollten Granaten nach vorne zu den Geschützen tragen. Da war so ein Holzsteg über ein Sumpfgelände und dort haben wir die Dinger in den Sumpf fallen lassen. Nun brauchten wir sie nicht mehr hinzutragen. Vorne konnten sie dann zwar nicht schießen, aber der Krieg war schon so sehr weit fortgeschritten, daß keiner was gesagt hat. Dann fand am Chemin-des-Dames die Gegenoffensive der Franzosen statt. Wir sollten mit unserem Minenwerfer in die Franzosen schießen. Aber der konnte nicht mehr schießen, weil die Bettung verrutscht war. Durch das Verrutschen war die Mine in den Hohlschacht gegangen. Das war ein Versehen von uns. Jetzt gab es einen Feuerüberfall auf unsere Stellung. Ich habe mich hinter einen Baumstamm, der im Feuer umgestürzt war, gequetscht und über mich ergehen lassen, was da kommen sollte. Ich hatte Glück und überlebte den Feuerüberfall. Daraufhin bin ich nach Hause gelaufen, wo meine Kompanie lag. Ich

dachte noch, daß sie etwas sagen würden, denn ich war ja von der Front weggelaufen. Das war Fahnenflucht gewesen, ich hatte ja meine Kameraden im Stich gelassen. Sie haben aber nichts gesagt. Wir hatten große Verluste erlitten, das ist wahrscheinlich dafür ausschlaggebend gewesen, daß ich mit einem blauen Auge davongekommen bin.

Hans Ratschky, geb. 1898:
Ende August war ich an der Lys. Es war am Morgen des 28. oder 29. August, genau kann ich den Tag nicht sagen. Es war meistens gutes Wetter und man sah die Fesselballons am Himmel. Am Abend eines Tages hatten die Fesselballons ihre Stellung erheblich geändert. Daran sah man, daß unser linker Flügel zurückgezogen worden war, da der Tommy so doll an Raum gewonnen hatte. Die Offensive kam zum Stillstand. Da war ein Bauernhof oder Ferme vor uns mit gut 20 Kühen. Der Bauernhof brannte und das Vieh brüllte. Das ist mir sehr zu Herzen gegangen. Man konnte aber nichts machen, weil wir nicht wußten, ob der Feind dort lag. Eines Tages mußte ich – ich war ja Ordonnanz beim Bataillon – eine Meldung übermitteln. Wo genau ich die Meldung abgeben sollte, wußte ich auch nicht und die, die mir sie gaben, erst recht nicht. Das Gebiet vor uns war von der Zivilbevölkerung geräumt worden. Hals über Kopf waren die Franzosen geflohen. Teilweise stand noch das Essen auf dem Mittagstisch. Ich kam in ein Haus rein, saßen da doch tatsächlich noch zwei alte Leute. Ich hatte nicht mit Zivilbevölkerung gerechnet. Deswegen war ich erstaunt und machte die Tür gleich wieder zu. Ich habe mich gefragt: „Weswegen sind die denn noch hier geblieben?“ Man hat aber nachher viel gehört, daß die Alten in der Heimat geblieben sind.

Eric Collins, geb. 1897:
Wir haben 1918 die Menschen, die für den Krieg verantwortlich waren, stark kritisiert und verurteilt. Anfang August 1918 ging ich mit der 46er Reserve, einem kriegsstarken Regiment nach dem Westen. In Valenciennes kamen von 3000 Mann nur noch 84 Mann an, die anderen waren alle unterwegs abgehauen. Auf jeder Station, an der der Zug hielt, verließen sie scharenweise den Zug und konnten nicht aufgehalten werden. Das waren die Ersatzregimenter, die in den Krieg geschickt wurden.

Willi Nothdurft, geb. 1895:
1917 waren die Amerikaner in Frankreich gelandet und griffen nun ein. Ich war einmal in den Argonnen vorne in der Stellung mit einem Artilleriebeobachter, der durch sein Scherenfernrohr sah: „Mensch, da drüben kommen die Amerikaner. Guck mal durch.“ Da marschierten die Amerikaner auf, die Kompanieführer hoch zu Roß und alle anderen in

Gruppenkolonne. Sie trugen ihre großen Hüte, als wenn es zu einem Manöverball ging. Mein Kamerad sagte: „Augenblick mal, die werden wir schön auseinanderbringen." Er gab es per Telefon nach hinten durch an seine Artilleriestelle und die schickten ein paar Schrapnells herüber. Da sagte er: „Guck mal, wie die laufen. Jetzt siehst du sie nicht mehr." Da waren sie alle weg. Für die sollte der Krieg damals so eine Art Spaziergang werden. Sie haben sehr große Verluste gehabt.

Josef Dornhof, geb. 1896:
Zuletzt lagen wir vor Verdun. Wir waren damals höchstens noch 30 Mann aus der Kompanie. Unsere Posten waren schon weit auseinandergezogen. Wir mußten damit rechnen, daß die Amerikaner mit 20facher Übermacht gegen uns antreten würden. Das Trommelfeuer hatte schon aufgehört und die Amerikaner griffen an. Da habe ich versucht, Kameraden zu überreden, sich mit mir nach Deutschland durchzuschlagen, da wir sonst sicher in Gefangenschaft geraten würden. Aber es war keiner dafür zu gewinnen. Sie hatten alle die Nase voll. „Da kommen wir halt in Gefangenschaft, die Amerikaner werden uns ja nicht auffressen." Und da sind wir dann eben gemeinsam in Gefangenschaft gekommen.

H. W., geb. 1897:
Im September 1918 war die Kampffreudigkeit und Tapferkeit sehr gedrückt, kein Wunder bei den jahrelangen Kämpfen und schweren Einsätzen. Auch die schlechte Verpflegung und die Aussichtslosigkeit in der weiteren Entwicklung des Krieges deprimierten einen Großteil der Soldaten. Am 27. oder 28. September 1918 griff der Engländer auf breiter Front an und durchbrach die Stellung an mehreren Stellen. Ich selbst war als Leutnant der 1. Batterie bei der Infanterie als Artillerieverbindungsoffizier eingesetzt. Das Infanterie-Bataillon konnte die Stellung halten. Dagegen war meine Batterie, die etwa einen Kilometer hinter uns stand, schon vom Engländer überrannt und die Mannschaften in Gefangenschaft geraten. Die Infanterie hielt ihre Stellung noch bis zum Nachmittag, und dann hißte ein Hauptmann des Bataillons 228 eine weiße Fahne. Wir wurden von einer kanadischen Truppe gefangengenommen, die uns verhältnismäßig höflich in Empfang nahm. Am Nachmittag wurde ich hinter die englische Front gebracht und unter einer Plane fand ich mehrere Offiziere meines Regiments und auch meinen ehemaligen Batteriechef. Für mich als Feldartilleristen war es erschütternd festzustellen, daß hinter der englischen Front außerordentlich viel Kriegsmaterial zu sehen war. Viele Geschütze waren für den Einsatz vorbereitet. Dagegen war es bei uns so, daß die Geschütze überfordert waren. Normalerweise sollten aus unserem

Feldartilleriegeschütz 96 neuerer Art 3000 bis 4000 Schuß abgefeuert werden. Unsere Geschütze brachten es auf etwa 6000 bis 8000 Schuß.

H. J., geb. 1896:
Über Metz kamen wir zum Argonner Wald. Da war was los! Wir marschierten noch an unserem Hauptmann vorbei und dann ging es an die Front. Das weiß ich alles noch. Da stand ein Pferd, da lagen schon tote Deutsche. Das war ein Zeichen, daß der Feind angegriffen hatte. Dem Pferd lief das Blut aus den Wunden heraus. Meine Kameraden haben dem Tier noch eine Kugel in den Kopf geschossen, damit sein Leiden beendet war. Wir gingen in die Front rein, es wurden immer mehr Gefallene. Wie unser Angriff vorbei war, soviel Tote habe ich noch nie gesehen. Sie lagen alle auf dem Bauch. Wenn man angreift und kriegt einen, fällt man auf den Bauch. Mit einem Mal bekam ich von hinten einen Treffer. Ich dachte: „Vielleicht haben unsere eigenen Kameraden geschossen?" Da sah ich, daß wir von hinten von Amerikanern überfallen wurden. Da ich verwundet war, warf ich mein Gewehr weg, konnte aber nicht abkoppeln. Da schoß ein Amerikaner noch einmal auf mich. Ich sprach französisch: „Camarade, malade." Die Amerikaner haben mich aber nicht verstanden. Ich bekam einen Streifschuß am Nacken. Ein Kamerad des Schützen hat ihm das Gewehr weggenommen. Unser Unteroffizier lag kreidebleich am Boden. Ich denke, den hatten sie auch getötet. Wären die Amerikaner damals nicht gekommen, hätten wir den Krieg gewonnen.

Paul Weiher, geb. 1896:
Unsere Hauptruhestellung in Comines hatte zunächst ungefähr 10 Kilometer hinter der Front gelegen, nach dem Vorstoß der Engländer waren dies nur noch fünf Kilometer und sie geriet so unter Artilleriebeschuß. Wir zogen uns daher auf Wervik, das nicht ganz fünf Kilometer von Comines entfernt ist, zurück. Eines Abends brachte uns der Bahnhof 200 Zentner Sprengstoff, die wir ausluden. Wir haben dazu auch einige Belgier herangezogen, die uns als Hilfe zur Verfügung gestellt wurden. In dieser Nacht lag ich in aller Ruhe in einem Bunker. Mit einem Mal gab es ein furchtbares Getöse. Die Baracken, in denen die meisten lagen, wurden zusammengequetscht wie Papierschachteln. Darunter lagen nun alle Kameraden. Unter den Belgiern müssen Sprengstoffexperten gewesen sein, die Zündungen gelegt haben, die so lange brauchten, bis sie selber in Sicherheit waren. Ich bin davongekommen, da ich mich zufällig mit einem Kameraden in dem Zementbunker aufgehalten habe, der nichts abbekam.

Wir lagen zuletzt noch bei Huy an der Maas, das liegt hinter Lüttich. Wir sollten ausgebildet werden für die Tankabwehr, Panzerabwehr sagte man damals ja noch nicht. Es gab dann aber keine richtigen Kampfhandlungen mehr. In Lüttich, Namur lagen wir in Quartieren, bis der Krieg zu Ende war. Daß wir den Krieg nicht gewinnen konnten, stand für uns schon im letzten halben Jahr fest. Wir waren während des Krieges abgebrüht gegenüber Granaten. Wir marschierten bei offener Straße und wenn wir beschossen wurden, hatten wir keine Bange. Dies ging so die ganze Kriegszeit über bis 1918, als wir merkten, der Krieg ist bald zu Ende. Wenn da eine Granate kam, waren wir vorsichtiger und haben schon einmal den Kopf eingezogen. „Mensch, sollst du jetzt noch kurz vorm Schluß eine verpaßt kriegen." Vor allen Dingen hatte uns die folgende Geschichte sehr beeindruckt. Einige Kameraden schoben in einer Gegend, in der geschossen wurde, eine Lore mit Material. Nun konnten sie ja, während sie mit der Lore fuhren, nicht hören, wenn eine Granate kam. Die Lore wurde getroffen, alle vier Mann tot.

August Urban, geb. 1896:
In der letzten Phase des Krieges war die Stimmung ganz mies. Alle in unserem Regiment haben gemeutert, kein Urlaub und dann diese Strapazen. Der Kamerad war nicht mehr da und der andere auch nicht mehr. Immer wieder kam Ersatz, neue Leute. Und dann gab es allgemein auch schon diese Gespräche, daß der Krieg sowieso verloren sei. Diejenigen, die Urlaub hatten, blieben länger im Urlaub, weil sie glaubten, der Krieg ginge inzwischen zu Ende. Es war keine Begeisterung mehr. Die Elsässer haben vor dem Kommandeur gestanden und gesagt, daß sie direkt vors Gericht wollten. Bestraft und eingesperrt war ihnen lieber als dort vorne zu liegen. Für wen und für was? Nach einer Patrouille, die wir unternommen hatten, hat uns der Graf von Königsmarck Luftaufnahmen gezeigt: „Wir hätten so gehen müssen, da ist ein Trampelpfad, und den Franzosen von dort ausräuchern können." Im stillen haben wir gedacht: „Ja, geh du mal hin." So war die Stimmung. Wir standen im Graben, und da kam der Leutnant und kontrollierte die Posten. „Parole!?" Er nahm das Gewehr und sah, daß es eingefroren war. Er machte einen Krach: „Da stehen die Kerls, unterhalten sich vom schlechten Brot und Urlaub gibt's auch nicht. So ist es doch, Urban?" Ich sagte: „Jawohl, Herr Leutnant." „Ihnen scheint es auch egal zu sein, ob Sie Engländer oder Franzose sind?" Ich antwortete: „Jawohl, Herr Leutnant." Natürlich wurde ich gemeldet. Wie wir nachher in die zweite Stellung kamen, kriegten wir erst einmal Strafarbeiten. Der Feldwebel hatte alle unsere Namen. Unsere Strafarbeit bestand darin, die Patronengurte neu zu gurten.

Nun ging die ganze Front zurück. Vorne war bald alles weg, und wir lagen in vorderster Linie. Wo war die Front? Links, rechts, vorne, hinten? Keiner wußte das. Für alle hieß es: „Rette sich, wer kann." Es war der schwarze Tag der deutschen Armee, der 8. August 1918. Die Fesselballons oben am Himmel, alles wich zurück. Soweit wir sehen konnten, türmten unsere Soldaten. Wir wollten zu unserer Küche, sie war aber schon längst weg. Mit zwei oder drei Kameraden machten wir uns auf den Weg. Auf Hausschuhen, die ich mir in Ruhe aus alten Mänteln selbst genäht hatte, bin ich gelaufen, das andere habe ich alles liegen gelassen. Dann kamen uns neue Truppenteile entgegen. Sie fragten: „Ja, wie sieht die Front aus? Wo ist die Front?" Alle irrten umher.

Dann kam ein Lastwagen. Wohin der fuhr, wußten wir auch nicht. Wir sind aber hinaufgesprungen, die englische Kavallerie war schon hinter uns. Der Wagen fuhr zur Krankensammelstelle in Ham. In Ham wurden Krankenzüge für Leicht- und Schwerverwundete zusammengestellt. Das Geschreie hätten Sie miterleben müssen. Es war fürchterlich. Nun hatte ich mir ja seinerzeit die Füße verfroren. Wir kriegten einen Zettel als Leichtverwundete an die Uniform. Ich habe noch zwei Tage in einem Schloß übernachtet, in dem eine Krankenstelle eingerichtet worden war. Dann bin ich mit einem Leichtverwundeten-Krankenzug nach Marienwerder in Ostpreußen gekommen. Ende August und September 1918 war ich dort im Lazarett. Von Marienwerder aus kam ich zu meinem Ersatzbataillon nach Königsberg. Sie hatten in diesen Tagen als letzte Einheiten noch die Jungen eingezogen und den Landsturm. Die sperrten sie in Viehwagen ein und dann los. Von den Begleitmannschaften wurde nur aufgeriegelt, wenn es auf den Bahnhöfen Verpflegung gab. Sie sollten eigentlich noch an die Front, sind aber gar nicht mehr hingekommen. Die meisten sind schon unterwegs verlorengegangen. Wenn sie Essen empfangen mußten, sind sie „huit" davongelaufen. Für mich aber war der Krieg zu Ende und ich blieb in Königsberg.

Willi Marquardt, geb. 1898:
Wir hatten in unserem Regiment, das ja aus Posen stammte, viele Polen. Sie galten als Deutsche, weil sie unter deutscher Herrschaft lebten. Aber sie sprachen in der Hauptsache Polnisch und bekannten sich ja auch zur polnischen Nation. Sie waren alle pflichttreue Soldaten. Etwas später kamen ein paar einfache Kerle hinzu, denen merkte man an, daß sie am liebsten ausgerissen wären. Sie wurden aber so stark beobachtet, daß sie kaum eine Möglichkeit hatten. Selten waren die Fälle, daß welche in Urlaub fuhren und nicht wieder zurückkamen. Wir hatten zum Beispiel einen Juden, einen sehr net-

ten Kerl, den hatten wir alle gern. Er konnte vor allen Dingen so wunderbar singen. Wenn der uns etwas vorsang, waren wir immer begeistert. Auch er bekam einmal Urlaub und blieb dann zu Hause. Die Juden bei ihm zu Hause versteckten ihn irgendwie. Und dann war da auch ein Pole, aber aus besseren Ständen. Er war sogar Feldwebel, auch ein netter Kerl. Er kam ebenfalls eines Tages nicht zurück. Das war schon in den letzten Kriegstagen. Der Krieg ging allmählich zu Ende.

Heinrich Bartels, geb. 1897:
Am 10. Oktober 1918 wurde ich nach meiner Zeit in Königsberg wieder neu feldgrau eingekleidet und dann ging es los. Die beiden Zugwaggons, in denen wir Soldaten transportiert wurden, waren an einen Personenzug angekoppelt worden. Unterwegs sollten wir verpflegt werden. Da kam ein Major und sagte: „Ihr könnt hier aussteigen, ihr bekommt Kaffee." „Was", haben wir gesagt, „Kaffee? Wir haben Hunger, wir wollen was essen." Einer hat angefügt: „Herr Major, entweder wir bekommen was zu essen oder wir fahren nicht mehr weiter." Wir waren ja nun Frontsoldaten, da hat auch einem Major gegenüber schon keiner mehr ein Blatt vor den Mund genommen. Derweil war schon einer beigegangen und hatte die Wagen von dem Personenzug abgekoppelt. Der Zug fuhr weiter und die Wagen standen auf dem Gleis. Tatsächlich bekamen wir danach auch etwas zu essen, wenngleich es nur eine magere Suppe war. Mit dem nächsten Zug sind wir dann weitergefahren. Ich kam in ein Feldrekrutendepot auf den Höhen von Sedan. Dort verbrachte ich meine letzten Kriegstage.

H. S., geb. 1896:
Kurz vor dem Untergang, Oktober 1918, haben wir noch Ersatz bekommen. Die waren furchtbar jung, zwei oder drei Jahre jünger noch. Sie waren kaum aus dem Ei geschlüpft. Die armen Jungens haben einem leid getan. Der eine war gleich verwundet, der andere tot und einer wurde gleich wieder versetzt. Es war ein Durcheinander. Ich habe den Fall gehabt, daß ich mit dem Maschinengewehr in Stellung ging. Wir gerieten in einen Feuerüberfall. Die Jungens, die flitzten und machten, daß sie wegkamen. Sie hatten Angst, suchten sich irgendwo einen Unterstand, wo sie sich verkrochen. Ich habe mir dann das Maschinengewehr, zwei Patronenkästen und Wasserkasten, alles was eben zum Maschinengewehr gehörte, auf die Schulter geladen und mir ein Loch gesucht, wo ich bleiben konnte. Die Jungchen waren gar nicht fähig, richtig zu schießen. Sie waren der letzte Rest. Ich hätte sie an sich richtig drillen müssen, denn sie waren ja weggelaufen. Was nun? Gar nichts. „Ruht euch erst mal aus.

Bloß die Augen auf, immer die Augen auf!" „Ihr müßt es so und so machen, müßt das Gewehr so einspannen." Ich bin mit den Jungen gut ausgekommen. Kurz vor der Gefangennahme kriegte ich noch einen Schuß durch meine Mützenschirm. Die Narbe habe ich noch. Und der junge Soldat, der Posten stand, auch neuer Ersatz, sollte mich verbinden. Er konnte es nicht. Er zitterte am ganzen Leib und wurde ohnmächtig.

Fritz Siemers, geb. 1897:
Was meinen Sie, was die Infanteristen vorne im Graben geschrien haben. Auch wenn sie noch gar nicht verwundet waren. „Hört das denn gar nicht mehr auf? Was sollen wir hier? Wir wollen hier raus! Ich halt' das nicht mehr aus!", und so weiter. Das hörten sie immer. Die haben wirklich gejammert, geschimpft, gebetet und was nicht alles. Nachdem sie den ganzen Tag und Nacht Artillerie über sich ergehen lassen mußten, waren sie fertig. Die Alten mußten sie erst einmal besänftigen. Wir Pioniere lagen oft nicht weit von ihnen entfernt und wenn der Wind in unsere Richtung stand, hörten wir sie. Aber denken Sie nicht, daß das leise war. Die haben wirklich lauthals geschrien. Die wollten raus. Es handelte sich ja um jungen Ersatz, der noch gar keinen Feind gesehen hatte. Da war einer, der war abends in den Graben gegangen. Er bekam gleich einen Schuß. Sie hatten ihm den Unterkiefer weggeschossen. Was hat denn der nun gesehen? Und der Franzose hat dasselbe gemacht. Die haben auch geschrien.

Albert Benecke, geb. 1897:
Im Oktober 1918 lagen wir in Flandern. Wir waren nur noch zwölf Mann in unserem Abschnitt. Viele waren weggelaufen oder gefallen und wir waren es leid. Mein Freund, Heini Bauer, der war noch da, bloß stand er 50, 60, 80 Meter weiter. Eines Tages bin ich weggelaufen. Die Angst war so groß. Und wie ich so zwei oder drei Kilometer von unserer Stellung entfernt war, kam ein Unteroffizier einer Minenwerferabteilung mit Pistole in der Hand auf mich zu: „Wo wollen sie hin?" „Ich will zurück, ich will weg." „Wenn sie nicht sofort wieder vorwärtsgehen, erschieß' ich sie." Das ist nicht gelogen. Den anderen Tag habe ich dies unserem Kompanieführer, Peter Winkler aus Breslau, erzählt und gesagt: „Herr Leutnant, ich bleib nicht mehr hier." Er sagte: „Hier geb ich dir einen Zettel und dann gehst du los. Wir bleiben hier." Daraufhin hat er mir eine Bescheinigung ausgestellt: „Der Musketier Benecke hat den dienstlichen Befehl, nach Bujinon zu gehen. P. Winkler, Leutnant und Kompanieführer." Wir waren vorher mit 80 Mann in Stellung gegangen und mit 20, 25 Mann haben wir uns nachher bei der Kompanie wieder eingefunden.

Paul Grünig, geb. 1897:
Meine letzte Kriegshandlung ist in Belgien gewesen. Vor Brüssel an der Schelde sollte eine neue Front aufgebaut werden. Wir lagen auf einem Bauernhof. Die Nacht habe ich noch am Maschinengewehr Wache gehalten. Dann gingen wir in den Bunker. Mein Leutnant Hagen wollte unbedingt raus und in Erfahrung bringen, was los war. Es war morgens schon recht hell. Leutnant Wischmann rief: „Hagen, bleiben Sie doch hier." Er hat nicht gehört und ist auf den Hof getreten. Eine Granate hat die Schlagader seines Beines getroffen. Sein Bursche und ich haben ihn zurückgebracht. Wir mußten über die Schelde. Da war noch eine Brücke und Pioniere: „Ihr habt aber Glück, die Brücke wird gleich gesprengt." Sie wurde tatsächlich hinter uns gesprengt. Die Reste unserer Kompanie haben die Schelde dann auf einem Holzsteg überqueren müssen. Es sollen noch verschiedene in Gefangenschaft geraten sein. Viele sind auch noch gefallen.

Kurt Hauswurz, geb. 1896:
Es war vier Wochen vor Kriegsende. Wir lagen in einer nassen Stellung. Da sind wir mit sechs Mann krank geworden, haben eine Blasenerkältung bekommen. Der vom Revier hat gesagt: „In Soissons ist ein Lazarett, dort werdet ihr auskuriert." Wir sind dorthin und wurden geheilt. Alles war mittlerweile in Bewegung und wir bekamen Weiterleitungsscheine und sollten unser Regiment suchen. Wenn wir in eine Stadt kamen: „Wir wissen nicht, wo euer Regiment ist." Wir wurden verpflegt und immer weitergeschickt. Zuletzt hat einer von uns gesagt, es war ein Berliner: „Wir fahren noch einmal nach Brüssel, ich will Brüssel sehen." Ich habe gesagt: „Wir können doch nicht ausreißen?" „Der Krieg ist sowieso bald vorbei", sagte er. Ich bin mit ihm nach Brüssel gefahren, und dort sahen wir schon, was los war. Im königlichen Palais lagerten schon 100 Landser: „Nach Flandern gehen kommt gar nicht mehr in Frage." Ich hatte aber Angst und auf einmal sagte der Berliner: „Ich weiß was. Ich kenne eine Stelle, da kriegt man einen Fahrschein und kann nach Hause zu seinem Regiment fahren. Du mußt aber 20 Mark haben." Ich sage ganz wörtlich, wie es war. Ich hatte kein Geld. Da hat er meinen Mantel für 20 Mark verkauft und mir einen Schein gebracht mit meinem Namen drauf und meinem Heimatregiment. Ich habe mich in den Zug hineingesetzt und bin nach Zittau gefahren. Und in Zittau ging dann nach zehn Tagen die Revolution los. Da war Schluß.

Fritz Wegel, geb. 1898:
Anfang Oktober 1918 kam ich von meinem Urlaub an die Front zurück. In der Etappe war es furchtbar. In dem Ort auf französischem Boden hatte gerade Scheidemann gesprochen. Es trieben

sich dort Tausende von Soldaten herum, die meuterten. Sie haben in der Etappe Güterzüge geplündert. Die Front wurde immer dünner, der Ersatz, der noch raus sollte, wurde in der Etappe abgefangen. Ich bin zur Frontleitstelle gegangen, um mich zu erkundigen, wo das erste Garde-Regiment liegt. „Mensch, hau doch ab." Das kam für mich überhaupt nicht in Frage. „Wo bleibe ich nun?" Da war eine Sanitätstruppe der Division, die in ein paar LKW Verwundete gebracht hatte, die nun verladen wurden. Darunter sah ich jemand vom 1. Garde-Regiment. Ich sag': „Wo seid ihr?" Ich habe zu mir gesagt: „Bloß weg hier, bloß an die Front." Wir waren stolz, bei der Garde zu sein. Der Prinz Eitel Friedrich war unser Regimentsführer und der Kronprinz Armeeführer. Wir hatten einen besonderen Ruf. Das ganze Offizierkorps bestand ja praktisch aus dem Adel und man hatte vor diesen Menschen Achtung. Die haben sich geopfert, ob es nun Junge waren oder Ältere. Sie waren für uns Vorbilder. Ich hatte immer den Eindruck, wenn von fremden Truppenteilen Leute zu uns kamen, die ordneten sich gerne bei uns ein. Es herrschte bei uns ein anderer Ton als in sonstigen Regimentern. Vielleicht lag das auch daran, bei uns herrschte eine gute Ordnung. Es wurde gut für die Angehörigen der Garde gesorgt. Ob es um Unterkünfte ging, wenn man in Ruhe kam, oder man sonst sah, daß die Führung sich um uns bemühte. Das alles hat mit dazu beigetragen, daß überhaupt keine Fragen aufgekommen sind wie „hoffentlich ist der Krieg bald zu Ende". Bis zum Schluß haben wir die Hoffnung gehabt, den Krieg zu gewinnen. Noch am 10. November 1918 haben wir einen Angriff unternommen.

Paul Krüger, geb. 1899:
Es war in Frankreich ganz zum Schluß, Ende Oktober. Das war kein Ruhmesblatt für mich. Wir kamen gegen Abend aus unserer Stellung und wurden in einem Bauernhaus untergebracht. Als ich erwachte, stellte ich fest, daß meine Leute bereits weg waren. Ich habe mich erkundigt und erfahren, daß der Batterieschreiber sie vielleicht zwei Stunden vorher abgeholt hatte und sie ohne mich ein Ende weiter gefahren waren. Ich stand allein da. „Was mach' ich nun?" Ich bin dann in das Bauernhaus zurückgegangen, habe mich hingesetzt, es war in der Nacht um zwei oder drei Uhr. Dann habe ich mein Gewehr genommen und das Schloß herausgenommen. Ich dachte mir: „Ich komme ja nun vielleicht in Gefangenschaft und da ist es besser, wenn ich kein Gewehr bei mir habe. Sonst schießen sie vielleicht gleich auf mich." Ich warf mein Gewehr weg und ging am Morgen los. Es war alles ganz still. Von einer Front war nichts zu hören. Es fiel kein Schuß. Ich wußte nicht genau, wohin ich gehen mußte und habe mich nur so ungefähr orientiert. Ganz verlassen

und elend kam ich mir vor. Sonst war man immer ein Haufen Kameraden gewesen, der sich kannte.

Mit einem Mal hörte ich Pferdegetrappel und es kam ein Dogcart, in dem unser Leutnant aus Danzig saß. Er überholte mich und fragte: „Wo kommen Sie denn her?" Ich erklärte es ihm. „Gehen Sie mal hier zurück. Dort ist eine Mühle, in der wir am Abend vorbeikommen." Abends um zehn Uhr traf dann die Kompanie ein. Ich bekam eine Strafwache. „Hätte Ihnen gar nicht geschadet, wenn Sie in Gefangenschaft geraten wären." Ich dachte: „Ach, sei still." Dann kam der Rückzug. Da hieß es: „Die Kanoniere mit geladenen Gewehren gehen vorweg." Denn es war ja anzunehmen, daß irgendwo Heckenschützen lauern könnten. Was sollte ich nun machen? Ich hatte ja kein Gewehr. Während des Marsches stand plötzlich eine Kolonne vor uns, die auf irgendeinen Anschluß warten mußte. Und da hing am Wagen ein Karabiner. Ich griff zu. Er muß bloß über den Haken gehängt worden sein, denn er löste sich ganz leicht ab. Nun hatte ich wieder ein Gewehr. Der Besitzer wird sich gedacht haben, daß sein Karabiner heruntergefallen ist.

Kriegsende

Der Krieg ist vorbei. Mehr als vier Jahre des Kampfes liegen hinter den Menschen. Blickt man auf die Millionen Toten, so sind in Europa wirklich die Lichter ausgegangen, um auf die Vorahnung Edward Greys zurückzukommen. Welche Gefühle löst der 11. November 1918, der Tag des Waffenstillstandes, in den Soldaten aus? Das, was vier Jahre Tag um Tag das Leben bestimmt hat, gehört von einer Minute zur anderen der Vergangenheit an. Herrscht in diesen Menschen nun Freude dank des Überlebens oder aber Niedergeschlagenheit wegen des Verlusts des Krieges und der damit sinnlosen Opfer der vergangenen Jahre?

„Rückzug" lautet nun das Stichwort. Das Ziel sowohl der Militärbefehlshaber als auch des einzelnen liegt in einem geordneten Rückzug, der die Truppen sicher in ihre Garnisonsstädte führt. Die Soldatenräte mit ihrem Aufruf an die Soldaten, sich von ihren bisherigen militärischen Vorgesetzten zu befreien, setzen sich im allgemeinen nicht durch. Der Marsch in die Heimat beschert den Menschen etwas, das sie im ersten Moment vermutlich gar nicht für möglich gehalten haben. Sie kehren nicht wie geschlagene Hunde zurück, sondern mit einer gewissen Haltung. Dies führt zu ganz bemerkenswerten kleinen Episoden. Eben selbst dem Krieg entronnen, besucht Paul Krüger noch schnell das Schlachtfeld von Waterloo und kann sich daran erfreuen, ebenso wie Kurt Weickhmann einen Zwischenstop in Bochum nutzt, sich im Theater „Die lustige Witwe" anzusehen. Ein Teil ihrer Würde ist gewahrt und damit, sollte man meinen, die Grundlage gegeben, den Krieg und seine Niederlage zu verwinden. Daß diese Chance nicht genutzt wird, ist eine andere Geschichte.

Zeugnisse

Hermann Kottmeier, geb. 1897:
Ich war zum Schluß bei einer Fliegerabteilung im Westen bei Diedenhofen in der Gegend von Gravelotte, wo 1870 der Todesritt der Kavallerie gewesen war, einmal und nie wieder. Den Vormittag des 11. November 1918 sollte ich als Beobachter noch fliegen und bestimmte Stellungen fotografieren. Vor mir war schon einer abgeflogen, der wollte sich noch schnell das Eiserne Kreuz verdienen. Bei der Fotoabteilung sagten sie mir: „Herr Leutnant, wir haben keine Kassetten mehr. Leutnant Soundso hat alle mitgenommen." Dann kam die Nachricht: „Irgendwo sind sie im Drahtverhau niedergegangen. Es ist

ihnen nichts passiert, aber die Kassetten sind alle weg." Um zwölf Uhr ging ich mit dem Adjutanten, Oberleutnant von Klitzing, auf dem Flugplatz auf und ab. Von der Front hörte man das Trommeln. Alle Augenblicke einen Schuß. Mit einem Mal wurde es leiser und dann hörte es auf. Totenstille. Man fühlte sich wie neugeboren. Die Sonne schien so schön und die Welt war grün. Man hatte wieder Hoffnung. Wir würden nach Hause kommen. „Hören Sie noch was?" „Nee. Da können wir unserem Schöpfer danken, daß wir diesen Krieg lebendig überstanden haben", sagte ich. „Ja, da mögen Sie wohl recht haben."

August Philipp, geb. 1893:
Wir hatten Telefone bei uns in der Zentrale. Den letzten Tag ging ich noch einmal in den Waldungen umher und guckte mir die E-Leitungen an. Ich kam zu einer Baracke, in der sich ein Offizier befand. Der Bursche putzte gerade die Stiefel. Ich sagte zu ihm: „Putz mal nicht mehr, ist gleich Schluß." Das hörte der Offizier in der Baracke. Er kam raus und wollte ernst machen.

Dr. Alfons Beil, geb. 1896:
Von Mons ging es weiter zurück. Tagsüber mußten wir die Stellung halten und nachts zurückmarschieren. An einem Abhang in Flandern hatten wir uns eingegraben. Unten befand sich eine Ferme. Es erschien unser Regimentskommandeur und sagte mir: „Denken Sie sich, daheim ist Revolution." Nun hatten wir ja Bilder von der Französischen Revolution vor Augen und man stellte sich vor, wie es in Deutschland wohl drunter und drüber ging. Es war wohl am nächsten Tag, daß das Bataillon bei uns in der Kompanie anrief. Der Hupton unseres Telefons war zu hören, ich nahm ab und ich hab noch in Erinnerung, die Landser stellen sich alle um mich herum. Der Bataillonskommandeur teilte mir mit: „Ich habe Ihnen eine hocherfreuliche Mitteilung zu machen, in eineinhalb Stunden, 5 vor 12, werden die Feindseligkeiten eingestellt." Das konnten die Landser unmöglich gehört haben, aber sie verstanden es dennoch und wälzten sich vor Freude buchstäblich auf dem Boden umher. Obwohl wir gehört hatten, daß Erzberger mit einer Delegation die Front überschritten hatte, um einen Waffenstillstand auszuhandeln, konnten wir es kaum fassen, daß der Krieg auf einmal aufhören sollte.

Tatsächlich wurde nicht weit von uns noch geschossen, auch nachdem diese Nachricht durchgegeben worden war. Wir waren natürlich gespannt, eineinhalb Stunden noch. Die Zeit ging rum. Es war eine unfassbare Freude unter den Leuten. Ich hatte plötzlich den naiven Gedanken: „Wir hissen eine weiße Fahne." Dann dachte ich: „Da unten ist eine Ferme, jetzt geh ich runter zu dem Fermier." Ich grüßte ihn. Er erwiderte den Gruß, aber sehr kühl und ich merkte bald, daß er schon alles wußte. Ich machte ihm den Vorschlag, ein Verbrüderungsmahl miteinander zu halten. Damit aber war er nicht einverstanden. Ich habe jetzt noch Respekt vor ihm, wie er in diesem Moment Haltung wahrte. Er gab mir dennoch einen großen Kessel voll Milch, den ich mir gut schmecken lassen durfte. Die Kameraden wollten wissen, wie es jetzt wohl weitergehen würde. Ich sagte, und das ist auch beinahe zum Schmunzeln: „Wenn wir an 1870 denken, dann werden wir halt hier bleiben bis zu einem Friedensschluß." Tatsächlich kam keine Stunde später der Befehl, wir hätten bei Nachteinbruch aufzubrechen und müßten, ich weiß nicht, gegen 30 Kilometer gehen. Wer nicht mitkäme, geriete in Gefangenschaft.

Wilhelm Garmsen, geb. 1896:
Bei Kriegsende war ich hinter der Front bei Verdun. Um acht Uhr kam die Parole durch, daß bald Schluß sei. Wir waren ja als Fliegerabwehr nicht in unmittelbarer Nähe der Franzosen. Jeder Unteroffizier hatte ein Fernglas, mit dem wir nun die Front beobachteten. Da sahen wir, daß sie von beiden Seiten aufeinander zugingen und sich umarmten, als wenn nie Krieg gewesen wäre. Vor 10 Minuten hatten sie sich noch gegenseitig beschossen. Wir, die wir hinten waren, sind in den Douaumont gestürmt und nach vorne nach Fleury. Uns konnte nichts aufhalten. Auf allen Vieren sind wir durch den Ostausgang vom Douaumont herausgekrabbelt, um noch einmal unser Fleury zu sehen. Fleury war ja unsere halbe Heimat, da bin ich zweimal gewesen.

H. F., geb. 1898:
Das Regiment 79 bildete die Nachhut, immer in Berührung mit dem Feind, den Amerikanern. Eine weite Ebene war das in der Gegend von Ginchy. Weil alles in Bewegung war, wußte keiner, wo sich der andere befand. Die Artillerie ballerte überall in der Gegend umher. Wir mußten aufpassen, daß wir nicht geschnappt wurden. Bis zum letzten Augenblick haben die Amerikaner Leute mitgenommen. Am 11. November kamen die Amerikaner noch angerückt, zogen sich aber nachher wieder zurück. Gegen 11 Uhr sickerte bei uns durch, daß um 12 Uhr Feierabend sein sollte. Die Offiziere wollten das ja nicht wahrhaben, aber schließlich gaben sie doch zu, daß darüber gesprochen wurde. Wir hatten auf einem Hügel unser Maschinengewehr aufgebaut und haben möglichst wenig geschossen. Wenn man die Aussicht hat, um 12 Uhr ist Schluß, was soll man da noch machen. Um 12 Uhr kam ein Bataillonsoffizier: „Zusammenpacken, der Krieg ist vorbei." Aber wir durften nicht mit dem Ami zusammenkommen. Wir blieben noch bis zum Nachmittag auf der Stelle und waren froh.

Kurt Weickhmann, geb. 1897:
Auf einmal kam die Nachricht, daß der Kaiser abgedankt hatte. Der Kaiser abgedankt? So was gab es doch eigentlich gar nicht. Das hat mich sehr betroffen gemacht.

Franz Kühn, geb. 1900:
Die militärische Karriere, die man sich vorgestellt hatte, war mit dem Ende des Kaiserreichs vorbei. Das war natürlich deprimierend. Insofern habe ich es natürlich bedauert, daß der Kaiser gegangen ist. Aber ich habe es auf der anderen Seite auch wieder verstanden. Es wurde damals gesagt, daß er ausgeliefert werden sollte. Warum sollte er in Gefangenschaft gehen? Da war es schon besser, wenn er nach Holland ging. Er wäre zudem als Kriegsverbrecher angeklagt worden. Dabei war uns allen klar, daß alle Länder in den Krieg hineingeschlittert waren. Gewollt hatte ihn in Wirklichkeit keiner. Da hieß es, sich wehren, das Vaterland zu schützen und zu verhindern, daß jemand die Grenze überschritt. Von einer Begeisterung zu töten, konnte keine Rede sein. Natürlich wollte jeder nicht der Unterlegene sein.

Hermann Kottmeier, geb. 1897:
Wie kommen wir aber nach Hause? Da kam der Befehl von Hindenburg: „Kameraden, haltet Disziplin. Wenn ihr das tut, verspreche ich euch, ich werde euch alle in die Heimat wieder zurückführen." Da ging ein großes Aufatmen durch die Truppe. Der Generalstab arbeitete sauber. Es wurden mit den Franzosen genaue Linien für den täglichen Rückzug verabredet. Dann waren wir in einem Dorf. Meine Fliegerabteilungsleute hatten ja noch nie den Feind gesehen. Plötzlich kamen sie ganz schreckensbleich angestürzt: „Herr Leutnant, da oben am Waldrand kommen schon die Franzosen." „Laß sie ruhig! Dort verläuft die Linie. Morgen früh um sechs Uhr sind wir wieder verschwunden, dann können die hier machen, was sie wollen." Die Stimmung war nur noch: „Wir wollen nach Hause. Wir wollen zu Muttern. Jetzt ist endlich Schluß."

Fritz Wegel, geb. 1898:
Der Kommandeur sagte: „Wir marschieren nach Hause. Wir bleiben so wie wir sind. Unsere Ordnung bleibt bestehen. Wer nicht damit einverstanden ist, wer sich nicht unterordnen will, wie es bisher war, kann sofort gehen und wird gleich entlassen. Bitte melden!" Keiner! Innerhalb dreier Tage mußten wir bestimmte Zonen verlassen. Wir behielten alles, auch scharfe Munition. Wir sollten mit der Bahn verladen werden. Die Belgier hatten aber alle Zugverbindungen gesperrt und so mußten wir marschieren. In einem Proviantlager wurden wir noch neu eingekleidet und gaben die Gasmasken ab.

Dann marschierten wir los bis zur Grenze. In Belgien standen viele Menschen an der Straße. Frauen spuckten uns an oder hoben die Röcke hoch. Wir waren ziemlich stolz. Wir marschierten so zurück, wie wir im Krieg gewesen waren. Im Grunde realisierten wir noch nicht, daß wir den Krieg verloren hatten.

Heinrich Bartels, geb. 1897:
In Luxemburg mußten wir antreten, Unteroffiziere und Mannschaften auf der einen Seite, Offiziere auf der anderen Seite. Es fuhr ein Auto mit zwei Marinesoldaten vor. Der eine Marinesoldat hielt eine Ansprache: „Der Krieg ist zu Ende, damit ihr das wißt. Der Kaiser ist nach Holland geflohen, euer Soldateneid ist hiermit aufgehoben. Die Herren Offiziere da drüben haben euch nichts mehr zu sagen. Die haben keine Befehle mehr zu erteilen. Es kann jeder nach eigenem Ermessen tun und lassen, was er will." Da sind eine ganze Menge, vor allen Dinge die meisten Offiziere, gleich verschwunden. Ich war von den Socken. Daß der Kaiser geflüchtet ist, hätte ich nicht für möglich gehalten. Aber es war nun einmal so. Es hat mich ein wenig bedrückt, daß der Matrose gesagt hatte, es könne jetzt jeder machen, was er wolle und jeder könne auf eigene Faust nach Hause gehen. Ich sah ein Chaos voraus. Jetzt hatten wir einen Major, Knabe hieß er und stammte aus Magdeburg. Das war ein feiner Mann. Ich hatte einmal meine Mandoline mit an der Front und eines Abends fragte er mich: „Kann ich die Mandoline nehmen?" Ich mochte ihn ganz gerne leiden und er war unser Vater an der Front gewesen. Nun waren wir stehen geblieben, nachdem die Marinesoldaten weggefahren waren, weil eben alle erschüttert und überrascht waren. Da sagte der Major zu uns: „Also, Kameraden, wenn wir zusammenbleiben, laßt uns doch zusammen marschieren. Da wissen wir, wo wir abends hinkommen. Es geht ein Quartiermacher voraus, macht Quartier und wir haben auch was zu essen. Wenn jeder allein geht, dann weiß er nicht, was er abends zu essen hat." Er hat uns überzeugt, denn, was er sagte, hatte Hand und Fuß. Als der Major am nächsten Morgen auf sein Pferd steigen wollte, mußte er feststellen, daß sein Pferd samt Burschen nicht mehr da war. Damit mußte er also zu Fuß gehen wie wir. Wir haben ihm jedoch ein anderes Pferd besorgt, so daß er schließlich doch wieder reiten konnte.

Alfred Töpfer, geb. 1894:
Anfang November 1918 wurde ich aus dem Lazarett entlassen. Waffenstillstand. Ich sagte: „Ich will wieder zurück zu meiner Kompanie. Ich will die Kompanie zurückführen." Nach siebentägiger Wanderung, so 30 Kilometer jeden Tag, wobei ich mit meinem Bein noch nicht wieder richtig laufen konnte, fand ich meine Kompanie in Flan-

dern wieder. Es war jetzt schon Mitte November 1918. Sie hatten bereits Soldatenräte. In der Zwischenzeit hatte ein Schulmeister aus Bergedorf, der als Leutnant mein Vertreter war, die Kompanie geleitet. Ich sagte: „Kompanie antreten. Nur eins, der Soldatenrat wird entlassen. Hier habt ihr eure Karten, ihr könnt sofort nach Hause gehen." Da waren die Soldatenräte natürlich glücklich, und wir waren sie wieder los. Die Kompanie gehorchte, war guter Laune. Sie hatte das Gefühl: „Der Töpfer hat ja immer für uns gesorgt, auch in puncto Verpflegung und Getränke, der wird jetzt auch wieder dafür sorgen, daß wir einigermaßen gut ernährt werden." Meine drei Kühe von 1915 hatten ja seitdem jeden Vormarsch und jeden Frontwechsel mitgemacht. Auch hatte ich noch ungefähr zehn Pferde annektiert.

Julius Kreckler, geb. 1896:
Ich arbeitete in Brüssel in der Druckerei. Den Tag kochte ich Essen, als einer bei mir hereingelaufen kam: „Mensch, mach hin nach dem Südbahnhof. Die sind schon alle weg." Ich lief in die Druckerei, wo ich mein Gewehr stehen hatte. Dann bin ich in Richtung Südbahnhof gelaufen. Vom Südbahnhof fuhren die Züge nach Deutschland. Ich kam noch beim Manneken Pis vorbei. Die Belgier schossen aus den Fenstern auf deutsche Soldaten. Auf mich zielten sie ebenfalls, trafen mich aber nicht. Auf der Zugfahrt passierten wir Wälder, aus denen heraus auch Schüsse fielen. Es war nach dem Waffenstillstand. Es waren Franktireurs.

Wilhelm Eddelbüttel, geb. 1894:
Plötzlich war der Gedanke da: „Die Offiziere haben nichts mehr zu sagen. Wir gründen einen Soldatenrat. Wer soll das werden?" Es gab natürlich gleich welche, die man für fähiger hielt als andere. Einige, die dies spitz gekriegt hatten, wollten es unbedingt werden, andere nicht. Ich war mit meinen 24 Jahren noch zu jung. Nun hatten wir ja als Starkstromkompanie allerhand Material, Kupferleitungen, für die es einen besonderen Wagen gab. Wir wiederum schleppten auf dem Rückzug alles, was wir besaßen, auf dem Tornister mit. Der Leutnant trug sein Gepäck nicht, es wurde auf dem Wagen transportiert. Da haben wir abgemacht: „So, jetzt trägt der Leutnant seine Klamotten selbst und wir tun unsere Sachen auf den Wagen." So geschah es auch. Und das Material – das war eigentlich etwas ganz Schlimmes – ist an die Zivilbevölkerung verkauft worden. Die haben gut dafür bezahlt. Für das Geld, das aufgeteilt wurde, kauften wir uns wunderschöne Weintrauben und Butter. Wir hatten einige, die haben auch ihr Gewehr verkauft. Wenn die Soldatenräte allerdings bei den Proviantämtern Proviant empfangen wollten, lehnten die dies ab: „Schickt eure Offiziere."

Dr. Alfons Beil, geb. 1896:
Auf dem Rückmarsch sehe ich noch einen Oberst, der war über den Ausgang des Krieges empört und er fauchte Belgier und Franzosen, die jetzt zurückströmten, an. Am anderen Morgen hörte man, er habe sich in der Nacht erschossen. Einmal kam auch ein General angefahren und wandte sich an die Truppe mit den Worten: „Guten Morgen, Soldaten." Dann brüllten die: „Guten Morgen, Kamerad." Ja, so war es halt. Wo wir auch in Belgien hinkamen, war Tanz und die ganze Jugend auf den Beinen. In Deutschland war dies natürlich nicht so. In Eupen erkundigte ich mich, ob man vielleicht auf der Post telefonieren könne. „Ja, selbstverständlich", wurde mir mitgeteilt. Ich hatte gemeint, daß jetzt bei der Revolution alles durcheinander sei. Keine Rede davon, so etwas geht bei uns Deutschen nicht gleich. Ich konnte heimtelefonieren. Sie waren natürlich in Sorge, was mit mir los war.

Fritz Siemers, geb. 1897:
Wir waren durchweg alles ganz Junge. Daß der Hauptmann oder Leutnant uns nichts mehr zu sagen hatte, verstanden wir gar nicht. Um den Soldatenrat, der unter den gewöhnlichen Soldaten gewählt wurde, kümmerten wir uns gar nicht. Die Franzosen und Belgier standen an den Straßen und die Mädchen trugen Schleifen in den Haaren. Dann spuckten sie uns an. Manch einer von uns ist rausgetreten und hat zurückgeschlagen. Wir kamen durch Lüttich und gingen zu Fuß nach Aachen. Hinter Lüttich ist es ja hügelig, wir waren die Nachhut und konnten im Tal sehen, wie der Franzose auf den Pferden nahte. Glauben Sie nicht, daß sich der Franzose an dem Waffenstillstand gestört hat. Er wollte uns schnappen und hat weitergemacht. Das war ein ganz verfluchter Hund. Unsere Truppe saß in einem Keil, aus dem wir jetzt heraus mußten. Der Franzose hat es nicht fertiggebracht, einen von uns festzuhalten. Wir wollten nicht mehr in Gefangenschaft, wir wollten nach Hause.

K. H., geb. 1897:
Die Stimmung war nach dem Waffenstillstand zweigeteilt. Einerseits froh, andererseits belämmert, weil wir den ganzen Schlamassel mitgemacht und doch alles verloren hatten. Wir haben noch einen Tag Ruhe gehabt, und dann ging der beschleunigte Rückmarsch los. Es hat immer geheißen: „Ihr müßt marschieren, marschieren, marschieren. Wenn ihr nicht rechtzeitig vorwärts kommt, werdet ihr gefangengenommen." Mitten auf den Straßen standen extra Offizierposten mit ihren Pferden und dirigierten: „Jetzt die, jetzt die." Es wurde streng auf Ordnung geachtet. Durch Luxemburg sollten wir nur durchmarschieren. „In Luxemburg wird kein Quartier gemacht. Luxemburg weigert sich, Quartiere auszugeben." Ich weiß noch, als

wir in Luxemburg einmarschierten, ging es nicht mehr vor noch rückwärts. Wir sind in den nächstbesten Bauernhof gegangen, haben die Scheune aufgemacht und uns ins Quartier gelegt. Nachts kam die Luxemburger Polizei und hat uns um ein Uhr wieder herausgejagt. Die Großherzogin von Luxemburg hatte großen Krach gemacht, daß wir uns ohne Erlaubnis einquartiert hatten.

In der Eifel kam der Befehl: „Wer im Umkreis von soundsoviel Kilometern zu Hause ist, kann jetzt abhauen." Da sind viele von den Elsässern abmarschiert, haben sich teilweise mit Tränen in den Augen verabschiedet. „Gott, Jungens, ihr Elsässer seid doch jetzt zu Hause." Von ihnen hat mancher gefragt: „Was sind wir denn jetzt? Sind wir Deutsche, Franzosen?" Es war ein richtig schwerer Abschied. Wir hatten alles Mögliche zusammen erlebt, und jetzt wurden sie Franzosen, wovon sie teilweise gar nicht so sehr begeistert waren. Von den Soldatenräten hatten wir gehört. „Soldatenräte? Einen Deubel tu ich. Die sollen bloß weggehen." Die ersten Soldatenräte habe ich in der Darmstädter Gegend gesehen. Die brauchten nur schief gucken oder was sagen: „Ach, Quatsch, schert euch weg." Erst in Mannheim kamen sie und haben mir die Achselstücke entfernt. Wir waren froh, wieder zu Hause zu sein.

Friedrich Findeisen, geb. 1896:
Der Krieg war zu Ende und wir befanden uns in Frankreich auf dem Rückmarsch. Da hörte ich von einer Batterie, die hatte, nachdem der Waffenstillstand schon eingetreten war, von ihrem Offizier den Befehl erhalten: „Wir schleppen nicht die ganze Munition nach hinten, wir schießen noch raus, was raus geht." Und da hatten sie noch einen Rohrkrepierer mit mehreren Toten. Ich selbst konnte damals wegen einer Zellgewebsentzündung am Fuß schlecht laufen. Ich hatte eine Kiste mit MG-Munition zu schleppen und blieb nun weit zurück, als letzter am Feind. Ich konnte einfach nicht weiter. Ich stellte die Kiste hin, setzte mich drauf und ruhte erstmal aus. Dann habe ich die Kiste stehen lassen und bin weiter gegangen. Wie ich an die Stelle kam, wo wir verladen werden sollten, rief schon der Feldwebel: „Findeisen, komm, komm, wir warten auf dich. Wir brauchen deine Kiste noch." Ich sagte: „Die steht zwei Kilometer weiter hinten im Wald." „Aber sofort holst du die her." Mir war es ganz egal, wenn sie mich da umgelegt hätten. Ich antwortete: „Heute nicht mehr, vielleicht morgen." Den nächsten Morgen habe ich mich krankgemeldet und kam ins Lazarett.

Kurt Weickhmann, geb. 1897:
Die belgische Bevölkerung war sehr bösartig zu uns und sie guckten uns mit finsterem Blick an. Einmal wurden wir in einer Villa unter-

gebracht, die soll einem Steuereinnehmer gehört haben. Dort waren für die Kompanie Strohlager in den Zimmern errichtet worden. Mit einem Mal kam der Besitzer zu mir – ich konnte ja damals noch ein bißchen Französisch – und wies mir ein ganz elegantes Fremdenzimmer zu, in dem ich übernachten konnte. Ich dachte mir aber: „Halt, hier bist du alleine" und habe die Pistole auf den Nachttisch gelegt. Es passierte aber nichts. Er war sehr nett. Wir kamen dann über Aachen nach Deutschland. In Aachen bin ich noch einmal ins Theater gegangen. Ich weiß nicht mehr, was ich gesehen habe. Dann erreichten wir Bochum. Auch dort bin ich im Theater gewesen. Da gab es „Die lustige Witwe". Schließlich wurden wir in Delitzsch demobilisiert.

Paul Krüger, geb. 1899:
Als wir hörten, daß der Krieg vorbei war, waren wir zufrieden. Es gab keinen lauten Jubel, aber eine positive Stimmung. Ich bin dann noch zusammen mit einigen Kameraden in Brüssel auf den Erinnerungsplatz der Schlacht von Waterloo gegangen. Dort stand eine große Pyramide und oben drauf der belgische Löwe. Wir sind auch raufgestiegen und haben uns – ich glaube, das kostete sogar Eintritt – das Panorama der Schlacht angesehen. Das war sehr interessant. Überall waren plastisch die zerschossenen Wagen und Kanonen zu sehen. Es war ein großer Zirkus, kann man sagen.

Gustav Schöning, geb. 1894:
Auf dem Rückmarsch begegneten wir unterwegs allerhand Kollegen. Ich traf auch einen Bruder von mir, der bei den Pionieren gewesen war. Wir haben gesungen und waren lustig. Das war eigentlich doch kein richtig verlorener Krieg wie dieser jetzt. Wir konnten doch unsere Waffen mit nach Hause nehmen. Diesmal haben sie einem sogar noch ein kleines Taschenmesser weggenommen.

A. S., geb. 1899:
In Lothringen wurden wir nirgendwo gut aufgenommen. Es kümmerte sich kein Mensch um uns und niemand ließ sich sehen. Die freuten sich, daß wir nun weg mußten und die Franzosen kamen. Als Nachtquartier kriegten wir den Heuboden. Das wurde erst besser, als wir die deutsche Grenze erreichten, als wir ins Saarland und die Rheinpfalz kamen. Dort wurden wir freudig aufgenommen. Wir sind geschlossen zurückmarschiert mit Geschützen und Fahrzeugen. Ich war zuvor der Meinung gewesen, daß auf der Brücke von Ludwigshafen so viele Soldaten sein würden, daß wir gar nicht so schnell rüber kommen könnten. Aber die Brücke war frei. Trotzdem haben wir erst einmal etwas geruht, und da passierte es, daß von

Ludwigshafen Leute vom Soldatenrat herüber kamen. Sie wollten Extrablätter verteilen. Unser Kommandeur hatte vorher bekannt gegeben: „Die nehmt ihr nicht an!" Wir haben dies befolgt und die Leute vom Soldatenrat fragten, warum wir die Blätter nicht annehmen würden. „Der Chef hat es gesagt." „Wo ist der Chef?" Da ist er sein Pferd losgeworden. So ging das vor sich. Es wäre ja für uns ein leichtes gewesen, sie zurückzujagen oder sogar in den Rhein zu werfen. Wir hatten ja noch unsere Geschütze und unsere Karabiner. Aber das haben wir auch nicht getan. Bis auf wenige, die vorher schon Reißaus genommen hatten, sind wir zusammen über den Rhein gegangen und kamen dann nach Mannheim-Käfertal. Ja, wir waren stolz, daß wir geschlossen zurückmarschiert sind. Wir gingen als Zivilisten in Uniform. Ich hatte mir einen Knüppel besorgt als Handstock und ging damit in der ersten Reihe über den Rhein. Ich hatte mir vorgenommen, später sagen zu können, daß ich zu Fuß von der Front bis nach Ludwigshafen gelaufen sei.

Gerd Rehder, geb. 1897:
Wir kamen in Aachen an. Überall standen Fahrzeuge. Die Pferde lagen auf der Straße vor Übermüdung. Da kam ein kleines Mädchen an: „Du, Kamerad, hast du kein Quartier?" „Noch nicht", sagte ich. „Da unten noch Platz." „Wo denn?" „Ja, bei uns am Küchenherd ist noch Platz." Da habe ich bei ihrer Familie – es war ja November – die Nacht vor dem Küchenherd gelegen und geschlafen. Wir sind durch Deutschland marschiert und jeden Tag waren wir woanders im Quartier. Bei vielen sind wir gewesen, bei denen die Söhne noch draußen waren. In Nordhorn war ich bei einer Witwe untergebracht, die hat mir noch Brot aufgestrichen. Ich sagte: „Das brauchen Sie nicht. Sie haben ja selbst nichts." Am Morgen sagte sie ganz erfreut: „Diese Nacht ist auch mein Sohn angekommen."

G. A., geb. 1896:
Ich erlebte das Kriegsende in einem Krankenhaus in der Nähe von Duisburg und trat von Duisburg aus den Heimweg an und zwar unter den merkwürdigsten Umstanden, weil die Züge, die vom Westen nach Deutschland reinfuhren, derartig mit Soldaten überfüllt waren, daß überhaupt kein Platz im Zug zu finden war. Ich habe mich von Duisburg bis Bremen kurzentschlossen zwischen zwei D-Zug-Wagen auf die Treppe gestellt, mein Gepäck angebunden, den Rucksack und alles andere, und habe dort die ganze Nacht hindurch bis zum anderen Morgen in Bremen verbracht. Weil ich ganz alleine stand, bin ich eigentlich mit niemand richtig in Berührung gekommen. Aber es war doch so eine Art Aufbruchstimmung zu spüren, eine echte Freude eigentlich nicht. Sie war auch nicht zu erwar-

ten, denn es war schon der Unterton vorhanden, daß der Krieg verloren worden war. Obgleich der einzelne, der gut davon gekommen war, sich freute, daß er nun außer Gefahr war. Und gleichzeitig beschäftigten uns unterschwellig die Gedanken über die Zukunft mit ihren politischen Entwicklungen. Arbeiter und Soldaten redeten: „Was wird aus Deutschland?" Eine völlig undurchsichtige Zukunft.

Otto Hayen, geb. 1895:
Man hat sich umgeguckt: „Wer ist denn überhaupt noch da?" Niemand, den man kannte. Wir hatten zwei Gefreite, Aktive, die sind immer geschont worden. Wenn an der Front etwas besonders Gefährliches los war, sind sie meist zur Bagage gekommen oder sie sind zurückgeschickt worden als Ausbilder. Und wir hatten den Gefreiten Fritze, den wir aus dem Kemmel mit schweren Rückenverletzungen – das ganze Schulterblatt war kaputt – herausgeholt hatten. Der war auch zurück und hat uns zu Hause empfangen, als wir ankamen. Wir kamen aus Rumänien und wurden unterwegs noch auf deutschem Boden von Franzosen aufgehalten. Wir sollten unsere Gewehre abliefern. Unser Hauptmann Kirchheim hat gesagt: „Ruhe, Jäger, alle raustreten." Er hat noch auf dem Bahnhof vor den Franzosen einen Appell gehalten. Dann befahl er: „Die Gewehre werden nicht abgegeben. Wir gehen mit den Gewehren nach Goslar." Auf die Tender der Lokomotiven wurden zwei Jäger gestellt, Pistole in der Hand, und so fuhren wir weiter. In Seesen bei Goslar ist noch Leutnant Behrends abgesetzt worden.

Wir sind dann auf dem Marktplatz in Goslar durch den Bürgermeister verabschiedet worden: „Legt eure Waffen nieder, der Krieg ist aus." Da ist der Hauptmann Kirchheim auf die Kanzel gestiegen und hat ganz scharfe Worte gegen den Soldatenrat gefunden. Prompt standen fünf bis sechs Mann mit roter Binde an der Domkaserne. Mit denen ist aber nichts geschehen. Nach zwei Tagen in Goslar wurden langsam die Bücher für die Verabschiedung herausgeholt. Da sind manche noch hingegangen und haben gesagt: „Wir sind soundso lange im Krieg gewesen, wir wollen nicht wieder als einfache Jäger weggehen." Aber Beförderungen gab es nicht. Wer als Leutnant bei uns war, ist als Leutnant von uns gegangen. Hauptmann Kirchheim sagte immer: „Bei mir gibt es nur Offiziere. Jeder Jäger ist sein eigener Offizier, der selbst bestimmen muß, was zu machen ist." Das war unser Hauptmann Kirchheim.

Karl Theil, geb. 1893:
In meiner Truppe hatte ich einen Kollegen, Hass hieß er und war damals Offizierstellvertreter. Es war ein feiner Kerl und wir blieben

zusammen bis Berlin. Wir gingen beide zum Stettiner Bahnhof. Dort trennten wir uns, er fuhr nach Stettin in seine Heimat und ich nach Vorpommern. Bevor wir uns trennten, sahen wir zwei Mädchen – die hatten damals so schöne große Hüte – und er sagte: „Die müssen wir kennenlernen." Er war ein Kamerad, aber ein Schlimmer. Auf alle Fälle, er ran, höflich, freundlich und begrüßte die Mädchen. Er sorgte dafür, daß ich auch hinkommen mußte, und ich lernte die andere kennen. Und das wurde später meine Frau.

Josef Beutmiller, geb. 1899:
In Aschaffenburg kamen wir nachts um zwei Uhr an. Es spielte die Musik und das war das Ergreifendste, das ich je erlebt habe. Frauen und Kinder standen im Viereck und das Bataillon ebenfalls und die Musik spielte „Ich hatt' einen Kameraden".

Revolution

Dieses Kapitel, muß ich bekennen, ist mehr aus der Not geboren. Die Erinnerungen der Kriegsteilnehmer zur Revolution 1918/19 ebenfalls in dem nachfolgenden Kapitel „Das Leben danach“ unterzubringen, hätte aus diesem so wichtigen Abschlußkapitel eine allzu bunte Mischung gemacht. Trotzdem erscheint mir die Zusammenstellung ihrer Beobachtungen aus der Revolutionszeit nicht richtig abgerundet zu sein. Ist dies Zufall oder steckt mehr dahinter?

Die heimkehrenden Soldaten haben mit den Ereignissen um die Entstehung der Republik recht wenig zu tun. Die Aktionen der Linken haben ohne sie begonnen, zu einer Zeit, als sie noch im Krieg engagiert waren. Auf dem Besetzungsplan dieses Stückes, das in Berlin und anderen Großstädten gespielt wird, steht der normale Frontheimkehrer zunächst nicht. Die Kämpfe in der Heimat spulen sich vor ihren Augen ab, als seien es Ereignisse von einem anderen Stern. Wer politisch zur Linken tendiert, zeigt sich positiv angetan von dem Geschehen. Alle anderen sind eher verwirrt und besorgt.

Erst als einige ihrer alten Kameraden wieder aktiv werden – nun als Opponenten der Linken – fühlen sie sich angesprochen. Als wenn sie ein vertrautes Signal empfangen hätten, reihen sich einige von ihnen in die Freikorps ein und tun das, was sie in den vergangenen Jahren getan haben, zusammen mit ihren Kameraden einen mehr oder weniger unbekannten Feind zu bekämpfen. Andere haben selbst davon die Nase voll und hängen den Soldatenrock an den Nagel. Daß dies durchaus auch Kriegsteilnehmer sind, die dem Soldatensein bisher positiv gegenüberstanden, beweist das Beispiel Hans Reimers. Er, der von sich sagt, im Krieg „ein richtiger Soldat“ gewesen zu sein, wundert sich nach seiner Rückkehr in die Heimat wie sein Freund, mein Großvater, im Freikorps zeitweilig wieder Soldat werden konnte.

Zeugnisse

Kurt Schröder, geb. 1897:
Ich weiß es noch ganz genau, es war etwas nach zehn Uhr morgens, ich stand im Betriebsgebäude der Werft am Fenster und guckte von meinem Arbeitsplatz zur Elbe runter. Da schrie plötzlich einer ganz laut und wie von Sinnen: „Die Matrosen hissen die rote Flagge!“ „Was ist das?“ „Die Matrosen kommen. Ein Plätteisen“ – damit waren die Riesenkriegsschiffe gemeint – „kommt die Elbe rauf.“ Wir rannten alle ans Fenster, sahen eines der großen Kriegsschiffe mit einem

kleinen roten Tuch, so groß wie ein Handtuch, am Mast. Alle standen mit offenem Mund am Fenster. Es war unbegreiflich. Solch eine Sensation, die rote Flagge, das kann man sich heute gar nicht mehr vorstellen. Das war Revolution! Das Wort wurde aber nicht gesagt, bei ihm blieb einem einfach die Spucke weg. „Jetzt ist der Krieg aus", sagte einer. Der Krieg wurde wirklich von den Sozialdemokraten beendet. Sie sollten mit ihren Schiffen auslaufen und haben es nicht getan. Und ein Schiff ist nach Hamburg gekommen. Wo dieser große Kreuzer dann geblieben ist, weiß ich nicht mehr.

Wir haben alle nicht mehr gearbeitet, sondern sind rausgelaufen. Wir haben überhaupt keinen Meister und keine Betriebsleitung gefürchtet, wir sind einfach ans Wasser gegangen. Aus allen Betrieben, Blohm & Voss, Vulkan, Reiherstieg-Werft, Stülcken, sind die Leute herbeigeeilt. Keiner wußte genau, was los war: „Was ist denn nun? Ist kein Krieg mehr?" Zwischen Blohm & Voss und der Vulkan-Werft wimmelte es von Menschen. Und dann hat einer, der hieß Maus (komisch, wie komm ich auf den Namen) auf einem Wagen gestanden und gerufen: „Alles geht zum Rathaus! Wir fahren alle zum Rathaus!" Wir zogen los. Wir waren erst 10 000, nachher waren es 20 000 oder 40 000 Menschen, ein unheimlicher Zug. Unterwegs wurden alle Polizeistationen entwaffnet. Der Zug hielt immer wieder mal an und zwanzig mutige Leute gingen zum Beispiel auf der Veddel in die große Zoll- und Polizeistation. Sie kamen mit Säbeln und Waffen wieder raus, die dann verteilt wurden. Einige haben die Säbel umgeschnallt. Es war eine dolle Sache, und es wurden Lieder gesungen. Allerdings waren es keine sozialdemokratischen Lieder, so gut war die sozialdemokratische Partei nun doch nicht organisiert. Es waren mehr Lieder wie „In einem Polenstädtchen ...", aber keine „Wacht am Rhein". Wie die ersten am Rathaus anlangten, sind die anderen erst in den Betrieben abmarschiert. Wir sind durch Hamburg gezogen und haben immer geschrien: „Krieg ist aus. Nieder mit dem Krieg!"

Und dann sprach einer vor ungefähr 20 000 Menschen vom Balkon des Rathauses. Ich weiß den Namen noch, er hieß Laufenberg. Er hat eine imponierende Rede gehalten, ohne Mikrophon und ohne alles. Er war ein mutiger Mann, der sich an die Spitze der Bewegung stellte. Er sagte: „Paßt auf! Wir haben das Heft in der Hand, aber die Reaktion marschiert! Vergeßt den heutigen Tag nicht! Die Reaktion marschiert!" Er hat uns diese Sätze eingehämmert. Ich kannte das Wort „Reaktion" noch nicht einmal. Aber ich bin stundenlang dort geblieben. Ich wollte wissen, ob er nicht noch einmal rauskam. Dann zerstreute sich die Menge und es wurde dunkel. Ich erfuhr, daß er in einem Auto zum Gewerkschaftshaus, dem Besenbinderhof, gefahren war. Ich bin dort hingegangen, und da hab ich ihn gesehen. In einem Soldatenmantel mit Pelzbesatz, den die Posten als Schutz gegen die Kälte trugen, sah ich ihn aus dem Gewerkschaftshaus kommen. Ich hätte beinahe „Hurra“ geschrien. Er stieg in ein Auto, und ich habe noch gehört: „Nach Kiel.“ Ich war immer sehr interessiert und wollte alles wissen. Ich marschierte dann als einer der ersten in den Saal im Gewerkschaftshaus. Vorne war eine richtige Bühne. Auf der Bühne saßen lauter Matrosen mit ihrem Käppi, die ihre Beine von der Brüstung baumeln ließen. An der Brüstung standen Leute, die waren tatsächlich von der Front. Ob sie in Urlaub waren, weiß ich nicht. Sie hatten aber ihre Uniformen an und es hieß, sie kämen von der Front. Zu den Matrosen hieß es: „Das sind die Kieler, das sind unsere Revolutionäre.“ Sie wurden auch gleich gefeiert und ein Lied gesungen.

Ich bin nicht wieder zur Werft gegangen. Ich weiß gar nicht mehr, wovon ich in diesen Tagen gelebt habe. Ich wohnte ja noch bei meinen Eltern, aber ich bin immer unterwegs gewesen. Überall in den Betrieben, dem Schlachthof und z.B. der Klavierfabrik von Steinway, ging eine Deputation rein: „Ihr müßt euch alle uns anschließen.“ Das waren ja mehr oder weniger gebildete Leute bei Steinway, nicht in Arbeitskitteln, sondern gut angezogen. Sie schlossen sich uns aus lauter Angst auch an, denn es standen ja Tausende auf der Straße. Dann ging es meistens zum Heiligengeistfeld. Auf dem Heiligengeistfeld war immer was los. Jacob Rieper, auch ein mutiger Mann, hielt da die Hauptreden. Der hielt einfach eine Pferdefuhre an, spannte die beiden Pferde aus und schob den ganzen Wagen als Tribüne auf das Heiligengeistfeld. Ich habe ein paar Mal erlebt, daß er damit ankam. Auf einem Marsch kamen uns ein paar Leute entgegen: „Wir brauchen einige junge Leute, die sollen in den Arbeiter- und Soldatenrat eintreten. Wer meldet sich? Wer ist ausgebildet?“ Ich habe mich gleich gemeldet. Ich war ja als Infanterist militärisch geschult worden. Wir sind richtiggehend nach Bahrenfeld marschiert. Der Mann, der das Kommando hatte, sagte: „So, jetzt gehen wir alle geschlossen hier rein und es wird jeder Widerstand gebrochen.“ Er lief uns tatsächlich voran und wir hinter ihm her. In der Waffenkammer in Bahrenfeld kriegte jeder ein Gewehr. Die hätten ja auch auf uns schießen können. Aber uns Mitgliedern des Arbeiter- und Soldatenrats hat keiner widersprochen. Wir konnten in die Straßenbahn springen, in ein Gasthaus gehen. Das war eine tolle Sache. Teils aus großer Begeisterung, daß der Krieg endlich zu Ende war, teils aufgrund des Muts, den wir bewiesen hatten, teils wegen unserer Gewehre. Meine Mutter aber hatte eine wahnsinnige Angst wegen des Gewehrs. Noch in der Nacht hat sie es genommen und in die Elbe geworfen.

Wilhelm Rath, geb. 1895:
Als ich von meinem Urlaub im Oktober 1918 wieder nach Flensburg-Murwik zurückkam, war oben am Mast des Schiffes die rote Flagge gehißt. Es war ein eigenartiges Gefühl, da dort sonst die schwarz-weiß-rote Flagge wehte. Jetzt war die Flagge nicht mehr da und dafür eine andere am Mast. Es hieß, daß die Schiffsführung kapituliert hatte. Dies war für mich eine tiefbedrückende Angelegenheit. Wir hatten bislang nur gehört, was anderswo passiert war, daß in Kiel auf den großen Schiffen ein Matrosenaufstand stattfand. Es tut einem doch weh, wenn der Krieg verloren geht und alles umsonst gewesen ist. „Und was wird nun?" Die Unsicherheit, ich hatte nur einen Gedanken, daß die Seefahrt wieder losgehen möge. Ich rechnete nicht damit, daß die Post mich einstellen würde.

August Urban, geb. 1896:
Anfang Oktober 1918 wurden in Königsberg Hamburger gesucht, die zwei Waggons der Militär-Konservenfabrik von Königsberg zum Hamburger Freihafen begleiten sollten. Auf den Waggons befanden sich diese großen Heringsfässer, die mit Kochkäse gefüllt waren. Das Zusammensetzen des Zuges verzögerte sich erst noch. Es waren schon Gerüchte von einer Revolution durchgesickert. Wir wußten aber noch nicht viel. In der Nacht vom 8. auf den 9. November kamen wir in Berlin an. Ich hatte in Berlin eine Cousine wohnen, die ich besucht habe. Am nächsten Morgen sagte meine Cousine, sie ging noch ins Geschäft: „Komm mal heute mittag wieder." Mittags ging ich am Schloß vorbei. Dort war ein Jäger-Bataillon aufgezogen. Die Reichsbank war von innen besetzt, Schutzleute mit Helm und Sturmriemen. Um Punkt 12 Uhr kam die Nachricht raus: „Extrablatt. Wilhelm hat abgedankt." Da war er aber schon weg. Sie können sich vorstellen, was ich für einen Trubel miterlebt habe, die roten Fahnen. Ich ging über den Alexanderplatz und war ja noch feldmarschmäßig angezogen. Gleich wurde mir das Band vom Eisernen Kreuz und die Achselklappen abgerissen. Ein Kutscher rief mir zu: „Du, der Krieg ist vorbei. Du brauchst kein Gewehr mehr." Es blieb im Rinnstein, ich hab es liegengelassen. Ich war froh, daß ich nun weniger zu tragen hatte.

Soldaten in Uniformen wurden von Revolutionären, die auf Lastwagen fuhren, verhauen. Jeder trug ein rotes Band. Einige machten gleich ein Geschäft daraus und verkauften das rote Band der Freiheit, so ein kleines Stück für zehn Pfennig. Bei den Justizgebäuden war eine große Menschenmenge zusammen. Liebknecht hatte gerade gesprochen. Wir kamen gar nicht mehr ganz dicht ran. Die ganzen Treppen waren voller Akten. Da kam wieder einer der Gefangenen raus, Wolldecke unterm Arm, und die Menge jubelte. Und es gab Schießereien. Die alten Soldaten, sie nannten sich Maikäfer, wollten die Ordnung noch aufrecht erhalten, es war ja ihr Beruf und sie lebten davon. Sie griffen die Marinesoldaten an, die sich in Berlin festgesetzt hatten. Während die Alten nach Möglichkeit zusammenhielten und ordnungsgemäß wieder zurückkehren wollten, war ich als Versprengter in Berlin. Wie ich nun bei der Bahn anrufe und nach dem Zug frage, wird mir gesagt: „Ihr Zug ist heute nacht abgegangen.“ Der andere Kamerad, mit dem ich nach Berlin gekommen war, hatte die ganzen Papiere, auch unsere beiden Urlaubsscheine, bei sich. Ich begab mich zur Bahnhofskommandantur. Ein Unteroffizier, dem ich alles erzählte, empfahl mir: „Ja, fahr doch einfach los.“ In der Nacht vom 10. auf den 11. November 1918 bin ich dann hier in Hamburg angekommen.

F. Kl., geb. 1893:
Der 9. November war ein Sonnabend. Wir Soldaten saßen alle in einem Varieté, wo sie Jokus gemacht haben. Auf einmal geht die Tür auf und einer schreit: „Revalution, Revalution!“, ein Oberschlesier. Vor dem Schloß in Königsberg stand ein Wache aus 16 Leuten und einem Offizierstellvertreter als Führer, die haben ihre Gewehre auf die Erde geschlagen, bis sich der Lauf abtrennte. Da kam der kommandierende General mit weißen Haaren, zitternd, ein alter Mann. Ein Arbeiter hat ihm den Degen weggenommen und ihn zerbrochen. Bloß eine Frau schrie: „Ach, unser lieber Kaiser.“ Da haben sie ihr eine Backpfeife gegeben. „Halt’ die Schnauze“, wie die Ostpreußen so sprechen. Ich habe mich gefreut, daß der Krieg zu Ende war. „Bloß nicht noch einmal raus müssen.“ Alles andere, auch daß es jetzt noch weniger zu essen geben würde, war mir egal. Es sollte bloß Schluß sein. Die Soldaten haben dann die großen Lagerräume mit Uniformen, Reitstiefeln gestürmt. Auch ich war darunter, und ich dachte mir: „Das ist ja zuletzt dein Beruf gewesen, in solchen Stiefeln herumzulaufen.“ Der Wachtmeister, der das Lager unter sich hatte, schloß auf. Später habe ich Angst gekriegt, daß es einmal rauskommen könnte, daß ich auch mit dabei gewesen bin.

Walther Gallasch, geb. 1895:
Ich lag in Liegnitz in einem provisorischen Lazarett in einer großen Wohnung an einer Straße, die zur Kaserne führte. Wir konnten vom Fenster aus den Pöbel und die Revolutionäre beobachten. Ich sah, wie zwei, drei Offiziere, die von der Kaserne kamen und noch ihren Degen trugen, von den roten Milizen angehalten wurden, die Degen zerbrochen und die Achselstücke abgerissen wurden. Das war furchtbar. Man hätte am liebsten zur Pistole gegriffen und in die Bande geschossen. So habe ich die Anfänge der Revolution erlebt.

Wolfgang Schramm, geb. 1895:
Am 9. November 1918 war ich gerade in Bautzen zum Kaffee eingeladen. Meine Gastgeberin wollte mir Zivil von ihrem verstorbenen Ehemann geben, denn man hatte gehört, daß man den Offizieren die Achselstücke abriß und zum Teil sind auch Offiziere gefallen. Ich hielt die Sache für unerheblich und mußte bloß lächeln. Als ich dann in meine Kaserne kam, in der das Lazarett war, präsentierte der Posten noch. Ich war eben noch in Uniform. Ich zog es aber dann doch vor, dem Vorbild vieler Kameraden zu folgen und die Achselstücke selbst abzunehmen. Ich kehrte von Bautzen nach Potsdam zurück über Leipzig, wo damals ein Bruder meiner Mutter als Reichsgerichtsrat beim Reichsgericht tätig war. Aber er war krank, lag im Krankenhaus und sein Sohn war verwundet in englische Gefangenschaft geraten. Die Tochter war gerade zu einer Art Arbeitsdienst verpflichtet worden. Meine Tante hat mich dann noch ein paar Tage bei sich aufgenommen und dann fuhr ich nach Potsdam, wo ich entlassen wurde.

E. P., geb. 1897:
Der Lazarettzug nahm mich mit. Über Köln fuhr ich durch das liebe deutsche Vaterland bis nach Lauban in Schlesien. Dort haben sie mich ausgepackt und ich bin ins Lazarett gekommen. Ich bin dort einige Zeit gewesen. Es war noch Krieg, und ich mußte an und für sich nach Bromberg zu meiner Ersatzabteilung. Ich kriegte aber Urlaub nach Hause und erlebte den 9. November 1918 in Dortmund. Es ging alles drunter und drüber. Soldaten kamen von der Front und ließen alle Fünfe gerade sein. Mein Vater als pflichtbewußter Preuße empfahl mir: „Das beste ist, du machst dich gleich auf den Weg zu deiner Ersatzabteilung." Also setzte ich mich auf die Bahn und fuhr nach Bromberg, wo ich mich bei meiner Ersatzabteilung meldete. Der Jahrgang 1900 war schon eingezogen. Die hatten sich aber sehr mäßig benommen und die Kleiderkammern geplündert, während wir in dreckigen Uniformen ankamen. Unsere Aufgabe bestand nun darin, die Pferdetransporte, die von der Westfront kamen, abzufertigen. Zu Hunderten kamen die Pferde in mehreren Zügen in die Kasernen zurück. Dreißig Pferde lagen krepiert in den Zügen, weil sie nichts zu saufen bekommen hatten. Am nächsten Morgen waren schon 40, 50 Pferde gestohlen. In erster Linie bewegte mich in diesen Tagen, wo meine Angehörigen waren. Mein einer Bruder war unterwegs von der Front. Er war auch krank, hatte Typhus. Mein ältester Bruder kam mit seiner Batterie zurück und wurde irgendwo entlassen. Am wichtigsten war, daß er sich zu Hause melden würde. War er erst einmal da, war das ja schon etwas.

Prof. Dr. Willi Wegewitz, geb. 1898:
Es war der 6. November 1918, ein sehr milder Novembertag. Ich war in der Stadtkaserne untergebracht. Uns gegenüber war die Stadtkirche. Ich hatte das Fenster geöffnet und hörte, wie im Gottesdienst das niederländische Dankgebet gesungen wurde. Der Gottesdienst war zu Ende und ich höre auf dem Kasernenhof einen Radau. Ich runter auf den Kasernenhof und da sehe ich eine wüste, johlende Menge und einen Kerl, der auf einer Tonne steht. „Das ist auch so ein Offiziersbursche." Ich schnell auf die Schreibstube, wo ich unseren Kommandeur, Oberstleutnant Graf von Bredow, benachrichtigen konnte: „Revolution!" Er warf sich auf seinen schweren Gaul und ist auf sein Gut geritten. Leutnant Nevermann hat mir noch einen Fahrschein ausgestellt, damit ich im Falle, daß ich in Not kommen würde, nach Hause fahren konnte. Den Fahrschein habe ich heute noch.

Es war eine ganz wüste Zeit. Der Arbeiter- und Soldatenrat wurde eingerichtet und Feldwebel Franke wurde Kompaniechef. Franke war ein sehr netter Mann, von Beruf auch Förster. Er war nicht frontdienstfähig, hatte an seinem ganzen Körper einen roten Ausschlag. Er sagte zu mir: „Herr Wegewitz, solange ich hier bin, bleiben Sie bei mir. Und wenn ich eines Tages verschwunden sein sollte, dann sind Sie auch von Ihrem Dienst entbunden." Die Weihnachtstage rückten näher heran und ich sagte: „Herr Franke, ich möchte wohl gerne zu Weihnachten nach Hause fahren." Er schrieb mir einen Urlaubsschein aus und sagte: „Herr Wegewitz, Sie kommen nicht wieder?" „Ja", sagte ich, „ich komme nicht wieder." Sofort nach Neujahr bin ich zur Kommandantur in Stade gegangen und bin dort ordnungsgemäß entlassen worden. Am 19. Januar 1919 fing ich schon wieder im Seminar in Stade an. Ich mußte ja nun mein Studium fortsetzen.

Dr. Johannes Willers, geb. 1898:
Nachdem ich nicht mehr felddienstfähig war, bin ich am Ende auf einem Lazarettzug eingesetzt worden. Neben dem Sanitätspersonal hatten wir einen Chefarzt und bei dem Zugfahrten einen jungen Assistenzarzt, der Jude war, im Offiziersrang. Er ist mit uns so kameradschaftlich umgegangen, daß wir nie den Eindruck hatten, er sei unser Vorgesetzter. Als dann in München die Revolution ausbrach, ist er zur Eisenbahndirektion gegangen, weil wir auf einem toten Gleis standen ohne Lokomotive, und wollte dort eine Lokomotive anfordern. Dies ist ihm nicht gelungen, im Gegenteil, auf dem Rückweg erkannte man ihn an seinen Abzeichen als Offizier und hat ihn vollkommen fertiggemacht. Da krähte kein Hahn danach, daß er Sanitäter war. Man hatte ihn derart übel zugerichtet, daß wir ihm

erst einmal Mut zusprechen mußten, damit er wieder auf die Beine kam. Soweit man noch linientreu war, hat man sich gefragt: „Wie ist das möglich? Haben die den Verstand verloren?"

Hermann Siebe, geb. 1898:
Nachher kam das dicke Ende. Ich meine, es war der 11. November, als wir in der Kaserne plötzlich den Befehl bekamen: „Alle raus, das Maschinengewehr ans Fenster stellen. Von Kiel kommt ein Marine-Bataillon und will nach Hamburg, um hier Revolution zu machen und die Kasernen zu besetzen." Die Kasernentore wurden verrammelt und wir guckten aus dem Fenster. Dann sahen wir eine Menschenmenge, ein paar Frauen und Kinder und vorne die Marine-Soldaten mit roten Bändern an den Marinemützen. Da sollten wir nun dazwischenschießen. Ich habe mir gedacht: „Ich mach' das nicht. Ich verdrücke mich." Ich habe das Maschinengewehr eingezogen und bin zur Toilette gegangen. Nun konnte man in den Toiletten der Kaserne, wenn man auf das Klo trat, in die anderen Kabinen gucken. Und wie ich rauftrete und gucke, sehe ich in der linken Kabine, wie ein Offizier, ein Leutnant, seinen Mantel aus- und Zivilzeug anzieht und als Zivilist rausgeht. Ich dachte mir: „Mensch, wenn der das macht, machst du das auch." Ich hatte aber kein Zivilzeug. Ich bin dann runter gegangen auf den Kasernenhof. Da standen die Häuptlinge der Marine, die Redner, und all die Menschen bereits im Hof. Die Turngeräte, Tische und Böcke, waren für die Redner zusammengestellt worden. Alles jubelte. Ich habe mich dann verdrückt und mich zu meiner Stube begeben, um meinen Mantel und meinen Kram zu holen. Dort war alles ausgeraubt. Die Spinde standen offen, die blau-weiß karierten Bettbezüge und die Wolldecken waren alle weg. Mir fiel ein, daß wir noch eine andere Kaserne mit einer Kleiderkammer hatten. Dort war die Bevölkerung nicht hinaufgegangen. Ich klopfte an die Tür der Kleiderkammer. Wir kannten uns ja mit Vornamen: „Mensch, mir haben sie alles geklaut." „Komm mal rein, such dir was aus. Hier guck mal, den Einheitsmantel, zieh ihn dir an und kleide dich ganz neu ein." Das habe ich dann gemacht, neue Schuhe und alles. Da war ich fix ein ganz neuer Soldat. Den Einheitsmantel haben wir später auf zivil umgeändert und auch mein Sohn hat noch einen Mantel davon gekriegt.

Nun kommt das Schlimme. Ich nahm noch eine Pistole und meinen Karabiner mit. Ich dachte mir: „Wer weiß, wie das unterwegs wird." Ich kam am Steindamm vorbei. Dort war in der Danziger Straße ein großer Bäckerladen und die Menschen stürmten diese Läden. Der Bäcker kam auf meine Straßenseite gerannt: „Mensch, komm her, helf mir doch mal und bring die Leute auseinander. Du hast doch ein Gewehr, knall doch mal dazwischen. Die klauen mir meinen ganzen Kram." „Nee, das kann ich nicht machen. Die bringen mich ja um. Ich schieß nicht auf die Leute. Laß sie doch. Die sind alle hungrig." Da hat er hinter mir hergeschimpft, wollte das melden, mich anzeigen. Ich bin anschließend zu Fuß nach Rahlstedt gegangen. Meine Eltern hatten ja Lebensmittelkarten, aber ich hatte keine. Ich mußte mich zu diesem Zweck zunächst einmal in Rahlstedt auf dem Amt melden. Rahlstedt war damals klein und sie kannten mich schon seit Kindestagen. Sie gaben mir eine Lebensmittelkarte. Zum Abschied sagten sie: „Viel Spaß noch, du bist jetzt wieder frei." Ich mußte an den Frauen vorbei, die alle in dem Vorraum auf der Bank saßen: „Kommt so ein junger Dachs und kriegt noch die Entlassung vom Amt bestätigt und unsere Männer sind noch draußen im Felde und kommen nicht zurück." Die konnten ja nicht wissen, daß ich auch schon im Feld gewesen war. Ich konnte sie verstehen.

M. G., geb. 1894:
Einige Tage nachdem ich nach Berlin gekommen war, brach die Revolution aus. Alle Zivilisten liefen zum Schloß. Sie wollten wissen, was los war. Ich habe meine Mutter am Arm genommen – wir wohnten damals noch am Alexanderplatz – und wir sind zum Schloß gegangen. Das Schloß hatten die Matrosen besetzt. Mit einmal wurde aus dem Schloß heraus geschossen und alles Volk rannte weg. Auch ich bin mit Muttern an der Hand nach Hause abgehauen. Das war nun der erste Tag des Kriegsendes. Es wurden dann in Berlin große Reden gehalten, die wir uns alle anhörten.

Fritz Siemers, geb. 1897
In Berlin auf dem Lehrter Bahnhof kamen wir an. Da waren Jungens, 10jährige und auch etwas älter, die grölten herum: „Waffen abgeben!" Wir haben uns gefragt: „Was ist denn mit denen los?" Die Waffen gaben wir nicht ab. Wir hatten ja keine Zeitung gehabt und wußten gar nicht, was in Berlin los war. Wir sind im Halbgalopp die ganze Friedrichstraße runtergelaufen bis in die Kaserne. In der Kaserne hatten wir noch keine Ruhe. Die rote Marine schoß von der Brücke, die vom Schlesischen Bahnhof über die Spree führt, ein Loch in unsere Kaserne. Dann ging das Gerede über die Entlassungen der Jahrgänge 1896/97 los. Das war es, was wir wollten, nach Hause, nichts weiter als nach Hause. Wir sind deshalb Karl Liebknecht hinterhermarschiert, weil er die Entlassung der Jahrgänge 1896/97 forderte. Er war im Auto, links und rechts die Matrosen, und Rosa Luxemburg saß mit im Wagen. Was denken Sie, was da für Menschen unterwegs waren. Die Weiber rissen uns die Mützen vom

Kopf, unsere Kokarde wurde abgemacht und uns die rote Kokarde angesteckt. Uns war das doch alles egal. Aus dem Vorhaben Liebknechts ist ja nachher nichts nachgekommen.

Ich bin erst Ende am 19. Januar 1919 vom Soldatenrat entlassen worden, mit 65 Mark und einem Anzug, modern war der nicht. Das war's. „Ich bin entlassen!" Wir waren froh. Nun mußte ich aber noch nach Hause. Am Lehrter Bahnhof, am Museum, schossen sie wie die Teufel und es fuhr kein Zug. Deshalb mußten wir über Spandau nach Hamburg fahren. Wir sind zu Fuß nach Spandau gelaufen. Da waren noch ein paar Artilleristen, die wollten auch nach Schleswig-Holstein. Mit denen haben wir uns zusammengetan. In Spandau sagte uns der Bahnvorsteher: „Der Zug hält hier nicht." Wir haben geantwortet: „Das werden wir erst mal sehen." Dann haben wir ihn uns gegriffen: „Wenn du den Zug nicht anhältst, wirst du was erleben." „Der fährt aber nach Hannover." „Es ist uns egal, wo er hinfährt." Einer der Artilleristen hat den Zug dann zum Halten gebracht. Die Zuginsassen, alles Leute aus Berlin, die vor den Schießereien wegliefen, hielten die Coupé-Türen fest. Sie wollten uns nicht im Zug haben. Einer von uns ist aber durch das offene Fenster durchgegangen und hat erst einmal im Zug für Luft gesorgt. Er hat wohl wen versohlt. Wie wir reinkamen, war alles in Ordnung, und wir hatten alle einen Sitzplatz. In Hannover war auch eine Schießerei auf dem Bahnhof. Wir sind dann irgendwie mit dem Zug nach Hamburg und von Hamburg nach Oldesloe gefahren. So bin ich wieder nach Hause gekommen.

Fritz Wegel, geb. 1898:
Am 10.12.1918 marschierten wir von der Garde wieder in Potsdam ein. Die ganze Division wurde dort zusammengezogen. Das war natürlich ein kläglicher Haufen. Die Älteren wurden gleich am nächsten Tag entlassen, während wir Jüngeren noch eine Weile bleiben mußten. Zwischenzeitlich hatte es Unruhen gegeben und es hieß zuerst, daß die Kommunisten auch unsere Kaserne stürmen wollten. Ungefähr zwei Wochen haben wir dann noch die Kronprinzessin mit ihren Kindern im Cäcilienhof bewacht. Ich durfte mir hierzu aus den Kameraden, die ich kannte und die draußen gewesen waren, zwölf Mann aussuchen. Wir sind mit Waffen und MG zum Cäcilienhof gezogen. Die Kronprinzessin stellte uns ein Fuhrwerk, das jeden Tag aus der Kaserne Essen holte, und außerdem kriegten wir einen großen Kessel Extrasuppe von ihr. Der Prinz Louis Ferdinand, der damals zwölf Jahre alt war, und die übrigen Prinzen waren ständig bei uns im Erkerzimmer. Der eine von ihnen ist noch im Eis des Heiligen Sees eingebrochen. Ich bin dann erst im Juni 1919 nach Hause gekommen.

Karl Theil, geb. 1893:
Der Krieg in Frankreich war beendet und ich kam zu Hause auf dem Bauernhof meiner Eltern an. Mein Bruder war inzwischen auch Soldat geworden und lag schwer verletzt im Krankenhaus. Mein Vater sagte: „Was wird denn nun? Wir müssen jetzt alles genau überlegen, denn Otto ist schwer verwundet und muß wohl auf dem Bauernhof bleiben. Was machst du?" „Ich weiß es nicht, Vater." Eines Tages stand in der Anklamer Zeitung, es werden in Berlin Freiwillige zum Kampf gegen Spartakus gesucht. Ich wußte, was Spartakus war, und sagte zu meinem Vater: „Vater, es kann kommen was will, aber da will ich hin." Ich schrieb einen Brief an meinen Freund Paul Hass. Er schrieb zurück: „Sofort!" Wir trafen uns am Stettiner Bahnhof und meldeten uns freiwillig in der Kaserne vom Garde-Schützen-Bataillon. In Königs Wusterhausen sammelten sich die Kräfte, die den Spartakus in Berlin bekämpfen sollten. Die saßen als Regierung im Berliner Schloß. Ich kam wieder zu meiner Einheit, der Panzerabwehr, und bediente die kleinen 7,5 cm Kanonen. Wir rückten auf Berlin vor und kamen durch die Berliner Vororte. Hier und da knallte es manchmal. Spartakus hat sich aber nicht viel gewehrt. Sie waren viel zu feige und es gab zu wenige, die sterben wollten. So vergingen die Tage und wir gingen immer weiter vor.

Eines Tages lagen wir schon mitten in Berlin und mußten im Zoologischen Garten bei den Affen übernachten. Wir hatten unseren Spaß mit ihnen. In der Dunkelheit standen hier und da Lümmels rum und einer schlug den anderen, das ewige Wirrwarr wie im Krieg. Ich stand draußen vor dem Tor des Zoologischen Gartens und schräg gegenüber von uns liefen 10, 15 Menschen, Soldaten und Zivilisten zusammen. Ein Auto hielt. Ich sagte „Was ist da los?" Einer von uns lief hin und kam zurück: „Sie haben Rosa Luxemburg im Wagen mit einem Karabiner erschlagen. Der Husar Runge hat es gemacht." Wir drangen bis zum Schloß vor. Das kaiserliche Schloß war besetzt und sie schossen von oben. Da fuhren wir mit unseren Kanonen auf und nahmen sie unter Feuer. Den Eingangsbereich vom Schloß haben wir total zerschossen. Dann gingen unsere Infanteristen mit Handgranaten durch. Keiner hat sich mehr gewehrt. Der Spartakus war weg.

Robert Haarmeyer, geb. 1897:
Ich war froh, wieder zu Hause zu sein. Ich war inzwischen gewachsen, und es paßte kein Zivilanzug mehr. Zu Hause war alles knapp und deshalb mußte ich die alte Uniform ohne die Unteroffizierabzeichen, EK, Verwundetenabzeichen tragen. In diesem Aufzug bin ich mitgegangen, wenn in der Stadt irgendetwas los war. Da gab es die großen Versammlungen auf dem Hamburger Rathausmarkt und

es gab die Bahrenfelder, die Ruhe schaffen wollten, denen ich aber nicht angehörte. Sie haben seinerzeit am Rathaus geschossen. Noch vor einigen Jahren hat man die Einschußlöcher gesehen. Ich habe erlebt, daß die Kommunisten oder Rowdies, wenn sie irgendwelche in Uniform trafen, diese in die Alster geschmissen haben. Da bin ich schnell getürmt. Mein Vater, dem ich das erzählt habe, meinte: „Bleib bloß hier." Ich sagte: „Jetzt gehe ich auch nicht mehr hin."

Rudolf Möller, geb. 1898:
In Deutschland ging alles drunter und drüber. Die Polizeistationen wurden überfallen. Da haben sich in Hamburg Freiwilligenorganisationen gebildet, deren Ziel es war, die Heimat vor diesen kommunistischen Halunken, wie man damals sagte, zu schützen. Darunter waren auch die Bahrenfelder, bei denen ich mich meldete. Unser Oberkommandierender war Lettow-Vorbeck. Wir trugen die feldgraue Uniformjacke. Ich studierte damals und kam am Universitätsgebäude vorbei, wo eine große Tafel mit der Aufschrift aufgestellt war: „Meldet euch alle da und da." Ich bin stracks mit meinem Vetter, Udo Schäffer, von der Universität nach Bahrenfeld gegangen. Zu Fuß, Bahnen fuhren ja nicht. Wir kamen die Allee hoch, am Gericht vorbei. Am Gefängnis des Amtsgerichts waren die Aufständischen schon dabei, die Akten aus dem Fenster zu schmeißen. Mein Vetter, der sich zunächst auch betätigen wollte, sagte: „Nee, ich mache nicht mehr mit." Er kehrte um und ging nach Hause. Ich begab mich allein nach Bahrenfeld.

Wir lagen damals auf der Reeperbahn in dem Lokal Alcazar, der Eingang war gesichert durch Sandsackbarrikaden. Eingesetzt wurden wir zu Hausdurchsuchungen, ob irgendwo Munition versteckt war. Aber das war alles nur Hühnerkram. Einige Zeit zuvor war am Rathaus richtig gekämpft worden. Dort sind Bahrenfelder gefallen, u.a. ein Klassenkamerad von mir. Die Bahrenfelder sind dann durch hinterhältiges Verhalten der Aufständischen in Gefangenschaft geraten. Die Führung der Bahrenfelder hatte mit den Aufständischen einen Waffenstillstand abgeschlossen und die Bahrenfelder hatten ihre Gewehre zusammengestellt und sich zur Ruhe begeben. Diesen Waffenstillstand benutzten die Aufständischen, um sich einzuschleichen und sich der Gewehre der Bahrenfelder zu bemächtigen. Die Bahrenfelder wurden als Gefangene in der Gnadenkirche im Karolinenviertel eingesperrt. Die Freiwilligenkorps sind daraufhin von allen Seiten sternförmig auf Hamburg zumarschiert. Wir marschierten von Altona, Reeperbahn, aus. Wenn ich in dieser Zeit dann und wann nach Hause ging, hatte ich immer Eierhandgranaten in der Tasche. Wenn die mich angegriffen hätten, hätte ich mit Eierhandgranaten um mich geworfen. Man fühlte sich als alter Krieger. Ich hatte vom Krieg noch nicht die Nase voll. Als der Aufstand in Oberschlesien stattfand, 1921 glaube ich, habe ich mich auch freiwillig gemeldet.

Hans Reimers, geb. 1899:
Als ich aus der Gefangenschaft wieder nach Hamburg zurückkam, traf ich meinen Wanderkameraden Rathke leider nicht mehr an. Er ist zu den Bahrenfelder Zeitfreiwilligen gegangen und auf dem Rathausmarkt gefallen. Am Rathaus stehen auf einer Tafel die Namen der gefallenen Bahrenfelder. Es sind, glaube ich, 23. Georg Osburg traf ich, gleich nachdem ich hier angekommen und entlassen worden war. Ich wollte nach Winterhude, mich zum Dienst melden. Da kommt ein Herr mit einem jüngeren Mann über die Brücke. Es war Georg Osburg mit seinem Vater. Wir haben uns natürlich sehr gefreut, uns wiederzusehen. Er hat mich eingeladen und dabei habe ich seine Schwester, meine Frau, kennengelernt. Große Gespräche habe ich mit Georg über unsere Kriegserlebnisse nicht gehabt. Im Bezirk Winterhude waren alles nur ältere Beamte, mit denen man auch nicht sprechen konnte. Und die Wandervogelbewegung existierte nicht mehr. Der Rathke fehlte mir sehr. Georg war zwischenzeitlich Zeitfreiwilliger in Berlin gewesen. Ich habe mich immer gewundert, daß jemand, der nach Hause kommt, dann noch einmal nach Berlin geht und dort Soldat wird. Das war die gleiche Einstellung wie bei Rathke. Ich kann mir nur vorstellen, daß sie beide glaubten, ihrem Vaterland auf diese Weise zu dienen. Genau wie ich immer als Soldat das Gefühl hatte, für meine Heimat an der Front zu sein.

Hermann Kottmeier, geb. 1897:
Die Arbeiter- und Soldatenräte brauchten bloß zusammentreten und zum Kaiser und den anderen Fürstlichkeiten sagen: „Geht ihr mal weg, jetzt kommen wir!“, und alle gingen tatsächlich weg. Keiner hat für sein Land, seine Ehre und seinen Namen gestritten. Da gibt es in Braunschweig eine schöne Geschichte. Da war ein Schneider Merges, den nannten sie in Braunschweig Ministerpräsident. In der Stadt stand ein altes Reiterdenkmal vom Herzog, der hatte eines Morgens ein großes Schild um: „Lieber Herzog, steig hernieder und regiere du uns wieder, laß in diesen schlechten Zeiten, lieber den Schneider Merges reiten.“ Die Sozialdemokraten, Noske, Ebert und Scheidemann hatten ein fertiges Programm und stellten sich an die Spitze und da waren sie. Uns jungen Männern, die aus dem Kriege kamen, ist nichts besseres eingefallen als: „Wir wollen unsern alten Kaiser Wilhelm wieder haben!“ Wir haben nie nachgedacht, wie es jetzt politisch weitergehen könnte. Politische Ideen haben wir keine

entwickelt. Wir waren nun ein paar Jahre älter geworden und hatten als Soldaten Lohn und Brot gehabt. Jetzt hatten wir gar nichts mehr. Als an der Ostfront Freikorps aufgestellt wurden, bin ich auch hingegangen. Mit 250 Mark im Monat hatte ich nun wieder ein schönes Gehalt und brauchte mir so keine Sorgen mehr zu machen. Ich war dadurch ein freier Mann und nichts so ein armseliger Studioso, der sehen mußte, wie er durchkam. Ich, der ich im Krieg Kompaniechef gewesen war mit zwei Reitpferden, kam mir jetzt nicht mehr so kläglich vor. Dabei war es eine Notlösung, keine tiefe Begeisterung. Natürlich gab es auch den vaterländischen Hintergrund. Ich bin in Posen gewesen, wo die Polen uns Deutschen alle umbringen wollten.

Alfred Töpfer, geb. 1894:
Die deutsche Armee war ja Ende Dezember weitgehend entlassen worden. Am 15. Januar 1919 rief Noske „Freiwillige vor!" Schutz der Nationalversammlung und Niederwerfung der kommunistischen, linkssozialistischen Herrschaft in verschiedenen deutschen Städten. Ich begab mich sofort Mitte Januar wieder nach Berlin und sah mir die verschiedenen Freikorps an, die dort entstanden. Ich sagte mir: „Es hat nur Sinn, zu einem ganz straff dirigierten, ordentlichen, disziplinierten Freikorps zu gehen." Und das war das Freikorps des General Maercker mit einer hervorragender Ordnung. Noske hatte offenbar den selben Eindruck von ihm. Maerckers Korps kriegten nämlich den Auftrag, die Nationalversammlung in Weimar zu schützen. Wir waren dann zwei Monate in Weimar und im April 1919 hieß es, daß hier wieder Ruhe und Ordnung herrsche und jetzt müßten in verschiedenen Städten in der weiteren Nachbarschaft wieder geordnete Verhältnisse geschaffen werden. Es galt also, die kommunistische Herrschaft zu demontieren. Zuerst wurden Halle an der Saale und Magdeburg belagert und erobert. Die Kommunisten standen auf den Dächern und schossen von dort herunter. Innerhalb von acht Tagen hatten wir die Dinge in Magdeburg geregelt, dann kamen Braunschweig, Naumburg an der Saale, Gotha, Erfurt und Eisenach. Weitere Freikorps haben dies in anderen Städten gemacht. Im September/Oktober wollte ich das Freikorps verlassen. Der Kommandeur sagte aber zu mir: „Bleiben Sie mal, da sind immer noch Unruheherde." Der letzte war Suhl im Thüringer Wald. Wir zogen durch die Höhen des Thüringer Waldes und eroberten Suhl im Dezember 1919. Ein paar Tage vor Weihnachten 1919 bin dann aus dem Wehrdienst ausgeschieden und habe in Hamburg meine geschäftliche Tätigkeit aufgenommen.

Das Leben danach

Meine Gesprächspartner haben den Krieg überstanden. Wie aber konnten sie mit den Erinnerungen leben? Welche Auswirkungen haben die Kriegserlebnisse auf ihr späteres Leben gehabt? Bewegt hat mich bei der Lektüre eines Verdun-Buchs das Foto eines „Veteranen", das ihn zehn oder zwanzig Jahre später im Sonntagsanzug zeigt mit der Bemerkung des Autors, daß er nach dem Krieg eine Arbeit am Münchener Ostbahnhof versah. Ich bin dem Autor für die Wahl dieses Fotos und den zusätzlichen Hinweis dankbar. Für mich könnte der Kontrast zwischen „blutigem" Handwerk und biederem Alltag nicht größer sein. Er hat in mir zahlreiche Fragen ausgelöst.

Ohne Details vorwegzunehmen: so unterschiedlich das subjektive Kriegserlebnis auch gewesen sein mag, vom Krieg geprägt sind alle Interviewpartner. Ich treffe niemanden, der wirklich glaubhaft versichern kann, der Krieg sei ohne Spuren an ihm vorbeigegangen. Die Wucht der Ereignisse ist hierfür verantwortlich wie auch ihr geringes Alter, damals im Krieg. Auf einem ganz anderen Blatt steht natürlich, daß sich die Auswirkungen oft radikal unterscheiden. Da gibt es die dramatischen Fälle, in denen Menschen für das friedensmäßige Leben verloren sind. Was sich schon bei manchem in Fronturlauben abgezeichnet hat, bewahrheitet sich nun: sie können sich nicht mehr eingliedern, bleiben „draußen vor der Tür". Besonders plastisch finde ich die Formulierung eines alten Herren, den ich in einem Ratzeburger Wohnstift interviewt habe: Menschen wie „Ruinen". Einige fangen sich im Laufe der Zeit wieder, andere bleiben auf ewig verkrachte Existenzen, die nie wieder richtig zu ihrer alten Verfassung zurückfinden.

Andere sind nach Kriegsende durchaus nicht kraft- und mutlos, sondern haben ein Ziel, wenngleich eines, das sehr direkt mit dem Krieg in Verbindung steht: Sie wollen auf Dauer – also über eine etwaige Freikorps-Zeit hinaus – den Waffenrock des Soldaten tragen und kommen vom Soldatenleben nicht los. Die Reichswehr bietet hierfür Möglichkeiten, kann aber wegen ihrer Begrenzung auf 100 000 Mann nicht jeden Interessenten aufzunehmen. Aktiven Soldaten und insbesondere Offizieren bleibt oft gar nichts anderes übrig als dieser Schritt, da sie mangels anderweitiger Ausbildung und teilweise vorgerückten Alters eine vergleichbare Stellung im Zivilleben nur schwer bekommen werden. Bei Durchsicht der Interviews, in denen der Soldatenberuf als Berufswunsch nach 1918 angegeben worden ist, fällt mir auf, daß es sich nicht unbedingt um die Kriegsteilnehmer handelt, die im schlimmsten Dreck gesessen haben. Diese hatten – jedenfalls in meiner Stichprobe von 150 Mann – im allgemeinen die Nase voll.

Das Leben geht weiter und regelt vieles ganz von selbst. Beeindruckend die Erzählung von Hermann Wölp, der nach seiner „Befreiung“ vom Krieg beklommen bei seinen Eltern sitzt. Durchaus also ein Kandidat für die erste Gruppe derer, die sich zu Hause nicht wieder einfinden können. Aber dann – ganz plötzlich – schaltet sich das Schicksal ein und er lernt seine künftige Frau kennen. Wunderbares Leben. Andere Gelegenheiten, aus dem Kriegserlebnis heraus in einen neuen Lebensabschnitt zu finden, eröffnen sich in der Berufswelt.

Um nicht einen falschen Eindruck zu erwecken: Der Krieg ist damit nicht vergessen. Im Hintergrund wirkt das Erlebnis des Ersten Weltkrieges fort. In der bloßen Erinnerung für die, die sich nicht artikulieren können, oder in immer wiederkehrenden Monologen, die, das hunderste Mal erzählt, die Nerven ihrer Familien strapazieren. Anlässe der Erinnerung gibt es genug. Denn nicht nur die Kriegsteilnehmer können den Krieg nicht auf sich beruhen lassen, genauso geht es mit den Mächtigen dieser Welt. Der Versailler Vertrag reißt Wunden auf, ebenso wie die schrittweise Machtübernahme Hitlers.

Der Zweite Weltkrieg sieht die Kriegsteilnehmer in einer besonderen Situation. Ihr Verhältnis zum Krieg ist anders als das der nach 1900 Geborenen. Sie haben am eigenen Leib gespürt, was ein Krieg bedeutet. Auch der Zweite Weltkrieg geht vorbei und seine apokalyptischen Erfahrungen verdecken die öffentliche Erinnerung an ihren Krieg. Die Teilnehmer des Ersten Weltkriegs betrachten zu Hause die vergilbten Fotos, besuchen die Schlachtfelder von 14/18 und treffen sich mit den immer weniger werdenden Kameraden und sind mit ihren Gedanken allein.

Zeugnisse

E. P., geb. 1897:
Mit Kriegsende saßen wir da und hatten nichts. Der Kriegsverlust war insbesondere für uns, die wir uns freiwillig gemeldet hatten, eine Bankrotterklärung. Wir waren von der Schule abgegangen und konnten nichts weiter. Ich war 1918 21 Jahre alt und war dreieinhalb Jahre Soldat gewesen.

H. Be., geb. 1893:
Ich kam 1917 verwundet aus dem Krieg zurück und war noch eineinhalb Jahre im Lazarett. Die Strapazen der drei Jahre Motorradfahren haben mir von meiner Gesundheit sehr viel genommen. Ich habe es in meinem Leben immer als eine Bremse empfunden, daß

ich mir nicht abverlangen konnte, was ein normaler gesunder Mensch zu leisten imstande ist. Ich mußte mich immer so durchmogeln, womit ich mich auch gar nicht so schlecht gestanden habe, aber bis vor zwanzig Jahren – bis zum 70. Lebensjahr – habe ich nicht voll arbeiten können. Wie ich aus dem Lazarett herauskam und mir meine Papiere abholte, sagte der Feldwebel: „Hier haben Sie Bezugsscheine und 50 Mark." Am Schluß kam er noch mit einem Schreiben heraus, das lautete: „Der Motorradfahrer Horst Berger verzichtet hiermit auf Kriegsrente." Worauf ich sagte: „Kriegsrente? Ich bin vor drei Jahren gesund hier reingekommen und bin jetzt fertig. Ich kann nichts mehr. Es fällt mir schwer, hier zu sitzen und zu leben." „Wenn Sie nicht unterschreiben, dann gehen Sie mal hinauf ins Lazarett und bleiben noch ein Jahr da." Dies war der Dank des Vaterlandes. Ich unterschrieb, weil ich raus wollte, weil ich die Uniform nicht mehr sehen konnte.

Ich bin zur Sozialbehörde gegangen, die mir einen Arzt und das Mittagessen und morgens und abends einen Schlafplatz gegeben hat. Zu meinen Eltern konnte ich nicht mehr. Bald ein Dreivierteljahr habe ich mich so durchgehangelt. Ich konnte den Anschluß an mein früheres Leben nicht wiederfinden. Das kam nur sehr langsam in den folgenden Monaten. Als es mir ein bißchen besser ging, las ich in einem Anzeigenblatt, daß ein Kontokorrentbuchhalter für eine Bank gesucht wurde. Es war die Reichsbank-Nebenstelle Unterelbe. Der Leiter fragte mich: „Können Sie das machen?" Ich sagte: „Das kann ich machen, aber ich brauche mehr Zeit, als ich sie früher gebraucht hätte." Er antwortete: „Das ist egal. Hauptsache ist, daß Sie das Tagesquantum der Buchungen erreichen." Ich sagte: „Das bringe ich wohl fertig." Es ging 14 Tage gut, dann kam der Leiter zu mir: „Sie sind immer noch eine Ruine!"

Kurt Weickhmann, geb. 1897:
Ich weiß von den Offizieren unserer Garnison, daß sie überall nach einer Beschäftigung suchten. Sie hatten es sehr schwer. Einen kannte ich etwas näher. Der machte eine Autowerkstatt auf. Zu Anfang gab es ja noch nicht sehr viele Autos. Aber bald ging es mit seinem Betrieb etwas aufwärts.

K.O., geb. 1896:
Ich habe zunächst nicht gewußt, was ich tun sollte. Ich war früher davon ausgegangen, ich würde wie mein Vater auch in die Marine eintreten. Daraus wurde jetzt ja nichts mehr und so stand ich nach meiner Entlassung im Mai 1919 doch ein bißchen hilflos da, eben vor einem Vakuum. Ich hatte zwar mein Elternhaus, in dem ich wohnte. Es stellte sich aber natürlich die Frage, was jetzt beruflich

geschehen sollte. Es gab seinerzeit die Angebote, in ein Freikorps zu gehen. Aber ich hatte keine Lust mehr zum Soldatenleben. Ich habe mich dann entschlossen, in der Nähe von Uelzen ein wenig Landwirtschaft zu betreiben. Aber das war nur ein Notbehelf und hat mich nicht befriedigt. Da habe ich durch Zufall eine kaufmännische Lehre begonnen in einem Unternehmen der Kanal- und Rheinschiffahrt, habe anschließend Volkswirtschaft studiert und bin mein Leben lang in der Wirtschaft tätig gewesen.

Detlev von Ahlefeld, geb. 1895:
Wir hatten in der Gefangenschaft unentwegt überlegt: „Was machen wir nachher? Ich hatte eigentlich immer vor, Jura zu studieren. Aber als ich nach Hause kam, war die Inflation. Mein Vater, meine Mutter waren tot, meine Brüder hatten ihre eigenen Familien und ihre eigenen Sorgen. Ja, verdammt, was sollte ich denn machen? In Mannheim holte mich mein Bruder Günther, der Offizier gewesen war, ab. Ich kam zurück und sagte: „Also, mein lieber Bruder, ich nehme jetzt, was ich noch an Vermögen habe“, mein Vater war ja ein wohlhabender Mann als Admiral und Vorsitzender des Vorstandes der AG Weser, aber er war auch Patriot gewesen, hatte alles in Kriegsanleihen und preußische Schuldbuchforderungen gesteckt, „und gehe zu unserem Onkel Detlev nach Schweden. Verdammt, hier mit den Kommunisten.“ Ich habe eigentlich nie begriffen, warum sich die Bremer gegenseitig totgeschossen haben. Die Umstände in Deutschland waren doch ganz anders geworden. Es hatte inzwischen die Revolution stattgefunden, die eigentlich gar keine Revolution war, aber immerhin eine Veränderung. Der Kaiser war weg und wir hatten Herrn Ebert. „Och“, sagte mein Bruder, „so schlimm ist es doch gar nicht.“

Ich bin dann erst in Bremen geblieben. Ich muß offen sagen, wie ich die erste Zeit durchgekommen bin, weiß ich heute nicht mehr. 1923 war die Hochinflation und ich war in Berlin, wo morgens ein Tausendmarkschein noch etwas war und abends nur noch ein Drittel Wert hatte, bis dann Schacht die Rentenmark einführte. Das waren damals schon harte Zeiten mit den Schiebereien, den Kutisker und Barmat, entsetzliche Leute.

F. Kn., geb. 1897:
Irgendwie waren wir, ohne daß uns dies bewußt wurde, verroht, nicht mehr so sanft wie früher. Ich kannte jemand von ganz früher, der auch aus dem Krieg wieder zurückkam und in einer Schwarzwälder Gemeinde Lehrer geworden ist. Von ihm habe ich folgende Geschichte gehört: In der Nacht sind von Zeit zu Zeit Schaufenster eingeworfen und alle Uhren ausgeräumt worden. Nach einiger Zeit

kam heraus, daß er es war. Auch er war durch den Krieg verroht. Es ist im Krieg auch wirklich viel gestohlen worden und es galt: „Was du mitnehmen kannst, nimmst du mit." Ich weiß noch andere Fälle, wo die Leute durch den Krieg aus der Bahn geworfen worden sind. Ich kannte zum Beispiel einen hochintelligenten jungen Mann, der sogar schon Student der Philosophie gewesen war. Er war durch den Krieg seelisch vollständig zerbrochen. Er hatte allerhand Energie verloren. Ich will nicht sagen, daß er unter die Räder gekommen war, aber er konnte sich zu nichts mehr aufraffen. Er führte ein kümmerliches Dasein, fand dann aber noch eine Frau, die Geld verdiente und ihn mit Ach und Krach über Wasser hielt. Er selbst hatte genau genommen keinen Beruf. Man hat sich, wie ich gehört habe, mit ihm unterhalten können. Aber meist hat er halt dagesessen, zugehört und kaum ein Wort gesagt. Ein ausgesprochener Kriegsinvalide.

Dr. Alfons Beil, geb. 1896:
Gegen Ende des Krieges lagen wir im Graben. Der Feldwebel klagte, daß ihm gar nicht wohl sei. Auf meine Frage, ob er krank sei, antwortete er: „Nein, wissen Sie, wenn ich denk', daß der Krieg zu Ende geht. Ich muß was zum Raufen haben." Später kam mir dann der Gedanke, daß Adolf Hitler es mit solchen Leuten gemacht hat. Also wenn ich ihnen sage, ein lieber, guter Mensch, dagegen gibt es nichts zu sagen, aber „ich muß was zum Raufen haben".

O. N., geb. 1897:
Ich habe bloß gedacht: „Warum haben wir den Krieg verloren?" Warum konnte ich nicht bleiben, wo ich doch so gern sein wollte. Sie hätten mich normalerweise bald befördern müssen, wenn ich dabeigeblieben wäre. Im Krieg ließ uns unser Unteroffizier einmal Gewehrgriffe kloppen und Paradegriffe. Er sagte zu mir: „Du hast aktiv gedient?" Ich antwortete: „Wie kommen Sie denn darauf?" Keiner kam mit mir mit bei den Griffen. Es klappte alles, ich spielte richtig mit dem Gewehr. Zack, zack, zack, flog es mir in die Schulter hinein. Da erschien auch der Oberleutnant: „Sie haben aktiv gedient?" Ich dachte: „Jetzt machen mich alle schwach." Ich war doch ein Rekrut wie alle anderen. Schon in unserer Ausbildung bin ich gefragt worden, wer kapitulieren wollte, das heißt, wer später dabeibleiben wollte. Ich habe mich gleich als erstes gemeldet, so begeistert war ich, später beim Militär etwas zu werden. Nun war die Militärzeit schiefgegangen.

K. O., geb. 1896:
Ich kannte viele Beispiele gleichaltriger Kameraden, die sich gar nicht mehr zurechtfinden konnten. Ein guter Bekannter, nebenbei

war er Sohn eines Pastors, ging zum Beispiel zum Freikorps nach Ostpreußen. Er hat dort gegen die Bolschewisten gekämpft. Als die Kämpfe beendet wurden, ging er zur Polizei und zog dort wieder die Uniform an. Nach 1933 trat er dann in die Wehrmacht ein. Er war durch den Krieg zu einem Landsknecht geworden und wurde sein ganzes Leben lang nicht mehr Zivilist. Ein anderer Freund von mir studierte in Göttingen Jura. Dort wurde ein Studentenkorps aus Freiwilligen aufgestellt, die damals im Ruhrgebiet eingesetzt wurden zur Niederwerfung eines wilden Streiks der Bergarbeiter.

Ernst Kock, geb. 1896:
Ich war gerade einmal 14 Tage zu Hause, als ich ein Telegramm von der Inspektion der Fliegertruppen aus Berlin-Charlottenburg bekam: „Der Unteroffizier Kock hat sich sofort in der Charlottenburger Straße beim Kommando zu melden." Ich war ja noch Soldat und hätte, wenn man es genau nimmt, vor das Kriegsgericht gestellt werden können, wenn ich nicht hingefahren wäre. So habe ich sofort meine Uniform wieder angezogen, bin zur Bahnhofskommandantur in Lübeck gegangen und habe mir eine Fahrkarte geholt. Ich konnte mir auch meinen goldenen Propeller wieder aufstecken. Wir Flugchauffeure durften einen goldenen Propeller – jedenfalls sah er golden aus – auf der Achsel tragen. Wie ich mich nun in Charlottenburg meldete, sagte der Vizefeldwebel Gieseler aus Cottbus: „Mensch, Kock, Sie sind aber eisern. Ich wäre in Lübeck geblieben. Ich brauche noch Flugchauffeure und habe Sie mit vorgesehen. Wenn Sie als Fluglehrer nach Japan gehen, werden Sie gleich zum Offizier befördert und kriegen sofort 3000 Mark ausgezahlt. Sie erhalten monatlich das Dreifache von dem, was ein Offizier bei uns kriegt, müssen sich aber auf fünf Jahre verpflichten." Ob das nun stimmte, wußte ich nicht. Nun hatte ich ja bereits meine künftige Frau kennengelernt. Die Mädchen fielen bei Fliegern ganz schnell um. Weil es ein Flugzeugführer ist oder wegen der Uniform, weiß ich nicht. Die schicksten Mädchen waren stolz, wenn sie einen Flieger, einen wirklichen Piloten hatten. Wie man aus meinem Paß ersehen kann, existierten damals ja noch keine 2000 Flugzeugführer in der ganzen Welt. Ich antwortete dem Vizefeldwebel: „Nein, an Japan habe ich kein Interesse. Ich habe soundsoviel Brüder und, wer weiß, wieviele da wieder zurückkommen." Er antwortete: „Ich habe aber noch einen anderen Job. Die Jahrgänge '95 und '96 werden noch nicht gleich entlassen. Der Noske hat mit Ebert" – damals sagte man unter vier Augen mit dem „Sattlergesellen" – „vereinbart, daß 30 Flugzeugführer für den Ostschutz eingesetzt werden. Sie müßten nach Berlin-Staaken gehen und dort eine neue Maschine, eine Rumpler C 6, einfliegen. Diese Maschine muß dann nach Breslau,

Flugplatz Gandau, gebracht werden, von wo aus sie im Ostschutz geflogen werden soll. Die Polen sind nämlich über die deutsche Grenze gegangen und haben die Deutschen ausgeplündert. Die müssen ein wenig eingeschüchtert werden. Auf der Maschine ist auch ein Maschinengewehr, Sie dürfen aber nur mit Platzpatronen schießen. Sie werden sofort, wenn Sie sich gemeldet haben, zum Vizefeldwebel befördert." Ich sagte: „Ja, dazu habe ich Lust."

Paul Krüger, geb. 1899:
Die Jahrgänge 1898, 1899 und 1900 wurden nicht gleich entlassen. Wir blieben zusammen und wurden im Grenzschutz Ost gegen Polen eingesetzt. Das Regiment war noch in Ordnung. Ich bin dort Batterieschreiber gewesen und habe herrliche Tage verlebt. Wir kriegten 5 Mark Grenzschutzzuschlag und 1 Mark Löhnung. Das waren im Monat 180 Mark und freie Station und Kleidung. Eines Tages erhielt ich die Nachricht, daß wir entlassen werden sollten. Da habe ich es noch ein bißchen hinausgezögert. Auch unser Wachtmeister war dafür, daß ich blieb. Einige Zeit später erhielt ich einen Brief von meinem Chef von der Krankenkasse, der schrieb ganz kurz: „Komm." Da habe ich mir gesagt: „Jetzt ist es wohl doch Zeit, daß du nach Hause gehst." Zu Hause kriegte ich vielleicht 90 Mark als Angestellter.

Walter Dechow, geb. 1897:
Wie der Erste Weltkrieg vorbei war, bin ich am 19. April 1919 als Gefreiter aus der kaiserlichen Armee abgegangen und habe mich dann gleich wieder freiwillig zur Reichswehr gemeldet. Sie müssen bedenken, ich bin von Beruf Kaufmann und nach dem Ersten Weltkrieg lagen die Kaufleute alle auf der Straße. Die Firma, für die ich gearbeitet hatte, war eingegangen. Mein Vater sagte: „Arbeitslos sollst du nicht werden. Dann melde dich doch wieder freiwillig." Und so habe ich im 100 000 Mann-Heer gedient. Ob sie nun dem Kaiser gedient haben, in der Reichwehr oder bei Hitler, der Dienst ist überall derselbe. Sie müssen bedenken, im 100 000 Mann-Heer waren die Leute alle gerne Soldat. Sie sind freiwillig dorthin gegangen. Und die Kameradschaft in der Reichswehr sowie die Einstellung der Offiziere gegenüber den Mannschaften waren auch ganz prima. Die Offiziere waren ja alle nach dem Ersten Weltkrieg brotlos. Ich habe dann in der Reichswehr meine zwölf Jahre vollgemacht.

Paul Weiher, geb. 1896:
Der Krieg war zu Ende. Mein Vater hatte im Königlichen Forst die Haumeisterstelle. Die Familien hatten alle fünf bis sechs Kinder.

Einer konnte nur den Hof übernehmen und Industrie gab es in Pommern nicht. Es war daher üblich, daß die überschüssigen jungen Leute, auch die jungen Mädchen, nach Berlin oder ins Rheinland auswanderten. Nach dem Krieg lag die Wirtschaft aber am Boden. Während einer früher in Berlin oder im Ruhrgebiet immer Arbeit bekommen hatte, war um diese Zeit nichts zu kriegen. Ich war nach Kriegsende ein halbes Jahr zu Hause, habe ein bißchen im Wald geholfen. Ich wollte dort aber nicht ohne Arbeit versauern.

Auf einmal stand der Pole vor der Tür. Mein Bruder war schon beim Freiwilligenkorps. Er sagte: „Komm her, hier hast du Kleidung, Essen, Unterkunft. Wir müssen nur aufpassen, daß der Pole nicht über die Grenze kommt." Ich bin dann auch zum Jäger-Bataillon Buchholz gegangen, das bei Schneidemühl lag. Damals stand noch nicht fest, daß daraus mal die Reichswehr entstehen würde. Ein gutes Jahr, bis Frühjahr 1920, haben wir an der Grenze gelegen und auch ein kleines, aber nicht weiter gefährliches Scharmützel gehabt. Wir kamen dann nach Döberitz auf den Truppenübungsplatz und da sagte der Hauptmann zu uns: „Es wird eine Reichswehr gebildet und ich solle eine Kompanie zusammenstellen." Ich war Gefreiter, hatte drei Jahre Krieg mitgemacht und der Hauptmann sagte zu mir in seinem Jargon: „Du kommst auch mit!" Nun waren wir bei der Reichswehr und wurden nach Ostpreußen versetzt, weil ganz Ostpreußen in Gefahr war, von den Polen eingenommen zu werden. Im November 1920 kamen wir in Deutsch-Eylau an, das noch acht Jahre meine Garnison sein sollte.

Karl Theil, geb. 1893:
Nachdem wir Anfang 1919 den Spartakus verjagt hatten, war ich zwölf Jahre Berufssoldat. Danach sagte Paul Hass, er war immer ein Schlitzohr: „In der Zeitung soll gestanden haben, Hermann Göring stellt eine neue Polizeitruppe auf, die Polizei der Zukunft, die Grünen mit dem Feldjäger-Tschako." Göring war Kampfflieger und uns Soldaten ein Begriff. Von einem Tag zum anderen meldeten wir uns zu dieser Polizeieinheit. Wir waren Berufssoldaten und suchten ein Unterkommen. Bald kamen sie alle und zuletzt gab es ein Überangebot, aber da war ich schon drin als Unterwachtmeister.

Paul Krüger, geb. 1899:
Mein Vater war auch Soldat gewesen, beim Ersten Garde-Regiment in Berlin. Er war ein großer, starker Mann, anders als ich, der ich nach meiner Mutter kam. Er sagte, ich sollte doch jetzt auch in den Artillerieverein gehen. Ich antwortete: „Nein. Mir reicht es, ich will nicht mehr." Und dann fragte mich der Vorsitzende vom Turnverein, ein Dentist, ob ich denn nicht wiederkommen wolle. Ich antwor-

tete, obwohl ich Mitglied geblieben war: „Ich muß mich noch etwas erholen." Es hat dann nicht lange gedauert, bis ich mich körperlich wieder besser fühlte. Nur die Erinnerung blieb.

August Kahlcke, geb. 1898:
Mit dem einen oder anderen Kameraden aus dem Krieg hat es noch einmal ein Wiedersehen gegeben, die Kontakte sind dann aber doch eingeschlafen. Gerade wir Jüngeren wollten doch jetzt ins Leben eintreten. Das Studium und die schwierigen Umstände, unter denen man in der Inflationszeit studieren mußte, nahmen uns zu Hause natürlich ordentlich in Anspruch. Ich hatte unter großen Schwierigkeiten bei meinem Vater durchgesetzt, daß ich Architektur studieren durfte, was er für eine brotlose Kunst hielt. Ich bin als Soldat noch ein Schuljunge gewesen und ein solcher bin ich auch schnell wieder geworden. Wenn man aus einem Bauernhaus stammt und dann noch ein paar Kriegsjahre hinter sich gebracht hat, hat man einen unerhörten Nachholbedarf in Sachen geistiger Anregung. Ich genoß sie sehr reichlich in Hannover, wo ich bis zum Vorexamen studierte, und nachher in München war sowieso jede Menge Kunst zu haben.

Hans Seidelmann, geb. 1898:
Ich war im Ersten Weltkrieg fast noch ein Kind. Ein 18jähriger darf heute sogar wählen und große politische Entscheidungen treffen. Ich möchte sagen, daß wir in unserer persönlichen Entwicklung gegenüber der heutigen Zeit um fünf Jahre zurück waren. Als ich im Februar 1920 aus der Gefangenschaft zurückkam, war ich doch noch vollständig welt- und lebensfremd. Auf der Schule hatten wir noch nicht viel fürs Leben gelernt. Von der Schulbank weg ging ich dann zu den Soldaten ins Feld und auch in der Gefangenschaft hatte man ja kaum Verbindung mit dem Leben.

Gerd Rehder, geb. 1897:
Wie ich dann in Stade entlassen wurde, kriegte ich noch 300 Mark Entlassungsgeld. Der Unteroffizier, der das Geld auszahlte, sagte zu mir: „Sagen Sie mal, warum kommt der Feldwebel denn nicht selber?" Ich sagte: „Der bin ich." Das konnte er gar nicht begreifen. So ein Jungensgesicht hatte ich noch.

Willi Marquardt, geb. 1898:
Ich hatte ja wegen des Krieges meine Schulzeit unterbrochen und mußte nach dem Krieg wieder für eineinhalb Jahre auf die Schule zurück, um das, was ich vergessen hatte, wieder einigermaßen aufzuholen. Mein Bruder war zweieinhalb Jahre jünger als ich und hatte

viele Freunde, mit denen ich auf dem Gymnasium verkehrte und mit denen zusammen wir immer Fußball spielten. Sie konnten sich über meine sogenannte Soldatensprache amüsieren. Als Soldat war ich ja auch mit vielen einfachen Leuten zusammengewesen, mit denen man eine andere Sprache sprach wie die Zivilistensprache. Nach dem Krieg setzte bei uns so ein genießerisches Leben ein. Überall, wo etwas zu genießen war, lief man hin. Man ging in die Lokale oder dorthin, wo ein bißchen Betrieb herrschte. Man hatte dies ja längere Zeit nicht gehabt.

F. Kn., geb. 1897:
Wir kamen wieder zurück – also natürlich nicht alle – und mußten im Seminar – heute heißt es Pädagogische Hochschule – wieder auf die Schulbank. Es war das gleiche Gebäude und auch derselbe Direktor, wie vor Kriegseintritt. Wie in Remarques „Im Westen nichts Neues" hatten wir einen Direktor, der darauf bedacht gewesen war, recht viele in den Krieg zu schicken. Nach dem Krieg hat dieser Mann, das ist verständlich, uns Kriegsteilnehmer immer so behandelt, wie wir fortgegangen waren, als wenn wir noch Schulbuben wären. Eines Tages sagte der Direktor, alter Junggeselle: „Der Müller soll mal zu mir kommen!" Müller war ein bißchen älter als ich, zwei, drei Jahre, und erzählte uns das hinterher genau. „Hören Sie mal! Sie sind dabei angetroffen worden, wie Sie mit einem Mädchen spazierengegangen sind. Was sagen Sie denn dazu? Sie wissen doch, daß das nicht sein soll." „Herr Direktor, das war meine Frau!" Sie hatten eine Kriegsheirat gemacht. Wir fühlten uns als Männer. Was man im Krieg erlebt hatte, erlebt ein anderer unter Umständen sein ganzes Leben nicht. Durch den Krieg hatten wir uns eine große Menschenkenntnis angeeignet. Man war ja hautnah mit verschiedenen Menschen zusammen, sozusagen vom Höchsten bis zum letzten. Darunter waren sogar welche, die irgendwann mal etwas ausgefressen hatten. Es waren menschlich gesehen ganz patente Kerle unter ihnen und man hat mit ihnen verkehrt, als wenn es nichts wäre.

R. S., geb. 1896:
Wir Kriegsfreiwilligen wurden auf das Reserve-Regiment 86 verteilt, damit wir nicht für uns alleine waren. Ich habe einen Massenunterstand erlebt mit einem Postboten, einem Landarbeiter und einem Opernsänger. Für die im Krieg gewonnene Menschenkenntnis hätte ich ansonsten zehn Jahre arbeiten müssen. Der Student ist seinerzeit normalerweise auf sehr engem Weg zu seiner beruflichen Position gelangt. Ich aber habe die ganze Breite der Menschen erlebt. Die sozialen Unterschiede waren durch den Krieg eingeebnet.

Alfred Töpfer, geb. 1894:
Ungefähr acht Tage vor Weihnachten landeten wir in Hamburg. Dort sagte ich: „So, wir machen jetzt drei große Festtage. An jedem wird eine unserer Kühe geopfert. Ladet eure Verwandten ein, die sind alle herzlich eingeladen zu dem Festessen. Wir machen einen großen Tanzabend!“ War natürlich eine tolle Geschichte. Anfang Januar 1919 haben wir uns zur offiziellen Entlassung alle in Flensburg wiedergetroffen und noch einmal ein großes Fest gefeiert. Dann entließ ich meine Leute in Ehren. Das Geld aus dem Verkauf der Pferde an Bauern verteilte ich, soweit wir es nicht für die Feste verbraucht hatten, auf die Leute. Ich habe mich später ganz dem Aufbau meiner Firma gewidmet. Ich mußte mich zu diesem Zweck von allem distanzieren, was mich ablenkte, und habe aus diesem Grund auch keinen Kontakt mehr zu meinen alten Kameraden gehalten. Es war eine geschäftliche Notwendigkeit, da der Aufbau einer Firma hundertprozentige Bereitwilligkeit und Verzicht verlangt.

Heinrich Bartels, geb. 1897:
Im Krieg lebte man immer in Aufregung. In dieser Zeit bin ich furchtbar aufgerüttelt worden. Manches hat mich damals erschüttert. Man war doch noch ein junger Mensch. Und es wirkte so viel auf einen ein, daß man sich immer nur mit den Dingen beschäftigen konnte, die gerade auf einen einstürmten. An Morgen hat man gar nicht gedacht. So habe ich gelernt, mich mit den Tatsachen abzufinden. So, wie die Sache ist, so hat es das Geschick befohlen, so soll es sein und ich kann es nicht mehr ändern. Und die Entschlußkraft, die Wendigkeit ist im Krieg ungeheuer gewachsen. Ich habe mir nicht mehr alles gefallen lassen. Früher habe ich zum Beispiel heruntergeschluckt, daß mich der Kommis in der Lehrzeit schlug – damals kriegte man noch Schläge in der Lehre – ohne daß ich mich wehren konnte. Aber jetzt war das anders geworden.

Dr. Alfons Beil, geb. 1896:
Das Erlebnis der Solidarität mit Menschen, Armen, Hungernden, Unterdrückten und natürlich den vielen Verwundeten, das ganze Elend im Krieg, verstärkte meinen Wunsch, Priester zu werden. So sehr ich den Krieg als solchen verurteilte, möchte ich die Erlebnisse aus dem Krieg nicht vergessen. Über Innsbruck kam ich dann, als dies wieder möglich war, nach Rom. Papst Benedikt XV., den ich sehr geschätzt habe, veranlaßte in der Laterankirche zum Gedenken an alle Gefallenen dieses schrecklichen Krieges ein Requiem. Wenn man sich vorstellt, da saßen wir Deutsche hier und die Franzosen da und kurz vorher waren wir, wenn man so will, noch potentielle Mörder gewesen. Übrigens haben wir Germaniker im Séminaire français

gelegentlich von ihnen doch noch das Schimpfwort „les boches" gehört. Ich konnte dies aber verstehen, nachdem was die Franzosen halt erlebt hatten. Nach dem damaligen Krieg war die Versöhnung viel, viel schwieriger, als sie nach dem Zweiten geworden ist.

F. Kn., geb. 1897:
Die ganz entscheidene Erkenntnis für mich aber war, daß ich ein Todfeind eines jeden Krieges geworden bin. Dieser Zorn gegen diejenigen, die Krieg machen, ist nicht vergangen. Er ist eher noch stärker geworden, nachdem der Zweite Weltkrieg und neuerdings auch der Golfkrieg, was auch eine sehr unsaubere Geschichte ist, hinzugekommen sind. Ich habe seitdem einfach kein Verständnis mehr dafür, daß man so etwas wie den Krieg fast verehren kann. Krieg ist für mich gleichbedeutend mit kriminell.

Wilhelm Eddelbüttel, geb. 1894:
Für mich hatte der Krieg keinen Sinn. Ich war vor dem Krieg Kriegsgegner gewesen und ich wurde es, je länger der Krieg dauerte, um so mehr. Als im Krieg die Vaterlands-Partei gegründet wurde, die den Krieg auf jeden Fall durchhalten wollte, war ich natürlich dagegen. Mit der SPD hatte ich damals gar keine Verbindung mehr. Nach Kriegsende haben wir den Friedensbund der Kriegsteilnehmer gegründet. Wir waren erst 10 Leute, nachher waren wir 300. Es hatte ja auch schon vorher eine Friedensgesellschaft gegeben, die noch bestand, aber die uns nicht radikal genug war. Wir waren immer diejenigen, die zu Demonstrationen aufriefen. „Nie wieder Krieg!" Das Gute war, wir hatten viele Verbindungen, der eine zur Sozialdemokratie, der andere zur Freien Demokratischen Partei oder zur Gewerkschaft. Und insofern bekamen wir für unsere Demonstrationen recht viele Leute auf die Beine.

Dr. Arthur Tischer, geb. 1895:
An der Universität Heidelberg habe ich mich ein wenig an sozialistischen, pazifistischen Studentengruppen beteiligt, die als Antikriegsorganisationen gegründet worden waren und in denen wir uns für eine neuere bessere Welt einsetzten. Ich habe noch den Zuckmayer gekannt, der war bei uns in der Studentengruppe. Wir haben so einiges unternommen. Am Physikalischen Institut gab es einen reaktionären Professor, der sich gegen jegliche Neuerungen wandte. Den hat eine Gruppe linksgerichteter Studenten – ich war nicht unmittelbar dabei – aus dem kleinen Hörsaal herausgeholt als Manifest des Protestes. Unter den Studenten waren aber auch sehr viele, vor allen Dingen ehemalige Offiziere, die nicht die gleichen Konsequenzen zogen wie wir, sondern umgekehrt. Ihre

Reaktion war: „Wir müssen sehen, daß wir möglichst bald wieder auf die Beine kommen, damit wir den Franzosen das Elsaß wieder abnehmen können.“ Da gab es allerhand Konflikte unter den Studenten.

Der Krieg war für mich aber dann bald schon erledigt und ich wollte nichts mehr davon hören und sehen. Ich habe mich natürlich für die politische Zukunft unseres Vaterlandes interessiert, das schon, aber es bestand für mich einfach die Notwendigkeit, mit dem Studium möglichst bald fertig zu werden. Ich hatte kein Geld mehr und habe mich als sogenannter Werkstudent über die Runden bringen müssen. Die Not, an einen Beruf zu kommen, die Inflation, da blieb nicht sehr viel Zeit. Es kamen diese Geschichten in Norddeutschland, in Berlin, der Kommunisten-Putsch, der Kapp-Putsch, und man hatte genug von der Politik. Natürlich interessierte ich mich später, als ich schon im Beruf war, wieder ein bißchen mehr für Politik. Wir hatten gelegentlich auch ein Treffen von Leuten, die am Hartmannsweilerkopf in der Sanitätskompanie gewesen waren. Da hat man sich gefreut, daß die alten Freunde noch da waren und Gedanken ausgetauscht, wie es damals gewesen war. Und so ging das Leben weiter.

Hermann Wölp, geb. 1896:
Mit einem Mal ist man frei. Innerlich kann man seine Freiheit zunächst gar nicht fassen. Aber ich hatte Glück. An dem Tag, an dem ich entlassen wurde und nach Hause kam – mein Vater und mein Schwager waren in der Wohnung und meine Mutter war bei Bekannten – sagte mein Vater gleich zu meinem Schwager: „Telefoniere mal Mutter an, daß sie herkommt. Hermann ist da!“ Mutter ist wie eine Furie losgelaufen. Daß sie überhaupt glücklich angekommen ist, war ein Wunder. Sie hätte auch überfahren werden können, so aufgeregt war sie. Wir lagen uns beide in der Wohnung in den Armen, so haben wir uns gefreut.

Dann kam das Schöne. Ein Fuhrwerksbesitzer hatte Silberne Hochzeit und meine Mutter sagte noch: „Mensch, Hermann, geh doch mal rüber und gratuliere.“ Mir war überhaupt nicht danach, wo ich nun gerade aus der Gefangenschaft gekommen war. Nun sollte ich zu einer Gesellschaft gehen, die fröhlich war, und ich war doch noch immer verbittert und sollte da gratulieren. Ich ließ mich aber doch überreden und da lernte ich ein junges Mädchen kennen, das in dem Haushalt dieses Paares ein bißchen mithalf. Ich hatte sie noch nie im Leben gesehen. Es hat sich dann immer wieder ergeben, daß, wenn ich zu diesen Leuten kam, dieses junge Mädchen auch dort war, bis wir zuletzt mal ein paar Worte miteinander geredet haben. Nun war mein Vater bei der Eisenbahn, und bei der Eisenbahn hatten sie immer viele Theaterkarten, die an Mitarbeiter abgegeben wurden. Mein Vater bekam zufällig gerade ein paar Theaterkarten für das Carl-Schultze-Theater. Ich überlegte mir: „Du kannst doch mal das junge Mädchen fragen, ob sie Lust hat zum Theater." Ich bin zur anderen Straßenseite hinübergegangen und sie war auch gerade da. Ich habe gefragt: „Fräulein, haben Sie vielleicht Lust aufs Theater?" „Wo soll das denn sein?" „Im Carl-Schultze-Theater." „Da gehe ich gerne mit!"

Das war der Anfang. Nachher wurde sie meine Frau. Es blieb gar nicht aus, daß ich ihr etwas – aber nicht alles – vom Krieg erzählt habe. Sie hatte ihren Verlobten gleich am ersten Tag des Krieges verloren. Das hatte sie so schnell gar nicht überwinden können. Ich habe wieder in der alten Firma angefangen, aber die früheren Kollegen waren nicht mehr da. Es waren alles schon Nachwuchsleute und die Belegschaft war natürlich auch sehr zusammengeschrumpft. Da kannte ich zuerst gar keinen.

H. S., geb. 1898:
Nach dem Krieg habe ich ziemlich schnell meine Frau kennengelernt. Das war 1919. Wir waren noch nicht verheiratet, als wir einmal nach Hagenbeck gegangen sind, um uns ein Feuerwerk anzusehen. Über den Köpfen des Publikums war ein Draht gezogen, von wo aus das Feuerwerk abgeschossen wurde. Wegen der Dunkelheit konnte man den Draht nicht sehen. Mit einem Mal kommt eine Rakete angesaust. Ich habe mich gebückt. Das war noch so eine Reaktion von den Granaten her. Meine Frau hat sich totgelacht. Ich sagte: „Hör bloß auf zu lachen."

Franz Ratschky, geb. 1898:
Meiner Frau habe ich vom Ersten Weltkrieg überhaupt nichts erzählt. Eigentlich ist das ja keine Frauensache. Die haben sich zu Hause auch nicht für den Krieg interessiert, abgesehen davon, daß sie ihn ja auch selbst zu spüren bekommen haben.

Otto Hayen, geb. 1895:
Ich freute mich, als ich nach dem Krieg nach Oldenburg zurückkam. Und doch wurden so viele Erinnerungen wieder wachgerufen. Was nutzte dies aber, wenn sie keinen Mann hatten, mit dem sie über diese Sachen sprechen konnten. Was wußte denn meine Frau, mit der ich damals schon verlobt war, vom Krieg. Ich war und bin sehr verschwiegen in solchen Angelegenheiten, unter anderem auch wegen der Glaubwürdigkeit, da ich ja über einen Vergleichsmaßstab nicht verfüge.

H. F., geb. 1898:
Wenn wir nach dem Krieg in der Familie zusammen waren, wurde immer doll vom Krieg erzählt. Jeder, gerade unter uns jüngeren, hatte etwas zu diesem Thema zu sagen. Es wurde dick angegeben, aber nach ein paar Jahren wollte man davon gar nichts mehr hören. Auch im Büro fing immer wieder einer an, von den alten Zeiten zu erzählen. Da hat man nach einiger Zeit gesagt: „Der Krieg ist vorbei, jetzt ist Schluß." Das mußte allmählich wieder abklingen.

Otto Frahm, geb. 1896:
Nach dem Krieg konnte ich gleich bei meinem Onkel in der Firma anfangen. Ich war also versorgt. Wir kamen als alte Soldaten, Krieger wieder. Das gab einem ein besonderes Gefühl, man war nun ein anderer Mensch. Ich habe zu Hause vom Krieg erzählt, der Frau und auch den Eltern, besondere Momente, in denen wir Treffer erhalten haben oder sonst etwas passiert ist oder wie wir im Schützengraben gelegen haben. Nachher wurde nicht mehr gefragt, da ließ das Interesse nach. Gelegentlich, wenn man in einem Gespräch dazu kam: „Wo bist du denn im Krieg gewesen?" „Ich war da und da."

Dr. Johannes Willers, geb. 1898:
Unter unseren älteren Studienkollegen in Göttingen, zu denen gehörte ich als Kriegsteilnehmer ja auch, hatten wir einige Kriegsbeschädigte. Ich erinnere mich an einen, der später irgendwo im Westen Rechtsanwalt wurde. Er hatte einen Durchschuß durch die Sehne des rechten Oberarms erhalten und schrieb nun mit links. Ich hatte auch einen anderen Bundesbruder, der den rechten Arm verloren hatte. Wenn er mit uns auf der Kneipe war, haben wir wohl registriert, wie er mit seinem Schicksal fertig geworden ist. Der Krieg ist aber auch innerhalb der Korporation, wo man doch mit wirklichen Freunden zusammen gewesen ist, kein Gesprächsthema gewesen.

Johann Buck, geb. 1896:
Mein Flugbeobachter Scharf war bei unserem Absturz am 3. Mai 1918 gestorben. Als ich im Oktober 1919 aus französischer Gefangenschaft nach Hause kam, habe ich mich natürlich gleich schriftlich mit seinen Eltern in Verbindung gesetzt, daß ich da sei und ihnen auch Fragen beantworten könne. Ich wollte gleich zu ihnen fahren, aber meine Eltern haben immer gesagt: „Warte mal, du mußt erst deine Berufsausbildung fertigmachen." Zudem war es von Mittelstenahe bei Stade nach Stettin auch kein Katzensprung. Nach erfolgter Lehrerprüfung und Studium wollte es dann das Schicksal, daß ich auf Empfehlung meines Professors 1926 meine erste Lehrerstelle in Stettin bekam. Als erstes habe ich seine Eltern besucht. Der

Vater war Direktor der Papierfabrik in Hohenkrug. Sie wohnten in der Birkenallee. In einem Zimmer stand ein großes Ölbild meines Beobachters in Lebensgröße, das nach einer Fotografie gemalt worden war. Die Eltern waren 1926 schon wieder sehr aufnahmefähig und ich mußte erzählen, wie es uns ergangen und was alles passiert sei. Der Scharf und ich waren doch auf Leben und Tod verbunden gewesen und hatten dies und das gemeinsam durchgemacht. Daß ich überlebte, war ja ein Zufall. Wenn wir beide gestorben wären, wäre dies an und für sich für uns eine Selbstverständlichkeit gewesen. Nun konnte ich mit dem Besuch seiner Eltern alles vollenden.

Willi Marquardt, geb. 1898:
Es gab viele Kriegsteilnehmer, die gern Soldat gewesen waren und dies nicht vergessen konnten. Sie wollten mit ehemaligen Kameraden zusammen sein, die dasselbe erlebt hatten. Dann spielte natürlich manchmal auch die Politik eine Rolle. Damals wurde das Militär ja von vielen gehaßt. Wer nun ein bißchen rechts oder für das Militär eingestellt war, wollte sich von den anderen absondern und ging dann eben zum Reichsbanner, andere zum Stahlhelm oder noch wieder zu anderen Organisationen. Ich habe mich so einem Verband eigentlich nie angeschlossen. Ich lebte mein Leben, versuchte viel Schönes zu finden und Gutes zu sehen.

Wilhelm Schmerenbeck, geb. 1893:
Was mich gewundert hat, war, daß es gerade in den Jugendbünden einige gab, die aus Freude exerzierten und für die das Soldatsein das Richtige war. Ich fand dies eigenartig, denn ich war sehr friedfertig eingestellt. Den Namen Hitler habe ich zum ersten Mal 1921 auf einer Eisenbahnfahrt zum Bundestag der Jugendbewegung auf dem Hohenstaufen gehört. Da fuhr ein Mann mit, der war so begeistert von Hitler.

Willi Nothdurft, geb. 1895:
Wir waren vier Jahre an der Front zusammen gewesen und hatten dort eine große Kameradschaft erlebt. Diese Kameradschaft setzte sich nun nach den Krieg fort, auch wenn wir uns nicht ständig sahen. Kamen wir wieder zusammen, waren wir wieder die Alten. Gleich nach Kriegsende trat ich dem Stahlhelm bei. Ich bin einer der ersten Stahlhelmer in Schwerin gewesen und bin dann mit dem Stahlhelm groß geworden. Der Stahlhelm war der Bund der Frontsoldaten. Er hatte keine besondere Funktion, bloß das alte Geschehen wachzuhalten, den Gedanken der Wehrhaftigkeit zu pflegen. Der Zusammenhalt der Frontsoldaten war der Grund. Es wurde nicht gefragt, ob jemand rechts oder links war, wenngleich wir meist

politisch dem Flügel Hugenberg, dem rechten Flügel der Deutschnationalen, angehörten. Du warst Stahlhelmer aufgrund deiner militärischen Vergangenheit. An Revanche hat man damals in Stahlhelm gar nicht gedacht. Zwar ist seinerzeit der Gedanke aufgetaucht, daß der Krieg im Grunde gar nicht verloren wurde. Im allgemeinen wußten wir aber doch, daß wir der Übermacht weichen mußten, denn die waren ja doch zu stark gewesen. Der Revanchegedanken ist erst durch Hitler gekommen. Aber wir alten Stahlhelmer waren ja gegen Hitler.

K. H., geb. 1897:
Die Klassenkameraden waren im Krieg ganz woanders hingekommen. Wenn wir uns nach dem Krieg wiedertrafen, hatte man sich viel zu erzählen. Jeder berichtete, was er mitgemacht hatte. Zwischen meinen Kriegserlebnissen und dem Dritten Reich sehe ich gar keine Verbindung. Die ersten Gedanken dieser Art, auch antisemitische Sachen, sind mir meiner Erinnerung nach in den Zwanziger Jahren von Bekannten erzählt worden.

Wilhelm Lindenau, geb. 1896:
Die vielen, die den Krieg erlebt hatten, gingen nun wieder in ihre Heimatorte zurück. Wir dachten jetzt mehr an den Aufbau als an die Vergangenheit. Wir haben die Vergangenheit etwas ausgeschaltet, obwohl wir viel erlebt hatten. Wir dachten: „Der Krieg ist vorbei, es hat ja doch keinen Zweck." Bis nachher Hitler den Versailler Vertrag angefochten hat und so die ganze Geschichte mit dem Zweiten Weltkrieg ausgelöst worden ist. Der Versailler-Vertrag ist es gewesen, der die ganze Sache hervorgerufen hat. Hätten wir einen anderen Vertrag bekommen, dann wäre die ganzen Misere des Zweiten Weltkriegs überhaupt nicht entstanden. Zudem hörten wir, daß die Leute in Westfalen unter den Franzosen sehr litten. Wir vernahmen, daß die Menschen von den Bürgersteigen gehen mußten, weil französische Offiziere mit Peitschen dort längsgegangen sind. Die Franzosen haben sich sehr häßlich benommen.

Wilhelm Schmerenbeck, geb. 1893:
Das Gefühl, mit dem Versailler Vertrag keinen Vertrag, sondern ein Diktat vorgesetzt bekommen zu haben, ist wohl bei den meisten Deutschen geblieben. Hierin liegt auch eine der Quellen für den Zweiten Weltkrieg. Die Begeisterung von 1914 war schon, als ich 1915 eingezogen wurde, mehr oder minder verschwunden. Man war enttäuscht, daß der Schlieffen-Plan nicht funktioniert hatte. Es gab Leute, die schon sagten: „Gott sei Dank, daß wir den Krieg verlieren." Vor allen Dingen hat diese feige Abdankung des Kaisers viele

enttäuscht. Es gab doch viele Kaisertreue in Deutschland, und dieses plötzliche Verschwinden hat manchem nicht gepaßt.

K. O., geb. 1896:
Bei Kriegsende war ich persönlich sehr deprimiert. Ich versuchte mir vorzustellen, welche Friedensbedingungen uns wohl auferlegt würden. Ich dachte sogleich an die Insel Helgoland, wobei ich davon ausging, daß die Engländer sie annektieren würden, um uns diesen Stützpunkt für die Marine wegzunehmen. Sie haben dann aber darauf verzichtet. Wir haben uns vorzustellen versucht, was uns sonst noch entrissen würde. Ganz klar war uns, daß wir Elsaß-Lothringen verlieren würden. Daß die Bedingungen aber so hart sein würden, haben wir damals noch nicht geahnt. Der Versailler-Vertrag ist letzten Endes der Keim für die Ereignisse gewesen, die dann nach der Weimarer Republik Hitler an die Macht brachten. Für meine Begriffe liegt ein großer Fehler der Alliierten darin, diese harten Bedingungen aufgestellt zu haben. Die haben uns ja auch zunächst die Alleinschuld am Krieg zugesprochen, bis dann nachher durch die Historiker die Einsicht kam, daß die Völker mehr oder weniger in den Krieg hineingeschliddert sind, ohne ihn gewollt zu haben. Man kann auch nicht sagen, daß der Kaiser den Krieg gewollt hat.

Otto Frahm, geb. 1896:
Getobt habe ich, als Hitler mit dem Zweiten Weltkrieg anfing. Meine Frau hat bloß immer gesagt: „Halt den Mund!“, so habe ich an diesem Nachmittag getobt. Wir, die wir schon einmal dabei gewesen waren, wußten doch, wie es vorne aussah. Das wußte doch jeder von uns genau. Da gab es bestimmt keine Begeisterung, wieder in den Krieg zu ziehen. Das glaube ich nicht, konnte man gar nicht haben. Wir hatten doch immer noch vor Augen, wie leicht man sich da mit zerschossenen Knochen wiederfindet. Und wer bringt einen dann nach Hause? Mein Jahrgang 1896 war anfangs noch im Zweiten Weltkrieg. Wir wurden acht Tage, bevor er ausbrach, einberufen und mußten beim Vormarsch in Polen hinterhermarschieren. Ich bin aber nicht dabeigewesen. Ich erhielt, wie ich später von unserer Nachbarin gehört habe, einen Stellungsbefehl, der, da ich nicht in Hamburg war, zurückgegangen ist. Wir waren nämlich im Urlaub und kamen zwei Tage später zurück. Ich bin dann im Zweiten Weltkrieg von meiner Firma aus – ich war in der Altpapierbranche – uk gestellt worden.

Hermann Siebe, geb. 1898:
Begeisterung für den Zweiten Weltkrieg gab es wohl nur bei den richtigen Nazis. Es gab regelrechte Fanatiker. Was haben die mich

gequält: „Mensch, komm doch mit in die Partei, kriegst einen guten Job bei uns." Dann hatte ich einen Bekannten, der im Stahlhelm gewesen ist und zu mir sagte: „Trete doch dem Stahlhelm bei." Ich habe nur geantwortet: „Mann, ich hab' vom Militär genug!" Was mich interessierte, war mein Handwerk.

Walter Dechow, geb. 1897:
Das war 1914 eine Begeisterung unter den Soldaten gewesen, während die Begeisterung im Zweiten Weltkrieg überhaupt nicht vorhanden war. Ich habe im Zweiten Weltkrieg gleich den Polenfeldzug mitgemacht. Ich hatte als Spieß alles ältere Leute unter mir, die schon Kriegsteilnehmer des Ersten Weltkriegs gewesen waren. Daß die nicht begeistert waren, konnte ich verstehen. Und die waren ja auch alle verheiratet. Ich bin im Ersten Weltkrieg ja erst 1917 nach dem Westen gekommen und ich muß sagen, da war die Begeisterung immer noch spürbar. Die schwärmten noch alle für das Kaiserreich.

M. G., geb. 1894:
Als wir 1914 an die Front fuhren, haben die Menschen beim Anblick des Zuges gewunken und Hurra geschrien. Das war unter Hitler nicht so. Bei Hitler war es wie ein Trauerzug. Die Menschen haben gar nicht nach der Eisenbahn geguckt.

Rudolf Göttinger, geb. 1893:
Ich bin nach dem Krieg nach Verdun gefahren, weil mein Bruder vor Verdun gefallen war. Es gibt dort einen großen Friedhof, auf dem jeder Soldat ein Kreuz mit seinem Namen hat und sogar sein Regiment bezeichnet ist. Das Grab meines Bruders war sauber gerichtet und es war ein wunderbarer Friedhof. Alles ist ruhig gewesen und, wie ich da so stand, habe ich schon gedacht: „Es ist furchtbar, wie grausam der Krieg war. Jetzt ist schön Frieden und du bist glücklich, daß du wieder heimgekommen bist." In der Nähe des Schlachtfeldes wurde überall gearbeitet, wurden Häuser gebaut.

Dr. Arthur Tischer, geb. 1895:
Einige Jahre nach dem Krieg war ich einmal am Hartmannsweilerkopf. Sehr viele von den Leuten, die ursprünglich in der Nähe der Schützengräben begraben worden waren, sind später nach Sennheim – heute heißt es Cernay – bei Mühlhausen überführt worden. Dort ist ein großer Soldatenfriedhof angelegt worden. Ich habe die Kreuze einiger Leute gesehen, mit denen ich am Hartmannsweilerkopf zusammen gewesen war. Vor allen Dingen entdeckte ich einige von den Mecklenburgern. Es war eine schmerzhafte Begegnung, die in mir natürlich den Wunsch verstärkte: „Nie wieder!"

Hermann Baass, geb. 1897:
Eben vor dem letzten Krieg hatte ich in Brüssel geschäftlich zu tun und habe mir einen Wagen mit Chauffeur geliehen. Ich bin dann in Zonnebeke gewesen und habe dort nach den Gräben gesucht. Ich erkannte manches wieder, manches deutete noch auf den Krieg hin. Ich habe mich aber gewundert, wie dicht Zonnebeke bei Ypern liegt. Man mußte nur auf die Höhe steigen, dann konnte man Ypern sehen. Das war uns damals gar nicht bewußt. Wir wußten zwar auf der Karte: „Da hinten liegt Ypern." Es war eine Überraschung, als ich Ypern nun zum ersten Mal wirklich sah.

Der Besuch war kein schönes Erlebnis. Es ist besser, man hat einen Kameraden dabei, mit dem man womöglich noch da gewesen ist und zu dem man sagen kann: „Guck mal, da habe ich gelegen." Solche Fahrten wurden ja veranstaltet. Der Chauffeur war ein Belgier, mit dem ich zwar Französisch sprechen konnte, dem ich doch aber nicht vom Krieg erzählen konnte. Die Belgier waren im Krieg nicht unsere Freunde gewesen. Es hat mich bedrückt, daß ich alleine da war. Die Erinnerungen kamen zu sehr hoch, man hatte zu viel mitgemacht. Man soll nie alleine zu Kriegsgräbern fahren. Auf der Rückfahrt bin ich mit dem Chauffeur in Zonnebeke in eine Wirtschaft gegangen und und habe auf Englisch bestellt. Da habe ich die Erfahrung gemacht, daß sie die Engländer gefressen hatten wie sonst was. Die hatten ja, wie wir drin saßen, nach Zonnebeke hineingeschossen und ihnen dabei alles kaputtgemacht.

Dr. Alfons Beil, geb. 1896:
In den 50iger Jahren, als ich noch einen Pkw hatte, bin ich die ganze Front, wie ich sie erlebt hatte, abgefahren. Wie schwierig war es aber, die einzelnen Orte wiederzufinden. Alles war wieder aufgebaut. Am Kanonenberg hatte kein Baum mehr gestanden, alles wegrasiert, und auf einmal war das alles wieder bewachsen. Ich konnte keine Männer auf ihre Heimat hin ansprechen, denn die waren ja seinerzeit einberufen. Ich konnte mich nur an Frauen wenden, die sehr, sehr freundlich waren. Ich war erstaunt, wie sich alles verändert hatte.

Paul Weiher, geb. 1896:
Ich habe immer an der gleichen Stelle im Ypernbogen in Flandern gelegen. Ich habe nach dem Krieg keine Gelegenheit wahrgenommen, mal wieder hinzufahren. Es war für mich nur eine traurige Erinnerung. Ich wollte dort nicht mehr hin.

Otto Hayen, geb. 1895:
Nachher bin ich mit meinem Sohn und meinen Enkeln einmal in Verdun gewesen. Da war ich auch wieder im Fort Douaumont. Die

Kassierer fragten mich in gebrochenem Deutsch, ob ich eine Führung brauche. Ich antwortete: „Nein, ich habe 1916 hier gelegen." „Ja, da wissen Sie wohl Bescheid." Mein Sohn hat mich noch gefragt: „Willst du noch nach Thiaumont?" Ich sagte: „Nein, von Thiaumont kenne ich nichts, obwohl es unmittelbar neben Douaumont liegt."

Willi Nothdurft, geb. 1895:
Wir kommen noch in Verdun zusammen, um an unsere Kameraden zu denken, die dort in der Erde liegen. Darum führen wir auch immer die Jugend nach Verdun. Sie soll sehen, wo ihre Großeltern, ihre Väter und Onkel gestorben sind. Und daß so etwas nie wieder passiert. Wir haben die schweren Kämpfe immer noch vor Augen, die Franzosen auf der einen Seite, wir auf unserer. Es sind für beide Nationen ganz schwere Kämpfe gewesen. Die Erinnerung fällt einem leichter mit den Franzosen zusammen, wenn man das Gefühl hat, daß sie auch so denken und daß sie heute auch anderer Ansicht sind als damals.

Mit unserem Denkmal in Verdun wollen wir die Vergangenheit zurückrufen in die Gegenwart. Sonst wäre ja bereits alles tot. In Frankreich ist das ja ganz anders als bei uns. Dort werden die ehemaligen Soldaten groß geehrt. Wenn wir in Verdun zusammen sind, höre ich öfter in Unterhaltungen: „C'est un grand communiste. Il est toujours là." Für den Franzosen ist die Hauptsache, daß er hinter der blau-weiß-roten Fahne hinterhergeht. Wenn er dies macht, ist er schon in Ordnung.

Prof. Dr. Willi Wegewitz, geb. 1898:
Es hat bis in die 50er Jahre gedauert, daß ich mich zum ersten Mal wieder in die Alpen gewagt habe. Ich hatte doch so eine fürchterliche Abneigung gegen die Alpen gekriegt. In Windischgarsten gab es einen Gendarmen, mit dem wir kleine Ausflüge gemacht haben. Allmählich habe ich mich wieder an die Alpen gewöhnt.

Dr. Curt Werner, geb. 1896:
Den Krieg wirkte noch lange Jahre nach. Vieles konnte ich nicht aus dem Kopf kriegen. Die ganzen 20er Jahre und Anfang der 30er Jahre wußte ich immer noch die Namen der Orte, wo ich überall gewesen war. Hin und wieder habe ich mir auch die alten Fotografien angesehen, die ich mit meiner Ikarette gemacht hatte. Dann habe ich mich erinnert: „Ach, das ist doch die Focker, die Richthofen abgeschossen hatte. Sie ist runtergekommen und nachher lag der Pilot da wie eine Gummipuppe. Und es kam mir immer wieder ins Gedächtnis: „Das war dann und dann. Im November ... da warst du ungefähr in ... ."

Gerd Rehder, geb. 1897:
Wir hatten eine Wiedersehensfeier in Bremen und marschierten durch die Stadt, um ein Denkmal einzuweihen. Da stand ein Kamerad von mir an der Straße, hatte sein Kind auf dem Arm. Ich habe gerufen: „Max, komm mit." Abends ist er dann zum Kommers gekommen, sonst wäre er gar nicht hingegangen. Er hat wahrscheinlich geglaubt, da wäre keiner mehr, den er kennen würde. In Hamburg hatten wir dann einen Regimentsverein. Wir waren zuerst 20 Mann und jetzt bin ich der letzte.

Epilog

Die Kriegsteilnehmer schweigen nun. Was wir von ihnen erfahren haben, liegt mehr als 80 Jahre zurück und doch wirken ihre Erzählungen nach. Unsere Gedanken bewegen sich in einer weit zurückliegenden Zeit. Wir wissen nun ein wenig um die damaligen Ereignisse. Was aber noch wichtiger ist, wir spüren den Geist und die Zusammenhänge dieser Epoche. Darin liegt der wirkliche Wert geschichtlicher Recherche.

Bilder sind in uns haften geblieben. Soldaten beim Einrücken in den Straßen irgendeiner deutschen Stadt, einen Blumenstrauß im Gewehrlauf. Nächstes Bild: graue Gestalten, in den gleichfarbigen Boden der Schützengräben gedrückt. Menschen in ihrem fortwährenden Überlebenskampf, Anspannung, Erschöpfung und doch gleichzeitig auch professionelles Abspulen des Soldatenhandwerks. Seltene Ruhepausen, in denen Dinge an Bedeutung gewinnen, die vor dem Krieg weit belangloser gewesen wären: der Zug aus einer Zigarette, das Beseitigen einer Laus, das Lächeln einer jungen Frau.

Und immer wieder kommt es zu Extremsituationen. Eine Kamerad wird von einem Granatsplitter getroffen. Sein Nachbar erlebt aus unmittelbarer Nähe, wie aus einem gesunden, jungen Menschen in der nächsten Sekunde ein winselndes Stück blutigen Fleisches wird. Unmöglich, dies nicht wahrzunehmen, wenn nicht die Nacht die Gnade erweist, diese Vorgänge ein wenig zuzudecken. Und man tötet selbst, als Infanterist im Angesicht des Opfers oder als Artillerist aus größerer Entfernung. Dann kommt der Tag, an dem man selbst getroffen wird und die Frage ist nur, wie schwer und mit welchen Auswirkungen.

Was hat sie all dies aushalten lassen? Und zwar nicht nur einen Tag, sondern über mehrere Jahre hinweg. Sicherlich sind die obigen Bilder nicht für alle Soldaten bezeichnend. Mancher verlebt seine gesamte Kriegszeit in der verhältnismäßigen Geborgenheit der Etappe und es gibt einige, für die dieses Leben frei von den Zwängen der Heimat zum Schlaraffenland, zum „Leben wie Gott in Frankreich" wird. Der Mehrzahl der Kriegsteilnehmer wird es aber nicht so leicht gemacht. Wie kann es sein, daß sich in so vielen Berichten die Formulierung findet, das Durchhalten im Krieg sei „selbstverständlich" gewesen? Ich glaube, ich habe dieses Wort noch nie so häufig gehört, wie zu meiner Verwunderung in diesem Zusammenhang.

Betrachten wir die Anfänge des Krieges. Vielleicht finden wir hier die Antwort. Kopfschüttelnd stehen wir dem gewaltigen Zustrom an Kriegsfreiwilligen in den ersten Kriegstagen gegenüber.

Bei den national eingestellten Bevölkerungskreisen ist dies keine Überraschung, aber weshalb finden sich in kürzester Zeit Intellektuelle und eingefleischte Sozialdemokraten in Reih und Glied ein? Gut, der Kaiser läßt sich aus den Gefühlen der ersten Augusttage zu der Äußerung hinreißen, er kenne keine Parteien mehr. Ein derartiger Burgfriede mag in den Köpfen „oppositioneller" Politiker ein interessanter Ausblick auf eine neue politische Großwetterlage sein. Er erklärt aber ganz bestimmt nicht, weshalb Sozialdemokraten, die den Obrigkeiten über Jahrzehnte hinweg kritisch gegenüberstanden, innerhalb weniger Tage umschwenken. Geht es darum, deutschen Boden zu verteidigen? Immerhin rücken russische Truppen in den ersten Kriegstagen in Ostpreußen ein und der Versuch der Franzosen, im Südwesten Deutschlands Fuß zu fassen, steht bevor. Hinzu kommt die herabsetzende Behandlung durch die anderen Großmächte, so die Meinung vieler Deutsche in diesen Tagen. Schließlich darf auch die Wirkung der damaligen Propaganda nicht unterschätzt werden.

Interessant ist in diesem Zusammenhang ein Blick auf die Jugend, denn sie macht ja den entscheidenden Teil der Rekruten aus. Insbesondere in den höheren Schulen fällt der Kriegsausbruch mit einem neuen Trend zusammen, der Wandervogel- oder Jugendbewegung. Welch einzigartige Möglichkeit, aus der erstarrten bürgerlichen Gesellschaft auszubrechen, bietet der Weltkrieg den Jungen (die Mädchen, die seit einigen Jahren auch an dieser Bewegung teilnehmen, müssen sich gedulden). Mit einem Mal ist der Gymnasialprofessor mit seinem steifen Vatermörder kein Thema mehr. Mit dem Arbeiter, dem Bauern teilt man nun das tägliche Los, steht mit ihm auf „du" und „du". Dies übt nicht nur für die Jugendbewegten, sondern für jeden, der sich durch die Schule quält, unwillkürlich Faszination aus. Die Arbeiterjugendbewegung teilt nur den Namen mit der bürgerlichen Jugendbewegung. Sie verfolgt weit bodenständigere Ziele. Ihr geht es um die Wahrung der wirtschaftlichen, rechtlichen und geistigen Interessen der Lehrlinge, jugendlichen Arbeiter und Arbeiterinnen, um die Abschaffung überlanger Arbeitszeiten, schlechter Behandlung und Bezahlung. Die gesellschaftliche Rolle der Arbeiterschaft hat sich in den letzten Jahren vor dem Krieg nur schleppend verbessert und das, obwohl die SPD seit 1912 stärkste Fraktion im Reichstag ist. Eine Änderung kann hier nur ein tiefgreifendes Ereignis darstellen und nichts erfüllt dies besser als ein großer Krieg. Nun werden die Karten neu gemischt, mit durchaus guten Voraussetzungen für den körperlich meist gut disponierten Arbeiter oder Gesellen. Dem verweichlichten Vertreter der bürgerlichen Gesellschaft ist man auf dem Schlachtfeld überlegen. Eine verlockende Perspektive.

Viele haben also einen durchaus plausiblen Grund, dem künftigen Waffengang Positives abzugewinnen und sich den Militärs anzuschließen. Gleichzeitig erfahren wir von einem der Rekruten des Ersten Weltkriegs „meine Schulkameraden und ich haben an unsere Begeisterung geglaubt". Hier spürt man, auf welch unsicherem Fundament die Begeisterung der ersten Stunde gebaut ist. Der Mensch jubelt gern, wenn andere um ihn herum applaudieren. Fällt es nicht schwer, sich einer solchen Stimmung zu entziehen? Zudem alles aus der Entfernung so leicht und durchweg positiv erscheint. Wie weit liegt doch der Deutsch-Französische Krieg von 1870/71 zurück. Wer möchte schon bei einer so „wunderbaren" Sache zurückstehen und sich eine Memme schimpfen lassen.

Die Jubelbilder des Sommers 1914 erscheinen mir wie eine Momentaufnahme. Die Realität der Front – das belegen zahlreiche Passagen aus den Interviews – läßt diese Form von Begeisterung mit durchaus psychotischen Ansätzen sehr schnell im Nichts verschwinden. Sie wird ganz einfach vom Alltag eingeholt. Das Wort „Begeisterung" als Beschreibung für die innere Haltung im Frontgeschehen fällt nur noch sehr selten. Und trotzdem, mit dem Verblassen der Begeisterung entsteht kein Motivationsvakuum. An ihre Stelle tritt dieses eigenartige Weitermachen und Festhalten an der Idee des Krieges. Das Leben an der Front bleibt eine „Selbstverständlichkeit".

Unbestreitbar ist das Umfeld hierfür äußerst günstig. Der gesellschaftliche Konsens für den Krieg ist nicht nur bei seinem Ausbruch enorm. Zwar gibt es in der Heimat 1917 und 18 in zahlreichen Großstädten Massenstreiks. Ganz reibungslos läuft also auch hier nicht alles ab. Aber es überwiegen die Reaktionen, wie sie Julius Kreckler und Gerhard Bahrmann in ihrem Fronturlaub zu Hause erleben müssen. Dort ist man viel „heißer" auf den Krieg als die Frontkämpfer selbst. Um einen Sprung in der Geschichte zu machen: wie kläglich ist dagegen doch die Unterstützung für die jungen amerikanischen Soldaten in der zweiten Hälfte des Vietnamkrieges. Verlassen und abgelehnt von ihren Freunden in der Heimat, alleingelassen in einem für sie unwirklichen Land. Da bleiben für viele nur die Drogen.

Was aber ist dann die Triebfeder für die jungen Deutschen in den Gräben Frankreichs und Rußlands? Sie nehmen an einem Krieg teil, der an Stupidität nicht zu übertreffen ist. Über vier Jahre hinweg sitzt man im Westen oft nur wenige Meter auseinander, ohne hieran etwas ändern zu können. Durchbruchsschlachten scheitern im feindlichen Artilleriefeuer und Panzer sind noch nicht wirklich einsetzbar. Man steckt also in einem Dilemma und der Soldat muß mit einer Situation fertig werden, der ein denkender Menschen nur schwer innere Überzeugungskraft abgewinnen kann. Längst droht dem Reichsgebiet keine unmittelbare Gefahr durch allierte Truppen mehr und so entfällt die Möglichkeit, sich einzureden, es ginge um die Verteidigung heimischer Scholle. Wie wir aus den Interviews wissen, wird diese Sinnlosigkeit von den Kriegsteilnehmern auch – jedenfalls nachträglich – so gesehen. Und trotzdem machen sie weiter.

Vielleicht aber ist die Antwort auf die Kernfrage viel leichter als bisher geglaubt. Braucht es bei einem starken Militärapparat überhaupt einer inneren Überzeugung des einzelnen Soldaten? Sorgen die Militärs nicht schon dafür, daß jemand angreift, egal, ob er motiviert ist oder nicht? Wer spurt, erhält einen Orden, wer dies nicht tut, macht mir der Arrestzelle Bekanntschaft. Ein Blick auf die alliierten Armeen des Ersten Weltkriegs beweist, daß hier die Antwort nicht liegt. Die britische Armee, besonders aber die französische – ganz zu schweigen von der österreichisch-ungarischen und russischen Streitkraft – haben im Verlauf des Krieges erhebliche Probleme mit der nachlassenden Stimmung innerhalb der Truppen. Mai 1917 weigern sich 54 französische Divisionen und damit fast die Hälfte des Heeres, wieder ihre Stellungen zu beziehen. Zahllose Todesurteile wegen Desertation werden verhängt und eine Reihe von ihnen auch vollstreckt, und dies, obwohl auf französischem Boden gekämpft wird. Nur unter großen Mühen kann sich die französische Führung dieser Antikriegsbewegung erwehren.

Beinahe nichts hiervon unter den Deutschen, obwohl bei ihnen noch hinzukommt, daß hinter dem Deutschen Reich nicht die Versorgungsstärke der Vereinigten Staaten steht. Auch fehlt den Deutschen der Nachschub an Soldaten, den sowohl für Frankreich wie auch für Großbritannien die Kolonien stellen. Dennoch bleiben nachdrückliche Unmutskundgebungen nach außen die wirkliche Ausnahme und werden mit teilweise unpreußischer Nachsicht behandelt. Um nicht falsch verstanden zu werden. Es hat sicher nicht an Flüchen über das Frontleben gefehlt. Sie sind allein schon Teil des Soldatenjargons. Aber dies führt lange Zeit nicht dazu, vom einmal beschrittenen Weg abzuweichen. Es muß schon ganz dicke kommen, daß die Stimmung in den letzten Tagen des Krieges bei einigen Einheiten umschlägt.

Oder ist es bloßer Überlebenstrieb, weiter und weiter zu kämpfen? Quasi in Anlehnung an den Satz von Hermann Baass „also laufen sie schon aus eigener Sicherheit nach vorne“. Dies ist in der Situation eines Angriffs aus dem Schützengraben, den Hermann Baass meint, bestimmt ein kluger Erfahrungssatz. Zu ihm gesellt sich an der Front die schnell eintretende Abstumpfung. Als Triebfeder, den jahrelangen Krieg auszuhalten, reicht es aber sicherlich nicht aus. Die Wurzeln für das, was sich hier vor unseren Augen abspielt, liegen tiefer.

Ich will nicht verhehlen, daß es einen Abschnitt in allen Darstellungen gibt, der es mir angetan hat und der mir aufschlußreich erscheint. Es geht um den Rückzug der deutschen Truppen im November 1918. Vielleicht finden wir hier die Antwort, die in dem „hitzigen" Kriegsbeginn von zu vielen Sondereffekten überlagert wird. Der Krieg ist verloren! Alles war umsonst. Endlose körperliche Belastungen, der grausame Tod von Kameraden, Freunden, ja Familienmitgliedern, Verwundungen mit körperlichen Auswirkungen für immer, der wirtschaftliche Ruin vielerorts. Betrogen um ihre Jugend richten sie ihre Blicke auf eine Heimat, in der seit der Ausrufung der Republik das Chaos droht. Hinter ihnen der „Erbfeind", der sie wie Hunde hetzt. Nachdem sie häufig vier Jahre in Frankreich gelebt haben, bleiben ihnen nun nur noch wenige Tage – ja Stunden – dieses Land zu verlassen. Bei alledem haben die Interviews meiner Ansicht nach gezeigt, daß sich nahezu alle an der Front bewußt waren, daß der Krieg verloren war. Hier macht sich keiner etwas vor. Zu deutlich waren die Beweise hierfür: der völlig unzureichende Nachschub an Waffen, Munition und Soldaten, das krasse Gegenteil auf der Seite der Gegner. Tagtäglich wurde dies jedem gewahr, so er der Realität der Front nur ausreichend nah war.

Und was tun sie? Sie formieren sich erneut zu geschlossenen Einheiten und ziehen in Reih und Glied – beinahe wie sie gekommen sind – wieder nach Hause. Gut, der ein oder andere unmilitärische Wanderstock ist dabei, eine beinahe spitzbübische Persiflage des Militärischen. Aber ansonsten ist man stolz, in Uniform und Waffen zu Hause wieder anzumarschieren. Dabei bestünde nun die Chance, alles in Auflösung übergehen zu lassen. Soldatenräte säumen die Wege und rufen hierzu auf. Sie werden von einigen auch gehört. Die Masse der Soldaten aber nimmt dieses Angebot nicht an. Deutsche Autoritätsgläubigkeit allein kann es nicht sein. Die militärischen Anführer sind, so sie nicht weggelaufen sind, häufig aus freier Entscheidung ihrer Soldaten noch im Amt, somit in gewisser Hinsicht entthront, entmythologisiert. Sicherlich gibt es hierfür die Haltung der Soldaten auch sehr praktische Gründe. Ein organisierter Rückmarsch gewährleistet am ehesten, daß man Unterkunft und Verpflegung vorfindet, insbesondere in so wirren Zeiten. Warum soll man sich auch nach so langem Zusammensein von seinen Kameraden trennen, wenn man ohnehin den gleichen Weg vor sich hat?

Und doch steckt in diesem geordneten Rückmarsch meines Erachtens noch mehr. Ein Auftrag, einige Zeit zuvor erteilt, kann auf diese Weise ordnungsgemäß erfüllt werden. Der Vorgesetzte kommt seiner angestammten Aufgabe nach, seine Truppe wieder in der Garnison abzuliefern, der einzelne Soldat, seine Waffe in der Kaserne abzugeben (obwohl gerade dieser Akt angesichts der

Tumulte in den heimischen Kasernen häufig zu guter Letzt scheitert). Die Pflicht zu erfüllen, ist für viele verlockender, als sich der Anarchie hinzugeben. Selbst das Resultat des jahrelangen Ringens – der Gewinn oder der Verlust des Krieges – tritt dagegen in den Hintergrund. Halten wir hiermit nicht den Schlüssel für das jahrelange Durchhalten in der Hand? Ein Verhaltensmuster, das auf striktes Erfüllen der an einen gestellten Aufgaben und Herausforderungen hinausläuft. Perfektionismus statt Laisser-faire. Seine Stellung zu halten, das ist das Kriegsziel des einzelnen. Hieraus ergibt sich seine ganz persönliche Sinnhaftigkeit, zieht er zumindest eine gewisse Befriedigung. Typisch deutsch? Ich denke schon. Gerade die Möglichkeit des Quervergleichs mit den übrigen Armeen hat dies deutlich gemacht.

Die Kameraden leben es einem Neuankömmling an der Front unablässig vor. Sie sind nach einer ersten Anpassungsphase durchweg aus gleichem Holz und vermitteln dem einzelnen täglich, welche Aufgabe er hat und wie er sie bestmöglich erfüllt. Dabei sind die individuellen Beziehungen zu den Mitsoldaten bei näherer Sicht nicht einheitlich. Da stößt der Beobachter auf Freundschaften, stärker beinahe als Bindungen in einer Familie. Hier schaffen die Ereignisse um einen herum Bande von großer Intensität und Intimität. Auf der anderen Seite steht das eigentliche Kameradschaftserlebnis innerhalb der Einheit, das von den Kriegsteilnehmern sehr unterschiedlich bewertet wird. Auch in den positiven Fällen bleibt es im Endeffekt irgendwie unpersönlich, was an dem ständigen Wechsel der Ereignisse, dem Kommen und Gehen der Kameraden und der seelischen Abstumpfung liegen mag. Häufig geht die Verrohung der Soldaten so weit, daß sie das Interesse an ihren Kameraden völlig verlieren. Ich komme deshalb zu dem Ergebnis, daß das Kameradschaftserlebnis nicht von der herausragenden Qualität ist, wie ich das vom Ersten Weltkrieg erwartet habe. Als Vorbilder, seine soldatischen Pflichten strikt zu erfüllen, dienen die Kameraden aber gleichwohl.

Der entsprechende Erziehungsprozeß erfaßt die Kriegsteilnehmer schon lange vor dem Krieg. Eine eigenartige Verflechtung von Pflichterfüllung und Hochhalten alles Soldatischen prägt die Gesellschaft. In der Schule wird nicht aufbegehrt und tut man dies doch – wie Gustav Heckmann – zieht man den kürzeren. Auf der Schulbank sitzen alles kleine Soldaten und die Mädchen sind Beiwerk. Den Geschichtsunterricht dominieren Schlachtenbilder. Tagtäglich wird jedem überall in Deutschland vorgelebt, daß man erst in Kaisers Rock wirklichen gesellschaftlichen Stellenwert erlangt. Und so sehr die Wandervögel sich von alledem entfernen wollen, gerade dem Militärischen gegenüber sind sie sehr aufgeschlossen. Der Kriegsausbruch stellt vor diesem Hintergrund keinen Bruch dar, vielmehr werden diese Werte jetzt erst richtig abgerufen.

Allerdings ändern sich die Pflichtinhalte gründlich. Nun besteht die Pflicht nicht mehr darin, seine Aufgaben als Schüler, Lehrling oder Geselle ordnungsgemäß zu erfüllen und damit einen zweifelsfrei gesellschaftlichen Nutzen zu erbringen. Jetzt gilt es, Krieg zu führen und damit an der endlosen Zerstörung von Leben teilzuhaben. Teilzuhaben eben auch mit der deutschen Konsequenz und Ausdauer, die sich in zwei Richtungen auswirkt. Zum einen wird sie dem einzelnen Soldaten selbst zur Last. Er ist außerstande, sich dem Ganzen zu entziehen. Seine Leiden an der Front gehen weiter. Aber eben nicht nur seine Leiden. Soldatsein ist kein einseitiger Vorgang. Die Kugel, die abgefeuert wird, ist bestimmt, den Gegner zu treffen. Ein verbissener Kämpfer, wie es die Deutschen im Ersten Weltkrieg sind, wird auch den anderen zur Last. Sein Weitermachen bringt Tod und Verderben. Die Interviews haben dabei anschaulich gemacht, daß auch Menschen, die sich wie Gerhard Bahrmann in ihrem späteren Leben als Pastor ausdrücklich geistigen Werten verschrieben haben, im Krieg diesen Wirkungszusammenhängen eigentlich nicht entfliehen konnten. Dabei sind sie im engeren Sinne keinen willenlosen Werkzeuge. Die nötigen Impulse sitzen indes viel tiefer, sind ihnen bereits seit Kindesbeinen mitgegeben.

Eine abschließende Bewertung des aufgezeigten Phänomens überlasse ich dem Leser. Wenn man sich indes über einen längeren Zeitraum diesen Menschen gewidmet und sich dabei eben nicht mit schriftlichen Quellen begnügt hat, gelangt man natürlich ganz unweigerlich zu einer persönlichen Nähe ihnen gegenüber. Es handelt sich um Menschen, die in eine Situation geraten sind, die sie gründlich überfordert hat. Niemand ist hierauf vorbereitet, und die damalige Jugend mit ihrem einseitigen Weltbild war es ganz bestimmt nicht. Wenn man die üblichen Kategorien wie Täter und Opfer bemühen möchte, sehe ich sie mehr als Opfer. Dies hat mit Heroisierung nichts zu tun, vielmehr mit tiefem Bedauern. Und ich empfinde eine gewisse Anerkennung dafür, daß sie hinterher vermocht haben, ihr Leben fortzuführen. Mir sind nie die Worte aus einem Interview aus dem Kopf gegangen: „So schlotterten sie mit dem Gesicht eines Verbrechers an mir vorbei, zum Tode verurteilt und zur Schlachtbank geführt." In diesem Moment ist vergessen, ob der eine in den Kämpfen der Vortage aktiver, der andere zurückhaltender gewesen ist. Zorn empfinde ich denen gegenüber, die allzu leichtfertig den Krieg haben entstehen lassen und ihn dann vehement, zynisch und ohne Pause fortgeführt haben.

All das zuvor Gesagte sind pauschale Aussagen. Sie sind nicht geeignet, auch nur ansatzweise etwas über den einzelnen Menschen auszusagen. Die Menschen sind gottlob sehr verschieden. Nichts zeigt dies besser als der Reigen der Berichte in diesem Buch und die dahinterstehenden Charaktere. Angst steht äußerster Gelassenheit gegenüber. Kaltes Töten bei einem, Abscheu beim anderen. Die Interviews haben gezeigt, daß es auch in diesem Krieg Menschen gegeben hat, die es auf sich genommen haben, gegen den Strom zu schwimmen, und die es von sich weisen würden, als mechanische Zweckerfüller angesehen zu werden. Und doch sind derartige grundsätzliche Verhaltensweisen wichtig, um die Ereignisse zu begreifen. Der Hinweis auf individuelle Unterschiede kann sonst allzu leicht als Vorwand benutzt werden, eine Bewertung zu unterlassen.

Pflichterfüllung und Perfektionismus sind bestimmt keine allein deutschen Kennzeichen. Sie werden aber im allgemeinen durch andere Werte ergänzt und ausbalanciert. Dies kann eine tiefempfundene Beziehung zur nationalen Einheit oder einer Kirche sein, desgleichen eine hohe Sensibilität für die Natur, die einen umgibt. Hieran mangelt es den Deutschen. Die Nation ist zwar in Deutschland ein in den letzten zwei Jahrhunderten gern strapazierter oder mißbrauchter Begriff. Ein wirkliches Zusammenwachsen zur Nation ist den Deutschen aber nicht vergönnt gewesen. Ohne rechte Revolution errungen, 1871 von oben verordnet, bleibt die deutsche Nation ein allzu rationales Gebilde, als daß man hieran mit tiefempfundener Überzeugung hängen kann. Lautes Getöse in der wilhelminischen Zeit vermag dieses Defizit nicht zu übertünchen, es entlarvt es vielmehr. Gerade in den Streßmomenten des Ersten Weltkrieges zeigt sich, wie sehr in den Truppen noch nach Volksgruppen unterschieden wird. Wie anders stellt sich da die französische Nation dar. Darüber hinaus fehlt eine Kirche, die als wirklich tragende Kraft in Betracht kommt. Und daß Deutschland nun ein Land ist, in dem man wie zum Beispiel in mediterranen Gefilden die Seele einfach baumeln lassen und sich in der Wärme des Tages räkeln möchte, wird niemand ernstlich behaupten wollen.

Was bleibt also? Dichten oder Denken – das Privileg einer kleinen elitären Gruppe – oder eben Pflichtbesessenheit. Ist es da Zufall, daß der preußische Militär- und Beamtenstaat zum Maßstab des Deutschlands nach 1871 wird? Um es noch einmal deutlich zu sagen: solides Verantwortungsbewußtsein und eben Pflichterfüllung stellen bei weitem nichts Negatives da. Man ist geneigt, von Tugenden zu sprechen. Wo es jedoch an Gegengewichten fehlt, droht die Gefahr der Überhöhung dieser Werte. Und, was die schlimmste Konsequenz ist, die Menschen sind weitaus leichter beeinflußbar, als dies bei einer ausgeglichenen Werteskala der Fall ist. Wer ihnen am geschicktesten die Herausforderung formulieren kann, bestimmt den Kurs.

Die Nachkriegszeit beweist es. Die Kriegsteilnehmer kehren in ihre Heimat zurück, wo sich vieles geändert hat. Daß der Krieg verloren ist, wissen sie, die Dolchstoßlegende ist eine spätere Erfindung. Der Kaiser, die Leitfigur ihrer Jugend, hat abgedankt, um die politische Macht streiten sich viele Parteien. Die Rolle des Militärs ist eingeschränkt. Viele Arbeitsplätze sind über den Krieg verlorengegangen. Der Versailler Vertrag versetzt ihnen einen weiteren Nackenschlag. Diesmal gibt es niemanden in der Heimat, der den Menschen Sinn und Zweck vorgeben kann. Eine neue, unbehagliche Situation für alle. Am leichtesten läßt es sich im Kreis alter Kameraden – im Stahlhelm oder anderen Frontkämpfervereinigungen – ertragen. Hier versteht man sich, ohne viele Worte verwenden zu müssen. Man ist politisch eher rechts, aber dies ist meines Erachtens für die Mehrzahl ihrer Mitglieder zweitrangig. Viele Deutsche werden mit dieser Orientierungslosigkeit in den 15 Jahren der Weimarer Republik nicht fertig. Bis Adolf Hitler in ihr Leben tritt und ihnen das gibt, was sie dringend brauchen: Ziele.

Interviewpartner

Die Ortsangabe nach dem Namen bezeichnet den Ort der Interviews.

Detlev von Ahlefeld, Hamburg, geb. 1895 in Berlin

Hermann Baass, Hamburg, geb. 1896 in Hamburg, Außenhandelskaufmann

Gerhard Bahrmann, Berlin, geb. 1896 in Zehma bei Leipzig, Pfarrer

Karl Bainier, Hannover, geb. 1898 in St.Avold/Lothringen, Kunstmaler

Georg Barre, Oldenburg i.O., geb. 1898 in Bremen

Heinrich Bartels, Hannover, geb. 1897 in Scharrel bei Neustadt a. Rübenberge

Alphonse Beccard, Berlin, geb. 1895 in Berlin, Kraftfahrzeugingenieur

Günther Becker, Oldenburg i.O., geb. 1896 in Binnenau/Morgenland, Landwirt

Dr. Alfons Beil, Heidelberg, geb. 1896 in Gutenstein bei Sigmaringen, Pfarrer

Albert Benecke, Hamburg, geb. 1897 in Hamburg

Paul Beuge, Heidelberg, geb. 1897 in Karlshagen auf Usedom, Fahrdienstleiter Straßenbahn

Josef Beutmiller, Elmshorn, geb. 1899 in Herbertshofen bei Augsburg

Walter Bewer, Hamburg, geb. 1897, Graphiker

Fritz Bornemann, Hamburg, geb. 1897 in Hummelsburg/Pommern

Jacob Brand, Hamburg, geb. 1898 in Frankfurt/Main, Verbandsgeschäftsführer

Emil Buck, Hamburg, geb. 1898, Zimmermann

Johann Buck, Hemmoor, geb. 1898 in Mittelstenahe, Studiendirektor

Eric Collins, Oldenburg i.O., geb. 1897 in Jauer/Schlesien, Kaufmann

Herbert Dangers, Hannover, geb. 1898 in Aerzen bei Hameln, Bankbeamter

Walter Dechow, Ratzeburg, geb. 1897 in Magdeburg, Postbeamter

Wilhelm Dettmer, Hannover, geb. 1898 in Hannover, Sparkassenbeamter

Ludwig Karl Diebold, Heidelberg, geb. 1899 in Lingenfeld bei Germersheim, Bankleiter

Josef Dornhof, Hamburg, geb. 1896 in Oberschlesien, Steueroberinspektor

Hans Dose, Hamburg, geb. 1897 in Reinsbüttel/Norder Dithmarschen, Tankstellenpächter

Heinrich Dudel, Berlin, geb. 1893 im Kreis Cosel/Schlesien, Bankangestellter
Wilhelm Eddelbüttel, Hamburg, geb. 1894 in Hamburg, Autoreparateur
Friedrich Findeisen, Berlin, geb. 1896 in Berlin, Kaufmännischer Angestellter
Otto Frahm, Hamburg, geb. 1896 in Hamburg, Großhandelskaufmann
Rudolf Friemuth, Hamburg, geb. 1897 in Hamburg
Martin Fritzsche, Düsseldorf, geb. 1895 in Dresden, Ingenieur
Walther Gallasch, Heidelberg, geb. 1895 in Schlesien, Kaufmann
Wilhelm Garmsen, Elmshorn, geb. 1896 bei Süderlügum, Eisenbahnobersekretär
Hermann Gieselmann, Hamburg, geb. 1895 in Hamburg, Fernmeldesekretär
Erich Gieskes, Düsseldorf, geb. 1896 in Wuppertal-Elberfeld, Chemigraph
Rudolf Göttinger, München, geb. 1893 in Erolzheim bei Biberach, Angestellter
Johannes Götzmann, Hamburg, geb. 1896 in Prechlau/Westpreußen, Arbeiter
Paul Grünig, Hamburg, geb. 1897 in Kiel
Robert Haarmeyer, Hamburg, geb. 1897 in Hamburg
Alfred Hardt, Hamburg, geb. 1898 in Hamburg, Lagermeister
Alfred Hartwig, Hamburg, geb. 1896 in Hamburg
Kurt Hauswurz, Hamburg, geb. 1896 in Schönlind in Franken
Otto Hayen, Oldenburg i. O., geb. 1895 in Oldenburg, Prokurist
Karl Heckert, Berlin, geb. 1896 bei Neutomischel/Posen
Gustav Heckmann, Hannover, geb. 1898 in Voerde/Niederrhein, Professor für Philosophie und Pädagogik
Theodor Hein, Berlin, geb. 1893 in Pommern, Zugschaffner
Wilhelm Höpfner, Wolfsburg, geb. 1892 in Rostock, Elektromeister
August Kahlcke, Oldenburg i.O., geb. 1898 in Poppenhusen, Kreis Norder Dithmarschen, Architekt
Ernst Kock, Lübeck, geb. 1896 in Mühlen Eichsen, Kfz-Meister
Hermann Kottmeier, Celle, geb. 1897, Pastor
Julius Kreckler, Berlin, geb. 1896 in Hamburg, Buchdrucker
Richard Krohn, Oldenburg i.O., geb. 1897 in Bonn, Angestellter der Landwirtschaftskammer
Paul Krüger, Lübeck, geb. 1899 in Neu-Stettin/Pommern, AOK-Verwaltungsoberinspektor
Ernst Krummrey, Berlin, geb. 1896 in Berge/Westhavelland, Schulleiter

Franz Kühn, Hamburg, geb. 1900 in Westpreußen, Oberamtmann Finanzverwaltung

Dr. Reinhold Kulbe, Düsseldorf, geb. 1894 in Berlin, Verbandsgeschäftsführer

Richard Lander, Wiebelskirchen, geb. 1897 in Wiebelskirchen, Hüttenarbeiter

Dr. Bernhard Lehnert, Lübeck, geb. 1896, Geschäftsführer Handwerkskammer

Wilhelm Lindenau, Lübeck, geb. 1896 in Ostpreußen, LVA-Oberinspektor

Max Löble, Lübeck, geb. 1897 in Stuttgart, Diplomingenieur

Walter Lüneburg, Hamburg, geb. 1898 in Hamburg, Lehrer

Willi Marquardt, Hamburg, geb. 1898 bei Flatow/Westpreußen, Schulrektor

Hans Megallis, Hamburg, geb. 1897 in Memel, Drogist

Rudolf Möller, Hamburg, geb. 1898 in Altona, Steuerbeamter

Hanns Nier, Heidelberg, geb. 1899 in Limbach/Sachsen

Willi Nothdurft, Bonn, geb. 1895 in Hildesheim

Wilhelm Oltmanns, Oldenburg i.O., geb. 1898 in Etzhorn bei Oldenburg, Postbeamter

Hellmuth Paulsen, Ahrensburg, geb. 1898, Bankleiter

Karl Peters, Oldenburg i.O., geb. 1898 in Harpstedt, Kreis Oldenburg-Land, Schulrektor

August Philipp, Hamburg, geb. 1893 in Hamburg, Installateur

Otto Porath, Hamburg, geb. 1893 in Pommern, Lehrer

Adolf Pützfeld, Köln, geb. 1896 in Köln, Kaufmann

Wilhelm Rath, Hamburg, geb. 1895 in Ribnitz, Zimmermann

Hans Ratschky, Elmshorn, geb. 1898, Schneider

Gerd Rehder, Hamburg, geb. 1897 in York bei Hamburg

Hans Reimers, Hamburg, geb. 1899 in Wesselburen, Amtsrat

Ernst Saekel, Hannover, geb. 1896 in Lindenbusch/Westpreußen, Kaufmann

Wilhelm Schmerenbeck, Köln, geb. 1893 in Köln, Verwaltungsangestellter

Gustav Schöning, Lübeck, geb. 1894 bei Plön, Veterinärgehilfe

Wolfgang Schramm, Hamburg, geb. 1895 in Droyssig bei Zeitz, Senatspräsident am Landessozialgericht

Kurt Schröder, Hamburg, geb. 1897 in Altona, Schauspieler

Otto Schülke, Berlin, geb. 1893 in Flötenstein/Westpreußen, Angestellter

Hermann Schütz, Lübeck, geb. 1896

Hans Seidelmann, Bad Oldesloe, geb. 1898 in Gellenau/Schlesien, Kreisverwaltungsrat

Hermann Siebe, Hamburg, geb. 1898 in Hamburg, Installateurmeister
Fritz Siemers, Hamburg, geb. 1897 bei Bad Oldesloe, Zimmermann
Reinhold Stenger, Ahrensburg, geb. 1898
Karl Theil, Hamburg, geb. 1893 in Anklam/Vorpommern, Polizist
Dr. Arthur Tischer, Heidelberg, geb. 1895 in Freiburg/Breisgau, Versorgungsamtsleiter
Alfred Töpfer, Hamburg, geb. 1894 in Altona, Kaufmann
Walter Tostlöwe, Berlin, geb. 1893 in Leipzig, Ingenieur
Martin Trinks, Celle, geb. 1894 bei Schleiz/Thüringen, Angestellter beim Wasserschiffahrtsamt
August Urban, Hamburg, geb. 1896 in Hamburg, Schneider
Ernst Weckerling, Wiesbaden, geb. 1897, Kaufmann
Dr. Richard Wege, Lüneburg, geb. 1898 in Grabsleben/Thüringen, Dipl.Landwirt
Frotz Wegel, Lübeck, geb. 1898 in Wargitten, Krs. Heiligenbeil/Ostpreußen, Prokurist
Prof. Dr. Willi Wegewitz, Hamburg, geb. 1898 in Hollenbeck bei Stade, Volkskundler
Kurt Weickhmann, Hamburg, geb. 1897 in Preußisch Friedland/Westpreußen, Kreissparkassenleiter
Paul Weiher, Hannover, geb. 1896 bei Deutsch Krone in Pommern, Postoberinspektor
Dr. Curt Werner, Berlin, geb. 1896 in Potsdam
Dr. Johannes Willers, Oldenburg i.O., geb. 1898 in Hildesheim, Gemeindedirektor
Hermann Wölp, Hamburg, geb. 1896 in Hamburg, Schlosser
Hans Wohlers, Elmshorn, geb. 1889 in Grauel bei Rendsburg, Sicherungsdezernent bei der Eisenbahn
Erich Wolter, Hamburg, geb. 1898 in Herzfeld bei Ludwigslust
Prof. Dr. Wilhelm Wortmann, Hannover, geb. 1897 in Bremen
Eduard Zielke, Lübeck, geb. 1895 in Danzig, Waffenmeister

Bei weiteren 31 Interviewpartnern habe ich den Namen durch Initialen wiedergegeben. Sie haben sich entweder ausdrücklich gegen eine namentliche Nennung ausgesprochen oder ich habe aus rechtlichen Gründen kein Risiko eingehen wollen.